编审委员会

环境执法大练兵典型案卷汇编

（第二卷）

生态环境部生态环境执法局
生态环境部环境工程评估中心　编

中国环境出版集团·北京

图书在版编目（CIP）数据

环境执法大练兵典型案卷汇编. 第二卷/生态环境部生态环境执法局，生态环境部环境工程评估中心编. —北京：中国环境出版集团，2019.6（2021.5 重印）

ISBN 978-7-5111-4000-5

Ⅰ. ①环… Ⅱ. ①生… ②生… Ⅲ. ①环境保护—行政执法—案例—中国 Ⅳ. ①D922.685

中国版本图书馆 CIP 数据核字（2019）第 098279 号

出 版 人 武德凯
责任编辑 孟亚莉
责任校对 任 丽
封面设计 宋 瑞

出版发行 中国环境出版集团
（100062 北京市东城区广渠门内大街 16 号）
网 址：http://www.cesp.com.cn
电子邮箱：bjgl@cesp.com.cn
联系电话：010-67112765（编辑管理部）
010-67112735（第一分社）
发行热线：010-67125803，010-67113405（传真）

印 刷 北京建宏印刷有限公司
经 销 各地新华书店
版 次 2019 年 6 月第 1 版
印 次 2021 年 5 月第 3 次印刷
开 本 787×1092 1/16
印 张 71.25
字 数 1400 千字
定 价 228.00 元

前 言

环境行政执法队伍素质、执法水平不仅直接关系到环境执法队伍的形象和发展，也事关生态环境保护攻坚战的成败。为提高我国环境行政执法队伍的执法能力、执法水平，促进全国环境行政执法的法治化、规范化，生态环境部连续两年组织开展了环境执法大练兵活动。

2017年大练兵从练兵时间、案卷选取方式、评审指标、评审细则、评审专家组建等方面都实现了创新，推动大练兵取得更大实效。通过大练兵活动，各地执法力度不断加大，执法手段不断丰富，执法水平不断提升，案卷质量整体水平较上年有所提高，处罚文书制作更加标准、事实认定更加客观、法律适用更加准确、执法程序更加规范，树立了环境执法队伍的良好形象。

为充分发挥环境执法大练兵活动典型案例的示范作用，指导地方学习优秀案卷，改善执法工作中存在的对法律法规解读不深入、不到位，执法行为和案卷制作不规范等现象，生态环境部结合案卷综合得分靠前和专家评议推荐等因素，邀请多位法律专家及环境执法一线人员从一般行政处罚，按日连续处罚，查封、扣押，限制生产、停产整治，移送公安机关行政拘留，涉嫌环境污染犯罪6类案卷中最终筛选出10份优秀案卷，组织专家对案卷实体和程序等内容进行点评和释义，同时指出这些案卷部分程序和内容中的不足。

各级环境执法机构和人员可以将他们的案例作为示范案例进行对比，查找自身在案件办理、法律适用、调查取证、现场执法等执法环节中的不足，从而有针对性地提高环境执法能力和水平。

目　录

一、一般行政处罚类

1. ××纸业有限公司超标排放水污染物案

【案件提供单位】

××县环境保护局

【案件简介】

2017 年 3 月 24 日，环保局执法人员依法进行现场检查时，发现××纸业有限公司有一根直径 10 cm 的 PVC 管经厂区东边污水处理设施旁的排水沟排往龙山溪都美段。执法人员在污水规范排放口和厂区东边污水处理设施旁的排水沟内各采集水样两瓶，经化验，两处排放口的悬浮物、化学需氧量、氨氮、悬浮物均超过福建省地方标准《制浆造纸工业水污染物排放标准》（DB 35/1310—2013）规定的水污染物排放标准。经过执法人员在现场拍照取证，现场检查（勘察），并参照环境监测站出具的监测报告，认定该公司的行为属于通过暗管违法排放污染物和超标排放水污染物，二者均属于违法行为。环保部门依据我国《水污染防治法》第七十五条及《福建省流域水环境保护条例》第五十条的规定，对违法企业共处罚款人民币肆拾壹万玖仟肆佰零捌元整，已经执行完毕。并依据《中华人民共和国环境保护法》第六十三条、《行政主管部门移送适用行政拘留环境违法案件暂行办法》第二条规定，将企业负责人及直接责任人移交公安机关。

【专家点评】

该案执法主体资格适格，执法行为适当，案件事实调查扎实，执法自由裁量权使用得当，程序合法。该案件的办理过程体现了环境行政执法的复杂性和专业性，也反映了环境执法过程的曲折和复杂性。

一、该案的优点

1. 注重案件事实调查，立案要求严格。能够及时发现涉嫌违反环境保护法律、法规和规章的行为，并对属于本机关管辖的区域内的违法行为依法给予行政处罚。在案件处理过程中通过立案审议、处罚决定集体审议、对具体问题的表决方式等体现了执法过程的民主决策及对排污企业信息透明和公开，从而确保了案件处理的速度和质量。

2. 行政处罚法律适用方面。本案执法机关将私设暗管排放超标污染物和超标排污作为两个独立的违法行为进行了处罚。在处罚方面根据《水污染防治法》第七十五条第二款的规定，并参照《××县环境保护行政处罚自由裁量细化标准（试行）》第十三种违法种类、第 2 款违法行为、第 2 条法定罚则、甲级 B 档违法情形的规定，对该公司罚款人民币壹拾万元整。与之同时，参照《福建省流域水环境保护条例》第五十条规定，该公司处应缴纳排污费数额四倍的罚款，计人民币叁拾壹万玖仟肆佰零捌元整。针对企业的具体情况同意企业采用分期交纳罚款。

3. 规范办理案件方面。工作扎实细致，归档严谨周到。本案件执法流程记录全面，反映了案件办理的全过程，包括对污染企业后续检查，特别是对于案件适用的法律不仅在处罚决定书中做到了全面引用，且在案卷材料中对于法律文书也能够做到如数汇聚，对于促进规范执法和执法质量保证大有好处。

4. 严格执法方面。能够严格依法办事，惩处违法行为。行政拘留是环境行政处罚中较重的一种处罚，其通过限制违法主体的人身自由达到处罚和教育的目的。该案能够在进行其他行政处罚的同时将违法企业的负责人依照法定程序移交公安机关，不仅体现了环保部门有法必依，执法必严，同时也符合《行政处罚法》的要求，即国务院或者经国务院授权的省、自治区、直辖市人民政府可以决定一个行政机关行使有关行政机关的行政处罚权，但限制人身自由的行政处罚权只能由公安机关行使。该案整个执法过程的规范化也有利于提升环境执法能力，促进当地环境法治建设。

二、存在的问题和建议

环境行政执法既要考虑合法性、时效性和公正性，也要考虑合理性。本案件关于罚款的法律适用值得进一步探讨。

××县环境保护局
××县××纸业有限公司处罚案宗目录表

××县环境保护局
××县××纸业有限公司处罚案宗

正

卷

××县环境保护局行政处罚决定书

×环罚字〔2017〕67号

××县××纸业有限公司：

统一社会信用代码：××××××××××××××××××

地址：××县××镇××村

法定代表人（负责人）：×××

联系电话：××××—×××××××

2017年3月24日，我局执法人员依法在××县××镇××村对你公司进行检查，发现你公司2号纸机旁浆池的上部建有一口约40 m^3的纸机用水池，池面连接一口径约10 cm的PVC管，该PVC管通往厂区东边污水处理设施旁的排水沟，该排水沟通往龙山溪都美段。纸机用水池装有两台抽水泵，一台用于将混凝池的废水抽至纸机用水池内，另一台用于将纸机用水池内的废水抽至纸机用于生产。检查时，混凝池的废水正被抽至纸机用水池内，而抽纸机用水池废水的水泵未运行，池内水面上升到池面PVC管处后，排入厂区东边污水处理设施旁的排水沟，再流入龙山溪。执法人员在污水规范排放口和厂区东边污水处理设施旁的排水沟内各采集水样两瓶。2017年3月27日，××县环境监测站出具的监测报告（×环测〔2017〕z33号）显示污水规范排放口水样的悬浮物浓度为46 mg/L；厂区东边污水处理设施旁的排水沟内水样的化学需氧量为1 110 mg/L、氨氮浓度为60.8 mg/L、悬浮物浓度为610 mg/L，均超过福建省地方标准《制浆造纸工业水污染物排放标准》（DB 35/1310—2013）规定的水污染物排放标准。你公司的行为属于通过暗管违法排放污染物、超标排放水污染物。2017年4月1日，我局予以立案。此案经调查取证，处罚告知，你公司在规定期限内未进行陈述和申辩，也未提出听证申请。

证明以上事实的证据有：

1. 2017年3月24日，执法人员制作的现场检查（勘察）笔录显示现场检查具体情况；

2. 2017年3月24日，执法人员拍摄的现场照片显示现场检查采样取证情况；

3. 2017年3月27日，××县环境监测站出具的监测报告（×环测〔2017〕z33号）；

4. 2017年4月1日，执法人员制作的调查询问笔录显示案件详细情况。

我局认为：你公司通过暗管违法排放污染物的行为违反了《中华人民共和国环境保护法》第四十二条第四款的规定："严禁通过暗管、渗井、渗坑、灌注或者篡改、伪造监测数据，或者不正常运行防治污染设施等逃避监管的方式违法排放污染物。”《中华人民共和国水污染防治法》第二十二条的规定：“向水体排放污染物的企业事业单位和个体工商户，应当按照法律、行政法规和国务院环境保护主管部门的规定设置排污口；在江河、湖泊设置排污口的，还应当遵守国务院水行政主管部门的规定。禁止私设暗管或者采取其他规避监管的方式排放水污染物。”

你公司超标排放水污染物的行为违反了《福建省流域水环境保护条例》第二十六条的规定：“向环境或者城镇污水集中处理设施排放水污染物的，不得超过国家和地方规定的水污染物排放标准以及重点水污染物排放总量控制指标。”

根据以上查明的事实，经审理后，我局于 2017 年 6 月 14 日依法向你公司送达了《××县环境保护局行政处罚事先（听证）告知书》（×环罚告字〔2017〕67 号），明确告知你公司有权在七日内进行陈述和申辩及三日内提出听证申请；逾期未进行陈述和申辩及提出听证申请的，视为你公司放弃陈述和申辩及听证的权利。你公司收到我局的告知书后，至 2017 年 6 月 23 日为止，在规定期限内未进行陈述和申辩，也未提出听证申请。

对于你公司通过暗管违法排放污染物的行为，根据《中华人民共和国水污染防治法》第七十五条第二款的规定：“违反法律、行政法规和国务院环境保护主管部门的规定设置排污口或者私设暗管的，由县级以上地方人民政府环境保护主管部门责令限期拆除，处二万元以上十万元以下的罚款；逾期不拆除的，强制拆除，所需费用由违法者承担，处十万元以上五十万元以下的罚款；私设暗管或者有其他严重情节的，县级以上地方人民政府环境保护主管部门可以提请县级以上地方人民政府责令停产整顿。”我局决定对你公司作出以下行政处罚：**处罚款人民币壹拾万元整。**

对于你公司超标排放水污染物的行为，根据《福建省流域水环境保护条例》第五十条的规定：“违反本条例第二十六条的规定，排放水污染物超过国家或者地方规定的排放标准，或者超过重点水污染物排放总量控制指标的，由县级以上地方人民政府环境保护主管部门责令限期治理，并处应缴纳排污费数额二倍以上五倍以下的罚款。前款所称的应缴纳排污费，按年计算，以行政处罚作出时的上一年度排污费为基数。”我局决定对你公司作出以下行政处罚：**处应缴纳排污费数额四倍的罚款，计人民币叁拾壹万玖仟肆佰零捌元整。**

综上，针对你公司通过暗管违法排放污染物、超标排放水污染物的违法行为，我局决定对你公司作出以下行政处罚：**共处罚款人民币肆拾壹万玖仟肆佰零捌元整。**

对于你公司通过暗管违法排放污染物的行为，根据《中华人民共和国环境保护法》第六十三条第三项：“企业事业单位和其他生产经营者有下列行为之一，尚不构成犯罪的，除依照有关法律法规规定予以处罚外，由县级以上人民政府环境保护主管部门或者其他有关部门将案件移送公安机关，对其直接负责的主管人员和其他直接责任人员，处十日以上十五日以下拘留；情节较轻的，处五日以上十日以下拘留：……（三）通过暗管、渗井、渗坑、灌注或者篡改、伪造监测数据，或者不正常运行防治污染设施等逃避监管的方式违法排放污染物的；”及《行政主管部门移送适用行政拘留环境违法案件暂行办法》（公治〔2014〕853 号）第二条："本办法适用于县级以上环境保护主管部门或者其他负有环境保护监督管理职责的部门办理尚不构成犯罪，依法作出行政处罚决定后，仍需要移送公安机关处以行政拘留的案件。"我局将依照上述规定将该案件移送公安机关。

请于收到本处罚决定书之日起十五日内将罚款缴至以下指定单位：

户　名：待报解行政罚款收入

开户行：××县××银行

帐　号：××××××××××××××××××××

备　注：××县环保局罚没款

逾期不缴纳罚款的，将依据《中华人民共和国行政处罚法》第五十一条第（一）项的规定，每日按罚款数额的 3%加处罚款。

如不服本处罚决定，你公司可以在收到本处罚决定书之日起六十日内向××市环境保护局或者向××县人民政府申请行政复议；也可以在收到本处罚决定书之日起六个月内直接向××县人民法院提起行政诉讼。

行政复议、行政诉讼期间，本行政处罚决定不停止执行。

逾期不申请行政复议，也不向人民法院提起行政诉讼，又不履行本处罚决定的，我局将依法申请人民法院强制执行。

××县环境保护局

2017 年 6 月 30 日

××县环境保护局
送达回证

送达文书名称及文号	《××县环境保护局行政处罚决定书》（×环罚字〔2017〕67号）
当事人名称或姓名	××县××纸业有限公司
送达地点	××县环境监察大队办公室
收件人签名（盖章）及收件日期	××× （与当事人的关系：×××）2017年6月30日 （印章：××县××纸业有限公司）
送达人签名	××× ××× 2017年6月30日
送达机关盖章	（印章：××县环境保护局）
备注	

××县环境保护局
环境违法行为立案审批表

<table>
<tr><td>案件来源</td><td colspan="2">检查发现</td><td>立案号</td><td>67</td></tr>
<tr><td>案　由</td><td colspan="4">涉嫌通过暗管违法排放污染物、超标排放水污染物</td></tr>
<tr><td rowspan="5">当事人</td><td>名　称</td><td colspan="3">××县××纸业有限公司</td></tr>
<tr><td>地　址</td><td>××县××镇××村</td><td>邮　编</td><td>××××××</td></tr>
<tr><td>统一社会信用代码</td><td colspan="3">×××××××××××××</td></tr>
<tr><td>法定代表人（负责人）</td><td colspan="3">×××</td></tr>
<tr><td>电　话</td><td>××××-×××××××</td><td>职　务</td><td>董事长</td></tr>
<tr><td>案情简介
及
立案理由</td><td colspan="4">2017 年 3 月 24 日，我局执法人员依法在××县××镇××村对该公司进行检查，发现该公司 2 号纸机旁浆池的上部建有一口约 40 m^3 的纸机用水池，池面连接一口径约 10 cm 的 PVC 管，该 PVC 管通往厂区东边污水处理设施旁的排水沟，该排水沟通往龙山溪都美段。纸机用水池装有两台抽水泵，一台用于将混凝池的废水抽至纸机用水池内，另一台用于将纸机用水池内的废水抽至纸机用于生产。检查时，混凝池的废水正被抽至纸机用水池内，而抽纸机用水池废水的水泵未运行，池内水面上升到池面 PVC 管处后，排入厂区东边污水处理设施旁的排水沟，再流入龙山溪。执法人员在污水规范排放口和厂区东边污水处理设施旁的排水沟内各采集水样两瓶。2017 年 3 月 27 日，××县环境监测站出具的监测报告（×环测〔2017〕z33 号）显示污水规范排放口水样的悬浮物浓度为 46 mg/L；厂区东边污水处理设施旁的排水沟内水样的化学需氧量为 1 110 mg/L、氨氮浓度为 60.8 mg/L、悬浮物浓度为 610 mg/L，均超过福建省地方标准《制浆造纸工业水污染物排放标准》（DB 35/1310—2013）规定的水污染物排放标准。该公司的行为涉嫌违反了《中华人民共和国环境保护法》第四十二条第四款的规定：“严禁通过暗管、渗井、渗坑、灌注或者篡改、伪造监测数据，或者不正常运行防治污染设施等逃避监管的方式违法排放污染物。”《中华人民共和国水污染防治法》第二十二条的规定：“向水体排放污染物的企业事业单位和个体工商户，应当按照法律、行政法规和国务院环境保护主管部门的规定设置排污口；在江河、湖泊设置排污口的，还应当遵守国务院水行政主管部门的规定。禁止私设暗管或者采取其他规避监管的方式排放水污染物。”及《福建省流域水环境保护条例》第二十六条的规定：“向环境或者城镇污水集中处理设施排放水污染物的，不得超过国家和地方规定的水污染物排放标准以及重点水污染物排放总量控制指标。”
符合立案条件。</td></tr>
</table>

承办人 意　见	建议立案。 承办人：×××　　2017年4月1日
	建议立案。 承办人：×××　　2017年4月1日
承办部门 意　见	建议立案。 部门负责人：×××　　2017年4月1日
法制部门 意　见	建议立案。 部门负责人：×××　　2017年4月1日
领导审批 意　见	同意立案。 承办部门分管领导：×××　　2017年4月1日
	同意立案。 法制部门分管领导：×××　　2017年4月1日
	同意立案。 局长：×××　　2017年4月1日

××县环境保护局
现场检查（勘察）笔录

时间： 2017 年 3 月 24 日 3 时 30 分至 5 时 30 分
地点： ××县××镇××村
检查（勘察）人姓名： ××× **执法证号：** ××××××
检查（勘察）人姓名： ××× **执法证号：** ××××××
记录人姓名： ××× **执法证号：** ××××××
工作单位： ××县环境监察大队
被检查单位名称或姓名： ××县××纸业有限公司
法定代表人（负责人）姓名： ×××
现场负责人姓名： ××× **年龄：** ××
公民身份号码： ××××××××××××××××××
工作单位： ××县××纸业有限公司 **职务：** 总经理
与本案关系： 被检查单位工作人员 **地址：** ××县××镇××村
邮编： ×××××× **电话：** ××××××××
其他参加人姓名及工作单位（地址）： ×××、×××（福建省环境监察总队）

执法人员出示执法证件、表明身份的记录及被询问人的确认记录： 我们是××县环境保护局的行政执法人员，这是我们的行政执法证件，请过目确认。

被询问人： 执法证件已确认，我对执法人员身份无异议。

告知当事人申请回避权利和配合调查义务的记录： 今天我们依法进行调查并了解有关情况，你应该配合调查，如实回答询问和提供材料，不得拒绝、阻碍、隐瞒或者提供虚假情况，否则将承担法律责任。如果你认为我们与本案有利害关系，可能影响公正办案，可以申请我们回避，并说明理由。你听清楚了吗？

被询问人审阅意见： 以上笔录我已看过，情况属实。
被询问人签名： ××× ××× 2017 年 3 月 24 日
询问人签名： ××× ××× 2017 年 3 月 24 日
记录人签名： ××× 2017 年 3 月 24 日
参加人签名： ××× ××× 2017 年 3 月 24 日

被询问人：听清楚了，我配合调查，不申请执法人员回避。

现场情况：该公司建设项目环境影响评价报告表于2003年12月8日通过××县环保局审批，于2008年12月2日通过竣工环保验收，已办理排污许可证（有效期限：2017年7月8日止）。主要生产涂布纸、瓦楞纸，年产量为2.7万吨/年，主要生产工艺：废纸料→打纸→碎浆→磨浆→洗浆→上浆→烘缸→涂布→烘箱→出纸→成品，主要生产设备：打纸机、磨浆机、洗浆机、上浆机、烘缸、涂布机、锅炉等。主要污染源：生产废水（制浆车间废水、造纸废水、涂布废水、锅炉废水）、生产废气（燃煤锅炉排放的废气）、噪声、固体废物。建有“生化处理加气浮”工艺治理设施处理生产废水，麻石水磨除尘器处理生产废气。

现场检查时，该公司1号、3号纸机正在生产，2号纸机处于停机停产状态，污染治理设施正在运行。执法人员发现2号纸机旁浆池的上部建有一口约40 m^3的纸机用水池，池面连接一口径约10 cm的PVC管，PVC管通往厂区东边污水处理设施旁的排水沟，排水沟通往龙山溪都美段。纸机用水池装有两台抽水泵，一台用于将混凝池的废水抽至纸机用水池内，另一台用于将纸机用水池内的废水抽至纸机用于生产。检查时，混凝池的废水正被抽至纸机用水池内，而抽纸机用水池废水的水泵未运行，池内水面上升到池面 PVC 管处后，排入厂区东边污水处理设施旁的排水沟，再流入龙山溪。

执法人员在该公司污水规范排污口和厂区东边污水处理设施旁的排水沟内各采集水样两瓶，并对以上检查采样过程进行拍照取证、记录。公司现场负责人×××配合现场检查。（以下空白）

被询问人审阅意见：以上笔录我已看过，情况属实。

被询问人签名：×××　×××　2017年3月24日

询问人签名：×××　×××　2017年3月24日

记录人签名：×××　2017年3月24日

参加人签名：×××　×××　2017年3月24日

授权委托书

现委托 ××× （性别： × ，年龄： ×× ，公民身份号码： ××××××××××××××× ，职务： 总经理 ，联系电话： ××××-××××××××）为我单位的委托代理人，处理以下事宜：

1. 作为本日我公司现场负责人，配合××县环保局执法人员对我公司的现场检查工作；

2. 代为审阅确认××县环保局执法人员对我公司制作的现场检查（勘察）笔录。

委托单位（盖章）：

2017年3月24日

××县环境保护局
现场检查（勘察）附图

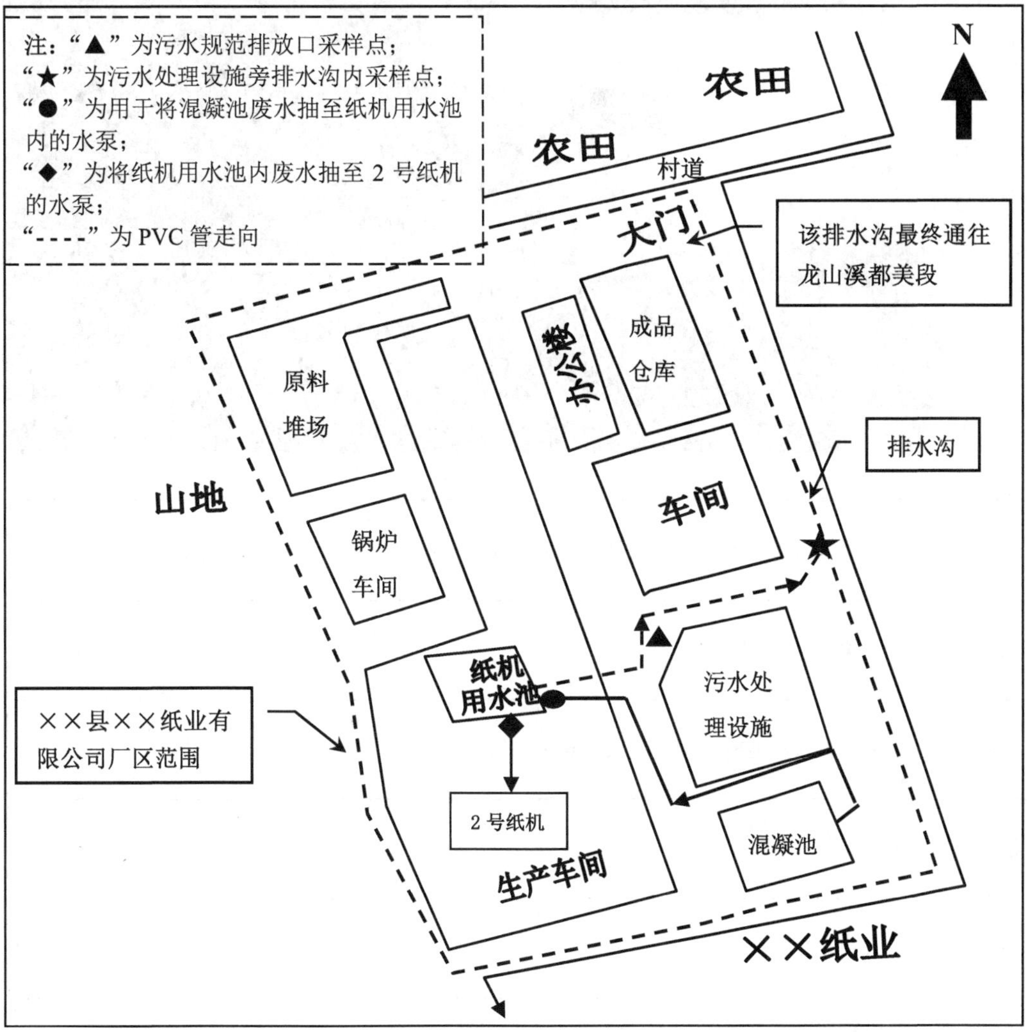

企业名称：××县××纸业有限公司　制图地点：该公司办公室

制图时间：2017年3月24日5时30分

绘 制 人：×××

当 事 人（签名、盖章或者按指印）：××××

执法人员（签名）：×××　×××

执法证号：××××××××　××××××××

证明对象：××县××纸业有限公司 2 号纸机旁浆池上部的纸机用水池连接的 PVC 管
拍摄时间：2017 年 3 月 24 日
拍摄地点：××县××纸业有限公司（××县××镇）
拍摄人：×××
当事人、见证人：×××
执法人员：××× ×××   执法证号：×××××× ××××××

证明对象：××县××纸业有限公司2号纸机旁浆池上部的纸机用水池连接的PVC管
拍摄时间：2017年3月24日
拍摄地点：××县××纸业有限公司（××县××镇）
拍摄人：×××
当事人、见证人：×××
执法人员：×××　　　×××   执法证号：××××××　　××××××

证明对象：执法人员在××县××纸业有限公司厂区东边污水处理设施排旁的排水沟内采集水样
拍摄时间：2017 年 3 月 24 日
拍摄地点：××县××纸业有限公司（××县××镇）
拍摄人：×××
当事人、见证人：×××
执法人员：×××　　　　×××   执法证号：××××××　　××××××

证明对象：执法人员在××县××纸业有限公司厂区东边污水处理设施排旁的排水沟内所采集的水样（上图左瓶）与污水规范排放口所采集的水样（上图右瓶）对比
拍摄时间：2017 年 3 月 24 日
拍摄地点：××县××纸业有限公司（××县××镇）
拍摄人：×××
当事人、见证人：×××
执法人员：×××　　　　×××   执法证号：××××××　　××××××

证书编号：××××××××××××××

证书有效期限：2021 年 12 月 23 日

××县环境监测站
监测报告

编号：×环测〔2017〕z33 号

委托单位：××县环境监察大队

样品类别：废　水

报告日期：2017 年 3 月 27 日

水质监测报告单

受测单位：××县××纸业有限公司　监测性质：来样　送样人员：×××

采样日期：2017.3.24　分析人员：×××、×××　分析日期：2017.3.24　报告日期：2017.3.27

监测结果：

采样点位＼监测项目	采样时间	化学需氧量（mg/L）	氨氮（mg/L）	悬浮物（mg/L）
污水规范排放口	3:50	38	2.95	46
厂区东边污水处理设施旁的排水沟内	4:20	1 110	60.8	610
分析方法		HJ/T 399—2007 快速消解分光光度法	HJ 535—2009 纳氏试剂分光光度法	GB 11901—1989 重量法
检测仪器		5B-3c 型 COD 测定仪	VIS—7220 分光光度计	CP224S 电子天平
备注：				

（印章：××县环境监测站）

编报：×××　审核：×××　签发：×××　单位公章：

污染源（废水、固废）现场采样记录表

项目名称　××县××纸业有限公司

采样日期 2017 年 3 月 24 日　　　　共 1 页　第 1 页

序号	采样位置	样品编号	采样时间	数量	容量	感观描述
1	污水规范排放口	1	3:50	1	500ml	清澈
2	污水规范排放口	2	3:50	1	500ml	清澈
3	厂区东边污水处理设施旁的排水沟内	1	4:20	1	500ml	黑灰色
4	厂区东边污水处理设施旁的排水沟内	2	4:20	1	500ml	黑灰色
5						
6						
7						
10						
分析项目			COD_{Cr}、NH_3-N、SS			厂方代表签字：×××

采样负责　×××　　　　　　　　　　采样人　×××

实验室样品接受人　×××

检验检测机构
资质认定证书

证书编号：

名称：XX县环境监测站

地址：XXXXXXXXX

经审查，你机构已具备国家有关法律、行政法规规定的基本条件和能力，现予批准，可以向社会出具具有证明作用的数据和结果，特发此证。资质认定包括检验检测机构计量认证。

检验检测能力及授权签字人见证书附表。

许可使用标志

CMA

发证日期：XXXX年XX月XX日

有效期至：XXXX年XX月XX日

发证机关：XX质量技术监督局

本证书由国家认证认可监督管理委员会监制，在中华人民共和国境内有效。

××县环境保护局
责令改正违法行为决定书

×环违改字〔2017〕B10号

××县××纸业有限公司：

统一社会信用代码：××××××××××××××××××

地址：××县××镇××村

法定代表人（负责人）：×××

我局于2017年3月24日对你公司进行了检查，发现你公司实施了以下环境违法行为：通过暗管违法排放水污染物。

有1. 2017年3月24日，执法人员制作的现场检查（勘察）笔录显示你公司通过暗管违法排放水污染物；2. 2017年3月24日，执法人员拍摄的现场照片显示你公司通过暗管违法排放水污染物等证据为凭。

你公司的上述行为违反了《中华人民共和国环境保护法》第四十二条第四款、《中华人民共和国水污染防治法》第二十二条的规定。依据《中华人民共和国行政处罚法》第二十三条和《中华人民共和国水污染防治法》第七十五条第二款的规定，责令你公司限期（一日内）拆除私设的暗管。

我局将对你公司改正违法行为的情况进行监督。逾期不拆除私设暗管的，我局将予以强制拆除，所需费用由你公司承担，并依法进行处罚。

你公司如对本决定不服，可在收到本决定书之日起六十日内向××市环境保护局或者××县人民政府申请行政复议，也可在收到本决定书之日起六个月内向××县人民法院提起行政诉讼。

××县环境保护局

2017年3月24日

××县环境保护局
送达回证

送达文书名称及文号	《××县环境保护局责令改正违法行为决定书》 ×环违改字〔2017〕B10号
当事人名称或姓名	××县××纸业有限公司
送达地点	××县××纸业有限公司办公室
收件人签名（盖章） 及收件日期	××× （与当事人的关系：×××）2017年3月24日 ××县××纸业有限公司
送达人签名	××× ××× 2017年3月24日
送达机关盖章	××县环境保护局
备　注	

××县环境保护局
环境行政执法后督察现场检查笔录

<table>
<tr><td>后督察对象</td><td colspan="3">××县××纸业有限公司</td></tr>
<tr><td>地　址</td><td colspan="3">××县××镇××村</td></tr>
<tr><td rowspan="2">后督察事项</td><td colspan="3">环境行政处罚：</td></tr>
<tr><td colspan="3">环境行政命令：×环违改字〔2017〕B10 号</td></tr>
<tr><td>法定代表人
（负责人）</td><td>×××</td><td>现场负责人</td><td>×××（总经理）</td></tr>
<tr><td>检查地点</td><td>该公司厂区
及周边环境</td><td>检　　查
时间起讫</td><td>2017 年 3 月 25 日
15:30—16:20</td></tr>
<tr><td>检 查 人</td><td>×××　×××</td><td>执法证号</td><td>××××××　××××××</td></tr>
<tr><td>记 录 人</td><td>×××</td><td>执法证号</td><td>××××××</td></tr>
<tr><td>应邀参加人</td><td colspan="3"></td></tr>
<tr><td>检　　查
实况及结果</td><td colspan="3">执法人员已出示执法证件表明身份，并告知申请回避的权利和配合调查的义务，该公司现场负责人对执法人员身份确认后无异议，且无回避申请。现场检查时，该公司已将私设的暗管拆除、封堵。执法人员对检查过程拍照取证并记录，现场负责人×××全程陪同。（以下空白）</td></tr>
<tr><td>现场照片
（暗管已拆除）</td><td colspan="3"></td></tr>
<tr><td>后督察对象签名</td><td colspan="3">审阅意见：以上笔录已阅无误
签名：×××　　2017 年 3 月 25 日</td></tr>
<tr><td>后督察人员签名</td><td colspan="3">×××　×××　　2017 年 3 月 25 日</td></tr>
<tr><td>参加人员签名</td><td colspan="3">年　月　日</td></tr>
</table>

××县环境保护局
调查询问笔录

时间： 2017 年 4 月 1 日 9 时 05 分至 10 时 10 分

地点： ××县环境监察大队办公室

询问人姓名： ××× **执法证号：** ××××××

询问人姓名： ××× **执法证号：** ××××××

记录人姓名： ××× **执法证号：** ××××××

工作单位： ××县环境监察大队

被询问人姓名： ××× **年龄：** ××

公民身份号码： ××××××××××××××××××

工作单位： ××县××纸业有限公司 **职务：** 总经理

与本案关系： 违法嫌疑单位工作人员

地址： ××县××镇××村×××× **邮编：** ××××××

电话： ××××-××××××××

其他参加人姓名及工作单位：

执法人员出示执法证件、表明身份的记录及被询问人的确认记录：我们是××县环境保护局的行政执法人员，这是我们的行政执法证件，请过目确认。

被询问人：执法证件已确认，我对执法人员身份无异议。

告知当事人申请回避权利和配合调查义务的记录：今天我们依法进行调查并了解有关情况，你应该配合调查，如实回答询问和提供材料，不得拒绝、阻碍、隐瞒或者提供虚假情况，否则将承担法律责任。如果你认为我们与本案有利害关系，可能影响公正办案，可以申请我们回避，并说明理由。你听清楚了吗？

被询问人审阅意见： 以上笔录我已看过，情况属实。

被询问人签名： ××× ××× 2017 年 4 月 1 日

询问人签名： ××× ××× 2017 年 4 月 1 日

记录人签名： ××× 2017 年 4 月 1 日

被询问人：听清楚了，我配合调查，不申请执法人员回避。

问：请介绍一下你个人的基本情况。

答：我叫×××，公民身份号码：××××××××××××××××××，住址是福建省××县××镇××村××××，我在××县××纸业有限公司工作，是该公司的总经理。

问：你公司是否办理营业执照？法定代表人是谁？统一社会信用代码是什么？

答：我公司已办理营业执照，法定代表人是×××，统一社会信用代码是××××××××××。

问：你公司何时动工兴建，何时投入生产？

答：我公司于 1999 年动工兴建，并于 2000 年 4 月投入生产。

问：你公司直接负责环保工作的主管人员是谁？你公司主要负责污水处理设施人员是谁？公民身份号码是什么？

答：我公司直接负责环保工作的主管人员和主要负责污水处理设施人员是×××，公民身份号码是××××××××××××××××××。

问：2017 年 3 月 24 日凌晨，我局执法人员在你公司检查时发现什么情况？

答：我公司 2 号纸机旁浆池的上部建有一口约 40 m^3 的纸机用水池，池面连接一口径约 10 cm 的 PVC 管，纸机用水池装有两台抽水泵。

问：你公司纸机用水池装有的两台抽水泵作用是什么？

答：一台抽水泵用于将混凝池的废水抽至纸机用水池内，另一台抽水泵用于将纸机用水池内的废水抽至纸机用于生产。

问：执法人员在你公司检查时，你公司纸机用水池装有的两台抽水泵运行状态如何？PVC 管是否在对外环境排放废水？PVC 管的具体走向是什么？

答：一台水泵正将混凝池的废水抽至纸机用水池内，而抽纸机用水池废水的水泵未运行，池内废水水面上升到池面 PVC 管处后，排入厂区东边污水处理设施旁的排水沟，该排水沟通往龙山溪都美段。

问：现场检查时执法人员在你公司的采样情况你是否清楚，对采样过程及所采样品是否有异议？

答：整个现场检查过程执法人员在污水规范排放口和厂区东边污水处理设施旁的排

被询问人审阅意见：以上笔录我已看过，情况属实。

被询问人签名：×××　　×××　　2017 年 4 月 1 日

询问人签名：×××　　×××　　2017 年 4 月 1 日

记录人签名：×××　　2017 年 4 月 1 日

水沟内各采集水样两瓶。我对采样过程及所采样品没有异议。

问：你是否知道你公司的生产废水排放所执行的标准？

答：我知道我公司生产废水排放所执行的标准为福建省地方标准《制浆造纸工业水污染物排放标准》（DB 35/1310—2013）。

问：执法人员在你公司所采集的水样经××县环境监测站检验后于2017年3月27日出具监测报告（×环测〔2017〕z33号），监测报告显示污水规范排放口水样的悬浮物浓度为46 mg/L；厂区东边污水处理设施旁的排水沟内水样的化学需氧量为1 110 mg/L、氨氮浓度为60.8 mg/L、悬浮物浓度为610 mg/L，均超过福建省地方标准《制浆造纸工业水污染物排放标准》（DB 35/1310—2013）规定的水污染物排放标准（化学需氧量≤80 mg/L，氨氮浓度≤8 mg/L，悬浮物浓度≤30mg/L），情况是否属实？监测报告（×环测〔2017〕z33号）已由你亲自确认，是否有异议？

答：情况属实，监测报告（×环测〔2017〕z33号）我已亲自确认，没有异议。

问：有没有其他要反映的情况？有没有其他资料要提供？

答：无。

问：以上问答是要负法律责任的，你有如实回答吗？被检查单位对此有无异议？

答：有如实回答，我公司没有异议。（以下空白）

被询问人审阅意见：以上笔录我已看过，情况属实。

被询问人签名：××× ××× 2017年4月1日

询问人签名：××× ××× 2017年4月1日

记录人签名：××× 2017年4月1日

××县环境保护局
调查询问笔录

时间： 2017 年 4 月 1 日 10 时 25 分至 11 时 10 分

地点： ××县环境监察大队办公室

询问人姓名： ××× **执法证号：** ××××××

询问人姓名： ××× **执法证号：** ××××××

记录人姓名： ××× **执法证号：** ××××××

工作单位： ××县环境监察大队

被询问人姓名： ××× **年龄：** ××

公民身份号码： ××××××××××××××××××

工作单位： ××县××纸业有限公司 **职务：** 环保主管

与本案关系： 违法嫌疑单位工作人员 **地址：** ××县××镇××村

邮编： ×××××× **电话：** ×××××××××××

其他参加人姓名及工作单位：

执法人员出示执法证件、表明身份的记录及被询问人的确认记录： 我们是××县环境保护局的行政执法人员，这是我们的行政执法证件，请过目确认。

被询问人： 执法证件已确认，我对执法人员身份无异议。

告知当事人申请回避权利和配合调查义务的记录： 今天我们依法进行调查并了解有关情况，你应该配合调查，如实回答询问和提供材料，不得拒绝、阻碍、隐瞒或者提供虚假情况，否则将承担法律责任。如果你认为我们与本案有利害关系，可能影响公正办案，可以申请我们回避，并说明理由。你听清楚了吗？

被询问人： 听清楚了，我配合调查，不申请执法人员回避。

被询问人审阅意见： 以上笔录我已看过，情况属实。

被询问人签名： ××× ××× 2017 年 4 月 1 日

询问人签名： ××× ××× 2017 年 4 月 1 日

记录人签名： ××× 2017 年 4 月 1 日

问：请介绍一下你个人的基本情况。

答：我叫×××，公民身份号码：××××××××××××××××××，住址是福建省××县××镇××村××××，我在××县××纸业有限公司工作，系该公司的环保主管。

问：你公司法定代表人是谁？

答：法定代表人是×××。

问：你公司直接负责环保工作的主管人员是谁？公民身份号码是什么？

答：我公司直接负责环保工作的主管人员是我，公民身份号码：××××××××××××××××××。

问：你公司主要负责污水处理设施人员是谁？

答：我公司主要负责污水处理设施人员也是我。

问：你公司在生产过程中有无添加有毒有害物质？

答：我公司在生产过程中没有添加有毒有害物质。

问：2017年3月24日3时30分至5时30分，我局执法人员对你公司进行检查，你对检查过程是否清楚？

答：我对检查过程清楚。

问：当时执法人员发现你公司2号纸机旁浆池的上部建有一口约40 m^3的纸机用水池，池面连接一口径约10 cm的PVC管，该PVC管通往厂区东边污水处理设施旁的排水沟，该排水沟通往龙山溪都美段。该PVC管何时设置？已使用多长时间？

答：该PVC管于2017年3月初设置，已使用3次，2017年3月24日第三次使用时被你局执法人员检查发现。

问：有没有其他要反映的情况？有没有其他资料要提供？

答：无。

问：以上问答是要负法律责任的，你有如实回答吗？你公司对此有无异议？

答：有如实回答，我公司没有异议。（以下空白）

被询问人审阅意见：以上笔录我已看过，情况属实。

被询问人签名：××× ××× 2017 年 4 月 1 日

询问人签名：××× ××× 2017 年 4 月 1 日

记录人签名：××× 2017 年 4 月 1 日

××县环境保护局
查封决定书

×环保封字〔2017〕5号

××县××纸业有限公司：

地址：××县××镇××村

法定代表人（负责人）：×××

因你公司通过暗管违法排放水污染物的行为，违反了《中华人民共和国环境保护法》第四十二条第四款、《中华人民共和国水污染防治法》第二十二条的规定。

依据《中华人民共和国行政强制法》和《中华人民共和国环境保护法》第二十五条、《环境保护主管部门实施查封、扣押办法》第四条第四项的规定，我局决定对你公司造成污染物排放的设施、设备予以查封。

造成污染物排放的设施、设备自2017年4月20日至2017年5月19日，以就地方式，存放于你公司厂区内。

在此期间，你公司不得动用、调换、损毁、变卖。

你公司如对本查封决定不服，可在收到本决定之日起六十日内向××市环境保护局或××县人民政府申请行政复议，也可在收到本决定之日起六个月内向××县人民法院提起行政诉讼。

××县环境保护局

2017年4月20日

附：查封物品清单

序号	物品名称	规格	数量	生产日期	生产公司（批号）	备注
1	造纸机		1台			
2	用电控制台		1台			
	（以下空白）					

×县××纸业有限公司

以上清单，物品与实物一致。

现场负责人签名：×××　　2017年4月20日

执法人员签名及执法证号：×××　　×××

××××××　　××××××

2017年4月20日

××县环境保护局
送达回证

送达文书名称及文号	《××县环境保护局查封决定书》 ×环保封字〔2017〕5号
当事人名称或姓名	××县××纸业有限公司
送达地点	××县××纸业有限公司办公室
收件人签名（盖章） 及收件日期	××× （与当事人的关系：×××）2017年4月20日 （印章：××县××纸业有限公司）
送达人签名	××× ××× 2017年4月20日
送达机关盖章	（印章：××县环境保护局）
备注	

××县环境保护局
现场检查（勘察）笔录

时间： 2017 年 4 月 20 日 15 时 20 分至 16 时 30 分
地点： ××县××镇××村
检查（勘察）人姓名： ××× **执法证号：** ××××××
检查（勘察）人姓名： ××× **执法证号：** ××××××
记录人姓名： ××× **执法证号：** ××××××
工作单位： ××县环境监察大队
被检查单位名称或姓名： ××县××纸业有限公司
法定代表人（负责人）姓名： ×××
现场负责人姓名： ××× **年龄：** ××
公民身份号码： ××××××××××××××××××
工作单位： ××县××纸业有限公司 **职务：** 总经理
与本案关系： 该公司总经理 **地址：** ××县××镇××村
邮编： ×××××× **电话：** ××××-×××××××
其他参加人姓名及工作单位（地址）：

执法人员出示执法证件、表明身份的记录及被询问人的确认记录：我们是××县环境保护局的行政执法人员，这是我们的行政执法证件，请过目确认。

被询问人：执法证件已确认，我对执法人员身份无异议。

告知当事人申请回避权利和配合调查义务的记录：今天我们依法进行调查并了解有关情况，你应该配合调查，如实回答询问和提供材料，不得拒绝、阻碍、隐瞒或者提供虚假情况，否则将承担法律责任。如果你认为我们与本案有利害关系，可能影响公正办

被检查（勘察）人或现场负责人确认意见： 确认，已阅读
被检查（勘察）人或现场负责人签字： ××× 2017 年 × 月 × 日
检查（勘察）人签字： ××× ××× 2017 年 × 月 × 日
记录人签字： ××× 2017 年 × 月 × 日

案，可以申请我们回避，并说明理由。你听清楚了吗？

被询问人：听清楚了，我配合调查，不申请执法人员回避。

现场情况：现场检查时，该公司正在生产，执法人员对该公司造成生产废水通过暗管违法排放的设施、设备（详见查封物品清单、查封决定书）进行了查封，查封时间自16：00至16：20，该公司现场负责人×××查封过程全程陪同，我局执法人员对检查、查封过程拍照并记录。（以下空白）

被检查（勘察）人或现场负责人确认意见：确认，已阅读

被检查（勘察）人或现场负责人签字：×××　　2017年×月×日

检查（勘察）人签字：×××　×××　　2017年×月×日

记录人签字：×××　　2017年×月×日

证明对象：执法人员对××县××纸业有限公司造纸机进行查封
拍摄时间：2017 年 4 月 20 日
拍摄地点：××县××纸业有限公司（××县××镇）
拍摄人：×××
执法人员：×××　　　　××× 执法证号：××××××　　××××××

证明对象：执法人员对××县××纸业有限公司用电控制台进行查封
拍摄时间：2017 年 4 月 20 日
拍摄地点：××县××纸业有限公司（××县××镇）
拍摄人：×××
执法人员：×××　　　　　×××   执法证号：××××××　　××××××

××县环境保护局
解除查封决定书

×环解封字〔2017〕5号

××县××纸业有限公司：

本机关于2017年4月20日依法对你公司通过暗管违法排放水污染物的违法行为作出查封决定书（×环保封字〔2017〕5号），因你公司1. 暗管已拆除；2. 查封期限已经届满，现根据《中华人民共和国行政强制法》第二十八条第一项“当事人没有违法行为”，以及《环境保护主管部门实施查封、扣押办法》第二十条第二项“查封、扣押期限已经届满”的规定，经研究，现依法决定解除查封。

××县环境保护局
2017年5月20日

××县环境保护局
送达回证

送达文书名称及文号	《××县环境保护局解除查封决定书》 ×环解封字〔2017〕5号
当事人名称或姓名	××县××纸业有限公司
送达地点	××县环境监察大队办公室
收件人签名（盖章） 及收件日期	××× （与当事人的关系：×××）2017年5月20日
送达人签名	××× ××× 2017年5月20日
送达机关盖章	
备注	

××县环境保护局
责令停产整治事先（听证）告知书

×环停告字〔2017〕B4号

××县××纸业有限公司：

统一社会信用代码：××××××××××××××××××

地址：××县××镇××村

法定代表人（负责人）：×××

联系电话：××××-×××××××

2017年3月24日，我局执法人员依法在××县××镇××村对你公司进行检查，发现你公司2号纸机旁浆池的上部建有一口约40 m^3的纸机用水池，池面连接一口径约10 cm的PVC管，该PVC管通往厂区东边污水处理设施旁的排水沟，该排水沟通往龙山溪都美段。纸机用水池装有两台抽水泵，一台用于将混凝池的废水抽至纸机用水池内，另一台用于将纸机用水池内的废水抽至纸机用于生产。检查时，混凝池的废水正被抽至纸机用水池内，而抽纸机用水池废水的水泵未运行，池内水面上升到池面PVC管处后，排入厂区东边污水处理设施旁的排水沟，再流入龙山溪。执法人员在污水规范排放口和厂区东边污水处理设施旁的排水沟内各采集水样两瓶。2017年3月27日，××县环境监测站出具的监测报告（×环测〔2017〕z33号）显示污水规范排放口水样的悬浮物浓度为 46 mg/L；厂区东边污水处理设施旁的排水沟内水样的化学需氧量为1 110 mg/L、氨氮浓度为60.8 mg/L、悬浮物浓度为610 mg/L，均超过福建省地方标准《制浆造纸工业水污染物排放标准》（DB 35/1310—2013）规定的水污染物排放标准。你公司的行为属于通过暗管违法排放污染物、超标排放水污染物。

证明以上事实的证据有：

1. 2017年3月24日，执法人员制作的现场检查（勘察）笔录显示现场检查具体情况；

2. 2017年3月24日，执法人员拍摄的现场照片显示现场检查采样取证情况；

3. 2017年3月27日，××县环境监测站出具的监测报告（×环测〔2017〕z33号）；

4. 2017年4月1日，执法人员制作的调查询问笔录显示案件详细情况。

我局认为：你公司通过暗管违法排放污染物的行为违反了《中华人民共和国环境保护法》第四十二条第四款的规定：“严禁通过暗管、渗井、渗坑、灌注或者篡改、伪造监测数据，或者不正常运行防治污染设施等逃避监管的方式违法排放污染物。”《中华人民共和国水污染防治法》第二十二条的规定：“向水体排放污染物的企业事业单位和个体工商户，应当按照法律、行政法规和国务院环境保护主管部门的规定设置排污口；在江河、湖泊设置排污口的，还应当遵守国务院水行政主管部门的规定。禁止私设暗管或者采取其他规避监管的方式排放水污染物。”你公司超标排放水污染物的行为违反了《福建省流域水环境保护条例》第二十六条的规定：“向环境或者城镇污水集中处理设施排放水污染物的，不得超过国家和地方规定的水污染物排放标准以及重点水污染物排放总量控制指标。”

对于你公司通过暗管违法排放污染物、超标排放水污染物的行为，根据《中华人民共和国环境保护法》第六十条的规定：“企业事业单位和其他生产经营者超过污染物排放标准或者超过重点污染物排放总量控制指标排放污染物的，县级以上人民政府环境保护主管部门可以责令其采取限制生产、停产整治等措施；情节严重的，报经有批准权的人民政府批准，责令停业、关闭。”《环境保护主管部门实施限制生产、停产整治办法》第六条第一项：“排污者有下列情形之一的，环境保护主管部门可以责令其采取停产整治措施；（一）通过暗管、渗井、渗坑、灌注或者篡改、伪造监测数据，或者不正常运行防治污染设施等逃避监管的方式排放污染物，超过污染物排放标准的；”我局拟责令你公司：**采取停产整治措施。**

根据《中华人民共和国行政处罚法》第三十二条的规定，你公司有陈述和申辩的权利。你公司如有异议，可以在收到本告知书之日起七日内向我局提出陈述和申辩，逾期未进行陈述和申辩的，视为你公司放弃陈述和申辩权利。根据《中华人民共和国行政处罚法》第四十二条的规定，你公司有要求举行听证的权利。你公司如果要求听证，可以在收到本告知书之日起三日内向我局提出听证申请；逾期未提出听证申请的，视为你公司放弃听证要求。

我局地址：××县××镇××路××号

邮政编码：××××××

联 系 人：×××　×××

电　　话：××××-×××××××

××县环境保护局

2017年4月5日

××县环境保护局
送达回证

送达文书名称及文号	《××县环境保护局责令停产整治事先（听证）告知书》 ×环停告字〔2017〕B4号
当事人名称或姓名	××县××纸业有限公司
送达地点	××县环境监察大队办公室
收件人签名（盖章） 及收件日期	××× （与当事人的关系：×××）2017年4月5日
送达人签名	×××　××× 2017年4月5日
送达机关盖章	
备注	

××县环境保护局
责令停产整治决定书

×环停字〔2017〕B4 号

××县××纸业有限公司：

统一社会信用代码：××××××××××××××××××

地址：××县××镇××村

法定代表人（负责人）：×××

我局于 2017 年 3 月 24 日对你公司进行了检查，发现你公司实施了以下环境违法行为：通过暗管违法排放污染物、超标排放水污染物。

有 1. 2017 年 3 月 24 日，执法人员制作的现场检查（勘察）笔录显示现场检查具体情况；2. 2017 年 3 月 24 日，执法人员拍摄的现场照片显示现场采样取证情况；3. 2017 年 3 月 27 日，××县环境监测站出具的监测报告（×环测〔2017〕z33 号）显示污水规范排放口水样的悬浮物浓度为 46 mg/L，厂区东边污水处理设施旁的排水沟内水样的化学需氧量为 1 110 mg/L、氨氮浓度为 60.8 mg/L、悬浮物浓度为 610 mg/L；4. 2017 年 4 月 1 日，执法人员制作的调查询问笔录显示案件详细情况 等证据为凭。

你公司的上述行为违反了《中华人民共和国环境保护法》第四十二条第四款、《中华人民共和国水污染防治法》第二十二条、《福建省流域水环境保护条例》第二十六条的规定。依据《中华人民共和国行政处罚法》第二十三条和《中华人民共和国环境保护法》第六十条、《环境保护主管部门实施限制生产、停产整治办法》第六条第一项 的规定，责令你公司采取停产整治措施。

停产整治的期限，自责令停产整治决定书送达你公司之日起，至停产整治决定解除之日止，你公司应当在收到责令停产整治决定书后立即整改，并在十五个工作日内将整改方案报我局备案并向社会公开。整改方案应当确定改正措施、工程进度、资金保障和责任人员等事项。

你公司在完成整改任务后，应当在十五个工作日内将整改任务完成情况和整改信息社会公开情况报我局备案，并提交监测报告以及整改期间生产用电量、用水量、主要产品产量与整改前的对比情况等材料，停产整治决定自你公司报我局备案之日起解除。

我局将对你公司履行停产整治的情况实施后督察，拒不停产或者擅自恢复生产的，我局将依据《环境保护主管部门实施限制生产、停产整治办法》第八条第二项的规定报经××县人民政府责令关闭。

你公司如对本决定不服，可在收到本决定书之日起六十日内向××市环境保护局或者××县人民政府申请行政复议，也可在收到本决定书之日起六个月内向××县人民法院提起行政诉讼。

行政复议、行政诉讼期间，本决定不停止执行。

××县环境保护局

2017年4月20日

××县环境保护局
送达回证

送达文书名称及文号	《××县环境保护局责令停产整治决定书》 ×环停字〔2017〕B4号
当事人名称或姓名	××县××纸业有限公司
送达地点	××县××纸业有限公司办公室
收件人签名（盖章） 及收件日期	××× （与当事人的关系：×××）2017年4月20日
送达人签名	××× ××× 2017年4月20日
送达机关盖章	
备注	

××县××纸业有限公司
停产整治整改方案

××县环境保护局：

我公司于 2017 年 4 月 20 日收到贵局责令停产整治决定书（×环停字〔2017〕B4 号）后，我公司立即整改，停产整治，现将停产整治整改方案报告如下：

成立责任领导小组，董事长任组长，总经理任副组长，环保主管任成员。

我公司将投入资金请专业人员对污水处理设施进行维护，排查所有的污水管道。

切实提高环保意识，组织进行环保法律法规的学习，特别加强对环保主管人员的教育，确保环保治理设施正常运行，保证污染物达标排放。

以上整改方案特向贵局备案并向社会公开。

××县××纸业有限公司

2017 年 4 月 24 日

××县××纸业有限公司
停产整治整改完成情况

××县环境保护局：

我公司于 2017 年 4 月 20 日收到贵局责令停产整治决定书（×环停字〔2017〕B4 号）后，我公司立即整改，停产整治，于 2017 年 4 月 24 日将停产整治整改方案报告贵局，现将停产整治完成情况汇报如下：

一、责任领导小组成立后，高度重视整治任务，紧跟任务完成情况。

二、已完成污水治理设施维护，已排查所有的污水管道。

三、已组织多场环保法律法规的学习。

以上整改完成情况特向贵局备案并向社会公开。

××县××纸业有限公司

2017 年 5 月 20 日

××县××纸业有限公司停产整治整改完成情况用水情况证明

××县环境保护局：

我公司生产用水采用泵抽取的地下水，我公司在停产整治期间，没有抽水用于生产。

特此证明。

××县××纸业有限公司

2017年5月20日

××县××纸业有限公司停产整治整改完成情况用电情况证明

××县环境保护局：

我公司工业用电为×××小水电所提供。该供电单位抄表时间为每月 25 日，故我公司只能提供至本月 25 日的用电量。

特此证明。

××县××纸业有限公司

2017 年 5 月 20 日

××县××纸业有限公司停产整治整改完成情况主要产品产量情况证明

××县环境保护局：

我公司主要产品为涂布纸和瓦楞纸，停产整治期间未进行生产，故产量为零。

特此证明。

××县××纸业有限公司

2017年5月20日

×××水电站收款凭证

2017 年 3 月 25 日

单位或姓名		住址	
摘要			
金额			
领导批示			

会计：　　　　出纳：　　　　领款人：

×××水电站收款凭证

2017 年 4 月 25 日

单位或姓名		住址	
摘要			
金额			
领导批示			

会计：　　　　出纳：　　　　领款人：

×××水电站收款凭证

2017 年 5 月 25 日

单位或姓名		住址	
摘要			
金额			
领导批示			

会计：　　　　出纳：　　　　领款人：

××县环境保护局
解除停产整治决定书

×环解停字〔2017〕B4号

××县××纸业有限公司：

本机关于2017年4月20日依法对你公司 通过暗管违法排放水污染物的违法行为 作出停产整治决定书（×环停字〔2017〕B4号），因 你公司已将整改任务完成情况报至我局备案 ，现根据《环境保护主管部门实施限制生产、停产整治办法》第十七条的规定，经研究，现依法决定解除停产整治，同意恢复生产。

××县环境保护局
2017年5月20日

××县环境保护局
送达回证

送达文书名称及文号	《××县环境保护局解除停产整治决定书》 ×环解停字〔2017〕B4 号
当事人名称或姓名	××县××纸业有限公司
送达地点	××县环境监察大队办公室
收件人签名（盖章） 及收件日期	××× （与当事人的关系：×××）2017 年 5 月 20 日
送达人签名	×××　××× 2017 年 5 月 20 日
送达机关盖章	
备注	

××县环境保护局
环境行政执法后督察现场检查笔录

<table>
<tr><td>后督察对象</td><td colspan="3">××县××纸业有限公司</td></tr>
<tr><td>地　　址</td><td colspan="3">××县××镇××村</td></tr>
<tr><td rowspan="2">后督察事项</td><td colspan="3">环境行政处罚：</td></tr>
<tr><td colspan="3">环境行政命令：
×环保封字〔2017〕5号、×环停字〔2017〕B4号</td></tr>
<tr><td>法定代表人
（负责人）</td><td>×××</td><td>现场负责人</td><td>×××（总经理）</td></tr>
<tr><td>检查地点</td><td>该公司厂区及
周边环境</td><td>检　　查
时间起讫</td><td>2017年5月12日
10:00—11:15</td></tr>
<tr><td>检 查 人</td><td>×××　×××</td><td>执法证号</td><td>××××××　××××××</td></tr>
<tr><td>记 录 人</td><td>×××</td><td>执法证号</td><td>××××××</td></tr>
<tr><td>应邀参加人</td><td colspan="3"></td></tr>
<tr><td>检　　查
实况及结果</td><td colspan="3">执法人员已出示执法证件表明身份，并告知申请回避的权利和配合调查的义务，该公司现场负责人对执法人员身份确认后无异议，且无回避申请。现场检查时，该公司处于停产状态，未发现擅自恢复生产痕迹，造纸机和用电控制台的封条完好无损，未发现擅自撕毁、启封行为。执法人员对检查过程拍照取证并记录，该公司现场负责人×××全程陪同检查。（以下空白）</td></tr>
<tr><td>后督察对象签名</td><td colspan="3">审阅意见：以上笔录已阅无误
签名：×××　　2017年5月12日</td></tr>
<tr><td>后督察人员签名</td><td colspan="3">×××　×××　　2017年5月12日</td></tr>
<tr><td>参加人员签名</td><td colspan="3">年　月　日</td></tr>
</table>

证明对象：××县××纸业有限公司处于停产状态
拍摄时间：2017 年 5 月 12 日
拍摄地点：××县××纸业有限公司（××县××镇）
拍摄人：×××
执法人员：×××　　　　　××× 执法证号：××××××　　　××××××

证明对象：××县××纸业有限公司用造纸机的封存情况
拍摄时间：2017 年 5 月 12 日
拍摄地点：××县××纸业有限公司（××县××镇）
拍摄人：×××
执法人员：×××　　　　　××× 执法证号：××××××　　××××××

证明对象：××县××纸业有限公司用电控制台的封存情况
拍摄时间：2017 年 5 月 12 日
拍摄地点：××县××纸业有限公司（××县××镇）
拍摄人：×××
执法人员：×××　　　　　×××   执法证号：××××××　　××××××

营业执照

注册号XXXXXXXXXXX

名　　称 XXXXXXXX有限公司

类　　型 有限责任公司

住　　所 XX市XX区XX街道XX号

法定代表人 XXX

注册资本 XXXXXX万元人民币

成立日期 XXXX年XX月XX日

营业期限 XXXX年XX月XX日至XXXX年XX月XX日

经营范围 XXXXXXXXXXXXXXXXXXXXXXXXXXXXXXXXXXXXXXXXXXXXXXXX
XXXXXXXXXXXXXXXXXXXXXXXXXXXXXXXXXXXXXXXXXXXXXXXXXXXXXXXXXXXXXXXXXXXX
XXXXXXXXXXXXXXXXXXXXXXXXXXXXXXXXXXXXXXXXXXXXXXXXXXXXXXXXXXXXXXXXXXXX
XXXXXXXXXXXXXXXXXXXXXXXXXXXXXXXXXXXXXXXXXXXXXXXXX.

登记机关

XXXX年XX月XX日

企业信用信息公示系统网址：http://gsxt.haaic.gov.cn　　中华人民共和国国家工商行政管理总局监制

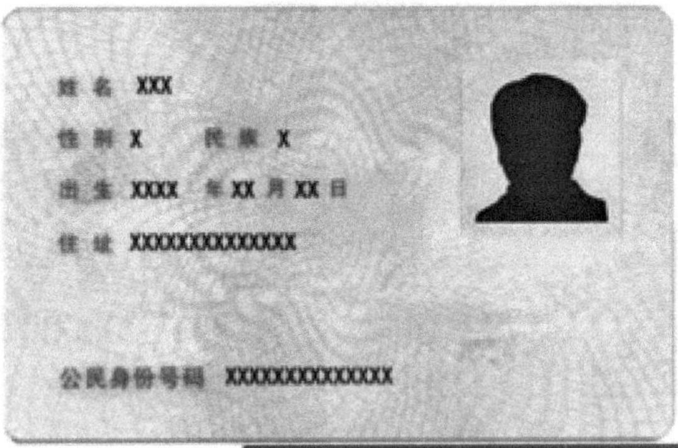

调取时间：xx年xx月xx日

提供人（签名或盖章）：XXX

执法人员姓名及证号：

xxx（xxx）

xxx（xxx）

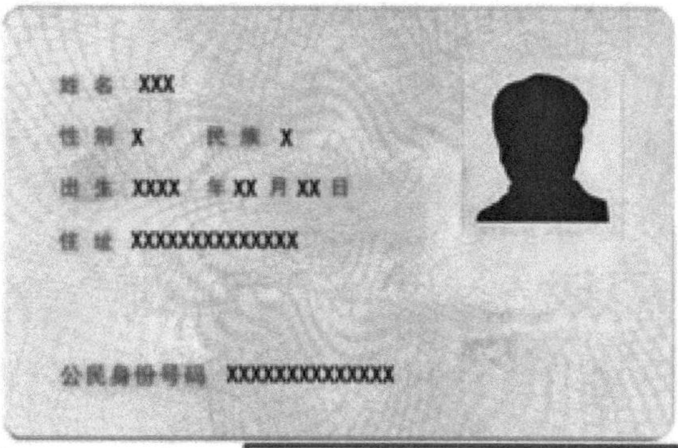

调取时间：xx年xx月xx日

提供人（签名或盖章）：XXX

执法人员姓名及证号：

xxx（xxx）

xxx（xxx）

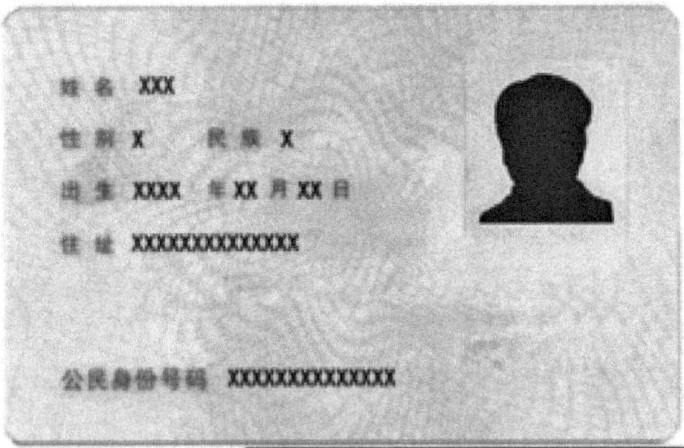

调取时间：xx年xx月xx日 提供人（签名或盖章）：XXX
执法人员姓名及证号： xxx（xxx）
xxx（xxx）

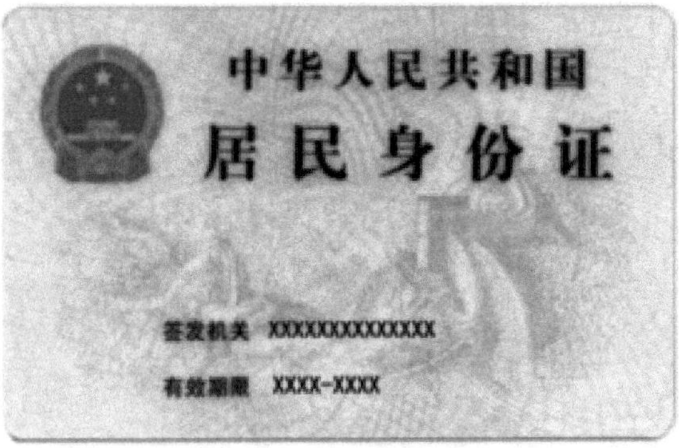

授权委托书

现委托 ××× （性别： × ，年龄： ×× ，公民身份号码： ×××××××××××××××××× ，职务： 总经理 ，联系电话： ××××-××××××× ）为我单位的委托代理人，前往××县环境保护局处理以下事宜：

1. 配合调查询问工作；
2. 代为提交确认相关证据材料；
3. 代为申请回避；
4. 代为签收法律文书；
5. 代为接受处罚告知；
6. 代为陈述申辩；
7. 代为听证。

委托单位（盖章）：××县××纸业有限公司

2017年4月1日

授权委托书

现委托<u>×××</u>（性别：<u>×</u>，年龄：<u>××</u>，公民身份号码：<u>××××××××××××××××××</u>，职务：<u>环保主管</u>，联系电话：<u>××××-××××××××</u>）为我单位的委托代理人，前往××县环境保护局处理以下事宜：

1. 配合调查询问工作；
2. 代为提交确认相关证据材料；
3. 代为申请回避；
4. 代为签收法律文书；
5. 代为接受处罚告知；
6. 代为陈述申辩；
7. 代为听证。

×县××纸业有限公司

委托单位（盖章）：

2017年4月1日

福建省建设项目环境影响
报告表

（适用于工业型建设项目）

项目名称：×××××生产线

建设单位（盖章）：××县××纸业有限公司

法人代表（盖章或名字）：×××

联系人：×××

联系电话：××××××××××

邮政编码：××××××

××县××纸业有限公司

此复印件与原件核对无异。
提供人：
调查人：
日期： 年 月 日

环保部门填写	收到表格日期	
	编号	

福建省环境保护局制

主管部门预审意见：

××县××纸业有限公司

经办人：×××

此复印件与原件核对无异。
提供人：
调查人： ××××年××月××日
日期： 年 月 日

县级环境保护行政主管部门审批（审查）意见：

××××××××项目应做好环保“三同时”工作，废水排放执行 GB 3544—2001《造纸工业水污染物排放标准》；废气执行 GB 16297—1996《大气污染物综合排放标准》表 2 级；噪声执行 GB 12348—1990《工业企业厂界噪声标准》Ⅱ类；昼间 60 dB、夜间 50 dB。××××××××××××××××××××。企业应确保治污资金的投入，环保治理设施经验收合格后方可投入生产。

经办人：×××

××县环境保护局

××××年××月××日

建设项目竣工环境保护
验收申请表

项目名称： ×××有限公司

建设单位： ××××××××××

建设地点： ××××××××××××××××

项目负责人： ×××

联系电话： ××××××××××

邮政编码： ××××××

××县××纸业有限公司

此复印件与原件核对无异。
提供人：
调查人：
日期：　　年　　月　　日

环保部门填写	收到表格日期	××××年××月××日
	编号	××××

国家环境保护总局制

负责验收的环境行政主管部门验收意见：

××××××××××××

1. 经12月1日局党组会研究决定，原则同意该项目通过环保竣收。

2. 应严格规范生产操作规程，加强环境管理、落实环保专职管理人员岗位责任制，建立污染源排污台账和环保设施运行台账。加强治理设施日常维护，确保正常运行，实现污染物稳定达标排放，防止发生污染事故。

××县××纸业有限公司

此复印件与原件核对无异。
提供人：
调查人：
日期：　年　月　日

××县环境保护局

经办人（签字）：×××　　　　××××年××月××日

排放污染物许可证

环[ ]证字第 号

单位名称：XXX有限公司

法人代表：XXX

单位地址：XXXXXXXXXX

许可内容：《排放污染物许可证》（副本）

有效期限：XXXX 年 XX 月 XX 日止

发证机关：XX环境保护

签发日期：XXXX年XX月XX日

环境保护厅 制

XX省非税收入一般缴款书

X.财通字(200×)　　№000000001X

征收大厅编码:
执收单位编码:
执收单位名称:
　　　　年　月　日　　集中汇缴□　　直征□

付款人	全称		收款人	全称	
	账号			账号	
	开户银行			开户银行	

收入项目	编码	数量	收缴标准	金额
金额(大写)			(小写)	

上列款项已收妥并划转收款单位账户 代理银行(盖章) 年　月　日	科目(贷): 对方科目(借): 复核:　　记账:

校验码:　　本缴款书付款期为10天(节假日顺延),过期无效。

④收款人开户银行收款后作贷方传票

此件与原件校核无异

××县××纸业有限公司

XX省非税收入一般缴款书

X.财通字(200×)　　№000000001X

征收大厅编码:
执收单位编码:
执收单位名称:
　　　　年　月　日　　集中汇缴□　　直征□

付款人	全称		收款人	全称	
	账号			账号	
	开户银行			开户银行	

收入项目	编码	数量	收缴标准	金额
金额(大写)			(小写)	

上列款项已收妥并划转收款单位账户 代理银行(盖章) 年　月　日	科目(贷): 对方科目(借): 复核:　　记账:

校验码:　　本缴款书付款期为10天(节假日顺延),过期无效。

④收款人开户银行收款后作贷方传票

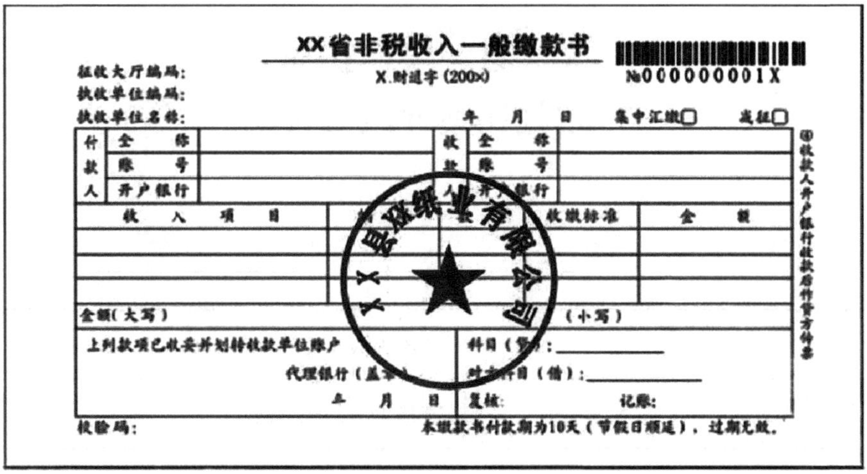

XX省非税收入一般缴款书

征收大厅编码：　　X 财通字（200x）　　№000000001X

执收单位编码：

执收单位名称：　　年　月　日　集中汇缴☐　直征☐

付款人	全称		收款人	全称	
	账号			账号	
	开户银行			开户银行	

收入项目	编码	数量	收缴标准	金额
金额（大写）			（小写）	

上列款项已收妥并划转收款单位账户

代理银行（盖章）

年　月　日

科目（贷）：

对方科目（借）：

复核：　记账：

校验码：　本缴款书付款期为10天（节假日顺延），过期无效。

④收款人开户银行收款后作贷方传票

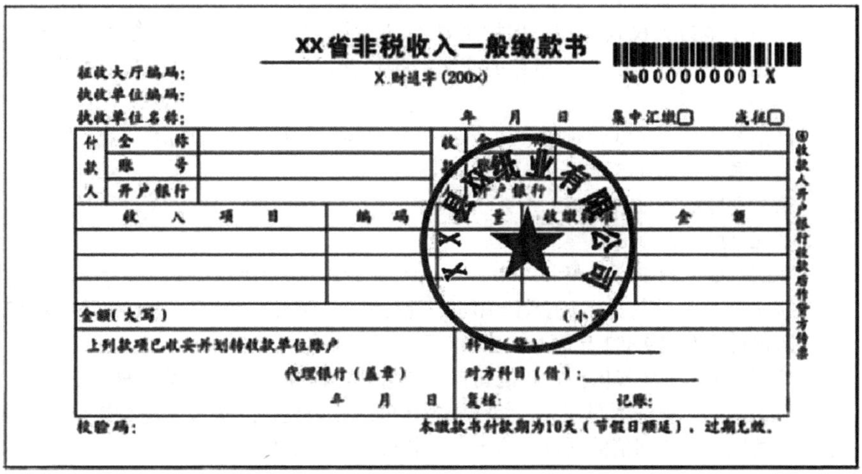

XX省非税收入一般缴款书

征收大厅编码：　　X 财通字（200x）　　№000000001X

执收单位编码：

执收单位名称：　　年　月　日　集中汇缴☐　直征☐

付款人	全称		收款人	全称	
	账号			账号	
	开户银行			开户银行	

收入项目	编码	数量	收缴标准	金额
金额（大写）			（小写）	

上列款项已收妥并划转收款单位账户

代理银行（盖章）

年　月　日

科目（贷）：

对方科目（借）：

复核：　记账：

校验码：　本缴款书付款期为10天（节假日顺延），过期无效。

④收款人开户银行收款后作贷方传票

××县环境保护局
行政处罚案件裁量说明

<table>
<tr><td colspan="2">当事人</td><td>××县××纸业有限公司</td></tr>
<tr><td colspan="2">案　由</td><td>涉嫌超标排放水污染物</td></tr>
<tr><td rowspan="2">裁
量
说
明</td><td colspan="2">根据对××县××纸业有限公司的现场检查结果：该公司排放至外环境的生产废水超过福建省地方标准《制浆造纸工业水污染物排放标准》（DB 35/1310—2013）规定的水污染物排放标准，违反了《福建省流域水环境保护条例》第二十六条的规定，依据《福建省流域水环境保护条例》第五十条的规定：“违反本条例第二十六条的规定，排放水污染物超过国家或者地方规定的排放标准，或者超过重点水污染物排放总量控制指标的，由县级以上地方人民政府环境保护主管部门责令限期治理，并处应缴纳排污费数额二倍以上五倍以下的罚款。前款所称的应缴纳排污费，按年计算，以行政处罚作出时的上一年度排污费为基数。”
根据××县××纸业有限公司在2016年度缴纳的排污费情况显示：
第一季度：10 435元整
第二季度：23 140元整
第三季度：23 138元整
第四季度：23 139元整
2016年度缴纳的排污费合计=10 435元+23 140元+23 138元+23 139元=79 852元
四倍排污费=79 852元×4=319 408元
参照《××县环境保护行政处罚自由裁量细化标准（试行）》第五种违法种类、第1款违法行为、第2条法定罚则、乙级违法情形的规定，建议对该公司超标排放水污染物的违法行为处以排污费四倍的罚款，合计：叁拾壹万玖仟肆佰零捌元整。

承办人员：×××　　　　2017年4月18日</td></tr>
<tr><td colspan="2">
承办人员：×××　　　　2017年4月18日</td></tr>
<tr><td colspan="3">环境监察机构意见：同意。
负责人：×××　　　　2017年4月18日</td></tr>
</table>

姓名：XXX

性别：男

职务：科员

证号：XXX

此件与原件核对无异。

工作单位：XX市XX县
环境监察大队

使用区域：XX市XX县

发证单位：XX省环境保护厅

发证日期：XX年XX月XX日

××县环境保护局

姓名：XXX

性别：男

职务：科员

证号：XXX

此件与原件核对无异。

工作单位：XX市XX县
环境监察大队

使用区域：XX市XX县

发证单位：XX省环境保护厅

发证日期：XX年XX月XX日

××县环境保护局

××县环境保护局
案件调查报告

<table>
<tr><td>案件来源</td><td colspan="4">检查发现</td></tr>
<tr><td>案　由</td><td colspan="4">涉嫌通过暗管违法排放污染物、超标排放水污染物</td></tr>
<tr><td rowspan="6">当事人</td><td>名　称</td><td colspan="3">××县××纸业有限公司</td></tr>
<tr><td>地　址</td><td>××县××镇××村</td><td>邮　编</td><td>××××××</td></tr>
<tr><td>统一社会信用代码</td><td colspan="3">××××××××××××</td></tr>
<tr><td>法定代表人（负责人）</td><td colspan="3">×××</td></tr>
<tr><td>电　话</td><td>×××-××××××××</td><td>职　务</td><td>董事长</td></tr>
</table>

调查经过：2017 年 3 月 24 日，我局执法人员依法在××县××镇××村对该公司进行检查，发现该公司 2 号纸机旁浆池的上部建有一口约 40 m^3 的纸机用水池，池面连接一口径约 10 cm 的 PVC 管，该 PVC 管通往厂区东边污水处理设施旁的排水沟，该排水沟通往龙山溪都美段。纸机用水池装有两台抽水泵，一台用于将混凝池的废水抽至纸机用水池内，另一台用于将纸机用水池内的废水抽至纸机用于生产。检查时，混凝池的废水正被抽至纸机用水池内，而抽纸机用水池废水的水泵未运行，池内水面上升到池面 PVC 管处后，排入厂区东边污水处理设施旁的排水沟，再流入龙山溪。执法人员在污水规范排放口和厂区东边污水处理设施旁的排水沟内各采集水样两瓶。执法人员在现场拍照取证，并制作了现场检查（勘察）笔录。2017 年 4 月 1 日，我局予以立案。2017 年 4 月 1 日，执法人员制作了调查询问笔录。

查明的事实：该公司 2 号纸机旁浆池的上部建有一口约 40 m^3 的纸机用水池，池面连接一口径约 10 cm 的 PVC 管，该 PVC 管通往厂区东边污水处理设施旁的排水沟，该排水沟通往龙山溪都美段。纸机用水池装有两台抽水泵，一台用于将混凝池的废水抽至纸机用水池内，另一台用于将纸机用水池内的废水抽至纸机用于生产。检查时，混凝池的废水正被抽至纸机用水池内，而抽纸机用水池废水的水泵未运行，池内水面上升到池面 PVC 管处后，排入厂区东边污水处理设施旁的排水沟，再流入龙山溪。执法人员在污水规范排放口和厂区东边污水处理设施旁的排水沟内各采集水样两瓶。经××县环境监测站水质监测分析，监测结果显示污水规范排放口水样的悬浮物浓度为 46 mg/L；厂区东边污水处理设施旁的排水沟内水样的化学需氧量为 1 110 mg/L、氨氮浓度为 60.8 mg/L、悬浮物浓度为 610 mg/L，均超过福建省地方标准《制浆造纸工业水污染物排放标准》（DB 35/1310—2013）规定的水污染物排放标准。该公司的行为属于通过暗管违法排放污染物、超标排放水污染物，违反了《中华人民共和国环境保护法》第四十二条第四款的规定：“严禁通过暗管、渗井、渗坑、灌注或者篡改、伪造监测数据，或者不正常运行防治污染设施等逃避监管的方式违法排放污染物。”《中华人民共和国水污染防治法》第二十二条的规定：“向水体排放污染物的企业事业单位和个体工商户，应当按照法律、行政法规和国务院环境保护主管部门的规定设置排污口；在江河、湖泊设置排污口的，还应当遵守国务院水行政主管部门的规定。禁止私设暗管或者采取其他

<table>
<tr><td>规避监管的方式排放水污染物。”及《福建省流域水环境保护条例》第二十六条的规定：“向环境或者城镇污水集中处理设施排放水污染物的，不得超过国家和地方规定的水污染物排放标准以及重点水污染物排放总量控制指标。”
　　证据：现场检查（勘察）笔录、调查询问笔录、现场检查采样照片、××县环境监测站出具的监测报告（×环测〔2017〕z33 号）。</td></tr>
<tr><td>　　处理依据：根据《中华人民共和国环境保护法》第六十三条：“企业事业单位和其他生产经营者有下列行为之一，尚不构成犯罪的，除依照有关法律法规规定予以处罚外，由县级以上人民政府环境保护主管部门或者其他有关部门将案件移送公安机关，对其直接负责的主管人员和其他直接责任人员，处十日以上十五日以下拘留；情节较轻的，处五日以上十日以下拘留：……（三）通过暗管、渗井、渗坑、灌注或者篡改、伪造监测数据，或者不正常运行防治污染设施等逃避监管的方式违法排放污染物的；”及《行政主管部门移送适用行政拘留环境违法案件暂行办法》（公治〔2014〕853 号）第二条：“本办法适用于县级以上环境保护主管部门或者其他负有环境保护监督管理职责的部门办理尚不构成犯罪，依法作出行政处罚决定后，仍需要移送公安机关处以行政拘留的案件。”第五条：“《环境保护法》第六十三条第三项规定的通过暗管、渗井、渗坑、灌注等逃避监管的方式违法排放污染物，是指通过暗管、渗井、渗坑、灌注等不经法定排污口排放污染物等逃避监管的方式违法排放污染物：暗管是指通过隐蔽的方式达到规避监管目的而设置的排污管道，包括埋入地下的水泥管、瓷管、塑料管等，以及地上的临时排污管道；”以及《中华人民共和国水污染防治法》第七十五条第二款的规定：“违反法律、行政法规和国务院环境保护主管部门的规定设置排污口或者私设暗管的，由县级以上地方人民政府环境保护主管部门责令限期拆除，处二万元以上十万元以下的罚款；逾期不拆除的，强制拆除，所需费用由违法者承担，处十万元以上五十万元以下的罚款；私设暗管或者有其他严重情节的，县级以上地方人民政府环境保护主管部门可以提请县级以上地方人民政府责令停产整顿。”按照《××县环境保护行政处罚自由裁量细化标准（试行）》第十三种违法种类、第 2 款违法行为、第 2 条法定罚则、甲级 B 档违法情形的规定和《福建省流域水环境保护条例》第五十条的规定：“违反本条例第二十六条的规定，排放水污染物超过国家或者地方规定的排放标准，或者超过重点水污染物排放总量控制指标的，由县级以上地方人民政府环境保护主管部门责令限期治理，并处应缴纳排污费数额二倍以上五倍以下的罚款。前款所称的应缴纳排污费，按年计算，以行政处罚作出时的上一年度排污费为基数。”并参照《××县环境保护行政处罚自由裁量细化标准（试行）》第五种违法种类、第 1 款违法行为、第 2 条法定罚则、乙级违法情形的规定。</td></tr>
<tr><td>　　处理意见：建议作出如下行政处罚：对该公司通过暗管违法排放污染物的行为，处罚款人民币壹拾万元整；对该公司超标排放水污染物的违法行为，处应缴纳排污费数额四倍的罚款，计人民币叁拾壹万玖仟肆佰零捌元整。共处罚款人民币肆拾壹万玖仟肆佰零捌元整。
呈大队负责人审查。

承办人：×××　　　　2017 年 4 月 20 日</td></tr>
<tr><td>呈大队负责人审查。

承办人：×××　　　　2017 年 4 月 20 日</td></tr>
<tr><td>环境监察机构意见：提交大队集体讨论后报局领导审查。

负责人：×××　　　　2017 年 4 月 20 日</td></tr>
</table>

××县环境保护局
行政处罚事先（听证）告知书

×环罚告字〔2017〕67号

××县××纸业有限公司：

统一社会信用代码：××××××××××××××××××

地址：××县××镇××村

法定代表人（负责人）：×××

联系电话：××××-×××××××

2017年3月24日，我局执法人员依法在××县××镇××村对你公司进行检查，发现你公司2号纸机旁浆池的上部建有一口约40 m^3的纸机用水池，池面连接一口径约10 cm的PVC管，该PVC管通往厂区东边污水处理设施旁的排水沟，该排水沟通往龙山溪都美段。纸机用水池装有两台抽水泵，一台用于将混凝池的废水抽至纸机用水池内，另一台用于将纸机用水池内的废水抽至纸机用于生产。检查时，混凝池的废水正被抽至纸机用水池内，而抽纸机用水池废水的水泵未运行，池内水面上升到池面PVC管处后，排入厂区东边污水处理设施旁的排水沟，再流入龙山溪。执法人员在污水规范排放口和厂区东边污水处理设施旁的排水沟内各采集水样两瓶。2017年3月27日，××县环境监测站出具的监测报告（×环测〔2017〕z33号）显示污水规范排放口水样的悬浮物浓度为46 mg/L；厂区东边污水处理设施旁的排水沟内水样的化学需氧量为1 110 mg/L、氨氮浓度为60.8 mg/L、悬浮物浓度为610 mg/L，均超过福建省地方标准《制浆造纸工业水污染物排放标准》（DB 35/1310—2013）规定的水污染物排放标准。你公司的行为属于通过暗管违法排放污染物、超标排放水污染物。

证明以上事实的证据有：

1. 2017年3月24日，执法人员制作的现场检查（勘察）笔录显示现场检查具体情况；

2. 2017年3月24日，执法人员拍摄的现场照片显示现场检查采样取证情况；

3. 2017年3月27日，××县环境监测站出具的监测报告（×环测〔2017〕z33号）；

4. 2017年4月1日，执法人员制作的调查询问笔录显示案件详细情况。

我局认为：你公司通过暗管违法排放污染物的行为违反了《中华人民共和国环境保护法》第四十二条第四款的规定："严禁通过暗管、渗井、渗坑、灌注或者篡改、伪造监测数据，或者不正常运行防治污染设施等逃避监管的方式违法排放污染物。"《中华人民共和国水污染防治法》第二十二条的规定："向水体排放污染物的企业事业单位和个体工商户，应当按照法律、行政法规和国务院环境保护主管部门的规定设置排污口；在江河、湖泊设置排污口的，还应当遵守国务院水行政主管部门的规定。禁止私设暗管或者采取其他规避监管的方式排放水污染物。"

你公司超标排放水污染物的行为违反了《福建省流域水环境保护条例》第二十六条的规定："向环境或者城镇污水集中处理设施排放水污染物的，不得超过国家和地方规定的水污染物排放标准以及重点水污染物排放总量控制指标。"

对于你公司通过暗管违法排放污染物的行为，根据《中华人民共和国水污染防治法》第七十五条第二款的规定："违反法律、行政法规和国务院环境保护主管部门的规定设置排污口或者私设暗管的，由县级以上地方人民政府环境保护主管部门责令限期拆除，处二万元以上十万元以下的罚款；逾期不拆除的，强制拆除，所需费用由违法者承担，处十万元以上五十万元以下的罚款；私设暗管或者有其他严重情节的，县级以上地方人民政府环境保护主管部门可以提请县级以上地方人民政府责令停产整顿。"并参照《××县环境保护行政处罚自由裁量细化标准（试行）》第十三种违法种类、第 2 款违法行为、第 2 条法定罚则、甲级 B 档违法情形的规定，我局拟对你公司作出以下行政处罚：**处罚款人民币壹拾万元整。**

对于你公司超标排放水污染物的行为，根据《福建省流域水环境保护条例》第五十条的规定："违反本条例第二十六条的规定，排放水污染物超过国家或者地方规定的排放标准，或者超过重点水污染物排放总量控制指标的，由县级以上地方人民政府环境保护主管部门责令限期治理，并处应缴纳排污费数额二倍以上五倍以下的罚款。前款所称的应缴纳排污费，按年计算，以行政处罚作出时的上一年度排污费为基数。"并参照《××县环境保护行政处罚自由裁量细化标准（试行）》第五种违法种类、第 1 款违法行为、第 2 条法定罚则、乙级违法情形的规定，我局拟对你公司作出以下行政处罚：**处应缴纳排污费数额四倍的罚款，计人民币叁拾壹万玖仟肆佰零捌元整。**

综上，针对你公司通过暗管违法排放污染物、超标排放水污染物的违法行为，我局拟对你公司作出以下行政处罚：**共处罚款人民币肆拾壹万玖仟肆佰零捌元整。**

对于你公司通过暗管违法排放污染物的行为，根据《中华人民共和国环境保护法》第六十三条第三项："企业事业单位和其他生产经营者有下列行为之一，尚不构成犯罪的，除依照有关法律法规规定予以处罚外，由县级以上人民政府环境保护主管部门或者其他有关部门将案件移送公安机关，对其直接负责的主管人员和其他直接责任人员，处十日以上十五日以下拘留；情节较轻的，处五日以上十日以下拘留：……（三）通过暗管、渗井、渗坑、灌注或者篡改、伪造监测数据，或者不正常运行防治污染设施等逃避监管的方式违法排放污染物的；”及《行政主管部门移送适用行政拘留环境违法案件暂行办法》（公治〔2014〕853 号）第二条：“本办法适用于县级以上环境保护主管部门或者其他负有环境保护监督管理职责的部门办理尚不构成犯罪，依法作出行政处罚决定后，仍需要移送公安机关处以行政拘留的案件。”我局拟依照上述规定将该案件移送公安机关。

根据《中华人民共和国行政处罚法》第三十二条的规定，你公司有陈述和申辩的权利。你公司如有异议，可以在收到本告知书之日起七日内向我局提出陈述和申辩，逾期未进行陈述和申辩的，视为你公司放弃陈述和申辩权利。其中对你公司拟作出的行政处罚符合听证条件。根据《中华人民共和国行政处罚法》第四十二条的规定，你公司有要求举行听证的权利。你公司如果要求听证，可以在收到本告知书之日起三日内向我局提出听证申请；逾期未提出听证申请的，视为你公司放弃听证要求。

我局地址：××县××镇××路×号

邮政编码：××××××

联 系 人：×××　×××

电　　话：××××-××××××

××县环境保护局

2017 年 6 月 14 日

××县环境保护局
送达回证

送达文书名称及文号	《××县环境保护局行政处罚事先（听证）告知书》 （×环罚告字〔2017〕67号）
当事人名称或姓名	××县××纸业有限公司
送达地点	××县环境监察大队办公室
收件人签名（盖章） 及收件日期	××× （与当事人的关系：×××）2017年6月14日
送达人签名	×××　××× 2017年6月14日
送达机关盖章	
备注	

××县环境保护局
行政处罚决定审批表

<table>
<tr><td>案件来源</td><td colspan="4">检查发现</td></tr>
<tr><td>案　由</td><td colspan="4">通过暗管违法排放污染物、超标排放水污染物</td></tr>
<tr><td rowspan="5">当事人</td><td>名　称</td><td colspan="3">××县××纸业有限公司</td></tr>
<tr><td>地　址</td><td colspan="3">××县××镇××村</td></tr>
<tr><td>统一社会信用代码</td><td colspan="3">××××××××××××</td></tr>
<tr><td>法定代表人（负责人）</td><td colspan="3">×××</td></tr>
<tr><td>电　话</td><td>××××-×××××××</td><td>职　务</td><td>董事长</td></tr>
<tr><td>违法事实</td><td colspan="4">2017 年 3 月 24 日，我局执法人员依法在××县××镇××村对该公司进行检查，发现该公司 2 号纸机旁浆池的上部建有一口约 40 m³ 的纸机用水池，池面连接一口径约 10 cm 的 PVC 管，该 PVC 管通往厂区东边污水处理设施旁的排水沟，该排水沟通往龙山溪都美段。纸机用水池装有两台抽水泵，一台用于将混凝池的废水抽至纸机用水池内，另一台用于将纸机用水池内的废水抽至纸机用于生产。检查时，混凝池的废水正被抽至纸机用水池内，而抽纸机用水池废水的水泵未运行，池内水面上升到池面 PVC 管处后，排入厂区东边污水处理设施旁的排水沟，再流入龙山溪。执法人员在污水规范排放口和厂区东边污水处理设施旁的排水沟内各采集水样两瓶。2017 年 3 月 27 日，××县环境监测站出具的监测报告（×环测〔2017〕z33 号）显示污水规范排放口水样的悬浮物浓度为 46 mg/L；厂区东边污水处理设施旁的排水沟内水样的化学需氧量为 1 110 mg/L、氨氮浓度为 60.8 mg/L、悬浮物浓度为 610 mg/L，均超过福建省地方标准《制浆造纸工业水污染物排放标准》（DB 35/1310—2013）规定的水污染物排放标准。该公司的行为属于通过暗管违法排放污染物、超标排放水污染物，违反了《中华人民共和国环境保护法》第四十二条第四款的规定：“严禁通过暗管、渗井、渗坑、灌注或者篡改、伪造监测数据，或者不正常运行防治污染设施等逃避监管的方式违法排放污染物。”《中华人民共和国水污染防治法》第二十二条的规定：“向水体排放污染物的企业事业单位和个体工商户，应当按照法律、行政法规和国务院环境保护主管部门的规定设置排污口；在江河、湖泊设置排污口的，还应当遵守国务院水行政主管部门的规定。禁止私设暗管或者采取其他规避监管的方式排放水污染物。”及《福建省流域水环境保护条例》第二十六条的规定：“向环境或者城镇污水集中处理设施排放水污染物的，不得超过国家和地方规定的水污染物排放标准以及重点水污染物排放总量控制指标。”</td></tr>
</table>

承办人 意　见	对于该公司通过暗管违法排放污染物的行为，根据《中华人民共和国水污染防治法》第七十五条第二款的规定：“违反法律、行政法规和国务院环境保护主管部门的规定设置排污口或者私设暗管的，由县级以上地方人民政府环境保护主管部门责令限期拆除，处二万元以上十万元以下的罚款；逾期不拆除的，强制拆除，所需费用由违法者承担，处十万元以上五十万元以下的罚款；私设暗管或者有其他严重情节的，县级以上地方人民政府环境保护主管部门可以提请县级以上地方人民政府责令停产整顿。”并参照《××县环境保护行政处罚自由裁量细化标准（试行）》第十三种违法种类、第 2 款违法行为、第 2 条法定罚则、甲级 B 档违法情形的规定，建议对该公司作出以下行政处罚：处罚款人民币壹拾万元整。 对于该公司超标排放水污染物的行为，根据《福建省流域水环境保护条例》第五十条的规定：“违反本条例第二十六条的规定，排放水污染物超过国家或者地方规定的排放标准，或者超过重点水污染物排放总量控制指标的，由县级以上地方人民政府环境保护主管部门责令限期治理，并处应缴纳排污费数额二倍以上五倍以下的罚款。前款所称的应缴纳排污费，按年计算，以行政处罚作出时的上一年度排污费为基数。”并参照《××县环境保护行政处罚自由裁量细化标准（试行）》第五种违法种类、第 1 款违法行为、第 2 条法定罚则、乙级违法情形的规定，建议对该公司作出以下行政处罚：处应缴纳排污费数额四倍的罚款，计人民币叁拾壹万玖仟肆佰零捌元整。 综上，针对该公司通过暗管违法排放污染物、超标排放水污染物的违法行为，决定对该公司作出以下行政处罚：共处罚款人民币肆拾壹万玖仟肆佰零捌元整。 对于该公司通过暗管违法排放污染物的行为，根据《中华人民共和国环境保护法》第六十三条第三项：“企业事业单位和其他生产经营者有下列行为之一，尚不构成犯罪的，除依照有关法律法规规定予以处罚外，由县级以上人民政府环境保护主管部门或者其他有关部门将案件移送公安机关，对其直接负责的主管人员和其他直接责任人员，处十日以上十五日以下拘留；情节较轻的，处五日以上十日以下拘留：……（三）通过暗管、渗井、渗坑、灌注或者篡改、伪造监测数据，或者不正常运行防治污染设施等逃避监管的方式违法排放污染物的；”及《行政主管部门移送适用行政拘留环境违法案件暂行办法》（公治〔2014〕853 号）第二条：“本办法适用于县级以上环境保护主管部门或者其他负有环境保护监督管理职责的部门办理尚不构成犯罪，依法作出行政处罚决定后，仍需要移送公安机关处以行政拘留的案件。”我局将依照上述规定将该案件移送公安机关。 呈大队负责人审批。 承办人：×××　　　　2017 年 6 月 29 日
	呈大队负责人审批。 承办人：×××　　　　2017 年 6 月 29 日
承办部门 意　见	呈局领导审批。 部门负责人：×××　　　　2017 年 6 月 29 日
法制部门 意　见	呈局领导审批。 部门负责人：×××　　　　2017 年 6 月 29 日
领导审批 意　见	同意。 承办部门分管领导：×××　　　　2017 年 6 月 29 日
	同意。 法制部门分管领导：×××　　　　2017 年 6 月 29 日
	同意。 局长：×××　　　　2017 年 6 月 29 日

××县环境保护局
现场检查（勘察）笔录

时间： 2017 年 5 月 23 日 11 时 15 分至 13 时 45 分

地点： ××县××镇××村

检查（勘察）人姓名： ××× **执法证号：** ××××××

检查（勘察）人姓名： ××× **执法证号：** ××××××

记录人姓名： ××× **执法证号：** ××××××

工作单位： ××县环境监察大队

被检查单位名称或姓名： ××县××纸业有限公司

法定代表人（负责人）姓名： ×××

现场负责人姓名： ××× **年龄：** ××

公民身份号码： ××××××××××××××××××

工作单位： ××县××纸业有限公司 **职务：** 总经理

与本案关系： 被检查单位工作人员 **地址：** ××县××镇××村

邮编： ×××××× **电话：** ××××××××

其他参加人姓名及工作单位（地址）：

执法人员出示执法证件、表明身份的记录及被询问人的确认记录： 我们是××县环境保护局的行政执法人员，这是我们的行政执法证件，请过目确认。

被询问人： 执法证件已确认，我对执法人员身份无异议。

告知当事人申请回避权利和配合调查义务的记录： 今天我们依法进行调查并了解有关情况，你应该配合调查，如实回答询问和提供材料，不得拒绝、阻碍、隐瞒或者提供虚假情况，否则将承担法律责任。如果你认为我们与本案有利害关系，可能影响公正办案，可以申请我们回避，并说明理由。你听清楚了吗？

被检查（勘察）人或现场负责人确认意见： 确认，已阅读。

被检查（勘察）人或现场负责人签字： ××× 2017 年 × 月 × 日

检查（勘察）人签字： ××× ××× 2017 年 × 月 × 日

记录人签字： ××× 2017 年 × 月 × 日

被询问人：听清楚了，我配合调查，不申请执法人员回避。

现场情况：该公司建设项目环境影响评价报告表于2003年12月8日通过××县环保局审批，于2008年12月2日通过竣工环保验收，已办理排污许可证（有效期限：2017年7月8日止）。主要生产涂布纸、瓦楞纸，年产量为2.7万吨/年，主要生产工艺：废纸料→打纸→碎浆→磨浆→洗浆→上浆→烘缸→涂布→烘箱→出纸→成品，主要生产设备：打纸机、磨浆机、洗浆机、上浆机、烘缸、涂布机、锅炉等。主要污染源：生产废水（制浆车间废水、造纸废水、涂布废水、锅炉废水）、生产废气（燃煤锅炉排放的废气）、噪声、固体废物。建有“生化处理加气浮”工艺治理设施处理生产废水，麻石水磨除尘器处理生产废气。

现场检查时，该公司处于生产状态，污染治理设施有运行。执法人员在该公司污水排放口采集水样1瓶，并对以上检查采样过程进行拍照取证、记录。公司现场负责人×××配合现场检查。（以下空白）

被检查（勘察）人或现场负责人确认意见：确认，已阅读

被检查（勘察）人或现场负责人签字：×××　　2017年×月×日

检查（勘察）人签字：×××　×××　　2017年×月×日

记录人签字：×××　　2017年×月×日

MA

证书编号：×××××××××××××

证书有效期限：2021 年 12 月 23 日

×× 县环境监测站
监测报告

编号：×环测〔2017〕z××号

委托单位： ××县环境监察大队

样品类别： 废　　水

报告日期： 2017 年 5 月 25 日

水质监测报告单

受测单位：××县××纸业有限公司　监测性质：来　样　送样人员：×××

采样日期：2017.5.23　分析人员：×××、×××　分析日期：2017.5.24　报告日期：2017.5.25

监测结果：

监测项目／采样点位	化学需氧量（mg/L）	氨氮（mg/L）	
污水排放口	26	1.70	
分析方法	HJ/T 399—2007 快速消解分光光度法	HJ 535—2009 纳氏试剂分光光度法	
检测仪器	5B-3c 型 COD 测定仪	VIS—7220 分光光度计	
备注：			

编报：×××　审核：×××　签发：×××　单位公章：×××

分期缴纳罚款申请书

××县环境保护局：

根据贵局出具的××县环境保护局行政处罚决定书（×环罚字〔2017〕67 号），我司须缴纳罚款人民币肆拾壹万玖仟肆佰零捌元整。现因我司确有经济困难（银行贷款还未下来；2016 年工人工伤死亡事故赔款多；2017 年加大对环保设施的资金投入，进行污水池改造和建设高炉脱硫塔设施，停产三个月无创收），无法按时缴纳罚款，特向贵局申请分期缴纳罚款，具体为：第一期缴款人民币叁拾伍万元整，分 5 个月（2017 年 8 月至 2017 年 12 月）缴纳，每个月份的 30 日前缴款人民币柒万元整；第二期缴款人民币陆万玖仟肆佰零捌元整，2018 年 1 月 30 日前缴清。

望贵局同意我司申请，诚不胜感激！

××县××纸业有限公司

2017 年 7 月 14 日

同意分期缴纳罚款通知书

××县××纸业有限公司：

你公司的分期缴纳罚款申请书已收悉。根据我局出具的××县环境保护局行政处罚决定书（×环罚字〔2017〕67 号），你公司须缴纳罚款人民币肆拾壹万玖仟肆佰零捌元整，缴款期限到 2017 年 7 月 15 日为止。现因考虑到你公司确有经济困难，无法按时缴纳罚款，根据《环境行政处罚办法》第六十四条的规定，经研究决定，同意你公司分期缴纳罚款，具体为：第一期缴款人民币叁拾伍万元整，分 5 个月（2017 年 8 月至 2017 年 12 月）缴纳，每个月份的 30 日前缴款人民币柒万元整；第二期缴款人民币陆万玖仟肆佰零捌元整，2018 年 1 月 30 日前缴清。逾期不缴纳罚款的，将依据《中华人民共和国行政处罚法》第五十一条第（一）项的规定，每日按罚款数额的 3%加处罚款。逾期不履行该处罚决定的，我局将依法申请人民法院强制执行。

××县环境保护局

2017 年 7 月 14 日

福建省行政罚款收据

注册号码：闽财（2012）票字第08号

填发日期　　年　月　日　　　　　　NO

被处罚人姓名（名称）		项目编码	
项目全称			
执法机关名称及编码			
处罚决定书字号			
缴款期限至	年　月　日	实际缴款日期	年　月　日
罚款全额（大写）	万　仟　佰　拾　元　角　分	¥	
滞纳金（大写）	万　仟　佰　拾　元　角　分	¥	
实际收款金额（大写）	万　仟　佰　拾　元　角　分	¥	
备注			
金融机构（盖章）　　复核　　经办			

注：1. 本收据未经收缴罚款的金融机构盖章无效；

2. 本收据不得报销，印章不全无效：

3. 本收据一式四联：第一联金融机构存根。向财政机关缴销：第二联收据。交被处罚人或单位收执：第三联随缴款书送国库转财政：第四联交处罚机关存案卷。

福建省行政罚款收据

注册号码：闽财（2012）票字第08号

填发日期　　年　月　日　　　　　NO

<table>
<tr><td>被处罚人姓名（名称）</td><td></td><td>项目编码</td><td colspan="2"></td></tr>
<tr><td>项 目 全 称</td><td colspan="4"></td></tr>
<tr><td>执 法 机 关 名称及编码</td><td colspan="4"></td></tr>
<tr><td>处罚决定书字号</td><td colspan="4"></td></tr>
<tr><td>缴款期限至</td><td>年　月　日</td><td>实际缴款日期</td><td colspan="2">年　月　日</td></tr>
<tr><td>罚款全额（大写）</td><td colspan="3">万　仟　佰　拾　元　角　分</td><td>¥</td></tr>
<tr><td>滞纳金（大写）</td><td colspan="3">万　仟　佰　拾　元　角　分</td><td>¥</td></tr>
<tr><td>实际收款金额（大写）</td><td colspan="3">万　仟　佰　拾　元　角　分</td><td>¥</td></tr>
<tr><td colspan="5">备注

金融机构（盖章）　　　复核　　　　经办</td></tr>
</table>

注：1. 本收据未经收缴罚款的金融机构盖章无效；

2. 本收据不得报销，印章不全无效：

3. 本收据一式四联：第一联金融机构存根。向财政机关缴销：第二联收据。交被处罚人或单位收执：第三联随缴款书送国库转财政：第四联交处罚机关存案卷。

××县环境保护局
行政处罚结案报告

×环罚〔2017〕67 号

案件来源	检查发现		立案号	67
案　由	通过暗管违法排放污染物、超标排放水污染物			
当事人	名　称	××县××纸业有限公司		
	地　址	××县××镇××村		
	法定代表人	×××	职　务	董事长
立案日	2017 年 4 月 1 日	结案日	2018 年 2 月 1 日	
处罚文书	××县环境保护局行政处罚决定书（×环罚字〔2017〕67 号）			
调查人员姓名及工作单位	×××、××× ××县环境监察大队	案件审查人员姓名及工作单位	××× ××县环保局案审办	
复议情况	未提出	诉讼情况	未提出	

案情简介：2017 年 3 月 24 日，我局执法人员依法在××县××镇××村对该公司进行检查，发现该公司 2 号纸机旁浆池的上部建有一口约 40 m^3 的纸机用水池，池面连接一口径约 10 cm 的 PVC 管，该 PVC 管通往厂区东边污水处理设施旁的排水沟，该排水沟通往龙山溪都美段。纸机用水池装有两台抽水泵，一台用于将混凝池的废水抽至纸机用水池内，另一台用于将纸机用水池内的废水抽至纸机用于生产。检查时，混凝池的废水正被抽至纸机用水池内，而抽纸机用水池废水的水泵未运行，池内水面上升到池面 PVC 管处后，排入厂区东边污水处理设施旁的排水沟，再流入龙山溪。执法人员在污水规范排放口和厂区东边污水处理设施旁的排水沟内各采集水样两瓶。2017 年 3 月 27 日，××县环境监测站出具的监测报告（×环测〔2017〕z33 号）显示污水规范排放口水样的悬浮物浓度为 46 mg/L；厂区东边污水处理设施旁的排水沟内水样的化学需氧量为 1 110 mg/L、氨氮浓度为 60.8 mg/L、悬浮物浓度为 610 mg/L，均超过福建省地方标准《制浆造纸工业水污染物排放标准》（DB 35/1310—2013）规定的水污染物排放标准。该公司的行为属于通过暗管违法排放污染物、超标排放水污染物，违反了《中华人民共和国环境保护法》第四十二条第四款的规定："严禁通过暗管、渗井、渗坑、灌注或者篡改、伪造监测数据，或者不正常运行防治污染设施等逃避监管的方式违法排放污染物。"《中华人民共和国水污染防治法》第二十二条的规定："向水体排放污染物的企业事业单位和个体工商户，应当按照法律、行政法规和国务院环境保护主管部门的规定设置排污口；在江河、湖泊设置排污口的，还应当遵守国务院水行政主管部门的规定。禁止私设暗管或者采取其他规避监管的方式排放水污染物。"及《福建省流域水环境保护条例》第二十六条的规定："向环境或者城镇污水集中处理设施排放水污染物的，不得超过国家和地方规定的水污染物排放标准以及重点水污染物排放总量控制指标。"

调查经过：2017 年 3 月 24 日，我局执法人员依法在××县××镇××村对该公司进行检查，发现该公司 2 号纸机旁浆池的上部建有一口约 40 m^3 的纸机用水池，池面连接一口径约 10 cm 的 PVC 管，该 PVC 管通往厂区东边污水处理设施旁的排水沟，该排水沟通往龙山溪都美段。纸机用水池装有两台抽水泵，一台用于将混凝池的废水抽至纸机用水池内，另一台用于将纸机用水池内的废水抽至纸机用于生产。检查时，混凝池的废水正被抽至纸机用水池内，而抽纸机用水池废水的水泵未运行，池内水面上升到池面 PVC 管处后，排入厂区东边污水处理设施旁的排水沟，再流入龙山溪。执法人员在污水规范排放口和厂区东边污水处理设施旁的排水沟内各采集水样两瓶。执法人员在现场拍照取证，并制作了现场检查（勘察）笔录。2017 年 3 月 27 日，××县环境监测站出具了监测报告（×环测〔2017〕z33 号）。2017 年 4 月 1 日，我局予以立案。2017 年 4 月 1 日，执法人员制作了调查询问笔录。至 2017 年 6 月 23 日为止，该公司在规定期限内未进行陈述和申辩，也未提出听证申请。

处理情况：对于该公司通过暗管违法排放污染物的行为，根据《中华人民共和国水污染防治法》第七十五条第二款的规定：“违反法律、行政法规和国务院环境保护主管部门的规定设置排污口或者私设暗管的，由县级以上地方人民政府环境保护主管部门责令限期拆除，处二万元以上十万元以下的罚款；逾期不拆除的，强制拆除，所需费用由违法者承担，处十万元以上五十万元以下的罚款；私设暗管或者有其他严重情节的，县级以上地方人民政府环境保护主管部门可以提请县级以上地方人民政府责令停产整顿。”并参照《××县环境保护行政处罚自由裁量细化标准（试行）》第十三种违法种类、第 2 款违法行为、第 2 条法定罚则、甲级 B 档违法情形的规定，建议对该公司作出以下行政处罚：处罚款人民币壹拾万元整。对于该公司超标排放水污染物的行为，根据《福建省流域水环境保护条例》第五十条的规定：“违反本条例第二十六条的规定，排放水污染物超过国家或者地方规定的排放标准，或者超过重点水污染物排放总量控制指标的，由县级以上地方人民政府环境保护主管部门责令限期治理，并处应缴纳排污费数额二倍以上五倍以下的罚款。前款所称的应缴纳排污费，按年计算，以行政处罚作出时的上一年度排污费为基数。”并参照《××县环境保护行政处罚自由裁量细化标准（试行）》第五种违法种类、第 1 款违法行为、第 2 条法定罚则、乙级违法情形的规定，建议对该公司作出以下行政处罚：处应缴纳排污费数额四倍的罚款，计人民币叁拾壹万玖仟肆佰零捌元整。

综上，针对该公司通过暗管违法排放污染物、超标排放水污染物的违法行为，决定对该公司作出以下行政处罚：共处罚款人民币肆拾壹万玖仟肆佰零捌元整。

对于该公司通过暗管违法排放污染物的行为，根据《中华人民共和国环境保护法》第六十三条第三项：“企业事业单位和其他生产经营者有下列行为之一，尚不构成犯罪的，除依照有关法律法规规定予以处罚外，由县级以上人民政府环境保护主管部门或者其他有关部门将案件移送公安机关，对其直接负责的主管人员和其他直接责任人员，处十日以上十五日以下拘留；情节较轻的，处五日以上十日以下拘留：……（三）通过暗管、渗井、渗坑、灌注或者篡改、伪造监测数据，或者不正常运行防治污染设施等逃避监管的方式违法排放污染物的；”及《行政主管部门移送适用行政拘留环境违法案件暂行办法》（公治〔2014〕853 号）第二条：“本办法适用于县级以上环境保护主管部门或者其他负有环境保护监督管理职责的部门办理尚不构成犯罪，依法作出行政处罚决定后，仍需要移送公安机关处以行政拘留的案件。”我局已依照上述规定将该案件移送公安机关。

执行情况：该企业已按法定程序执行完毕。罚没财物处理情况：上缴国库。

承办人意见	建议结案。 承办人：××× 2018 年 2 月 1 日
	建议结案。 承办人：××× 2018 年 2 月 1 日
承办部门意见	建议结案。 部门负责人：××× 2018 年 2 月 1 日
法制部门意见	建议结案。 部门负责人：××× 2018 年 2 月 1 日
领导审批意见	同意结案。 承办部门分管领导：××× 2018 年 2 月 1 日
	同意结案。 法制部门分管领导：××× 2018 年 2 月 1 日
	同意结案。 局长：××× 2018 年 2 月 1 日

ICS 13.060.30
Z6

DB 35

福 建 省 地 方 标 准

DB 35/ 1310—2013

制浆造纸工业水污染物排放标准

Discharge standard of water pollutants for pulp and paper industry

2013-01-21 发布　　　　2013-04-01 实施

4.3 自 2014 年 1 月 1 日起，现有制浆造纸企业水污染物直接排放浓度及排水量应符合表 1、表 2 规定。间接排放时，废水排入公共污水处理系统中的城镇污水处理厂前其浓度及排水量应符合表 1、表 2 规定，排入其他公共污水处理系统的间接排放要求执行 GB 3544 及有关国家标准规定。

表 1　水污染物直接排放限值

<table>
<tr><td colspan="3" rowspan="2">企业生产类型</td><td rowspan="2">制浆企业</td><td colspan="2">制浆和造纸联合生产企业</td><td rowspan="2">造纸企业</td><td rowspan="2">污染物排放监控位置</td></tr>
<tr><td>废纸制浆和造纸企业</td><td>其他制浆和造纸企业</td></tr>
<tr><td rowspan="10">排放限值</td><td>1</td><td>pH 值</td><td>6～9</td><td>6～9</td><td>6～9</td><td>6～9</td><td>企业废水总排放口</td></tr>
<tr><td>2</td><td>色度（稀释倍数）</td><td>50</td><td>50</td><td>50</td><td>50</td><td>企业废水总排放口</td></tr>
<tr><td>3</td><td>悬浮物（mg/L）</td><td>50</td><td>30</td><td>30</td><td>30</td><td>企业废水总排放口</td></tr>
<tr><td>4</td><td>五日生化需氧量（BOD_5，mg/L）</td><td>20</td><td>20</td><td>20</td><td>20</td><td>企业废水总排放口</td></tr>
<tr><td>5</td><td>化学需氧量（COD，mg/L）</td><td>100</td><td>80</td><td>90</td><td>80</td><td>企业废水总排放口</td></tr>
<tr><td>6</td><td>氨氮（mg/L）</td><td>12</td><td>8</td><td>8</td><td>8</td><td>企业废水总排放口</td></tr>
<tr><td>7</td><td>总氮（mg/L）</td><td>15</td><td>12</td><td>12</td><td>12</td><td>企业废水总排放口</td></tr>
<tr><td>8</td><td>总磷（mg/L）</td><td>0.8</td><td>0.8</td><td>0.8</td><td>0.8</td><td>企业废水总排放口</td></tr>
<tr><td>9</td><td>可吸附有机卤素（AOX，mg/L）</td><td>12</td><td>12</td><td>12</td><td>12</td><td>车间或生产设施废水排放口</td></tr>
<tr><td>10</td><td>二噁英（Dioxins，pgTEQ/L）</td><td>30</td><td>30</td><td>30</td><td>30</td><td>车间或生产设施废水排放口</td></tr>
<tr><td colspan="3">单位产品基准排水量［t/t（浆）］</td><td colspan="4">见表 2</td><td>排水量计量位置与污染物排放监控位置一致</td></tr>
<tr><td colspan="8">注 1：可吸附有机卤素（AOX）及二噁英（Dioxins）指标适用于采用含氯漂白工艺的情况。
注 2：纸浆量以绝干浆计。
注 3：核定制浆和造纸联合生产企业单位产品实际排水量，以企业纸浆产量与外购商品浆数量的总和为依据。</td></tr>
</table>

本案依据的法律、法规、规章及行政自由裁量权

一、《中华人民共和国环境保护法》第二十五条：“企业事业单位和其他生产经营者违反法律法规规定排放污染物，造成或者可能造成严重污染的，县级以上人民政府环境保护主管部门和其他负有环境保护监督管理职责的部门，可以查封、扣押造成污染物排放的设施、设备。”

二、《中华人民共和国环境保护法》第四十二条第四款：“严禁通过暗管、渗井、渗坑、灌注或者篡改、伪造监测数据，或者不正常运行防治污染设施等逃避监管的方式违法排放污染物。”

三、《中华人民共和国环境保护法》第六十条：“企业事业单位和其他生产经营者超过污染物排放标准或者超过重点污染物排放总量控制指标排放污染物的，县级以上人民政府环境保护主管部门可以责令其采取限制生产、停产整治等措施；情节严重的，报经有批准权的人民政府批准，责令停业、关闭。”

四、《中华人民共和国环境保护法》第六十三条第三项：“企业事业单位和其他生产经营者有下列行为之一，尚不构成犯罪的，除依照有关法律法规规定予以处罚外，由县级以上人民政府环境保护主管部门或者其他有关部门将案件移送公安机关，对其直接负责的主管人员和其他直接责任人员，处十日以上十五日以下拘留；情节较轻的，处五日以上十日以下拘留：……（三）通过暗管、渗井、渗坑、灌注或者篡改、伪造监测数据，或者不正常运行防治污染设施等逃避监管的方式违法排放污染物的；”

五、《中华人民共和国水污染防治法》第二十二条：“向水体排放污染物的企业事业单位和个体工商户，应当按照法律、行政法规和国务院环境保护主管部门的规定设置排污口；在江河、湖泊设置排污口的，还应当遵守国务院水行政主管部门的规定。禁止私设暗管或者采取其他规避监管的方式排放水污染物。”

六、《中华人民共和国水污染防治法》第七十五条第二款：“违反法律、行政法规和国务院环境保护主管部门的规定设置排污口或者私设暗管的，由县级以上地方人民政府环境保护主管部门责令限期拆除，处二万元以上十万元以下的罚款；逾期不拆除的，强制拆除，所需费用由违法者承担，处十万元以上五十万元以下的罚款；私设暗管或者有其他严重情节的，县级以上地方人民政府环境保护主管部门可以提请县级以上地方人民政府责令停产整顿。”

七、《中华人民共和国行政处罚法》第三十二条：“当事人有权进行陈述和申辩。行

政机关必须充分听取当事人的意见，对当事人提出的事实、理由和证据，应当进行复核；当事人提出的事实、理由或者证据成立的，行政机关应当采纳。行政机关不得因当事人申辩而加重处罚。”

八、《中华人民共和国行政处罚法》第四十二条：“行政机关作出责令停产停业、吊销许可证或者执照、较大数额罚款等行政处罚决定之前，应当告知当事人有要求举行听证的权利；当事人要求听证的，行政机关应当组织听证。当事人不承担行政机关组织听证的费用。”

九、《中华人民共和国行政处罚法》第五十一条第一项：“当事人逾期不履行行政处罚决定的，作出行政处罚决定的行政机关可以采取下列措施：（一）到期不缴纳罚款的，每日按罚款数额的百分之三加处罚款。”

十、《中华人民共和国行政强制法》第二十八条第一项：“有下列情形之一的，行政机关应当及时作出解除查封、扣押决定：（一）当事人没有违法行为；”

十一、《福建省流域水环境保护条例》第二十六条：“向环境或者城镇污水集中处理设施排放水污染物的，不得超过国家和地方规定的水污染物排放标准以及重点水污染物排放总量控制指标。”

十二、《福建省流域水环境保护条例》第五十条的规定：“违反本条例第二十六条的规定，排放水污染物超过国家或者地方规定的排放标准，或者超过重点水污染物排放总量控制指标的，由县级以上地方人民政府环境保护主管部门责令限期治理，并处应缴纳排污费数额二倍以上五倍以下的罚款。前款所称的应缴纳排污费，按年计算，以行政处罚作出时的上一年度排污费为基数。”

十三、《环境保护主管部门实施查封、扣押办法》第四条第四项：“排污者有下列情形之一的，环境保护主管部门依法实施查封、扣押：（四）通过暗管、渗井、渗坑、灌注或者篡改、伪造监测数据，或者不正常运行防治污染设施等逃避监管的方式排放污染物，超过污染物排放标准的；”

十四、《环境保护主管部门实施查封、扣押办法》第二十条第二项：“环境保护主管部门实施查封、扣押后，应当及时查清事实，有下列情形之一的，应当立即作出解除查封、扣押决定：（二）查封、扣押期限已经届满的；”

十五、《环境保护主管部门实施限制生产、停产整治办法》第六条第一项：“排污者有下列情形之一的，环境保护主管部门可以责令其采取停产整治措施；（一）通过暗管、渗井、渗坑、灌注或者篡改、伪造监测数据，或者不正常运行防治污染设施等逃避监管的方式排放污染物，超过污染物排放标准的；”

十六、《环境保护主管部门实施限制生产、停产整治办法》第十七条：“排污者完成整改任务的，应当在十五个工作日内将整改任务完成情况和整改信息社会公开情况，报作出限制生产、停产整治决定的环境保护主管部门备案，并提交监测报告以及整改期间生产用电量、用水量、主要产品产量与整改前的对比情况等材料。限制生产、停产整治决定自排污者报环境保护主管部门备案之日起解除。”

十七、《行政主管部门移送适用行政拘留环境违法案件暂行办法》（公治〔2014〕853号）第二条：“本办法适用于县级以上环境保护主管部门或者其他负有环境保护监督管理职责的部门办理尚不构成犯罪，依法作出行政处罚决定后，仍需要移送公安机关处以行政拘留的案件。”

十八、《行政主管部门移送适用行政拘留环境违法案件暂行办法》（公治〔2014〕853号）第五条：“《环境保护法》第六十三条第三项规定的通过暗管、渗井、渗坑、灌注等逃避监管的方式违法排放污染物，是指通过暗管、渗井、渗坑、灌注等不经法定排污口排放污染物等逃避监管的方式违法排放污染物；暗管是指通过隐蔽的方式达到规避监管目的而设置的排污管道，包括埋入地下的水泥管、瓷管、塑料管等，以及地上的临时排污管道；”

十九、《环境行政处罚办法》第十六条第三款：“涉嫌违法依法应当实施行政拘留的案件，移送公安机关。”

二十、《环境行政处罚办法》第六十四条：“【延期或者分期缴纳罚款】确有经济困难，需要延期或者分期缴纳罚款的，当事人应当在行政处罚决定书确定的缴纳期限届满前，向作出行政处罚决定的环境保护主管部门提出延期或者分期缴纳的书面申请。批准当事人延期或者分期缴纳罚款的，应当制作同意延期（分期）缴纳罚款通知书，并送达当事人和收缴罚款的机构。延期或者分期缴纳的最后一期缴纳时间不得晚于申请人民法院强制执行的最后期限。”

二十一、《××县环境保护行政处罚自由裁量细化标准（试行）》第五种违法种类、第1款违法行为、第2条法定罚则、乙级“检查发现第二次超标排放的”违法情形“处应缴纳排污费数额四倍罚款”。

二十二、《××县环境保护行政处罚自由裁量细化标准（试行）》第十三种违法种类、第2款违法行为、第2条法定罚则、甲级“在饮用水水源保护区以外私设暗管的”，B档“第二次违法的”违法情形“处10万元罚款”。

××县环境保护局
××县××纸业有限公司处罚案宗

副

卷

××县环境保护局案件集体讨论记录

时间： 2017 年 4 月 25 日　**地点：** ××县环境监察大队会议室

主持人： ×××　**记录人：** ×××

参加人： ×××　×××　×××　×××

议题： 对××县××纸业有限公司环境违法案件进行讨论并提出处罚建议

×××、×××汇报主要案情： 2017 年 3 月 24 日，我局执法人员依法在××县××镇××村对该公司进行检查，发现该公司 2 号纸机旁浆池的上部建有一口约 40 m^3 的纸机用水池，池面连接一口径约 10 cm 的 PVC 管，该 PVC 管通往厂区东边污水处理设施旁的排水沟，该排水沟通往龙山溪都美段。纸机用水池装有两台抽水泵，一台用于将混凝池的废水抽至纸机用水池内，另一台用于将纸机用水池内的废水抽至纸机用于生产。检查时，混凝池的废水正被抽至纸机用水池内，而抽纸机用水池废水的水泵未运行，池内水面上升到池面 PVC 管处后，排入厂区东边污水处理设施旁的排水沟，再流入龙山溪。执法人员在污水规范排放口和厂区东边污水处理设施旁的排水沟内各采集水样两瓶。2017 年 3 月 27 日，××县环境监测站出具的监测报告（×环测〔2017〕z33 号）显示污水规范排放口水样的悬浮物浓度为 46 mg/L；厂区东边污水处理设施旁的排水沟内水样的化学需氧量为 1 110 mg/L、氨氮浓度为 60.8 mg/L、悬浮物浓度为 610 mg/L，均超过福建省地方标准《制浆造纸工业水污染物排放标准》（DB 35/1310—2013）规定的水污染物排放标准。该公司的行为属于通过暗管违法排放污染物、超标排放水污染物，违反了《中华人民共和国环境保护法》第四十二条第四款的规定：“严禁通过暗管、渗井、渗坑、灌注或者篡改、伪造监测数据，或者不正常运行防治污染设施等逃避监管的方式违法排放污染物。”《中华人民共和国水污染防治法》第二十二条的规定：“向水体排放污染物的企业事业单位和个体工商户，应当按照法律、行政法规和国务院环境保护主管部门的规定设置排污口；在江河、湖泊设置排污口的，还应当遵守国务院水行政主管部门的规定。禁止私设暗管或者采取其他规避监管的方式排放水污染物。”及《福建省流域水环境保护条例》第二十六条的规定：“向环境或者城镇污水集中处理设施排放水污染物的，不得超过国家和地方规定的水污染物排放标准以及重点水污染物排放总量控制指标。”

参加讨论人员的主要观点及意见： 对于该公司通过暗管违法排放污染物的行为，根据《中华人民共和国水污染防治法》第七十五条第二款的规定：“违反法律、行政法规和国务院环境保护主管部门的规定设置排污口或者私设暗管的，由县级以上地方人民政府环境保护主管部门责令限期拆除，处二万元以上十万元以下的罚款；逾期不拆除的，强制拆除，所需费用由违法者承担，处十万元以上五十万元以下的罚款；私设暗管或者有其他严重情节的，县级以上地方人民政府环境保护主管部门可以提请县级以上地方人民政府责令停产整顿。”并参照《××县环境保护行政处罚自由裁量细化标准（试行）》第十三种违法种类、第2款违法行为、第2条法定罚则、甲级B档违法情形的规定，建议对该公司作出以下行政处罚：处罚款人民币壹拾万元整。

对于该公司超标排放水污染物的行为，根据《福建省流域水环境保护条例》第五十条的规定：“违反本条例第二十六条的规定，排放水污染物超过国家或者地方规定的排放标准，或者超过重点水污染物排放总量控制指标的，由县级以上地方人民政府环境保护主管部门责令限期治理，并处应缴纳排污费数额二倍以上五倍以下的罚款。前款所称的应缴纳排污费，按年计算，以行政处罚作出时的上一年度排污费为基数。”并参照《××县环境保护行政处罚自由裁量细化标准（试行）》第五种违法种类、第1款违法行为、第2条法定罚则、乙级违法情形的规定，建议对该公司作出以下行政处罚：处应缴纳排污费数额四倍的罚款，计人民币叁拾壹万玖仟肆佰零捌元整。

综上，针对该公司通过暗管违法排放污染物、超标排放水污染物的违法行为，建议对该公司作出以下行政处罚：共处罚款人民币肆拾壹万玖仟肆佰零捌元整。

对于该公司通过暗管违法排放污染物的行为，根据《中华人民共和国环境保护法》第六十三条第三项：“企业事业单位和其他生产经营者有下列行为之一，尚不构成犯罪的，除依照有关法律法规规定予以处罚外，由县级以上人民政府环境保护主管部门或者其他有关部门将案件移送公安机关，对其直接负责的主管人员和其他直接责任人员，处十日以上十五日以下拘留；情节较轻的，处五日以上十日以下拘留：……（三）通过暗管、渗井、渗坑、灌注或者篡改、伪造监测数据，或者不正常运行防治污染设施等逃避监管的方式违法排放污染物的；”及《行政主管部门移送适用行政拘留环境违法案件暂行办法》（公治〔2014〕853号）第二条：“本办法适用于县级以上环境保护主管部门或者其他负有环境保护监督管理职责的部门办理尚不构成犯罪，依法作出行政处罚决定后，仍需要移送公安机关处以行政拘留的案件。”我局将依照上述规定将该案件移送公安机关。

结论意见：针对该公司通过暗管违法排放污染物、超标排放水污染物的违法行为，建议对该公司作出以下行政处罚：共处罚款人民币肆拾壹万玖仟肆佰零捌元整。

主持人（签名）： ×××　　**记录人（签名）：** ×××

参加人（签名）： ×××　×××　×××　×××

××县环境保护局
案件审查表

<table>
<tr><td>案件来源</td><td colspan="4">检查发现</td></tr>
<tr><td>案　由</td><td colspan="4">涉嫌通过暗管违法排放污染物、超标排放水污染物</td></tr>
<tr><td rowspan="5">当事人</td><td>名　称</td><td colspan="3">××县××纸业有限公司</td></tr>
<tr><td>地　址</td><td colspan="3">××县××镇××村</td></tr>
<tr><td>统一社会信用代码</td><td colspan="3">××××××××××</td></tr>
<tr><td>法定代表人（负责人）</td><td colspan="3">×××</td></tr>
<tr><td>电　话</td><td>××××-×××××××</td><td>职　务</td><td>董事长</td></tr>
<tr><td>案情简介及承办人处理意见</td><td colspan="4">2017 年 3 月 24 日，我局执法人员依法在××县××镇××村对该公司进行检查，发现该公司 2 号纸机旁浆池的上部建有一口约 40 m³ 的纸机用水池，池面连接一口径约 10 cm 的 PVC 管，该 PVC 管通往厂区东边污水处理设施旁的排水沟，该排水沟通往龙山溪都美段。纸机用水池装有两台抽水泵，一台用于将混凝池的废水抽至纸机用水池内，另一台用于将纸机用水池内的废水抽至纸机用于生产。检查时，混凝池的废水正被抽至纸机用水池内，而抽纸机用水池废水的水泵未运行，池内水面上升到池面 PVC 管处后，排入厂区东边污水处理设施旁的排水沟，再流入龙山溪。执法人员在污水规范排放口和厂区东边污水处理设施旁的排水沟内各采集水样两瓶。2017 年 3 月 27 日，××县环境监测站出具的监测报告（×环测〔2017〕z33 号）显示污水规范排放口水样的悬浮物浓度为 46 mg/L；厂区东边污水处理设施旁的排水沟内水样的化学需氧量为 1 110 mg/L、氨氮浓度为 60.8 mg/L、悬浮物浓度为 610 mg/L，均超过福建省地方标准《制浆造纸工业水污染物排放标准》（DB 35/1310—2013）规定的水污染物排放标准。该公司的行为属于通过暗管违法排放污染物、超标排放水污染物，违反了《中华人民共和国环境保护法》第四十二条第四款的规定：“严禁通过暗管、渗井、渗坑、灌注或者篡改、伪造监测数据，或者不正常运行防治污染设施等逃避监管的方式违法排放污染物。”《中华人民共和国水污染防治法》第二十二条的规定：“向水体排放污染物的企业事业单位和个体工商户，应当按照法律、行政法规和国务院环境保护主管部门的规定设置排污口；在江河、湖泊设置排污口的，还应当遵守国务院水行政主管部门的规定。禁止私设暗管或者采取其他规避监管的方式排放水污染物。”及《福建省流域水环境保护条例》第二十六条的规定：“向环境或者城镇污水集中处理设施排放水污染物的，不得超过国家和地方规定的水污染物排放标准以及重点水污染物排放总量控制指标。”
对于该公司通过暗管违法排放污染物的行为，根据《中华人民共和国水污染防治法》第七十五条第二款的规定：“违反法律、行政法规和国务院环境保护主管部门的规定设置排污口或者私设暗管的，由县级以上地方人民政府环境保护主管部门责令限期拆除，处二万元以上十万元以下的罚款；逾期不拆除的，强制拆除，所需费用由违法者承担，处十万元以上五十万元以下的罚款；私设暗管或者有其他严重情节的，县级以上地方人民政府环境保护主管部门可以提请县级以上地方人民政府责令停产整</td></tr>
</table>

<table>
<tr><td rowspan="2"></td><td>顿。”并参照《××县环境保护行政处罚自由裁量细化标准（试行）》第十三种违法种类、第2款违法行为、第2条法定罚则、甲级B档违法情形的规定，建议对该公司作出以下行政处罚：处罚款人民币壹拾万元整。
对于该公司超标排放水污染物的行为，根据《福建省流域水环境保护条例》第五十条的规定：“违反本条例第二十六条的规定，排放水污染物超过国家或者地方规定的排放标准，或者超过重点水污染物排放总量控制指标的，由县级以上地方人民政府环境保护主管部门责令限期治理，并处应缴纳排污费数额二倍以上五倍以下的罚款。前款所称的应缴纳排污费，按年计算，以行政处罚作出时的上一年度排污费为基数。”并参照《××县环境保护行政处罚自由裁量细化标准（试行）》第五种违法种类、第1款违法行为、第2条法定罚则、乙级违法情形的规定，建议对该公司作出以下行政处罚：处应缴纳排污费数额四倍的罚款，计人民币叁拾壹万玖仟肆佰零捌元整。
综上，针对该公司通过暗管违法排放污染物、超标排放水污染物的违法行为，建议对该公司作出以下行政处罚：共处罚款人民币肆拾壹万玖仟肆佰零捌元整。
对于该公司通过暗管违法排放污染物的行为，根据《中华人民共和国环境保护法》第六十三条第三项：“企业事业单位和其他生产经营者有下列行为之一，尚不构成犯罪的，除依照有关法律法规规定予以处罚外，由县级以上人民政府环境保护主管部门或者其他有关部门将案件移送公安机关，对其直接负责的主管人员和其他直接责任人员，处十日以上十五日以下拘留；情节较轻的，处五日以上十日以下拘留：……（三）通过暗管、渗井、渗坑、灌注或者篡改、伪造监测数据，或者不正常运行防治污染设施等逃避监管的方式违法排放污染物的；”及《行政主管部门移送适用行政拘留环境违法案件暂行办法》（公治〔2014〕853号）第二条：“本办法适用于县级以上环境保护主管部门或者其他负有环境保护监督管理职责的部门办理尚不构成犯罪，依法作出行政处罚决定后，仍需要移送公安机关处以行政拘留的案件。”我局将依照上述规定将该案件移送公安机关。
呈大队负责人审查。
承办人：××× 2017年5月22日</td></tr>
<tr><td>呈大队负责人审查。
承办人：××× 2017年5月22日</td></tr>
<tr><td>承办部门
意　见</td><td>呈局领导审查。
部门负责人：××× 2017年5月22日</td></tr>
<tr><td>法制部门
意　见</td><td>呈局领导审查。
部门负责人：××× 2017年5月22日</td></tr>
<tr><td rowspan="3">领导审批
意　见</td><td>同意。
承办部门分管领导：××× 2017年5月22日</td></tr>
<tr><td>同意。
法制部门分管领导：××× 2017年5月22日</td></tr>
<tr><td>同意。
局长：××× 2017年5月22日</td></tr>
</table>

××县环境保护局
案件集体审议记录

一、时间： 2017 年 4 月 17 日

二、地点： ××县环境保护局小会议室

三、议题： 研究“责令××县××纸业有限公司采取停产整治措施”的决定

四、出席： ×××（案审委主任）、×××（案审委副主任）、×××（案审委成员）、×××（案审委成员）、×××（案审委成员）

五、缺席： 无

六、列席： ×××（纪检组长）、×××（监察大队大队长）、×××（案审办成员）

七、主持： ×××

八、记录： ×××

×××： 今天召集大家来开会，主要是听取监察大队“责令××县××纸业有限公司采取停产整治措施”决定的汇报，并对决定进行审议。首先请监察大队大队长×××介绍案件情况。

×××： 2017 年 3 月 24 日，我局执法人员依法在××县××镇××村对该公司进行检查，发现该公司 2 号纸机旁浆池的上部建有一口约 40 m^3 的纸机用水池，池面连接一口径约 10 cm 的 PVC 管，该 PVC 管通往厂区东边污水处理设施旁的排水沟，该排水沟通往龙山溪都美段。纸机用水池装有两台抽水泵，一台用于将混凝池的废水抽至纸机用水池内，另一台用于将纸机用水池内的废水抽至纸机用于生产。检查时，混凝池的废水正被抽至纸机用水池内，而抽纸机用水池废水的水泵未运行，池内水面上升到池面 PVC 管处后，排入厂区东边污水处理设施旁的排水沟，再流入龙山溪。执法人员在污水规范排放口和厂区东边污水处理设施旁的排水沟内各采集水样两瓶。2017 年 3 月 27 日，××县环境监测站出具的监测报告（×环测〔2017〕z33 号）显示污水规范排放口水样的悬浮物浓度为 46 mg/L；厂区东边污水处理设施旁的排水沟内水样的化学需氧量为 1 110 mg/L、氨氮浓度为 60.8 mg/L、悬浮物浓度为 610 mg/L，均超过福建省地方标准《制浆造纸工业水污染物排放标准》（DB 35/1310—2013）规定的水污染物排放标准。该公司的行为属于通过暗管违法排放污染物、超标排放水污染物，违反了《中华人民共和国环境保护法》第四十二条第四款的规定：“严禁通过暗管、渗井、渗坑、灌注或者篡改、伪造监测数据，或者不正常运行防治污染设施等逃避监管的方式违法排放污染物。”《中华人民共和国水污染防治法》第二十二条的规定：“向水体排放污染物的企业事业单

位和个体工商户，应当按照法律、行政法规和国务院环境保护主管部门的规定设置排污口；在江河、湖泊设置排污口的，还应当遵守国务院水行政主管部门的规定。禁止私设暗管或者采取其他规避监管的方式排放水污染物。”及《福建省流域水环境保护条例》第二十六条的规定：“向环境或者城镇污水集中处理设施排放水污染物的，不得超过国家和地方规定的水污染物排放标准以及重点水污染物排放总量控制指标。”

对该公司通过暗管违法排放污染物、超标排放水污染物的行为，根据《中华人民共和国环境保护法》第六十条的规定：“企业事业单位和其他生产经营者超过污染物排放标准或者超过重点污染物排放总量控制指标排放污染物的，县级以上人民政府环境保护主管部门可以责令其采取限制生产、停产整治等措施；情节严重的，报经有批准权的人民政府批准，责令停业、关闭。”《环境保护主管部门实施限制生产、停产整治办法》第六条第一项的规定：“排污者有下列情形之一的，环境保护主管部门可以责令其采取停产整治措施：（一）通过暗管、渗井、渗坑、灌注或者篡改、伪造监测数据，或者不正常运行防治污染设施等逃避监管的方式排放污染物，超过污染物排放标准的；”建议责令××县××纸业有限公司采取停产整治措施。

我局于 2017 年 4 月 5 日依法向当事人送达了《××县环境保护局责令停产整治事先（听证）告知书》（×环停告字〔2017〕B4 号），明确告知当事人有权在三日内提出听证申请以及在七日内进行陈述和申辩；逾期未提出听证申请、未进行陈述和申辩的，视为当事人放弃听证、陈述和申辩的权利。当事人收到我局的告知书后，至 2017 年 4 月 14 日为止，在规定期限内未提出听证申请，也未进行陈述和申辩。

×××：请与会人员对以上案件情况进行审议。

×××：同意责令该公司采取停产整治措施。

×××：同意责令该公司采取停产整治措施。

×××：同意责令该公司采取停产整治措施。

×××：同意责令该公司采取停产整治措施。

×××：同意责令该公司采取停产整治措施。

九、审议结论：经过出席人员审议，认为本案事实清楚，证据确凿，适用法律准确，决定：责令该公司采取停产整治措施。

出席（签名）： ×××　×××　×××

×××　×××

列席（签名）： ×××　×××　×××

××县环境保护局案件集体审议记录

一、时间： 2017 年 6 月 28 日

二、地点： ××县环境保护局小会议室

三、议题： 研究对“××县××纸业有限公司通过暗管违法排放污染物、超标排放水污染物”案件的处罚决定

四、出席： ×××（案审委主任）、×××（案审委副主任）、×××（案审委成员）、×××（案审委成员）、×××（案审委成员）

五、缺席： 无

六、列席： ×××（纪检组长）、×××（监察大队大队长）、×××（案审办成员）

七、主持： ×××

八、记录： ×××

×××： 今天召集大家来开会，主要是听取监察大队对“××县××纸业有限公司通过暗管违法排放污染物、超标排放水污染物”案件的情况汇报，并对案件情况进行审议。首先请监察大队大队长×××介绍案件情况。

×××： 2017 年 3 月 24 日，我局执法人员依法在××县××镇××村对该公司进行检查，发现该公司 2 号纸机旁浆池的上部建有一口约 40 m^3 的纸机用水池，池面连接一口径约 10 cm 的 PVC 管，该 PVC 管通往厂区东边污水处理设施旁的排水沟，该排水沟通往龙山溪都美段。纸机用水池装有两台抽水泵，一台用于将混凝池的废水抽至纸机用水池内，另一台用于将纸机用水池内的废水抽至纸机用于生产。检查时，混凝池的废水正被抽至纸机用水池内，而抽纸机用水池废水的水泵未运行，池内水面上升到池面 PVC 管处后，排入厂区东边污水处理设施旁的排水沟，再流入龙山溪。执法人员在污水规范排放口和厂区东边污水处理设施旁的排水沟内各采集水样两瓶。2017 年 3 月 27 日，××县环境监测站出具的监测报告（×环测〔2017〕z33 号）显示污水规范排放口水样的悬浮物浓度为 46 mg/L；厂区东边污水处理设施旁的排水沟内水样的化学需氧量为 1 110 mg/L、氨氮浓度为 60.8 mg/L、悬浮物浓度为 610 mg/L，均超过福建省地方标准《制浆造纸工业水污染物排放标准》（DB 35/1310—2013）规定的水污染物排放标准。该公司的行为属于通过暗管违法排放污染物、超标排放水污染物，违反了《中华人民共和国环境保护法》第四十二条第四款的规定：“严禁通过暗管、渗井、渗坑、灌注或者篡改、伪造监测数据，或者不正常运行防治污染设施等逃避监管的方式违法排放污染物。”《中华人民共和国水污染防治法》第二十二条的规定：“向水体排放污染物的企业事业单

位和个体工商户，应当按照法律、行政法规和国务院环境保护主管部门的规定设置排污口；在江河、湖泊设置排污口的，还应当遵守国务院水行政主管部门的规定。禁止私设暗管或者采取其他规避监管的方式排放水污染物。”及《福建省流域水环境保护条例》第二十六条的规定：“向环境或者城镇污水集中处理设施排放水污染物的，不得超过国家和地方规定的水污染物排放标准以及重点水污染物排放总量控制指标。”

对于该公司通过暗管违法排放污染物的行为，根据《中华人民共和国水污染防治法》第七十五条第二款的规定：“违反法律、行政法规和国务院环境保护主管部门的规定设置排污口或者私设暗管的，由县级以上地方人民政府环境保护主管部门责令限期拆除，处二万元以上十万元以下的罚款；逾期不拆除的，强制拆除，所需费用由违法者承担，处十万元以上五十万元以下的罚款；私设暗管或者有其他严重情节的，县级以上地方人民政府环境保护主管部门可以提请县级以上地方人民政府责令停产整顿。”并参照《××县环境保护行政处罚自由裁量细化标准（试行）》第十三种违法种类、第 2 款违法行为、第 2 条法定罚则、甲级 B 档违法情形的规定，建议对该公司作出以下行政处罚：处罚款人民币壹拾万元整。

对于该公司超标排放水污染物的行为，根据《福建省流域水环境保护条例》第五十条的规定：“违反本条例第二十六条的规定，排放水污染物超过国家或者地方规定的排放标准，或者超过重点水污染物排放总量控制指标的，由县级以上地方人民政府环境保护主管部门责令限期治理，并处应缴纳排污费数额二倍以上五倍以下的罚款。前款所称的应缴纳排污费，按年计算，以行政处罚作出时的上一年度排污费为基数。”并参照《××县环境保护行政处罚自由裁量细化标准（试行）》第五种违法种类、第 1 款违法行为、第 2 条法定罚则、乙级违法情形的规定，建议对该公司作出以下行政处罚：处应缴纳排污费数额四倍的罚款，计人民币叁拾壹万玖仟肆佰零捌元整。

综上，针对该公司通过暗管违法排放污染物、超标排放水污染物的违法行为，建议对该公司作出以下行政处罚：共处罚款人民币肆拾壹万玖仟肆佰零捌元整。

对于该公司通过暗管违法排放污染物的行为，根据《中华人民共和国环境保护法》第六十三条第三项：“企业事业单位和其他生产经营者有下列行为之一，尚不构成犯罪的，除依照有关法律法规规定予以处罚外，由县级以上人民政府环境保护主管部门或者其他有关部门将案件移送公安机关，对其直接负责的主管人员和其他直接责任人员，处十日以上十五日以下拘留；情节较轻的，处五日以上十日以下拘留：……（三）通过暗管、渗井、渗坑、灌注或者篡改、伪造监测数据，或者不正常运行防治污染设施等逃避监管的方式违法排放污染物的；”及《行政主管部门移送适用行政拘留环境违法案件暂行办法》（公治〔2014〕853 号）第二条：“本办法适用于县级以上环境保护主管部门或者其他负有环境保护监督管理职责的部门办理尚不构成犯罪，依法作出行政处罚决定后，仍需要移送公安机关处以行政拘留的案件。”我局将依照上述规定将该案件移送公安机关。

我局于 2017 年 6 月 14 日依法向当事人送达了《××县环境保护局行政处罚事先（听证）告知书》（×环罚告字〔2017〕67 号），明确告知当事人有权在三日内提出听证申请以及在七日内进行陈述和申辩；逾期未提出听证申请、未进行陈述和申辩的，视为当事人放弃听证、陈述和申辩的权利。当事人收到我局的告知书后，至 2017 年 6 月 23 日为止，在规定期限内未提出听证申请，也未进行陈述和申辩。

×××：请与会人员对以上案件情况进行审议。

×××：同意对该公司共处罚款人民币肆拾壹万玖仟肆佰零捌元整。

×××：同意对该公司共处罚款人民币肆拾壹万玖仟肆佰零捌元整。

×××：同意对该公司共处罚款人民币肆拾壹万玖仟肆佰零捌元整。

×××：同意对该公司共处罚款人民币肆拾壹万玖仟肆佰零捌元整。

×××：同意对该公司共处罚款人民币肆拾壹万玖仟肆佰零捌元整。

九、审议结论：经过出席人员审议，认为本案事实清楚，证据确凿，适用法律准确，决定对当事人作出如下行政处罚：共处罚款人民币肆拾壹万玖仟肆佰零捌元整。

出席（签名）： ×××　×××　×××

×××　×××

列席（签名）： ×××　×××　×××

××县环境保护局
停产整治审批表

<table>
<tr><td>案件来源</td><td colspan="4">检查发现</td></tr>
<tr><td>案　由</td><td colspan="4">通过暗管违法排放污染物、超标排放水污染物</td></tr>
<tr><td rowspan="5">当事人</td><td>名　称</td><td colspan="3">××县××纸业有限公司</td></tr>
<tr><td>地　址</td><td>××县××镇××村</td><td>邮　编</td><td>××××××</td></tr>
<tr><td>统一社会信用代码</td><td colspan="3">××××××××××××××××××</td></tr>
<tr><td>电　话</td><td colspan="3">×××××××××××</td></tr>
<tr><td>法定代表人</td><td>×××</td><td>职　务</td><td>董事长</td></tr>
<tr><td>案情简介
及
处理意见</td><td colspan="4">2017 年 3 月 24 日，我局执法人员依法在××县××镇××村对该公司进行检查，发现该公司 2 号纸机旁浆池的上部建有一口约 40 m^3 的纸机用水池，池面连接一口径约 10 cm 的 PVC 管，该 PVC 管通往厂区东边污水处理设施旁的排水沟，该排水沟通往龙山溪都美段。纸机用水池装有两台抽水泵，一台用于将混凝池的废水抽至纸机用水池内，另一台用于将纸机用水池内的废水抽至纸机用于生产。检查时，混凝池的废水正被抽至纸机用水池内，而抽纸机用水池废水的水泵未运行，池内水面上升到池面 PVC 管处后，排入厂区东边污水处理设施旁的排水沟，再流入龙山溪。执法人员在污水规范排放口和厂区东边污水处理设施旁的排水沟内各采集水样两瓶。2017 年 3 月 27 日，××县环境监测站出具的监测报告（×环测〔2017〕z33 号）显示污水规范排放口水样的悬浮物浓度为 46 mg/L；厂区东边污水处理设施旁的排水沟内水样的化学需氧量为 1 110 mg/L、氨氮浓度为 60.8 mg/L、悬浮物浓度为 610 mg/L，均超过福建省地方标准《制浆造纸工业水污染物排放标准》（DB 35/1310—2013）规定的水污染物排放标准。该公司的行为为通过暗管违法排放污染物、超标排放水污染物，违反了《中华人民共和国环境保护法》第四十二条第四款的规定：“严禁通过暗管、渗井、渗坑、灌注或者篡改、伪造监测数据，或者不正常运行防治污染设施等逃避监管的方式违法排放污染物。”《中华人民共和国水污染防治法》第二十二条的规定：“向水体排放污染物的企业事业单位和个体工商户，应当按照法律、行政法规和国务院环境保护主管部门的规定设置排污口；在江河、湖泊设置排污口的，还应当遵守国务院水行政主管部门的规定。禁止私设暗管或者采取其他规避监管的方式排放水污染物。”和《福建省流域水环境保护条例》第二十六条的规定：“向环境或者城镇污水集中处理设施排放水污染物的，不得超过国家和地方规定的水污染物排放标准以及重点水污染物排放总量控制指标。”</td></tr>
</table>

	对于该公司通过暗管违法排放污染物、超标排放水污染物的行为，根据《中华人民共和国环境保护法》第六十条的规定："企业事业单位和其他生产经营者超过污染物排放标准或者超过重点污染物排放总量控制指标排放污染物的，县级以上人民政府环境保护主管部门可以责令其采取限制生产、停产整治等措施；情节严重的，报经有批准权的人民政府批准，责令停业、关闭。"《环境保护主管部门实施限制生产、停产整治办法》第六条第一项的规定："排污者有下列情形之一的，环境保护主管部门可以责令其采取停产整治措施；（一）通过暗管、渗井、渗坑、灌注或者篡改、伪造监测数据，或者不正常运行防治污染设施等逃避监管的方式排放污染物，超过污染物排放标准的；" 建议责令××县××纸业有限公司采取停产整治措施。 承办人：××× 2017 年 4 月 19 日
	建议责令××县××纸业有限公司采取停产整治措施。 承办人：××× 2017 年 4 月 19 日
负责人 审批意见	同意责令××县××纸业有限公司采取停产整治措施。 负责人：××× 2017 年 4 月 19 日

××县环境保护局
查封审批表

<table>
<tr><td>案件来源</td><td colspan="4">检查发现</td></tr>
<tr><td>案　由</td><td colspan="4">通过暗管违法排放污染物</td></tr>
<tr><td rowspan="5">当事人</td><td>名　称</td><td colspan="3">××县××纸业有限公司</td></tr>
<tr><td>地　址</td><td>××县××镇××村</td><td>邮　编</td><td>××××××</td></tr>
<tr><td>统一社会信用代码</td><td colspan="3">××××××××××××××××××××××</td></tr>
<tr><td>电　话</td><td colspan="3">××××××××</td></tr>
<tr><td>法定代表人</td><td>×××</td><td>职　务</td><td>董事长</td></tr>
<tr><td>案情简介
及
处理意见</td><td colspan="4">2017 年 3 月 24 日，我局执法人员依法在××县××镇××村对该公司进行检查，发现该公司 2 号纸机旁浆池的上部建有一口约 40 m³ 的纸机用水池，池面连接一口径约 10 cm 的 PVC 管，该 PVC 管通往厂区东边污水处理设施旁的排水沟，该排水沟通往龙山溪都美段。纸机用水池装有两台抽水泵，一台用于将混凝池的废水抽至纸机用水池内，另一台用于将纸机用水池内的废水抽至纸机用于生产。检查时，混凝池的废水正被抽至纸机用水池内，而抽纸机用水池废水的水泵未运行，池内水面上升到池面 PVC 管处后，排入厂区东边污水处理设施旁的排水沟，再流入龙山溪。该公司的行为属于通过暗管违法排放污染物，违反了《中华人民共和国环境保护法》第四十二条第四款的规定：“严禁通过暗管、渗井、渗坑、灌注或者篡改、伪造监测数据，或者不正常运行防治污染设施等逃避监管的方式违法排放污染物。”《中华人民共和国水污染防治法》第二十二条的规定：“向水体排放污染物的企业事业单位和个体工商户，应当按照法律、行政法规和国务院环境保护主管部门的规定设置排污口；在江河、湖泊设置排污口的，还应当遵守国务院水行政主管部门的规定。禁止私设暗管或者采取其他规避监管的方式排放水污染物。”
对于该公司通过暗管违法排放污染物的行为，根据《中华人民共和国环境保护法》第二十五条的规定：“企业事业单位和其他生产经营者违反法律法规规定排放污染物，造成或者可能造成严重污染的，县级以上人民政府环境保护主管部门和其他负有环境保护监督管理职责的部门，可以查封、扣押造成污染物排放的设施、设备。”《环境保护主管部门实施查封、扣押办法》第四条第四项的规定：“排污者有下列情形之一的，环境保护主管部门依法实施查封、扣押：（一）违法排放、倾倒或者处置含传染病病原体的废物、危险废物、含重金属污染物或者持久性有机污染物等有毒物质或者其他有害物质的；……（四）通过暗管、渗井、渗坑、灌注或者篡改、伪造监测数据，或者不正常运行防治污染设施等逃避监管的方式排放污染物，超过污染物排放标准的；……。”</td></tr>
</table>

	建议对××县××纸业有限公司造成污染物排放的设施、设备依法实施查封。 承办人：××× 2017年4月19日
	建议对××县××纸业有限公司造成污染物排放的设施、设备依法实施查封。 承办人：××× 2017年4月19日
负责人 审批意见	同意对××县××纸业有限公司造成污染物排放的设施、设备依法实施查封。 负责人：××× 2017年4月19日

××县环境保护局
涉嫌环境违法适用行政拘留处罚案件移送材料清单

××县××纸业有限公司涉嫌通过暗管违法排放污染物

序号	内容	页码	备注
1	××县环境保护局涉嫌环境违法适用行政拘留处罚案件移送材料清单		
2	××县环境保护局关于××县××纸业有限公司涉嫌环境违法适用行政拘留处罚案件移送函（×环拘移字〔2017〕2号）		
3	××县环境保护局移送涉嫌环境违法适用行政拘留处罚案件审批表（审批号：×环拘移〔2017〕2号）		
4	××县环境保护局涉嫌环境违法适用行政拘留处罚案件移送书（×环拘移〔2017〕2号）		
5	××县环境保护局关于××县××纸业有限公司涉嫌环境违法适用行政拘留处罚相关问题意见（×环〔2017〕63号）		
6	现场检查（勘察）笔录		
7	现场检查照片		
8	现场检查（勘察）附图		
9	监测报告（×环测〔2017〕z33号）		
10	调查询问笔录		
11	企业营业执照复印件		
12	企业法人及负责人身份证复印件		
13	授权委托书		
14	执法人员执法证复印件		

序号	内容	页码	备注
15	案件调查报告		
16	××县环境保护局行政处罚事先（听证）告知书（×环罚告字〔2017〕67号）		
17	行政处罚事先（听证）告知书送达回证		
18	××县环境保护局行政处罚决定书（×环罚字〔2017〕67号）		
19	行政处罚决定书送达回证		
20	《制浆造纸工业水污染物排放标准》（DB 35/1310—2013）		
21	相关法律法规、条例、办法、裁量依据		

移送部门人员签名（执法证号）
×××（执法证号：××××××）
×××（执法证号：××××××）

2017年8月25日
（移送机关盖章）

公安机关签收人签名（警官证号）
×××（警官证号：××××××）
×××（警官证号：××××××）

2017年8月25日
（受理机关盖章）

注：本清单一式两份，移送部门和公安机关各存一份。

××县环境保护局
移送涉嫌环境违法适用行政拘留处罚案件审批表

单位公章：　　　　　　　　　　　　　　　　　　审批号：×环拘移〔2017〕2号

<table>
<tr><td>案　由</td><td colspan="5">通过暗管违法排放污染物</td></tr>
<tr><td>企业名称或其他经营者</td><td colspan="2">××县××纸业有限公司</td><td>统一社会信用代码</td><td colspan="2">×××××××××××××
×××××</td></tr>
<tr><td>地　址</td><td colspan="3">××县××镇××村</td><td>邮政编码</td><td>×××××</td></tr>
<tr><td>法定代表人或负责人</td><td>×××</td><td>有效证件及号码</td><td>××××××××××
××××××××</td><td>联系电话</td><td>××××××
×××××</td></tr>
<tr><td>企业主要负责人</td><td>×××</td><td>有效证件及号码</td><td>××××××××××
××××××××</td><td>联系电话</td><td>××××××
×××××</td></tr>
<tr><td>调查人员</td><td colspan="2">×××　×××</td><td>承办部门</td><td colspan="2">××县环境监察大队</td></tr>
<tr><td>案情简介</td><td colspan="5">2017年3月24日，我局执法人员依法在××县××镇××村对××县××纸业有限公司进行检查，发现该公司2号纸机旁浆池的上部建有一口约40 m³的纸机用水池，池面连接一口径约10 cm的PVC管，该PVC管通往厂区东边污水处理设施旁的排水沟，该排水沟通往龙山溪都美段。纸机用水池装有两台抽水泵，一台用于将混凝池的废水抽至纸机用水池内，另一台用于将纸机用水池内的废水抽至纸机用于生产。检查时，混凝池的废水正被抽至纸机用水池内，而抽纸机用水池废水的水泵未运行，池内水面上升到池面PVC管处后，排入厂区东边污水处理设施旁的排水沟，再流入龙山溪。</td></tr>
<tr><td>行政拘留处罚移送依据和处理意见</td><td colspan="5">根据《中华人民共和国环境保护法》第六十三条：“企业事业单位和其他生产经营者有下列行为之一，尚不构成犯罪的，除依照有关法律法规规定予以处罚外，由县级以上人民政府环境保护主管部门或者其他有关部门将案件移送公安机关，对其直接负责的主管人员和其他直接责任人员，处十日以上十五日以下拘留；情节较轻的，处五日以上十日以下拘留：……（三）通过暗管、渗井、渗坑、灌注或者篡改、伪造监测数据，或者不正常运行防治污染设施等逃避监管的方式违法排放污染物的；”及《行政主管部门移送适用行政拘留环境违法案件暂行办法》（公治〔2014〕853号）第二条：“本办法适用于县级以上环境保护主管部门或者其他负有环境保护监督管理职责的部门办理尚不构成犯罪，依法作出行政处罚决定后，仍需要移送公安机关处以行政拘留的案件。”第五条：“《环境保护法》第六十三条第三项规定的通过暗管、渗井、渗坑、灌注等逃避监管的方式违法排放污染物，是指通过暗管、渗井、渗坑、灌注等不经法定排污口排放污染物等逃避监管的方式违法排放污染物：暗管是指通过隐蔽的方式达到规避监管目的而设置的排污管道，包括埋入地下的水泥管、瓷管、塑料管等，以及地上的临时排污管道；”以及《中华人民共和国水污染防治法》第七十五条第二款的规定：“违反法律、行政法规和国务院环境保护主管部门的规定设置排污口或者私设暗管的，由县级以上地方人民政府环境保护主管部门责令限期拆除，处二万元以上十万元以下</td></tr>
</table>

	的罚款；逾期不拆除的，强制拆除，所需费用由违法者承担，处十万元以上五十万元以下的罚款；私设暗管或者有其他严重情节的，县级以上地方人民政府环境保护主管部门可以提请县级以上地方人民政府责令停产整顿。”并参照《××县环境保护行政处罚自由裁量细化标准（试行）》第十三种违法种类、第2款违法行为、第2条法定罚则、甲级B档违法情形的规定和《福建省流域水环境保护条例》第五十条的规定：“违反本条例第二十六条的规定，排放水污染物超过国家或者地方规定的排放标准，或者超过重点水污染物排放总量控制指标的，由县级以上地方人民政府环境保护主管部门责令限期治理，并处应缴纳排污费数额二倍以上五倍以下的罚款。前款所称的应缴纳排污费，按年计算，以行政处罚作出时的上一年度排污费为基数。”并参照《××县环境保护行政处罚自由裁量细化标准（试行）》第五种违法种类、第1款违法行为、第2条法定罚则、乙级违法情形的规定，我局于2017年6月30日对该公司作出如下行政处罚：对该公司通过暗管违法排放污染物的行为，处罚款人民币壹拾万元整；对该公司超标排放水污染物的违法行为，处应缴纳排污费数额四倍的罚款，计人民币叁拾壹万玖仟肆佰零捌元整。共处罚款人民币肆拾壹万玖仟肆佰零捌元整。 根据《环境行政处罚办法》第十六条第三款“涉嫌违法依法应当实施行政拘留的案件，移送公安机关”的规定，建议对××县××纸业有限公司直接负责的主管人员和其他直接责任人员移送公安机关行政拘留。 经办人：××× ××× 2017年8月24日
承办部门意见	同意。 签名：××× 2017年8月24日
承办部门分管领导意见	同意。 签名：××× 2017年8月24日
法制部门意见	同意。 签名：××× 2017年8月24日
法制部门分管领导意见	同意。 签名：××× 2017年8月24日
局长意见	同意。 签名：××× 2017年8月24日

××县环境保护局关于××县××纸业有限公司涉嫌环境违法适用行政拘留处罚案件移送函

×环拘移字〔2017〕2号

××县公安局：

2017年3月24日，我局执法人员依法在××县××镇××村对××县××纸业有限公司进行检查，发现该公司2号纸机旁浆池的上部建有一口约40 m^3 的纸机用水池，池面连接一口径约10 cm的PVC管，该PVC管通往厂区东边污水处理设施旁的排水沟，该排水沟通往龙山溪都美段。纸机用水池装有两台抽水泵，一台用于将混凝池的废水抽至纸机用水池内，另一台用于将纸机用水池内的废水抽至纸机用于生产。检查时，混凝池的废水正被抽至纸机用水池内，而抽纸机用水池废水的水泵未运行，池内水面上升到池面PVC管处后，排入厂区东边污水处理设施旁的排水沟，再流入龙山溪。执法人员在污水规范排放口和厂区东边污水处理设施旁的排水沟内各采集水样两瓶。执法人员在现场拍照取证，并制作了现场检查（勘察）笔录。该公司生产废水排放执行福建省地方标准《制浆造纸工业水污染物排放标准》（DB 35/1310—2013）表1中造纸企业排放限值，化学需氧量排放限值为80 mg/L，氨氮排放限值为8 mg/L，悬浮物排放限值为30 mg/L。经××县环境监测站水质监测分析，监测结果显示污水规范排放口水样的悬浮物浓度为46 mg/L；厂区东边污水处理设施旁的排水沟内水样的化学需氧量为1 110 mg/L、氨氮浓度为60.8 mg/L、悬浮物浓度为610 mg/L，均超过福建省地方标准《制浆造纸工业水污染物排放标准》（DB35/1310—2013）表1中造纸企业排放限值。

根据《中华人民共和国刑法》第三百三十八条“违反国家规定，排放、倾倒或者处置有放射性的废物、含传染病病原体的废物、有毒物质或者其他危险废物，严重污染环境的，处三年以下有期徒刑或者拘役，并处或者单处罚金；后果特别严重的，处三年以上七年以下有期徒刑，并处罚金。”和最高人民法院、最高人民检察院《关于办理环境污染刑事案件适用法律若干问题的解释》（2016年11月7日由最高人民法院审判委员会第1698次会议、2016年12月8日由最高人民检察院第十二届检察委员会第58次会议通过）第一条、第十五条的规定，我局未发现该公司存在违反《中华人民共和国刑法》第三百三十八条和《关于办理环境污染刑事案件适用法律若干问题的解释》第一条、第十五条规定的环境违法行为，因此认为该公司的环境违法行为尚不构成环境污染刑事案件。

依据《中华人民共和国环境保护法》第四十二条第四款规定：“严禁通过暗管、渗井、渗坑、灌注或者篡改、伪造监测数据，或者不正常运行防治污染设施等逃避监管的方式违法排放污染物。”《中华人民共和国水污染防治法》第二十二条的规定：“向水体排放污染物的企业事业单位和个体工商户，应当按照法律、行政法规和国务院环境保护主管部门的规定设置排污口；在江河、湖泊设置排污口的，还应当遵守国务院水行政主管部门的规定。禁止私设暗管或者采取其他规避监管的方式排放水污染物。”该公司上述行为已构成涉嫌通过暗管违法排放污染物。

依照《中华人民共和国环境保护法》第六十三条第三项：“企业事业单位和其他生产经营者有下列行为之一，尚不构成犯罪的，除依照有关法律法规规定予以处罚以外，由县级以上人民政府环境保护主管部门或者其他有关部门将案件移送公安机关，对其直接负责的主管人员和其他直接责任人员处十日以上十五日以下拘留；情节较轻的，处五日以上十日以下拘留：……（三）通过暗管、渗井、渗坑、灌注或者篡改、伪造监测数据，或者不正常运行防治污染设施等逃避监管的方式违法排放污染物的；”《行政主管部门移送适用行政拘留环境违法案件暂行办法》（公治〔2014〕853 号）第二条：“本办法适用于县级以上环境保护主管部门或者其他负有环境保护监督管理职责的部门办理尚不构成犯罪，依法作出行政处罚决定后，仍需要移送公安机关处以行政拘留的案件。”第五条：“《环境保护法》第六十三条第三项规定的通过暗管、渗井、渗坑、灌注等逃避监管的方式违法排放污染物，是指通过暗管、渗井、渗坑、灌注等不经法定排污口排放污染物等逃避监管的方式违法排放污染物；暗管是指通过隐蔽的方式达到规避监管目的而设置的排污管道，包括埋入地下的水泥管、瓷管、塑料管等，以及地上的临时排污管道；”和《环境行政处罚办法》第十六条第三款：“涉嫌违法依法应当实施行政拘留的案件，移送公安机关”的规定，将该案移送贵局查办。

移送材料见附件。

联系人：×××　×××

联系电话：×××××××××

××县环境保护局

2017 年 8 月 24 日

××县环境保护局关于××县××纸业有限公司涉嫌环境违法适用行政拘留处罚相关问题意见

×环〔2017〕63 号

××县公安局：

2017 年 3 月 24 日，我局执法人员依法在××县××镇××村对××县××纸业有限公司进行检查，发现该公司 2 号纸机旁浆池的上部建有一口约 40 m^3 的纸机用水池，池面连接一口径约 10 cm 的 PVC 管，该 PVC 管通往厂区东边污水处理设施旁的排水沟，该排水沟通往龙山溪都美段。执法人员在污水规范排放口和厂区东边污水处理设施旁的排水沟内各采集水样两瓶，2017 年 3 月 27 日，××县环境监测站出具了监测报告（×环测〔2017〕z33 号）（见附件）。该公司的环境违法行为，已构成涉嫌私设暗管，依据《中华人民共和国环境保护法》第六十三条第三项、《行政主管部门移送适用行政拘留环境违法案件暂行办法》（公治〔2014〕853 号）第二条、第五条和《环境行政处罚办法》第十六条第三款的规定，应移送贵局实施行政拘留。现将相关事项解释如下：

一、关于排放的污染因子的相关说明

（一）监测报告中监测的污染因子说明

1. 化学需氧量：简称 COD_{Cr}（Chemical oxygen demand），是以化学方法测量水样中需要被氧化的还原性物质的量。

2. 氨氮：化学式 NH_3-N（Ammonia nitrogen），是指水中以游离氨（NH_3）和铵离子（NH_4^+）形式存在的氮。

3. 悬浮物：指悬浮在水中的固体物质。

（二）有毒物质界定

根据最高人民法院、最高人民检察院《关于办理环境污染刑事案件适用法律若干问题的解释》（2016 年 11 月 7 日由最高人民法院审判委员会第 1698 次会议、2016 年 12 月 8 日由最高人民检察院第十二届检察委员会第 58 次会议通过，简称“两高司法解释”）第十五条下列物质应当认定为“有毒物质”：

1. 危险废物，是指列入国家危险废物名录，或者根据国家规定的危险废物鉴别标准和鉴别方法认定的，具有危险特性的废物；

2.《关于持久性有机污染物的斯德哥尔摩公约》附件所列物质；

3. 含重金属的污染物；

4. 其他具有毒性，可能污染环境的物质。

因此化学需氧量、氨氮和悬浮物不属于“两高司法解释”认定的有毒物质的种类。

二、关于水质监测报告监测结果说明

1. 标准

根据福建省地方标准《制浆造纸工业水污染物排放标准》（DB 35/1310—2013）表 1 中造纸企业排放限值：

化学需氧量排放限值为 80 mg/L；

氨氮排放限值为 8 mg/L；

悬浮物排放限值为 30 mg/L。

2. 结果

经××县环境监测站水质监测分析，监测结果显示污水规范排放口水样的悬浮物浓度为 46 mg/L；厂区东边污水处理设施旁的排水沟内水样的化学需氧量为 1 110 mg/L、氨氮浓度为 60.8 mg/L、悬浮物浓度为 610 mg/L，均超过福建省地方标准《制浆造纸工业水污染物排放标准》（DB 35/1310—2013）表 1 中造纸企业排放限值。

三、关于暗管的相关说明

根据《行政主管部门移送适用行政拘留环境违法案件暂行办法》（公治〔2014〕853 号）第五条的规定：“《环境保护法》第六十三条第三项规定的通过暗管、渗井、渗坑、灌注等逃避监管的方式违法排放污染物，是指通过暗管、渗井、渗坑、灌注等不经法定排污口排放污染物等逃避监管的方式违法排放污染物；暗管是指通过隐蔽的方式达到规避监管目的而设置的排污管道，包括埋入地下的水泥管、瓷管、塑料管等，以及地上的临时排污管道；”

四、认定结果说明

经查阅××县××纸业有限公司《福建省建设项目环境影响报告表》发现，该公司生产废水应由污水处理设施处理后，通过污水规范排放口排放。但是该公司未按照环评的要求将生产废水抽至纸机用水池，池面连接一 PVC 管，通过 PVC 管将生产废水排入厂区东边污水处理设施旁的排水沟，外排至龙山溪都美段，该公司的环境违法行为属于“私设暗管”排放污染物。

五、对照《中华人民共和国刑法》第三百三十八条和《关于办理环境污染刑事案件适用法律若干问题的解释》第一条、第十五条规定，我局未发现该公司存在构成环境污染刑事案件的环境违法行为。

附件：监测报告（×环测〔2017〕z33号）复印件

××县环境保护局

2017年8月24日

××县环境保护局
涉嫌环境违法适用行政拘留处罚案件移送书

×环拘移〔2017〕2号

<table>
<tr><td>案　由</td><td colspan="5">涉嫌通过暗管违法排放污染物</td></tr>
<tr><td>企业名称或其他经营者</td><td colspan="2">××县××纸业有限公司</td><td>统一社会信用代码</td><td colspan="2">×××××××××××××
×××××××××</td></tr>
<tr><td>地　址</td><td colspan="3">××县××镇××村</td><td>邮政编码</td><td>××××××</td></tr>
<tr><td>法定代表人</td><td>×××</td><td>有效证件及号码</td><td>×××××××××
×××××××××</td><td>联系电话</td><td>×××××××
××××</td></tr>
<tr><td>企业主要负责人</td><td>×××</td><td>有效证件及号码</td><td>×××××××××
×××××××××</td><td>联系电话</td><td>×××××××
××××</td></tr>
<tr><td>调查人员</td><td colspan="2">×××　×××</td><td>承办部门</td><td colspan="2">××县环境监察大队</td></tr>
<tr><td>简要案情</td><td colspan="5">2017年3月24日，我局执法人员依法在××县××镇××村对××县××纸业有限公司进行检查，发现该公司2号纸机旁浆池的上部建有一口约40 m^3 的纸机用水池，池面连接一口径约10 cm的PVC管，该PVC管通往厂区东边污水处理设施旁的排水沟，该排水沟通往龙山溪都美段。纸机用水池装有两台抽水泵，一台用于将混凝池的废水抽至纸机用水池内，另一台用于将纸机用水池内的废水抽至纸机用于生产。检查时，混凝池的废水正被抽至纸机用水池内，而抽纸机用水池废水的水泵未运行，池内水面上升到池面PVC管处后，排入厂区东边污水处理设施旁的排水沟，再流入龙山溪。</td></tr>
<tr><td>移送依据</td><td colspan="5">《中华人民共和国环境保护法》第六十三条第三项；
《行政主管部门移送适用行政拘留环境违法案件暂行办法》第二条、第五条；
《环境行政处罚办法》第十六条第三款。</td></tr>
<tr><td>移送建议</td><td colspan="5">建议实施行政拘留</td></tr>
<tr><td colspan="6">经办人：×××　　　　　　　×××
执法证号：×××××　　　　××××××

日期：2017年8月24日
（行政机关公章）</td></tr>
</table>

受案回执

××环境保护局：

你（单位）于 2017 年 09 月 26 日报称的××纸业有限公司涉嫌通过暗管违法排放污染物案一案我单位已受理（受登记表文号为×××××××××××（2017）00132 号）你（单位）可通过来电查询案件进展情况。

联系人、联系方式：×××　×××××××××

××市公安局

××××年××月××日

报案人、控告人、举报人、扭送人：×××　×××

××××年××月××日

二、按日连续处罚类

2. ××××电镀有限公司超标排放废水案

【案件提供单位】

××市环境保护局

【案件简介】

2017年4月11日，环保部门对××××电镀有限公司（以下称为“排污企业”）排放池废水进行现场监测，发现COD、氨氮、总磷均超标且超标废水排入钱塘江。19日，环保部门作出责令改正决定。27日，环保部门复查时经现场监测发现排放池废水的氨氮和总磷仍然超标。环保部门根据《水污染防治法》，于6月26日对排污企业作出罚款54 500元人民币的决定；于7月11日，对排污企业拒不改正超标排污的行为实施按日（4月20日至27日8天）连续处罚436 000元人民币。排污企业已履行上述行政处罚决定。

【专家点评】

该案事实清楚，证据充分，法律适用正确，自由裁量适当，程序合法，是实施按日连续处罚的典型案例之一。

一、该案的优点

1. 在该案中环保部门严格按照《环境行政处罚办法》进行调查取证。

不管是一次处罚，还是按日连续处罚，都需要通过调查取证以确定环境违法事实。该案中证明超标排放和拒不改正违法行为的事实的证据（现场勘查笔录、监测报告等）均符合《环境行政处罚办法》的形式要求，且收集程序合法；我们特别注意到，对于现场监测取样，取样过程记入现场勘察笔录，并由行政相对人在笔录上签字确认，这足以证明采样程序合法，保障了样品的真实性和监测结果的真实性，成为确认超标排放的最主要证据。

2. 在该案中环保部门严格按照《环境保护法》和《环境保护主管部门实施按日连续

处罚办法》（以下简称《按日连续处罚办法》）的规定实施按日连续处罚。

按日连续处罚是2014年《环境保护法》确定的新制度、新手段。为贯彻执行《环境保护法》，严惩违法排污行为，规范按日连续处罚的实施，环境保护部2014年发布了《按日连续处罚办法》，与《环境保护法》同时实施。在该案中，无论是适用情形，还是实施程序与计罚方式，环保部门完全按照上述法律规定实施按日连续处罚，做到了法律适用正确和程序合法。

3. 该案贯彻了按日连续处罚的立法初衷，最终取得了督促企业达标排放的良好效果。

目前还有大量违法企业超标排污，要使企业守法成为常态，要解决“守法成本高、违法成本低”的问题，必须加大执法力度，采取最严厉的手段惩治超标排污行为，按日连续处罚就是有效手段之一。

该案中，环保部门在第一次责令改正违法行为决定书中就明确告知将对整改进行复查以及拒不改正可能承担按日连续处罚的法律后果。8天后环保部门复查时发现企业虽有整改但尚未完全改正违法行为，这已经符合按日连续处罚的条件。正是按日连续处罚发挥出的法律威慑力，促使企业最终整改到位。该案中的第三次现场执法检查与现场监测证实企业已经可以达标排放。该案中的三次检查与监测构成了完整的执法痕迹，且最终执法链闭环；不仅构成了一次完善的执法行为，还达到了良好的执法效果。

二、存在的问题和建议

该案中，2017年4月14日第一次现场监测报告出结果，19日责令改正，但直到6月5日才送达行政处罚听证告知书，26日才作出第一次行政处罚决定，执法效率稍显拖沓。另外，该案未按照有关规定将案卷材料分正卷和副卷进行归档，亦需要予以注意。

案 卷 目 录

序号	材料名称	日期	页次	备注
1	按日连续处罚决定书（×环日罚字〔2017〕2 号）及送达回证	20170711	131～133	
2	行政处罚审批表	20170711	134	
3	环境违法行为立案呈批表（×环立〔2017〕第 19 号）	20170415	135	
4	现场检查（勘察）笔录	20170411	136～137	
5	现场照片	20170411	138～139	
6	监测报告（×环测（2017）支字第 85 号）	20170414	140～143	
7	责令改正违法行为决定书（×环日改字〔2017〕18 号）及送达回证	20170419	144～145	
8	调查询问笔录	20170419	146～148	
9	组织机构代码	20170000	149	
10	法定代表人身份证复印件	20170000	150	
11	排污费计算表	20170419	151	
12	案件调查报告	20170419	152	第一次处罚
13	行政处罚自由裁量计算表	20170419	153～154	
14	行政处罚案件集体审议记录	20170516	155	

序号	材料名称	日期	页次	备注
15	文件处理单	20170605	156	第一次处罚
16	行政处罚听证告知书（×环罚听告字〔2017〕18 号）及送达回证	20170605	157～159	
17	行政处罚审批表	20170623	160	
18	行政处罚决定书（×环罚字〔2017〕16 号）及送达回证	20170626	161～163	
19	环境违法行为立案呈批表（×环立〔2017〕第 40 号）	20170505	164	
20	现场检查（勘察）笔录	20170427	165～166	
21	现场照片	20170427	167～168	
22	监测报告（×环测（2017）支字第 117 号）	20170503	169～172	
23	责令改正违法行为决定书（×环日改字〔2017〕24 号）及送达回证	20170505	173～174	
24	调查询问笔录	20170505	175～177	
25	现场检查（勘察）笔录	20170510	178～179	第二次复查
26	监测报告（×环测（2017）支字第 131 号）	20170515	180～183	
27	案件调查报告	20170520	184～185	
28	文件处理单	20170630	186	
29	按日连续处罚听证告知书（×环日听告字〔2017〕2 号）及送达回证	20170630	187～189	
30	罚款缴纳发票	20170720	190	

××市环境保护局
按日连续处罚决定书

×环日罚字〔2017〕2号

××××电镀有限公司

法定代表人姓名：王××

信用代码：913302811××××

住所：××市××市××镇工业园区

法定代表人身份证号：3302××××××××××××××

2017 年 4 月 11 日，我局在现场执法中对你公司排放口排放的废水采样，经监测，你公司排放池的废水中化学需氧量为 145 mg/L（国家标准为 80 mg/L），氨氮浓度为 49.4 mg/L（国家标准为 15 mg/L），总磷浓度为 4.43 mg/L（国家标准为 1.0 mg/L），超标废水排入钱塘江。

2017 年 4 月 19 日，我局向你公司送达《责令改正违法行为决定书》（×环日改字〔2017〕18 号），责令你单位立即停止违法排放污染物行为，并于当日送达。4 月 27 日，我局执法人员依法对你公司违法排放水污染物行为的改正情况实施复查，经采样监测，你公司排放池 1 排放的废水中氨氮浓度为 29.8 mg/L（国家标准为 15 mg/L），总磷浓度为 5.48 mg/L（国家标准为 1.0 mg/L），排放池 2 排放的废水中总磷浓度为 2.74 mg/L（国家标准为 1.0 mg/L），违法超标排放水污染物行为依然没有得到纠正。5 月 5 日，我局向你单位送达《责令改正违法行为决定书》（×环日改字〔2017〕24 号），并于当日送达。5 月 10 日，我局执法人员再次对你单位排放池排放的废水采样，经监测，废水已达标排放。

你公司上述行为违反了《中华人民共和国水污染防治法》第九条的规定，已构成违法。具体有现场勘察笔录、调查询问笔录，监测报告、照片资料等证据为凭。2017 年 6 月 5 日，我局对你公司下达行政处罚听证告知书，于 6 月 7 日送达；6 月 26 日，对你公司下达行政处罚决定书，于 6 月 27 日送达。

6 月 30 日，对你公司下达按日连续处罚听证告知书，于 7 月 5 日送达。你公司未在法定期限内向我局提出陈述、申辩，也未提出举行听证要求。

现依据《中华人民共和国环境保护法》第五十九条第一款：“企业事业单位和其他生产经营者违法排放污染物，受到罚款处罚，被责令改正，拒不改正的，依法作出处罚决定的行政机关可以自责令改正之日的次日起，按照原处罚数额按日连续处罚。”以及《环境保护主管部门实施按日连续处罚办法》（部令第 28 号）第五条第一项：“排污者有下列行为之一，受到罚款处罚，被责令改正，拒不改正的，依法作出罚款处罚决定的环境保护主管部门可以实施按日连续处罚：（一）超过国家或者地方规定的污染物排放标准，或者超过重点污染物排放总量控制指标排放污染物的；”第十七条：“按日连续处罚的计罚日数为责令改正违法行为决定书送达排污者之日的次日起，至环境保护主管部门复查发现违法排放污染物行为之日止。再次复查仍拒不改正的，计罚日数累计执行。”第十九条：“按日连续处罚每日的罚款数额，为原处罚决定书确定的罚款数额。按照按日连续处罚规则决定的罚款数额，为原处罚决定书确定的罚款数额乘以计罚日数。”我局决定对你公司实施按日连续处罚。

处以罚款四十三万六仟元。

计罚方式：5.45 万×8 天（4 月 20—27 日）。

你公司应当自收到本处罚决定书之日起十五日内到中国工商银行××市分行××支行缴纳罚款。逾期不履行本行政处罚决定的，我局将每日按罚款数额的百分之三加处罚款。

如不服本处罚决定，可以自收到本决定书之日起六十日内向××市人民政府或者浙江省环境保护厅申请复议，也可以自收到本决定书之日起六个月内内直接向××市××区人民法院起诉。行政复议和行政诉讼期间，行政处罚不停止执行，法律另有规定的除外。

逾期不申请行政复议，也不提起行政诉讼，又不履行本行政处罚决定的，我局将依法申请人民法院强制执行。

××市环境保护局

2017 年 7 月 11 日

××市环境保护局
送达回证

送达文书（字号）	××市环境保护局按日连续处罚决定书 （×环日罚字〔2017〕2号）
受送达人	××××电镀有限公司
送达地点	××市××镇工业园区××××电镀有限公司办公室
送达方式	直接送达
送达人	××市环境监察支队　　×××　　×××
受送达人签名 或盖章	2017年7月14日
代收人签名或者盖章及代收理由： 受法人委托签收 ×××	
备注：	
（受送达人或者他的同住成年家属拒绝接收送达文书的，送达人应当邀请有关基层组织或者所在单位的代表到场，说明情况，在送达回证上记明拒收事由和日期，由送达人、见证人签名或者盖章，把送达文书留在受送达人的住所，即视为送达。）	

行政处罚审批表

案　由	超标排放废水实施按日连续处罚案
当事人	××××电镀有限公司
法定代表人	王××
地　址	××市××镇工业园区
案情简介	经查，该公司排放池的废水中化学需氧量为145 mg/L（国家标准为80 mg/L），氨氮浓度为49.4 mg/L（国家标准为15 mg/L），总磷浓度为4.43 mg/L（国家标准为1.0 mg/L），属超标排放水污染物，我局对该公司作出罚款5.45万元的行政处罚。复查时发现该公司排放口排放的废水仍然超标，按照原处罚数额实施按日连续处罚。
审议意见	依据2017年6月5日局长办公会议审议通过，根据《中华人民共和国环境保护法》第五十九条第一款、《环境保护主管部门实施按日连续处罚办法》（环保部令第28号）第五条第一项、第十七条、第十九条的规定，我局决定对该公司实施按日连续处罚。 处以罚款四十三万六仟元。 计罚方式：5.45万×8天（4月20—27日）。 （签名）：×××　　2017年7月11日
领导审定意见	（签名）：×××　　2017年7月11日

××市环境保护局
环境违法行为立案呈批表

×环立〔2017〕第19号

<table>
<tr><td>当事人</td><td colspan="5">××××电镀有限公司</td></tr>
<tr><td>法定代表人</td><td>王××</td><td>职　务</td><td>总经理</td><td>电　话</td><td>138××××××××</td></tr>
<tr><td>地　址</td><td colspan="5">××市××镇工业园区</td></tr>
<tr><td>案件来源</td><td colspan="5">现场执法检查</td></tr>
<tr><td>案　由</td><td colspan="5">涉嫌废水超标排放</td></tr>
<tr><td>案情简介</td><td colspan="5">2017年4月11日，我局执法人员对××××电镀有限公司废水处理设施的排放池正在外排的废水采样，经××市环境监测中心分析化验：氨氮浓度为49.4 mg/L，总磷浓度为4.43 mg/L，COD浓度为145 mg/L，均超过了《电镀污染物排放标准》表2标准（标准分别为15 mg/L、1.0 mg/L、80 mg/L），有现场勘察笔录及监测报告等证据为凭。
经初步调查，当事人的行为涉嫌违反了《中华人民共和国水污染防治法》第九条的规定，建议立案。
经办人（签名）：×××、×××　　2017年4月15日</td></tr>
<tr><td>承办部门
科室意见</td><td colspan="5">建议立案。
科室负责人（签名）：×××　　2017年4月15日</td></tr>
<tr><td>承办部门
负责人意见</td><td colspan="5">同意立案。
（签名）：×××　　2017年4月15日</td></tr>
<tr><td>环保部门
负责人意见</td><td colspan="5">同意立案。
（签名）：×××　　2017年4月15日</td></tr>
</table>

××市环境保护局
现场检查（勘察）笔录

检查（勘察）时间： 2017 年 4 月 11 日 15 时 5 分至 16 时 11 分

检查（勘察）地点： ××市××镇工业园区

被检查（勘察）人名称（姓名）： ××××电镀有限公司

法定代表人（负责人）： 王××

现场负责人姓名： 王×× **年龄：** 71 岁 **职务：** 总经理

工作单位： ××××电镀有限公司 **与本案关系：** 负责人

身份证号码： 3302××××××××××××××

电话： 138×××××××× **地址：** ××市××街道××小区

检查（勘察）人： ×××，××× **记录人：** ×××

其他见证人： ×××

检查（勘察）人： 我们是××市环境保护局执法人员×××，×××，这是我们的执法证件，执法证号分别是：×××，×××（出示证件），请您过目确认。

被调查（询问）人对执法人员出示证件、表明身份的确认记录：（被调查人确认记录）

调查（询问）人：今天依法对你单位进行检查，你必须如实回答，你依法享有陈述权、申辩权和申请执法人员回避的权利，听清楚了吗？

答：（被调查人确认记录）

现场情况：现场检查情况如下：

1. 该企业主要从事电镀加工生产，检查时各电镀车间均在生产中。

2. 现建有全自动电镀线 35 条（包括电镀 33 条、铝氧化线 1 条、电解抛光线 1 条）。

被检查（勘察）人或现场负责人确认意见：确认，已阅读。

被检查（勘察）人或现场负责人签名：××× 时间：2017.4.11

见证人签名：××× 时间：2017.4.11

检查（勘察）人签名：××× ××× 时间：2017.4.11

记录人签名：××× 时间：2017.4.11

3. 电镀废水处理设施正在运行，处理后的废水由厂区标排口排入排放池，再通过水泵泵入工业园区泵站，再排入钱塘江，目前日排放废水约550吨，中水回用量约200吨。

4. 企业在线监控系统未见异常；配套废气处理设施运行正常。

5. 电镀污水处理产生的污泥送××××有限公司处置，月处置污泥约100吨。

6. 现场对企业废水处理设施排放池1、排放池2正在外排的废水各采样3瓶送检。

7. 现场检查时拍照若干。（以下空白）

现场勘察图

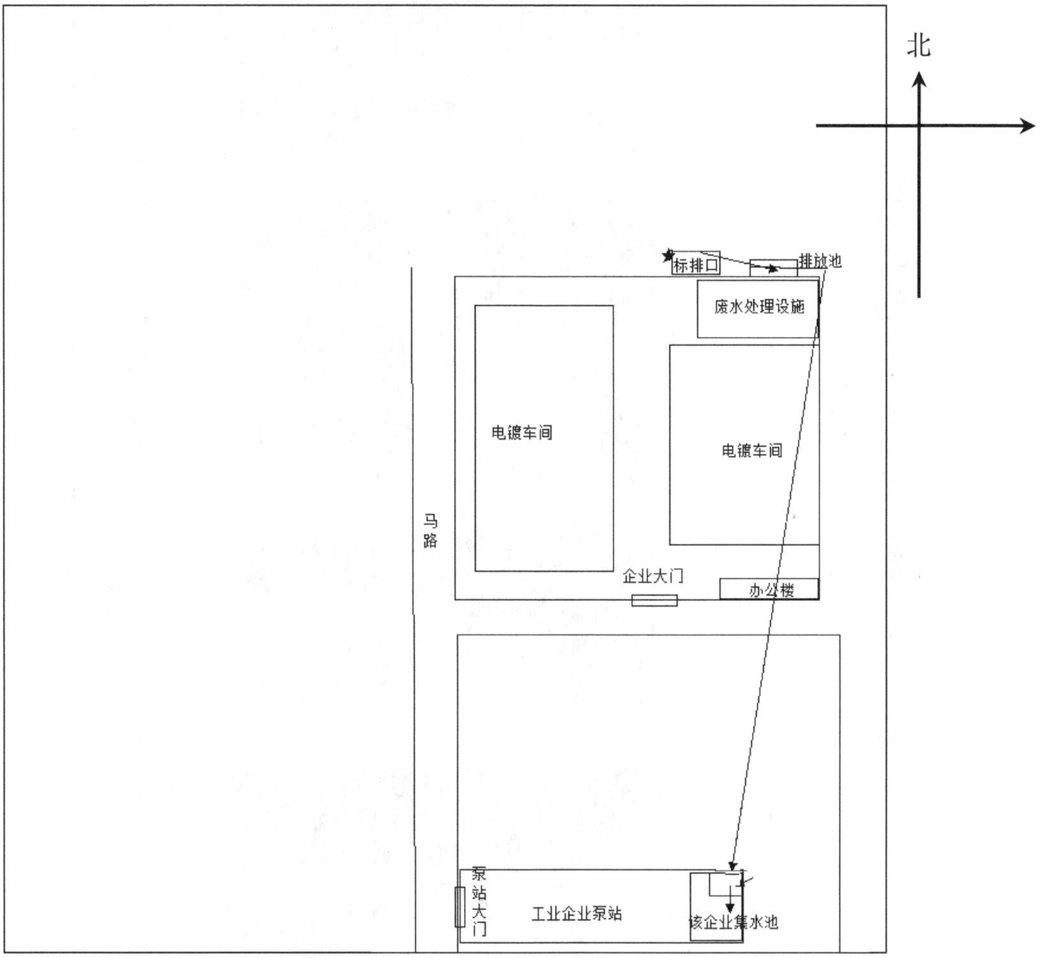

被检查（勘察）人或现场负责人确认意见：确认，已阅读。

被检查（勘察）人或现场负责人签名：×××　　时间：2017.4.11

见证人签名：×××　　时间：2017.4.11

检查（勘察）人签名：×××　×××　　时间：2017.4.11

记录人签名：×××　　时间：2017.4.11

××市环境监察支队现场执法检查照片

拍摄地点：××××电镀有限公司　　**拍摄器材：**SONY DSC-W90

拍摄时间：2017 年 4 月 11 日 15:05 至 16:11　　**检查人员：**×××、×××

企业外观

企业排放池采样

企业排放池采样

以上图片为环境执法人员于 2017 年 4 月 11 日下午在企业现场检查时所拍摄的现场情况，请被检查单位核对现场情况后签字确认。

被检查单位代表确认签名：王××　　职务：总经理　　时间：2017 年 4 月 19 日

企业标排口排放池全貌

综合废水收集池

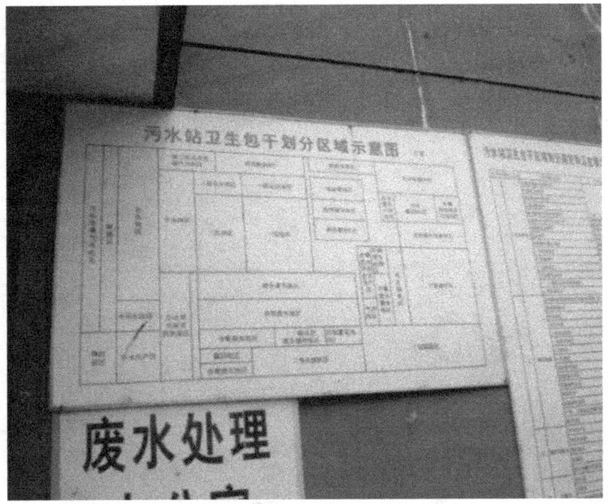

企业废水处理工艺

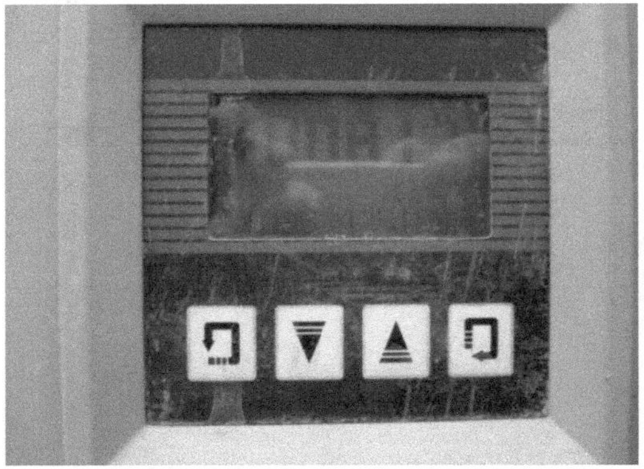

标排口在线监控流量数据

生化处理池

污泥板框压滤机房

以上图片为环境执法人员于 2017 年 4 月 11 日下午在企业现场检查时所拍摄的现场情况，请被检查单位核对现场情况后签字确认。

被检查单位代表确认签名：王××　　　　职务：总经理　　　　时间：2017 年 4 月 19 日

监 测 报 告

Monitoring Report

×环测（2017）支字第 85 号

项目名称 ××××电镀有限公司废水监测

委托单位 ××市环境监察支队

××市环境监测中心

说　　明

一、本报告无批准人签名，或涂改，或未加盖××市环境监测中心红色监测报告专用章及其骑缝章均无效。

二、本报告部分复制，或完整复制后未加盖××市环境监测中心红色监测报告专用章均无效。

三、未经同意本报告不得用于广告宣传。

四、由委托方采样送检的样品，本报告仅对来样负责。

五、本报告正文共 2 页，一式 3 份，发出报告与留存报告的正文一致。

六、委托方若对本报告有异议，请于收到报告之日起十五个工作日内向××市环境监测中心提出。

××市环境监测中心
地址：××市××路××号
邮编：××××××
电话：××××××××
传真：×××××××××
电子邮箱：×××××××

样品类别 废水
监测类别 监督性监测
委托方及地址 ××市环境监察支队
委托日期 2017 年 4 月 11 日
采样单位 ××市环境监察支队
采样日期 2017 年 4 月 11 日
采样地点 ××××电镀有限公司（××市××镇工业区）
检测地点 ××市环境监测中心
检测日期 2017 年 4 月 11 日至 2017 年 4 月 12 日
监测方法依据 pH 值：水质 pH 值的测定 玻璃电极法 GB/T 6920—1986
总锌、总铜：水质 铜、锌、铅、镉的测定 原子吸收分光光度法 GB/T 7475—1987
总铬：水质 铬的测定 火焰原子吸收分光光度法 HJ 757—2015
总镍：水质 镍的测定 火焰原子吸收分光光度法 GB/T 11912—1989
六价铬：水质 六价铬的测定 二苯碳酰二肼分光光度法 GB/T 7467—1987
化学需氧量：水质 化学需氧量的测定 重铬酸盐法 GB/T 11914—1989
总氰化物：水质 氰化物的测定 容量法和分光光度法 HJ 484—2009
氨氮：水质 氨氮的测定 纳氏试剂分光光度法 HJ 535—2009
总磷：水质 总磷的测定 钼酸铵分光光度法 GB/T 11893—1989
评价标准 《电镀污染物排放标准》（GB 21900—2008）表 2 标准
监测结果

表

序号	采样地点（或样品编号）	项目名称 / 性状描述	总锌/（mg/L）	总铜/（mg/L）	总铬/（mg/L）	总镍/（mg/L）	六价铬/（mg/L）
1	排放池	无色透明液体	＜0.05	0.12	0.04	0.44	0.024
《电镀污染物排放标准》（GB 21900—2008）表 2 标准			1.5	0.5	1.0	0.5	0.2

续表

序号	采样地点（或样品编号）	项目名称 / 性状描述	pH 值	总氰化物/（mg/L）	氨氮/（mg/L）	总磷/（mg/L）	化学需氧量/（mg/L）
1	排放池	无色透明液体	8.22	0.054	49.4	4.43	145
《电镀污染物排放标准》（GB 21900—2008）表 2 标准			6～9	0.3	15	1.0	80

测点示意图

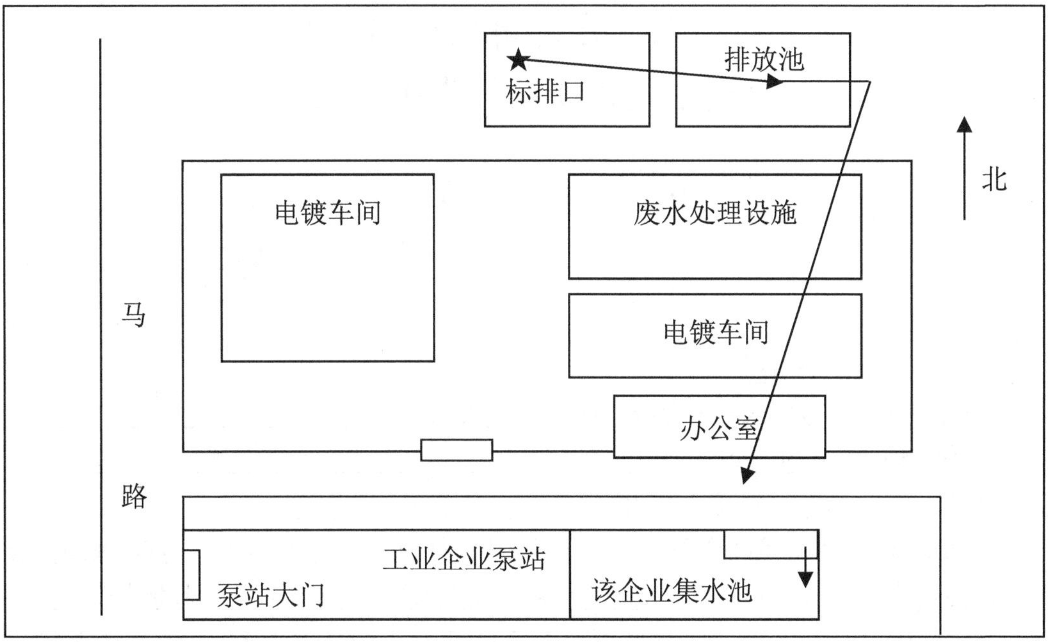

结论

根据《电镀污染物排放标准》（GB 21900—2008）表 2 标准，本次监测时，该公司排放池废水中的 pH 值、总镍、六价铬、总铬、总铜、总锌、总氰化物**符合标准，**化学需氧量、总磷、氨氮**不符合标准。**

END

报告编制：×××　　**校核：**×××　　**审核：**×××

批准人：×××　　**批准人职务：总工**　　**批准日期：2017 年 4 月 14 日**

××市环境保护局
责令改正违法行为决定书

×环日改字〔2017〕18号

××××电镀有限公司：

营业执照注册号（或居民身份证号）：9133×××

法定代表人：王××

地址：××市××镇工业园区

经我局调查核实，你（单位）有以下环境违法行为：2017年4月11日，我局执法人员对你单位废水处理设施排放池正在外排的废水采样，经××市环境监测中心分析化验：氨氮浓度为49.4 mg/L，总磷浓度为4.43 mg/L，COD浓度为145 mg/L，均超过了《电镀污染物排放标准》表2标准（标准分别为15 mg/L、1.0 mg/L、80 mg/L），有 现场勘察笔录及监测报告等证据为凭。上述行为违反了《中华人民共和国水污染防治法》第九条的规定。

根据《中华人民共和国行政处罚法》第二十三条、《中华人民共和国水污染防治法》第七十四条第一款 的规定，责令你（单位）立即改正 废水超标排放的 环境违法行为，并向我局提交书面报告同时附具相关证明材料。

我局将对你（单位）改正违法行为的情况进行监督复查。对未及时改正的，我局将根据《中华人民共和国环境保护法》第五十九条对你（单位）实施按日连续处罚（罚款数额为原处罚决定书确定的罚款数额乘以计罚天数，计罚天数为自责令改正违法行为决定书送达之日的次日起，至环境保护主管部门复查发现违法排污行为之日止）。

你（单位）如对本决定不服，可在收到本决定书之日起六十日内向××市人民政府或者浙江省环保厅申请行政复议；也可在收到本决定书之日起六个月内向××市××区人民法院提起行政诉讼。

××市环境保护局

2017年4月19日

××市环境保护局
送达回证

送达文书（字号）	××市环境保护局责令改正违法行为决定书 （×环日改字〔2017〕18号）
受送达人	××××电镀有限公司
送达地点	××市环境保护局×××办公室
送达方式	直接送达
送达人	××市环境监察支队　　×××　　×××
受送达人签名 或盖章	王××　　　　2017年4月19日
代收人签名或者盖章及代收理由：	
备注：	
（受送达人或者他的同住成年家属拒绝接收送达文书的，送达人应当邀请有关基层组织或者所在单位的代表到场，说明情况，在送达回证上记明拒收事由和日期，由送达人、见证人签名或者盖章，把送达文书留在受送达人的住所，即视为送达。）	

××市环境保护局
调查询问笔录

案　　由： 涉嫌废水超标排放

询问时间： 2017 年 4 月 19 日 09 时 30 分至 11 时 30 分

调查（询问）地点： ××市×××××××××××（××市环境监察支队）

被调查（询问）人： 王××　**性别：** 男　**年龄：** 71

身份证号码： 3302×××××××××××××××

电话： 138××××××××　**工作单位：** ××××电镀有限公司

职务或职业： 总经理　**与本案关系：** 现场负责人

家庭住址： ××市××街道××小区　**邮编：** 315×××

调查（询问）人： ×××、×××　**记录人：** ×××

参加人： /

调查（询问）人：我们是××市环境保护局执法人员×××，×××，这是我们的执法证件，执法证号分别是：×××，×××（出示证件），请您过目确认。

被调查（询问）人对执法人员出示证件、表明身份的确认记录：（被调查人确认意见）。

调查（询问）人：今天依法对你单位进行检查并询问有关情况，你必须如实回答，你依法享有陈述权、申辩权和申请执法人员回避的权利，听清楚了吗？

答：（被调查人确认意见）。

询问内容：

问：你的姓名、工作单位及职务？

答：我叫王××，在××××电镀有限公司工作，是公司的总经理，也是公司的法人代表，今天到××市环保局来接受相关的环保调查和询问，有个人身份证复印件和营业执照（副本）复印件等为证。

问：请简单介绍你公司的基本情况。

被调查（询问）人确认意见：确认，已阅读。

被调查（询问）人签名：王××　时间：2017 年 4 月 19 日

调查（询问）人签名：×××，×××　时间：2017 年 4 月 19 日

记录人签名：×××　时间：2017 年 4 月 19 日

答：我公司位于××市××镇工业园区×区，成立于2001年10月，主要从事各类配件的电镀和铝氧化加工生产，总投资约4 000万元人民币，2016年电镀及铝氧化产值约1.5亿元人民币。

问：你公司的生产项目是否取得环境影响评价批准文件，有没有通过环保验收？

答：我公司“电镀行业整治环境影响后评价”于2013年2月通过了××市环保局的后评价的审查意见（×环建〔2013〕111号），核准我公司共建设25个电镀生产车间，配置33条电镀生产线、1条半自动铝氧化生产线和1条半自动电解抛光生产线，电镀新鲜用水量为145 462吨/年，电镀废水允许排放量为130 916吨/年。

问：目前你公司实际生产情况如何？

答：目前我公司共建有电镀生产线33条；铝氧化生产线1条，电解抛光生产线1条，生产均正常。

问：2017年4月11日，我局执法人员检查过程中对你公司废水处理设施排放池正在排放的废水采样三瓶，情况是否属实？

答：情况属实，当天我也在现场。

问：该排放池排放的废水是从哪里来的？废水排放执行什么标准？

答：该排放池排放的废水是电镀车间产生的电镀废水经配套的污水处理设施处理后排入标排口，再汇入排放池，然后通过压力泵排入工业园区泵站，最后统一排入钱塘江；废水排放执行《电镀污染物排放标准》表2标准。

问：2017年4月11日，我局执法人员对你公司排放池正在外排的废水采样，经××市环境监测中心分析化验：氨氮浓度为49.4 mg/L，总磷浓度为4.43 mg/L，COD浓度为145 mg/L，均超过了《电镀污染物排放标准》表2标准（标准分别为15 mg/L、1.0 mg/L、80 mg/L），请你解释一下原因？

答：在4月11日你们检查取样后，我公司也取了平行样品进行化验，的确发现排放池排放的废水中上述三个指标超标，我们立即启动了环境应急预案，关闭废水的排放，组织工程技术人员对污水处理设施的系统工艺和相关设备仪器进行排查，并及时添加了药剂进行应急处理。经排查发现我公司当天上午废水处理的生化设施中的曝气系统风机发生故障，造成废水曝气不足，最后导致排放的废水氨氮、总磷和COD浓度超标。

问：当天这样的超标排放现象持续了多长时间？

答：你们走后，我们及时采取了应对措施，修复了曝气风机，废水也就恢复了正常水平，此次废水超标排放大概就持续了几个小时。

问：类似上述超标排放行为，以前有无发生过？

被调查（询问）人确认意见：确认，已阅读。

被调查（询问）人签名：王××　　时间：2017年4月19日

调查（询问）人签名：×××，×××　　时间：2017年4月19日

记录人签名：×××　　时间：2017年4月19日

答：基本没有。

问：你公司废水在线监控设备的数据准不准确？

答：准的，运维公司每星期都会过来比对维护。

问：从你公司在线监控的废水排放流量来看，2017 年 4 月 11 日当天废水总排放量为 688.8 吨，从 2017 年 3 月 13 日到 2017 年 4 月 11 日（30 天）废水总排放量为 17 296.8 吨（有在线流量统计报表为证），你有没有异议？

答：没有。

问：你公司生产用水情况怎样？

答：我公司生产用水都是来自自来水，2016 年自来水总用量约 16.59 万吨，2017 年 1 月至 4 月份自来水总用量约 5.7 万吨，另外我公司总生活用水量约为 2 万吨/年，也在自来水总量内（上述均有自来水发票复印件为证）。

问：你公司正常生产时废水处理排放量有多少？

答：正常生产时电镀废水每天处理量约 700 吨，排放量约五六百吨，其余都是回用的。

问：你公司中水回用情况如何？

答：我公司中水回用只用于电镀生产，2016 年我公司中水回用约 5.2 万吨，2017 年 1—3 月回用约 1.3 万吨。

问：原环评批复对你公司中水回用有何要求？

答：原环评批复我公司电镀废水总回用率须大于 50%，目前我们只做到了 38%左右，下一步我们还要改进中水回用工艺，确保回用率提高到 50%以上。

问：你公司在生产过程中还有哪些污染物产生，又是如何处理的？

答：电镀、铝氧化和电抛工序还有酸雾产生，经收集到酸雾处理设施处理后高空排放，废气处理设施每天都有检查运维记录；污泥是当作危废委托××××有限公司处置的（有转移协议和联单）。

问：你公司这几年生产过程中还有没有因为环保方面问题，受到过行政处罚？

答：2016 年 6 月因我公司废水超标排放的事情，受到过××市环保局的行政处罚（×环罚字〔2016〕48 号）。

问：类似上述超标排放行为，你公司有何应对措施？

答：我们公司针对废水超标现象，也制定了详细的应急防范措施，如若再发生类似情况，请严格按照国家法律法规追究相关责任人的责任。

问：上述情况是否属实，如无异议请签字确认？

答：（被调查人确认意见）（以下空白）

被调查（询问）人确认意见：确认，已阅读。

被调查（询问）人签名：王××　　时间：2017 年 4 月 19 日

调查（询问）人签名：×××，×××　　时间：2017 年 4 月 19 日

记录人签名：×××　　时间：2017 年 4 月 19 日

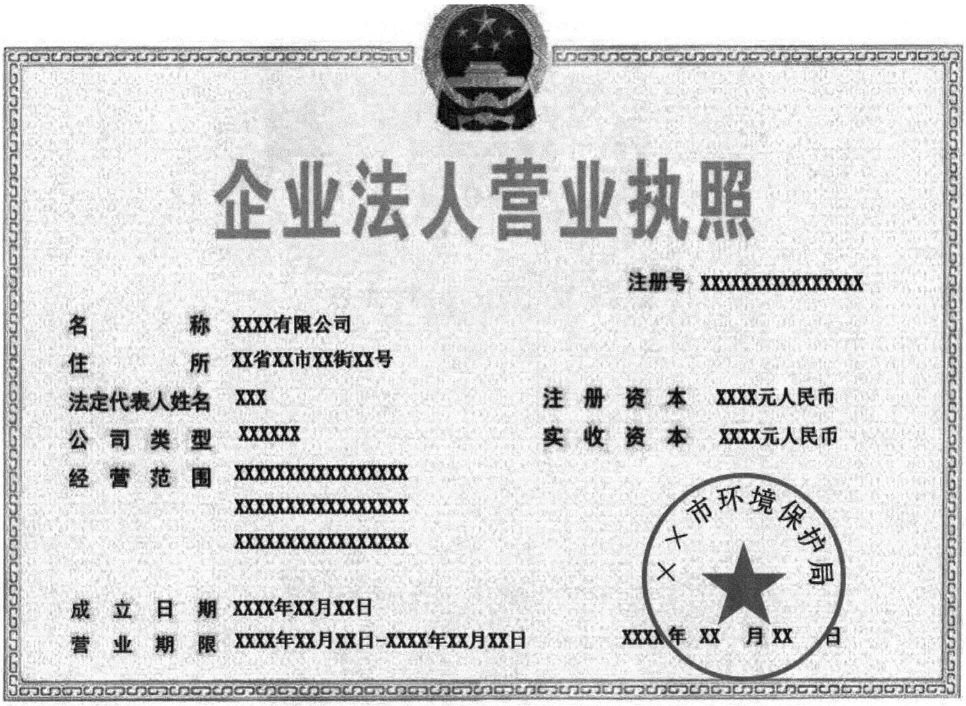

企业法人营业执照

注册号 XXXXXXXXXXXXXXX

名　　　　称　XXXX有限公司

住　　　　所　XX省XX市XX街XX号

法定代表人姓名　XXX　　注 册 资 本　XXXX元人民币

公 司 类 型　XXXXXX　　实 收 资 本　XXXX元人民币

经 营 范 围　XXXXXXXXXXXXXXXXX
XXXXXXXXXXXXXXXXX
XXXXXXXXXXXXXXXXX

成 立 日 期　XXXX年XX月XX日

营 业 期 限　XXXX年XX月XX日-XXXX年XX月XX日

××市环境保护局

XXXX年 XX 月 XX 日

备注：

本复印件由 王×× 提供，共 1 页，提供日期：2017 年 4 月 19 日。

本复印件仅供环保调查使用。

经核对与原件无误，共 1 页，核对人签字：×××，×××。

核对日期：2017 年 4 月 19 日。

备注：

本复印件由 王×× 提供，共 1 页，提供日期：2017 年 4 月 19 日。

本复印件仅供环保调查使用。

经核对与原件无误，共 1 页，核对人签字：×××，×××。

核对日期：2017 年 4 月 19 日。

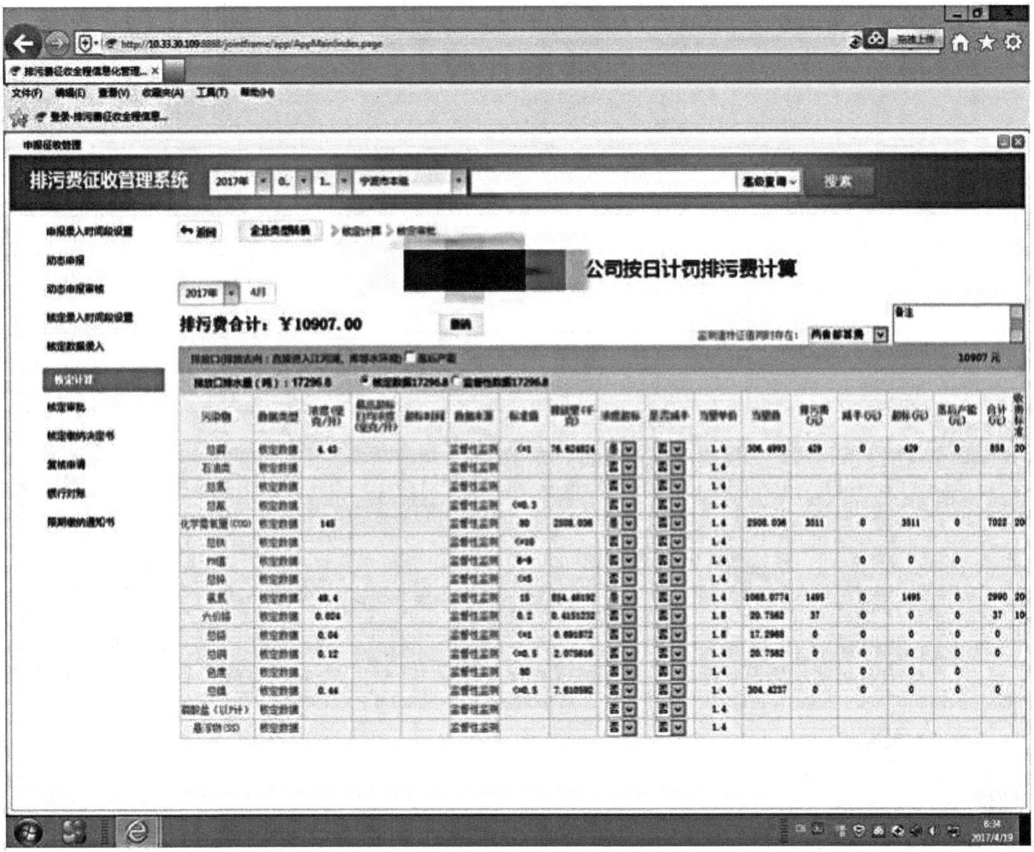
排污费征收管理系统
搜索
[redacted]公司按日计罚排污费计算
排污费合计：￥10907.00
10907 元
2017/4/19

××市环境保护局
案件调查报告

案　由	涉嫌废水超标排放		
案件来源	现场执法检查		
当事人	××××电镀有限公司		
法定代表人（负责人）	王××	职　务	总经理
地　址	××市××镇工业园区	电　话	138××××××××

调查经过：

该企业位于××工业园区，成立于 2001 年 10 月，主要从事各类配件的电镀和铝氧化加工生产，总投资约 4 000 万元人民币，2016 年电镀及铝氧化产值约 1.5 亿元人民币。该企业“电镀行业整治环境影响后评价”于 2013 年 2 月通过了××市环保局的后评价的审查意见（×环建〔2013〕111 号），核准企业共建设 25 个电镀生产车间，配置 33 条电镀生产线、1 条半自动铝氧化生产线和 1 条半自动电解抛光生产线，电镀新鲜用水量为 145 462 吨/年，电镀废水允许排放量为 130 916 吨/年。

2017 年 4 月 11 日，我局执法人员对该公司废水处理设施的排放池正在外排的废水采样，经××市环境监测中心分析化验：氨氮浓度为 49.4 mg/L，总磷浓度为 4.43 mg/L，COD 浓度为 145 mg/L，均超过了《电镀污染物排放标准》表 2 标准（标准分别为 15 mg/L、1.0 mg/L、80 mg/L）。

另外，从该企业在线监控的废水排放流量来看，2017 年 4 月 11 日当天废水总排放量为 688.8 吨，从 2017 年 3 月 13 日到 2017 年 4 月 11 日废水总排放量为 17 296.8 吨。

查明的事实和证据：

事实：企业标排口废水超标排放。

证据：

1. 现场勘查笔录 1 份；
2. 调查询问笔录（法人代表）1 份；
3. 现场执法检查照片 9 张；
4. 监测报告（×环测（2017）支字第 85 号）1 份；
5. 企业在线流量统计表、自来水发票等。

处理依据和建议：

该公司上述行为违反了《中华人民共和国水污染防治法》第九条的规定，依据《中华人民共和国水污染防治法》第七十四条第一款之规定，建议作出如下行政处罚：责令立即停止废水超标排放，并处罚款人民币 5.45 万元。

调查人（签名）：×××，×××　　　　2017 年 4 月 19 日

调查部门意见：

同意

负责人（签名）：×××　　　　2017 年 4 月 19 日

环保部门意见：

同意

负责人（签名）：×××　　　　2017 年 4 月 19 日

行政处罚自由裁量计算表（一）

违法主体：××××电镀有限公司　　　　　　　　裁量幅度：3　　　　（倍）

裁量因子	选项	裁量系数	本案系数	备注
企业规模	违法生产设施投资额 3 000 万元以上	1.0		适用建设项目
	违法生产设施投资额 1 000 万～3 000 万元	0.6～0.9		
	违法生产设施投资额 200 万～1 000 万元	0.2～0.5		
	违法生产设施投资额 200 万元以下	0.1		
行业性质	A 类：高污染行业	0.8～1.0		适用建设项目
	B 类：中污染行业	0.5～0.7		
	C 类：低污染行业	0.1～0.4		
危害程度（水 mg/L）（气 mg/m^3）	水<5；气<50、恶臭、黑度、酸雾	0.8～1.0	0.8	总磷标准 1.0 mg/L
	水 5～50 pH；气 50～200；夜间噪声	0.5～0.7		
	水>50、色度；气>200；昼间噪声	0.1～0.4		
排放强度	持续向外界排放污染物超过一个月的；排水量在 1 000 吨以上的；排放污染物超标 5 倍以上（pH<1 或 pH>13）；林格曼黑度为 4 级及以上；酸性废气吸收液 pH<1 或碱性废气吸收液 pH>13。废气未按要求收集或处理直排的；放射性等	1.0		适用污染物排放
	持续向外界排放污染物少于一个月（含）的；排水量在 100～1 000 吨；排放污染物超标 3～5 倍（1≤pH<2 或 12<pH≤13）；林格曼黑度为 3～4 级；酸性废气吸收液 1≤pH <2 或碱性废气吸收液 12<pH≤13；放射性等；超标噪声≥10 分贝	0.8～0.9	0.9	总磷浓度 4.43 mg/L 超 4 倍
	持续向外界排放污染物时间少于一个周的；排水量在 10～100 吨的；排放污染物超标 1～3 倍（2≤pH <4 或 11<pH≤12）的；林格曼黑度为 2 级；或者酸性废气吸收液在 pH <4 或碱性废气吸收液在 11<pH≤12；放射性等；10 分贝＞超标噪声≥5 分贝	0.5～0.7		适用污染物排放
	持续向外界排放污染物时间少于一天的；排水量在 10 吨以下的；排放污染物超标一倍以下（4≤pH <6 或 9<pH≤11）的；或者林格曼黑度为 1 级以上，或者酸性废气吸收液在 4≤pH <6 或碱性废气吸收液在 9< pH≤11；放射性等；超标噪声<5 分贝	0.1～0.4		适用污染物排放
	固体废物 A/B/C/D/E	单价		
	固废处罚	总额		
裁量系数平均值		0.85		

行政处罚自由裁量计算表（二）

调整因子	选项	调整系数	本案系数	备注
过错责任	当事人不服从执法管理，拒绝、阻挠调查或藏匿证据、提供虚假证明材料，甚至采用粗暴手段抗拒执法、销毁证据的	+40%～+50%		
	当事人利用暗管、恶劣天气等其他明知故犯的恶意排污行为	+30%～+50%		
违法次数	当事人被处罚后 12 个月内再次实施同一类环境违法行为的	+30%	+30%	
	当事人在被处罚后 12 个月到 24 个月内再次实施同一类环境违法行为的	+20%		
整改情况	当事人拒绝消除或减轻违法行为危害后果	+20%		
	当事人整改不彻底的	+10%		
	当事人积极整改或减轻违法行为危害后果	−20%		
	当事人能积极履行环境污染民事损害赔偿责任，消除社会不良影响的	−20%		
环境影响程度	环境违法行为对敏感区域造成影响的	+50%		
	废水经城镇污水处理厂或工业污水处理厂处理后排入外环境，且该废水符合污水处理厂处理工艺	−20%		
落后工艺	购买二手落后工艺或设备从事生产经营的	+20%		
社会影响程度	污染导致周围居民反响强烈或上访的	+20%		
	环境违法行为造成重大社会影响的	+20%		
特殊调整原因	集体讨论认为有其他从重从轻情节的	−20%～20%		
调整系数总和		+30%		
处罚额度=2+3×0.85×（1+30%）=5（倍）				
修正系数	私营企业、小型企业、家庭作坊（对生产设施投资额或营业额在 200 万元以下）	40%～60%		
处罚金额=计算额度×修正系数		5.45 万元		

从 2017 年 3 月 13 日到 2017 年 4 月 11 日（30 天）废水总排放量为 17 296.8 吨，根据排污收费系统计算排污费为 10 907 元，处罚金额=10 907 元×5=5.45 万元。

××市环境保护局
行政处罚案件集体审议记录

案件名称： ××××电镀有限公司废水超标案

时间： 2017 年 5 月 16 日

地点： 局三楼会议室

主持人： ××× **职务：** 副局长 **记录人：** ××

参加人员： ×××、×××、×××、×××、×××、×××、×××

当事人： ××××电镀有限公司

法制审核人汇报案件情况： 该公司主要从事各类配件的电镀和铝氧化加工生产，项目通过环保审批和验收，2013 年 2 月通过电镀行业整治环境影响后评价审查，整治验收核定 33 条电镀线，1 条半自动铝氧化生产线和 1 条半自动电解抛光生产线，电镀废水允许排放量为 130 916 吨/年。

2017 年 4 月 11 日，我局执法人员对该公司废水处理设施的排放池正在外排的废水采样。经监测，排放池的废水中氨氮、总磷和化学需氧量均超标，超标废水排入钱塘江。2017 年 3 月 13 日到 2017 年 4 月 11 日废水总排放量为 17 296.8 吨，应缴纳排污费 10 907 元。

拟依据《中华人民共和国水污染防治法》规定，责令其立即停止超标排放，并拟处罚款伍万四仟伍佰元。

×××：这个排放标准依据的是表 2 还是表 3？

×××：按表 2。

参加讨论人员意见和理由：

×××：同意！

×××：同意！

×××：同意！

×××：同意！

×××：同意！

×××：同意！

×××：同意！

×××：同意！

结论性意见： 1. 责令其停止违法排污行为；2. 处罚款 5.45 万元。

出席人员签名： ××× ××× ××× ×××

××× ××× ××× ×××

文件处理单

<table>
<tr><td>来文单位</td><td>××市环境保护局</td><td>文件日期编号</td><td>×环罚听告字〔2017〕18号</td></tr>
<tr><td>文件内容</td><td colspan="3">××市环境保护局行政处罚听证告知书</td></tr>
<tr><td>办理意见</td><td colspan="3">2017年6月5日局长办公会议审议通过。

处长：×××　　经办人：×××　　2017年6月5日</td></tr>
<tr><td>领导批签</td><td colspan="3">（签名）：×××　　2017年6月5日</td></tr>
</table>

××市环境保护局
行政处罚听证告知书

×环罚听告字〔2017〕18号

××××电镀有限公司

法定代表人姓名：王××

信用代码：913×××

住所：××市××镇工业园区

法定代表人身份证号：3302×××××××××××××××

我局于2017年4月11日对你公司进行了检查，发现你公司实施了以下环境违法行为：你公司废水超标排放。

经查，你公司主要从事各类配件的电镀和铝氧化加工生产，项目通过环保审批和验收，2013年2月通过电镀行业整治环境影响后评价的审查。整治验收意见核定为33条电镀生产线，1条半自动铝氧化生产线，1条半自动电解抛光生产线，电镀废水允许排放量130 916吨/年。2017年4月11日，我局在现场执法中对你公司排放池的废水采样，经监测，排放池的废水中氨氮、总磷和化学需氧量超标，超标废水排入钱塘江。2017年3月13日至4月11日废水排放量为17 296.8吨，应缴纳排污费为10 907元。

以上违法事实有以下证据证明：

1. 2017年4月11日现场勘察笔录1份、现场照片9张，证明你公司正在生产，废水处理设施正在运行，对排放池的废水采水样等情况。

2. 2017年4月19日调查询问笔录1份，在对你公司法定代表人王××的调查询问笔录中，进一步证明你公司废水超标排放的违法事实。

3. 2017年4月14日监测报告1份，经监测，你公司排放池的废水中化学需氧量为145 mg/L（国家标准为80 mg/L），氨氮浓度为49.4 mg/L（国家标准为15 mg/L），总磷浓度为4.43 mg/L（国家标准为1.0 mg/L）。

4. 企业用水发票1组，证明你公司的用水情况。

5. 企业后评价审查意见1份，证明你公司项目通过电镀行业整治环境影响后评价的审查。

6. 企业营业执照复印件1份，证明企业名称、企业地址、经营范围。

你公司上述违法行为违反了《中华人民共和国水污染防治法》第九条“排放水污染物，不得超过国家或者地方规定的水污染物排放标准和重点水污染物排放总量控制指标”的规定。根据《中华人民共和国水污染防治法》第七十四条第一款：“违反本法规定，排放水污染物超过国家或者地方规定的水污染物排放标准，或者超过重点水污染物排放总量控制指标的，由县级以上人民政府环境保护主管部门按照权限责令限期治理，处应缴纳排污费数额二倍以上五倍以下的罚款。”以及《中华人民共和国环境保护法》第六十条：“企业事业单位和其他生产经营者超过污染物排放标准或者超过重点污染物排放总量控制指标排放污染物的，县级以上人民政府环境保护主管部门可以责令其采取限制生产、停产整治等措施；情节严重的，报经有批准权的人民政府批准，责令停业、关闭。”我局决定对你公司作出如下行政处罚：

处以罚款五万四仟五百元。

根据《中华人民共和国行政处罚法》第三十二条、第四十二条的规定，你单位如对拟作出的行政处罚决定有异议，有权在收到本告知书之日起七日内向我局提出陈述和申辩；也有权在收到本告知书之日起三日内向我局提出听证要求，逾期未提出陈述申辩意见或听证申请的，则视为你单位放弃权利。

我局地址：××市××区×××

邮政编码：××××××　　　　联系电话：××××××××

2017年6月5日

××市环境保护局
送达回证

送达文书（字号）	××市环境保护局行政处罚听证告知书 （×环罚听告字〔2017〕18号）
受送达人	××××电镀有限公司
送达地点	××市××市××镇工业园区××××电镀有限公司办公室
送达方式	直接送达
送达人	××市环境监察支队　　×××　　×××
受送达人签名或盖章	王××　　　　2017年6月7日
代收人签名或者盖章及代收理由：	
备注： （受送达人或者他的同住成年家属拒绝接收送达文书的，送达人应当邀请有关基层组织或者所在单位的代表到场，说明情况，在送达回证上记明拒收事由和日期，由送达人、见证人签名或者盖章，把送达文书留在受送达人的住所，即视为送达。）	

行政处罚审批表

案　由	废水超标排放案
当事人	××××电镀有限公司
法定代表人	王××
地　址	××市××镇工业园区
案情简介	我局于 2017 年 4 月 11 日在现场执法中发现，该公司废水超标排放。上述行为违反《中华人民共和国水污染防治法》第九条的规定。
审议意见	依据 2017 年 6 月 5 日局长办公会议审议通过，根据《中华人民共和国水污染防治法》第七十四条第一款规定，我局决定对该公司作出以下行政处罚： 处以罚款伍万肆仟伍佰元。 （签名）：×××　　2017 年 6 月 22 日
领导审定意见	（签名）：×××　　2017 年 6 月 23 日

××市环境保护局
行政处罚决定书

×环罚字〔2017〕16号

××××电镀有限公司

法定代表人姓名：王××

信用代码：913×××

住所：××市××镇工业园区

法定代表人身份证号：3302××××××××××××××

我局于2017年4月11日对你公司进行了检查，发现你公司实施了以下环境违法行为：你公司废水超标排放。

经查，你公司主要从事各类配件的电镀和铝氧化加工生产，项目通过环保审批和验收，2013年2月通过电镀行业整治环境影响后评价的审查。整治验收意见核定为33条电镀生产线，1条半自动铝氧化生产线，1条半自动电解抛光生产线，电镀废水允许排放量130 916吨/年。2017年4月11日，我局在现场执法中对你公司排放池的废水采样，经监测，排放池的废水中氨氮、总磷和化学需氧量超标，超标废水排入钱塘江。2017年3月13日至4月11日废水排放量为17 296.8吨，应缴纳排污费为10 907元。

我局认为你公司上述违法行为违反了《中华人民共和国水污染防治法》第九条“排放水污染物，不得超过国家或者地方规定的水污染物排放标准和重点水污染物排放总量控制指标”的规定。具体有以下证据证明：

1. 2017年4月11日现场勘察笔录1份、现场照片9张，证明你公司正在生产，废水处理设施正在运行，对排放池的废水采水样等情况。

2. 2017年4月19日调查询问笔录1份，在对你公司法定代表人王××的调查询问笔录中，进一步证明你公司废水超标排放的违法事实。

3. 2017年4月14日监测报告1份，经监测，你公司排放池的废水中化学需氧量为145 mg/L（国家标准为80 mg/L），氨氮浓度为49.4 mg/L（国家标准为15 mg/L），总磷浓度为4.43 mg/L（国家标准为1.0 mg/L）。

4. 企业用水发票1组，证明你公司的用水情况。

5. 企业后评价审查意见 1 份，证明你公司项目通过电镀行业整治环境影响后评价的审查。

6. 企业营业执照复印件 1 份，证明企业名称、企业地址、经营范围。

2017 年 6 月 5 日，我局作出《行政处罚听证告知书》(×环罚听告字〔2017〕18 号)，于 2017 年 6 月 7 日送达。你公司未在法定期限内向我局提出陈述、申辩，也未提出举行听证要求。

根据《中华人民共和国水污染防治法》第七十四条第一款“违反本法规定，排放水污染物超过国家或者地方规定的水污染物排放标准，或者超过重点水污染物排放总量控制指标的，由县级以上人民政府环境保护主管部门按照权限责令限期治理，处应缴纳排污费数额二倍以上五倍以下的罚款”，以及《中华人民共和国环境保护法》第六十条“企业事业单位和其他生产经营者超过污染物排放标准或者超过重点污染物排放总量控制指标排放污染物的，县级以上人民政府环境保护主管部门可以责令其采取限制生产、停产整治等措施；情节严重的，报经有批准权的人民政府批准，责令停业、关闭”的规定，我局决定对你公司作出如下行政处罚：

处以罚款五万四仟五百元。

你公司应当自收到本处罚决定书之日起十五日内到中国工商银行××市分行××支行缴纳罚款。逾期不缴纳罚款的，我局将根据《中华人民共和国行政处罚法》第五十一条第（一）项规定每日按罚款数额的 3%加处罚款。

如不服本处罚决定，可以自收到本决定书之日起六十日内向××市人民政府或者浙江省环境保护厅申请复议，也可以自收到本决定书之日起六个月内直接向××市××区人民法院起诉。行政复议和行政诉讼期间，行政处罚不停止执行，法律另有规定的除外。

逾期不申请行政复议，也不提起行政诉讼，又不履行本行政处罚决定的，我局将依法申请人民法院强制执行。

××市环境保护局

2017 年 6 月 26 日

××市环境保护局
送达回证

送达文书（字号）	××市环境保护局行政处罚决定书 （×环罚字〔2017〕16号）
受送达人	××××电镀有限公司
送达地点	××市××市××镇工业园区××××电镀有限公司办公室
送达方式	直接送达
送达人	××市环境监察支队　　×××　　×××
受送达人签名或盖章	王××　　　　2017年6月27日
代收人签名或者盖章及代收理由：	
备注： （受送达人或者他的同住成年家属拒绝接收送达文书的，送达人应当邀请有关基层组织或者所在单位的代表到场，说明情况，在送达回证上记明拒收事由和日期，由送达人、见证人签名或者盖章，把送达文书留在受送达人的住所，即视为送达。）	

××市环境保护局
环境违法行为立案呈批表

×环立〔2017〕第 40 号

当事人	××××电镀有限公司				
法定代表人	王××	职　务	总经理	电　话	138××××××××
地　址	××市××镇工业园区				
案件来源	现场执法检查				
案　由	涉嫌废水超标排放（按日计罚）				
案情简介	2017 年 4 月 11 日，我局执法人员对××××电镀有限公司废水处理设施的排放池正在外排的废水采样，经××市环境监测中心分析化验：氨氮浓度为 49.4 mg/L，总磷浓度为 4.43 mg/L，COD 浓度为 145 mg/L，均超过了《电镀污染物排放标准》表 2 标准（标准为 15 mg/L、1.0 mg/L、80 mg/L），有现场勘察笔录及监测报告等证据为凭。我局于 2017 年 4 月 19 日对企业下发《责令改正违法行为决定书》（×环日改字〔2017〕18 号）并同日送达。 2017 年 4 月 27 日，××市环境监察支队依法进行复查，对该企业废水处理设施的排放池 1 和排放池 2 正在外排的废水进行采样，经××市环境监测中心分析化验：排放池 1 氨氮浓度为 29.8 mg/L，总磷浓度为 5.48 mg/L；排放池 2 总磷浓度为 2.74 mg/L，均超过了《电镀污染物排放标准》表 2 标准（标准分别为 15 mg/L、1.0 mg/L）。 经初步调查，当事人的行为涉嫌违反了《中华人民共和国水污染防治法》第九条和《中华人民共和国环境保护法》第五十九条第一款之规定，建议立案。 经办人（签名）：×××、×××　　2017 年 5 月 5 日				
承办部门科室意见	建议立案。 科室负责人（签名）：×××　　2017 年 5 月 5 日				
承办部门负责人意见	同意立案。 （签名）：×××　　2017 年 5 月 5 日				
环保部门负责人意见	同意立案。 （签名）：×××　　2017 年 5 月 5 日				

××市环境保护局
现场检查（勘察）笔录

检查（勘察）时间： 2017 年 4 月 27 日 9 时 40 分至 10 时 20 分
检查（勘察）地点： ××市××镇工业园区
被检查（勘察）人名称（姓名）： ××××电镀有限公司
法定代表人（负责人）： 王××
现场负责人姓名： 王×× **年龄：** 71 岁 **职务：** 总经理
工作单位： ××××电镀有限公司 **与本案关系：** 负责人
身份证号码： ××××××××××××××××××
电话： 138×××××××× **地址：** ××市××街道××小区
检查（勘察）人： ×××，××× **记录人：** ×××
其他见证人： ×××

检查（勘察）人： 我们是××市环境保护局执法人员×××，×××，这是我们的执法证件，执法证号分别是：×××，×××（出示证件），请您过目确认。

被调查（询问）人对执法人员出示证件、表明身份的确认记录：（被调查人确认意见）

调查（询问）人： 今天依法对你单位进行检查，你必须如实回答，你依法享有陈述权、申辩权和申请执法人员回避的权利，听清楚了吗？

答：（被调查人确认意见）

现场情况： 现场检查情况如下：

1. 该企业主要从事电镀加工生产，检查时各电镀车间均在生产中。

2. 现建有全自动电镀线 35 条（包括电镀 33 条、铝氧化线 1 条、电解抛光线 1 条）。

被检查（勘察）人或现场负责人确认意见： 确认，已阅读。
被检查（勘察）人或现场负责人签名： ××× 时间：2017.4.27
见证人签名： ××× 时间：2017.4.27
检查（勘察）人签名： ××× ××× 时间：2017.4.27
记录人签名： ××× 时间：2017.4.27

3. 电镀废水处理设施正在运行，处理后的废水由厂区标排口排入排放池，再通过水泵泵入工业园区泵站，再排入钱塘江，目前日排放废水约550吨，中水回用量约200吨。

4. 企业在线监控系统未见异常；配套废气处理设施运行正常。

5. 电镀污水处理产生的污泥送××××有限公司处置，月处置污泥约100吨。

6. 现场对企业废水处理设施排放池1、排放池2正在外排的废水各采样3瓶送检。

7. 现场检查时拍照若干。（以下空白）

现场勘察图

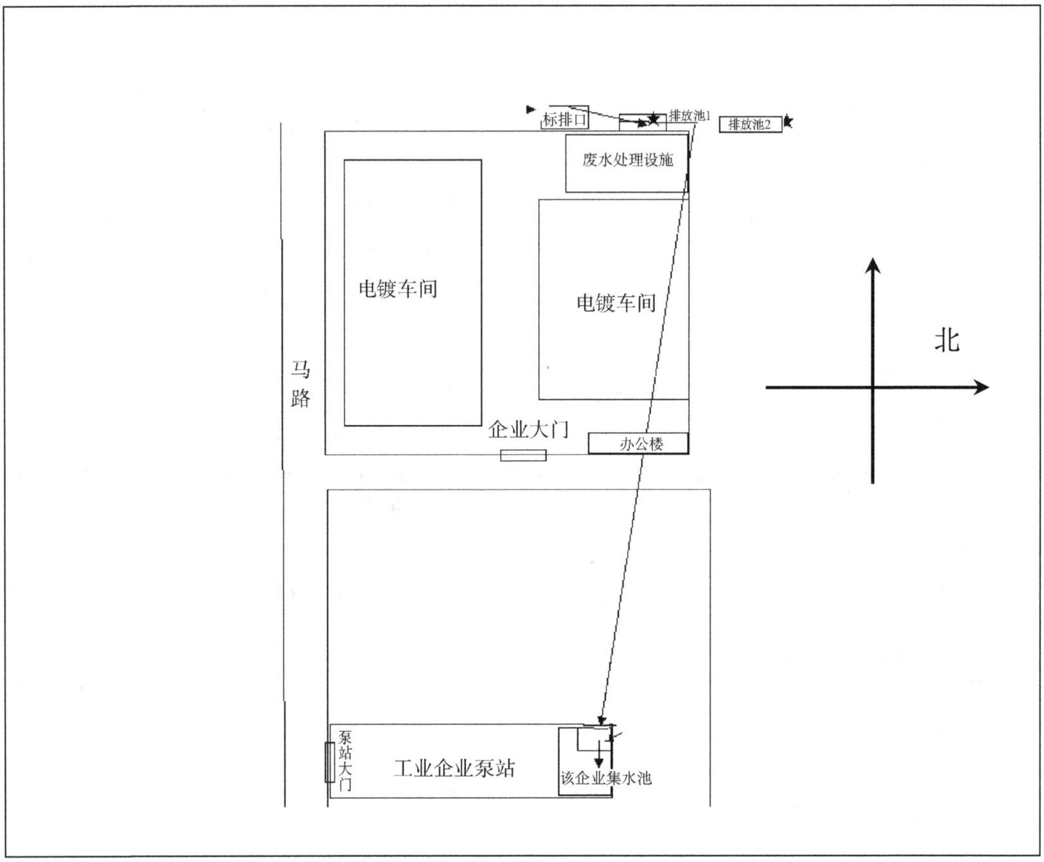

被检查（勘察）人或现场负责人确认意见：确认，已阅读。

被检查（勘察）人或现场负责人签名：××× 时间：2017.4.27

见证人签名：××× 时间：2017.4.27

检查（勘察）人签名：××× ××× 时间：2017.4.27

记录人签名：××× 时间：2017.4.27

××市环境监察支队现场执法检查照片

拍摄地点：××××电镀有限公司　　**拍摄器材：**SONY DSC-W90

拍摄时间：2017 年 4 月 27 日 09：40 至 10：20　　**检查人员：**×××、×××

企业外观

企业排放池 1 采样

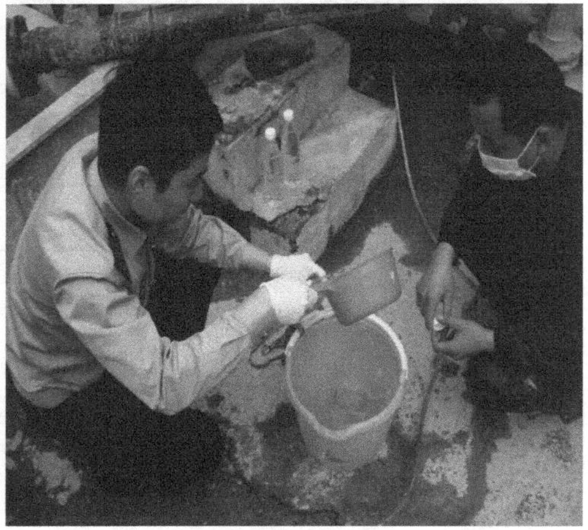

企业排放池 1 采样

以上图片为环境执法人员于 2017 年 4 月 27 日上午在企业现场检查时所拍摄的现场情况，请被检查单位核对现场情况后签字确认。

被检查单位代表确认签名：王××　　职务：总经理　　时间：2017.5.5

企业排放池 2 采样

企业排放池 2 采样

企业标排口、排放池全貌

企业排放池情况

综合废水收集池

污泥板框压滤机房

以上图片为环境执法人员于 2017 年 4 月 27 日上午在企业现场检查时所拍摄的现场情况，请被检查单位核对现场情况后签字确认。

被检查单位代表确认签名：王××　　职务：总经理　　时间：2017.5.5

监　测　报　告

Monitoring　Report

×环测（2017）支字第 117 号

项目名称　××××电镀有限公司废水监测

委托单位　××市环境监察支队

××市环境监测中心

说　　明

一、本报告无批准人签名，或涂改，或未加盖××市环境监测中心红色监测报告专用章及其骑缝章均无效。

二、本报告部分复制，或完整复制后未加盖××市环境监测中心红色监测报告专用章均无效。

三、未经同意本报告不得用于广告宣传。

四、由委托方采样送检的样品，本报告仅对来样负责。

五、本报告正文共 2 页，一式 3 份，发出报告与留存报告的正文一致。

六、委托方若对本报告有异议，请于收到报告之日起十五个工作日内向××市环境监测中心提出。

××市环境监测中心

地址：××市××路×××号

邮编：××××××

电话：××××××××××

传真：××××××××××

电子邮箱：××××××××

样品类别 废水

监测类别 监督性监测

委托方及地址 ××市环境监察支队

委托日期 2017年4月27日

采样单位 ××市环境监察支队

采样日期 2017年4月27日

采样地点 ××××电镀有限公司

检测地点 ××市环境监测中心

检测日期 2017年4月27日至2017年4月28日

监测方法依据 pH值：水质 pH值的测定 玻璃电极法 GB/T 6920—1986

总锌、总铜：水质 铜、锌、铅、镉的测定 原子吸收分光光度法 GB/T 7475—1987

总铬：水质 铬的测定 火焰原子吸收分光光度法 HJ 757—2015

总镍：水质 镍的测定 火焰原子吸收分光光度法 GB/T 11912—1989

六价铬：水质 六价铬的测定 二苯碳酰二肼分光光度法 GB/T 7467—1987

化学需氧量：水质 化学需氧量的测定 重铬酸盐法 GB/T 11914—1989

总氰化物：水质 氰化物的测定 容量法和分光光度法 HJ 484—2009

氨氮：水质 氨氮的测定 纳氏试剂分光光度法 HJ 535—2009

总磷：水质 总磷的测定 钼酸铵分光光度法 GB/T 11893—1989

评价标准 《电镀污染物排放标准》（GB 21900—2008）表2标准

监测结果

表

序号	采样地点（或样品编号）	项目名称 / 性状描述	总锌/（mg/L）	总铜/（mg/L）	总铬/（mg/L）	总镍/（mg/L）	六价铬/（mg/L）
1	排放池1	无色透明液体	0.08	0.11	＜0.03	0.14	0.026
2	排放池2	无色透明液体	0.05	0.07	＜0.03	0.23	0.004
《电镀污染物排放标准》（GB 21900—2008）表2标准			1.5	0.5	1.0	0.5	0.2

续表

序号	采样地点（或样品编号）	项目名称 / 性状描述	pH值	总氰化物/（mg/L）	氨氮/（mg/L）	总磷/（mg/L）	化学需氧量/（mg/L）
1	排放池1	无色透明液体	7.60	0.114	29.8	5.48	73.6
2	排放池2	无色透明液体	7.66	0.016	11.2	2.74	＜30
《电镀污染物排放标准》（GB 21900—2008）表2标准			6～9	0.3	15	1.0	80

测点示意图

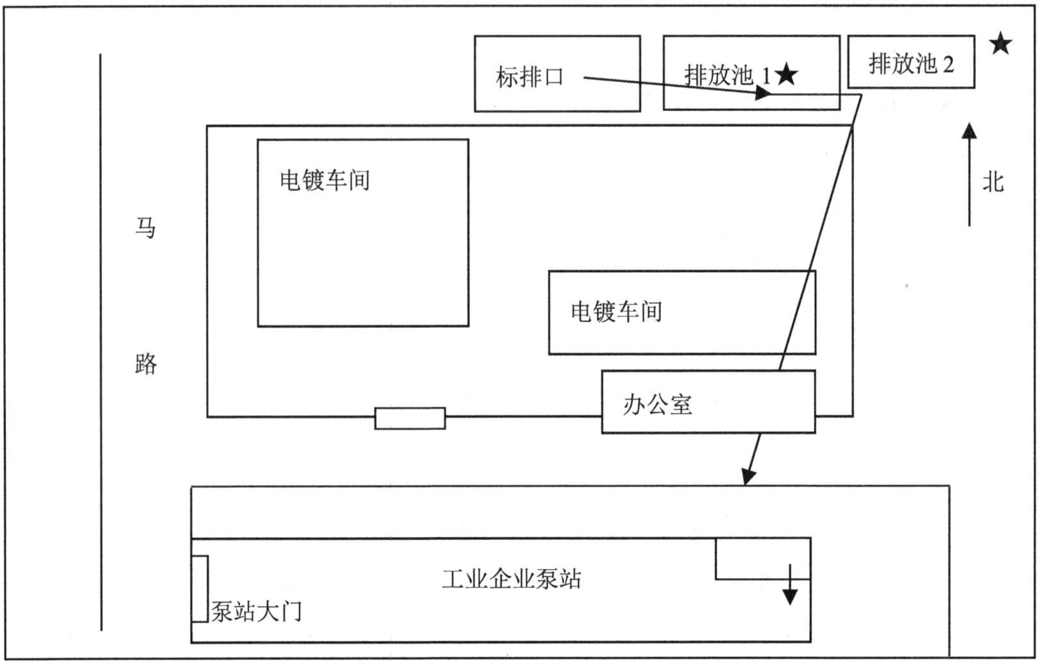

结论

根据《电镀污染物排放标准》（GB 21900—2008）表 2 标准，本次监测时，该公司排放池 1 废水中的 pH 值、总镍、六价铬、总铬、总铜、总锌、总氰化物、化学需氧量**符合标准，**总磷、氨氮**不符合标准**。

本次监测时，该公司排放池 2 废水中的 pH 值、总镍、六价铬、总铬、总铜、总锌、总氰化物、化学需氧量、氨氮**符合标准，**总磷**不符合标准**。

END

报告编制：×××　　**校核：**×××　　**审核：**×××

批准人：×××　　**批准人职务：**总工　　**批准日期：2017 年 5 月 3 日**

××市环境保护局
责令改正违法行为决定书

×环日改字〔2017〕24号

××××电镀有限公司：

营业执照注册号（或居民身份证号）：9133×××

法定代表人：王××

地址：××市××镇工业园区

经我局调查核实，你（单位）有以下环境违法行为：2017年4月27日，我局执法人员对你单位废水处理设施的排放池1和排放池2正在外排的废水进行采样，经××市环境监测中心分析化验：排放池1氨氮浓度为29.8 mg/L，总磷浓度为5.48 mg/L；排放池2总磷浓度为2.74 mg/L，均超过了《电镀污染物排放标准》表2标准（标准分别为15 mg/L、1.0 mg/L），有现场勘察笔录及监测报告等证据为凭。上述行为违反了《中华人民共和国水污染防治法》第九条的规定。

根据《中华人民共和国行政处罚法》第二十三条、《中华人民共和国水污染防治法》第七十四条第一款的规定，责令你（单位）立即改正废水超标排放的环境违法行为，并向我局提交书面报告同时附具相关证明材料。

我局将对你（单位）改正违法行为的情况进行监督复查。对未及时改正的，我局将根据《中华人民共和国环境保护法》第五十九条对你（单位）实施按日连续处罚（罚款数额为原处罚决定书确定的罚款数额乘以计罚天数，计罚天数为自责令改正违法行为决定书送达之日的次日起，至环境保护主管部门复查发现违法排污行为之日止）。

你（单位）如对本决定不服，可在收到本决定书之日起六十日内向××市人民政府或者浙江省环保厅申请行政复议；也可在收到本决定书之日起六个月内向××市××区人民法院提起行政诉讼。

××市环境保护局

2017年5月5日

××市环境保护局
送达回证

送达文书（字号）	××市环境保护局责令改正违法行为决定书 （×环日改字〔2017〕24 号）
受送达人	××××电镀有限公司
送达地点	××市环境保护局×××办公室
送达方式	直接送达
送达人	××市环境监察支队　　×××　　×××
受送达人签名 或盖章	王××　　　　2017 年 5 月 5 日
代收人签名或者盖章及代收理由：	
备注： （受送达人或者他的同住成年家属拒绝接收送达文书的，送达人应当邀请有关基层组织或者所在单位的代表到场，说明情况，在送达回证上记明拒收事由和日期，由送达人、见证人签名或者盖章，把送达文书留在受送达人的住所，即视为送达。）	

××市环境保护局
调查询问笔录

案　　由： 涉嫌废水超标排放（按日计罚）

询问时间： 2017 年 5 月 5 日 14 时 30 分至 16 时 30 分

调查（询问）地点： ××市×××××××××××（××市环境监察支队）

被调查（询问）人： 王××　**性别：** 男　**年龄：** 71 岁

身份证号码： 3302×××××××××××××××

电话： 138××××××××　**工作单位：** ××××电镀有限公司

职务或职业： 总经理　**与本案关系：** 现场负责人

家庭住址： ××市××街道××小区　**邮编：** 315×××

调查（询问）人： ×××、×××　**记录人：** ×××

参加人： /

调查（询问）人： 我们是××市环境保护局执法人员×××，×××，这是我们的执法证件，执法证号分别是：×××，×××（出示证件），请您过目确认。

被调查（询问）人对执法人员出示证件、表明身份的确认记录：（被调查人确认记录）。

调查（询问）人： 今天依法对你单位进行检查并询问有关情况，你必须如实回答，你依法享有陈述权、申辩权和申请执法人员回避的权利，听清楚了吗？

答：（被调查人确认记录）。

询问内容：

问：你的姓名、工作单位及职务？

答：我叫王××，在××××电镀有限公司工作，是公司的总经理，也是公司的法人代表，今天到××市环保局来接受相关的环保调查和询问，有个人身份证复印件和营

被调查（询问）人确认意见：确认，已阅读。

被调查（询问）人签名：王××　时间：2017 年 5 月 5 日

调查（询问）人签名：×××，×××　时间：2017 年 5 月 5 日

记录人签名：×××　时间：2017 年 5 月 5 日

业执照（副本）复印件等为证。

问：请简单介绍你公司的基本情况。

答：我公司位于××××工业园区，成立于2001年10月，主要从事各类配件的电镀和铝氧化加工生产，总投资约4 000万元人民币，2016年电镀及铝氧化产值约1.5亿元人民币。

问：你公司的生产项目是否取得环境影响评价批准文件，有没有通过环保验收？

答：我公司“电镀行业整治环境影响后评价”于2013年2月通过了××市环保局的后评价的审查意见（×环建〔2013〕111号），核准我公司共建设25个电镀生产车间，配置33条电镀生产线、1条半自动铝氧化生产线和1条半自动电解抛光生产线，电镀新鲜用水量为145 462吨/年，电镀废水允许排放量为130 916吨/年。

问：目前你公司实际生产情况如何？

答：目前我公司共建有电镀自动生产线33条；铝氧化生产线1条，电解抛光生产线1条，生产全部正常。

问：2017年4月11日我局执法人员进行执法检查，对你公司废水处理设施排放池正在外排的废水采样监测，经监测废水中化学需氧量、氨氮、总磷三个指标超过国家标准。我局于4月19日下发了《责令改正违法行为决定书》（×环日改字〔2017〕18号）并由你签收，你公司后续有什么整改措施？

答：在4月11日你们检查取样后，我公司也取了平行样品进行化验，的确发现排放池排放的废水中上述三个指标超标，我们立即启动了环境应急预案，关闭废水的排放，组织工程技术人员对污水处理设施的系统工艺和相关设备仪器进行排查，并及时添加了药剂进行应急处理。经排查发现我公司当天上午废水处理的生化设施中的曝气系统风机发生故障，造成废水曝气不足，最后导致排放的废水氨氮、总磷和COD浓度超标。经及时修复了曝气风机，废水也就恢复了正常水平，那次废水超标排放大概就持续了几个小时。

问：2017年4月27日，我局执法人员依法对你公司进行复查，检查过程中对你公司废水处理设施排放池1和排放池2正在排放的废水各采样3瓶送检，情况是否属实？

答：情况属实。那天我们公司正在生产，废水也在处理、排放。我也在现场的，现场勘察笔录上也是我签字的。

问：该排放池排放的废水是从哪里来的？废水排放执行什么标准？

答：该排放池排放的废水是电镀车间产生的电镀废水经配套的污水处理设施处理后排入标排口，再汇入排放池，然后通过压力泵排入工业园区泵站，最后统一排入钱塘江水域；废水排放执行《电镀污染物排放标准》表2标准。

被调查（询问）人确认意见：确认，已阅读。

被调查（询问）人签名：王××　　时间：2017年5月5日

调查（询问）人签名：×××，×××　　时间：2017年5月5日

记录人签名：×××　　时间：2017年5月5日

问：2017年4月27日，我局执法人员对你单位废水处理设施的排放池1和排放池2正在外排的废水进行采样，经××市环境监测中心分析化验：排放池1氨氮浓度为29.8 mg/L，总磷浓度为5.48 mg/L；排放池2总磷浓度为2.74 mg/L，均超过了《电镀污染物排放标准》表2标准（标准分别为15 mg/L、1.0 mg/L），请你解释一下废水超标排放的原因？

答：我们认为此次废水超标原因是我们经你们上次检查后，对废水处理设施进行了清理和部分设备进行改造，目前改造工作基本完成，可能废水设施的生化系统部分设备运行还不够稳定，最后导致废水中氨氮、总磷不能稳定达标。

问：市环境监察支队执法人员当天对你正在排放的废水采样时，你们是否也同步采样进行分析？

答：也进行了采样，我们自己的化验结果也是氨氮、总磷超标的。

问：你公司下一步有何整改措施？

答：一方面继续对废水设施相关设备进行完善，确保设备稳定运行；另一方面针对氨氮、总磷指标，加大废水加碱和曝气量，延长废水停留时间；另外，加强源头控制，加大了前处理废水的回用量，减少进入污水站的废水量，全力做到废水达标排放。

问：你公司废水在线监控设备的数据准不准确？

答：准的，运维公司每星期都会过来比对维护。

问：从你公司在线监控的废水排放流量来看，2017年4月11日当天废水总排放量为688.8吨，2017年4月27日当天废水总排放量为616.8吨（有在线流量统计报表为证），你有没有异议？

答：没有。我单位目前实际废水处理量约750吨/天，其中回用150～200吨，其余都是排放的。

问：我局将继续对你公司“废水超标排放”的环境违法行为的整改情况进行监督复查。如若未及时改正的，我局将根据《中华人民共和国环境保护法》第五十九条对你公司实施按日连续处罚，该情况你们清楚吗？

答：清楚的。

问：上述情况是否属实，如无异议请签字确认？

答：（被调查人确认记录）（以下空白）

被调查（询问）人确认意见：确认，已阅读。

被调查（询问）人签名：王×× 时间：2017年5月5日

调查（询问）人签名：×××，××× 时间：2017年5月5日

记录人签名：××× 时间：2017年5月5日

××市环境保护局
现场检查（勘察）笔录

检查（勘察）时间： 2017 年 5 月 10 日 13 时 38 分至 14 时 08 分
检查（勘察）地点： ××市××镇工业园区
被检查（勘察）人名称（姓名）： ××××电镀有限公司
法定代表人（负责人）： 王××
现场负责人姓名： 王×× **年龄：** 71 岁 **职务：** 总经理
工作单位： ××××电镀有限公司 **与本案关系：** 负责人
身份证号码： 330×××××××××××××××
电话： 138×××××××× **地址：** ××市××街道××小区
检查（勘察）人： ×××、××× **记录人：** ×××
其他见证人： ×××

检查（勘察）人： 我们是××市环境保护局执法人员×××，×××，这是我们的执法证件，执法证号分别是：×××，×××（出示证件），请您过目确认。

被调查（询问）人对执法人员出示证件、表明身份的确认记录：（被调查人确认记录）

调查（询问）人： 今天依法对你单位进行检查，你必须如实回答，你依法享有陈述权、申辩权和申请执法人员回避的权利，听清楚了吗？

答：（被调查人确认记录）

现场情况： 现场检查情况如下：

1. 该企业主要从事电镀加工生产，检查时各电镀车间均在生产中。

2. 现建有全自动电镀线 35 条（包括电镀 33 条、铝氧化线电解抛光线 1 条）。

3. 电镀废水处理设施正在运行，处理后的废水由厂区标排口排入排放池，再通过水泵泵入工业园区泵站，再排入钱塘江，目前日排放废水约 550 吨，中水回用量约 200 吨。

被检查（勘察）人或现场负责人确认意见： 确认，已阅读。
被检查（勘察）人或现场负责人签名： ××× 时间：2017.5.10
见证人签名： ××× 时间：2017.5.10
检查（勘察）人签名： ××× ××× 时间：2017.5.10
记录人签名： ××× 时间：2017.5.10

4. 企业在线监控系统未见异常；配套废气处理设施正常。
5. 电镀污水处理产生的污泥送××××有限公司处置，月处置污泥约 100 吨。
6. 现场对企业废水处理设施排放池正在外排的废水采样三瓶送检。
7. 现场检查时拍照若干。

现场勘察图

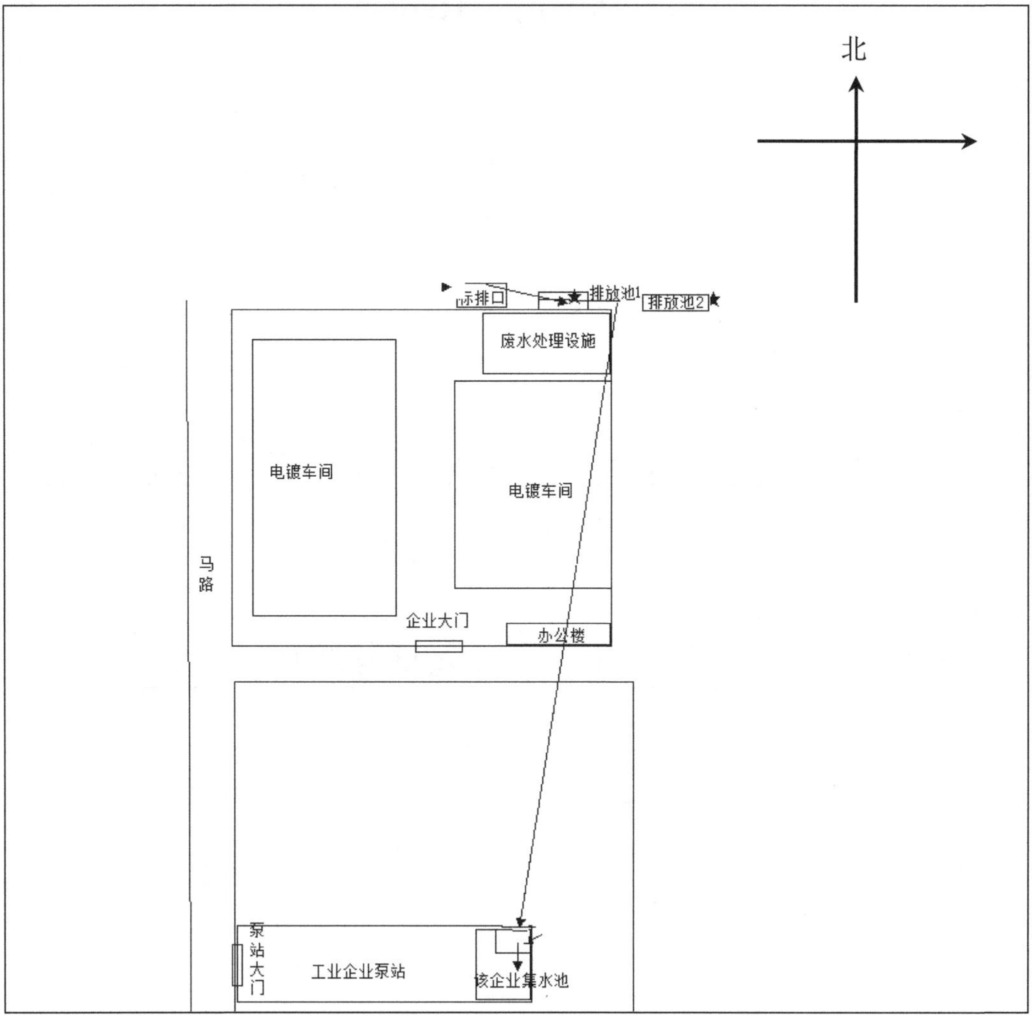

被检查（勘察）人或现场负责人确认意见： 确认，已阅读。

被检查（勘察）人或现场负责人签名： ××× 时间：2017.5.10

见证人签名： ××× 时间：2017.5.10

检查（勘察）人签名： ××× ××× 时间：2017.5.10

记录人签名： ××× 时间：2017.5.10

监 测 报 告

Monitoring Report

×环测（2017）支字第131号

项目名称 ××××电镀有限公司废水监测

委托单位 ××市环境监察支队

××市环境监测中心

说　　明

一、本报告无批准人签名，或涂改，或未加盖××市环境监测中心红色监测报告专用章及其骑缝章均无效。

二、本报告部分复制，或完整复制后未加盖××市环境监测中心红色监测报告专用章均无效。

三、未经同意本报告不得用于广告宣传。

四、由委托方采样送检的样品，本报告仅对来样负责。

五、本报告正文共_2_页，一式_3_份，发出报告与留存报告的正文一致。

六、委托方若对本报告有异议，请于收到报告之日起十五个工作日内向××市环境监测中心提出。

××市环境监测中心

地址：××市××路×××号

邮编：××××××

电话：××××××××××

传真：××××××××××

电子邮箱：××××

样品类别 废水

监测类别 监督性监测

委托方及地址 ××市环境监察支队

委托日期 2017年5月10日

采样单位 ××市环境监察支队

采样日期 2017年5月10日

采样地点 ××××电镀有限公司（××市××镇工业区）

检测地点 ××市环境监测中心

检测日期 2017年5月10日至2017年5月11日

监测方法依据 pH值：水质 pH值的测定 玻璃电极法 GB/T 6920—1986
总锌、总铜：水质 铜、锌、铅、镉的测定 原子吸收分光光度法 GB/T 7475—1987
总铬：水质 铬的测定 火焰原子吸收分光光度法 HJ 757—2015
总镍：水质 镍的测定 火焰原子吸收分光光度法 GB/T 11912—1989
六价铬：水质 六价铬的测定 二苯碳酰二肼分光光度法 GB/T 7467—1987
化学需氧量：水质 化学需氧量的测定 重铬酸盐法 HJ 828—2017
总氰化物：水质 氰化物的测定 容量法和分光光度法 HJ 484—2009
氨氮：水质 氨氮的测定 纳氏试剂分光光度法 HJ 535—2009
总磷：水质 总磷的测定 钼酸铵分光光度法 GB/T 11893—1989

评价标准 《电镀污染物排放标准》（GB 21900—2008）表2标准

监测结果

表

序号	采样地点（或样品编号）	项目名称 / 性状描述	总锌/（mg/L）	总铜/（mg/L）	总铬/（mg/L）	总镍/（mg/L）	六价铬/（mg/L）
1	排放池	无色透明液体	＜0.05	＜0.05	＜0.03	＜0.05	0.006
《电镀污染物排放标准》（GB 21900—2008）表2标准			1.5	0.5	1.0	0.5	0.2

续表

序号	采样地点（或样品编号）	项目名称 / 性状描述	pH值	总氰化物/（mg/L）	氨氮/（mg/L）	总磷/（mg/L）	化学需氧量/（mg/L）
1	排放池	无色透明液体	8.42	＜0.004	6.21	0.470	8
《电镀污染物排放标准》（GB 21900—2008）表2标准			6～9	0.3	15	1.0	80

测点示意图

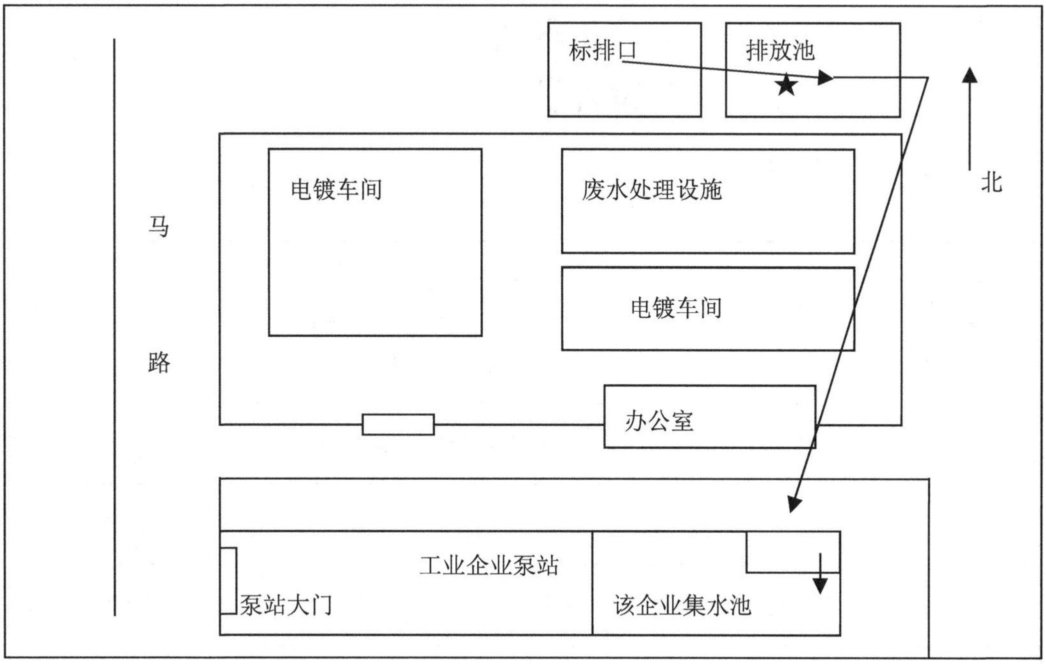

结论

根据《电镀污染物排放标准》（GB 21900—2008）表 2 标准，本次监测时，该公司排放池废水中的 pH 值、总镍、六价铬、总铬、总铜、总锌、总氰化物、化学需氧量、总磷、氨氮**均符合标准**。

END

报告编制：×××　　**校核：**×××　　**审核：**×××

批准人：×××　　**批准人职务：**总工　　**批准日期：2017 年 5 月 15 日**

××市环境保护局
案件调查报告

<table>
<tr><td>案　由</td><td colspan="3">涉嫌废水超标排放</td></tr>
<tr><td>案件来源</td><td colspan="3">现场执法检查</td></tr>
<tr><td>当事人</td><td colspan="3">××××电镀有限公司</td></tr>
<tr><td>法定代表人
（负责人）</td><td>王××</td><td>职　务</td><td>总经理</td></tr>
<tr><td>地　址</td><td>××市××镇工业园区</td><td>电　话</td><td>138××××××××</td></tr>
<tr><td colspan="4">

调查经过：

该企业位于××市××镇工业园区，成立于2001年10月，主要从事各类配件的电镀和铝氧化加工生产，总投资约4 000万元人民币，2016年电镀及铝氧化产值约1.5亿元人民币。该企业“电镀行业整治环境影响后评价”于2013年2月通过了××市环保局的后评价的审查意见（×环建〔2013〕111号），核准企业共建设25个电镀生产车间，配置33条电镀生产线、1条半自动铝氧化生产线和1条半自动电解抛光生产线，电镀新鲜用水量为145 462吨/年，电镀废水允许排放量为130 916吨/年。

2017年4月11日，我局执法人员对××××电镀有限公司废水处理设施的排放池正在外排的废水采样，经××市环境监测中心分析化验：氨氮浓度为49.4 mg/L，总磷浓度为4.43 mg/L，COD浓度为145 mg/L，均超过了《电镀污染物排放标准》表2标准（标准分别为15 mg/L、1.0 mg/L、80 mg/L）。另外，从该企业在线监控的废水排放流量来看，2017年4月11日当天废水总排放量为688.8吨，从2017年3月13日到2017年4月11日30天废水总排放量为17 296.8吨。我局于2017年4月19日对企业下发《责令改正违法行为决定书》（×环日改字〔2017〕18号）并同日送达。××市环保局对该企业作出行政处罚5.45万元。

2017年4月27日，××市环境监察支队依法对该企业进行复查，对该企业废水处理设施的排放池1和排放池2正在外排的废水进行采样，经××市环境监测中心分析化验：排放池1氨氮浓度为29.8 mg/L，总磷浓度为5.48 mg/L；排放池2总磷浓度为2.74 mg/L，均超过了《电镀污染物排放标准》表2标准（标准分别为15 mg/L、1.0 mg/L），我局于2017年5月5日对该企业再次下发《责令改正违法行为决定书》（×环日改字〔2017〕24号）并于同日送达。

2017年5月10日，××市环境监察支队依法对该企业司进行再次复查，对正在外排废水采样监测，××市环境监测中心于5月15日出具监测报告，水样达标。

从2017年4月20日至2017年4月27日，共计8天，原行政处罚金额为5.45万元，按日连续处罚金额为5.45元×8=43.6万元。

</td></tr>
</table>

查明的事实和证据： **事实：**企业排放池废水超标排放，被责令改正后仍拒不改正。 **证据：** 1. 现场勘察笔录 1 份； 2. 调查询问笔录（法人代表）1 份； 3. 现场执法检查照片 9 张； 4. 监测报告（×环测（2017）支字第 117 号、×环测（2017）支字第 131 号）2 份等。
处理依据和建议： 该公司上述行为违反了《中华人民共和国水污染防治法》第九条的规定，依据《中华人民共和国水污染防治法》第七十四条第一、《中华人民共和国环境保护法》第五十九条第一款之规定，建议作出如下行政处罚：处罚款人民币 43.6 万元。 调查人（签名）：×××，××× 2017 年 5 月 20 日
调查部门意见： 同意 负责人（签名）：××× 2017 年 5 月 20 日
环保部门意见： 同意 负责人（签名）：××× 2017 年 5 月 20 日

文件处理单

来文单位	××市环境保护局	文件日期编号	×环日听告字〔2017〕2号
文件内容	××市环境保护局按日连续处罚听证告知书		
办理意见	2017年6月5日局长办公会议审议通过。 处长：×××　　经办人：×××　　2017年6月30日		
领导批签	（签名）：×××　　2017年6月30日		

××市环境保护局
按日连续处罚听证告知书

×环日听告字〔2017〕2号

××××电镀有限公司

法定代表人姓名：王××

信用代码：913×××××

住所：××市××市××镇工业园区

法定代表人身份证号：3302××××××××××××××

2017年4月11日，我局在现场执法中对你公司排放口排放的废水采样，经监测，你公司排放池的废水中化学需氧量为145 mg/L（国家标准为80 mg/L），氨氮浓度为49.4 mg/L（国家标准为15 mg/L），总磷浓度为4.43 mg/L（国家标准为1.0 mg/L），超标废水排入钱塘江。

2017年4月19日，我局向你公司送达《责令改正违法行为决定书》（×环日改字〔2017〕18号），责令你单位立即停止违法排放污染物行为，并于当日送达。4月27日，我局执法人员依法对你公司违法排放水污染物行为的改正情况实施复查，经采样监测，你公司排放池1排放的废水中氨氮浓度为29.8 mg/L（国家标准为15 mg/L），总磷浓度为5.48 mg/L（国家标准为1.0 mg/L），排放池2排放的废水中总磷浓度为2.74 mg/L（国家标准为1.0 mg/L），违法超标排放水污染物行为依然没有得到纠正。5月5日，我局向你单位送达《责令改正违法行为决定书》（×环日改字〔2017〕24号），并于当日送达。5月10日，我局执法人员再次对你单位排放池排放的废水采样，经监测，废水已达标排放。

你公司上述行为违反了《中华人民共和国水污染防治法》第九条的规定，已构成违法。具体有现场勘察笔录、调查询问笔录，监测报告、照片资料等证据为凭。2017年6月5日，我局对你公司下达行政处罚听证告知书，于6月7日送达；6月26日，对你公司下达行政处罚决定书，于6月27日送达。

现依据《中华人民共和国环境保护法》第五十九条“企业事业单位和其他生产经营者违法排放污染物，受到罚款处罚，被责令改正，拒不改正的，依法作出处罚决定的行政机关可以自责令改正之日的次日起，按照原处罚数额按日连续处罚”的规定，以及《环境保护主管部门实施按日连续处罚办法》（环保部令第28号）第五条第一项“排污者有下列行为之一，受到罚款处罚，被责令改正，拒不改正的，依法作出罚款处罚决定的环境保护主管部门可以实施按日连续处罚：（一）超过国家或者地方规定的污染物排放标准，或者超过重点污染物排放总量控制指标排放污染物的”，第十七条“按日连续处罚的计罚日数为责令改正违法行为决定书送达排污者之日的次日起，至环境保护主管部门复查发现违法排放污染物行为之日止。再次复查仍拒不改正的，计罚日数累计执行”，第十九条“按日连续处罚每日的罚款数额，为原处罚决定书确定的罚款数额。按照按日连续处罚规则决定的罚款数额，为原处罚决定书确定的罚款数额乘以计罚日数”的规定，我局决定对你公司实施按日连续处罚。

处以罚款四十三万六仟元。

计罚方式：5.45 万×8 天（4 月 20—27 日）。

根据《中华人民共和国行政处罚法》的有关规定，你单位如对拟作出的行政处罚决定有异议，有权在收到本告知书之日起七日内向我局提出陈述和申辩；也有权在收到本告知书之日起三日内向我局提出听证要求，逾期未提出听证要求的，则视作放弃。

我局地址：××市××区×××

邮政编码：××××××　　　　联系电话：××××××××

××市环境保护局

2017 年 6 月 30 日

××市环境保护局
送达回证

送达文书（字号）	××市环境保护局按日连续处罚听证告知书 （×环日听告字〔2017〕2号）
受送达人	××××电镀有限公司
送达地点	××市××市××镇工业园区××××电镀有限公司办公室
送达方式	直接送达
送达人	××市环境监察支队　　×××　　×××
受送达人签名或盖章	王××　　　　2017年7月5日
代收人签名或者盖章及代收理由：	
备注： （受送达人或者他的同住成年家属拒绝接收送达文书的，送达人应当邀请有关基层组织或者所在单位的代表到场，说明情况，在送达回证上记明拒收事由和日期，由送达人、见证人签名或者盖章，把送达文书留在受送达人的住所，即视为送达。）	

××省罚没款专用收据

XX省罚没款专用收据

年 月 日 №00000000

当事人	
罚没事由(处罚决定书号)	
罚款金额	
没收款金额	
加收罚款金额	
合计	
合计金额(大写) 佰 拾 万 仟 佰 拾 元 角 分	
备注:	

执法机关(章) 负责人 收款人

第一联 存根 由执法机关留存备查

第二联 收据 由执法机关盖章后退当事人

第三联 记帐 由执法机关记帐

第四联 存档或随案 由执法机关存档或随案

三、查封、扣押类

3. ××纺织有限公司违反水污染管理制度、建设项目“三同时”及验收案

【案件提供单位】

××市环境保护局

【案件简介】

2017 年 3 月 5 日，环保局现场监察发现该单位正在生产，雨水排放口阀门打开，有水正在排放。经现场采样监测，外排污水中总磷浓度为 1.20 mg/L，化学需氧量为 1.32×10^4 mg/L，均超过了 DB32/T 1072—2007《太湖地区城镇污水处理厂及重点工业行业主要水污染物排放限值》表 3 中排放限值；总氮浓度为 18.8 mg/L，超过了 GB 4287—2012《纺织染整工业水污染物排放标准》表 3 中直接排放限值。经进一步调查又发现该单位“2 100 t/年棉纱染色加工，300 t/年绒线染色加工”项目和“2 000 万 m/年白浆纱”项目需要配套建设的环境保护设施未经环保部门验收，主体工程已投入生产。

企业的上述行为违反了《中华人民共和国水污染防治法》第二十二条第二款、《建设项目环境保护管理条例》第二十三条规定。依据《中华人民共和国水污染防治法》第七十五条第二款、《建设项目环境保护管理条例》第二十八条规定，处以罚款 20 万元，立即停止两个项目的生产。依据《中华人民共和国行政强制法》第二十五条第一款、《中华人民共和国环境保护法》第二十五条、《环境保护主管部门实施查封、扣押办法》第四条第四项的规定对生产线进行查封。依据《中华人民共和国水污染防治法》第七十五条第二款、《环境保护主管部门实施限制生产、停产整治办法》第六条第一项规定，责令停产整治。依据《中华人民共和国环境保护法》第六十三条第三项和《行政主管部门移送适用行政拘留环境违法案件暂行办法》第七条第七项的规定，将该单位直接负责主管人员移送公安机关行政拘留。

【专家点评】

一、该案的优点

1. 本案执法手段丰富，涉及多种强制措施。本案因涉事企业废水超标排放。执法单位依法采取了责令改正、罚款、查封、限产停产、移送行政拘留等行政命令、行政处罚、行政强制措施。同时，还对企业进行执法后督查落实整改措施、协助当事人关停污染企业，当事人亦主动履行了缴纳罚款的义务，取得了较好的社会效果。

尤其是本案在查封及解除查封的环节，不仅制作了现场检查（勘验）笔录、调查询问笔录、查封扣押清单、现场照片，还履行了内部审批、送达等程序，执法程序完备清晰，十分难得。

2. 本案涉及的文书共有责令改正决定书、行政处罚事先告知书、行政处罚决定书、查封决定书、停产整治告知书、停产整治决定书、移送行政拘留决定书等七种文书，其中行政处罚事先告知书、行政处罚决定书、停产整治告知书、停产整治决定书、移送行政拘留决定书行政处罚决定书不仅列有所依据的法条条款，并且执法单位能够在文书中列明所依据的法条具体内容，对违法企业有更加直接的教育和警示作用。如果责令改正决定书、查封决定书也能够将依据的法条内容列明，则效果更好。

3. 本案调查内容全面，从环评审批、环保验收、建设运行情况进行了全面调查。本案因超标排放废水立案调查，但执法人员没有局限于发现的违法行为，而是从源头查起，将涉事企业的环评报告及审批文件、环保验收报告以及环保设施的运行状况进行了全面排查，最终发现还存在“未验先投”的违法行为，调查工作主动全面。

4. 本案执法过程清晰，部门衔接有序。现场调查、查封解封、停产整治各个执法环节的询问笔录、现场照片能够客观记录执法过程。询问笔录、现场照片有当事人、记录人、执法人员的签字，证据的形式合法性把握准确。

二、存在的问题和建议

1. 本案处罚三个违法行为——采取其他规避监管的方式排放水污染物罚款 10 万元；“2 100 t/年棉纱染色加工，300 t/年绒线染色加工”项目需要配套建设的环境保护设施未经环保部门验收，主体工程已投入生产罚款 5 万元；“2 000 万 m/年白浆纱”项目需要配套建设的环境保护设施未经环保部门验收，主体工程已投入生产罚款 5 万元，建议三个违法行为的处罚应分别列案号和处罚。

2. 本案的行政处罚、查封、停产整治及移送拘留均属于重大行政行为，应当经过集体讨论决定。但是本案 2017 年 3 月 28 日、5 月 27 日两次集体讨论只是监察支队的内部讨论，并非环保局领导参加的集体决策，程序有瑕疵。

××市环境保护局
行政处罚案件卷宗
（正卷）

卷宗编号：×环法卷〔2017〕/××

<table>
<tr><td colspan="2">卷名：××市××纺织有限公司违反水污染管理制度、建设项目“三同时”及验收制度案件</td></tr>
<tr><td>案由</td><td>2017 年 3 月 5 日，我局现场监察，该单位正在生产，雨水排放口阀门打开，有水正在排放，××市环境监测中心对该单位雨水排放口外排污水现场采样，经监测，该单位雨水排放口外排污水中总磷浓度为 1.20 mg/L，化学需氧量浓度为 1.32×10^4 mg/L，均超过了 DB32/T 1072—2007《太湖地区城镇污水处理厂及重点工业行业主要水污染物排放限值》表 3 中排放限值；总氮浓度为 18.8 mg/L，超过了 GB 4287—2012《纺织染整工业水污染物排放标准》表 3 中直接排放限值。2017 年 3 月 8 日，我局在现场监察中发现，该单位“2 100 t/年棉纱染色加工，300 t/年绒线染色加工”项目和“2 000 万 m/年白浆纱”项目需要配套建设的环境保护设施未经环保部门验收，主体工程已投入生产。</td></tr>
<tr><td>立案时间</td><td>2017 年 3 月 8 日</td></tr>
<tr><td>查处结果</td><td>处以罚款 20 万元，立即停止“2 100 t/年棉纱染色加工，300 t/年绒线染色加工”项目和“2 000 万 m/年白浆纱”项目的生产。</td></tr>
<tr><td>结案时间</td><td>2017 年 11 月 22 日</td></tr>
<tr><td>保管期限</td><td>自　　年　　月　　日
至　　年　　月　　日</td></tr>
<tr><td colspan="2">本卷共 48 件 122 页</td></tr>
</table>

卷内文件目录

序号	材料名称	形成日期	页数	备注
1	行政处罚决定书	2017-06-05	198～200	
2	行政处罚决定书送达回证	2017-06-12	201	
3	环境违法行为立案审批表	2017-03-08	202	
4	营业执照		203	
5	现场检查（勘察）笔录	2017-03-05	204	
		2017-03-08	205	
6	违法案件调查询问笔录	2017-03-08	206～211	
7	监测报告	2017-03-07	212～218	
8	责令改正违法行为决定书	2017-03-07	219～220	
9	责令改正违法行为决定书送达回证	2017-03-07	221	
10	责令改正违法行为决定书后现场检查（勘察）笔录	2017-03-13	222	
11	责令改正违法行为决定书后监测报告	2017-03-15	223～226	
12	其他		227～241	
13	查封（扣押）审批表	2017-03-07	242	
14	查封（扣押）决定书	2017-03-07	243～244	
15	查封、扣押清单	2017-03-07	245	
16	查封（扣押）决定书送达回证	2017-03-07	246	
17	查封（扣押）现场检查（勘察）笔录	2017-03-07	247	
18	查封（扣押）调查询问笔录	2017-03-07	248～249	
19	查封（扣押）现场照片	2017-03-07	250～255	
20	解除查封（扣押）审批表	2017-04-05	256	
21	解除查封（扣押）决定书	2017-04-06	257	

序号	材料名称	形成日期	页数	备注
22	解除查封（扣押）决定书送达回证	2017-04-06	258	
23	解除查封（扣押）现场检查（勘察）笔录	2017-04-06	259	
24	解除查封（扣押）调查询问笔录	2017-04-06	260～261	
25	解除查封（扣押）现场照片	2017-04-06	262～273	
26	案件调查报告	2017-03-27	274～276	
27	行政处罚集体讨论笔录	2017-03-28	277～279	
28	行政处罚案件核审表	2017-04-28	280	
29	环境保护限制生产、停产整治审批表	2017-03-07	281	
30	责令停产整治告知书	2017-03-23	282～284	
31	责令停产整治告知书送达回证	2017-03-24	285～287	
32	责令停产整治决定书	2017-04-05	288～290	
33	责令停产整治决定书送达回证	2017-04-06	291～293	
34	行政处罚听证告知书	2017-05-04	294～296	
35	行政处罚告知书送达回证	2017-05-05	297～299	
36	关于×环罚告〔2017〕×号的陈述	2017-05-12	300	
37	行政处罚集体讨论笔录	2017-05-27	301～303	
38	行政处罚决定书签发稿	2017-06-05	304～306	
39	关于××市××纺织有限公司采取规避监管的方式排放水污染物案件的调查报告	2017-06-14	307～308	
40	移送涉嫌环境违法适用行政拘留处罚案件审批表	2017-06-21	309	
41	涉嫌环境违法适用行政拘留处罚案件移送书	2017-06-23	310	
42	涉嫌环境违法适用行政拘留处罚案件移送材料清单	2017-06-23	311	
43	后督查现场检查（勘察）笔录	2017-07-17	312	
44	当事人关停申请	2017-03-26	313	
45	后督查现场照片	2017-07-17	314～317	
46	罚没收入		318	
47	环境行政执法后督查报告	2017-07-27	319	
48	查处环境违法行为结案报告	2017-11-22	320	

编码：041001－201700××

××市环境保护局
行政处罚决定书

×环行罚〔2017〕××号

单位名称：××市××纺织有限公司
社会信用代码：×××
法定代表人：×××
单位地址：×××

一、环境违法事实和证据

2017年3月5日，我局现场监察，你单位正在生产，雨水排放口阀门打开，有水正在排放，××市环境监测中心对你单位雨水排放口外排污水现场采样，经监测，你单位雨水排放口外排污水中总磷浓度为1.20 mg/L，化学需氧量浓度为1.32×10^{4} mg/L，均超过了DB32/T 1072—2007《太湖地区城镇污水处理厂及重点工业行业主要水污染物排放限值》表3中排放限值；总氮浓度为18.8 mg/L，超过了GB 4287—2012《纺织染整工业水污染物排放标准》表3中直接排放限值。我局于2017年3月7日对你单位下达了《××市环境保护局责令改正违法行为决定书》（×环察改〔2017〕×号）。2017年3月8日，我局在现场监察中发现，你单位“2 100 t/年棉纱染色加工，300 t/年绒线染色加工”项目和“2 000万m/年白浆纱”项目需要配套建设的环境保护设施未经环保部门验收，主体工程已投入生产。

以上事实主要有以下证据证明：

1. ××市环境保护局现场检查（勘察）笔录2份；
2. ××市环境保护局调查询问笔录3份；
3. ××市××纺织有限公司营业执照（副本）复印件1份；
4. ××市环境监测中心监测报告〔2017〕环监（水）字第（C-×××）号1份；
5.《××市环境保护局责令改正违法行为决定书》（×环察改〔2017〕×号）及送达回执各1份；
6. ××市××纺织有限公司主要生产设备清单复印件1份；
7. ××市××纺织有限公司项目环评审批验收材料复印件1份；
8. ××市××纺织有限公司情况说明1份；

9. ××市××区环境保护局查阅档案情况说明 1 份；

10. 现场照片证据 5 张及视频光盘证据 1 份。

你单位利用已进行了雨污分流改造的雨水管网排放水污染物，该行为属于采取其他规避监管的方式排放水污染物，违反了《中华人民共和国水污染防治法》第二十二条第二款“禁止私设暗管或者采取其他规避监管的方式排放水污染物”的规定；你单位“2 100 t/年棉纱染色加工，300 t/年绒线染色加工”项目和“2 000 万 m/年白浆纱”项目需要配套建设的环境保护设施未经环保部门验收，主体工程已投入生产，均违反了《建设项目环境保护管理条例》第二十三条“建设项目需要配套建设的环境保护设施经验收合格，该建设项目方可正式投入生产或者使用”的规定，依法应当予以处罚。

我局于 2017 年 5 月 5 日以《行政处罚听证告知书》（×环罚告〔2017〕×号）告知你单位违法事实、处罚依据和拟作出的处罚决定，并告知你单位有权进行陈述、申辩和要求听证。你单位于 2017 年 5 月 12 日向我局递交了陈述申辩书，陈述申辩意见为：

1. 你单位在检查后立即停产，在停产期间对雨水口进行了初期雨水收集改造，更换了雨水口阀门；

2. 你单位已停止项目违法生产，且承诺今后不会再进行违法生产；

3. 你单位认为对“2 100 t/年棉纱染色加工，300 t/年绒线染色加工”项目和“2 000 万 m/年白浆纱”项目的违法生产应认定为一个违法行为，不应分别处罚；

4. 你单位已按照“三个一批”的要求编制了自查报告，违法行为已得到了改正；

5. 你单位整改积极且经济困难，请求减轻处罚。

经会审，我局认为：本案违法事实清楚，证据确凿，调查取证符合法定程序，适用法律正确，你单位陈述申辩意见不影响对违法事实的认定，减免处罚理由不成立，因此不予采纳。

以上事实，有我局《行政处罚听证告知书》（×环罚告〔2017〕×号）及《送达回证》、你单位陈述申辩材料为证。

二、责令改正和行政处罚的依据、种类

《中华人民共和国水污染防治法》第七十五条第二款规定：“除前款规定外，违反法律、行政法规和国务院环境保护主管部门的规定设置排污口或者私设暗管的，由县级以上地方人民政府环境保护主管部门责令限期拆除，处二万元以上十万元以下的罚款；逾期不拆除的，强制拆除，所需费用由违法者承担，处十万元以上五十万元以下的罚款；私设暗管或者有其他严重情节的，县级以上地方人民政府环境保护主管部门可以提请县级以上地方人民政府责令停产整顿。”

《建设项目环境保护管理条例》第二十八条规定：“违反本条例规定，建设项目需要配套建设的环境保护设施未建成、未经验收或者经验收不合格，主体工程正式投入生产或者使用的，由审批该建设项目环境影响报告书、环境影响报告表或者环境影响登记表的环境保护行政主管部门责令停止生产或者使用，可以处 10 万元以下的罚款。”

根据本案情节与后果，对照上述法律法规规定，我局决定对你单位采取其他规避监管的方式排放水污染物的违法行为，处以罚款壹拾万元；对你单位“2 100 t/年棉纱染色加工，300 t/年绒线染色加工”项目需要配套建设的环境保护设施未经环保部门验收，主体工程已投入生产的违法行为，处以罚款伍万元，并责令你单位停止“2 100 t/年棉纱染色加工，300 t/年绒线染色加工”项目的生产；对你单位“2 000 万 m/年白浆纱”项目需要配套建设的环境保护设施未经环保部门验收，主体工程已投入生产的违法行为，处以罚款伍万元，并责令你单位停止“2 000 万 m/年白浆纱”项目的生产。共计对你单位处以罚款贰拾万元。

三、行政处罚决定的履行方式和期限

（一）关于责令停止生产的履行方式和期限

你单位应在收到本决定书之日起，立即停止“2 100 t/年棉纱染色加工，300 t/年绒线染色加工”项目和“2 000 万 m/年白浆纱”项目的生产。

（二）关于罚款的履行方式和期限

根据《中华人民共和国行政处罚法》和《罚款决定与罚款收缴分离实施办法》的规定，上述罚款限于接到本处罚决定书之日起十五日内缴至××银行××分行（各网点均可），收款人：××市政府非税收入专户。逾期不缴纳罚款，我局可以根据《中华人民共和国行政处罚法》第五十一条第一项规定每日按罚款数额的 3%加处罚款。根据《中华人民共和国行政强制法》第四十五条第二款，加处罚款或者滞纳金的数额不得超出金钱给付义务的数额。

四、申请行政复议或者提起行政诉讼的途径和期限

你单位如对本处罚决定不服，可在收到本决定书之日起六十日内向××省环境保护厅或者向××市人民政府申请复议，也可在六个月内直接向××市××区人民法院起诉。申请行政复议或者提起行政诉讼，不停止行政处罚决定的执行。

逾期不申请复议，也不向人民法院起诉，又不履行本处罚决定，我局将申请人民法院强制执行。

××市环境保护局

2017 年 6 月 5 日

××市环境保护局
送达回证

送达文书名称及文号	行政处罚决定书 ×环行罚〔2017〕××号
受送达人名称或姓名	××市××纺织有限公司
送达地点	×××
送达方式	直接送达
收件人签字（或盖章） 及收件日期	××× （与受送达人的关系： ） ××市××纺织有限公司 2017年6月12日
送达人（两人签字）	××× ××× 2017年6月12日
送达机关盖章	××市环境保护局 ××市环境保护局 行政处罚专用章 2017年6月12日
备 注	

××市环境保护局环境违法行为立案审批表

<table>
<tr><td>案件来源</td><td colspan="2">检查发现</td><td>立案号</td><td>2017-00×</td></tr>
<tr><td>案　由</td><td colspan="4">涉嫌违反水污染管理制度、建设项目“三同时”及验收制度案</td></tr>
<tr><td rowspan="4">当事人</td><td>名称或姓名</td><td colspan="3">××市××纺织有限公司</td></tr>
<tr><td>地址（住址）</td><td>×××</td><td>邮政编码</td><td>×××</td></tr>
<tr><td>社会信用代码</td><td colspan="3">×××</td></tr>
<tr><td>法定代表人（负责人）</td><td>×××</td><td>职　务</td><td>法定代表人</td></tr>
<tr><td>案情简介及立案理由</td><td colspan="4">2017 年 3 月 5 日，我局现场监察，该单位正在生产，雨水排放口阀门打开，有水正在排放，××市环境监测中心对该单位雨水排放口外排污水现场采样，经监测，该单位雨水排放口外排污水中总磷浓度为 1.20 mg/L，化学需氧量浓度为 1.32×10^{4} mg/L，均超过了 DB32/T 1072—2007《太湖地区城镇污水处理厂及重点工业行业主要水污染物排放限值》表 3 中排放限值，总氮浓度为 18.8 mg/L，超过了 GB 4287—2012《纺织染整工业水污染物排放标准》表 3 中直接排放限值。该行为涉嫌违反了《中华人民共和国水污染防治法》第二十二条第二款的规定。2017 年 3 月 8 日，我局在现场监察中发现，该单位“2 100 t/年棉纱染色加工，300 t/年绒线染色加工”项目和“2 000 万 m/年白浆纱”项目需要配套建设的环境保护设施未经环保部门验收，主体工程已投入生产，该行为涉嫌违反了《建设项目环境保护管理条例》第二十三条的规定。初步判断符合《环境行政处罚办法》第二十二条规定的立案条件。建议立案调查。
承办人：　×××　×××
2017 年 3 月 8 日</td></tr>
<tr><td>承办部门意见</td><td colspan="4">同意承办人意见
签　名：　×××
2017 年 3 月 8 日</td></tr>
<tr><td>分管领导审批意见</td><td colspan="4">同意，请×××、×××办理。
签　名：　×××
2017 年 3 月 8 日</td></tr>
<tr><td>备　注</td><td colspan="4"></td></tr>
</table>

营业执照

注册号XXXXXXXXXXX

名　　称　XXXXXXXX有限公司

类　　型　有限责任公司

住　　所　XX市XX区XX街道XX号

法定代表人　XXX

注册资本　XXXXXX万元人民币

成立日期　XX年XX月XX日

营业期限　XX年XX月XX日至XX年XX月XX日

经营范围　XXXXXXXXXXXXXXXXXXXXXXXXXXXXXXXXXXXXXXXXXXXXXXXXXXXXXXXXXXXXXXXXXXXXXXXXXXXXXXXXXXXXXXXXXXXXXXXXXXXXXXXXXXXXXXXXXXXXXXXXXXXXXXXXXXXXXXXXXXXXXXXXXXXXXXXXXXXXXXXXXXXXXXXXXXXXXXX.

此件与原件校核无异

XX市市场监督管理局

登记机关

XXXX年 XX月 XX日

企业信用信息公示系统网址：http://gsxt.haaic.gov.cn　　中华人民共和国国家工商行政管理总局监制

××市环境保护局
现场检查（勘察）笔录

当事人	××市××纺织有限公司				
法定代表人	×××			联系电话	×××
地　址	×××			检查时间	2017年3月5日
接待人	×××	职　务	××	联系电话	×××
接待人身份证号		×××			
执法合法性及当事人权利义务告知	我们是××市环境监察支队执法人员，××市环境监察支队受××市环境保护局委托指派我们依法进行现场监察，这是我们的执法证件（出示证件）××× ××××、××× ××××，请确认。你有义务配合调查，不得拒绝、阻碍、隐瞒或者提供虚假情况。如果你认为我们与本案有利害关系，可能影响公正办案，可以申请我们回避，并说明理由。你是否清楚前述告知内容？你是否需要申请我们回避？ 当事人确认记录：不需要回避。				
现场监察情况	1. 该单位已编制自查评估报告，主要生产产品为染纱加工（3 000 t/年），色织布后整理（3 000 万 m/年），色织浆纱（2 500 万 m/年），白坯浆纱（2 500 万 m/年）。企业现场负责人称该但单位的自查评估报告已上报××区管委会。该单位共有 4 个生产车间。主要生产设备有筒子染色机 15 台，烧毛机 1 台，浆缸 4 只等。 2. 企业接待人称：单位建有一套污水处理设施，设计处理能力为 1 800 t/d，处理工艺流程为：染色废水→污水调节→除沉→水解→二沉→中沉调整→好氧→二沉→接管至城区污水处理厂。色织布后整理定型机上部设置 2 套集气罩经静电除油装置除油后，通过 2 根 15 m 高的排气筒，由排气筒高空排放。污水处理污泥委托××公司处置（提供了处置合同），废矿物油（HW08 900-249-08）委托××市××公司处置（提供了处置合同）。 3. 现场监察时，天气为多云，该单位车间正在生产，污水处理设施和废气处理设施正在运行，雨水排放口阀门呈打开状态，雨水排放口有水正在排放。雨水排放口设有一水泵（企业称为将雨水排放口积存水打回污水处理设施用）。××市环境监测中心对该单位雨水排放口外排水现场采样。				
现场监察意见	1. 加强现场的环境管理工作，确保污染物达标排放。 2. 立即对厂区内雨污水管网进行排查，采取有效措施进行整改。				
接待人员签字	以上内容已阅无误　××× 2017.3.5				
执法证号	×××		执法人员签字	×××　2017.3.5	
执法证号	×××		执法人员签字	×××　2017.3.5	
执法证号			执法人员签字		
参加人签字			所在单位		

××市环境保护局
现场检查（勘察）笔录

<table>
<tr><td>当事人</td><td colspan="4">××市××纺织有限公司</td></tr>
<tr><td>法定代表人</td><td colspan="2">×××</td><td>联系电话</td><td>×××</td></tr>
<tr><td>地　址</td><td colspan="2">×××</td><td>检查时间</td><td>2017 年 3 月 8 日</td></tr>
<tr><td>接待人</td><td>×××</td><td>职　务　××</td><td>联系电话</td><td>×××</td></tr>
<tr><td colspan="2">接待人身份证号</td><td colspan="3">×××</td></tr>
<tr><td>执法合法性及当事人权利义务告知</td><td colspan="4">我们是××市环境监察支队执法人员，××市环境监察支队受××市环境保护局委托指派我们依法进行现场监察，这是我们的执法证件（亮证）××× ××××、××× ××××，请确认。你有义务配合调查，不得拒绝、阻碍、隐瞒或者提供虚假情况。如果你认为我们与本案有利害关系，可能影响公正办案，可以申请我们回避，并说明理由。你是否清楚前述告知内容？你是否需要申请我们回避？
当事人确认记录：不需要回避。</td></tr>
<tr><td>现场监察情况</td><td colspan="4">1. 根据该单位提供的资料，该单位原名为××市×××厂，“染色”项目于 1996 年经××市环保局同意建设，生产能力为 150 t/年，1996 年 11 月通过××市环保局的验收；“2 100 t/年棉纱染色加工，300 t/年绒线染色”项目于 2004 年 3 月 24 日经××区环保局审批同意建设，暂未通过环保部门验收；“白浆纱 2 000 万 m/年”项目于 2010 年 1 月 8 日通过了××区环保局的预审。于 2010 年 1 月 27 日经××区环保局审批同意建设。
2. 现场监察，并根据该单位提供的“自查评估报告”，目前建成 4 个车间，分别为纱线染色车间、色织布后整理车间、色织浆纱车间、白胚浆纱车间。（主要生产设备见设备清单）
3. 经查阅该单位提供的“自查评估报告”，纱线染色车间实际建成“3 000 t/年纱线染色”的生产能力，白胚浆纱车间形成 2 500 万 m/年生产能力，色织浆纱车间形成 2 500 万 m/年生产能力，色织布后整理车间形成 3 000 万 m/年生产能力。
4. 该单位建有一套污水处理设施，污水经预处理后接管至××处理厂。色织布后整理车间定型机上部设置了 2 套集气罩静电除油装置处理后高空排放。
5. 现场监察时，该单位处于全厂停产状态。现场监察时间为 2017 年 3 月 8 日 10：38—13：50。
（以下空白）</td></tr>
<tr><td>现场监察意见</td><td colspan="4">严格执行环保“三同时”制度，立即停止项目生产，项目未经环保审批及验收，不得擅自投入生产。
（以下空白）</td></tr>
<tr><td>接待人员签字</td><td colspan="4">以上内容已阅无误　×××　2017.3.8</td></tr>
<tr><td>执法证号</td><td colspan="2">×××</td><td>执法人员签字</td><td>×××　2017.3.8</td></tr>
<tr><td>执法证号</td><td colspan="2">×××</td><td>执法人员签字</td><td>×××　2017.3.8</td></tr>
<tr><td>执法证号</td><td colspan="2"></td><td>执法人员签字</td><td></td></tr>
<tr><td>参加人签字</td><td colspan="2"></td><td>所在单位</td><td></td></tr>
</table>

××市环境保护局
违法案件调查询问笔录

案由：涉嫌违反水污染管理制度案

时间：2017年3月8日10时38分至2017年3月8日12时30分

地点：×××

询问人：××× ××× 记录人：×××

参加人：×××

被调查询问人：××× 性别：××× 年龄：×××

身份证号码：××× 电话：×××

工作单位：××× 职务：×××

问：我们是××市环境监察支队执法人员，××市环境监察支队受××市环境保护局委托指派我们依法调查询问有关情况，这是我们的执法证件（出示证件），证号是：××× ×××××、××× ×××××，请确认。

答：已确认。

问：今天我们依法进行检查并了解有关情况，你有义务配合调查，如实回答询问和提供材料，不得拒绝、阻碍、隐瞒或者提供虚假情况，若有违反上述义务，你将会承担相应的法律责任。如果你认为我们与本次调查有利害关系，可能影响公正处理，可以申请我们回避，并说明理由，你是否需要申请我们回避？

答：不需要回避。

问：你叫什么名字？在本企业担任何种职务，负责什么工作？

答：我叫×××，任本公司法定代表人，负责公司的全面工作。

问：你单位工商注册核准的名称叫什么？法定代表人是谁？联系电话是多少？

答：我单位工商注册核准的名称是××市××纺织有限公司，法定代表人是×××，联系电话是×××。

问：2017年3月5日，我局对你单位进行现场监察，发现你单位正在生产，雨水排放口阀门打开，有水正在排放，××市环境监测中心对你单位雨水排放口外排污水现场采样，该情况是否属实？现场监察时是否有人员陪同？

被调查人审阅意见：以上笔录已阅无误。

被调查人（签名）：××× 2017.3.8

调查人员、记录人员（签名）：××× ××× 2017.3.8

答：情况属实，现场监察时有我单位工作人员现场陪同。

问：经××市环境监测中心监测，你单位雨水排放口外排污水中总磷浓度为1.20 mg/L，化学需氧量为13 200 mg/L，均超过了DB32/T 1072—2007《太湖地区城镇污水处理厂及重点工业行业主要水污染物排放限值》表3中排放限值，总氮浓度为18.8 mg/L，超过了GB 4287—2012《纺织染整工业水污染排放标准》表3中的直接排放限值。该情况你是否已清楚？对监测数据是否有异议？

答：情况已清楚，对监测数据有异议，我认为我单位水中的化学需氧量浓度不可能这么高。

问：××市环境监测中心地址是××市××区×××，电话是×××，如有异议可向监测机构提出。

答：好的。

问：2017年3月7日，我局对你单位下达了××市环境保护局责令改正违法行为决定书（×环察改〔2017〕×号），责令你单位立即改正违法排污的行为，我局将在30日内对你单位改正违法行为的情况进行复查，如你单位拒不改正，我局将依法实施按日计罚。该情况你是否已清楚？

答：情况清楚，文书已签收。

问：你单位是否已进行雨污分流改造？

答：我单位大概于2008年进行了雨污分流改造，已设置雨水排放口，并在雨水排放口安装了阀门，雨水排放口设置一水泵，可将雨水排放口积存水打回污水处理设施，经污水处理设施处理后接管。

问：2017年3月5日，我局现场监察时，你单位雨水排放口阀门在不下雨状态下呈打开状态，是何原因？

答：雨水排放口阀门当时已损坏，未及时维修，现已修好，并已将雨水排放口阀门关闭。

问：你单位雨水排放去向是哪里？

答：我单位雨水排入厂区北侧的市政雨水管网，市政雨水管网最终通入东侧的××港。

问：你单位准备采取何整改措施？

答：现已全厂停产，在进行问题排查，制定整改方案，尽快进行整改。

问：你单位是否设专人负责管理公司的环保工作？

答：由我单位×××任经理，负责环保工作。

问：上述调查记录，请你仔细阅看并修订与你陈述不一致的地方，在修订处签名，若与你陈述相一致的，请在每一页下签字确认。

答：以上笔录已阅无误。（以下空白）

被调查人（签名）： ×××　2017.3.8

调查人员、记录人员（签名）： ×××　×××　2017.3.8

××市环境保护局
调查询问笔录

案由： 涉嫌违反水污染管理制度案

时间： 2017年3月8日12时36分至2017年3月8日12时49分

地点： ×××

询问人： ××× ××× **记录人：** ×××

参加人： ×××

被调查询问人： ××× **性别：** ××× **年龄：** ×××

身份证号码： ××× **电话：** ×××

工作单位： ××× **职务：** ×××

问：我们是××市环境监察支队执法人员，××市环境监察支队受××市环境保护局委托指派我们依法调查询问有关情况，这是我们的执法证件（出示证件），证号是：××× ×××××、××× ×××××，请确认。

答：已确认。

问：今天我们依法进行检查并了解有关情况，你有义务配合调查，如实回答询问和提供材料，不得拒绝、阻碍、隐瞒或者提供虚假情况，若有违反上述义务，你将会承担相应的法律责任。如果你认为我们与本次调查有利害关系，可能影响公正处理，可以申请我们回避，并说明理由，你是否需要申请我们回避？

答：不需要回避。

问：你叫什么名字？身份证号码是多少？

答：我叫×××，身份证号码是×××。

问：你在××市××纺织有限公司担任什么职务？

答：我在××市××纺织有限公司任经理职务。

被调查人审阅意见：以上笔录已阅无误。

被调查人（签名）：××× 2017.3.8

调查人员、记录人员（签名）：××× ××× 2017.3.8

问：在××市××纺织有限公司是否由你负责环保管理工作？

答：是由我负责管理。

问：2017 年 3 月 5 日，我局对你单位进行现场监察，发现你单位正在生产，雨水排放口阀门打开，有水正在排放，××市环境监测中心对你单位雨水排放口外排污水现场采样，经监测，你单位雨水排放口外排污水中总磷浓度为 1.20 mg/L，化学需氧量浓度为 13 200 mg/L，均超过了 DB32/T 1072—2007《太湖地区城镇污水处理厂及重点工业行业主要水污染物排放限值》表 3 中排放限值，总氮浓度为 18.8 mg/L，超过了 GB 4287—2012《纺织染整工业水污染排放标准》表 3 中排放限值。该情况你是否已清楚？

答：情况清楚。

问：2017 年 3 月 5 日，我局现场监察时，你单位雨水排放口在不下雨情况下阀门打开，是什么原因？

答：当时阀门损坏了，未及时维修，现已修好。同时我单位已开始进行排查雨水口有水排放的原因，并积极整改。

问：上述调查记录，请你仔细阅看并修订与你陈述不一致的地方，在修订处签名，若与你陈述相一致的，请在每一页下签字确认。

答：以上笔录已阅无误。（以下空白）

被调查人（签名）：×××　2017.3.8

调查人员、记录人员（签名）：×××　×××　2017.3.8

××市环境保护局
调查询问笔录

案由： 涉嫌违反水污染管理制度案

时间： 2017年3月8日13时44分至2017年3月8日14时22分

地点： ×××

询问人： ×××　×××　**记录人：** ×××

参加人： ×××

被调查询问人： ×××　**性别：** ×××　**年龄：** ×××

身份证号码： ×××　**电话：** ×××

工作单位： ×××　**职务：** ×××

问：我们是××市环境监察支队执法人员，××市环境监察支队受××市环境保护局委托指派我们依法调查询问有关情况，这是我们的执法证件（出示证件），证号是：×××　×××××、×××　×××××，请确认。

答：已确认。

问：今天我们依法进行检查并了解有关情况，你有义务配合调查，如实回答询问和提供材料，不得拒绝、阻碍、隐瞒或者提供虚假情况，若有违反上述义务，你将会承担相应的法律责任。如果你认为我们与本次调查有利害关系，可能影响公正处理，可以申请我们回避，并说明理由，你是否需要申请我们回避？

答：不需要回避。

问：你叫什么名字？在本企业担任何种职务，负责什么工作？

答：我叫×××，任本公司法定代表人，负责公司的全面工作。

问：你单位工商注册核准的名称叫什么？法定代表人是谁？联系电话是多少？

答：我单位工商注册核准的名称是××市××纺织有限公司，法定代表人是×××，联系电话是×××。

被调查人审阅意见：以上笔录已阅无误。

被调查人（签名）：×××　2017.3.8

调查人员、记录人员（签名）：×××　×××　2017.3.8

问：2017 年 3 月 8 日，我局对你单位进行现场监察，你单位是否清楚？现场监察时是否有人员陪同？

答：情况清楚，现场监察时有我单位人员现场陪同。

问：请介绍下你单位项目环保“三同时”审批验收手续情况。

答：我单位已编制环保“三个一批”自查评估报告，并上报至××区管委会。我单位原名为××市×××厂，“染色”项目于 1996 年经××市环保局同意建设，生产能力为 150 t/年，1996 年 11 月通过××市环保局的验收；“2 100 t/年棉纱染色加工，300 t/年绒线染色”项目于 2004 年 3 月 24 日经××区环保局审批同意建设，暂未通过环保部门验收；“白浆纱 2 000 万 m/年”项目于 2010 年 1 月 8 日通过了××区环保局的预审。

问：现场监察，并根据你单位提供的“自查评估报告”，目前建成 4 个车间，分别为纱线染色车间、色织布后整理车间、色织浆纱车间、白胚浆纱车间，该情况是否属实？

答：情况属实。

问：经查阅你单位提供的“自查评估报告”，纱线染色车间实际建成“3 000 t/年纱线染色”的生产能力，白胚浆纱车间形成 2 500 万 m/年生产能力，色织浆纱车间形成 2 500 万 m/年生产能力，色织布后整理车间形成 3 000 万 m/年生产能力。该情况是否属实？

答：情况属实。

问：你单位各车间生产设备情况如何？

答：已提供主要生产设备，见设备清单。

问：你单位污染防治设施建设情况如何？

答：我单位建有一套污水处理设施，污水经预处理后接管至××处理厂。色织布后整理车间定型机上部设置了两套集气罩静电除油装置处理后高空排放。

问：你单位各车间分别是何时建成投产的？

答：纱线染色车间是 2004 年建成投产的，投资额约 60 万元；白胚浆纱车间是 2010 年建成投产的，投资额 80 万元。

问：色织布后整理车间和色织浆纱车间两个生产车间是什么情况？

答：我单位这两个车间分别与××××浆纱厂和××市××纺织品有限公司签订了厂房租赁合同，这两家公司的生产情况我不清楚，并在租赁合同里明确约定必须合法、安全经营。

问：上述调查记录，请你仔细阅看并修订与你陈述不一致的地方，在修订处签名，若与你陈述相一致的，请在每一页下签字确认。

答：以上笔录已阅无误。（以下空白）

被调查人（签名）：××× 2017.3.8

调查人员、记录人员（签名）：××× ××× 2017.3.8

××市环境监测中心
监测报告

〔2017〕环监（水）字第（C-×××）号

监测类别： 监督性监测

受检单位： ××市××纺织有限公司

受托单位： ××市环境保护局

监测报告说明

一、报告无本中心检验检测专用章、骑缝章及签发者签字无效。

二、监督性监测，系按国家有关法规进行的监督性监测。

三、仲裁监测，系按有关主管部门裁定或争议双方协商所获得的样品进行监测，其结果作为上级部门或执法部门判定的依据。

四、委托方自行采集的样品，仅对送检样品的检测数据负责，不对样品来源负责，对检测结果不作评价。

五、本报告未经本中心同意，不得以任何方式复制。经同意复制的复印件，应有我中心加盖公章予以确认。

六、未经本中心书面同意，本报告及数据不得用于商品广告，违者必究。

〔2017〕环监（水）字第（C-×××）号

××市环境监测中心
水质监测报告

共 3 页 第 1 页

委托单位	××市环境保护局			地　址	×××
联系人	×××	邮　编	××××××	电　话	×××
样品类别	污水				
采样科室	现场室			采样人员	×××、×××
采样日期	2017 年 3 月 5 日			分析日期	2017 年 3 月 6 日
监测目的	为环境管理提供监测数据				
监测内容	监测点位：××市××纺织有限公司雨水排放口 监测项目：化学需氧量、氨氮、总磷、总氮				
监测依据	HJ/T 91—2002《地表水和污水监测技术规范》				
评价依据	DB32/T 1072—2007《太湖地区城镇污水处理厂及重点工业行业主要水污染物排放限值》; GB 4287—2012《纺织染整工业水污染物排放标准》				
结　论	经监测，××市××纺织有限公司雨水排放口排放污水中化学需氧量、总磷的排放浓度均超过 DB32/T 1072—2007《太湖地区城镇污水处理厂及重点工业行业主要水污染物排放限值》表 3 中的排放限值，氨氮的排放浓度符合该排放限值总氮的排放浓度超过 GB 4287—2012《纺织染整工业水污染物排放标准》表 3 中的直接排放限值				

编制 ×××
一审 ×××
二审 ×××　　　　监测单位公章：××市环境监测中心
签发 ×××　　　　职务 ×××　　　　签发日期：2017 年 3 月 7 日

（2017）环监（水）字第（C-×××）号

监测结果

共 3 页 第 2 页

采样地点 采样时间	样品 状态	监测项目 单位：mg/L				
		化学需氧量	氨氮	总磷	总氮	/
雨水排放口 3 月 5 日 17:28	灰色 异味	1.32×10^4	4.28	1.20	18.8	
排放限值 I		≤60	≤5	≤0.5	/	
排放限值 II		/	/	/	≤12	
		以下空白				
备注	1. 排放限值 I：DB32/T 1072—2007《太湖地区城镇污水处理厂及重点工业行业主要水污染物排放限值》； 2. 排放限值 II：GB 4287—2012《纺织染整工业水污染物排放标准》。					

（2017）环监（水）字第（C-×××）号

监测分析方法

序号	监测项目	分析方法及标准号（或来源）
1	氨氮	水质　氨氮的测定　纳氏试剂分光光度法 HJ 535—2009
2	总磷	水质　总磷的测定　钼酸铵分光光度法 GB/T 11893—1989
3	总氮	水质　总氮的测定　碱性过硫酸钾消解紫外分光光度法 HJ 636—2012
4	化学需氧量	高氯废水　化学需氧量的测定　氯气校正法 HJ/T 70—2001
/		
备注	/	

××市环境监测中心
污水采样记录表

受检单位名称：××市××纺织有限公司

<table>
<tr><th rowspan="2">采样口位置</th><th rowspan="2">采样时间（时：分）</th><th rowspan="2">样品编号</th><th rowspan="2">采样项目</th><th rowspan="2">保存剂</th><th rowspan="2">pH值</th><th colspan="2">流量参数</th><th colspan="2">感官</th></tr>
<tr><th>流速（m/s）</th><th>流量（m^3/h）</th><th>色</th><th>嗅</th></tr>
<tr><td>雨水排放口</td><td>17：28</td><td>C0223-1</td><td>化学需氧量、氨氮、总氮</td><td>H_2SO_4</td><td>≤2</td><td></td><td></td><td>灰</td><td>异</td></tr>
<tr><td></td><td></td><td>C0223-2</td><td>总磷</td><td>H_2SO_4</td><td>≤2</td><td></td><td></td><td>灰</td><td>异</td></tr>
<tr><td></td><td></td><td></td><td></td><td></td><td></td><td></td><td></td><td></td><td></td></tr>
<tr><td></td><td></td><td></td><td></td><td></td><td></td><td></td><td></td><td></td><td></td></tr>
<tr><td></td><td></td><td></td><td></td><td></td><td></td><td></td><td></td><td></td><td></td></tr>
<tr><td></td><td></td><td></td><td></td><td></td><td></td><td></td><td></td><td></td><td></td></tr>
<tr><td></td><td></td><td></td><td></td><td></td><td></td><td></td><td></td><td></td><td></td></tr>
<tr><td></td><td></td><td></td><td></td><td></td><td></td><td></td><td></td><td></td><td></td></tr>
<tr><td></td><td></td><td></td><td></td><td></td><td></td><td></td><td></td><td></td><td></td></tr>
<tr><td>生产情况</td><td colspan="9"></td></tr>
<tr><td rowspan="2">工业给排水情况</td><td colspan="4">新鲜用水量（t/h）</td><td colspan="5">污水排放总量（t/h）</td></tr>
<tr><td colspan="4"></td><td colspan="5"></td></tr>
<tr><td>污水处理设施运行情况</td><td colspan="9"></td></tr>
<tr><td colspan="10">情况说明</td></tr>
</table>

采样人员：×× ×× 厂方人员签字：×××

采样日期：2017年3月5日

××市环境监察支队
监测中心移交材料接收单

<table>
<tr><td>序号</td><td>材料类型</td><td colspan="2">材料编号</td><td colspan="2">具体内容</td></tr>
<tr><td>1</td><td>监测报告</td><td colspan="2">（2017）环监（水）字第（C-×××）号</td><td colspan="2">××市××纺织有限公司</td></tr>
<tr><td>2</td><td>污水采样记录表</td><td colspan="2">（2017）环监（水）字第（C-×××）号</td><td colspan="2">××市××纺织有限公司</td></tr>
<tr><td></td><td></td><td colspan="2"></td><td colspan="2"></td></tr>
<tr><td></td><td></td><td colspan="2"></td><td colspan="2"></td></tr>
<tr><td></td><td></td><td colspan="2"></td><td colspan="2"></td></tr>
<tr><td></td><td></td><td colspan="2"></td><td colspan="2"></td></tr>
<tr><td></td><td></td><td colspan="2"></td><td colspan="2"></td></tr>
<tr><td></td><td></td><td colspan="2"></td><td colspan="2"></td></tr>
<tr><td></td><td></td><td colspan="2"></td><td colspan="2"></td></tr>
<tr><td></td><td></td><td colspan="2"></td><td colspan="2"></td></tr>
<tr><td></td><td></td><td colspan="2"></td><td colspan="2"></td></tr>
<tr><td></td><td></td><td colspan="2"></td><td colspan="2"></td></tr>
<tr><td rowspan="2">监测中心送达人员</td><td rowspan="2">×××</td><td>综合科接收人员</td><td>×××</td><td>接收时间</td><td>2017.03.07</td></tr>
<tr><td>现场科室接收人员</td><td>×××</td><td>接收时间</td><td>2017.03.07</td></tr>
</table>

××市环境保护局
责令改正违法行为决定书

×环察改〔2017〕×号

当事人：××市××纺织有限公司

统一信用代码：×××

法定代表人：×××

地址：×××

一、环境违法事实和证据

2017 年 3 月 5 日，我局现场监察，该单位正在生产，雨水排放口阀门打开，有水正在排放，××市环境监测中心对该单位雨水排放口外排污水现场采样，经监测，该单位雨水排放口外排污水中总磷浓度为 1.20 mg/L，化学需氧量浓度为 1.32×10^4mg/L，均超过了 DB32/T 1072—2007《太湖地区城镇污水处理厂及重点工业行业主要水污染物排放限值》表 3 中排放限值， 总氮浓度为 18.8 mg/L，超过了 GB 4287—2012《纺织染整工业水污染物排放标准》表 3 中直接排放限值。

以上事实有下列证据为证：

1. ××市环境保护局 2017 年 3 月 5 日现场检查（勘察）笔录 1 份；
2. ××市环境监测中心〔2017〕环监（水）字第（C-×××）号监测报告 1 份；
3. 现场照片证据及视频光盘证据。

你单位上述行为违反了《中华人民共和国水污染防治法》第二十二条第二款的规定。

二、责令改正的依据、种类、履行

根据《中华人民共和国行政处罚法》第二十三条和《中华人民共和国水污染防治法》第七十五条第二款的规定，我局决定责令你单位立即改正违法排放污染物的行为。我局将在 30 日内对你单位改正违法行为的情况进行复查，如你单位拒不改正上述环境违法行为，我局将按照《中华人民共和国环境保护法》第五十九条第一款的规定，对你单位实施按日连续处罚。

三、申请行政复议或者提起行政诉讼的途径和期限

你单位如对本决定不服，可以在接到本决定书之日起六十日内向××市人民政府或××省环境保护厅申请行政复议；也可以在接到本决定书之日起六个月内依法向××市××区人民法院提起行政诉讼。如你单位逾期不申请行政复议，不提起行政诉讼，又拒不履行本决定的，我局将依法申请人民法院强制执行。

××市环境保护局

2017年3月7日

××市环境保护局
送达回证

送达文书名称及文号	责令改正违法行为决定书 ×环察改〔2017〕×号
受送达人名称或姓名	××市××纺织有限公司
送 达 地 点	×××
送 达 方 式	直接送达
收件人签字（或盖章） 及收件日期	××× （与受送达人的关系：　　　　） 2017年3月7日
送达人（两人签字）	×××　××× 2017年3月7日
送达机关盖章	××市环境保护局 2017年3月7日
备　注	

××市环境保护局
现场检查（勘察）笔录

<table>
<tr><td>当事人</td><td colspan="6">××市××纺织有限公司</td></tr>
<tr><td>法定代表人</td><td colspan="4">×××</td><td>联系电话</td><td>×××</td></tr>
<tr><td>地　址</td><td colspan="4">×××</td><td>检查时间</td><td>2017 年 3 月 13 日</td></tr>
<tr><td>接待人</td><td>×××</td><td>职　务</td><td colspan="2">××</td><td>联系电话</td><td>×××</td></tr>
<tr><td colspan="2">接待人身份证号</td><td colspan="5">×××</td></tr>
<tr><td>执法合法性及当事人权利义务告知</td><td colspan="6">我们是××市环境监察支队执法人员，××市环境监察支队受××市环境保护局委托指派我们依法进行现场监察，这是我们的执法证件（出示证件）××× ××××、××× ××××，请确认。你有义务配合调查，不得拒绝、阻碍、隐瞒或者提供虚假情况。如果你认为我们与本案有利害关系，可能影响公正办案，可以申请我们回避，并说明理由。你是否清楚前述告知内容？你是否需要申请我们回避？
当事人确认记录：不需要回避。</td></tr>
<tr><td>现场监察情况</td><td colspan="6">1. 2017 年 3 月 7 日，针对该单位雨水排放口外排水超标的违法行为，我局现场下达了×环察改〔2017〕×号：责令该单位立即改正违法排放污染物的行为。我局将在 30 日内对该单位改正违法行为的情况进行复查，如该单位拒不改正上述环境违法行为，我局将对该单位实施按日连续处罚。
2. 2017 年 3 月 13 日现场监察时，该单位各个车间均停产。
3. 2017 年 3 月 13 日（天气：小雨）现场监察时，该单位雨水排放口（阀门已更换）呈关闭状态，雨水排放口积存水（水质较清）用水泵打回污水收集池。
（以下空白）</td></tr>
<tr><td>现场监察意见</td><td colspan="6">加快整改进度，确保水质达标排放。
（以下空白）</td></tr>
<tr><td>接待人员签字</td><td colspan="6">以上内容已阅无误　××× 2017.3.13</td></tr>
<tr><td>执法证号</td><td colspan="3">×××</td><td colspan="2">执法人员签字</td><td>××× 2017.3.13</td></tr>
<tr><td>执法证号</td><td colspan="3">×××</td><td colspan="2">执法人员签字</td><td>××× 2017.3.13</td></tr>
<tr><td>执法证号</td><td colspan="3"></td><td colspan="2">执法人员签字</td><td></td></tr>
<tr><td>参加人签字</td><td colspan="3"></td><td colspan="2">所在单位</td><td></td></tr>
</table>

××市××区环境监测站
监测报告

〔2017〕环监（水）字第（×××）号

监测类别： 监督性监测

委托单位： ××市××区环境保护局×××环境保护所

受检单位： ××市××纺织有限公司

〔2017〕环监（水）字第（×××）号

××区环境监测站
水质监测报告

共3页 第1页

<table>
<tr><td>受检单位</td><td>××市××纺织有限公司</td><td>联系人</td><td>×××</td><td>电话</td><td>×××××××××</td></tr>
<tr><td>地　址</td><td>×××××××××</td><td>邮　编</td><td colspan="3">××××××</td></tr>
<tr><td>样品类别</td><td>污水</td><td>监测目的</td><td colspan="3">监督性监测</td></tr>
<tr><td>送样单位</td><td colspan="5">××市××区环境保护局×××环境保护所</td></tr>
<tr><td>送样日期</td><td colspan="2">2017.03.13</td><td>测试日期</td><td colspan="2">2017.03.13—03.14</td></tr>
<tr><td>监测内容</td><td colspan="5">pH、化学需氧量、氨氮、总磷</td></tr>
<tr><td>结论</td><td colspan="5">---</td></tr>
<tr><td colspan="6">编制 ×××
审核 ×××
签发 ×××　职务 ×××
监测单位公章：××市××区环境监测站
签发日期：2017年3月15日
××市××区环境监测站 业务专用章</td></tr>
</table>

（2017）环监（水）字第（×××）号

监测结果

共3页 第2页

采样地点	监测项目	单位：mg/L			感官	
	pH值	化学需氧量	氨氮	总磷	色	嗅
雨水排放口积存水	7.45	34.0	3.80	0.478	/	/
	以下空白					
备 注						

（2017）环监（水）字第（×××）号

监测分析方法依据及仪器型号编号

共 3 页 第 3 页

序号	污染因子	监测分析方法	仪器型号编号
1	氨氮	水质 氨氮的测定 纳氏试剂分光光度法 HJ 535—2009	723 型分光光度计 08112112-147
2	总磷	水质 总磷的测定 钼酸铵分光光度法 GB/T 11893—1989	723 型分光光度计 08112112-147
3	pH	水质 总氮的测定 碱性过硫酸钾消解紫外分光光度法 HJ 636—2012	Psh-3c 型 16113102-299
4	化学需氧量	水质 化学需氧量的测定 重铬酸盐法 GB/T 11914—1989	MX-106 型标准 COD 消解器
/			

现场照片（图片、影像资料）证据

证明对象：××市××纺织有限公司雨水排放口阀门打开，有水正在排放。
拍摄时间：2017年3月5日17:28
拍摄地点：××市××纺织有限公司
拍摄人：×××
当事人、见证人：×××
执法人员（签名）：×××　××× 执法证号：×××　×××

现场照片（图片、影像资料）证据

证明对象：××市环境监测中心对××市××纺织有限公司雨水排放口现场采样。
拍摄时间：2017 年 3 月 5 日 17:28
拍摄地点：××市××纺织有限公司
拍摄人：×××
当事人、见证人：×××
执法人员（签名）：×××　××× 执法证号：×××　×××

现场照片（图片、影像资料）证据

证明对象：××市××纺织有限公司纱线染色车间内建成的筒子染色机
拍摄时间：2017 年 3 月 8 日 10:50
拍摄地点：××市××纺织有限公司
拍摄人：×××
当事人、见证人：×××
执法人员（签名）：×××　×××   执法证号：×××　×××

现场照片（图片、影像资料）证据

证明对象：××市××纺织有限公司白胚浆纱车间内建成的生产线
拍摄时间：2017 年 3 月 8 日 10:55
拍摄地点：××市××纺织有限公司
拍摄人：×××
当事人、见证人：×××
执法人员（签名）：×××　××× 执法证号：×××　×××

现场照片（图片、影像资料）证据

证明对象：××市××纺织有限公司污水处理设施
拍摄时间：2017 年 3 月 8 日 11:20
拍摄地点：××市××纺织有限公司
拍摄人：×××
当事人、见证人：×××
执法人员（签名）：×××　××× 执法证号：×××　　×××

现场照片（图片、影像资料）证据

<table>
<tr><td>证明对象：00206.MTS，00207.MTS，00208.MTS，00210.MTS
××市××纺织有限公司雨水排放口阀门打开，有水正在排放，××市环境监测中心现场采样</td><td rowspan="6">证物袋
（存底片、光盘等）</td></tr>
<tr><td>拍摄时间：2017 年 3 月 5 日 17:25—17:30</td></tr>
<tr><td>拍摄地点：××市××纺织有限公司</td></tr>
<tr><td>拍摄人：×××</td></tr>
<tr><td>当事人、见证人：×××</td></tr>
<tr><td>执法人员（签名）：×××　×××
执法证号：×××　×××</td></tr>
</table>

主要生产、公用及环保设备清单一览表

类别	设备名称	规格型号	数量（台）	产地
纱线染色	槽筒松式高速络筒机	GA014	1	国产
	高速松式络筒机	GA07	3	国产
	槽筒紧式高速络筒机	GA014VD	3	国产
	高速紧式络筒机	GA08	1	国产
	筒子染色机	DB212-30、35、43、53、75、90、105、120、145、186	15	国产
	筒子烘干机	DB-I（1056）	2	国产
色织布后整理	退浆机	/	1	国产
	定型车	/	2	国产
	预缩机	/	2	国产
	丝光车	/	1	国产
	烧毛机	/	1	国产
	打包机	/	1	国产
	卷筒机	/	1	国产
色织浆纱	经车	/	5	国产
	浆缸	/	2	国产
	倒筒车	/	2	国产
白坯浆纱	经车	/	4	国产
	浆缸	/	2	国产
	倒筒车	/	2	国产
公辅设备	—	—	—	
环保设备	废水处理设施	/	1	国产
	定型废气处理装置	—	2	国产

××市×××厂：

你单位报来的“2 100 t/年棉纱染色加工，300 t/年绒线染色加工”建设项目环境影响报告表收悉。经研究。审批意见如下：

1. 根据你单位是申请和建设项目环境影响报告表的分析、结论和建议，同意你单位在×××建设“2 100 t/年棉纱染色加工，300 t/年绒线染色加工”项目，按报告表中确定的生产能力、生产工艺及产品方案进行生产，不得随意更改。生产中的主要议备有：1 200 kg 绞杀染缸，3 台 4 t/h 锅炉。

2. 本项目正常生产中有 24 000 t/年废水产生，须经废水处理设施处理达到××处理厂接管标准后，由××处理厂处理达标后排放，故厂内不设排放口，生产中加强管理，防止跑、冒、滴、漏现象。

3. 生产中使用 3 台 4 t/h 锅炉，年用煤量 3 000 t，燃煤含硫量≤1%，废气需采用水膜除尘法除尘，除尘废水经处理后上层清液循环使用，定期补充水量，下层沉淀（煤灰）出售；废气排放执行 GB 13271—2001《锅炉大气污染物排放标准》中的二级标准，烟尘排放波度≤200 mg/m^3，SO_2 排放浓度≤900 mg/m^3，烟气黑度≤林格曼 1 级，烟囱高度≥35 m，按规范化设置，并设明显标志牌。

4. 厂界噪声执行 GB 12348—90《工业企业厂界噪声标准》中 I 类区的要求，昼间≤55 dB（A）。夜间≤45 dB（A）。

5. 项目试运行前 3 个月内到××区环境监察大队办理排污申报手续、项目建成后试生产，必须向我局申请，在同意试生产后三个月内，凭××区环境监测站的环保“三同时”验收监测报告及有关材料，向我局申请验收，验收合格后方可正式投入生产。

6. 在项目建设过程中，请××环保助理监督管理，确保项目按环保局审批意见实施。

××市××区环境保护局

2004 年 3 月 24 日

××市×××有限公司：

你单位报来的“2 000 万 m/年白浆纱”建设项目环境影响报告表收悉。经研究，审批意见如下：

1. 根据你单位的申请、企业投资项目备案通知书（×××号）以及环评的分析、结论和建议，同意你单位在×××建设“2 000 万 m/年白浆纱”项目，按报告表中确定的生产能力、生产工艺及产品方案进行生产，不得随意更改。生产中的主要设备有：整经机 6 套，浆纱机 3 台，1 000 L 煮浆桶 1 只，500 L 调浆桶 2 只。项目总投资：80 万元。

2. 厂区内须实行“雨污分流”原则，本项目正常生产时产生的 180 t/年浆槽、设备清洗废水经预处理达接管标准后接入镇污水管网至城区污水处理厂集中处理后达标排放，接管标准执行 GB 8978—1996《污水综合排放标准》表 4 中的三级标准：COD_{Cr}≤500 mg/L，SS≤400 mg/L，石油类≤20 mg/L，动植物油≤100 mg/L，其中氨氮、磷酸盐（以 P 计）执行 CJ 3082—1999《污水排入城市下水道水质标准》，即氨氮≤35 mg/L，磷酸盐（以 P 计）≤8 mg/L；运行中加强管理，防止发生跑、冒、滴、漏现象。

3. 须采取消音、隔音等控制措施，确保北厂界噪声执行 GB 12348—2008《工业企业厂界环境噪声排放标准》中 4 类区的要求，昼间≤70 dB（A），夜间≤55 dB（A）；其余厂界噪声执行 GB 12348—2008《工业企业厂界环境噪声排放标准》中 2 类区的要求，昼间≤60 dB（A），夜间≤50 dB（A）。

4. 本项目蒸汽利用××公司的集中供热，不建设锅炉。

5. 项目建成后必须向我局××监察中队申请环保竣工验收，验收合格后方可正式投入生产。

6. 该项目的环境影响评价文件经批准后，建设项目的性质、规模、地点、采用的生产工艺或者防治污染、防治生态破坏的措施发生重大变动时，须重新报批建设项目环境影响评价，该项目自批准之日起超过五年方决定开工建设的，其环境影响评价文件须重新向我局报批。

××市××区环境保护局

2010 年 1 月 27 日

租赁合同

甲方（出租方）：××市××纺织有限公司
乙方（承租方）：××××浆纱厂

根据《合同法》及相关法律的规定，甲、乙双方本着平等自愿、协商一致的原则基础上达成如下条款，以兹共同守信：

第一条　租赁物

1.1 甲方将位于××市×××的厂房（以下简称租赁物）出租予乙方合法使用。

1.2 租赁物面积是×××平方米。

第二条　租赁期限

2.1 租赁期限为两年，自2015年5月15日至2017年4月30日止。

2.2 乙方拟续租，则应在租赁期限届满前不少于3个月书面通知甲方，双方另行协商签订租赁合同，否则视为放弃续租。

第三条　租赁物的交付

第四条　租赁费用、支付时间和方式

第五条　安全及保障条款

第六条　装修、生产设备及设施的安装

第七条　水、电、蒸汽、排水方面的条款

第八条　承诺条款

乙方承诺在承租范围内合法经营。

第九条　违约条款

第十条　免责条款

第十一条　不承担法律责任的解除、终止条款

第十二条　其他条款

甲方（盖章）：××市××纺织有限公司
授权代表人
201×年××月××日

乙方（盖章）：××××浆纱厂
授权代表人
201×年××月××日

租赁合同

甲方（出租方）：××市××纺织有限公司
乙方（承租方）：××市××纺织品有限公司

根据《合同法》及相关法律的规定，甲、乙双方本着平等自愿、协商一致的原则基础上达成如下条款，以兹共同守信：

第一条　租赁物

1.1 甲方将位于××市×××的厂房（以下简称租赁物）出租予乙方合法使用。

1.2 租赁物共三层。

第二条　租赁期限

2.1 租赁期限为三年，自2015年10月18日至2018年10月17日止。

2.2 乙方拟续租，则应在租赁期限届满前不少于3个月书面通知甲方，双方另行协商签订租赁合同，否则视为放弃续租。

第三条　租赁物的交付

第四条　租赁费用、支付时间和方式

第五条　安全及保障条款

第六条　装修、生产设备及设施的安装

第七条　水、电、蒸汽、排水方面的条款

第八条　承诺条款

乙方承诺在承租范围内按照营业执照合法经营。

第九条　违约条款

第十条　免责条款

第十一条　不承担法律责任的解除、终止条款

第十二条　其他条款

甲方（盖章）：××市××纺织有限公司
授权代表人
201×年××月××日

乙方（盖章）：××市××纺织品有限公司
授权代表人
201×年××月××日

××市××区环境保护局查阅档案情况说明

当事人姓名	××市××纺织有限公司
查阅内容	环境影响评价文件审批及“三同时”验收材料
查阅目的	用以证明××市××纺织有限公司： （1）“2 100 t/年棉纱染色加工，300 t/年绒线染色加工”项目是否经环保部门审批，是否通过环保部门“三同时”验收； （2）“2 000 万 m/年白浆纱”项目是否经环保部门审批，是否通过环保部门“三同时”验收。
查阅结果	（1）“2 100 t/年棉纱染色加工，300 t/年绒线染色加工”项目已审批、未验收； （2）“2 000 万 m/年白浆纱”项目已审批、未验收。
查阅时间	2017 年 3 月 13 日

××市××区环境保护局

2017 年 3 月 13 日

××市××纺织有限公司

2014 年产量 2 300 t （染纱加工）

2015 年产量 2 300 t （染纱加工） 300 万 m（染纱加工）

2016 年产量 2 100 t （染纱加工） 500 万 m（染纱加工）

2017 年 3 月 24 日

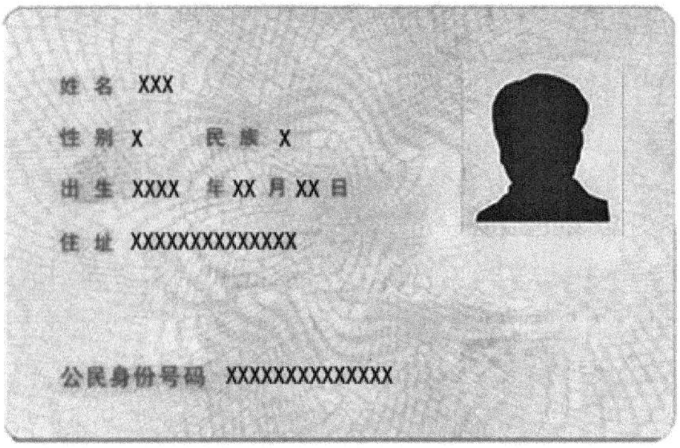

原件存于××处 经核对与原件无误 ×××

执法人员：×××

×××

姓名：XXX

性别：男

职务：科员

证号：XXX

工作单位：XX市环境XX县
环境监察大队

使用区域：XX市XX县

发证单位:XX省环境保护厅

发证日期:XXXX年XX月XX日

姓名：XXX

性别：男

职务：科员

证号：XXX

工作单位：XX市环境XX县
环境监察大队

使用区域：XX市XX县

发证单位:XX省环境保护厅

发证日期:XXXX年XX月XX日

××市环境保护局
查封（扣押）审批表

<table>
<tr><td>案　源</td><td colspan="4">检查发现</td></tr>
<tr><td rowspan="4">当
事
人</td><td>名称或姓名</td><td colspan="3">××市××纺织印染有限公司</td></tr>
<tr><td>地址（住址）</td><td>×××</td><td>邮政编码</td><td>××××××</td></tr>
<tr><td>统一社会信用代码</td><td colspan="3">×××</td></tr>
<tr><td>法定代表人</td><td>×××</td><td>职　务</td><td>法定代表人</td></tr>
<tr><td>简要案情及
申请理由
依据和内容</td><td colspan="4">2017 年 3 月 5 日，我局现场监察，该单位正在生产，雨水排放口阀门打开，有水正在排放，××市环境监测中心对该单位雨水排放口外排污水现场采样，经监测，该单位雨水排放口外排污水中总磷浓度为 1.20 mg/L，化学需氧量浓度为 1.32×10^4 mg/L，均超过了 DB32/T 1072—2007《太湖地区城镇污水处理厂及重点工业行业主要水污染物排放限值》表 3 中排放限值；总氮浓度为 18.8 mg/L，超过了 GB 4287—2012《纺织染整工业水污染排放标准》表 3 中排放限值。该行为违反了《中华人民共和国水污染防治法》第二十二条第二款的规定，根据《中华人民共和国水污染防治法》第七十五条第二款、《中华人民共和国环境保护法》第二十五条、《环境保护主管部门实施查封、扣押办法》第四条第四项，建议对该单位产污设备实施查封。</td></tr>
<tr><td>承办人
意　见</td><td colspan="4">建议对该单位产污设备实施查封。

签名或盖章：　　×××　×××
2017 年 3 月 7 日</td></tr>
<tr><td>部门领导
意　见</td><td colspan="2">签名或盖章：×××
2017 年 3 月 7 日</td><td>法制机构
负责人意见</td><td>签名或盖章：×××
2017 年 3 月 7 日</td></tr>
<tr><td>分管局领导
意　见</td><td colspan="4">同意

签名或盖章：　　×××
2017 年 3 月 7 日</td></tr>
</table>

××市环境保护局
查封（扣押）决定书

×环强决字〔2017〕×号

××市××纺织有限公司：

社会信用代码：×××

地址：×××

法定代表人：×××

2017 年 3 月 5 日，我局现场监察，你单位正在生产，雨水排放口阀门打开，有水正在排放，××市环境监测中心对你单位雨水排放口外排污水现场采样，经监测，你单位雨水排放口外排污水中总磷浓度为 1.20 mg/L，化学需氧量浓度为 1.32×10^{4} mg/L，均超过了 DB32/T 1072—2007《太湖地区城镇污水处理厂及重点工业行业主要水污染物排放限值》表 3 中排放限值；总氮浓度为 18.8 mg/L，超过了 GB 4287—2012《纺织染整工业水污染排放标准》表 3 中直接排放限值。

以上事实主要有以下证据证明：

1. ××市环境保护局现场检查（勘查）笔录 1 份；

2. ××市环境监测中心监测报告〔2017〕环监（水）字第（C-×××）号 1 份；

3. ××市××纺织有限公司营业执照复印件 1 份；

4. 现场照片证据及视频光盘证据。

你单位的上述行为违反了《中华人民共和国水污染防治法》第二十二条第二款的规定。

依据《中华人民共和国行政强制法》第二十五条第一款，《中华人民共和国环境保护法》第二十五条，《环境保护主管部门实施查封、扣押办法》第四条第四项的规定，我局决定对你单位 筒子染色车间总电柜、浆纱车间浆纱生产线一条、色织车间色织浆纱生产线两条、后整理车间后整理线一条、蒸汽控制总阀 予以查封。查封期限为 30 日（时间从 2017 年 3 月 7 日起至 2017 年 4 月 6 日止）；查封期限不包括检测或技术鉴定的时间。查封设施、设备存放于 你单位车间内 ，在此期间，你单位不得擅自损毁封条、变更查封状态或者启用已查封的设施、设备。

如你单位对本行政强制措施不服，可以在收到本决定书之日起 60 日内向××市人民政府或者××省环境保护厅申请行政复议，也可以在收到本决定书之日起 6 个月内向××市××区人民法院提起行政诉讼。申请行政复议或者提起行政诉讼，不停止本决定的执行。

××市环境保护局

2017 年 3 月 7 日

××市环境保护局
查封、扣押清单

被查封、扣押单位名称：××市××纺织有限公司

<table>
<tr><th>名称</th><th>数量</th><th>型号及特征</th><th>生产厂家</th><th>生产日期</th><th>存放地点</th></tr>
<tr><td>筒子染色车间总电柜</td><td>1</td><td></td><td></td><td></td><td rowspan="5">××市××纺织有限公司车间内</td></tr>
<tr><td>浆纱车间浆纱生产线</td><td>1</td><td></td><td></td><td></td></tr>
<tr><td>色织车间色织浆纱生产线</td><td>2</td><td></td><td></td><td></td></tr>
<tr><td>后整理车间后整理线</td><td>1</td><td></td><td></td><td></td></tr>
<tr><td>蒸汽控制总阀</td><td>1</td><td></td><td></td><td></td></tr>
<tr><td></td><td></td><td></td><td></td><td></td><td></td></tr>
<tr><td></td><td></td><td></td><td></td><td></td><td></td></tr>
<tr><td></td><td></td><td></td><td></td><td></td><td></td></tr>
</table>

被查封人签名：　××× 　　2017 年 3 月 7 日

执法人员姓名及执法证号：　××× ××× 　　2017 年 3 月 7 日

执法人员姓名及执法证号：　××× ××× 　　2017 年 3 月 7 日

见证人签名：________________ 　　年 　月 　日

注：本清单一式两份，被执行人和行政执法机关各存一份。如委托第三人保管的，应同时交第三人收执。

××市环境保护局
送达回证

送达文书名称及文号	查封（扣押）决定书 ×环强决字〔2017〕×号
受送达人名称或姓名	××市××纺织有限公司
送达地点	×××
送达方式	直接送达
收件人签字（或盖章）及收件日期	××× （与受送达人的关系：　　） 2017 年 3 月 7 日
送达人（两人签字）	×××　××× 2017 年 3 月 7 日
送达机关盖章	××市环境保护局 2017 年 3 月 7 日
备　注	

××市环境保护局
现场检查（勘察）笔录

<table>
<tr><td>当事人</td><td colspan="5">××市××纺织有限公司</td></tr>
<tr><td>法定代表人</td><td colspan="3">×××</td><td>联系电话</td><td>×××</td></tr>
<tr><td>地　址</td><td colspan="3">×××</td><td>检查时间</td><td>2017 年 3 月 7 日</td></tr>
<tr><td>接待人</td><td>×××</td><td>职　务</td><td>××</td><td>联系电话</td><td>×××</td></tr>
<tr><td colspan="2">接待人身份证号</td><td colspan="4">×××</td></tr>
<tr><td>执法合法性及当事人权利义务告知</td><td colspan="5">我们是××市环境监察支队执法人员，××市环境监察支队受××市环境保护局委托指派我们依法进行现场监察，这是我们的执法证件（出示证件）××××××××、××× ××××、××× ××××，请确认。你有义务配合调查，不得拒绝、阻碍、隐瞒或者提供虚假情况。如果你认为我们与本案有利害关系，可能影响公正办案，可以申请我们回避，并说明理由。你是否清楚前述告知内容？你是否需要申请我们回避？
当事人确认记录：不需要回避。</td></tr>
<tr><td>现场监察情况</td><td colspan="5">1. 2017 年 3 月 5 日，我局对该单位进行现场监察，发现该单位正在生产，雨水排放口阀门打开，有水正在排放，××市环境监测中心对该单位雨水排放口外排污水现场采样，经监测，该单位雨水排放口外排污水中总磷浓度为 1.20 mg/L，化学需氧量浓度为 13 200 mg/L，均超过了 DB32/T 1072—2007《太湖地区城镇污水处理厂及重点工业行业主要水污染物排放限值》表 3 中排放限值；总氮浓度为 18.8 mg/L，超过了 GB 4287—2012《纺织染整工业水污染排放标准》表 3 中排放限值。该行为违反了《中华人民共和国水污染防治法》第二十二条第二款的规定。
2. 2017 年 3 月 7 日，我局现场对该单位筒子染色车间总电柜、浆纱车间浆纱生产线一条、色织车间色织浆纱生产线两条、后整理车间后整理线一条、蒸汽控制总阀设备实施了查封。查封期限为 30 日（2017 年 3 月 7 日—2017 年 4 月 6 日）。现场执法人员对该单位被查封设备张贴了封条，并现场拍照取证。
3. 现场监察时间：2017 年 3 月 7 日 14:30—15:40。</td></tr>
<tr><td>现场监察意见</td><td colspan="5">查封期限内，你单位不得擅自毁损、变更查封状态或启用已查封的设施、设备。</td></tr>
<tr><td colspan="2">接待人员签字</td><td colspan="4">以上内容已阅无误　×××　2017.3.7</td></tr>
<tr><td>执法证号</td><td colspan="2">×××</td><td colspan="2">执法人员签字</td><td>×××　2017.3.7</td></tr>
<tr><td>执法证号</td><td colspan="2">×××</td><td colspan="2">执法人员签字</td><td>×××　2017.3.7</td></tr>
<tr><td>执法证号</td><td colspan="2">×××</td><td colspan="2">执法人员签字</td><td>×××　2017.3.7</td></tr>
<tr><td>参加人签字</td><td colspan="2"></td><td colspan="2">所在单位</td><td></td></tr>
</table>

××市环境保护局
调查询问笔录

案由：现场查封扣押

时间：2017年3月7日15时30分至2017年3月7日15时47分

地点：×××

询问人：××× ××× 记录人：×××

参加人：×××

被调查询问人：××× 性别：× 年龄：×××

身份证号码：××× 电话：×××

工作单位：××× 职务：×××

问：我们是××市环境监察支队执法人员，××市环境监察支队受××市环境保护局委托指派我们依法调查询问有关情况，这是我们的执法证件（出示证件），证号是：××× ××××××、××× ××××××、××× ××××××，请确认。

答：已确认。

问：今天我们依法进行检查并了解有关情况，你有义务配合调查，如实回答询问和提供材料，不得拒绝、阻碍、隐瞒或者提供虚假情况，若有违反上述义务，你将会承担相应的法律责任。如果你认为我们与本次调查有利害关系，可能影响公正处理，可以申请我们回避，并说明理由，你是否需要申请我们回避？

答：不需要回避。

问：你叫什么名字？在本企业担任何种职务，负责什么工作？

答：我叫×××，任本公司法定代表人，负责公司的全面工作。

问：你单位工商注册核准的名称叫什么？法定代表人是谁？联系电话是多少？

答：我单位工商注册核准的名称是××市××纺织有限公司，法定代表人是×××，联系电话是×××。

被调查人审阅意见：以上笔录已阅无误。

被调查人（签名）：××× 2017.3.7

调查人员、记录人员（签名）：××× ××× ××× 2017.3.7

问：2017 年 3 月 5 日，我局对你单位进行现场监察，发现你单位正在生产，雨水排放口阀门打开，有水正在排放，××市环境监测中心对你单位雨水排放口外排污水现场采样，经监测，你单位雨水排放口外排污水中总磷浓度为 1.20 mg/L，化学需氧量为 13 200 mg/L，均超过了 DB32/T 1072—2007《太湖地区城镇污水处理厂及重点工业行业主要水污染物排放限值》表 3 中排放限值，总氮浓度为 18.8 mg/L，超过了 GB 4287—2012《纺织染整工业水污染排放标准》表 3 中的排放限值。该行为违反了《中华人民共和国水污染防治法》第二十二条第二款的规定。该情况是否属实？

答：情况属实。

问：2017 年 3 月 7 日，我局现场对你单位筒子染色车间总电柜、浆纱车间浆纱生产线一条、色织车间色织浆纱生产线两条、后整理车间后整理线一条、蒸汽控制总阀设备实施了查封。查封期限为 30 日（2017 年 3 月 7 日—2017 年 4 月 6 日）。现场执法人员对你单位设备张贴了封条，并现场拍照取证。该情况是否属实？

答：情况属实。

问：查封期限内，你单位不得擅自毁损、变更查封状态或启用已查封的设施、设备。是否清楚明白？

答：清楚明白。

问：2017 年 3 月 7 日，我局对你单位下达了××市环境保护局责令改正违法行为决定书（×环察改〔2017〕×号），责令你单位立即改正违法排污的行为，我局将在 30 日内对你单位改正违法行为的情况进行复查，如你单位拒不改正，我局将依法实施按日计罚。该情况你是否已清楚？

答：情况清楚，文书已签收。（以下空白）

被调查人审阅意见：以上笔录已阅无误。

被调查人（签名）：×××　2017.3.7

调查人员、记录人员（签名）：×××　×××　×××　2017.3.7

现场照片（图片、影像资料）证据

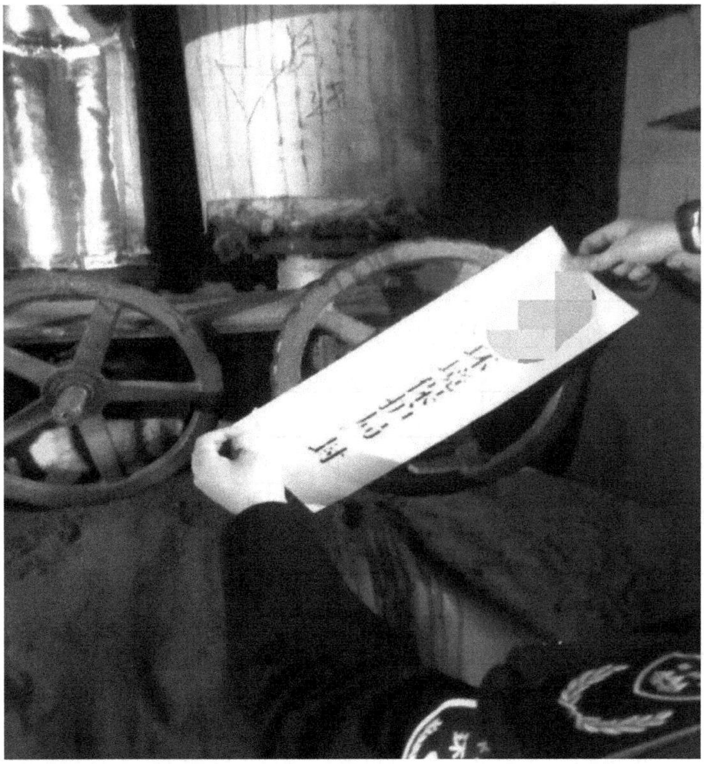

证明对象：执法人员现场对××市××纺织有限公司蒸汽控制总阀进行查封
拍摄时间：2017年3月7日15:30
拍摄地点：××市××纺织有限公司
拍摄人：×××
当事人、见证人：×××
执法人员（签名）：×××　×××   执法证号：×××　×××

现场照片（图片、影像资料）证据

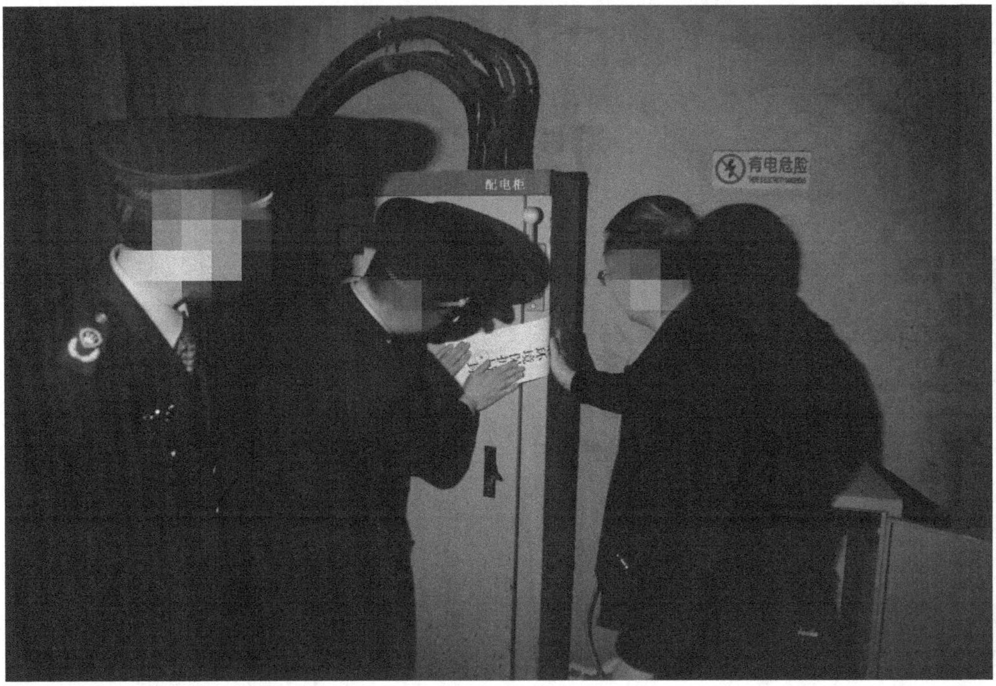

证明对象：执法人员现场对××市××纺织有限公司筒子染色车间总电柜进行查封
拍摄时间：2017 年 3 月 7 日 15:08
拍摄地点：××市××纺织有限公司
拍摄人：×××
当事人、见证人：×××
执法人员（签名）：×××　×××   执法证号：×××　×××

现场照片（图片、影像资料）证据

证明对象：执法人员现场对××市××纺织有限公司后整理车间后整理线进行查封
拍摄时间：2017 年 3 月 7 日 15:23
拍摄地点：××市××纺织有限公司
拍摄人：×××
当事人、见证人：×××
执法人员（签名）：×××　×××   执法证号：×××　×××

现场照片（图片、影像资料）证据

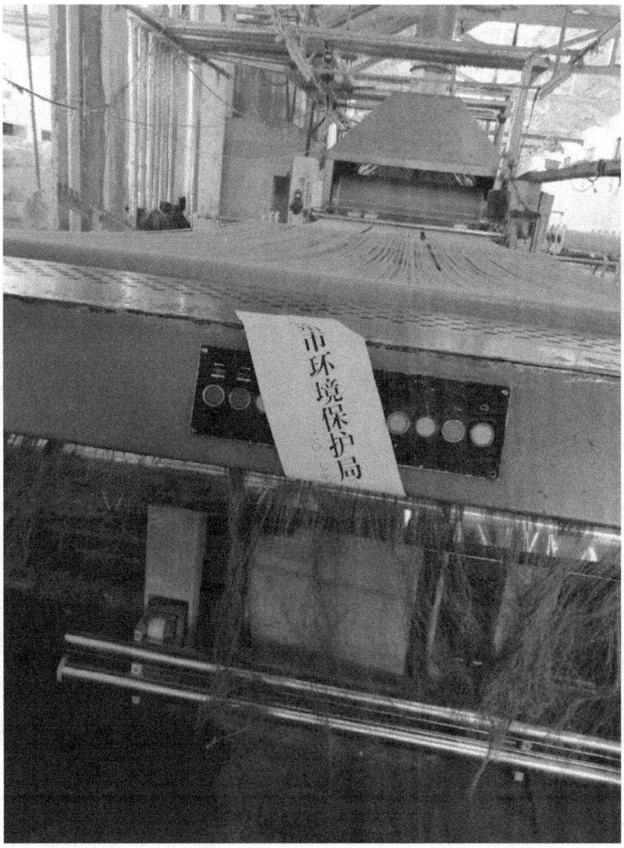

证明对象：执法人员现场对××市××纺织有限公司浆纱车间浆纱生产线进行查封
拍摄时间：2017年3月7日15:15
拍摄地点：××市××纺织有限公司
拍摄人：×××
当事人、见证人：×××
执法人员（签名）：×××　××× 执法证号：×××　×××

现场照片（图片、影像资料）证据

证明对象：执法人员现场对××市××纺织有限公司色织车间色织浆纱生产线1号线进行查封
拍摄时间：2017年3月7日15:17
拍摄地点：××市××纺织有限公司
拍摄人：×××
当事人、见证人：×××
执法人员（签名）：×××　×××   执法证号：×××　×××

现场照片（图片、影像资料）证据

证明对象：执法人员现场对××市××纺织有限公司色织车间色织浆纱生产线 2 号线进行查封
拍摄时间：2017 年 3 月 7 日 15:19
拍摄地点：××市××纺织有限公司
拍摄人：×××
当事人、见证人：×××
执法人员（签名）：×××　××× 执法证号：×××　×××

××市环境保护局
解除环境保护查封（扣押）审批表

<table>
<tr><td>案　源</td><td colspan="4">检查发现</td></tr>
<tr><td rowspan="4">当
事
人</td><td>名称或姓名</td><td colspan="3">××市××纺织有限公司</td></tr>
<tr><td>地址（住址）</td><td>××××</td><td>邮政编码</td><td>××××××</td></tr>
<tr><td>社会信用代码</td><td colspan="3">××××</td></tr>
<tr><td>法定代表人</td><td>×××</td><td>职　务</td><td>法定代表人</td></tr>
<tr><td>简要案情及申请理由依据和内容</td><td colspan="4">我局于 2017 年 3 月 7 日依法对该单位通过逃避监管的方式排放水污染物的违法行为，作出《××市环境保护局查封（扣押）决定书》（×环强决字〔2017〕×号），因查封期限已经届满，现根据《中华人民共和国行政强制法》第二十八条第一款第四项和《环境保护主管部门实施查封、扣押办法》第二十条第二项的规定，建议依法决定解除查封。</td></tr>
<tr><td>承办人
意　见</td><td colspan="4">建议解除对该单位产污设备实施的查封。

签名或盖章：×××　×××
2017 年 4 月 5 日</td></tr>
<tr><td>部门领导
意　见</td><td>签名或盖章：×××
2017 年 4 月 5 日</td><td>法制机构负责人
意见</td><td colspan="2">签名或盖章：×××
2017 年 4 月 5 日</td></tr>
<tr><td>分管局领导
意　见</td><td colspan="4">签名或盖章：×××
2017 年 4 月 5 日</td></tr>
</table>

××市环境保护局
解除查封（扣押）决定书

×环强解字〔2017〕×号

××市××纺织有限公司：

社会信用代码：×××

地址：×××

法定代表人：×××

我局于 2017 年 3 月 7 日依法对你单位通过逃避监管的方式排放水污染物的违法行为，作出《××市环境保护局查封（扣押）决定书》（×环强决字〔2017〕×号），因查封期限已经届满，现根据《中华人民共和国行政强制法》第二十八条第一款第四项和《环境保护主管部门实施查封、扣押办法》第二十条第二项的规定，经研究，现依法决定解除查封。

××市环境保护局

2017 年 4 月 6 日

××市环境保护局
送达回证

送达文书名称及文号	解除查封（扣押）决定书 ×环强解字〔2017〕×号
受送达人名称或姓名	××市××纺织有限公司
送达地点	×××
送达方式	直接送达
收件人签字（或盖章） 及收件日期	××× （与受送达人的关系：　　　） 2017年4月6日
送达人（两人签字）	×××　××× 2017年4月6日
送达机关盖章	××市环境保护局 2017年4月6日
备　注	

××市环境保护局
现场检查（勘察）笔录

<table>
<tr><td>当事人</td><td colspan="5">××市××纺织有限公司</td></tr>
<tr><td>法定代表人</td><td colspan="3">×××</td><td>联系电话</td><td>×××</td></tr>
<tr><td>地　址</td><td colspan="3">×××</td><td>检查时间</td><td>2017年4月6日</td></tr>
<tr><td>接待人</td><td>×××</td><td>职　务</td><td>××</td><td>联系电话</td><td>×××</td></tr>
<tr><td colspan="2">接待人身份证号</td><td colspan="4">×××</td></tr>
<tr><td>执法合法性及当事人权利义务告知</td><td colspan="5">我们是××市环境监察支队执法人员，××市环境监察支队受××市环境保护局委托指派我们依法进行现场监察，这是我们的执法证件（出示证件）×××××××、××× ××××、××× ××××，请确认。你有义务配合调查，不得拒绝、阻碍、隐瞒或者提供虚假情况。如果你认为我们与本案有利害关系，可能影响公正办案，可以申请我们回避，并说明理由。你是否清楚前述告知内容？你是否需要申请我们回避？
当事人确认记录：不需要回避。</td></tr>
<tr><td>现场监察情况</td><td colspan="5">1. 2017年3月5日，我局现场监察，该单位正在生产，雨水排放口阀门打开，有水正在排放，××市环境监测中心对你单位雨水排放口外排污水现场采样，经监测，该单位雨水排放口外排污水中总磷浓度为1.20 mg/L，化学需氧量为1.32×10^4 mg/L，均超过了DB32/T 1072—2007《太湖地区城镇污水处理厂及重点工业行业主要水污染物排放限值》表3中排放限值；总氮浓度为18.8 mg/L，超过了GB 4287—2012《纺织染整工业水污染物排放标准》表3中的直接排放限值。该行为属于采取其他规避监管的方式排放水污染物，违反了《中华人民共和国水污染防治法》第二十二条第二款的规定。
2. 2017年3月7日我局现场对该单位筒子染色车间总电柜、浆纱车间浆纱生产线一条、色织车间色织生产线两条、后整理车间后整理线一条、蒸汽控制总阀等实施了查封，查封期限为30日（2017年3月7日—2017年4月6日）。现场执法人员对该单位筒子染色车间总电柜、浆纱车间浆纱生产线一条、色织车间色织生产线两条、后整理车间后整理线一条、蒸汽控制总阀张贴封条。
3. 2017年4月6日，我局现场监察，该单位筒子染色车间总电柜、浆纱车间浆纱生产线一条、色织车间色织生产线两条、后整理车间后整理线一条、蒸汽控制总阀张贴的封条完整。现因查封期限已经届满，现场依法实施解除查封。该单位处于停产状态，雨水排放口正在改造，呈关闭状态，设计了初级雨水收集池。现场监察时间：2017年4月6日10:12—10:28。</td></tr>
<tr><td>现场监察意见</td><td colspan="5">在停产整治期间，未经当地环保部门批准，不得擅自恢复生产。</td></tr>
<tr><td colspan="2">接待人员签字</td><td colspan="4">以上内容已阅无误　××× 2017.4.6</td></tr>
<tr><td>执法证号</td><td colspan="2">×××</td><td colspan="2">执法人员签字</td><td>××× 2017.4.6</td></tr>
<tr><td>执法证号</td><td colspan="2">×××</td><td colspan="2">执法人员签字</td><td>××× 2017.4.6</td></tr>
<tr><td>执法证号</td><td colspan="2">×××</td><td colspan="2">执法人员签字</td><td>××× 2017.4.6</td></tr>
<tr><td>参加人签字</td><td colspan="2"></td><td colspan="2">所在单位</td><td></td></tr>
</table>

××市环境保护局
调查询问笔录

案由：现场查封扣押

时间：2017年4月6日10时30分至2017年4月6日11时08分

地点：×××

询问人：××× ××× 记录人：×××

参加人：×××

被调查询问人：××× 性别：× 年龄：×××

身份证号码：××× 电话：×××

工作单位：××× 职务：×××

问：我们是××市环境监察支队执法人员，××市环境监察支队受××市环境保护局委托指派我们依法调查询问有关情况，这是我们的执法证件（出示证件），证号是：××× ××××××、××× ××××××、××× ××××××，请确认。

答：已确认。

问：今天我们依法进行检查并了解有关情况，你有义务配合调查，如实回答询问和提供材料，不得拒绝、阻碍、隐瞒或者提供虚假情况，若有违反上述义务，你将会承担相应的法律责任。如果你认为我们与本次调查有利害关系，可能影响公正处理，可以申请我们回避，并说明理由，你是否需要申请我们回避？

答：不需要回避。

问：你叫什么名字？在本企业担任何种职务，负责什么工作？

答：我叫××，任本公司法定代表人，负责公司的全面工作。

问：你单位工商注册核准的名称叫什么？法定代表人是谁？联系电话是多少？

答：我单位工商注册核准的名称是××市××纺织有限公司，法定代表人是×××，联系电话是×××。

被调查人审阅意见：以上笔录已阅无误。

被调查人（签名）：××× 2017.4.6

调查人员、记录人员（签名）：××× ××× ××× 2017.4.6

问：2017年3月7日，我局依法现场对你单位筒子染色车间总电柜、浆纱车间浆纱生产线条、色织车间色织生产线两条、后整理车间后整理线一条、蒸汽控制总阀等实施了查封，查封期限为30日（2017年3月7日—2017年4月6日）。现场执法人员对该单位筒子染色车间总电柜、浆纱车间浆纱生产线一条、色织车间色织生产线两条、后整理车间后整理线一条、蒸汽控制总阀张贴了封条。执法人员已现场拍照取证。该情况是否属实？

答：情况属实。

问：查封期限内，你单位不得擅自损毁封条、变更查封状态或启用已查封的设施、设备。该情况你是否已清楚？

答：情况清楚。

问：2017年4月6日，我局现场监察，你单位筒子染色车间总电柜、浆纱车间浆纱生产线一条、色织车间色织生产线两条、后整理车间后整理线一条、蒸汽控制总阀张贴的封条完整。现因查封期限已将届满，现场依法实施解除查封。该情况是否属实？

答：情况属实。

问：上述调查记录，请你仔细阅看并修订与你陈述不一致的地方，在修订处签名，若与你陈述相一致的，请在每一页下签字确认。

答：陈述一致。（以下空白）

被调查人审阅意见：以上笔录已阅无误。

被调查人（签名）：×××　2017.4.6

调查人员、记录人员（签名）：×××　×××　×××　2017.4.6

现场照片（图片、影像资料）证据

证明对象：××市××纺织有限公司蒸汽总阀封条状态完好
拍摄时间：2017 年 4 月 6 日 10:06
拍摄地点：××市××纺织有限公司
拍摄人：×××
当事人、见证人：×××
执法人员（签名）：×××　××× 执法证号：×××　×××

现场照片（图片、影像资料）证据

证明对象：××市××纺织有限公司筒子染色车间封条状态完好
拍摄时间：2017 年 4 月 6 日 10:07
拍摄地点：××市××纺织有限公司
拍摄人：×××
当事人、见证人：×××
执法人员（签名）：×××　××× 执法证号：×××　×××

现场照片（图片、影像资料）证据

证明对象：××市××纺织有限公司后整理车间后整理线封条状态完好
拍摄时间：2017 年 4 月 6 日 10:08
拍摄地点：××市××纺织有限公司
拍摄人：×××
当事人、见证人：×××
执法人员（签名）：×××　×××   执法证号：×××　×××

现场照片（图片、影像资料）证据

证明对象：××市××纺织有限公司色织车间色织浆纱生产线 1 号线封条状态完好
拍摄时间：2017 年 4 月 6 日 10:11
拍摄地点：××市××纺织有限公司
拍摄人：×××
当事人、见证人：×××
执法人员（签名）：×××　×××   执法证号：×××　×××

现场照片（图片、影像资料）证据

证明对象：××市××纺织有限公司色织车间色织浆纱生产线 2 号线封条状态完好
拍摄时间：2017 年 4 月 6 日 10:12
拍摄地点：××市××纺织有限公司
拍摄人：×××
当事人、见证人：×××
执法人员（签名）：×××　×××   执法证号：×××　×××

现场照片（图片、影像资料）证据

证明对象：××市××纺织有限公司浆纱车间浆纱生产线封条状态完好
拍摄时间：2017 年 4 月 6 日 10:13
拍摄地点：××市××纺织有限公司
拍摄人：×××
当事人、见证人：×××
执法人员（签名）：×××　×××   执法证号：×××　×××

现场照片（图片、影像资料）证据

证明对象：××市××纺织有限公司被查封蒸汽总阀解封
拍摄时间：2017 年 4 月 6 日 10:06
拍摄地点：××市××纺织有限公司
拍摄人：×××
当事人、见证人：×××
执法人员（签名）：×××　×××   执法证号：×××　×××

现场照片（图片、影像资料）证据

证明对象：××市××纺织有限公司被查封筒子染色车间总电柜解封
拍摄时间：2017 年 4 月 6 日 10:07
拍摄地点：××市××纺织有限公司
拍摄人：×××
当事人、见证人：×××
执法人员（签名）：×××　×××   执法证号：×××　×××

现场照片（图片、影像资料）证据

证明对象：××市××纺织有限公司被查封后整理车间后整理线解封
拍摄时间：2017 年 4 月 6 日 10:08
拍摄地点：××市××纺织有限公司
拍摄人：×××
当事人、见证人：×××
执法人员（签名）：×××　×××   执法证号：×××　×××

现场照片（图片、影像资料）证据

证明对象：××市××纺织有限公司被查封色织车间色织浆纱生产线 1 号线解封
拍摄时间：2017 年 4 月 6 日 10:11
拍摄地点：××市××纺织有限公司
拍摄人：×××
当事人、见证人：×××
执法人员（签名）：×××　×××   执法证号：×××　×××

现场照片（图片、影像资料）证据

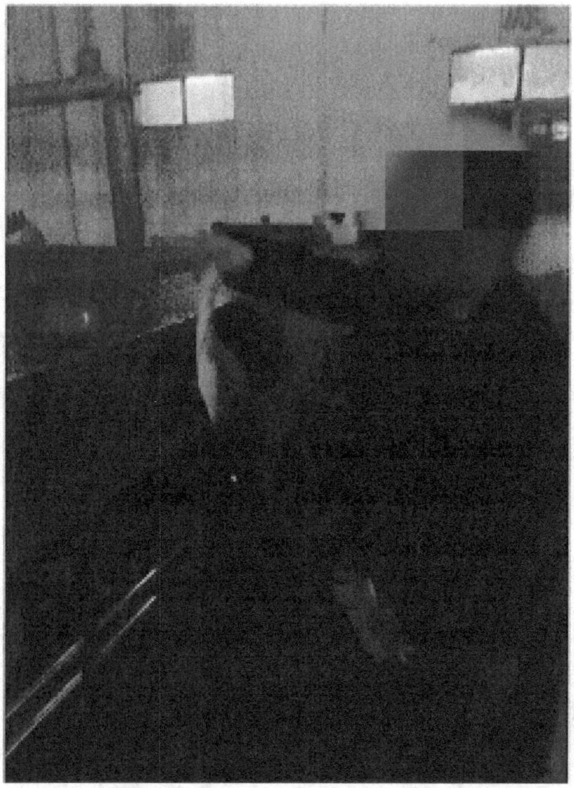

证明对象：××市××纺织有限公司被查封色织车间色织浆纱生产线 2 号线解封
拍摄时间：2017 年 4 月 6 日 10:12
拍摄地点：××市××纺织有限公司
拍摄人：×××
当事人、见证人：×××
执法人员（签名）：×××　×××   执法证号：×××　×××

现场照片（图片、影像资料）证据

证明对象：××市××纺织有限公司被查封浆纱车间浆纱生产线解封
拍摄时间：2017 年 4 月 6 日 10:13
拍摄地点：××市××纺织有限公司
拍摄人：×××
当事人、见证人：×××
执法人员（签名）：×××　××× 执法证号：×××　×××

××市环境保护局
案件调查报告

<table>
<tr><td>案　由</td><td colspan="3">涉嫌违反水污染管理制度、建设项目“三同时”及验收制度案</td></tr>
<tr><td>当事人</td><td colspan="3">××市××纺织有限公司</td></tr>
<tr><td>地　址</td><td colspan="3">×××</td></tr>
<tr><td rowspan="2">法定代表人
及电话</td><td>×××</td><td rowspan="2">联系人及
联系电话</td><td>×××</td></tr>
<tr><td>×××</td><td>×××</td></tr>
</table>

调查经过和查明的事实：

2017 年 3 月 5 日，我局现场监察，该单位正在生产，雨水排放口阀门打开，有水正在排放，××市环境监测中心对该单位雨水排放口外排污水现场采样，经监测，该单位雨水排放口外排污水中总磷浓度为 1.20 mg/L，化学需氧量为 1.32×10^{4} mg/L，均超过了 DB32/T 1072—2007《太湖地区城镇污水处理厂及重点工业行业主要水污染物排放限值》表 3 中的排放限值；总氮浓度为 18.8 mg/L，超过了 GB 4287—2012《纺织染整工业水污染物排放标准》表 3 中的直接排放限值。该行为涉嫌违反了《中华人民共和国水污染防治法》第二十二条第二款的规定。2017 年 3 月 8 日，我局在现场监察中发现，该单位“2 100 t/年棉纱染色加工，300 t/年绒线染色加工”项目和“2 000 万 m/年白浆纱”项目需要配套建设的环境保护设施未经环保部门验收，主体工程已投入生产，该行为涉嫌违反了《建设项目环境保护管理条例》第二十三条的规定。该案由×××主办，×××协办，于 2017 年 3 月 8 日立案，现已调查终结。

2017 年 3 月 8 日，我局对××市××纺织有限公司进行了现场调查。经查明：

××市××纺织有限公司涉嫌违反水污染管理制度。该单位已于 2008 年进行了雨污分流改造，厂区设有一雨水排放口，并在雨水排放口设置了可控阀门。对于我局于 2017 年 3 月 5 日在该单位的雨水排放口采样监测的数据，该单位现场负责人（×××，总经理）对化学需氧量浓度提出异议。同时承认了雨水排放口阀门因损坏未及时维修和雨水排放口有水外排的事实，并立即安排全厂停产，及时对损坏的雨水排放口阀门进行了维修，对雨污水管网进行排查，制定下一步整改方案。该单位环保负责人为×××（职务为经理，身份证号码为×××），负责环保管理工作。依据《环境保护主管部门实施查封、扣押办法》第四条第四项规定，2017 年 3 月 7 日，我局对该单位主要产污设备实施查封一个月。2017 年 3 月 7 日，我局对该单位下达了《××市环境保护局责令改正违法行为决定书》（×环察改〔2017〕×号），责令该单位立即改正违法排放污染物的行为。我局将在 30 日内对该单位改正违法行为的情况进行复查，如该单位拒不改正上述环境违法行为，我局将按照《中华人民共和国环境保护法》第五十九条第一款的规定，对该单位实施按日连续处罚。

××市××纺织有限公司涉嫌违反建设项目“三同时”及验收制度。该单位原名为××市×××厂，目前建成4个生产车间：①纱线染色车间，主要进行染纱加工的生产，“染色”项目于1996年经××市环保局审批同意建设，生产能力为150 t/年，1996年11月通过××市环保局“三同时”验收；“2 100 t/年棉纱染色加工，300 t/年绒线染色加工”项目于2004年3月24日经××区环保局审批同意建设，该项目需要配套建设的环境保护设施未经环保部门验收，主体工程已于2004年起投入生产。②白胚浆纱车间，主要进行浆纱加工生产，“2 000万m/年白浆纱”项目于2010年1月27日经××区环保局审批同意建设，该项目需要配套建设的环境保护设施未经环保部门验收，主体工程已于2010年起投入生产。③色织浆纱车间，主要进行浆纱加工生产，未向环保部门报批建设项目环境影响评价文件，项目需要配套建设的环境保护设施未经环保部门验收，主体工程已投入生产。④色织布后整理车，主要进行后整理加工生产，未向环保部门报批建设项目环境影响评价文件，项目需要配套建设的环境保护设施未经环保部门验收，主体工程已投入生产。该单位现场负责人（×××，总经理）称，色织浆纱车间和色织布后整理车间分别租赁给××××浆纱厂和××市××纺织品有限公司，并提供了租赁合同，该违法行为已分别另案处理（立案编号分别为2017-×××，2017-×××）。该单位建有污水预处理设施一套，污水经预处理后接管至××××处理厂。

根据上述查明事实，调查人员提出以下处理建议：

××市××纺织有限公司利用已进行了雨污分流改造的雨水管网排放水污染物，该行为属于采取其他规避监管的方式排放水污染物，违反了《中华人民共和国水污染防治法》第二十二条第二款的规定，应依据《中华人民共和国水污染防治法》第七十五条第二款的规定予以行政处罚，建议处以罚款10万元。根据《中华人民共和国水污染防治法》第七十五条第二款、《环境保护主管部门实施限制生产、停产整治办法》第六条第一项规定，建议责令该单位停产整治。根据《中华人民共和国环境保护法》第六十三条第三项和《行政主管部门移送适用行政拘留环境违法案件暂行办法》第七条第七项的规定，建议将该单位直接负责主管人员移送公安机关实施行政拘留。

××市××纺织有限公司“2 100 t/年棉纱染色加工，300 t/年绒线染色加工”项目需要配套建设的环境保护设施未经环保部门验收，主体工程已投入生产，违反了《建设项目环境保护管理条例》第二十三条之规定，应依据《建设项目环境保护管理条例》第二十八条之规定予以行政处罚。依据《关于印发××市环境保护局行政处罚自由裁量权实施细则的通知》（×环宣〔2014〕24号）“环保设施已建成但未验收，或有其他法定或酌定从轻情节的”，该行为裁量幅度为5万元以下，鉴于污水处理设施已建成，建议处以罚款5万元，并责令停止“2 100 t/年棉纱染色加工，300 t/年绒线染色加工”项目的生产。

××市××纺织有限公司“2 000万m/年白浆纱”项目需要配套建设的环境保护设施未经环保部门验收，主体工程已投入生产，违反了《建设项目环境保护管理条例》第二十三条之规定，应依据《建设项目环境保护管理条例》第二十八条之规定予以行政处罚。依据《关于印发××市环境保护局行政处罚自由裁量权实施细则的通知》（×环宣〔2014〕24号）“环保设施已建成但未验收，或有其他法定或酌定从轻情节的”，该行为裁量幅度为5万元以下，鉴于污水处理设施已建成，建议处以罚款5万元，并责令停止“2 000万m/年白浆纱”项目的生产。

综上，对该单位的违法行为：1. 建议处以罚款20万元；2. 责令停止“2 100 t/年棉纱染色加工，300 t/年绒线染色加工”项目和“2 000万m/年白浆纱”项目的生产；3. 责令停产整治；4. 建议将该单位直接负责主管人员移送公安机关实施行政拘留。

<table>
<tr><td colspan="3">

证据：

1. ××市环境保护局 2017 年 3 月 5 日、3 月 8 日现场检查（勘察）笔录各 1 份；
2. ××市环境保护局 2017 年 3 月 8 日调查询问笔录 3 份；
3. ××市环境监测中心监测报告〔2017〕环监（水）字第（C-×××）号 1 份；
4. ××市环境保护局责令改正违法行为决定书（×环察改〔2017〕×号）复印件及送达回执复印件各 1 份；
5. ××市××纺织有限公司营业执照（副本）复印件 1 份；
6. 现场照片证据 5 张及视频光盘证据 1 份；
7. ××市××纺织有限公司主要生产设备清单复印件 1 份；
8. ××市××纺织有限公司项目环评审批验收材料复印件 1 份；
9. ××市××纺织有限公司与××××浆纱厂、××市××纺织品有限公司租赁合同复印件各 1 份；
10. ××市××纺织有限公司 2017 年 3 月 24 日情况说明 1 份；
11. ××市××区环境保护局查阅档案情况说明 1 份；
12. ××市××纺织有限公司法定代表人、环保负责人身份证复印件各 1 份；
13. ××市环境监察支队现场执法人员 3 名执法证复印件各 1 份。
</td></tr>
<tr><td colspan="3">

处理依据：

该单位违反了《中华人民共和国水污染防治法》第二十二条第二款和《建设项目环境保护管理条例》第二十三条之规定，应分别依据《中华人民共和国水污染防治法》第七十五条第二款、《环境保护主管部门实施限制生产、停产整治办法》第六条第一项、《中华人民共和国环境保护法》第六十三条第三项、《行政主管部门移送适用行政拘留环境违法案件暂行办法》第七条第七项和《建设项目环境保护管理条例》第二十八条之规定予以行政处罚。
</td></tr>
<tr><td rowspan="2">处理意见</td><td colspan="2">

1. 建议处以罚款 20 万元；
2. 责令停止“2 100 t/年棉纱染色加工，300 t/年绒线染色加工”项目和“2 000 万 m/年白浆纱”项目的生产；
3. 责令停产整治；
4. 建议将该单位直接负责主管人员移送公安机关实施行政拘留。

调查人：×××　×××
2017 年 3 月 26 日
</td></tr>
<tr><td>

同意调查人意见

科室负责人：×××
2017 年 3 月 26 日
</td><td>

同意

支队分管领导：×××
2017 年 3 月 27 日
</td></tr>
</table>

××市环境保护局
案件集体讨论笔录

案件名称： ××市××纺织有限公司涉嫌违反水污染管理制度、建设项目“三同时”及验收制度案（案号 2017-×××）

时　间： 2017 年 3 月 28 日 11 时 01 分至 11 时 15 分

地　点： 支队会议室

主持人： ×××　　　　**职务：** 副支队长

记录人： ×××　　　　**职务：** 科员

参加人员： ××（支队长）、×××（副支队长）、×××（副支队长）、××（副支队长）、×××（科长）、×××（科长）、××（科长）、××（科长）、××（科长）、××（副科长）、×××（副科长）、××（副科长）、×××（副科长）、×××（科员）、××（科员）、×××（科员）

承办人汇报案件情况： ×××：2017 年 3 月 5 日，我局现场监察，××市××纺织有限公司正在生产，雨水排放口阀门打开，有水正在排放，××市环境监测中心对该单位雨水排放口外排污水现场采样，经监测，该单位雨水排放口外排污水中总磷浓度为 1.20 mg/L，化学需氧量为 1.32×10^4 mg/L，均超过了 DB32/T 1072—2007《太湖地区城镇污水处理厂及重点工业行业主要水污染物排放限值》表 3 中排放限值， 总氮浓度为 18.8 mg/L，超过了 GB 4287—2012《纺织染整工业水污染物排放标准》表 3 中直接排放限值。2017 年 3 月 8 日，我局在现场监察中发现，该单位“2 100 t/年棉纱染色加工，300 t/年绒线染色加工”项目和“2 000 万 m/年白浆纱”项目需要配套建设的环境保护设施未经环保部门验收，主体工程已投入生产。

经调查：（一）该单位已于 2008 年进行了雨污分流改造，厂区设有一雨水排放口，并在雨水排放口设置了可控阀门。该单位现场负责人（××，总经理）称已立即安排全厂停产，及时对损坏的雨水排放口阀门进行了维修，对雨污水管网进行排查，制定下一步整改方案。该单位环保负责人为×××（职务为经理，身份证号码为×××），负责环保管理工作。依据《环境保护主管部门实施查封、扣押办法》第四条第四项规定，2017 年 3 月 7 日，我局已对该单位主要产污设备实施查封一个月。2017 年 3 月 7 日，我局对该单位下达了《××市环境保护局责令改正违法行为决定书》（×环察改〔2017〕×号），责令该单位立即改正违法排放污染物的行为。

（二）该单位原名为××市××××厂，目前建成 4 个生产车间：①纱线染色车间，主要进行染纱加工的生产，“染色”项目于1996年经××市环保局审批同意建设，生产能力为150 t/年，1996年11月通过××市环保局“三同时”验收；“2 100 t/年棉纱染色加工，300 t/年绒线染色加工”项目于2004年3月24日经××区环保局审批同意建设，该项目需要配套建设的环境保护设施未经环保部门验收，主体工程已于2004年起投入生产。②白胚浆纱车间，主要进行浆纱加工生产，“2 000万m/年白浆纱”项目于2010年1月27日经××区环保局审批同意建设，该项目需要配套建设的环境保护设施未经环保部门验收，主体工程已于2010年起投入生产。③色织浆纱车间，主要进行浆纱加工生产，未向环保部门报批建设项目环境影响评价文件，项目需要配套建设的环境保护设施未经环保部门验收，主体工程已投入生产。④色织布后整理车间，主要进行后整理加工生产，未向环保部门报批建设项目环境影响评价文件，项目需要配套建设的环境保护设施未经环保部门验收，主体工程已投入生产。该单位现场负责人（××，总经理）称，色织浆纱车间和色织布后整理车间分别租赁给××××浆纱厂和××市××纺织品有限公司，并提供了租赁合同，该违法行为已分别另案处理（立案编号分别为2017-×××，2017-×××）。该单位建有污水预处理设施一套，污水经预处理后接管至××城区污水处理厂。

调查人员认为：（一）××市××纺织有限公司利用已进行了雨污分流改造的雨水管网排放水污染物，该行为属于采取其他规避监管的方式排放水污染物，违反了《中华人民共和国水污染防治法》第二十二条第二款的规定，应依据《中华人民共和国水污染防治法》第七十五条第二款的规定予以行政处罚，建议处以罚款10万元。根据《中华人民共和国水污染防治法》第七十五条第二款、《环境保护主管部门实施限制生产、停产整治办法》第六条第一项规定，建议责令该单位停产整治。根据《中华人民共和国环境保护法》第六十三条第三项和《行政主管部门移送适用行政拘留环境违法案件暂行办法》第七条第七项的规定，建议将该单位直接负责主管人员移送公安机关实施行政拘留。

（二）××市××纺织有限公司“2 100 t/年棉纱染色加工，300 t/年绒线染色加工”项目需要配套建设的环境保护设施未经环保部门验收，主体工程已投入生产，违反了《建设项目环境保护管理条例》第二十三条之规定，应依据《建设项目环境保护管理条例》第二十八条之规定予以行政处罚。依据《关于印发××市环境保护局行政处罚自由裁量权实施细则的通知》（×环宣〔2014〕24号）“环保设施已建成但未验收，或有其他法定或酌定从轻情节的”，该行为裁量幅度为5万元以下，鉴于污水处理设施已建成，建议处以罚款5万元，并责令停止“2 100 t/年棉纱染色加工，300 t/年绒线染色加工”项目的生产。

（三）××市××纺织有限公司“2 000万m/年白浆纱”项目需要配套建设的环境保护设施未经环保部门验收，主体工程已投入生产，违反了《建设项目环境保护管理条例》第二十三条之规定，应依据《建设项目环境保护管理条例》第二十八条之规定予以行政处罚。依据《关于印发××市环境保护局行政处罚自由裁量权实施细则的通知》（×环宣〔2014〕24号）“环保设施已建成但未验收，或有其他法定或酌定从轻情节的”，该行为裁量幅度为 5 万元以下，鉴于污水处理设施已建成，建议处以罚款 5 万元，并责令停止“2 000 万 m/年白浆纱”项目的生产。

综上，对该单位的违法行为：1. 建议处以罚款 20 万元；2. 责令停止“2 100 t/年棉纱染色加工，300 t/年绒线染色加工”项目和“2 000 万 m/年白浆纱”项目的生产；3. 责令停产整治；4. 建议将该单位直接负责主管人员移送公安机关实施行政拘留。

陈述（听证）情况：无

参加讨论人员意见：××：法制科对该行政处罚案件进行了书面审查，认为本案违法事实清楚，证据确凿，调查取证符合法定程序，维持原来的处理意见。

××：该案件违法事实清楚，按案件主办人提出的意见进行处罚。

×××：同意。

×××：同意。

××：同意。

×××：同意。

×××：同意。

××：同意。

××：同意。

××：同意。

××：同意。

×××：同意。

×××：同意。

××：同意。

×××：经讨论，对该单位的环境违法行为：1. 建议处以罚款 20 万元；2. 责令停止“2 100 t/年棉纱染色加工，300 t/年绒线染色加工”项目和“2 000 万 m/年白浆纱”项目的生产；3. 责令停产整治；4. 建议将该单位直接负责主管人员移送公安机关实施行政拘留；5. 提交局法制部门书面核审。

结论意见：1. 建议处以罚款 20 万元；2. 责令停止“2 100 t/年棉纱染色加工，300 t/年绒线染色加工”项目和“2 000 万 m/年白浆纱”项目的生产；3. 责令停产整治；4. 建议将该单位直接负责主管人员移送公安机关实施行政拘留；5. 提交局法制部门书面核审。

参加人员签名：

×× ××× ×× ×× ×× ××× ×× ×× ××× ××
×× ××× ××× ××× ××× ×××

2017 年 3 月 28 日

××市环境保护局
案件核审表

<table>
<tr><td>案件名称</td><td colspan="3">污水超标排放、建设项目违法案</td></tr>
<tr><td>当事人</td><td colspan="3">××市××纺织有限公司</td></tr>
<tr><td>地　址</td><td>×××</td><td>法定代表人</td><td>×××</td></tr>
<tr><td>案件情况及调查部门处理意见</td><td colspan="3">2017 年 3 月 5 日，我局现场监察，××市××纺织有限公司正在生产，雨水排放口阀门打开，有水正在排放，××市环境监测中心对该单位雨水排放口外排污水现场采样，经监测，该单位雨水排放口外排污水中总磷浓度为 1.20 mg/L，化学需氧量为 1.32×10^4 mg/L，均超过了 DB32/T 1072—2007《太湖地区城镇污水处理厂及重点工业行业主要水污染物排放限值》表 3 中排放限值；总氮浓度为 18.8 mg/L，超过了 GB 4287—2012《纺织染整工业水污染物排放标准》表 3 中直接排放限值。2017 年 3 月 8 日，我局在现场监察中发现，该单位“2 100 t/年棉纱染色加工，300 t/年绒线染色加工”项目和“2 000 万 m/年白浆纱”项目需要配套建设的环境保护设施未经环保部门验收，主体工程已投入生产。
调查部门意见：1. 建议处以罚款 20 万元；2. 责令停止“2 100 t/年棉纱染色加工，300 t/年绒线染色加工”项目和“2 000 万 m/年白浆纱”项目的生产；3. 责令停产整治；4. 建议将该单位直接负责主管人员移送公安机关实施行政拘留。</td></tr>
<tr><td>书面审查意　见</td><td colspan="3">经书面审查，该单位违法事实清楚，证据确凿，调查取证符合法定程序，适用法律正确。同意调查部门的意见。
签　名：×××
2017 年 4 月 27 日</td></tr>
<tr><td>负责人意见</td><td colspan="3">同意审查意见
签　名：×××
2017 年 4 月 28 日</td></tr>
</table>

××市环境保护局
环境保护限制生产、停产整治审批表

<table>
<tr><td>案 源</td><td colspan="4">检查发现</td></tr>
<tr><td rowspan="4">当事人</td><td>名称或姓名</td><td colspan="3">××市××纺织有限公司</td></tr>
<tr><td>地址（住址）</td><td>×××</td><td>邮政编码</td><td>××××××</td></tr>
<tr><td>社会信用代码</td><td colspan="3">×××</td></tr>
<tr><td>法定代表人（负责人）</td><td>×××</td><td>职 务</td><td>总经理</td></tr>
<tr><td>简要案情及申请理由依据和内容</td><td colspan="4">2017 年 3 月 5 日，我局现场监察，该单位正在生产，雨水排放口阀门打开，有水正在排放，××市环境监测中心对该单位雨水排放口外排污水现场采样，经监测，该单位雨水排放口外排污水中总磷浓度为 1.20 mg/L，化学需氧量为 1.32×10^4 mg/L，均超过了 DB32/T 1072—2007《太湖地区城镇污水处理厂及重点工业行业主要水污染物排放限值》表 3 中排放限值；总氮浓度为 18.8 mg/L，超过了 GB 4287—2012《纺织染整工业水污染排放标准》表 3 中排放限值。该行为违反了《中华人民共和国水污染防治法》第二十二条第二款的规定，根据《中华人民共和国水污染防治法》第七十五条第二款、《环境保护主管部门实施限制生产、停产整治办法》第六条第一项规定，建议责令该单位停产整治。</td></tr>
<tr><td>承办人意见</td><td colspan="4">建议责令该单位停产整治。
签名或盖章：××× ×××
2017 年 3 月 7 日</td></tr>
<tr><td>部门领导意见</td><td colspan="2">同意
签名或盖章：××
2017 年 3 月 7 日</td><td>法制机构负责人意见</td><td>同意
签名或盖章：××
2017 年 3 月 7 日</td></tr>
<tr><td>分管局领导意见</td><td colspan="4">同意
签名或盖章：××
2017 年 3 月 7 日</td></tr>
</table>

××市环境保护局
责令停产整治告知书

×环责停告字〔2017〕×号

××市××纺织有限公司：

一、环境违法事实和证据

2017 年 3 月 5 日，我局现场监察，你单位正在生产，雨水排放口阀门打开，有水正在排放，××市环境监测中心对你单位雨水排放口外排污水现场采样，经监测，你单位雨水排放口外排污水中总磷浓度为 1.20 mg/L，化学需氧量为 1.32×10^{4} mg/L，均超过了 DB32/T 1072—2007《太湖地区城镇污水处理厂及重点工业行业主要水污染物排放限值》表 3 中的排放限值；总氮浓度为 18.8 mg/L，超过了 GB 4287—2012《纺织染整工业水污染物排放标准》表 3 中的直接排放限值。我局于 2017 年 3 月 7 日对你单位下达了《××市环境保护局责令改正违法行为决定书》（×环察改〔2017〕×号），责令你单位立即改正违法排放污染物的行为。

以上事实主要有以下证据证明：

1. ××市环境保护局现场检查（勘察）笔录 2 份；

2. ××市环境保护局调查询问笔录 3 份；

3. ××市××纺织有限公司营业执照（副本）复印件 1 份；

4.《××市环境保护局责令改正违法行为决定书》（×环察改〔2017〕×号）及送达回执复印件各 1 份；

5. ××市环境监测中心监测报告〔2017〕环监（水）字第（C-×××）号 1 份；

6. 现场照片证据 5 张及视频光盘证据 1 份。

你单位利用已进行了雨污分流改造的雨水管网排放污染物，该行为属于采取其他规避监管的方式排放水污染物，违反了《中华人民共和国水污染防治法》第二十二条第二款“禁止私设暗管或者采取其他规避监管的方式排放水污染物”的规定，依法应当予以停产整治。

二、停产整治的依据、种类

《中华人民共和国水污染防治法》第七十五条第二款规定：“违反法律、行政法规和国务院环境保护主管部门的规定设置排污口或者私设暗管的，由县级以上地方人民政府环境保护主管部门责令限期拆除，处二万元以上十万元以下的罚款；逾期不拆除的，强制拆除，所需费用由违法者承担，处十万元以上五十万元以下的罚款；私设暗管或者有其他严重情节的，县级以上地方人民政府环境保护主管部门可以提请县级以上地方人民政府责令停产整顿。”

《环境保护主管部门实施限制生产、停产整治办法》第六条第一项规定：“排污者有通过暗管、渗井、渗坑、灌注或者篡改、伪造监测数据，或者不正常运行防治污染设施等逃避监管的方式排放污染物，超过污染物排放标准的，环境保护主管部门可以责令其采取停产整治措施。”

根据本案情节与后果，对照上述法律法规规定，我局拟责令你单位停产整治。

三、要求听证或者提出陈述申辩的途径和期限

根据《环境保护主管部门实施限制生产、停产整治办法》第十一条的规定，你单位有权要求听证或陈述和申辩。你单位如果要求听证，可在接到本通知之日起三日内向我局以书面形式提出听证申请，你单位如对该停产整治有异议，可在接到本通知之日起七日内向我局提出陈述和申辩；逾期未提出陈述或者申辩，视为你单位放弃陈述和申辩的权利。

联系地址：×××　　　　　　　　　　邮政编码：×××
联 系 人：×××　　　　　　　　　　电　　话：×××

××市环境保护局
2017年3月23日

（印章：××市环境保护局 行政处罚专用章）

××市环保局行政处罚专用发文单

<table>
<tr><td colspan="2">编　　号：　×环责停告字〔2017〕×号　　　　　　　　　　印发日期：　2017/03/23</td></tr>
<tr><td colspan="2">标　　题：　　　　责令停产整治告知书（××市××纺织有限公司）</td></tr>
<tr><td colspan="2">可否公开：　可公开</td></tr>
<tr><td colspan="2">密　　级：　内部　　紧急程度：　普通　　保管期限：　长期　　归档类目：</td></tr>
<tr><td>签　　发：
同意
×××
2017-03-23

处长审核：</td><td>分管领导审核：
已审核。
×××
2017-03-23

核　　稿：</td></tr>
<tr><td colspan="2">主办单位和拟稿人：
法制科　××　2017-03-23</td></tr>
<tr><td colspan="2">附　　件：</td></tr>
<tr><td colspan="2"></td></tr>
<tr><td colspan="2">主　　送：××市××纺织有限公司</td></tr>
<tr><td colspan="2">抄　　送：</td></tr>
<tr><td colspan="2">共　　印：3　份　　　共　　　页</td></tr>
</table>

××市环境保护局
责令停产整治告知书

×环责停告字〔2017〕×号

××市××纺织有限公司：

一、环境违法事实和证据

2017年3月5日，我局现场监察，你单位正在生产，雨水排放口阀门打开，有水正在排放，××市环境监测中心对你单位雨水排放口外排污水现场采样，经监测，你单位雨水排放口外排污水中总磷浓度为1.20 mg/L，化学需氧量为1.32×10^{4} mg/L，均超过了DB32/T 1072—2007《太湖地区城镇污水处理厂及重点工业行业主要水污染物排放限值》表3中的排放限值；总氮浓度为18.8 mg/L，超过了GB 4287—2012《纺织染整工业水污染物排放标准》表3中的直接排放限值。我局于2017年3月7日对你单位下达了《××市环境保护局责令改正违法行为决定书》（×环察改〔2017〕×号），责令你单位立即改正违法排放污染物的行为。

以上事实主要有以下证据证明：

1. ××市环境保护局现场检查（勘察）笔录2份；

2. ××市环境保护局调查询问笔录3份；

3. ××市××纺织有限公司营业执照（副本）复印件1份；

4.《××市环境保护局责令改正违法行为决定书》（×环察改〔2017〕×号）及送达回执复印件各1份；

5. ××市环境监测中心监测报告〔2017〕环监（水）字第（C-×××）号1份；

6. 现场照片证据5张及视频光盘证据1份。

你单位利用已进行了雨污分流改造的雨水管网排放污染物，该行为属于采取其他规避监管的方式排放水污染物，违反了《中华人民共和国水污染防治法》第二十二条第二款“禁止私设暗管或者采取其他规避监管的方式排放水污染物”的规定，依法应当予以停产整治。

二、停产整治的依据、种类

《中华人民共和国水污染防治法》第七十五条第二款规定：“违反法律、行政法规和国务院环境保护主管部门的规定设置排污口或者私设暗管的，由县级以上地方人民政府环境保护主管部门责令限期拆除，处二万元以上十万元以下的罚款；逾期不拆除的，强制拆除，所需费用由违法者承担，处十万元以上五十万元以下的罚款；私设暗管或者有其他严重情节的，县级以上地方人民政府环境保护主管部门可以提请县级以上地方人民政府责令停产整顿。”

《环境保护主管部门实施限制生产、停产整治办法》第六条第一项规定：“排污者有通过暗管、渗井、渗坑、灌注或者篡改、伪造监测数据，或者不正常运行防治污染设施等逃避监管的方式排放污染物，超过污染物排放标准的，环境保护主管部门可以责令其采取停产整治措施。”

根据本案情节与后果，对照上述法律法规规定，我局拟责令你单位停产整治。

三、要求听证或者提出陈述申辩的途径和期限

根据《环境保护主管部门实施限制生产、停产整治办法》第十一条的规定，你单位有权要求听证或陈述和申辩。你单位如果要求听证，可在接到本通知之日起三日内向我局以书面形式提出听证申请，你单位如对该停产整治有异议，可在接到本通知之日起七日内向我局提出陈述和申辩；逾期未提出陈述或者申辩，视为你单位放弃陈述和申辩的权利。

联系地址：×××　　　　邮政编码：×××
联 系 人：×××　　　　电　　话：×××

××市环境保护局
2017年×月×日

××市环境保护局
送达回证

送达文书名称及文号	责令停产整治告知书 ×环责停告字〔2017〕×号
受送达人名称或姓名	××市××纺织有限公司
送达地点	×××
送达方式	直接送达
收件人签字（或盖章） 及收件日期	××× （与受送达人的关系： ） 2017年3月24日 ××市××污染防治有限公司
送达人（两人签字）	××× ××× 2017年3月24日
送达机关盖章	××市环境保护局 2017年3月24日 ××市环境保护局 行政处罚专用章
备 注	

××市环境保护局
责令停产整治决定书

×环责停字〔2017〕×号

单位名称：××市××纺织有限公司
社会信用代码：×××
法定代表人：××
单位地址：×××

一、环境违法事实和证据

2017年3月5日，我局现场监察，你单位正在生产，雨水排放口阀门打开，有水正在排放，××市环境监测中心对你单位雨水排放口外排污水现场采样，经监测，你单位雨水排放口外排污水中总磷浓度为1.20 mg/L，化学需氧量为1.32×10^4 mg/L，均超过了DB32/T 1072—2007《太湖地区城镇污水处理厂及重点工业行业主要水污染物排放限值》表3中的排放限值；总氮浓度为18.8 mg/L，超过了GB 4287—2012《纺织染整工业水污染物排放标准》表3中的直接排放限值。我局于2017年3月7日对你单位下达了《××市环境保护局责令改正违法行为决定书》（×环察改〔2017〕×号），责令你单位立即改正违法排放污染物的行为。

以上事实主要有以下证据证明：

1. ××市环境保护局现场检查（勘察）笔录2份；
2. ××市环境保护局调查询问笔录3份；
3. ××市××纺织有限公司营业执照（副本）复印件1份；
4. 《××市环境保护局责令改正违法行为决定书》（×环察改〔2017〕×号）及送达回执复印件各1份；
5. ××市环境监测中心监测报告〔2017〕环监（水）字第（C-×××）号1份；
6. 现场照片证据5张及视频光盘证据1份。

你单位利用已进行了雨污分流改造的雨水管网排放污染物，该行为属于采取其他规避监管的方式排放水污染物，违反了《中华人民共和国水污染防治法》第二十二条第二款“禁止私设暗管或者采取其他规避监管的方式排放水污染物”的规定，依法应当予以停产整治。

我局于 2017 年 3 月 24 日以《责令停产整治告知书》（×环责停告字〔2017〕×号）告知你单位违法事实、停产整治依据和拟作出的停产整治决定，并告知你单位有权进行陈述、申辩和要求听证。你单位逾期未进行陈述和申辩，也未要求听证。

以上事实，有我局《责令停产整治告知书》（×环责停告字〔2017〕×号）、《送达回执》为证。

二、停产整治的依据、种类

《中华人民共和国水污染防治法》第七十五条第二款规定："违反法律、行政法规和国务院环境保护主管部门的规定设置排污口或者私设暗管的，由县级以上地方人民政府环境保护主管部门责令限期拆除，处二万元以上十万元以下的罚款；逾期不拆除的，强制拆除，所需费用由违法者承担，处十万元以上五十万元以下的罚款；私设暗管或者有其他严重情节的，县级以上地方人民政府环境保护主管部门可以提请县级以上地方人民政府责令停产整顿。"

《环境保护主管部门实施限制生产、停产整治办法》第六条第一项规定："排污者有通过暗管、渗井、渗坑、灌注或者篡改、伪造监测数据，或者不正常运行防治污染设施等逃避监管的方式排放污染物，超过污染物排放标准的，环境保护主管部门可以责令其采取停产整治措施。"

根据本案情节与后果，对照上述法律法规规定，我局决定责令你单位停产整治。

三、停产整治的履行方式和期限

你单位应当在收到本决定书后立即整改，并在 15 个工作日内将整改方案报我局备案并向社会公开。

你单位完成整改任务后，应当在 15 个工作日内将整改任务完成情况和整改信息社会公开情况，报我局备案，并提交监测报告以及整改期间生产用电量、用水量、主要产品产量与整改前的对比情况等材料。停产整治决定自报我局备案之日起解除。

我局将依法对你单位履行停产整治措施的情况实施后督察，并依法作出处理或处罚。

四、申请行政复议或者提起行政诉讼的途径和期限

你单位如对本决定不服，可在收到本决定书之日起六十日内向××省环境保护厅或者向××市人民政府申请复议，也可在六个月内直接向××市××区人民法院起诉。

××市环境保护局

2017 年 4 月 5 日

××市环境保护局 行政处罚专用章

××市环保局行政处罚专用发文单

编　　号：	×环责停字〔2017〕×号	印发日期：	2017/04/05
标　　题：	责令停产整治决定书（××市××纺织有限公司）		
可否公开：	可公开		
密　　级：内部　　紧急程度：普通		保管期限：长期	归档类目：
签　　发： 同意 ××× 2017-04-05		分管领导审核： 已审核。 ××× 2017-04-05	
处长审核：		核　　稿：	
主办单位和拟稿人：法制科　××　2017-04-01			
附　　件：			
主　　送：××市××纺织有限公司			
抄　　送：			
共　　印：5　份　　　共　　　页			

××市环境保护局
责令停产整治决定书

×环责停字〔2017〕×号

单位名称：××市××纺织有限公司
社会信用代码：×××
法定代表人：××
单位地址：×××

一、环境违法事实和证据

2017年3月5日，我局现场监察，你单位正在生产，雨水排放口阀门打开，有水正在排放，××市环境监测中心对你单位雨水排放口外排污水现场采样，经监测，你单位雨水排放口外排污水中总磷浓度为1.20 mg/L，化学需氧量为1.32×10^4 mg/L，均超过了DB32/T 1072—2007《太湖地区城镇污水处理厂及重点工业行业主要水污染物排放限值》表3中的排放限值；总氮浓度为18.8 mg/L，超过了GB 4287—2012《纺织染整工业水污染物排放标准》表3中的直接排放限值。我局于2017年3月7日对你单位下达了《××市环境保护局责令改正违法行为决定书》（×环察改〔2017〕×号），责令你单位立即改正违法排放污染物的行为。

以上事实主要有以下证据证明：

1. ××市环境保护局现场检查（勘察）笔录2份；
2. ××市环境保护局调查询问笔录3份；
3. ××市××纺织有限公司营业执照（副本）复印件1份；
4. 《××市环境保护局责令改正违法行为决定书》（×环察改〔2017〕×号）及送达回执复印件各1份；
5. ××市环境监测中心监测报告〔2017〕环监（水）字第（C-×××）号1份；
6. 现场照片证据5张及视频光盘证据1份。

你单位利用已进行了雨污分流改造的雨水管网排放污染物，该行为属于采取其他规避监管的方式排放水污染物，违反了《中华人民共和国水污染防治法》第二十二条第二款“禁止私设暗管或者采取其他规避监管的方式排放水污染物”的规定，依法应当予以停产整治。

我局于 2017 年 3 月 24 日以《责令停产整治告知书》（×环责停告字〔2017〕×号）告知你单位违法事实、停产整治依据和拟作出的停产整治决定，并告知你单位有权进行陈述、申辩和要求听证。你单位逾期未进行陈述和申辩，也未要求听证。

以上事实，有我局《责令停产整治告知书》（×环责停告字〔2017〕×号）、《送达回执》为证。

二、停产整治的依据、种类

《中华人民共和国水污染防治法》第七十五条第二款规定："违反法律、行政法规和国务院环境保护主管部门的规定设置排污口或者私设暗管的，由县级以上地方人民政府环境保护主管部门责令限期拆除，处二万元以上十万元以下的罚款；逾期不拆除的，强制拆除，所需费用由违法者承担，处十万元以上五十万元以下的罚款；私设暗管或者有其他严重情节的，县级以上地方人民政府环境保护主管部门可以提请县级以上地方人民政府责令停产整顿。"

《环境保护主管部门实施限制生产、停产整治办法》第六条第一项规定："排污者有通过暗管、渗井、渗坑、灌注或者篡改、伪造监测数据，或者不正常运行防治污染设施等逃避监管的方式排放污染物，超过污染物排放标准的，环境保护主管部门可以责令其采取停产整治措施。"

根据本案情节与后果，对照上述法律法规规定，我局决定责令你单位停产整治。

三、停产整治的履行方式和期限

你单位应当在收到本决定书后立即整改，并在 15 个工作日内将整改方案报我局备案并向社会公开。

你单位完成整改任务后，应当在 15 个工作日内将整改任务完成情况和整改信息社会公开情况，报我局备案，并提交监测报告以及整改期间生产用电量、用水量、主要产品产量与整改前的对比情况等材料。停产整治决定自报我局备案之日起解除。

我局将依法对你单位履行停产整治措施的情况实施后督察，并依法作出处理或处罚。

四、申请行政复议或者提起行政诉讼的途径和期限

你单位如对本决定不服，可在收到本决定书之日起六十日内向××省环境保护厅或者向××市人民政府申请复议，也可在六个月内直接向××市××区人民法院起诉。

××市环境保护局

2017 年×月×日

××市环境保护局
送达回证

送达文书名称及文号	责令停产整治决定书 ×环责停字〔2017〕×号
受送达人名称或姓名	××市××纺织有限公司
送达地点	×××
送达方式	直接送达
收件人签字（或盖章） 及收件日期	××× （与受送达人的关系：　　　） 2017年4月6日
送达人（两人签字）	×××　××× 2017年4月6日
送达机关盖章	××市环境保护局 2017年4月6日
备　注	

××市环境保护局
行政处罚听证告知书

×环罚告〔2017〕×号

××市××纺织有限公司：

一、环境违法事实和证据

2017 年 3 月 5 日，我局现场监察，你单位正在生产，雨水排放口阀门打开，有水正在排放，××市环境监测中心对你单位雨水排放口外排污水现场采样，经监测，你单位雨水排放口外排污水中总磷浓度为 1.20 mg/L，化学需氧量为 1.32×10^4 mg/L，均超过了 DB32/T 1072—2007《太湖地区城镇污水处理厂及重点工业行业主要水污染物排放限值》表 3 中的排放限值；总氮浓度为 18.8 mg/L，超过了 GB 4287—2012《纺织染整工业水污染物排放标准》表 3 中的直接排放限值。我局于 2017 年 3 月 7 日对你单位下达了《××市环境保护局责令改正违法行为决定书》（×环察改〔2017〕×号）。2017 年 3 月 8 日，我局在现场监察中发现，你单位“2 100 t/年棉纱染色加工，300 t/年绒线染色加工”项目和“2 000 万 m/年白浆纱”项目需要配套建设的环境保护设施未经环保部门验收，主体工程已投入生产。

以上事实主要有以下证据证明：

1. ××市环境保护局现场检查（勘察）笔录 2 份；
2. ××市环境保护局调查询问笔录 3 份；
3. ××市××纺织有限公司营业执照（副本）复印件 1 份；
4. ××市环境监测中心监测报告〔2017〕环监（水）字第（C-×××）号 1 份；
5.《××市环境保护局责令改正违法行为决定书》（×环察改〔2017〕×号）及送达回执各 1 份；
6. ××市××纺织有限公司主要生产设备清单复印件 1 份；
7. ××市××纺织有限公司项目环评审批验收材料复印件 1 份；
8. ××市××纺织有限公司情况说明 1 份；
9. ××市××区环境保护局查阅档案情况说明 1 份；
10. 现场照片证据 5 张及视频光盘证据 1 份。

你单位利用已进行了雨污分流改造的雨水管网排放水污染物，该行为属于采取其他规避监管的方式排放水污染物，违反了《中华人民共和国水污染防治法》第二十二条第二款“禁止私设暗管或者采取其他规避监管的方式排放水污染物”的规定；你单位“2 100 t/年棉纱染色加工，300 t/年绒线染色加工”项目和“2 000 万 m/年白浆纱”项目需要配套建设的环境保护设施未经环保部门验收，主体工程已投入生产，均违反了《建设项目环境保护管理条例》第二十三条“建设项目需要配套建设的环境保护设施经验收合格，该建设项目方可正式投入生产或者使用”的规定，依法应当予以处罚。

二、责令改正和行政处罚的依据、种类

《中华人民共和国水污染防治法》第七十五条第二款规定：“除前款规定外，违反法律、行政法规和国务院环境保护主管部门的规定设置排污口或者私设暗管的，由县级以上地方人民政府环境保护主管部门责令限期拆除，处二万元以上十万元以下的罚款；逾期不拆除的，强制拆除，所需费用由违法者承担，处十万元以上五十万元以下的罚款；私设暗管或者有其他严重情节的，县级以上地方人民政府环境保护主管部门可以提请县级以上地方人民政府责令停产整顿。”

《建设项目环境保护管理条例》第二十八条规定：“违反本条例规定，建设项目需要配套建设的环境保护设施未建成、未经验收或者经验收不合格，主体工程正式投入生产或者使用的，由审批该建设项目环境影响报告书、环境影响报告表或者环境影响登记表的环境保护行政主管部门责令停止生产或者使用，可以处 10 万元以下的罚款。”

根据本案情节与后果，对照上述法律法规规定，我局对你单位采取其他规避监管的方式排放水污染物的违法行为，拟处以罚款壹拾万元；对你单位“2 100 t/年棉纱染色加工，300 t/年绒线染色加工”项目需要配套建设的环境保护设施未经环保部门验收，主体工程已投入生产的违法行为，拟处以罚款伍万元，并拟责令你单位停止“2 100 t/年棉纱染色加工，300 t/年绒线染色加工”项目的生产；对你单位“2 000 万 m/年白浆纱”项目需要配套建设的环境保护设施未经环保部门验收，主体工程已投入生产的违法行为，拟处以罚款伍万元，并拟责令你单位停止“2 000 万 m/年白浆纱”项目的生产。共计对你单位拟处以罚款贰拾万元。

三、要求听证或者提出陈述申辩的途径和期限

根据《中华人民共和国行政处罚法》第四十二条的规定，你单位有权要求听证。你单位如果要求听证，可在接到本通知之日起三日内向我局以书面形式提出听证申请。又根据《中华人民共和国行政处罚法》第三十二条的规定，你单位如对该处罚意见有异议，可在接到本通知之日起七日内向我局提出陈述和申辩；逾期未提出陈述或者申辩，视为你单位放弃陈述和申辩的权利。

联系地址：×××　　　　邮政编码：×××

联 系 人：×××　　　　电　　话：×××

×市环境保护局

行政处罚专用章

××市环境保护局

2017 年 5 月 4 日

××市环保局行政处罚专用发文单

编　　号：　×环罚告〔2017〕×号　　　印发日期：　2017/05/04	
标　　题：　行政处罚听证告知书（××市××纺织有限公司）	
可否公开：　可公开	
密　　级：　内部　　紧急程度：　普通　　保管期限：　长期　　归档类目：	
签　　发： 同意 ××× 2017-05-04	分管领导审核： 已审核。 ××× 2017-05-03
处长审核：	核　　稿：
主办单位和拟稿人：法制科　××　2017-05-03	
附　　件：	
主　　送：××市××纺织有限公司	
抄　　送：	
共　　印：3　份　　共　　页	

××市环境保护局
行政处罚听证告知书

×环罚告〔2017〕×号

××市××纺织有限公司：

一、环境违法事实和证据

2017年3月5日，我局现场监察，你单位正在生产，雨水排放口阀门打开，有水正在排放，××市环境监测中心对你单位雨水排放口外排污水现场采样，经监测，你单位雨水排放口外排污水中总磷浓度为 1.20 mg/L，化学需氧量为 1.32×10^4 mg/L，均超过了 DB32/T 1072—2007《太湖地区城镇污水处理厂及重点工业行业主要水污染物排放限值》表3中的排放限值；总氮浓度为18.8 mg/L，超过了GB 4287—2012《纺织染整工业水污染物排放标准》表3中的直接排放限值。我局于2017年3月7日对你单位下达了《××市环境保护局责令改正违法行为决定书》（常环察改〔2017〕2号）。2017年3月8日，我局在现场监察中发现，你单位“2 100 t/年棉纱染色加工，300 t/年绒线染色加工”项目和“2 000万m/年白浆纱”项目需要配套建设的环境保护设施未经环保部门验收，主体工程已投入生产。

以上事实主要有以下证据证明：

1. ××市环境保护局现场检查（勘察）笔录2份；
2. ××市环境保护局调查询问笔录3份；
3. ××市××纺织有限公司营业执照（副本）复印件1份；
4. ××市环境监测中心监测报告〔2017〕环监（水）字第（C-×××）号1份；
5.《××市环境保护局责令改正违法行为决定书》（常环察改〔2017〕2号）及送达回执各1份；
6. ××市××纺织有限公司主要生产设备清单复印件1份；
7. ××市××纺织有限公司项目环评审批验收材料复印件1份；
8. ××市××纺织有限公司情况说明1份；
9. ××市××区环境保护局查阅档案情况说明1份；
10. 现场照片证据5张及视频光盘证据1份。

你单位利用已进行了雨污分流改造的雨水管网排放水污染物，该行为属于采取其他规避监管的方式排放水污染物，违反了《中华人民共和国水污染防治法》第二十二条第二款“禁止私设暗管或者采取其他规避监管的方式排放水污染物”的规定；你单位“2 100 t/年棉纱染色加工，300 t/年绒线染色加工”项目和“2 000 万 m/年白浆纱”项目需要配套建设的环境保护设施未经环保部门验收，主体工程已投入生产，均违反了《建设项目环境保护管理条例》第二十三条“建设项目需要配套建设的环境保护设施经验收合格，该建设项目方可正式投入生产或者使用”的规定，依法应当予以处罚。

二、责令改正和行政处罚的依据、种类

《中华人民共和国水污染防治法》第七十五条第二款规定：“除前款规定外，违反法律、行政法规和国务院环境保护主管部门的规定设置排污口或者私设暗管的，由县级以上地方人民政府环境保护主管部门责令限期拆除，处二万元以上十万元以下的罚款；逾期不拆除的，强制拆除，所需费用由违法者承担，处十万元以上五十万元以下的罚款；私设暗管或者有其他严重情节的，县级以上地方人民政府环境保护主管部门可以提请县级以上地方人民政府责令停产整顿。”

《建设项目环境保护管理条例》第二十八条规定：“违反本条例规定，建设项目需要配套建设的环境保护设施未建成、未经验收或者经验收不合格，主体工程正式投入生产或者使用的，由审批该建设项目环境影响报告书、环境影响报告表或者环境影响登记表的环境保护行政主管部门责令停止生产或者使用，可以处 10 万元以下的罚款。”

根据本案情节与后果，对照上述法律法规规定，我局对你单位采取其他规避监管的方式排放水污染物的违法行为，拟处以罚款壹拾万元；对你单位“2 100 t/年棉纱染色加工，300 t/年绒线染色加工”项目需要配套建设的环境保护设施未经环保部门验收，主体工程已投入生产的违法行为，拟处以罚款伍万元，并拟责令你单位停止“2 100 t/年棉纱染色加工，300 t/年绒线染色加工”项目的生产；对你单位“2 000 万 m/年白浆纱”项目需要配套建设的环境保护设施未经环保部门验收，主体工程已投入生产的违法行为，拟处以罚款伍万元，并拟责令你单位停止“2 000 万 m/年白浆纱”项目的生产。共计对你单位拟处以罚款贰拾万元。

三、要求听证或者提出陈述申辩的途径和期限

根据《中华人民共和国行政处罚法》第四十二条的规定，你单位有权要求听证。你单位如果要求听证，可在接到本通知之日起三日内向我局以书面形式提出听证申请。又根据《中华人民共和国行政处罚法》第三十二条的规定，你单位如对该处罚意见有异议，可在接到本通知之日起七日内向我局提出陈述和申辩；逾期未提出陈述或者申辩，视为你单位放弃陈述和申辩的权利。

联系地址：×××　　　　邮政编码：×××

联 系 人：×××　　　　电　　话：×××

××市环境保护局

2017 年×月×日

××市环境保护局
送达回证

送达文书名称及文号	行政处罚听证告知书 ×环罚告〔2017〕×号
受送达人名称或姓名	××市××纺织有限公司
送达地点	×××
送达方式	直接送达
收件人签字（或盖章） 及收件日期	××× （与受送达人的关系：　　　　） 2017年5月5日
送达人（两人签字）	×××　××× 2017年5月5日
送达机关盖章	××市环境保护局 2017年5月5日
备　注	

关于×环罚告〔2017〕×号的陈述

××市环境保护局：

××市环境监察支队：

你局 2017 年 3 月 5 日对我公司进行检查，发现我公司雨水排放口有水排放，且COD、总磷、总氮超标，其次说我公司 2 100 t/年棉纱染色加工，300 t/年绒线染色加工项目和 2 000 万 m/年白浆纱项目需要配套建设的环境保护设施未经环保部门验收投入生产的违法行为，对我公司分别进行了 10 万元、5 万元、5 万元的经济处罚。针对该情况我公司提出如下陈述：

1. 我公司在被环保部门查处后，立即进行了停产，同时在停产期间对雨水口进行了初期雨水收集改造，雨水口阀门进行更换。

2. 我公司目前已全面停止了项目生产，且今后也不可能生产，带来的工人闹事处理，赔偿费用较大，借款银行的催交，业务货款无法收回，导致公司经济困难。

3. 2 100 t/年棉纱染色加工，300 t/年绒线染色加工项目和 2 000 万 m/年白浆纱为什么要分开处理，同样是我公司项目，同样是未验收投入生产，有何要分开处理，增加了企业处罚成本。

4. 我公司根据国家清理违法文件要求，对未验先投入的行为进行了改正，并按要求编制了自查评估报告，该文件明确了“未批先建、未验先投，批建不符”等违规项目，必须编制自评报告，我公司积极响应。

针对以上情况，我公司请求环保部门从企业的实际情况考虑，减轻对我公司的经济处罚，为感谢!

××市××纺织有限公司（印章：××市××纺织有限公司）

2017 年 5 月 12 日

××市环境保护局
案件集体讨论笔录

案件名称： ××市××纺织有限公司涉嫌违反水污染管理制度、建设项目“三同时”及验收制度案（案号2017-×××）

时　间： 2017年5月27日4时20分至4时30分

地　点： 支队会议室

主持人： ×××　　**职　务：** 副支队长

记录人： ×××　　**职　务：** 科员

参加人员： ××（支队长）、×××（副支队长）、×××（副支队长）、××（副支队长）、×××（科长）、×××（科长）、××（科长）、××（科长）、××（科长）、×××（副科长）、×××（副科长）、×××（科员）、××（科员）、×××（科员）

承办人汇报案件情况： ×××：2017年3月5日，我局现场监察，该单位正在生产，雨水排放口阀门打开，有水正在排放，××市环境监测中心对该单位雨水排放口外排污水现场采样，经监测，该单位雨水排放口外排污水中总磷浓度为1.20 mg/L，化学需氧量为1.32×10^4 mg/L，均超过了DB32/T 1072—2007《太湖地区城镇污水处理厂及重点工业行业主要水污染物排放限值》表3中的排放限值；总氮浓度为18.8 mg/L，超过了GB 4287—2012《纺织染整工业水污染物排放标准》表3中的直接排放限值。2017年3月8日，我局在现场监察中发现，该单位“2 100 t/年棉纱染色加工，300 t/年绒线染色加工”项目和“2 000万m/年白浆纱”项目需要配套建设的环境保护设施未经环保部门验收，主体工程已投入生产。我局于2017年3月7日对该单位下达了《××市环境保护局责令改正违法行为决定书》（×环察改〔2017〕×号），要求该单位立即改正违法排污的行为，于2017年4月6日向该单位送达了《××市环境保护局责令停产整治决定书》（×环责停字〔2017〕×号），于2017年5月5日向该单位送达了《行政处罚听证告知书》（×环罚告〔2017〕×号），我局对该单位采取其他规避监管的方式排放水污染物的违法行为，拟处以罚款壹拾万元；对该单位“2 100 t/年棉纱染色加工，300 t/年绒线染色加工”项目需要配套建设的环境保护设施未经环保部门验收，主体工程已投入生产的违法行为，拟处以罚款伍万元，并拟责令该单位停止“2 100 t/年棉纱染色加工，300 t/年绒线染色加工”项目的生产；对该单位“2 000万m/年白浆纱”项目需要配套建设的环境保护设施未经环保部门验收，主体工程已投入生产的违法行为，拟处以罚款伍万元，并拟责令该单位停止“2 000万m/年白浆纱”项目的生产。共计对该单位拟处以罚款贰拾万元。该单位于 2017 年 5 月 12 日向我局提交了陈述申辩材料一份，请求减轻处罚。

陈述（听证）情况：该单位陈述申辩内容为：1. 该单位在检查后立即停产，在停产期间对雨水口进行了初期雨水收集改造，更换了雨水口阀门；2. 该单位已停止项目违法生产，且承诺今后不会再进行违法生产；3. 该单位认为对“2 100 t/年棉纱染色加工，300 t/年绒线染色加工”项目和“2 000 万 m/年白浆纱”项目的违法生产应认定为一个违法行为，不应分别处罚；4. 该单位已按照“三个一批”的要求编制了自查报告，违法行为已得到了改正；5. 该单位整改积极且经济困难，请求减轻处罚。

参加讨论人员意见：×××：该案是依据法律、法规及我局自由裁量的规定来定处罚额的，前期在查封、扣押和责令改正决定书以及停产整治决定书送达过程中已去过现场多次，对该单位的申辩中所提情况也清楚，在裁量上已综合考虑了相关情节，对该单位减轻处罚的请求建议不予采纳，维持告知拟处罚内容，并建议将该单位直接负责主管人员移送公安机关实施行政拘留。

××：同意主办人意见。

××：同意主办人意见。

×××：同意

×××：同意。

××：同意。

×××：同意。

××：同意 。

××：同意。

×××：同意。

×××：同意。

××：同意。

×××：经讨论，对该单位的环境违法行为：1. 处以罚款 20 万元；2. 停止“2 100 t/年棉纱染色加工，300 t/年绒线染色加工”项目和“2 000 万 m/年白浆纱”项目的生产；3. 建议将该单位直接负责主管人员移送公安机关实施行政拘留。

结论意见：对该单位的环境违法行为：1. 处以罚款 20 万元；2. 停止“2 100 t/年棉纱染色加工，300 t/年绒线染色加工”项目和“2 000 万 m/年白浆纱”项目的生产；3. 建议将该单位直接负责主管人员移送公安机关实施行政拘留。

参加人员签名：

××　×××　××　××　××　×××　××　××　×××　××

××　×××　×××　×××

2017 年 5 月 27 日

××市环保局行政处罚专用发文单

编　　号：　×环行罚〔2017〕××号	印发日期：　2017/06/05
标　　题：　行政处罚决定书（××市××纺织有限公司）	
可否公开：　可公开	
密　　级：　内部　　紧急程度：　普通　　保管期限：　长期　　归档类目：	
签　　发： 同意 ××× 2017-06-05 处长审核：	分管领导审核： 已审核。 ××× 2017-06-05 核　　稿：
主办单位和拟稿人：法制科　××　2017-06-02	
附　　件：	
主　　送：××市××纺织有限公司	
抄　　送：	
共　　印：5　份　　　共　　　页	

编码：041001－201700××

××市环境保护局
行政处罚决定书

×环行罚〔2017〕××号

单位名称：××市××纺织有限公司
社会信用代码：×××
法定代表人：××
单位地址：×××

一、环境违法事实和证据

2017 年 3 月 5 日，我局现场监察，你单位正在生产，雨水排放口阀门打开，有水正在排放，××市环境监测中心对你单位雨水排放口外排污水现场采样，经监测，你单位雨水排放口外排污水中总磷浓度为 1.20 mg/L，化学需氧量浓度为 1.32×10^4 mg/L，均超过了 DB32/T 1072—2007《太湖地区城镇污水处理厂及重点工业行业主要水污染物排放限值》表 3 中的排放限值；总氮浓度为 18.8 mg/L，超过了 GB 4287—2012《纺织染整工业水污染物排放标准》表 3 中的直接排放限值。我局于 2017 年 3 月 7 日对你单位下达了《××市环境保护局责令改正违法行为决定书》（×环察改〔2017〕×号）。2017 年 3 月 8 日，我局在现场监察中发现，你单位“2 100 t/年棉纱染色加工，300 t/年绒线染色加工”项目和“2 000 万 m/年白浆纱”项目需要配套建设的环境保护设施未经环保部门验收，主体工程已投入生产。

以上事实主要有以下证据证明：

1. ××市环境保护局现场检查（勘察）笔录 2 份；
2. ××市环境保护局调查询问笔录 3 份；
3. ××市××纺织有限公司营业执照（副本）复印件 1 份；
4. ××市环境监测中心监测报告〔2017〕环监（水）字第（C-×××）号 1 份；
5.《××市环境保护局责令改正违法行为决定书》（×环察改〔2017〕×号）及送达回执各 1 份；
6. ××市××纺织有限公司主要生产设备清单复印件 1 份；
7. ××市××纺织有限公司项目环评审批验收材料复印件 1 份；
8. ××市××纺织有限公司情况说明 1 份；

9. ××市××区环境保护局查阅档案情况说明 1 份；

10. 现场照片证据 5 张及视频光盘证据 1 份。

你单位利用已进行了雨污分流改造的雨水管网排放水污染物，该行为属于采取其他规避监管的方式排放水污染物，违反了《中华人民共和国水污染防治法》第二十二条第二款“禁止私设暗管或者采取其他规避监管的方式排放水污染物”的规定；你单位“2 100 t/年棉纱染色加工，300 t/年绒线染色加工”项目和“2 000 万 m/年白浆纱”项目需要配套建设的环境保护设施未经环保部门验收，主体工程已投入生产，均违反了《建设项目环境保护管理条例》第二十三条“建设项目需要配套建设的环境保护设施经验收合格，该建设项目方可正式投入生产或者使用”的规定，依法应当予以处罚。

我局于 2017 年 5 月 5 日以《行政处罚听证告知书》（×环罚告〔2017〕×号）告知你单位违法事实、处罚依据和拟作出的处罚决定，并告知你单位有权进行陈述、申辩和要求听证。你单位于 2017 年 5 月 12 日向我局递交了陈述申辩书，陈述申辩意见为：1. 你单位在检查后立即停产，在停产期间对雨水口进行了初期雨水收集改造，更换了雨水口阀门；2. 你单位已停止项目违法生产，且承诺今后不会再进行违法生产；3. 你单位认为对“2 100 t/年棉纱染色加工，300 t/年绒线染色加工”项目和“2 000 万 m/年白浆纱”项目的违法生产应认定为一个违法行为，不应分别处罚；4. 你单位已按照“三个一批”的要求编制了自查报告，违法行为已得到了改正；5. 你单位整改积极且经济困难，请求减轻处罚。

经会审，我局认为：本案违法事实清楚，证据确凿，调查取证符合法定程序，适用法律正确，你单位陈述申辩意见不影响对违法事实的认定，减免处罚理由不成立，因此不予采纳。

以上事实，有我局《行政处罚听证告知书》（×环罚告〔2017〕×号）及《送达回证》、你单位陈述申辩材料为证。

二、责令改正和行政处罚的依据、种类

《中华人民共和国水污染防治法》第七十五条第二款规定：“除前款规定外，违反法律、行政法规和国务院环境保护主管部门的规定设置排污口或者私设暗管的，由县级以上地方人民政府环境保护主管部门责令限期拆除，处二万元以上十万元以下的罚款；逾期不拆除的，强制拆除，所需费用由违法者承担，处十万元以上五十万元以下的罚款；私设暗管或者有其他严重情节的，县级以上地方人民政府环境保护主管部门可以提请县级以上地方人民政府责令停产整顿。”

《建设项目环境保护管理条例》第二十八条规定：“违反本条例规定，建设项目需要配套建设的环境保护设施未建成、未经验收或者经验收不合格，主体工程正式投入生产或者使用的，由审批该建设项目环境影响报告书、环境影响报告表或者环境影响登记表的环境保护行政主管部门责令停止生产或者使用，可以处 10 万元以下的罚款。”

根据本案情节与后果，对照上述法律法规规定，我局决定对你单位采取其他规避监

管的方式排放水污染物的违法行为，处以罚款壹拾万元；对你单位“2 100 t/年棉纱染色加工，300 t/年绒线染色加工”项目需要配套建设的环境保护设施未经环保部门验收，主体工程已投入生产的违法行为，处以罚款伍万元，并责令你单位停止“2 100 t/年棉纱染色加工，300 t/年绒线染色加工”项目的生产；对你单位“2 000 万 m/年白浆纱”项目需要配套建设的环境保护设施未经环保部门验收，主体工程已投入生产的违法行为，处以罚款伍万元，并责令你单位停止“2 000 万 m/年白浆纱”项目的生产。共计对你单位处以罚款贰拾万元。

三、行政处罚决定的履行方式和期限

（一）关于责令停止生产的履行方式和期限

你单位应在收到本决定书之日起，立即停止“2 100 t/年棉纱染色加工，300 t/年绒线染色加工”项目和“2 000 万 m/年白浆纱”项目的生产。

（二）关于罚款的履行方式和期限

根据《中华人民共和国行政处罚法》和《罚款决定与罚款收缴分离实施办法》的规定，上述罚款限于接到本处罚决定书之日起十五日内缴至××银行××分行（各网点均可），收款人：××市政府非税收入专户。逾期不缴纳罚款，我局可以根据《中华人民共和国行政处罚法》第五十一条第一项规定每日按罚款数额的 3%加处罚款。根据《中华人民共和国行政强制法》第四十五条第二款，加处罚款或者滞纳金的数额不得超出金钱给付义务的数额。

四、申请行政复议或者提起行政诉讼的途径和期限

你单位如对本处罚决定不服，可在收到本决定书之日起六十日内向××省环境保护厅或者向××市人民政府申请复议，也可在六个月内直接向××市××区人民法院起诉。申请行政复议或者提起行政诉讼，不停止行政处罚决定的执行。

逾期不申请复议，也不向人民法院起诉，又不履行本处罚决定，我局将申请人民法院强制执行。

××市环境保护局

2017 年×月×日

关于××市××纺织有限公司采取规避监管的方式排放水污染物案件的调查报告

2017年3月5日，我局现场监察，发现该单位采取规避监管的方式通过雨水排放口排放水污染物，现场环境监察时，该单位正在生产，雨水排放口阀门打开（检查时未下雨），有水正在排放，××市环境监测中心对该单位雨水排放口外排污水现场采样，经监测，该单位雨水排放口外排污水中总磷浓度为1.20 mg/L，化学需氧量为1.32×10^4 mg/L，均超过了DB32/T 1072—2007《太湖地区城镇污水处理厂及重点工业行业主要水污染物排放限值》表3中的排放限值；总氮浓度为18.8 mg/L，超过了GB 4287—2012《纺织染整工业水污染物排放标准》表3中的直接排放限值。

2017年3月7日，我局依法对该单位下达了《××市环境保护局责令改正违法行为决定书》（×环察改〔2017〕×号），责令该单位立即改正违法排放污染物的行为。2017年3月13日，我局对该环境违法行为进行复查，该单位雨水排放口阀门关闭，无水外排，全厂已处于停产状态。2017年3月7日，我局依法对该单位下达了《××市环境保护局查封（扣押）决定书》（×环强决字〔2017〕×号），对该单位厂区内产污设备实施查封30日（2017年3月7日至4月6日）。

根据《中华人民共和国水污染防治法》第七十五条第二款、《环境保护主管部门实施限制生产、停产整治办法》第六条第一项之规定，我局于2017年4月5日对该单位下达了《××市环境保护局责令停产整治决定书》（×环责停字〔2017〕×号），责令该单位停产整治。

××市××纺织有限公司采取其他规避监管的方式排放水污染物，违反了《中华人民共和国水污染防治法》第二十二条第二款的规定，依据《中华人民共和国水污染防治法》第七十五条第二款的规定，我局对其处以罚款10万元。在现场监察中，我局还发现该单位“2 100 t/年棉纱染色加工，300 t/年绒线染色加工”项目和“2 000万m/年白浆纱”项目需要配套建设的环境保护设施未经环保部门验收，主体工程已投入生产，依据《建设项目环境保护管理条例》第二十八条，我局对其处以罚款10万元，并责令停止“2 100 t/年棉纱染色加工，300 t/年绒线染色加工”项目和“2 000万m/年白浆纱”项目的生产。我局于2017年6月5日对该单位下达了《××市环境保护局行政处罚决定书》（×环行罚〔2017〕××号），对该单位总计处以罚款20万元。

依据《中华人民共和国环境保护法》第六十三条第三项和《行政主管部门移送适用行政拘留环境违法案件暂行办法》第七条第七项的规定，建议将该单位直接负责主管人员（×××，经理，身份证号码为×××）移送公安机关实施行政拘留。

××市环境保护局

2017年6月14日

××市环境保护局移送涉嫌环境违法适用行政拘留处罚案件审批表

单位公章：　　　　　　　　　　　　　　　　　　　　审批号：×环拘移〔2017〕×号

<table>
<tr><td>案　由</td><td colspan="5">涉嫌环境违法适用行政拘留处罚案件</td></tr>
<tr><td>企业名称</td><td colspan="2">××市××纺织有限公司</td><td>统一社会信用代码</td><td colspan="2">×××</td></tr>
<tr><td>地　址</td><td colspan="2">×××</td><td>邮政编码</td><td colspan="2">×××</td></tr>
<tr><td>法定代表人</td><td>×××</td><td>有效证件及号码</td><td>×××</td><td>联系电话</td><td>×××</td></tr>
<tr><td>主要负责人</td><td>×××</td><td>有效证件及号码</td><td>×××</td><td>联系电话</td><td>×××</td></tr>
<tr><td>调查人员</td><td colspan="2">××　××</td><td>承办部门</td><td colspan="2">××市环境监察支队</td></tr>
<tr><td>案情简介</td><td colspan="5">2017 年 3 月 5 日，我局现场监察，发现该单位采取规避监管的方式通过雨水排放口排放水污染物，现场环境监察时，该单位正在生产，雨水排放口阀门打开（检查时未下雨），有水正在排放，××市环境监测中心对该单位雨水排放口外排污水现场采样，经监测，该单位雨水排放口外排污水中总磷浓度为 1.20 mg/L，化学需氧量为 1.32×10^4 mg/L，均超过了 DB32/T 1072—2007《太湖地区城镇污水处理厂及重点工业行业主要水污染物排放限值》表 3 中排放限值；总氮浓度为 18.8 mg/L，超过了 GB 4287—2012《纺织染整工业水污染物排放标准》表 3 中直接排放限值。</td></tr>
<tr><td>行政拘留处罚移送依据和处理意见</td><td colspan="5">依据《中华人民共和国环境保护法》第六十三条第三项和《行政主管部门移送适用行政拘留环境违法案件暂行办法》第七条第七项的规定，建议将该单位直接负责主管人员（×××，职务为经理，身份证号码为×××）移送公安机关实施行政拘留。
经办人：×××　×××
2017 年 6 月 15 日</td></tr>
<tr><td>部门执法机构意见</td><td colspan="5">同意
××
2017 年 6 月 15 日</td></tr>
<tr><td>部门法制机构意见</td><td colspan="5">同意
××
2017 年 6 月 21 日</td></tr>
<tr><td>局领导意见</td><td colspan="5">同意
××
2017 年 6 月 21 日</td></tr>
</table>

××市环境保护局涉嫌环境违法适用行政拘留处罚案件移送书

×环拘移〔2017〕×号

<table>
<tr><td>案　由</td><td colspan="5">涉嫌环境违法适用行政拘留处罚案件</td></tr>
<tr><td>企业名称</td><td colspan="2">××市××纺织有限公司</td><td>统一社会信用代码</td><td colspan="2">×××</td></tr>
<tr><td>地　址</td><td colspan="2">×××</td><td>邮政编码</td><td colspan="2">×××</td></tr>
<tr><td>法定代表人</td><td>×××</td><td>有效证件及号码</td><td>×××</td><td>联系电话</td><td>×××</td></tr>
<tr><td>主要负责人</td><td>×××</td><td>有效证件及号码</td><td>×××</td><td>联系电话</td><td>×××</td></tr>
<tr><td>调查人员</td><td colspan="2">××　××</td><td>承办部门</td><td colspan="2">××市环境监察支队</td></tr>
<tr><td>简要案情</td><td colspan="5">2017 年 3 月 5 日，我局现场监察，发现该单位采取规避监管的方式通过雨水排放口排放水污染物，现场环境监察时，该单位正在生产，雨水排放口阀门打开（检查时未下雨），有水正在排放，××市环境监测中心对该单位雨水排放口外排污水现场采样，经监测，该单位雨水排放口外排污水中总磷浓度为 1.20 mg/L，化学需氧量为 1.32×10^{4} mg/L，均超过了 DB32/T 1072—2007《太湖地区城镇污水处理厂及重点工业行业主要水污染物排放限值》表 3 中的排放限值；总氮浓度为 18.8 mg/L，超过了 GB 4287—2012《纺织染整工业水污染物排放标准》表 3 中的直接排放限值。</td></tr>
<tr><td>移送依据</td><td colspan="5">《中华人民共和国环境保护法》第六十三条第三项；
《行政主管部门移送适用行政拘留环境违法案件暂行办法》第七条第七项。</td></tr>
<tr><td>移送建议</td><td colspan="5">建议将该单位直接负责主管人员（×××，职务为经理，身份证号码为×××）移送公安机关实施行政拘留。</td></tr>
<tr><td colspan="6">经办人（执法证号）：

×××　××××
×××　××××

××市环境保护局
2017 年 6 月 23 日</td></tr>
</table>

××市环境保护局涉嫌环境违法适用行政拘留处罚案件移送材料清单

案由：××市××纺织有限公司涉嫌环境违法适用行政拘留处罚案件

材料名称	数量	提供部门	备注
关于××市××纺织有限公司采取规避监管的方式排放水污染物案件的调查报告	1	××市环境保护局	
××市环境保护局行政处罚决定书（×环行罚〔2017〕××号）及送达回执	1	××市环境保护局	
××市环境保护局责令停产整治决定书（×环责停字〔2017〕×号）及送达回执	1	××市环境保护局	
××市环境保护局责令改正违法行为决定书（×环察改〔2017〕×号）及送达回执	1	××市环境保护局	
××市环境保护局查封（扣押）决定书（×环强决字〔2017〕×号）、查封扣押清单及送达回执	1	××市环境保护局	
××市环境保护局解除查封（扣押）决定书（×环强解字〔2017〕×号）及送达回执	1	××市环境保护局	
××市环境保护局 2017 年 3 月 5 日、3 月 8 日、3 月 13 日现场检查（勘察）笔录	1	××市环境保护局	
××市环境保护局 2017 年 3 月 8 日调查询问笔录	2	××市环境保护局	
××市环境监测中心监测报告〔2017〕环监（水）字第（C-×××）号及采样记录表	1	××市环境保护局	
××市××纺织有限公司营业执照（副本）复印件	1	××市环境保护局	
现场照片证据	20	××市环境保护局	
现场视频光盘证据	1	××市环境保护局	
××（身份证号码为××）身份证复印件	1	××市环境保护局	

移送部门人员签名（执法证号）

×××　××××

×××　××××

××市环境保护局

2017 年 6 月 23 日

公安机关签收人员签名（警官证号）

×××　××××

××市公安局食品药品与环境犯罪侦查支队

2017 年 6 月 23 日

注：本清单一式两份，移送部门和公安机关各存一份。

××市环境保护局
现场检查（勘察）笔录

<table>
<tr><td>当事人</td><td colspan="6">××市××纺织有限公司</td></tr>
<tr><td>法定代表人</td><td colspan="3">×××</td><td>联系电话</td><td colspan="2">×××</td></tr>
<tr><td>地　址</td><td colspan="3">×××</td><td>检查时间</td><td colspan="2">2017 年 07 月 17 日</td></tr>
<tr><td>接待人</td><td>×××</td><td>职　务</td><td>××</td><td>联系电话</td><td colspan="2">×××</td></tr>
<tr><td colspan="2">接待人身份证号</td><td colspan="5">×××</td></tr>
<tr><td>执法合法性及当事人权利义务告知</td><td colspan="6">我们是××市环境监察支队执法人员，××市环境监察支队受××市环境保护局委托指派我们依法进行现场监察，这是我们的执法证件（出示证件）××× ××××、××× ××××，请确认。你有义务配合调查，不得拒绝、阻碍、隐瞒或者提供虚假情况。如果你认为我们与本案有利害关系，可能影响公正办案，可以申请我们回避，并说明理由。你是否清楚前述告知内容？你是否需要申请我们回避？
当事人确认记录：不需要回避。</td></tr>
<tr><td>现场监察情况</td><td colspan="6">1. ××市环境保护局行政处罚决定书（×环行罚〔2017〕××号）：对该单位采取其他规避监管的方式排放水污染物的违法行为，处以罚款壹拾万元；对该单位“2 100 t/年棉纱染色加工，300 t/年绒线染色加工”项目需要配套建设的环境保护设施未经环保部门验收，主体工程已投入生产的违法行为，处以罚款伍万元，并责令该单位停止“2 100 t/年棉纱染色加工，300 t/年绒线染色加工”项目的生产；对该单位“2 000 万 m/年白浆纱”项目需要配套建设的环境保护设施未经环保部门验收，主体工程已投入生产的违法行为，处以罚款伍万元，并责令该单位停止“2 000 万 m/年白浆纱”项目的生产。共计对该单位处以罚款贰拾万元；
2. 该单位罚款已执行；
3. 我局现场检查时（2017 年 7 月 17 日，天气晴），该单位雨水排放口呈关闭状态，无水外排；
4. 我局现场检查时，该单位“2 100 t/年棉纱染色加工，300 t/年绒线染色加工”项目和“2 000 万 m/年白浆纱”项目处于停产状态；
5. 我局现场检查起止时间为：2017 年 7 月 17 日 14:30—15:20。
（以下空白）</td></tr>
<tr><td>现场监察意见</td><td colspan="6">严格按照《中华人民共和国水污染防治法》和《建设项目环境保护管理条例》的规定，确保雨水排放口外排水达标排放，项目未经验收不得投入生产。
（以下空白）</td></tr>
<tr><td>接待人员签字</td><td colspan="6">以上内容已阅无误　××× 2017.07.17</td></tr>
<tr><td>执法证号</td><td colspan="3">×××</td><td colspan="2">执法人员签字</td><td>××× 2017.07.17</td></tr>
<tr><td>执法证号</td><td colspan="3">×××</td><td colspan="2">执法人员签字</td><td>××× 2017.07.17</td></tr>
<tr><td>执法证号</td><td colspan="3"></td><td colspan="2">执法人员签字</td><td></td></tr>
<tr><td>参加人签字</td><td colspan="3"></td><td colspan="2">所在单位</td><td></td></tr>
</table>

关停申请

××市××国家高新区管委会、××区环保局：

我公司××市××纺织有限公司（原××市××厂）成立于 1987 年，位于××市××区×××，主要从事纺织纱线染色加工，年生产能力为纱线染色 3 000 t，现有员工 70 余人。

我公司响应政府环境保护、节能减排政策，从 2002 年开始就接管××处理厂，每年对污水处理设施进行保养、改造，前后总投入 1 000 多万元。在 2008 年淘汰 3 台 4 t 燃煤锅炉，大大减少了废气排放量。在 2012 年又改绞染为筒子染纱，每吨染色消耗节约 50%以上。为配合“263”整治工作，我公司特此申请关停，希望能享受企业正常关停的优惠政策。

本公司具体经营车间为×××中间染色车间（××市××纺织有限公司），本关停申请仅为××市××纺织有限公司。×××中的色织布后整理车间为××市××纺织品有限公司，浆纱车间为××××浆纱厂和××××浆纱有限公司租用我公司厂房生产，该三家公司均为独立法人，请协调相关部门帮助做好“263”整治的相关工作。

另外，现阶段处在春节过后刚开工时期，公司突然关停，将面临员工安置、租赁矛盾等困难，恳请给予帮助处理。

××市××纺织有限公司

2017 年 3 月 26 日

现场照片（图片、影像资料）证据

证明对象：该单位“2 000 万 m/年白浆纱”项目处于停产状态
拍摄时间：2017 年 7 月 17 日 14:40
拍摄地点：××市××纺织有限公司
拍摄人：×××
当事人、见证人：×××
执法人员（签名）：×××　××× 执法证号：×××　×××

现场照片（图片、影像资料）证据

证明对象：该单位“2 100 t/年棉纱染色加工，300 t/年绒线染色加工”项目处于停产状态
拍摄时间：2017 年 7 月 17 日 14:43
拍摄地点：××市××纺织有限公司
拍摄人：×××
当事人、见证人：×××
执法人员（签名）：×××　×××   执法证号：×××　×××

现场照片（图片、影像资料）证据

证明对象：该单位新建一个初期雨水收集池
拍摄时间：2017 年 7 月 17 日 14:46
拍摄地点：××市××纺织有限公司
拍摄人：×××
当事人、见证人：×××
执法人员（签名）：×××　×××   执法证号：×××　×××

现场照片（图片、影像资料）证据

证明对象：该单位雨水排放口呈关闭状态，无水外排
拍摄时间：2017 年 7 月 17 日 14:47
拍摄地点：××市××纺织有限公司
拍摄人：×××
当事人、见证人：×××
执法人员（签名）：×××　×××   执法证号：×××　×××

××银行　　　　　　　　进账单（收账通知）

2017 年×月×日

<table>
<tr><td rowspan="3">出票人</td><td>全称</td><td colspan="2">××市××纺织有限公司</td><td rowspan="3">收款人</td><td>全称</td><td>××市政府非税收入</td></tr>
<tr><td>账号</td><td colspan="2">××××</td><td>账号</td><td>××××</td></tr>
<tr><td>开户银行</td><td colspan="2">××××</td><td>开户银行</td><td>××××</td></tr>
<tr><td>金额</td><td colspan="6">人民币
（大写）　贰拾万元整　　××银行</td></tr>
<tr><td colspan="2">票据种类</td><td></td><td>票据张数</td><td colspan="2"></td><td rowspan="3">收款人开户银行签章</td></tr>
<tr><td colspan="2">票据号码</td><td colspan="4"></td></tr>
<tr><td colspan="6">复核　　　　　　记账</td></tr>
</table>

××市环境保护局
环境行政执法后督察报告

<table>
<tr><td>执法文书编号</td><td colspan="5">×环行罚〔2017〕××号</td></tr>
<tr><td>案　由</td><td colspan="5">涉嫌违反水污染管理制度、建设项目“三同时”及验收制度案</td></tr>
<tr><td>当事人</td><td colspan="5">××市××纺织有限公司</td></tr>
<tr><td>法定代表人</td><td>××</td><td>联系人</td><td>××</td><td>电　话</td><td>×××</td></tr>
<tr><td>地　址</td><td colspan="5">×××</td></tr>
<tr><td>后督察情况</td><td colspan="5">1. 罚款已执行；
2. 2017 年 7 月 17 日，我局现场检查时，该单位雨水排放口呈关闭状态，无水外排；
3. 2017 年 7 月 17 日，我局现场检查时，该单位“2 100 t/年棉纱染色加工，300 t/年绒线染色加工”项目和“2 000 万 m/年白浆纱”项目处于停产状态。</td></tr>
<tr><td>调查人员
意　见</td><td colspan="5">×环行罚〔2017〕××号行政处罚决定内容，该单位已执行。
承办人：×××　×××
2017 年 7 月 26 日</td></tr>
<tr><td>调查科室
意　见</td><td colspan="5">同意承办人意见
部门负责人：×××　2017 年 7 月 26 日</td></tr>
<tr><td>调查部门分管
领导意见</td><td colspan="5">分管领导：×××　2017 年 7 月 27 日</td></tr>
<tr><td>调查部门领导
审批意见</td><td colspan="5">审批人：×××　2017 年 7 月 27 日</td></tr>
<tr><td>备　注</td><td colspan="5"></td></tr>
</table>

××市环保局查处环境违法行为结案报告

当事人	××市××纺织有限公司	法定代表人	×××
案情简介	2017 年 3 月 5 日，我局现场监察，该单位正在生产，雨水排放口阀门打开，有水正在排放，××市环境监测中心对该单位雨水排放口外排污水现场采样，经监测，该单位雨水排放口外排污水中总磷浓度为 1.20 mg/L，化学需氧量为 1.32×10^{4} mg/L，均超过了 DB32/T 1072—2007《太湖地区城镇污水处理厂及重点工业行业主要水污染物排放限值》表 3 中的排放限值；总氮浓度为 18.8 mg/L，超过了 GB 4287—2012《纺织染整工业水污染物排放标准》表 3 中的直接排放限值。2017 年 3 月 8 日，我局在现场监察中发现，该单位“2 100 t/年棉纱染色加工，300 t/年绒线染色加工”项目和“2 000 万 m/年白浆纱”项目需要配套建设的环境保护设施未经环保部门验收，主体工程已投入生产。		
办案时间	2017 年 3 月 8 日　起　至　2017 年 6 月 12 日　止		
结案日期	2017 年 11 月 22 日		
立案部门	××市环境监察支队		
处罚内容	处以罚款 20 万元		
执行情况	完成		
承办人意见	建议结案 承办人：×××　××× 2017 年 11 月 22 日		
承办部门意　见	同意 部门负责人：××× 2017 年 11 月 22 日		
分管领导审批意见	同意 审批人：××× 2017 年 11 月 22 日		
负责人审批意见	同意 负责人：××× 2017 年 11 月 22 日		
备　注			

4. ××××有限公司私设暗管违法排污案

【案件提供单位】

××市环境保护局

【案件简介】

2017 年 5 月 4 日，环保部门对××××有限公司进行现场检查，发现洗料车间的生产废水未全部进入污水处理站，部分生产废水通过暗管直接排至外环境。5 月 7 日，环保部门作出责令改正违法行为的决定，并自 2017 年 5 月 7 日起，对设施设备供电开关予以查封。5 月 19 日，环保部门根据《环境保护法》《行政主管部门移送适用行政拘留环境违法案件暂行办法》《环境保护主管部门实施限制生产、停产整治办法》《中华人民共和国水污染防治法》，作出罚款 100 000 元人民币；责令停产整治三十日，完成厂区污水管网改造，达到雨污分流；确保生产废水经污染治理设施处理、污染物达标排放；责令三日内拆除暗管；移送公安机关对其直接负责的主管人员和其他直接责任人员处以行政拘留的决定。当事人已履行行政处罚决定，直接负责的主管人员已移送公安机关查处。

【专家点评】

该案事实清楚，证据充分，法律适用正确，自由裁量适当，程序合法，体现了公开、公平、公正的执法原则，取得了良好的执法效果。该案件无论执法程序，还是执法中的法律适用和处罚力度都体现了依法行政的基本原则，是环保部门对私设暗管违法排污行为处罚的典型案例之一。

一、该案的优点

1. 执法行为规范，执法操作严谨。私设暗管排放污染物的违法行为属于隐蔽性强，难以发现，主观恶意程度高，环境危害性大，法律后果严重的环境违法行为。执法人员必须严格按照法定程序和调查取证的具体技术规范要求进行现场检查取证，方能确保执法的高效和正确。环保部门查处过程的规范操作、有序推进为案件查处顺利开展奠定了良好的基础。

2. 对违法行为性质判断准确，违法事实认定证据确凿。我国《环境保护法》第四十二条、第六十三条和《中华人民共和国水污染防治法》第二十二条，第七十五条对于该案涉及的违法行为有明确规定。执法人员能够在对违法行为性质正确判断的基础上，通过现场调查笔录、取样化验分析等方式查证违法事实，确保了执法所依据的案件事实的客观真实性。

3. 多种处罚方式并用，正确适用法律。环保部门严格按照《环境保护法》第四十二条、第六十三条规定对排污企业进行处罚。该案件采用了多种处罚并用的方式，既有责令违法企业立即拆除暗管，查封生产用电设施，责令停产整治，罚款人民币壹拾万元的财产罚和能力罚，也有对其直接负责的主管人员和其他直接责任人员处以拘留的人身罚。处罚符合环境法律法规的规定。该案在完成行政处罚程序之后，环境行政部门将主要违法主体移送公安机关立案侦查，形成环境污染责任承担的完整链条，体现了执法机关之间的良好配合。该处罚全面彰显了环境保护法对于私设暗管违法行为处罚基本要求，也通过对违法行为的全面处罚，确保环境处罚的公平正义性。

4. 处罚目的明确，处罚程序合法。执法活动体现了法律对于环境违法行为处罚的整体价值追求。执法部门能够严格按照《环境行政处罚办法》进行调查取证，确保对违法排污企业处罚程序的合法性，确保了整个执法活动的正当性。实施环境行政处罚的同时，坚持教育与处罚相结合，服务与管理相结合，引导和教育公民、法人或者其他组织自觉守法。

二、存在的问题和建议

该案件属于依据中央第四环境保护督察组举报受理问题转办清单由××市环保局环境监察支队与××市环境保护局执法人员联合对污染企业依法进行检查继而立案查处的案件，该案的发生和查处说明了强化日常环境行政执法监督的必要性和迫切性。如果没有中央环境保护督查组的执法检查该案也许就不能够被及时曝光，违法行为也不能及时得到纠正和处罚。

目　录

××市环境保护局
行政处罚决定书

×环罚字〔2017〕014号

××市××××有限公司：

营业执照统一社会信用代码：××××××× 法定代表人：×××

住所：××市××镇经济开发区

邮政编码：××××××

联系电话：×××××××

××市××××有限公司（以下简称“公司”）环境违法一案，经我局调查，现已审查终结。

一、环境违法事实和证据

接中央第四环境保护督察组举报受理问题转办清单，××市环保局环境监察支队与我局执法人员于2017年5月4日对你公司依法进行检查。经查，你公司“×××××××项目”一期工程已报批环评文件，已通过项目竣工验收监测并投入生产；检查时发现你公司洗料车间产生的高浓度生产废水未经污水处理设施处理，而是通过厂内暗管直接排入××镇经济开发区雨水管网后排至外环境。我局环境监测人员按程序现场对你公司洗料车间外雨水管网和厂区雨水井进行水样采集，并送××市环境监测站监测。经监测分析，雨水管网和厂区雨水井污水pH值分别为11.02和9.10，化学需氧量分别为4 146 mg/L和1 106 mg/L，其结果已严重超出正常雨水限值。

以上事实，有以下证据为证：

1.《现场检查（勘察）笔录》1份；

2.《调查询问笔录》2份；

3. 现场检查照片8张；

4. 法定代表人身份证复印件1份；

5. 公司环保负责人身份证复印件1份。

6. 工商营业执照复印件1份；

7. 监测报告1份。

你公司的上述行为违反了以下法律法规之规定：

1.《中华人民共和国环境保护法》第四十二条第一款：“排放污染物的企业事业单位和其他生产经营者，应当采取措施，防治在生产建设或者其他活动中产生的废气、废水、废渣、……对环境的污染和危害。”

2.《中华人民共和国环境保护法》第四十二条第四款：“严禁通过暗管、渗井、渗坑、灌注或者篡改、伪造监测数据，或者不正常运行防治污染设施等逃避监管的方式违法排放污染物。”

3.《中华人民共和国水污染防治法》第二十二条第二款：“禁止私设暗管或采取其他规避监管的方式排放水污染物。”

4. 我局于 2017 年 5 月 9 日向你公司送达了《××市环境保护局行政处罚事先（听证）告知书》（×环罚（听）告字〔2017〕014 号），告知了你公司违法事实、处罚依据及拟作出：1. 罚款人民币壹拾万元整；2. 责令停产整治三十日，完成厂区污水管网改造，达到雨污分流；确保生产废水经污染治理设施处理、污染物达标排放；3. 责令三日内拆除暗管；4. 移送公安机关对其直接负责的主管人员和其他直接责任人员处以行政拘留的处罚决定，并告知你公司有权进行陈述、申辩和要求听证的权利，你公司在法定期限内未进行陈述申辩，也未提出听证申请。

以上事实有《××市环境保护局行政处罚事先（听证）告知书》（×环罚（听）告字〔2017〕014 号）及其送达回证为证。

二、作出行政处罚的依据和种类

依据：

1.《中华人民共和国环境保护法》第六十三条第三项：“企业事业单位和其他生产经营者有下列行为之一，尚不构成犯罪的，除依照有关法律法规规定予以处罚外，由县级以上人民政府环境保护主管部门或者其他有关部门将案件移送公安机关，对其直接负责的主管人员和其他直接责任人员，处十日以上十五日以下拘留；情节较轻的，处五日以上十日以下拘留：三通过暗管、渗井、渗坑、灌注或者篡改、伪造监测数据，或者不正常运行防治污染设施等逃避监管的方式违法排放污染物的。”

2.《行政主管部门移送适用行政拘留环境违法案件暂行办法》第五条：“《环境保护法》第六十三条第三项规定的通过暗管、渗井、渗坑、灌注等逃避监管的方式违法排放污染物，是指通过暗管、渗井、渗坑、灌注等不经法定排放口排放污染物等逃避监管的方式违法排放污染物；暗管是指通过隐蔽的方式达到规避监管目的而设置的排污管道，包括埋入地下的水泥管、瓷管、塑料管等，以及地上的临时排污管道。”

3.《行政主管部门移送适用行政拘留环境违法案件暂行办法》第七条第一项：“《环境保护法》第六十三条第三项规定的通过不正常运行防治污染设施等逃避监管的方式违法排放污染物，包括以下情形：（一）将部分或全部污染物不经过处理设施，直接排放的。”

4.《环境保护主管部门实施限制生产、停产整治办法》第六条第一项：“排污者有下列情形之一的，环境保护主管部门可以责令其采取停产整治措施：（一）通过暗管、渗井、渗坑、灌注或者篡改、伪造监测数据，或者不正常运行防治污染设施等逃避监管的方式排放污染物，超过污染物排放标准的。”及该办法第十一条：“环境保护主管部门作出限制生产、停产整治决定前，应当告知排污者有关事实、依据及其依法享有的陈述、申辩或者要求举行听证的权利；就同一违法行为进行行政处罚的，可以在行政处罚事先告知书或者行政处罚事先听证告知书中一并告知。”

5.《中华人民共和国水污染防治法》第七十五条第二款：“除前款规定外，违反法律、行政法规和国务院环境保护主管部门的规定设置排污口或者私设暗管的，由县级以上地方人民政府环境保护主管部门责令限期拆除，处二万元以上十万元以下的罚款；逾期不拆除的，强制拆除，所需费用由违法者承担，处十万元以上五十万元以下的罚款；私设暗管或者有其他严重情节的，县级以上地方人民政府环境保护主管部门可以提请县级以上地方人民政府责令停产整顿。”

根据你公司的违法行为的事实、性质、情节、社会危害程度和相关证据，我局作出如下行政处罚决定：

1. 罚款人民币壹拾万元整。

2. 责令停产整治三十日，完成厂区污水管网改造，达到雨污分流；确保生产废水经污染治理设施处理、污染物达标排放。

3. 责令三日内拆除暗管。

三、行政处罚决定的履行方式和期限

根据《中华人民共和国行政处罚法》和《罚款决定与罚款收缴分离实施办法》的规定，你公司应于接到本处罚决定书之日起十五日内将罚款缴至指定银行和账号，你公司缴纳罚款后，应将缴款凭据报送我局备案。逾期不缴纳罚款，我局将每日按罚款数额的3%加处罚款。

收款银行：中国邮政储蓄银行股份有限公司××支行

地址：××市×××××

户名：××市非税收入管理局汇缴结算户

账号：×××××××

四、申请复议或者提起诉讼的途径和期限

你公司如不服本处罚决定，可在接到决定书起六十日内向××市环境保护局或××市人民政府申请复议，也可在六个月内直接向××市人民法院依法提起行政诉讼。

逾期不申请复议，也不向人民法院起诉，又不履行本处罚决定的，我局将依法申请人民法院强制执行。

××市环境保护局

2017年5月19日

××市环境保护局
送达回证

送达文书 名称及文号	××市环境保护局行政处罚决定书 ×环罚字（2017）014 号
受送达人	××市××××有限公司
送达时间	2017 年 5 月 19 日 时
送达地点	××市环保局××室
送达方式	直接
收件人	×××（签 章） 与当事人的关系：××　2017 年 5 月 19 日
送达人签名	×××、××× 2017 年 5 月 19 日
送达机关盖章	××市环境保护局
备 注	

××市环境保护局
环境违法行为立案审批表

<table>
<tr><td>案　由</td><td colspan="4">××市××××有限公司涉嫌私设暗管案</td></tr>
<tr><td>案件来源</td><td colspan="2">环境监察</td><td>立案号</td><td>2017（014）号</td></tr>
<tr><td rowspan="4">当事人</td><td>名称或姓名</td><td colspan="3">××市××××有限公司</td></tr>
<tr><td>住址（地址）</td><td>××市××镇经济开发区</td><td>邮政编码</td><td>××××××</td></tr>
<tr><td>法定代表人（负责人）</td><td>×××</td><td>本案关系</td><td>负责人</td></tr>
<tr><td>身份证号码</td><td>×××</td><td>联系电话</td><td>×××</td></tr>
<tr><td>案源登记时间</td><td colspan="2">2017年5月7日</td><td>办案人员</td><td>×××、×××</td></tr>
<tr><td>案情简介及立案理由</td><td colspan="4">2017年5月4日，××市环保局及我局执法人员对××市××××有限公司进行现场检查，经查，该公司××××××项目正常生产，洗料车间产生的废水未全部进入污水处理站，部分生产废水通过旁路直接排至外环境。
以上事实，有以下证据为证明：
1.《现场检查（勘察）笔录》1份；2.《调查询问笔录》1份；3. 现场检查照片8张；4. 法定代表人身份证复印件1份；5. 工商营业执照复印件1份；6. 该公司环保负责人身份证复印件1份。</td></tr>
<tr><td>承办人意见</td><td colspan="4">建议立案查处
签名：×××、×××　　2017年5月7日</td></tr>
<tr><td>承办机构负责人意见</td><td colspan="4">同意承办人意见，请党组审核。
签名：×××　　2017年5月7日</td></tr>
<tr><td>分管领导审核意见</td><td colspan="4">同意
签名：×××　　2017年5月7日</td></tr>
<tr><td>环保部门负责人审批意见</td><td colspan="4">同意
签名：×××　　2017年5月7日</td></tr>
</table>

××市环境保护局
现场检查（勘察）笔录

时　间：2017年5月4日14时35分至17时40分

地　点：××镇　　　　天　气：晴

被检查单位法定名称：××市××××有限公司

地　址：××市××镇×××　　　　邮　编：××××××

法定代表人：×××　　　　联系电话：××××××××

现场负责人：×××　　　　公民身份号码：×××

工作单位及职务：法人代表　　　　联系电话：××××××××

检查（勘察）人：×××、×××　　　　记录人：×××

其他参加人姓名及工作单位：

您好，我们是××市环保局行政执法人员，这是我们的执法证件（×××：×××；×××：×××），请过目确认。

答：已过目确认。

今天我们依法对你单位进行调查并了解有关情况，请配合，如实回答询问和提供材料，不得拒绝、阻碍、隐瞒或者提供虚假情况。如果你认为我们与本案有利害关系，可能影响公正办案，可以申请我们回避，并说明理由。听清楚了吗？

答：听清楚了，不申请回避。

根据上级部门交办的信访件，我局于2017年5月4日对该单位进行现场环境监察，

现场负责人对笔录的审阅意见：情况属实

签　名：×××　　　　2017年5月4日

检查（勘察）人签名：×××、×××

记录人签名：×××

2017年5月4日

（第1页，共2页）

情况如下：

1. 该单位×××××××项目（一期工程）已报批环评文件，审批手续（×环〔2016〕×××号）。目前，该项目已投入生产，已完成环境保护竣工验收监测。

2. 现场检查时，该单位正常生产，检查过程中发现，该单位一台12 t燃煤锅炉脱硫流量计损坏。

3. 我局执法人员在对该单位污水处理设施检查中发现，该单位洗料车间生产废水未经处理，利用洗料车间内暗管通过雨水管网直接排放厂区外市政雨水管网。××市环境监测站对厂区外市政雨水管网、厂区内雨水管网、洗料车间外排污口各采两组水样带回检测。

4. 该单位危险废物仓库内原料与危废混存。

5. 厂区内道路存在扬尘污染，待建设的仓库工程施工场地建筑材料、石灰、沙子未采取覆盖措施。（以下空白）

现场负责人对笔录的审阅意见：情况属实

签　名：×××　　　2017年5月4日

检查（勘察）人签名：×××、×××

记录人签名：×××

参加人签名：×××

2017年5月4日

（第2页，共2页）

××市环境保护局
调查询问笔录

时　间：2017 年 5 月 4 日 17 时 30 分至 18 时 00 分
地　点：××镇　　天　气：晴
被询问人姓名：×××　　公民身份号码：×××
工作单位及职务：××市××××有限公司 污水处理站负责人
联系电话：×××　　地　址：××市××区×××××××
邮　编：××××××
与本案关系：当事人污水处理工程承建联系人及环保负责人
询问人：×××、×××　　记录人：×××
其他参加人姓名及工作单位：

您好，我们是××市环保局行政执法人员，这是我们的执法证件（×××：×××；×××：×××），请过目确认。

答：已过目并确认。

问：今天我们依法调查并了解有关情况，请配合，如实回答询问和提供材料，不得拒绝、阻碍、隐瞒或者提供虚假情况。如果你认为我们与本案有利害关系，可能影响公正办案，可以申请我们回避，并说明理由。听清楚了吗？

答：听清楚了，不申请回避。本人作为××市××××有限公司污水处理站及环保负责人将接受贵局询问，协助贵局调查。

被询问人对笔录的审阅意见：情况属实

签　名：×××　　2017 年 5 月 4 日

询问人签名：×××、×××
记录人签名：×××
参加人签名：

2017 年 5 月 4 日

（第 1 页，共 2 页）

问：请谈一下你的身份？

答：我叫×××，家住××市××区×××，是××市××××有限公司环保负责人，身份证号为：×××。

问：检查时发现洗料车间污水管路设有一条暗管通往雨水管道（厂内），最终经厂区内雨水管道排入××镇经济技术开发区雨水管网，是否属实？

答：属实。

问：检查时厂内洗料车间污水正通过暗管排入××镇经济开发区雨水管网，是否属实？

答：属实。

问：你可知道这条管道的存在？对今天这件事是否负有责任？

答：我知道，早打算拆了，一直没在意，我对今天的利用暗管排放生产污水的行为负有监督不严的责任。

问：你公司法定代表人有没有要求或授意你实施私设暗管偷排废水？

答：我公司法定代表人从未提过这类要求，也从未授意，我公司将立即拆除这条管道。（以下空白）

被询问人对笔录的审阅意见：情况属实

签　名：×××　　　　2017 年 5 月 4 日

询问人签名：×××、×××

记录人签名：×××

参加人签名：

2017 年 5 月 4 日

（第 2 页，共 2 页）

××市环境保护局
调查询问笔录

时　间：2017年5月4日17时12分至17时40分

地　点：××镇　　天　气：晴

被询问人姓名：×××　　公民身份号码：×××

工作单位及职务：××市××××有限公司

法人代表联系电话：×××××××

地　址：××市××镇×××　　邮　编：××××××

与本案关系：

询问人：×××、×××　　记录人：×××

其他参加人姓名及工作单位：

您好，我们是××市环保局行政执法人员，这是我们的执法证件（×××：×××；×××：×××），请过目确认。

答：已确认。

问：今天我们依法调查并了解有关情况，请配合，如实回答询问和提供材料，不得拒绝、阻碍、隐瞒或者提供虚假情况。如果你认为我们与本案有利害关系，可能影响公正办案，可以申请我们回避，并说明理由。听清楚了吗？

答：已说明，无须回避。

被询问人对笔录的审阅意见：情况属实

签　名：×××　　2017年5月4日

询问人签名：×××、×××

记录人签名：×××

参加人签名：×××

2017年5月4日

（第1页，共2页）

问：请你介绍一下个人情况？与××××有限公司关系？

答：我叫×××，身份证号×××。我是××市××××有限公司的法人代表。

问：检查时，发现洗料车间的污水管路设有一条暗管通往雨水管道（厂内），污水可通过雨水管道排入××镇经济技术开发区污水管网。是否属实？你是否知道？

答：属实，我不清楚。

问：检查时厂内洗料车间污水正通过暗管排入园区市政管网，是否属实？知道是谁实施的？

答：属实，不知道。

问：现场在厂区外市政雨水管网、厂区内雨水管网、洗料车间外暗管排放口各采集两组水样，你是否知道？

答：××市环境监测站人员采样我清楚。

问：以上记录是否属实？

答：以上情况属实。（以下空白）

被询问人对笔录的审阅意见：情况属实

签　名：×××　　　2017 年 5 月 4 日

询问人签名：×××、×××

记录人签名：×××

参加人签名：×××

2017 年 5 月 4 日

（第 2 页，共 2 页）

××市环境保护局
执法证据（书证）提取单

当时人（企业名称或姓名）：<u>××市××××有限公司</u>

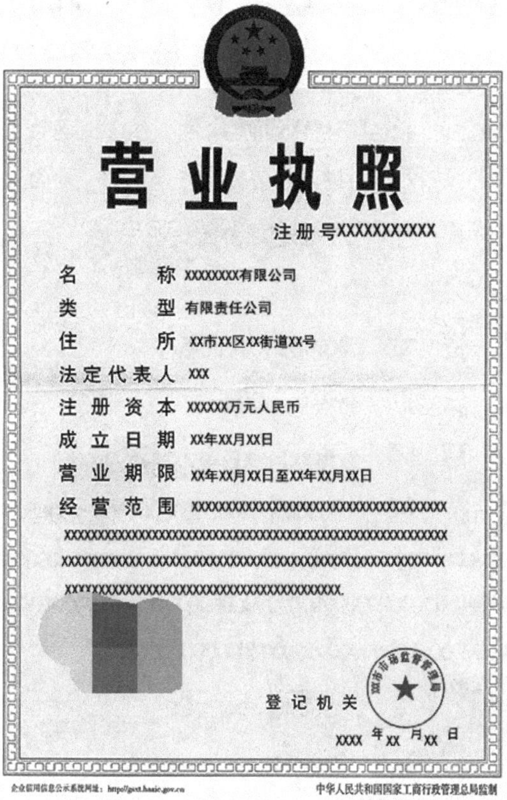
营业执照

注册号XXXXXXXXXXX

名　　称　XXXXXXXX有限公司

类　　型　有限责任公司

住　　所　XX市XX区XX街道XX号

法定代表人　XXX

注册资本　XXXXXX万元人民币

成立日期　XX年XX月XX日

营业期限　XX年XX月XX日至XX年XX月XX日

经营范围　XXXXXXXXXXXXXXXXXXXXXXXXXXXXXXXXXXXXXXXXXXXXXXXXXXXXXXXXXXXXXXXXXXXXXXXXXXXXXXXXXXXXXXXXXXXXXXXXXXXXXXXXXXXXXXXXXXXXXXXXXXXXXXXXXXXXXXXXXXXXXXXXXXXXXXXXXXXXXXXXXXXXXXXX.

登记机关

XXXX年XX月XX日

企业信用信息公示系统网址：http://gsxt.haaic.gov.cn

中华人民共和国国家工商行政管理总局监制

证据（书证）说明：<u>为该公司营业执照复印件</u>

证据（书证）提供人签名：×××

证据（书证）提取人签名：×××、×××（执法证号）

证据（书证）提取时间：2017 年 5 月 7 日　　时

营业执照

注册号XXXXXXXXXXX

名　　　称　XXXXXXXX有限公司

类　　　型　有限责任公司

住　　　所　XX市XX区XX街道XX号

法定代表人　XXX

注 册 资 本　XXXXXX万元人民币

成 立 日 期　XX年XX月XX日

营 业 期 限　XX年XX月XX日至XX年XX月XX日

经 营 范 围　XXXXXXXXXXXXXXXXXXXXXXXXXXXXXXXXXXXXXXXX XXXXXXXXXXXXXXXXXXXXXXXXXXXXXXXXXXXXXXXXXXXXXXXXXXXXXXXXXXXXX XXXXXXXXXXXXXXXXXXXXXXXXXXXXXXXXXXXXXXXXXXXXXXXXXXXXXXXXXXXXX XXXXXXXXXXXXXXXXXXXXXXXXXXXXXXXXXXXXXXXXXXXX.

登记机关　XXX市市场监督管理局

XXXX年XX月XX日

企业信用信息公示系统网址：http://gsxt.haaic.gov.cn　　中华人民共和国国家工商行政管理总局监制

关于××市××××有限公司×××××××项目（一期工程）环境影响报告书的审批意见

×环〔2016〕×××号

××市××××有限公司：

你公司报来的《××市××××有限公司×××××××项目（一期工程）环境影响报告书》（以下简称《报告书》）收悉。我局组织了专家评审，根据建设项目环境管理有关规定及专家意见，经研究，批复如下：

一、本项目位于××市××××。符合国家产业政策，选址符合××市××镇的总体规划。主要建设内容为年产××××。该项目总投资为 12 000 万元，其中环保投资 522 万元。从环境保护的角度出发，我局原则同意你公司按照《报告书》中所列建设项目的性质、规模、地点、环境保护措施及下述要求进行项目建设。你单位须按照《报告书》的要求，切实做好以下环保工作：

1. 全过程贯彻循环经济理论和清洁生产的原则，加强生产管理和环境管理，使用先进设备，减少污染物的产生。

2. 按“清污分流、雨污分流、一水多用”原则规划建设厂区排水管网。

3. 按《报告书》要求，本项目燃煤锅炉产生的废气须经脱硫、脱硝、除尘等装置处理达标后由 40 m 高烟囱排放，执行《锅炉大气污染物排放标准》（GB 13271—2014）表 2 中燃煤锅炉标准限值。本项目真空煅烧炉产生的废气须经水膜除尘装置处理达标后由 15 m 高排气筒排放；热定型废气须经活性炭吸附装置处理达标后由 15 m 高排气筒排放；执行《大气污染物综合排放标准》（GB 16297—1996）中二级标准限值。总量控制指标：二氧化硫≤5.0 t/年，氮氧化物≤33 t/年。

4. 设置生产车间边界 100 m 为卫生防护距离，不得建有居民区、学校等敏感目标。

5. 按《报告书》要求，本项目产生的生产废水和生活污水须经自建污水处理设施处理达标后排入××镇污水处理厂，执行《污水综合排放标准》（GB 8978—1996）表 4 中三级标准限值，其中氨氮执行《污水排入城镇下水道水质标准》（CJ 343—2010）中相关标准限值。

6. 生产设备合理布局，并采取隔声、降噪等措施，确保厂界噪声达标排放。噪声排放执行《工业企业厂界环境噪声排放标准》（GB 12348—2008）中的 3 类标准。

7. 按《报告书》要求落实各类固体废物的贮存管理措施和综合利用途径，废油渣等属危险废物，必须设置规范的暂存场所，定期委托有资质单位处置和回收。

8. 按《报告书》要求，本项目的原辅材料中有危险化学品，须重视安全生产工作。强化危险化学品的事故防范和应急预案。须在污水处理站附近设置事故池（150 m^3）、围堰、防渗等风险防范措施，满足收集事故水要求，确保事故性废水不直接排入地表水体。营运期强化全员环境保护意识和风险防范意识，加强生产和环境保护设施的维护与管理，制定事故应急预案，报我局备案。

二、项目建设应按报告表提出的要求严格执行环境保护设施与主体工程同时设计、同时施工、同时投产使用的环保“三同时”制度。项目建成后须验收合格后正式投入运营。

三、本审批意见下达之日起超过 5 年方决定开工建设的，项目的性质、规模、地点、采用的生产工艺或者防治污染、防治生态破坏的措施发生重大变动的，应当重新报批项目的环境影响评价文件。

四、项目申请过程中，一切瞒报、谎报是严重违法行为，违法者必须承担由此产生的一切后果。

××市环境保护局

2016 年 11 月 8 日

送：市环境监察大队

××市环境保护局
执法证据（书证）提取单

当时人（企业名称或姓名）：××市××××有限公司

证据（书证）说明：为该公司法定代表人身份证复印件

证据（书证）提供人签名：×××

证据（书证）提取人签名：×××、×××（执法证号）

证据（书证）提取时间：2017 年 5 月 7 日　　时

××市环境保护局
执法证据（书证）提取单

当时人（企业名称或姓名）：××市××××有限公司

证据（书证）说明：为该公司污水处理站及环保负责人身份证复印件

证据（书证）提供人签名：×××

证据（书证）提取人签名：×××、×××（执法证号）

证据（书证）提取时间：2017 年 5 月 7 日　　时

2017XXXXXXX

××市环境保护监测站
监测报告

××监测〔2017〕035号

项目名称：××市××××有限公司废水监测

监测类别：监督性监测

报告日期：2017年5月8日

（加盖业务专用章）

××市环境监测站
业务专用章

监测报告说明

1. 报告无本站检测专用章、骑缝章无效。

2. 报告内容无审批签发者签章无效。

3. 报告内容涂改无效。

4. 监测委托方如对监测报告有异议，需在收到本报告之日起十五日内向我站提出，逾期不予受理。

5. 非本站采集的样品，本站仅对送检样品的监测数据负责，不对样品的来源负责。

6. 复制本报告部分内容无效。

7. 样品的测试按规定采取了质控措施，本报告对测试结果负责。

监测单位地址：××市×××路××号
电　　　　话：×××××××　×××××××
邮　　　　编：××××××

××市××××有限公司废水监测报告

××市环境保护监测站于 2017 年 5 月 5 日配合××市环境监察大队对该企业外排废水进行了采样监测，监测结果如下：

1. 监测点位和频次

废水监测点位设在管道总排口、厂内雨水井和车间外雨水收集池。监测频次为随机采集一次瞬时样，样品保存容器为玻璃瓶。

2. 监测项目、监测仪器及方法

表 1 仪器名称、编号和监测方法

监测类别	监测项目	仪器名称及编号	监测方法
废水	pH 值	pHBJ-260 便携式 pH 计（601810040008）	玻璃电极法（GB/T 6920—1986）
	化学需氧量	化学需氧量速测仪（2010047）	快速消解分光光度法（HJ/T 399—2007）
	氨氮	722S 可见分光光度计（070414121514120031）	纳氏试剂比色法（HJ 535—2009）

3. 废水监测结果

表 2 废水监测结果

单位：mg/L

监测点位	pH 值（量纲一）	化学需氧量	氨氮
管道总排口	7.62	21.3	0.493
厂内雨水井	9.10	1 106	2.777
车间外雨水收集池	11.02	4 146	1.113

编制：××× 审核：××× 签发：×××

2017 年 5 月 8 日

××市环境保护局
执法证据（照片）提取单

当事人（企业名称或姓名）：××市××××有限公司

证据（照片）说明：为洗料车间设置的洗涤废水旁路暗管

照片拍摄人：×××　拍摄时间：2017 年 5 月 4 日

照片拍摄地点：××市××镇

照片提取人签名：×××、×××（执法证号××××　××××）

照片提取时间：2017 年 5 月 7 日

当事人签字：×××

××市环境保护局
执法证据（照片）提取单

当事人（企业名称或姓名）：××市××××有限公司

证据（照片）说明：为洗料车间设置的暗管通过雨水收集池排放至市政管网处的情形

照片拍摄人：×××　　拍摄时间：2017 年 5 月 4 日

照片拍摄地点：××市××××有限公司院内

照片提取人签名：×××、×××（执法证号××××　××××）

照片提取时间：2017 年 5 月 7 日

当事人签字：×××

××市环境保护局
执法证据（照片）提取单

当事人（企业名称或姓名）：××市××××有限公司

证据（照片）说明：为洗料车间设置的管道汇集到雨水槽现场，我局工作人员采集水样时的情景

照片拍摄人：×××　　拍摄时间：2017 年 5 月 4 日

照片拍摄地点：××市××××有限公司院内

照片提取人签名：×××、×××（执法证号××××　××××）

照片提取时间：2017 年 5 月 7 日

当事人签字：×××

××市环境保护局
执法证据（照片）提取单

当事人（企业名称或姓名）：××市××××有限公司

证据（照片）说明：为洗料车间设置的管道汇集到雨水槽现场，我局工作人员采集水样时的情景

照片拍摄人：×××　　拍摄时间：2017 年 5 月 4 日

照片拍摄地点：××市××××有限公司院内

照片提取人签名：×××、×××（执法证号××××　××××）

照片提取时间：2017 年 5 月 7 日

当事人签字：×××

××市环境保护局
执法证据（照片）提取单

当事人（企业名称或姓名）：××市××××有限公司

证据（照片）说明：厂区管道汇聚到园区管网处情形，位于厂区大门外

照片拍摄人：×××　　拍摄时间：2017 年 5 月 4 日

照片拍摄地点：××市××××有限公司厂区西北侧

照片提取人签名：×××、×××（执法证号××××　××××）

照片提取时间：2017 年 5 月 7 日

当事人签字：×××

××市环境保护局
执法证据（照片）提取单

当事人（企业名称或姓名）：××市××××有限公司

证据（照片）说明：厂区管道汇至园区管网处情形

照片拍摄人：×××　　拍摄时间：2017 年 5 月 4 日

照片拍摄地点：××市××××有限公司厂区西北侧

照片提取人签名：×××、×××（执法证号××××　××××）

照片提取时间：2017 年 5 月 7 日

当事人签字：×××

××市环境保护局
执法证据（照片）提取单

当事人（企业名称或姓名）：××市××××有限公司

证据（照片）说明：为洗料车间设置的排水管道与雨水管道变化情形

照片拍摄人：×××　　拍摄时间：2017 年 5 月 4 日

照片拍摄地点：××市××××有限公司院内

照片提取人签名：×××、×××（执法证号××××　××××）

照片提取时间：2017 年 5 月 7 日

当事人签字：×××

××市环境保护局
执法证据（照片）提取单

当事人（企业名称或姓名）：××市××××有限公司

证据（照片）说明：厂区管道与园区管道交汇处的情形

照片拍摄人：×××　　　拍摄时间：2017 年 5 月 4 日

照片拍摄地点：××市××××有限公司厂区西北侧

照片提取人签名：×××、×××（执法证号××××　××××）

照片提取时间：2017 年 5 月 7 日

当事人签字：×××

××市环境保护局
查封（扣押）决定书

×环查决字〔2017〕004 号

××市××××有限公司：

营业执照统一社会信用代码：×××××××　　法定代表人：×××

住所：××市××镇经济开发区

邮政编码：××××××

联系电话：×××××××

2017 年 5 月 4 日，××市环保局及我局执法人员对××市××××有限公司进行现场检查，经查，你公司××××项目正常生产，洗涤车间产生的部分废水未进入污水处理站，通过旁路直接排放至外环境。

根据《中华人民共和国环境保护法》第四十二条第四款及《环境保护部门实施查封、扣押办法》第四条第四项之规定，我局决定对你公司清单所列设施设备 供电开关 予以查封。

查封的设施设备自 2017 年 5 月 7 日起，查封期限为三十日，查封期限不包括监测或者技术鉴定的时间。查封设施、设备存放于 ××× 。在此期间，你公司应妥善保管，不得阻碍执法，擅自撕毁封条、变更查封状态或者隐藏、转移、变卖、启用已查封的设施设备。否则我局将按照《中华人民共和国治安管理处罚法》的相关规定移送公安机关依法处理。查封的设施设备造成损失的，由你公司承担。在查封期限届满前，你公司可以向我局提出解除申请，并附具相关证明材料。

你公司若对本决定不服，可以在接到本决定书之日起六十日内向××市环境保护局或××市人民政府申请行政复议，也可以在接到本决定书之日起六个月内向××市人民法院依法提起行政诉讼，行政复议和行政诉讼期间不停止本决定执行。

××市环境保护局

2017 年 5 月 7 日

××市环境保护局
送达回证

送达文书 名称及文号	××市环境保护局查封（扣押）决定书 ×环查决字〔2017〕004号
受送达人	××市××××有限公司
送达时间	2017年5月7日　　时
送达地点	该公司办公室
送达方式	直接
收件人	××× （签　章） 与当事人的关系：×××　　2017年5月7日
送达人签名	×××、××× 2017年5月7日
送达机关盖章	××市环境保护局
备　注	

××市环境保护局
查封现场记录

时　间： 2017 年 5 月 7 日 12 时 0 分至 12 时 50 分

地　点： 该公司会议室　　**天　气：** 晴

被查封单位法定名称： ××市××××有限公司

地　址： ××市××镇工业园区　　**邮　编：** ××××××

法定代表人： ×××　　**联系电话：** ×××××××

现场负责人： ×××　　**公民身份号码：** ×××

工作单位及职务： ××市××有限公司董事长　　**联系电话：** ×××××××

执法人员： ×××、×××　　**记录人：** ×××

其他参加人姓名及工作单位： ×××：××市环境保护局；×××：××市××镇政府

您好，我们是××市环保局行政执法人员，这是我们的执法证件（×××：×××、×××：×××），请过目确认。

答：已过目确认，无误。

因你（单位）从事××××××项目在生产过程中产生的清洗废水未经入你公司污水处理站，而是通过暗管直接排放至外环境中的行为已违反了《中华人民共和国环境保护法》第四十二条第四款，以及《环境保护部门实施查封、扣押办法》第四条第四项的规定，我局作出×环查决字〔2017〕第004号查封决定书，现依法对你（单位）排放污染物的设备、设施实施查封，现送达给你（单位），请予以配合。

现场负责人对笔录的审阅意见： 已阅无误

签　名： ×××　　2017 年 5 月 7 日

执法人员签名： ×××、×××

记录人签名： ×××

见证人签名： ×××

2017 年 5 月 7 日

（第 1 页，共 2 页）

××市环保局查封现场记录（附页）

行政强制措施实施情况记录：

2017 年 5 月 7 日中午 12 时，我局环境监察员在×党组的带领下，依法对××市××××有限公司进行现场实施查封，其各查封设备包括：洗料系统配电柜、送料系统配电柜，螺杆电柜集成 3 号、螺杆电柜集成 4 号。查封见证人为××市××镇政府工作人员×××。整个过程由该公司法定代表人×××全程陪同，并给予积极配合。（以下空白）

现场负责人对笔录的审阅意见：已阅无误

签　名：×××　　　2017 年 5 月 7 日

执法人员签名：×××、×××

记录人签名：×××

见证人签名：×××

2017 年 5 月 7 日

（第 2 页，共 2 页）

附：查封（扣押）设施设备清单

序号	设施设备名称	规格或型号	数量	生产单位	备注
1	洗料系统配电柜		1台		
2	送料系统配电柜		1台		
3	螺杆电柜集成3号		1台		
4	螺杆电柜集成4号		1台		

以上清单，是否与实物一致：一致

当事人（现场负责人）签名：×××　　2017年5月7日

执法人员签名及执法证号：×××　××××　　2017年5月7日

×××　××××　　2017年5月7日

见证人签名及身份：　×××、×××　　2017年5月7日

注明：本清单一式两份，被执行人和行政执法机关各存一份，如委托第三人保管的，应同时交第三人收执。

××市环境保护局解除查封（扣押）决定书

×环解除扣决字〔2017〕004号

××市××××有限公司：

营业执照统一社会信用代码：×××××××××××

法定代表人：×××　　　　住所：××市××镇经济开发区

邮政编码：××××××　　　　联系电话：××××××××

接中央第四环境保护督查组举报受理问题转办清单，××市环保局环境监察支队与我局环境执法人员于2017年5月4日对你公司依法进行检查。经查，你公司“年产10万t×××××××项目”一期工程已报批环评文件，已通过项目竣工验收监测并投入生产；检查时发现你公司洗料车间的高浓度废水直接排入××镇经济开发区雨水管网后排放至外环境。

我局已依法查处你公司环境违法行为，企业罚款已缴纳。公司承诺按我局要求整改到位，各项污染物均达标排放后方可投入正式生产，符合解除查封条件。

根据《环境保护部门实施查封、扣押办法》第二十条第一项规定，我局决定对2017年5月6日查封你公司清单所列的相关设备（×环查决字〔2017〕第004号）予以解除查封。

××市环境保护局

2017年5月21日

××市环境保护局
送达回证

送达文书 名称及文号	××市环境保护局解除查封（扣押）决定书 ×环解除扣决字〔2017〕004号
受送达人	××市××××有限公司
送达时间	2017年5月21日　　时
送达地点	××市环境保护局××室
送达方式	直接
收件人	××× 与当事人的关系：×××　（签　章） 2017年5月21日
送达人签名	×××、××× 2017年5月21日
送达机关盖章	××市环境保护局
备　注	

××市环境保护局
行政处罚事先（听证）告知书

×环罚（听）告字〔2017〕014号

××市××××有限公司：

营业执照统一社会信用代码：×××××××××××

法定代表人：×××

住所：××市××镇经济开发区

邮政编码：××××××

联系电话：×××××××

一、环境违法事实和证据

接中央第四环境保护督察组举报受理问题转办清单，××市环保局环境监察支队与我局执法人员于2017年5月4日对你公司依法进行检查。经查，你公司“×××××××项目”一期工程已报批环评文件，已通过项目竣工验收监测并投入生产；检查时发现你公司洗料车间产生的高浓度生产废水未经污水处理设施处理，而是通过厂内暗管直接排入××镇经济开发区雨水管网后排至外环境。我局环境监测人员按程序现场对你公司洗料车间外雨水管网和厂区雨水井进行水样采集，并送××市环境监测站监测。经监测分析，雨水管网和厂区雨水井污水pH值分别为11.02和9.10，化学需氧量分别为4 146 mg/L和1 106 mg/L，其结果已严重超出正常雨水限值。

以上事实，有以下证据为证：

1.《现场检查（勘察）笔录》1份；

2.《调查询问笔录》2份；

3. 现场检查照片8张；

4. 法定代表人身份证复印件1份；

5. 公司环保负责人身份证复印件1份。

6. 工商营业执照复印件1份；

7. 监测报告1份。

你公司的上述行为违反了以下法律法规之规定：

《中华人民共和国环境保护法》第四十二条第一款：“排放污染物的企业事业单位和

其他生产经营者，应当采取措施，防治在生产建设或者其他活动中产生的废气、废水、废渣、……对环境的污染和危害。”

《中华人民共和国环境保护法》第四十二条第四款：“严禁通过暗管、渗井、渗坑、灌注或者篡改、伪造监测数据，或者不正常运行防治污染设施等逃避监管的方式违法排放污染物。”

《中华人民共和国水污染防治法》第二十二条第二款：“禁止私设暗管或采取其他规避监管的方式排放水污染物。”

二、拟作出行政处罚的依据和种类

依据：

1.《中华人民共和国环境保护法》第六十三条第三项：“企业事业单位和其他生产经营者有下列行为之一，尚不构成犯罪的，除依照有关法律法规规定予以处罚外，由县级以上人民政府环境保护主管部门或者其他有关部门将案件移送公安机关，对其直接负责的主管人员和其他直接责任人员，处十日以上十五日以下拘留；情节较轻的，处五日以上十日以下拘留；（三）通过暗管、渗井、渗坑、灌注或者篡改、伪造监测数据，或者不正常运行防治污染设施等逃避监管的方式违法排放污染物的。”

2.《行政主管部门移送适用行政拘留环境违法案件暂行办法》第五条：“《环境保护法》第六十三条第三项规定的通过暗管、渗井、渗坑、灌注等逃避监管的方式违法排放污染物，是指通过暗管、渗井、渗坑、灌注等不经法定排放口排放污染物等逃避监管的方式违法排放污染物；暗管是指通过隐蔽的方式达到规避监管目的而设置的排污管道，包括埋入地下的水泥管、瓷管、塑料管等，以及地上的临时排污管道。”

3.《行政主管部门移送适用行政拘留环境违法案件暂行办法》第七条第一项：“《环境保护法》第六十三条第三项规定的通过不正常运行防治污染设施等逃避监管的方式违法排放污染物，包括以下情形：（一）将部分或全部污染物不经过处理设施，直接排放的。”

4.《环境保护主管部门实施限制生产、停产整治办法》第六条第一项：“排污者有下列情形之一的，环境保护主管部门可以责令其采取停产整治措施：（一）通过暗管、渗井、渗坑、灌注或者篡改、伪造监测数据，或者不正常运行防治污染设施等逃避监管的方式排放污染物，超过污染物排放标准的。”及该《办法》第十一条：“环境保护主管部门作出限制生产、停产整治决定前，应当告知排污者有关事实、依据及其依法享有的陈述、申辩或者要求举行听证的权利；就同一违法行为进行行政处罚的，可以在行政处罚事先告知书或者行政处罚事先听证告知书中一并告知。”

5.《中华人民共和国水污染防治法》第七十五条第二款：“除前款规定外，违反法律、行政法规和国务院环境保护主管部门的规定设置排污口或者私设暗管的，由县级以上地方人民政府环境保护主管部门责令限期拆除，处二万元以上十万元以下的罚款；逾期不拆除的，强制拆除，所需费用由违法者承担，处十万元以上五十万元以下的罚款；私设暗管或者有其他严重情节的，县级以上地方人民政府环境保护主管部门可以提请县级以上地方人民政府责令停产整顿。”

根据你公司违法行为的事实、性质、情节、社会危害程度和相关证据，参照《安徽省环保系统行政处罚自由裁量权细化标准》，我局拟作出如下行政处罚：

1. 罚款人民币拾万元整。

2. 责令停产整治三十日，完成厂区污水管网改造，达到雨污分流；确保生产废水经污染治理设施处理、污染物达标排放。

3. 责令三日内拆除暗管。

三、提出陈述、申辩或者申请听证的途径和期限

根据《中华人民共和国行政处罚法》第三十一条、第三十二条的规定，如你公司对我局上述认定的违法事实、处罚依据及处罚内容等有异议的，可于七日内提出书面陈述、申辩意见，或到我局进行陈述、申辩。

根据《中华人民共和国行政处罚法》第四十二条的规定，你公司有权要求听证。你公司如果要求听证，可在收到本告知书之日起三日内向我局书面提出听证申请；逾期未提出听证申请，视为你公司放弃听证要求。逾期不提供陈述、申辩意见，又不要求举行听证，我局将依法作出行政处罚决定。

我局地址：××市×××路××号

联系人：×××　×××

联系电话：×××××××

传　真：×××××××

特此告知。

××市环境保护局

2017年5月8日

××市环境保护局
送达回证

送达文书 名称及文号	××市环境保护局 行政处罚事先（听证）告知书 ×环罚（听）告字〔2017〕014号
受送达人	××市××××有限公司
送达时间	2017年5月9日　　时
送达地点	××市环境保护局××室
送达方式	直接
收件人	×××　　　　（签　章） 与当事人的关系：×××　　　　2017年5月9日
送达人签名	×××、××× 2017年5月9日
送达机关盖章	××市环境保护局
备　注	

××省罚没款专用收据

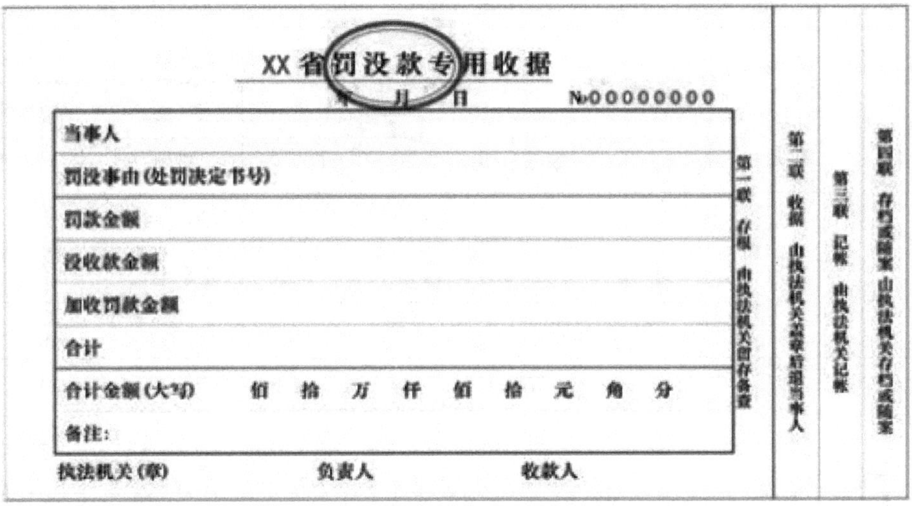

XX省罚没款专用收据

年 月 日 №00000000

当事人	
罚没事由(处罚决定书号)	
罚款金额	
没收款金额	
加收罚款金额	
合计	
合计金额(大写)	佰 拾 万 仟 佰 拾 元 角 分
备注:	

执法机关(章) 负责人 收款人

第一联 存根 由执法机关留存备查

第二联 收据 由执法机关盖章后退当事人

第三联 记帐 由执法机关记帐

第四联 存档或随案 由执法机关存档或随案

××市环境保护局
案件结案审批表

<table>
<tr><td colspan="8">办案人姓名：××× 、××× 执法证号：××× 、×××</td></tr>
<tr><td>案　由</td><td colspan="7">××市××××有限公司通过暗管等逃避监管的方式违法排放污染物案</td></tr>
<tr><td rowspan="6">当事人</td><td rowspan="3">法人或者其他组织</td><td rowspan="2">名　称</td><td colspan="3" rowspan="2">××市××××有限公司</td><td>法人姓名</td><td>×××</td></tr>
<tr><td>职　务</td><td>董事长</td></tr>
<tr><td>地　址</td><td colspan="3">××市××镇经济开发区</td><td>联系电话</td><td>×××××××</td></tr>
<tr><td rowspan="3">公民</td><td>姓　名</td><td></td><td>性　别</td><td></td><td>年　龄</td><td></td></tr>
<tr><td>地　址</td><td colspan="3"></td><td>联系电话</td><td></td></tr>
<tr><td colspan="2">居民身份证号码</td><td colspan="4"></td></tr>
<tr><td>受案日期</td><td colspan="7">2017 年 5 月 1 日</td></tr>
<tr><td>立案日期</td><td colspan="7">2017 年 5 月 7 日</td></tr>
<tr><td>结案日期</td><td colspan="7">2017 年 11 月 22 日</td></tr>
<tr><td>案情摘要</td><td colspan="7">2017 年 5 月 4 日，××市环保局及我局执法人员对当事人进行现场检查，经查，当事人×××××项目正常生产，洗料车间产生的废水未全部进入污水处理站，部分生产废水通过旁路直接排至外环境。</td></tr>
<tr><td>处理情况</td><td colspan="7">当事人的行为违反了《中华人民共和国环境保护法》第四十二条第四款“严禁通过暗管、渗井、渗坑、灌注或者篡改、伪造监测数据，或者不正常运行防治污染设施等逃避监管的方式违法排放污染物”和《中华人民共和国水污染防治法》第二十二条第二款“禁止私设暗管或采取其他规避监管的方式排放水污染物”的规定。
依据《中华人民共和国环境保护法》第六十三条第三项“企业事业单位和其他生产经营者有下列行为之一，尚不构成犯罪的，除依照有关法律法规规定予以处罚外，由县级以上人民政府环境保护主管部门或者其他有关部门将案件移送公安机关，对其直接负责的主管人员和其他直接责任人员，处十日以上十五日以下拘留；情节较轻的，处五日以上十日以下拘留：（三）通过暗管、渗井、渗坑、灌注或者篡改、伪造监测数据，或者不正常运行防治污染设施等逃避监管的方式违法排放污染物的”和《中华人民共和国水污染防治法》第七十五条第二款“除前款规定外，违反法律、行政法规和国务院环境保护</td></tr>
</table>

	主管部门的规定设置排污口或者私设暗管的，由县级以上地方人民政府环境保护主管部门责令限期拆除，处二万元以上十万元以下的罚款；逾期不拆除的，强制拆除，所需费用由违法者承担，处十万元以上五十万元以下的罚款；私设暗管或者有其他严重情节的，县级以上地方人民政府环境保护主管部门可以提请县级以上地方人民政府责令停产整顿”之规定。 根据《中华人民共和国环境保护法》第六十三条第三项、《行政主管部门移送适用行政拘留环境违法案件暂行办法》第五条和第七条第一项、《环境保护主管部门实施限制生产、停产整治办法》第六条第一项、《中华人民共和国水污染防治法》第七十五条第二款及《环境保护主管部门实施查封、扣押办法》第四条第四项，依法对当事人给予以下行政处罚：1. 罚款10万元；2. 移送公安机关，对其直接负责的主管人员实施行政拘留；3. 实施查封；4. 责令停产整治；5. 责令立即拆除暗管。
执行情况	当事人已履行行政处罚决定；直接负责的主管人员已移送公安机关查处
复议诉讼情况	无
办案部门意见	同意结案，报法制股审查 负责人：××× 2017年11月22日
法制机构审查意见	同意结案 审查人：××× 2017年11月22日
领导审批意见	同意 负责人：××× 2017年11月22日

目　录

××市环境保护局
案件来源登记表

<table>
<tr><td colspan="2">登记时间</td><td colspan="5">2017 年 5 月 1 日 15 时 00 分</td></tr>
<tr><td colspan="2">来源分类</td><td colspan="5">（ ）监督检查　　（ ）投诉、申诉、举报
（√）其他机关移送　　（ ）上级机关交办</td></tr>
<tr><td rowspan="11">案源提供人</td><td rowspan="2">监督检查人</td><td colspan="2">姓名</td><td>×××</td><td>执法单位</td><td>××市环保局</td></tr>
<tr><td colspan="2">姓名</td><td>×××</td><td>执法单位</td><td>××市环保局</td></tr>
<tr><td rowspan="5">投诉、申诉、举报人</td><td>个人</td><td>姓名</td><td></td><td>身份证（其他有效证件）号码</td><td></td></tr>
<tr><td rowspan="2">单位</td><td>名称</td><td colspan="3"></td></tr>
<tr><td colspan="2">法定代表人（负责人）</td><td colspan="2"></td></tr>
<tr><td colspan="2">联系电话</td><td></td><td>邮政编码</td><td></td></tr>
<tr><td colspan="2">联系地址</td><td colspan="3"></td></tr>
<tr><td rowspan="4">移送、交办机关</td><td colspan="2">名称</td><td colspan="3">中央第四环境保护督察组</td></tr>
<tr><td colspan="2">联系人</td><td></td><td>邮政编码</td><td></td></tr>
<tr><td colspan="2">联系电话</td><td colspan="3"></td></tr>
<tr><td colspan="2">联系地址</td><td colspan="3"></td></tr>
<tr><td>案源登记内容</td><td colspan="6">接中央第四环境保护督察组举报受理问题第三批转办清单（受理编号：×××），投诉人反映××市××市××镇工业园区××××有限公司污染太重，周围种的蔬菜不能吃，对孕妇也不好，希望督察组严肃查处。
登记人：×××
2017 年 5 月 1 日</td></tr>
<tr><td colspan="2">案源交办意见</td><td colspan="5">请大队调查。
负责人：×××
2017 年 5 月 1 日</td></tr>
<tr><td colspan="2">备　注</td><td colspan="5"></td></tr>
</table>

××市环境保护局
案件调查终结报告

案　由	××市××××有限公司通过暗管等逃避监管的方式违法排放污染物案			
调查人员	×××、×××		案件号	2017（014）号
当事人	名称或姓名	××市××××有限公司		
	住址（地址）	××市××镇经济开发区	邮政编码	××××××
	法定代表人（负责人）	×××	本案关系	法定代表人
	统一社会信用代码	×××	联系电话	×××
案件调查经　过	接中央第四环境保护督查组举报接受问题转办清单，××市环境监察支队与我局执法人员于 2017 年 5 月 4 日对该公司依法进行检查。			
查明的事实和证据	经查，该公司“××××××项目”一期工程已报批环评文件，已通过项目竣工验收监测并投入正式生产；查时发现你公司洗料车间产生的高浓度生产废水未经污水处理设施处理，而是通过厂内暗管直接排入××镇经济开发区雨水管网后排至外环境。我局环境监测人员按程序现场对你公司洗料车间外雨水管网和厂区雨水井进行水样采集，并送××市环境监测站监测。经监测分析，雨水管网和厂区雨水井污水 pH 值分别为 11.02 和 9.10，化学需氧量分别为 4 146 mg/L 和 1 106 mg/L，其结果已严重超出正常雨水限值。以上事实，有以下证据为证：《现场检查（勘察）笔录》、《调查询问笔录》、现场检查照片 8 张、法定代表人身份证复印件、公司环保负责人身份证复印件、工商营业执照复印件 1 份、监测报告 1 份。			
处理依据	当事人××市××××有限公司私设暗管排放污染物的行为违反了《环境保护法》第四十二条第一款、第四款，《中华人民共和国水污染防治法》第二十二条第二款的规定。			
承办人处理意见	根据《环境保护法》第六十三条第三项、《行政主管部门移送适用行政拘留环境违法案件暂行办法》第五条、第七条第一项、《环境保护主管部门实施限制生产、停产整治办法》第六条第一项、《中华人民共和国水污染防治法》第七十五条第二款的规定，调查人员建议给予以下行政处罚：1. 罚款 10 万元；2. 移送公安机关，对其直接负责的主管人员实施行政拘留；3. 实施查封；4. 责令停产整治；5. 责令立即拆除暗管。 签名：×××、×××　　2017 年 5 月 7 日			
调查部门意　见	同意承办人意见，请法制股审核。 签名：×××　　2017 年 5 月 7 日			

××市环境保护局查封（扣押）审批表

<table>
<tr><td>案件来源</td><td colspan="2">环境监察</td><td>查封编号</td><td colspan="2">×环查决字〔2017〕004号</td></tr>
<tr><td>案发地点</td><td colspan="2">××市××镇经济开发区</td><td>案发时间</td><td colspan="2">2017年5月4日</td></tr>
<tr><td>调查人员</td><td colspan="2">×××、×××</td><td>承办部门</td><td colspan="2">××市环境监察大队</td></tr>
<tr><td rowspan="5">当事人基本情况</td><td>名称或姓名</td><td colspan="4">××市××××有限公司</td></tr>
<tr><td>住址（地址）</td><td colspan="2">××市××镇经济开发区</td><td>邮政编码</td><td>××××××</td></tr>
<tr><td>营业执照统一社会信用代码</td><td colspan="2">×××</td><td>组织机构代码</td><td></td></tr>
<tr><td>法定代表人</td><td colspan="2">×××</td><td>职　务</td><td>董事长</td></tr>
<tr><td>身份证号码</td><td colspan="2">×××</td><td>联系电话</td><td>×××</td></tr>
<tr><td>案情简介</td><td colspan="5">2017年5月4日，××市环境监察支队对××市××××有限公司进行现场检查，经查，该公司××××项目正常生产，洗料车间产生的废水未进入污水处理站，而是通过旁路直接排至外环境。</td></tr>
<tr><td>行政强制种类依据和处理意见</td><td colspan="5">根据《中华人民共和国环境保护法》第二十五条以及《环境保护主管部门实施查封、扣押办法》（部令第29条）第四条第四项的规定，建议对其排放污染物的设施设备予以查封。
经办人签名：×××、×××　　2017年5月6日</td></tr>
<tr><td>调查部门意　见</td><td colspan="5">同意承办人意见
签名：×××　　2017年5月6日</td></tr>
<tr><td>法制机构审查意见</td><td colspan="5">同意调查部门意见
签名：×××　　2017年5月6日</td></tr>
<tr><td>分管领导审核意见</td><td colspan="5">同意法制股意见
签名：×××　　2017年5月6日</td></tr>
<tr><td>负责人审批意见</td><td colspan="5">同意
签名：×××　　2017年5月6日</td></tr>
</table>

企业整改情况报告

××市环境保护局：

5 月 4 日贵局在现场执法检查中发现我公司燃煤锅炉脱硝流量计损坏，危废仓库内生产原料与危险品混存，厂区内建筑材料未采取覆盖措施，生产废水未经处理通过暗管排放至市政雨水管网。以上情况都属实，我公司也认识到违反了环境保护相关规定，对环境造成了极大的损害。

在此之后，我公司充分认识到问题的严重性和迫切性，公司立即召开中层以上主管专题会议，分析了环保方面存在的问题和产生原因。对我们所犯的错误作深刻的检讨，并保证以后绝不犯类似错误，同时敬请你们随时来我公司检查指导。经过几天彻底的环保自查自纠工作，针对上述情况进行了如下整改：

1. 更换了损坏的脱硝设施（氨水计量）的流量计，并对操作人员进行了培训，同时操作规程上墙。

2. 危废仓库生产原料与危险品已分开堆放，并明确了责任人。

3. 露天堆放的建筑材料，部分移入室内，部分覆盖了防雨布。

4. 对雨水管网进行全面检查并进行了清理，封堵了所有地埋污水管道改为明管明渠，确保所有污水收集至污水处理站，污水经调节池—沉淀池—气浮池—厌氧池—好氧池—二沉池达标排放。

5. 对相关岗位人员进行环保知识和操作规程培训，进一步加强员工环保意识，从而使公司的环保管理水平不断提高。

6. 建立了以总经理为首的环保领导机构并明确相关责任人，制定了相关环保管理制度。

通过这次教训，我公司在环保方面的认识有了一定程度的提高。但仍需警钟长鸣，提高意识，认真贯彻环保要求。此次事件给贵局带来相关方面的麻烦，我公司在此表示深深地抱歉。因我公司的产品对外出口，而订单又不能推迟，公司内部又实行计件制管理，停产员工就没有工资，为预防我公司 100 多位员工情绪波动，对社会产生不利影响，恳请贵局领导酌情从轻处理，尽快予以解封。

特此报告。

××市××××有限公司
2017 年 5 月 21 日

更换的新脱硝设备流量计

暗管已拆除

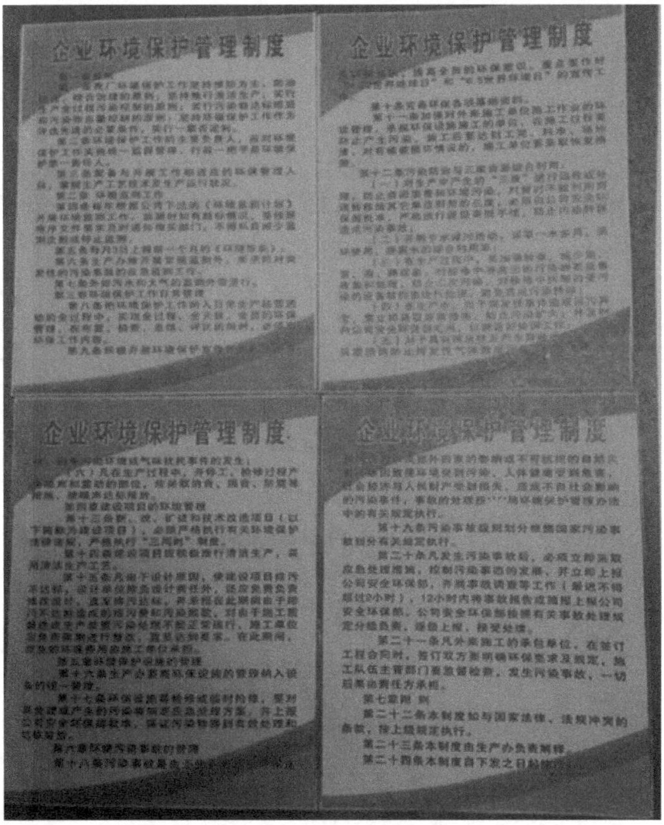

制度建设

××市环境保护局解除查封（扣押）审批表

<table>
<tr><td>案件来源</td><td colspan="2">环境监察</td><td>查封编号</td><td colspan="2">×环查决字〔2017〕004 号</td></tr>
<tr><td>案发地点</td><td colspan="2">××市××镇经济开发区</td><td>案发时间</td><td colspan="2">2017 年 5 月 4 日</td></tr>
<tr><td>调查人员</td><td colspan="2">×××、×××</td><td>承办部门</td><td colspan="2">××市环境监察大队</td></tr>
<tr><td rowspan="5">当事人基本情况</td><td>名称或姓名</td><td colspan="4">××市××××有限公司</td></tr>
<tr><td>住址（地址）</td><td colspan="2">××市××镇经济开发区</td><td>邮政编码</td><td>××××××</td></tr>
<tr><td>营业执照统一社会信用代码</td><td colspan="2">×××××××××××</td><td>组织机构代码</td><td></td></tr>
<tr><td>法定代表人</td><td colspan="2">×××</td><td>职　务</td><td>董事长</td></tr>
<tr><td>身份证号码</td><td colspan="2">×××</td><td>联系电话</td><td>×××</td></tr>
<tr><td>案情简介</td><td colspan="5">2017 年 5 月 4 日，××市环境监察支队对××市××××有限公司进行现场检查，经查，该公司×××××项目正常生产，洗料车间产生的废水未进入污水处理站，而是通过旁路直接排至外环境。</td></tr>
<tr><td>行政强制种类依据和处理意见</td><td colspan="5">根据《环境保护主管部门实施查封、扣押办法》（部令第 29 条）第二十条第一项的规定，建议对其排放污染物的设施设备予以解除查封。
经办人签名：×××、×××　　2017 年 5 月 21 日</td></tr>
<tr><td>调查部门意　见</td><td colspan="5">同意承办人意见。
签名：×××　　2017 年 5 月 21 日</td></tr>
<tr><td>法制机构审查意见</td><td colspan="5">同意调查部门意见。
签名：×××　　2017 年 5 月 21 日</td></tr>
<tr><td>分管领导审核意见</td><td colspan="5">同意法制股意见。
签名：×××　　2017 年 5 月 21 日</td></tr>
<tr><td>负责人审批意　见</td><td colspan="5">同意。
签名：×××　　2017 年 5 月 21 日</td></tr>
</table>

××市环境保护局
案件处理审批表

<table>
<tr><td>案由</td><td colspan="3">××市××××有限公司涉嫌通过暗管等逃避监管的方式违法排放污染物案</td><td colspan="2">受案时间</td><td colspan="2">2017 年 5 月 7 日</td></tr>
<tr><td rowspan="6">当事人</td><td rowspan="3">法人或者其他组织</td><td rowspan="2">名称</td><td colspan="3" rowspan="2">××市××××有限公司</td><td>法人姓名</td><td>×××</td></tr>
<tr><td>职务</td><td>负责人</td></tr>
<tr><td>地址</td><td colspan="3">××市××镇经济开发区</td><td>联系电话</td><td>×××</td></tr>
<tr><td rowspan="3">公民</td><td>姓名</td><td></td><td>性别</td><td></td><td>民族</td><td></td></tr>
<tr><td>地址</td><td colspan="3"></td><td>联系电话</td><td></td></tr>
<tr><td colspan="2">居民身份证号码</td><td colspan="4"></td></tr>
<tr><td>案件事实经过及证据</td><td colspan="7">2017 年 5 月 4 日，××市环保局及我局执法人员对××市××××有限公司进行现场检查，经查，当事人再生聚酯纤维项目正常生产，洗料车间产生的废水未全部进入污水处理站，部分生产废水通过旁路直接排至外环境。
以上事实，有以下证据为证明：
1.《现场检查（勘察）笔录》1 份；
2.《调查询问笔录》2 份；
3. 现场检查照片 8 张；
4. 法定代表人身份证复印件 1 份；
5. 工商营业执照复印件 1 份；
6. 公司环保负责人身份证复印件 1 份。</td></tr>
<tr><td>案件承办人意见</td><td colspan="7">1. 建议立案查处；2. 建议公安机关处理；3. 建议查封并停产整治；4. 拆除暗管。

承办人：×××、××× 2017 年 5 月 7 日</td></tr>
</table>

调查部门意见	同意承办人意见。 负责人：×××　　　　2017 年 5 月 7 日
行政处罚自由裁量意见	因私设暗管行为属于典型的经事先预谋采用逃避监管的方式故意违法违规排放污染物，主观恶意明显且对环境损害严重，决定对该公司依法顶格实施行政处罚，并同步运用了责令改正、查封、停产整治、移送行政扣留的措施严厉打击。 承办人：×××、×××　　　　2017 年 5 月 7 日
法制机构审查意见	证据确凿，建议处罚并移送。 审查人：×××　　　　2017 年 5 月 7 日
领导审批意见	同意。 负责人：×××　　　　2017 年 5 月 7 日

重大行政处罚集体审议记录

案　由：××市××××有限公司通过暗管等逃避监管的方式违法排放污染物案
当事人：××市××××有限公司
地　址：××市××镇经济开发区
法定代表人：×××
审议时间：2017 年 5 月 7 日
地　点：××市环保局二楼会议室
主持人：×××
参加人：×××　×××　×××　×××
缺　席：×××（因公出差）
汇报人：×××
记录人：×××

一、主要违法事实（证据、依据、办案程序及处罚意见）

接中央第四环境保护督察组举报受理问题转办清单，××市环保局环境监察支队与我局执法人员于 2017 年 5 月 4 日对该公司依法进行检查。经查，该公司“××××××项目”一期工程已报批环评文件，已通过项目竣工验收监测并投入生产；检查时发现该公司洗料车间产生的高浓度生产废水未经污水处理设施处理，而是通过厂内暗管直接排入××镇经济开发区雨水管网后排至外环境。我局环境监测人员按程序现场对该公司洗料车间外雨水管网和厂区雨水井进行水样采集，并送××市环境监测站监测。经监测分析，雨水管网和厂区雨水井污水 pH 值分别为 11.02 和 9.10，化学需氧量分别为 4 146 mg/L 和 1 106 mg/L，其结果已严重超出正常雨水限值。

二、当事人违反的法律法规及依据

该公司的上述行为违反了：

1.《中华人民共和国环境保护法》第四十二条第一款：“排放污染物的企业事业单位和其他生产经营者，应当采取措施，防治在生产建设或者其他活动中产生的废气、废水、废渣、……对环境的污染和危害。”

2.《中华人民共和国环境保护法》第四十二条第四款：“严禁通过暗管、渗井、渗坑、灌注或者篡改、伪造监测数据，或者不正常运行防治污染设施等逃避监管的方式违法排放污染物。”

3.《中华人民共和国水污染防治法》第二十二条第二款：“禁止私设暗管或采取其他规避监管的方式排放水污物。”

三、拟作出行政处罚的依据和种类

依据：

1.《中华人民共和国环境保护法》第六十三条第三项：“企业事业单位和其他生产经营者有下列行为之一，尚不构成犯罪的，除依照有关法律法规规定予以处罚外，由县级以上人民政府环境保护主管部门或者其他有关部门将案件移送公安机关，对其直接负责的主管人员和其他直接责任人员，处十日以上十五日以下拘留；情节较轻的，处五日以上十日以下拘留：（三）通过暗管、渗井、渗坑、灌注或者篡改、伪造监测数据，或者不正常运行防治污染设施等逃避监管的方式违法排放污染物的。”

2.《行政主管部门移送适用行政拘留环境违法案件暂行办法》第五条：“《环境保护法》第六十三条第三项规定的通过暗管、渗井、渗坑、灌注等逃避监管的方式违法排放污染物，是指通过暗管、渗井、渗坑、灌注等不经法定排放口排放污染物等逃避监管的方式违法排放污染物；暗管是指通过隐蔽的方式达到规避监管目的而设置的排污管道，包括埋入地下的水泥管、瓷管、塑料管等，以及地上的临时排污管道。”

3.《行政主管部门移送适用行政拘留环境违法案件暂行办法》第七条第一项：“《环境保护法》第六十三条第三项规定的通过不正常运行防治污染设施等逃避监管的方式违法排放污染物，包括以下情形：（一）将部分或全部污染物不经过处理设施，直接排放的。”

4.《环境保护主管部门实施限制生产、停产整治办法》第六条第一项：“排污者有下列情形之一的，环境保护主管部门可以责令其采取停产整治措施：（一）通过暗管、渗井、渗坑、灌注或者篡改、伪造监测数据，或者不正常运行防治污染设施等逃避监管的方式排放污染物，超过污染物排放标准的。”及该《办法》第十一条：“环境保护主管部门作出限制生产、停产整治决定前，应当告知排污者有关事实、依据及其依法享有的陈述、申辩或者要求举行听证的权利；就同一违法行为进行行政处罚的，可以在行政处罚事先告知书或者行政处罚事先听证告知书中一并告知。”

5.《中华人民共和国水污染防治法》第七十五条第二款：“除前款规定外，违反法律、行政法规和国务院环境保护主管部门的规定设置排污口或者私设暗管的，由县级以上地方人民政府环境保护主管部门责令限期拆除，处二万元以上十万元以下的罚款；逾期不拆除的，强制拆除，所需费用由违法者承担，处十万元以上五十万元以下的罚款；私设暗管或者有其他严重情节的，县级以上地方人民政府环境保护主管部门可以提请县级以上地方人民政府责令停产整顿。”

四、调查部门处理意见

目前，监察大队已经完成了前期的调查取证工作，根据该公司违法行为的事实、性质、情节、社会危害程度和相关证据，参照《安徽省环保系统行政处罚自由裁量权细化标准》，现提出如下处理建议，上报市局研究具体处理方案：

1. 罚款人民币 10 万元整；

2. 责令停产整治；

3. 责令立即拆除暗管；

4. 移送公安机关处以行政拘留。

五、审议决定

经重大案件集体审议委员会集体审议，一致同意并通过以下处理决定：

1. 罚款人民币拾万元整；

2. 责令停产整治三十日，完成厂区污水管网改造，达到雨污分流；确保生产废水经污染治理设施处理、污染物达标排放；

3. 责令三日内拆除暗管；

4. 移送公安机关对其直接负责的主管人员和其他直接责任人员处以行政拘留。

案件审议领导小组成员签字：

×××、×××、×××、×××、×××

2017 年 5 月 7 日

××市环境保护局行政处罚决定审批表

<table>
<tr><td>当事人</td><td colspan="3">××市××××有限公司</td></tr>
<tr><td>案件性质</td><td>违法</td><td>立案时间</td><td>2017 年 5 月 7 日</td></tr>
<tr><td>当事人涉嫌违法的主要事实、建议作出行政处罚决定的理由、依据及内容</td><td colspan="3">2017 年 5 月 4 日，××市环保局及我局执法人员对当事人进行现场检查，经查，当事人××××××项目一期工程已报批环评文件，已通过项目竣工验收监测并投入生产；检查中发现当事人洗料车间产生的高浓度生产废水未经污水处理设施处理，而是通过厂内暗管直接排入××镇经济开发区雨水管网后排至外环境。我局环境监测人员按程序现场对该公司洗料车间外雨水管网和厂区雨水井水样采集，并送××市环境监测站监测。经监测分析，雨水管网和厂区雨水井污水 pH 值分别为 11.02 和 9.10，化学需氧量分别为 4 146 mg/L 和 1 106 mg/L，其结果已严重超出正常雨水限值。
以上事实，有以下证据为证明：
1.《现场检查（勘察）笔录》1 份；2.《调查询问笔录》2 份；3. 现场检查照片 8 张；4. 法定代表人身份证复印件 1 份；5. 工商营业执照复印件 1 份；6. 公司环保负责人身份证复印件 1 份；7. 监测报告。
当事人的行为违反了《中华人民共和国环境保护法》第四十二条第四款“严禁通过暗管、渗井、渗坑、灌注或者篡改、伪造监测数据，或者不正常运行防治污染设施等逃避监管的方式违法排放污染物”和《中华人民共和国水污染防治法》第二十二条第二款“禁止私设暗管或采取其他规避监管的方式排放水污染物”的规定。
依据《中华人民共和国环境保护法》第六十三条第三项“企业事业单位和其他生产经营者有下列行为之一，尚不构成犯罪的，除依照有关法律法规规定予以处罚外，由县级以上人民政府环境保护主管部门或者其他有关部门将案件移送公安机关，对其直接负责的主管人员和其他直接责任人员，处十日以上十五日以下拘留；情节较轻的，处五日以上十日以下拘留：（三）通过暗管、渗井、渗坑、灌注或者篡改、伪造监测数据，或者不正常运行防治污染设施等逃避监管的方式违法排放污染物的”和《中华人民共和国水污染防治法》第七十五条第二款“除前款规定外，违反法律、行政法规和国务院环境保护主管部门的规定设置排污口或者私设暗管的，由县级以上地方人民政府环境保护主管部门责令限期拆除，处二万元以上十万元以下的罚款；逾期不拆除的，强制拆除，所需费用由违法者承担，处十万元以上五十万元以下的罚款；私设暗管或者有其他严重情节的，县级以上地方人民政府环境保护主管部门可以提请县级以上地方人民政府责令停产整顿”之规定。</td></tr>
</table>

	根据《中华人民共和国环境保护法》第六十三条第三项、行政主管部门移送适用行政拘留环境违法案件暂行办法》第五条和第七条第一项、《环境保护主管部门实施限制生产、停产整治办法》第六条第一项、《中华人民共和国水污染防治法》第七十五条第二款及《环境保护主管部门实施查封、扣押办法》第四条第四项，经我局案件审议委员会议定，依法对当事人给予以下行政处罚：1. 罚款 10 万元；2. 移送公安机关，对其直接负责的主管人员实施行政拘留；3. 实施查封；4. 责令停产整治；5. 责令立即拆除暗管。 承办人：×××、×××
当事人陈述申辩或者听证中提出的主要意见	无
办案机构复核意见或者听证主持人听证意见	无
拟作出行政处罚的内容	责令拆除暗管，罚款 10 万元，查封、停产整治 30 日，移送公安机关实施行政拘留。 2017 年 5 月 7 日
法制机构意见	同意。 ××× 2017 年 5 月 7 日
机关负责人意见	同意。 ××× 2017 年 5 月 7 日

受案回执

××市环保局：

你（单位）于 2017 年 5 月 11 日移送的 ×××逃避监管违法排污案 一案我单位已受理（受案登记表文号为×公（××）受案字〔2017〕1357 号）。

你（单位）可以通过电话查询案件进展情况。

联系人、联系方式 ××× ××××××××

××市公安局××派出所

二〇一七年五月十一日

报案人、控告人、举报人、扭送人：

年 月 日

一式两份，一份交报案人、控告人、举报人、扭送人，一份附卷宗。

××市环境保护局
移送行政拘留处罚案件审批表

×环移拘〔2017〕002号

<table>
<tr><td>案　由</td><td colspan="4">××市××××有限公司通过暗管等逃避监管的方式违法排放污染物案</td></tr>
<tr><td>调查人员</td><td colspan="2">×××　×××</td><td>案件号</td><td>×环罚字〔2017〕014号</td></tr>
<tr><td rowspan="4">当事人
基本情况</td><td>名称或姓名</td><td colspan="3">××市××××有限公司</td></tr>
<tr><td>住址（地址）</td><td>××市××镇经济开发区</td><td>邮政编码</td><td>××××××</td></tr>
<tr><td>统一社会信用代码</td><td>×××××××××××</td><td>法定代表人</td><td>×××</td></tr>
<tr><td>法定代表人身份证号码</td><td>×××</td><td>联系电话</td><td>×××</td></tr>
<tr><td>查明的环境违法事实和证　据</td><td colspan="4">接中央第四环境保护督察组举报受理问题转办清单，××市环保局环境监察支队与我局执法人员于2017年5月4日对该公司依法进行检查。经查，该公司“××××项目”一期工程已报批环评文件，已通过项目竣工验收监测并投入生产；检查时发现该公司洗料车间产生的高浓度生产废水未经污水处理设施处理，而是通过厂内暗管直接排入××镇经济开发区雨水管网后排至外环境。我局环境监测人员按程序现场对该公司洗料车间外雨水管网和厂区雨水井进行水样采集，并送××市环境监测站监测。经监测分析，雨水管网和厂区雨水井污水pH值分别为11.02和9.10，化学需氧量分别为4 146 mg/L和1 106 mg/L，其结果已严重超出正常雨水限值。</td></tr>
<tr><td>行政拘留处罚移送依据和处理意见</td><td colspan="4">该公司通过预埋暗管直接排放未经处理的的高浓度工业废水的行为已经违反了《中华人民共和国环境保护法》第四十二条第四款规定：“严禁通过暗管、渗井、渗坑、灌注或者篡改、伪造监测数据，或者不正常运行污染防治设施等逃避监管的方式违法排放污染物。”根据《中华人民共和国环境保护法》第六十三条第三项及《行政主管部门移送适用行政拘留环境违法案件暂行办法》第五条和第七条第一项规定，建议将该公司违法行为移送公安机关对其有关责任人员处以行政拘留。
承办人签名：×××、×××　　2017年5月7日</td></tr>
<tr><td>调查部门
意　见</td><td colspan="4">同意承办人意见
签名：×××　　2017年5月7日</td></tr>
<tr><td>法制机构
审查意见</td><td colspan="4">同意调查部门意见
签名：×××　　2017年5月7日</td></tr>
<tr><td>分管领导
审核意见</td><td colspan="4">同意法制股意见
签名：×××　　2017年5月7日</td></tr>
<tr><td>负责人审批
意　见</td><td colspan="4">同意
签名：×××　　2017年5月7日</td></tr>
</table>

××市环境保护局
行政拘留处罚案件移送书

×环移拘〔2017〕002号

<table>
<tr><td>案　由</td><td colspan="4">××市××××有限公司通过暗管等逃避监管的方式违法排放污染物案</td></tr>
<tr><td>调查人员</td><td colspan="2">×××　×××</td><td>案件号</td><td>×环罚字〔2017〕014号</td></tr>
<tr><td rowspan="4">当事人
基本情况</td><td>名称或姓名</td><td colspan="3">××市××××有限公司</td></tr>
<tr><td>住址（地址）</td><td>××市××镇经济开发区</td><td>邮政编码</td><td>××××××</td></tr>
<tr><td>统一社会信用代码</td><td>××××××××××</td><td>法定代表人</td><td>×××</td></tr>
<tr><td>法定代表人
身份证号码</td><td>×××</td><td>联系电话</td><td>×××</td></tr>
<tr><td>查明的环境违法事实和证据</td><td colspan="4">接中央第四环境保护督察组举报受理问题转办清单，××市环保局环境监察支队与我局执法人员于2017年5月4日对该公司依法进行检查。经查，该公司“×××××项目”一期工程已报批环评文件，已通过项目竣工验收监测并投入生产；检查时发现该公司洗料车间产生的高浓度生产废水未经污水处理设施处理，而是通过厂内暗管直接排入××镇经济开发区雨水管网后排至外环境。我局环境监测人员按程序现场对该公司洗料车间外雨水管网和厂区雨水井进行水样采集，并送××市环境监测站监测。经监测分析，雨水管网和厂区雨水井污水pH值分别为11.02和9.10，化学需氧量分别为4 146 mg/L和1 106 mg/L，其结果已严重超出正常雨水限值。</td></tr>
<tr><td>法律依据</td><td colspan="4">《中华人民共和国环境保护法》第六十三条第三款
《行政主管部门移送适用行政拘留环境违法案件暂行办法》第五条和第七条第一项</td></tr>
<tr><td colspan="5">承办人（执法证号）：

×××：××××
×××：××××

××市环境保护局
2017年5月10日</td></tr>
</table>

××市环境保护局
行政拘留处罚案件移送材料清单

案由：××市××××有限公司通过暗管等逃避监管的方式违法排放污染物案

序号	材料名称	数量	提供部门	备注
1	××市环保局行政拘留处罚案件移送书	1	××市环保局	原件
2	××市环保局移送行政拘留处罚案件审批表	1	××市环保局	原件
3	案件调查终结报告	1	××市环保局	原件
4	立案审批表	1	××市环保局	原件
5	现场检查（查勘）笔录	1	××市环保局	原件
6	调查询问笔录	2	××市环保局	原件
7	现场图片	8	××市环保局	原件
8	企业营业执照	1	××市××××有限公司	复印件
9	相关人身份证复印件	2	××市××××有限公司	复印件
10	监测报告	4	××市环境监测站	原件
11	重大案件集体审议记录	1	××市环保局	原件

移送部门人员签名（执法证号）：
×××　　××××
×××　　××××

××市环境保护局

2017年5月10日
（移送机关盖章）

公安机关签收人（警官证号）：
×××　　　××××
×××　　　××××

2017年5月10日
（移送机关盖章）

注：本清单一式两份，移送部门和公安机关各存一份。

××市环境保护局
责令改正违法行为决定书

×环责改字〔2017〕119号

××市××××有限公司：

营业执照统一社会信用代码：××××　　　法定代表人：×××

住所：××市××镇经济开发区

邮政编码：×××××××

联系电话：×××××××

一、环境违法事实和证据

2017年5月4日，××市环保局及我局执法人员对××市××××有限公司进行现场检查，经查，你公司××××项目正常生产，洗料车间产生的废水未全部进入污水处理站，部分生产废水通过旁路直接排至外环境。

以上事实，有以下证据为证明：

1.《现场检查（勘察）笔录》1份；2.《调查询问笔录》2份；3. 现场检查照片8张；4. 法定代表人身份证复印件1份；5. 工商营业执照复印件1份；6. 公司环保负责人身份证复印件1份。

你公司的上述行为违反了**《中华人民共和国环境保护法》第四十二条第四款**“严禁通过暗管、渗井、渗坑、灌注或者篡改、伪造监测数据，或者不正常运行防治污染设施等逃避监管的方式违法排放污染物”和**《中华人民共和国水污染防治法》第二十二条第二款**“禁止私设暗管或采取其他规避监管的方式排放水污染物”的规定。

二、责令改正的依据和种类

根据**《中华人民共和国环境保护法》第六十三条第三项**“企业事业单位和其他生产经营者有下列行为之一，尚不构成犯罪的，除依照有关法律法规规定予以处罚外，由县级以上人民政府环境保护主管部门或者其他有关部门将案件移送公安机关，对其直接负责的主管人员和其他直接责任人员，处十日以上十五日以下拘留；情节较轻的，处五日以上十日以下拘留：（三）通过暗管、渗井、渗坑、灌注或者篡改、伪造监测数据，或者不正常运行防治污染设施等逃避监管的方式违法排放污染物的”和**《中华人民共和国水**

污染防治法》第七十五条第二款“除前款规定外，违反法律、行政法规和国务院环境保护主管部门的规定设置排污口或者私设暗管的，由县级以上地方人民政府环境保护主管部门责令限期拆除，处二万元以上十万元以下的罚款；逾期不拆除的，强制拆除，所需费用由违法者承担，处十万元以上五十万元以下的罚款；私设暗管或者有其他严重情节的，县级以上地方人民政府环境保护主管部门可以提请县级以上地方人民政府责令停产整顿”之规定。

根据上述规定以及《中华人民共和国行政处罚法》第二十三条、《环境行政处罚办法》第十一条、第十二条，我局决定责令你公司改正违法行为如下：

责令你公司立即拆除暗管。

三、责令改正的履行

你公司在收到本决定书之日起立即拆除暗管，停止违法行为，我局将对你公司改正环境违法行为的情况实施行政执法后督察。同时我局将依据**《中华人民共和国环境保护法》第六十三条第三项和《中华人民共和国水污染防治法》第七十五条第二款及《环境保护主管部门实施查封、扣押办法》第四条第四项**，依法对你公司违法行为实施行政处罚和实施查封。

四、申请行政复议或者提起行政诉讼的的途径和期限

你公司如对本决定不服，可以在接到本决定书之日起六十日内向××市环境保护局或××市人民政府申请行政复议；也可以在接到本决定书之日起六个月内向××市人民法院依法提起行政诉讼。

××市环境保护局

2017年5月7日

××市环境保护局
送达回证

送达文书 名称及文号	××市环境保护局责令改正违法行为决定书 ×环责改字〔2017〕119 号
受送达人	××市××××有限公司
送达时间	2017 年 5 月 7 日　　时
送达地点	××市环保局××室
送达方式	直接
收件人	××× （签　章） 与当事人的关系：　2017 年 5 月 7 日
送达人签名	×××、××× 2017 年 5 月 7 日
送达机关盖章	××市环境保护局
备　注	

××市环境保护局
执法证据（执法证件）提取单

执法人员：×××：（×××）、×××：（×××）

姓名：XXX

性别：男

职务：科员

证号：XXX

工作单位：XX市XX县
环境监察大队

使用区域：XX市XX县

发证单位:XX省环境保护厅

发证日期：XX年XX月XX日

姓名：XXX

性别：男

职务：科员

证号：XXX

工作单位：XX市XX县
环境监察大队

使用区域：XX市XX县

发证单位:XX省环境保护厅

发证日期：XX年XX月XX日

××市环境保护局
执法证据（执法证件）提取单

执法人员：×××：（×××）、×××：（×××）

姓名：XXX

性别：男

职务：科员

证号：XXX

工作单位：XX市XX县
环境监察大队

使用区域：XX市XX县

发证单位:XX省环境保护厅

发证日期：XX年XX月XX日

姓名：XXX

性别：男

职务：科员

证号：XXX

工作单位：XX市XX县
环境监察大队

使用区域：XX市XX县

发证单位:XX省环境保护厅

发证日期：XX年XX月XX日

××市公安局
行政处罚决定书

×公（行）罚决字〔2017〕363 号

违法行为人×××，男，61 岁，1955 年 11 月 5 日出生，汉族，高中文化，居民身份证号码：×××，户籍地址：××省××市××区×××，现住址：××省××市××区×××，无犯罪记录。

现查明：2017 年 5 月 4 日，违法行为人×××在××市××××有限公司洗涤车间，通过其原先设置的暗管将该公司洗涤车间生产产生的污水未经处理直接排放至××镇雨水管网内，当日被××市环保局环境执法人员当场查获。以上事实有违法行为人×××的陈述和申辩，证人证言，检测报告等证据证实。

综上，×××逃避监管违法排污罪成立，根据《中华人民共和国环境保护法》第四十二条第四款、第六十三条第三项之规定，决定对×××处以行政拘留五日。

执行方式和期限：行政拘留由××市公安局民警送达×××至××市拘留所执行，拘留期限：自 2017 年 6 月 16 日至 6 月 21 日止，如当日未执行，执行期限自其实际投送拘留所执行之日第二日起共计五日。

×××如不服本决定，可以在收到本决定之日起六日内向××市公安局或××市人民政府申请行政复议，或者在六个月内依法向××市人民法院提起行政诉讼。

××市公安局

二〇一七年六月十六日

行政处罚决定书已向我宣告并送达。

被处罚人：×××

2017 年 6 月 16 日 10 时 5 分

××市环境行政执法后督察现场检查记录

<table>
<tr><td colspan="2">受检单位（盖章）</td><td colspan="4">××市××××有限公司</td></tr>
<tr><td colspan="2">单位地址</td><td colspan="4">××市××镇工业园区</td></tr>
<tr><td colspan="2">检查时间</td><td colspan="4">2017 年 8 月 21 日　　　时</td></tr>
<tr><td colspan="2">法定代表人</td><td>×××</td><td>联系电话</td><td colspan="2">×××</td></tr>
<tr><td>现场负责人</td><td>×××</td><td>部门职务</td><td>副总</td><td>联系电话</td><td>×××</td></tr>
<tr><td>任务来源</td><td colspan="5">行政命令□　行政处罚□　区（流）域限批□　挂牌督办□
列入环保“黑名单”□　致政府及环保部门函□　其他</td></tr>
<tr><td colspan="6">实施行政文号：</td></tr>
<tr><td colspan="6">主要环境问题或违法事实：
清洗车间清洗废水部分经暗管直接排放至外环境</td></tr>
<tr><td>整改情况</td><td colspan="5">拆除暗管</td></tr>
<tr><td>后督察意见</td><td colspan="5">整改到位</td></tr>
</table>

检查人（签名）：×××　　　　现场负责人（签名）：×××

××市××××有限公司2017年8月21日后督查照片：

情况说明

我公司于2017年6月建设了4 800 m^2钢结构厂房用于原材料堆放。在原有的污水处理设备上增添污水处理设备加大污水处理效果，全面处理厂区生活污水与工业污水，积极响应环保号召。

××市××××有限公司

2017年8月2日

××市环境保护局
现场检查（勘察）笔录

时　间： 2017 年 11 月 29 日 9 时 40 分至 10 时 30 分
地　点： ××镇　　**天　气：** 晴
被检查单位法定名称： ××市××××有限公司
地　址： ××市××镇工业园区　　**邮　编：** ××××××
法定代表人： ×××　　**联系电话：** ×××
现场负责人： ×××　　**公民身份证号码：** ×××
工作单位及职务： ××市××××有限公司副总　　**联系电话：** ×××
检查（勘察）人： ×××、×××　　**记录人：** ×××
其他参加人姓名及工作单位：

您好，我们是××市环保局行政执法人员，这是我们的执法证件（×××：×××、×××：×××），请过目确认。

答：已过目确认。

今天我们依法对你单位进行调查并了解有关情况，请配合，如实回答询问和提供材料，不得拒绝、阻碍、隐瞒或者提供虚假情况。如果你认为我们与本案有利害关系，可能影响公正办案，可以申请我们回避，并说明理由。听清楚了吗？

答：听清楚了，不需要申请回避。本人将全程陪同你们开展现场检查，协助贵局工作。

现场负责人对笔录的审阅意见：情况属实

签　名：×××　　　2017 年 11 月 29 日

检查（勘察）人签名：×××、×××
记录人签名：×××
参加人签名：

2017 年 11 月 29 日

（第 1 页，共 2 页）

现场检查（勘察）情况：

2017 年 11 月 29 日上午，我局环境执法人员依法对××市××××有限公司开展日常检查，经查：

1. 该公司处于正常生产状态，污水处理站处于正常运行状态；

2. 该公司清洗车间地面及排水沟渠存有少量碱性废水；清洗车间外侧企业自主建设防止气味无组织排放的设备；

3. 该公司自行建设冷却水循环使用处理设备，用于对厂区内锅炉废水和冷却废水的处理。

根据上述检查情况，依据相关法律法规，我局依法对××市××××有限公司提出如下检查意见：

1. 正常运行各项污染治理设施，确保污染物稳定达标排放；

2. 按要求填写各项台账资料，并做好保存；

3. 对清洗车间地面、排水沟进行防渗处理。（以下空白）

现场负责人对笔录的审阅意见：情况属实

签　名：×××　　2017 年 11 月 29 日

检查（勘察）人签名：×××、×××

记录人签名：×××

参加人签名：

2017 年 11 月 29 日

（第 2 页，共 2 页）

四、限制生产、停产整顿类

5. ××××发展有限公司不正常运行防治污染设施案

【案件提供单位】

广西壮族自治区××市环境保护局

【案件简介】

2017年7月27日，环保部门检查发现××××发展有限公司（以下称为“排污企业”）因防治污染设施故障，将污泥池内含水污泥抽排至未经过硬底化处理的草地上，存在不正常运行防治污染设施的行为。次日，环保部门依法决定责令其改正违法行为，并决定查封造成污染物排放的设施、设备30天；之后根据排污企业的解除申请，在其已改正违法排污行为的情况下，环保部门于8月18日解除了查封。28日，环保部门对排污企业作出了限制生产30天并处以4 500元罚款的决定。9月5日，排污企业缴纳了罚款；29日，排污企业完成整改并报环保部门备案，限产决定解除。30日，环保部门进行了后督察检查，确认防治污染设施运行正常。

【专家点评】

整体而言，环保部门在该案中事实调查清楚，证据收集规范，行政程序合法，法律适用正确，且案卷材料完整，完成了一次比较标准的环境行政处罚案件的处理，也取得了良好的环境保护效果，其中的有益经验值得环保执法人员学习借鉴。

一、该案的优点

1. 该案中环保部门查明的事实较为清楚，能严格按照《环境行政处罚办法》有关规定进行调查取证

该案在调查环节较为规范，且现场检查（勘验）笔录记载内容较为完整、细致；调查询问内容详尽，现场照片能够起到较好的证明作用。排污企业的违法事实能够得到充分证明，并符合《环境行政处罚办法》有关调查取证的规定。

2. 该案中环保部门执法程序合法，法律适用准确

该案的处理程序完整，包括了立案、调查取证、案件审查、告知、决定、后督察等必要程序；在作出行政决定前，环保部门进行了集体讨论。本案中责令改正违法行为决定书、行政处罚决定书、查封决定书、限制生产决定书等行政决定所依据的法律法规、部门规章均较为准确。

3. 环保部门在该案中能够综合、灵活地使用各种执法手段，督促企业守法，达到环境保护的目的

环保部门在查明排污企业存在不正常运行防治污染设施行为后，迅速作出了查封相关污染设备的决定，有效制止了违法排污行为；之后环保部门又作出了限制生产的决定，促使排污企业尽快整改。上述执法手段的综合运用，既达到了有效制止环境污染损害继续发生的效果，又起到了督促排污企业纠正违法行为的作用，值得肯定。

4. 环保部门能够积极跟踪违法行为的后续纠正情况，确保环保执法的效果落到实处

在排污企业于2017年9月29日提交整改报告后的第二天，环保部门就立即开展了后督察工作，确认整改完成，防治污染设施运行正常，确保环境违法行为已经得到了纠正，也显示出较高的行政效率。

二、存在的问题与建议

根据《环境保护主管部门实施查封、扣押办法》第十九条，环保部门应当自收到解除查封、扣押申请之日起五个工作日内，组织核查，并根据核查结果作出解除或者维持查封、扣押的决定。该案中排污企业于2017年8月4日申请解除查封，环保部门也在2017年8月8日进行了现场检查，但相应的解除查封决定书直到8月18日才作出，未能在规定期限内解除查封。该案限制生产决定书中援引法律条文时存在笔误，误将《环境保护法》“第四十二条”写成了“第四十一条”，在今后的文书书写中应当注意避免此类笔误。另外，该案未按照有关规定将案卷材料分正卷和副卷进行归档，亦需要予以注意。

案卷封面

<table>
<tr><td colspan="2">××××发展有限公司</td><td>案卷号</td><td colspan="2">201721</td></tr>
<tr><td colspan="5">××市环境保护局
行政处罚案卷卷宗
（正卷）</td></tr>
<tr><td>案件名称</td><td colspan="4">××××发展有限公司环境违法案件材料</td></tr>
<tr><td>行政处罚
决定书文号</td><td colspan="4">×环罚字〔2017〕107 号</td></tr>
<tr><td>承办人</td><td colspan="4">×××、×××、×××</td></tr>
<tr><td>归档时间</td><td colspan="2">2017 年 10 月</td><td>保管
期限</td><td>永久</td></tr>
<tr><td>编制单位</td><td colspan="4">××市环境监察支队</td></tr>
<tr><td>编制日期</td><td colspan="4">2017 年 10 月</td></tr>
<tr><td>密　级</td><td colspan="4"></td></tr>
</table>

卷内文件目录

序号	文 号	制作机构	题 名	日期	页号	备注
18	×环复字〔2013〕××号	××市环境保护局	××市环境保护局关于××××发展有限公司 4 800 t/d 高蛋白饲料粕物流及加工项目竣工环境环保验收申请的批复	2013 年 4 月 8 日	464～466	
19		广西××××××有限公司	任职证明	2017 年 7 月 27 日	467	
20			身份证复印件（三份，略）		467	
21	×环罚字〔2017〕××号	××市环境保护局	××市环境保护局责令改正违法行为决定书	2017 年 7 月 28 日	468	
22			送达回证	2017 年 7 月 28 日	469	
23	×环罚字〔2017〕××号		查封决定书	2017 年 7 月 28 日	470～471	
24			送达回证	2017 年 7 月 28 日	472	
25	〔2017〕01 号	××××发展有限公司	关于污水处理站污泥排放整改报告	2017 年 8 月 4 日	473	
26		××市环境监察支队	污染源环境质量（2017 年 7 月）	2017 年 8 月 4 日	474	
27			处罚金额计算方法	2017 年 8 月 4 日	475	
28	×（察）字〔2017〕×××号	××市环境监测中心站	××市环境监测中心站监测报告	2017 年 8 月 7 日	476～479	
29		××市环境监察支队	××市环境保护局现场检查（勘察）笔录	2017 年 8 月 8 日	480～481	
30			现场照片证据	2017 年 8 月 8 日	482～484	
31		××市环境保护局	行政处罚案件审议记录	2017 年 8 月 16 日	485～486	
32		××市环境保护局	行政处罚案件讨论会签到表	2017 年 8 月 16 日	487	
33	×环罚字〔2017〕××号	××市环境保护局	解除查封决定书	2017 年 8 月 18 日	488	
34			送达回证	2017 年 8 月 21 日	489	
35	×环罚字〔2017〕××号		限制生产事先告知书	2017 年 8 月 18 日	490	
36			送达回证	2017 年 8 月 21 日	491	

序号	文　号	制作机构	题　名	日期	页号	备注
37	×环罚字〔2017〕××号	××市环境保护局	限制生产听证告知书	2017年8月18日	492	
38			送达回证	2017年8月21日	493	
39	×环罚字〔2017〕××号		行政处罚事先告知书	2017年8月18日	494～495	
40			送达回证	2017年8月21日	496	
41	〔2017〕02号	××××发展有限公司	关于××市环境保护局行政处罚事先告知书的复函	2017年8月22日	497	
42	×环罚字〔2017〕×××号	××市环境保护局	限制生产决定书	2017年8月28日	498～499	
43			送达回证	2017年8月30日	500	
44	〔2017〕03号	××××发展有限公司	关于××市环境保护局现在生产决定书的整改方案	2017年9月6日	501	
45	〔2017〕04号	××××发展有限公司	关于限产整改完成情况的报告	2017年9月29日	502	
46	××××（监）字〔2017〕第××××××号	××发展有限公司	监测报告	2017年9月28日	503～506	
47		××××发展有限公司	公示照片		507	
48	6619205649	××市环境保护局	缴款书	2017年9月6日	508	
49		××市环境保护局	环境行政执法后监督核查记录表	2017年9月30日	509	
50		××市环境保护局	环境行政执法后监督现场检查（勘察）记录	2017年9月30日	510～511	
51		××市环境保护局	环境行政执法后监督现场检查照片	2017年9月30日	512～514	
52			执法人员执法证复印件		515	
53		××市环境监察支队	行政处罚案件结案审批表	2017年10月9日	516～517	

××市环境保护局
环境行政处罚决定书

×环罚字〔2017〕107号

××××有限公司：

统一社会信用代码：××××××

法定代表人：×××

地址：广西××市×××区××镇××路××号

一、环境违法事实和证据

经我局查实，你公司实施了以下环境违法行为：

2017年7月27日，我局执法人员对你公司进行现场检查，发现你公司因污泥压滤机故障，先后三次采取外接水泵的方式将污泥池内的含水污泥抽排至污水处理设施东侧未进行硬底化处理的草地上。该行为属不正常运行污染防治设施的方式违法排放污染物。

以上事实，有《××市环境保护局责令改正违法行为决定书》（×环罚字〔2017〕××号）及送达回证、2017年7月27日××市环境保护局现场检查（勘察）笔录、2017年7月27日××市环境保护局调查询问笔录、××××发展有限公司污水处理站简图、现场照片证据、污染源环境质量（2017年7月）、《××市环境保护局关于××××发展有限公司 4 800 t/d 高蛋白饲料粕物流及加工项目环境影响报告书的批复》（×环复字〔2017〕×××号）、《营业执照》复印件、《任职证明》、×××身份证复印件、×××身份证复印件、××身份证复印件为证。

你公司上述行为违反了《中华人民共和国水污染防治法》第二十一条第二款规定："企业事业单位和个体工商户排放水污染物的种类、数量和浓度有重大改变的，应当及时申报登记；其水污染处理设施应当保持正常使用；拆除或者闲置水污染物处理设施的，应当事先报县级以上地方人民政府环境保护主管部门批准。"

我局于2017年8月21日告知你公司违法事实、处罚依据、拟作出的处罚决定，以及有权进行陈述、申辩。你公司于2017年8月22日提交《关于××市环境保护局行政处罚事先告知书的复函》，表示接受该项处罚，不申辩。

以上事实，有《××市环境保护局行政处罚事先告知书》（×环罚字〔2017〕××

号）及其送达回证，你公司《关于××市环境保护局行政处罚事先告知书的复函》（〔2017〕02 号）为证。

二、责令改正和行政处罚的依据、种类

《中华人民共和国行政处罚法》第二十三条规定：“行政机关在作出行政处罚时，应当责令当事人改正或者限期改正环境违法行为。”《中华人民共和国水污染防治法》第七十三条规定：“违反本法规定，不正常使用水污染物处理设施，或者未经环境保护主管部门批准拆除、闲置水污染物处理设施的，由县级以上人民政府环境保护主管部门责令限期改正，处应缴纳排污费数额一倍以上三倍以下的罚款。”

根据以上规定以及环境保护部《规范环境处罚自由裁量权若干意见》（环发〔2009〕24 号）精神，我局决定：

（一）责令你公司停止环境违法行为；

（二）对你公司处以肆仟伍佰元罚款。

三、责令改正和行政处罚的履行方式和期限

（一）关于责令改正的履行方式和期限

接到本决定书之日起执行。

（二）关于罚款的履行方式和期限

根据《中华人民共和国行政处罚法》和《罚款决定与罚款收缴分离实施办法》的有关规定，你公司应当在接到本决定书之日起十五日内，到我局财务室办理“非税收入一般缴款书”，将罚款缴至××市非税收入管理局。

你公司缴纳罚款后，应当将缴款凭据复印件报送我局备案。逾期不缴纳罚款，我局将根据《中华人民共和国行政处罚法》第五十一条第一项规定每日按罚款数额的 3%加处罚款。

四、申请行政复议或者提起行政诉讼的途径和期限

你公司如不服本决定，可以在接到决定书之日起 60 日内向××市人民政府或者广西壮族自治区环境保护厅申请行政复议；也可以在接到决定书之日起 6 个月内依法向人民法院提起行政诉讼。

申请行政复议或者提起行政诉讼，不停止本决定书的执行。逾期不申请行政复议，不提起行政诉讼，又不履行本决定的，我局将依法申请人民法院强制执行。

××市环境保护局

2017 年 8 月 28 日

××市环境保护局
送达回证

送达文书名称及文号	××市环境保护局环境行政处罚决定书 （×环罚字〔2017〕107号）
当事人名称或姓名	××××发展有限公司
送达地点	××市环境保护局一楼
送达方式	直接送达
收件人签名（盖） 及收件日期	××× （与当事人的关系：　　　）　2017年8月30日
送达人签名	×××、×××　　　2017年8月30日
送达机关盖章	××市环境保护局
备　注	

××市环境保护局
环境违法行为立案审批表

<table>
<tr><td>案件来源</td><td colspan="2">现场发现</td><td>立案号</td><td>201721</td></tr>
<tr><td>案　由</td><td colspan="4">涉嫌不正常运行污染防治设施案</td></tr>
<tr><td rowspan="5">当事人</td><td>名称或姓名</td><td colspan="3">××××发展有限公司</td></tr>
<tr><td>住址（地址）</td><td>广西××市××××区××镇××路×号</td><td>邮政编码</td><td>××××××</td></tr>
<tr><td>营业执照注册号（公民身份证号码）</td><td></td><td>组织机构代码</td><td></td></tr>
<tr><td>社会信用代码</td><td colspan="3">×××××××××</td></tr>
<tr><td>法定代表人（负责人）</td><td>×××</td><td>职　务</td><td>总经理</td></tr>
<tr><td>案情简介及立案理由</td><td colspan="4">2017 年 7 月 27 日，我局对××××发展有限公司进行现场检查，发现该公司因污泥压滤机故障，先后三次采取外接水泵的方式将污泥池内的含水污泥抽排至污水处理设施东侧未硬底化处理的草地上，存在通过不正常运行污染防治设施的方式逃避监管的违法行为，违反了《中华人民共和国水污染防治法》第二十一条第二款：“企业事业单位和个体工商户排放水污染物的种类数量和浓度有重大改变的，应当及时申报登记；其水污染处理设施应当保持正常使用；拆除或者闲置水污染物处理设施的，应当事先报县级以上地方人民政府环境保护主管部门批准。”初步判断符合《环境行政处罚办法》第二十二条规定的立案条件。</td></tr>
<tr><td>承办人意　见</td><td colspan="4">建议立案查处。
签名：×××　×××　　2017 年 8 月 3 日</td></tr>
<tr><td>承办机构负责人审核意见</td><td colspan="4">拟同意作出限产决定，并依法立案查处。
签名：×××　　2017 年 8 月 4 日</td></tr>
<tr><td>协办单位意　见</td><td colspan="4">签名：　　年　月　日</td></tr>
<tr><td>法规部门意　见</td><td colspan="4">同意。
签名：×××　　2017 年 8 月 4 日</td></tr>
<tr><td>环保部门负责人审批意见</td><td colspan="4">同意。
签名：×××　　2017 年 8 月 7 日</td></tr>
<tr><td>备　注</td><td colspan="4"></td></tr>
</table>

××市环境保护局
查封审批表

<table>
<tr><td>案件来源</td><td colspan="2">现场发现</td><td>立案号</td><td>201724</td></tr>
<tr><td>案　由</td><td colspan="4">涉嫌不正常运行污染防治设施案</td></tr>
<tr><td rowspan="5">当事人</td><td>名称或姓名</td><td colspan="3">××××发展有限公司</td></tr>
<tr><td>住址（地址）</td><td>广西××市××××区××镇××路×号</td><td>邮政编码</td><td>××××××</td></tr>
<tr><td>营业执照注册号（公民身份证号码）</td><td>无</td><td>组织机构代码</td><td>无</td></tr>
<tr><td>社会信用代码</td><td colspan="3">×××××××××</td></tr>
<tr><td>法定代表人（负责人）</td><td>×××</td><td>职　务</td><td>总经理</td></tr>
<tr><td>案情简介及立案理由</td><td colspan="4">2017年7月27日，我局对××××发展有限公司进行现场检查，发现该公司因污泥压滤机故障，先后三次采取外接水泵的方式将污泥池内的含水污泥抽排至污水处理设施东侧未硬底化处理的草地上，存在通过不正常运行污染防治设施的方式逃避监管的违法行为。依据《中华人民共和国环境保护法》第二十五条和《环境保护主管部门实施查封、扣押办法》的规定，拟申请查封该公司造成污染物排放的齿轮油泵1个、消防水带1条、软管1条，查封期限自2017年7月28日至2017年8月26日止（共30天）。</td></tr>
<tr><td>承办人意　见</td><td colspan="4">建议查封。
签名：×××　×××　2017年7月27日</td></tr>
<tr><td>承办机构负责人审核意见</td><td colspan="4">拟同意，请法规科审核。
签名：×××　2017年7月28日</td></tr>
<tr><td>协办单位意　见</td><td colspan="4">签名：　年　月　日</td></tr>
<tr><td>法规部门意　见</td><td colspan="4">无意见。
签名：×××　2017年7月28日</td></tr>
<tr><td>环保部门负责人审批意见</td><td colspan="4">同意。
签名：×××　2017年7月28日</td></tr>
<tr><td>备　注</td><td colspan="4"></td></tr>
</table>

××市环境保护局
限制生产审批表

<table>
<tr><td>案件来源</td><td colspan="2">现场发现</td><td>立案号</td><td>201725</td></tr>
<tr><td>案　由</td><td colspan="4">涉嫌不正常运行污染防治设施案</td></tr>
<tr><td rowspan="5">当
事
人</td><td>名称或姓名</td><td colspan="3">××××发展有限公司</td></tr>
<tr><td>住址（地址）</td><td>广西××市××××区××镇××路×号</td><td>邮政编码</td><td>××××××</td></tr>
<tr><td>营业执照注册号
（公民身份证号码）</td><td>无</td><td>组织机构代码</td><td>无</td></tr>
<tr><td>社会信用代码</td><td colspan="3">×××××××××</td></tr>
<tr><td>法定代表人
（负责人）</td><td>×××</td><td>职　务</td><td>总经理</td></tr>
<tr><td>案情简介
及
立案理由</td><td colspan="4">2017 年 7 月 27 日，我局对××××发展有限公司进行现场检查，发现该公司因污泥压滤机故障，先后三次采取外接水泵的方式将污泥池内的含水污泥抽排至污水处理设施东侧未硬底化处理的草地上，经监测，该外排废水氨氮、化学需氧量及五日生化需氧量均超标，存在通过不正常运行污染防治设施的方式逃避监管的违法行为。依据《中华人民共和国环境保护法》第六十条和《环境保护主管部门实施限制生产、停产整治办法》第五条、第十五条第一款的规定，拟责令该公司限制生产 30 日，在限制生产期限内日均生产高蛋白饲料粕不得超过 3 840 t/d。</td></tr>
<tr><td>承办人
意　见</td><td colspan="4">建议责令该公司限制生产 30 日，在限制生产期限内日均生产高蛋白饲料粕不得超过 3 840 t/d。
签名：×××　×××　　2017 年 8 月 3 日</td></tr>
<tr><td>承办机构
负责人
审核意见</td><td colspan="4">拟同意。
签名：×××　　2017 年 8 月 3 日</td></tr>
<tr><td>协办单位
意　见</td><td colspan="4">签名：　　年　月　日</td></tr>
<tr><td>法规部门
意　见</td><td colspan="4">无意见。
签名：×××　　2017 年 8 月 28 日</td></tr>
<tr><td>环保部门
负责人
审批意见</td><td colspan="4">同意。
签名：×××　　2017 年 8 月 31 日</td></tr>
<tr><td>备　注</td><td colspan="4"></td></tr>
</table>

××市环境保护局
环境违法行为案件调查报告

案　由	涉嫌不正常运行污染防治设施案		
相对人	××××发展有限公司		
法人代表	×××	社会信用统一代码	××××××
污水处理负责人	××		
地　址	广西××市××××区××镇××路×号		

调查经过：

2017 年 7 月 27 日，我局监察人员对××××发展有限公司进行执法检查，发现该公司因污泥压滤机故障，先后三次采取外接水泵的方式将污泥池内的含水污泥抽排至污水处理设施东侧未进行硬底化处理的草地上，涉嫌通过不正常运行污染防治设施的方式逃避监管。

我局于 2017 年 7 月 28 日对该公司下达了《××市环境保护局责令改正违法行为决定书》（×环罚字〔2017〕××号），责令该公司停止环境违法行为，将直接外排至草地上的污染物清理并进行无害化处理，保证环保设施正常运行，同时下达《××市环境保护局查封决定书》（×环罚字〔2017〕××号），对该公司造成污染物排放的设施、设备予以查封，查封期限自 2017 年 7 月 28 日至 2017 年 8 月 26 日止（共 30 天）。

本案由××市环境监察支队监察员××、×××、×××具体承办。

查明的事实：

经调查，该公司污水处理工艺是 SBR 处理工艺，工艺流程：进水→格栅→调节池→气浮（产生气浮渣）→曝气（产生污泥）→沉淀→出水。在正常情况下，污水处理过程中产生的污泥应先压滤，后无害化处理，如遇故障或其他突发情况，应启用应急储存罐，但该公司在污泥压滤机出现故障的情况下，采取外接水泵的方式将污泥池内的含水污泥抽排至污水处理设施东侧未进行硬底化处理的草地，先后抽排三次，每次抽排约 10 m^3 含水污泥。

证据：

1. 2017 年 7 月 27 日《××市环境保护局调查询问笔录》2 份；
2. 2017 年 7 月 27 日《××市环境保护局现场检查（勘查笔录）》1 份；
3. 现场照片、视频 1 组；
4. ××××有限公司污水处理站简图 1 份；
5. ××××有限公司营业执照（复印件）；
6. ×××、×××、×××身份证复印件和任职证明；
7. 《××市环境保护局责令改正违法行为决定书》（×环罚字〔2017〕82 号）及其送达回证。

调查结论： 根据以上调查事实和依据，我们认为该公司因污泥压滤机故障，先后三次采取外接水泵的方式将污泥池内的含水污泥抽排至污水处理设施东侧未作硬底化的草地，违反了《中华人民共和国环境保护法》第四十二条第四款及《中华人民共和国水污染防治法》第二十一条第二款的规定，违法事实符合不正常运行污染防治设施处罚条件。 **处理依据：** （一）《中华人民共和国环境保护法》第四十二条第四款； （二）《中华人民共和国水污染防治法》第二十一条第二款； （三）《中华人民共和国水污染防治法》第七十三条； （四）《环境保护主管部门实施限制生产、停产整治办法》第六条第一项。
处理意见： 1. 根据《中华人民共和国水污染防治法》第七十三条规定，建议对该企业不正常运行污染防治设施的环境违法行为进行依法处罚，处以应缴纳排污费三倍罚款； 2. 根据《环境保护主管部门实施限制生产、停产整治办法》第六条第一项规定，责令限制生产30日，在限制生产期限内日均加工量不得超过3 840 t/d。
调查部门意见 拟同意。 ×××　2017年8月4日

营业执照

注册号XXXXXXXXXXX

名　　　称　XXXXXXXX有限公司

类　　　型　有限责任公司

住　　　所　XX市XX区XX街道XX号

法定代表人　XXX

注 册 资 本　XXXXXX万元人民币

成 立 日 期　XXXX年XX月XX日

营 业 期 限　XXXX年XX月XX日至XXXX年XX月XX日

经 营 范 围　XXXXXXXXXXXXXXXXXXXXXXXXXXXXXXXXXXXXXXXXXXXX

XXXXXXXXXXXXXXXXXXXXXXXXXXXXXXXXXXXXXXXXXXXXXXXXXXXXXXXXXXXXXXX

XXXXXXXXXXXXXXXXXXXXXXXXXXXXXXXXXXXXXXXXXXXXXXXXXXXXXXXXXXXXXXX

XXXXXXXXXXXXXXXXXXXXXXXXXXXXXXXXXXXXXXXXXXXXXXX.

登记机关

XXXX年 XX月 XX日

企业信用信息公示系统网址：http://gsxt.saic.gov.cn　　中华人民共和国国家工商行政管理总局监制

××市环境保护局
现场检查（勘察）笔录

时间： 2017年7月27日18时17分至18时47分

地点： ××市×××区×××路×号

被检查人名称或姓名： ××××发展有限公司

法定代表人（负责人）姓名： ×××

现场负责人姓名： ××× **年龄：** 45 **公民身份号码：** ×××

工作单位： ××××发展有限公司 **职务：** 污水处理设施负责人

与本案关系： 污水处理设施负责人

地址： ××市×××区×××路×号 **电话：** ××× **邮编：** ×××

检查（勘察）人及执法证号： ×××（××××）；×××（××××）

记录人： ×××

工作单位： ××市环境监察支队

其他参加人姓名及工作单位（地址）：

我们是××市环境监察支队的行政执法人员，这是我们的执法证件（向当事人出示证件，并记录持证人员姓名和执法证件号），请过目确认。

答：我已确认。

今天我们依法进行检查并了解有关情况，你应当配合调查，如实回答询问和提供材料，不得拒绝、阻碍、隐瞒或者提供虚假情况。如果你认为我们与本案有利害关系，可能影响公正办案，可以申请我们回避，并说明理由。（暗查等无法告知的情形除外）

答：听清楚了。不申请回避。

被检查（勘察）人或现场负责人确认意见： 确认，已阅读。

被检查（勘察）人或现场负责人签字： ××× 2017年7月27日

检查（勘察）人签名： ×××、××× 2017年7月27日

记录人签字： ××× 2017年7月27日

现场情况：

1．现场检查时，该公司正常生产，污水处理设施处于停运间歇期。曝气池内的水位处于低位，池水呈绿色。池边长有青苔。无生产废水外排。污泥压滤机故障，不能使用。污泥间地面较干净。污水处理设施间东侧有一台水泵一端用 10 cm 的胶管接入污泥池，另一端连接消防水带，连接在污泥间地面。

2．该公司的污水处理设施东侧草地上约 300 m^2 的范围内有含污泥废水存放。其中，靠近污水处理设施的 100 m^2 的地面上，草已被清除。污泥上覆盖有一层煤渣。部分地面可见有深约 10 cm 左右的污水坑，××市环境监测中心站工作人员已进行采样监测。地面没有进行硬底化处理。

3．该公司污泥池内污泥呈高位状态，处理脱硫废水的气浮装置正在进行维修和保养。

4．污水在线监控设备出现故障，COD 数据显示为 96.61 mg/L，氨氮数据显示为 0 mg/L，流量为 0。（以下空白）

以上记录属实。

被检查（勘察）人或现场负责人确认意见：确认，已阅读。

被检查（勘察）人或现场负责人签字：×××　　2017 年 7 月 27 日

检查（勘察）人签字：×××、×××　　2017 年 7 月 27 日

记录人签字：×××　　2017 年 7 月 27 日

××市环境保护局
调查询问笔录

时间： 2017年7月27日16时48分至17时18分
地点： ×××区×××镇×××路×号
被询问人姓名： ××　**年龄：** 45　**公民身份号码：** ×××
工作单位： ××××发展有限公司　**职务：** 污水处理站现场负责人
与本案关系： 当事人单位污水处理站现场负责人
地址： 广西××市××区×××区×××镇××路×号　**邮编：** ×××
电话： ××××
询问人姓名及执法证号： ×××（××××）
记录人： ×××（××××）
工作单位： ××市环境监察支队
其他参加人姓名及工作单位：

问：我们是××市环境监察支队的行政执法人员，这是我们的执法证件（向当事人出示证件，并记录持证人员姓名和执法证件号），请过目确认。

答：我已确认。

今天我们依法进行检查并了解有关情况，你应当配合调查，如实回答询问和提供材料，不得拒绝、阻碍、隐瞒或者提供虚假情况。如果你认为我们与本案有利害关系，可能影响公正办案，可以申请我们回避，并说明理由。听清楚了吗？

答：听清楚了。不申请回避。

问：请问你是何时担任××××发展有限公司的污水处理站的负责人？

答：我是2016年1月份开始担任××××发展有限公司的污水处理站的负责人的。

问：请你介绍一下你公司的污水处理设施的基本情况。

答：我公司的污水处理工艺是SBR处理工艺（物化+生化）。进水、格栅、调节池、气浮（产生气浮渣）、曝气（产生污泥）、沉淀、出水。有一个300 m^3的调节池，两个

被检查（勘察）人或现场负责人确认意见：确认，已阅读。
被检查（勘察）人或现场负责人签字：×××　2017年7月27日
检查（勘察）人签名：×××、×××　2017年7月27日
记录人签字：×××　2017年7月27日

700 m^{3}的曝气池，两套气浮装置，其中一套是含硫废水的处理装置；一套压滤装置、两套曝气装置，在线设施及站房一座，设计日处理污水800 m^3。

问：你公司的污水排放走向如何？

答：通过总排口进入港内污水管网排海。

问：除此之外还有其他合法的排放去向吗？

答：没有了。

问：你公司污水处理设施是否正常？

答：我公司投产以来，污水处理设施基本能正常运行，过去没有发生过超标排放等违法行为。但一周前，由于压滤装置出现故障，不能正常使用，导致污泥不正常排放，采取了用水泵从污泥池内抽出部分污泥，临时排放在设施边的草地上的方式解决污泥排放问题。

问：你公司用水泵从污泥池内抽出部分污泥，临时排放在设施边的草地上，共抽了几次，每次的量是多少？

答：抽了3次，每次10 m^3。

问：用水泵从污泥池内抽出部分污泥临时排放在设施边的草地上处理污泥的处理方式是由谁决定的？

答：是我在没有报告领导的情况下，自行决定的。

问：你公司污水处理污泥属于什么性质？正常应该如何处理？

答：属于一般固体废物，正常是经压滤后无害化处理。

问：你公司的压滤机是什么故障，为什么维修时间这么长还未修复？

答：由于压滤机的电机的轴承故障，需要更换，因采购周期较长，故暂未更换。

问：为什么不启用应急储罐储存污泥？

答：因为污泥浓度较高，抽取不方便，故采用这种处理方式。

问：临时存放污泥的草地面积大小如何，是否硬底化？

答：草地面积为300 m^2，没有硬底化。

问：从污水处理设施的中间直接排出污染物，将污泥存放在没有硬化的地面上会导致污泥中的水污染物通过渗漏方式进入地下，这两种行为违反了《中华人民共和国环境保护法》和《中华人民共和国水污染防治法》的相关规定，你清楚吗？

答：我不清楚。

问：你还有什么需要补充的吗？

答：我公司知道此事后，正在积极组织整改，尽快将违规排放的污泥回收处理，通过铺设煤渣等方式处理草地上的污水。（以下空白）

被检查（勘察）人或现场负责人确认意见：确认，已阅读。

被检查（勘察）人或现场负责人签字：×××　　2017年7月27日

检查（勘察）人签字：×××、×××　　2017年7月27日

记录人签字：×××　　2017年7月27日

××市环境保护局
调查询问笔录

时间： 2017年7月27日16时48分至17时18分

地点： ×××区××镇××路×号

被询问人姓名： ×× **年龄：** 37 **公民身份号码：** ×××

工作单位： ××××发展有限公司 **职务：** 生产副总经理

与本案关系： 当事人单位分管环保领导

地址： 广西××市××区×××工业区 **邮编：** ××× **电话：** ×××

询问人姓名及执法证号： ××（××××）、 **记录人：** ×××（××××）

工作单位： ××市环境监察支队

其他参加人姓名及工作单位：

问：我们是××市环境监察支队的行政执法人员，这是我们的执法证件（向当事人出示证件，并记录持证人员姓名和执法证件号），请过目确认。

答：我已确认。

今天我们依法进行检查并了解有关情况，你应当配合调查，如实回答询问和提供材料，不得拒绝、阻碍、隐瞒或者提供虚假情况。如果你认为我们与本案有利害关系，可能影响公正办案，可以申请我们回避，并说明理由。听清楚了吗？

答：听清楚了。不申请回避。

问：请介绍一下你个人的基本情况。

答：我叫×××，男，××人。身份证号码是：×××。是××××发展有限公司的生产副总经理，主要负责××××发展有限公司的生产运营，包括环境保护工作。

问：××××发展有限公司的名称？法定代表人姓名？社会信用统一代码？生产基本情况？

答：我单位是××××发展有限公司，法定代表人叫×××，社会信用统一代码是：××××××。我公司2011年建设，2012年4月建成投产，环保手续齐全。公司主要从事××××的生产、设计年加工×××200万t，实际年加工×××160万t。主要生

被检查（勘察）人或现场负责人确认意见： 确认，已阅读。

被检查（勘察）人或现场负责人签字： ××× 2017年7月27日

检查（勘察）人签名： ×××、××× 2017年7月27日

记录人签字： ××× 2017年7月27日

产工艺是：清理、软化（调质）、破碎、压胚、膨化、浸出（产品：食用油）、蒸脱、粉碎、出豆粕（产品）。主要有预处理车间、浸出车间、精炼车间。配套建设一座 12 MW 的燃煤电厂。主要环保设施是：一套 SBR 污水处理站，设计日处理污水 800 t；一套脱硫烟气处理装置。

问：你公司污水处理设施废水排放的去向？

答：经港口污水管网排海。

问：你公司处理设施有几个排放口？是否规范化建设？

答：有一个规范化的排放口，位于污水处理设施的西北角。

问：××××发展有限公司的环保管理工作的分工情况如何？

答：我负责企业的环保工作，管理部门是安全管理部，负责企业的对外的环保协调工作，该部门经理由×××担任。污水处理设施的现场负责人是×××。脱硫烟气装置的现场负责人×××。

问：今天我们现场检查发现你公司的污水处理东侧的草地上有大面积的污水和污泥存在，是什么原因造成的？

答：大约在一周前，污水处理站的污泥压滤机出现故障，不能正常使用，导致污泥排放没有去向，现场管理人员产采取用水泵接管的方式，将污泥池内的污泥抽到草地上。

问：你公司污水处理装置建有应急储存罐，应急储罐的作用就是在设备出现故障的时候存储生产废水，你公司为何在设备故障时不启用？

答：因为污泥含量较高，我们计划将它临时抽放在草地上，晾干后回收利用。

问：你公司采取这种措施是谁决定的？

答：现场负责人×××决定的，我知情。

问：你公司排放污泥的草地面积大约有多大？有没有硬底化？

答：草地面积大约有 300 m^2，没有硬底化处理。

问：你公司将含污泥的废水从污水处理设施的中间环节抽至草地排放的行为发生过几次，抽取的污泥和污水量大约有多少？

答：大约有 3 次，每次抽的污泥量大约 10 m^3 污泥。

问：根据环保相关法律规定，污染物是禁止从中间环节排放，你是否清楚？

答：我不是很清楚。

问：对你公司的这种污染物禁止从中间环节排放的行为，你公司打算如何处理？

答：我公司打算尽快将污泥收集后规范处理。

问：你还有什么需要补充的吗？

答：没有了。（以下空白）

被检查（勘察）人或现场负责人确认意见：确认，已阅读。

被检查（勘察）人或现场负责人签字：××× 2017 年 7 月 27 日

检查（勘察）人签字：×××、××× 2017 年 7 月 27 日

记录人签字：××× 2017 年 7 月 27 日

现场照片证据

证明对象：用于抽取污泥的外接水泵，上端的橡胶管连接污泥池，下端连接地面
拍摄时间：2017 年 7 月 27 日 16 时 30 分
拍摄地点：广西××市×××区××镇××路××号
拍摄人：×××
当事人、见证人：×××
执法人员（签名）及执法证号：×××（××××）×××（××××）

现场照片证据

证明对象：外排含水污泥
拍摄时间：2017 年 7 月 27 日 16 时 31 分
拍摄地点：广西××市×××区××镇××路××号
拍摄人：×××
当事人、见证人：×××
执法人员（签名）及执法证号：×××（××××）×××（××××）

现场照片证据

证明对象：将含水污泥外排至污水处理设施旁的草地上
拍摄时间：2017 年 7 月 27 日 16 时 35 分
拍摄地点：广西××市×××区××镇××路××号
拍摄人：×××
当事人、见证人：×××
执法人员（签名）及执法证号：×××（××××）×××（××××）

现场照片证据

证明对象：将含水污泥外排至未做硬底化处理的草地上
拍摄时间：2017 年 7 月 27 日 16 时 37 分
拍摄地点：广西××市×××区××镇××路××号
拍摄人：×××
当事人、见证人：×××
执法人员（签名）及执法证号：×××（××××）、×××（××××）

现场照片证据

证明对象：将含水污泥外排至未做硬底化处理的草地上
拍摄时间：2017 年 7 月 27 日 16 时 40 分
拍摄地点：广西××市×××区××镇××路××号
拍摄人：×××
当事人、见证人：×××
执法人员（签名）及执法证号：×××（××××）、×××（××××）

现场照片证据

证明对象：××市环境监测中心站工作人员对现场进行采样
拍摄时间：2017 年 7 月 27 日 16 时 43 分
拍摄地点：广西××市×××区××镇××路××号
拍摄人：×××
当事人、见证人：×××
执法人员（签名）及执法证号：×××（××××）、×××（××××）

现场照片证据

证明对象：××××发展有限公司
拍摄时间：2017 年 7 月 27 日 16 时 23 分
拍摄地点：广西××市×××区××镇××路××号
拍摄人：×××
当事人、见证人：×××
执法人员（签名）及执法证号：×××（××××）、×××（××××）

广西渤海农业发展有限公司污水处理站简图

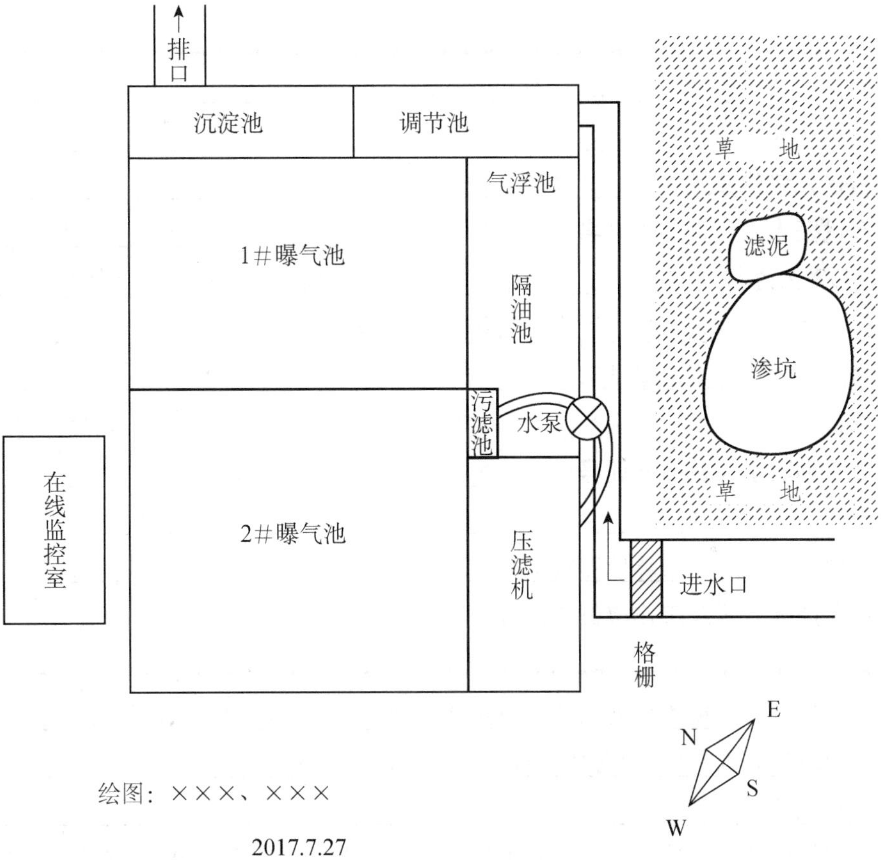

绘图：×××、×××

2017.7.27

确认属实 ××　　　2017.7.27

××市环境保护局
现场检查（勘察）笔录

时间： 2017年7月28日17时20分至17时30分

地点： ××市×××区×××路×号

被检查人名称或姓名： ××××发展有限公司

法定代表人（负责人）姓名： ×××

现场负责人姓名： ××× **年龄：** 34 **公民身份号码：** ×××

工作单位： ××××发展有限公司 **职务：** 安全管理部经理

与本案关系： 安全管理部经理

地址： ××市×××区×××路×号 **电话：** ××× **邮编：** ×××

检查（勘察）人及执法证号： ×××（××××）；×××（××××）

记录人： ×××

工作单位： ××市环境监察支队

其他参加人姓名及工作单位（地址）：

我们是××市环境监察支队的行政执法人员，这是我们的执法证件（向当事人出示证件，并记录持证人员姓名和执法证件号），请过目确认。

答：我已确认。

今天我们依法进行检查并了解有关情况，你应当配合调查，如实回答询问和提供材料，不得拒绝、阻碍、隐瞒或者提供虚假情况。如果你认为我们与本案有利害关系，可能影响公正办案，可以申请我们回避，并说明理由。（暗查等无法告知的情形除外）

答：听清楚了。不申请回避。

被检查（勘察）人或现场负责人确认意见：确认，已阅读。

被检查（勘察）人或现场负责人签字：××× 2017年7月28日

检查（勘察）人签字：×××、××× 2017年7月28日

记录人签字：××× 2017年7月28日

现场情况：

1. 现场检查时，该公司污水处理车间用于抽取污泥的齿轮泵及抽取污泥的软管已拆除，未使用。目前，1 台 10 kW 的齿轮泵、1 条消防水带及 1 条软管存放于污水车间污泥压滤机污泥出口北侧。

2. 有 3 名工人和 1 台铲车正在对污水车间东面草地上的污泥进行清理有无害化处理。检查时，未发现其他异常情况。（以下空白）

以上笔录属实。

被检查（勘察）人或现场负责人确认意见：确认，已阅读。

被检查（勘察）人或现场负责人签字：×××　　2017 年 7 月 28 日

检查（勘察）人签字：×××、×××　　2017 年 7 月 28 日

记录人签字：×××　　2017 年 7 月 28 日

××市环境保护局
调查询问笔录

时间： 2017年7月28日17时33分至18时03分
地点： ×××区××镇××路×号
被询问人姓名： ××× **年龄：** 37 **公民身份号码：** ×××
工作单位： ××××发展有限公司 **职务：** 生产副总经理
与本案关系： 当事人单位分管环保领导
地址： 广西××市××区×××工业区 **邮编：** ×××××× **电话：** ×××
询问人姓名及执法证号： ××（××××）、 **记录人：** ×××（××××）
工作单位： ××市环境监察支队
其他参加人姓名及工作单位：

问：我们是××市环境监察支队的行政执法人员，这是我们的执法证件（向当事人出示证件，并记录持证人员姓名和执法证件号），请过目确认。

答：我已确认。

今天我们依法进行检查并了解有关情况，你应当配合调查，如实回答询问和提供材料，不得拒绝、阻碍、隐瞒或者提供虚假情况。如果你认为我们与本案有利害关系，可能影响公正办案，可以申请我们回避，并说明理由。听清楚了吗？

答：听清楚了。不申请回避。

问：请你简单介绍一下你个人的基本情况。

答：我叫×××，男，××人。身份证号码是：×××。是××××发展有限公司的生产副总经理，主要负责××××发展有限公司的生产运营，包括环境保护工作。

被检查（勘察）人或现场负责人确认意见： 确认，已阅读。
被检查（勘察）人或现场负责人签字： ××× 2017年7月28日
检查（勘察）人签字： ×××、××× 2017年7月28日
记录人签字： ××× 2017年7月28日

问：2017 年 7 月 27 日，我局执法人员对你公司检查发现，你公司使用一台 10 kW 的齿轮油泵将污水处理设施污泥池内污泥抽至污水处理设施东侧草地的情况是否属实？

答：使用齿轮油泵将污水处理设施污泥池内污泥抽至污水处理设施东侧草地的情况属实。

问：2017 年 7 月 28 日，我局执法人员对你公司下达了《××市环境保护局责令改正违法行为决定书》（×环罚字〔2017〕××号）及《××市环境保护局查封决定书》（×环罚字 〔2017〕××号）是否收悉？

答：我已收悉相关文书并签收。

问：2017 年 7 月 28 日下午 17 时，我局执法人员对你公司污水车间污泥压滤机污泥出口北侧的一台 10 kW 的齿轮油泵、一条消防水带及一条软管进行查封。你是否清楚？

答：我在查封现场配合××市环境保护局执法人员对相关设施进行查封。

问：查封过程中，我局执法人员对你公司查封的设施及设备制作了《查封造成污染物排放的设备、设施清单》，请你确认。

答：经本人核实，市环保局执法人员对我公司查封的设备、设施与清单上所列的设备、设施一致。

问：我局执法人员对你公司的一台 10 kW 的齿轮油泵、一条消防水带及一条软管进行查封，查封期限自 2017 年 7 月 28 日至 2017 年 8 月 26 日止（共 30 天）。在查封期间，你公司应妥善保管已查封的设施、设备，不得擅自损毁封条、变更查封状态或者启用已查封的设施、设备；被查封设备、设施造成的损失，由你公司自行承担。同时，你公司整改达到要求后，可提前申请核查解除查封。

答：好的。

问：你还有什么补充的吗？

答：目前，我公司已安排人员对草地内的污泥进行了清理，并铲除受污染的浅层土壤，加以修复。同时将积极按照贵局的要求尽快完成整改，向贵局申请复查，解除查封。（以下空白）

被检查（勘察）人或现场负责人确认意见：确认，已阅读。

被检查（勘察）人或现场负责人签字：×××　　2017 年 7 月 28 日

检查（勘察）人签字：×××、×××　　2017 年 7 月 28 日

记录人签字：×××　　2017 年 7 月 28 日

现场照片证据

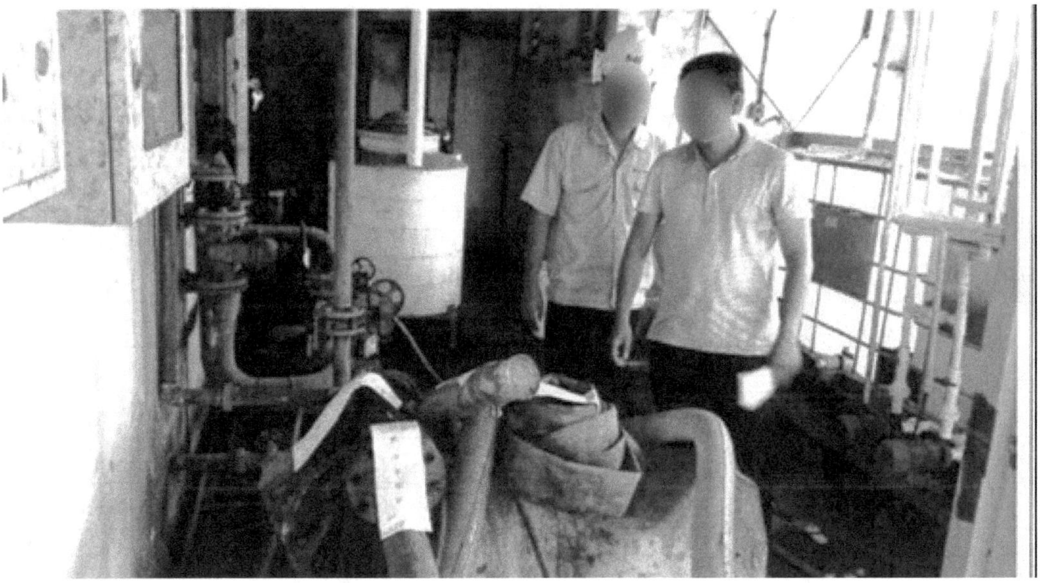

证明对象：执法人员对造成污染物排放的齿轮油泵、消防水带、软管进行查封
拍摄时间：2017 年 7 月 28 日 17 时 17 分
拍摄地点：广西××市×××区××镇××路××号
拍摄人：×××
当事人、见证人：×××
执法人员（签名）及执法证号：×××（××××）、×××（××××）

现场照片证据

证明对象：查封齿轮油泵、消防水带、软管
拍摄时间：2017 年 7 月 28 日 17 时 18 分
拍摄地点：广西××市×××区××镇××路××号
拍摄人：×××
当事人、见证人：×××
执法人员（签名）及执法证号：×××（××××）、×××（××××）

排污许可证

（副本）

中华人民共和国环境保护部监制

××市环境保护局印制

持证须知

一、本证根据《排污许可证管理暂行规定》及相关文件制定和发放。

二、本证应包含持证单位所有纳入排污许可管理的废水和废气排放口，未载明但排放废水和废气的，属于违法行为。

三、持证单位应严格按照本证规定的许可事项排放污染物，并严格遵守本证中的各项管理要求。

四、持证单位应配合县级以上环境保护主管部门的工作人员进行监督检查，如实反映情况并提供有关资料。

五、持证单位应按照《排污许可证管理暂行规定》申请变更、延续或者补发排污许可证。

六、禁止涂改、伪造本排污许可证。禁止以出租、出借、买卖或其他方式转让本排污许可证。

排污许可证
副本

证书编号：×××××××××××

单位名称：××××发展有限公司

注册地址：广西××市×××区××镇××路×号

行业类别：×××××××

生产经营场所地址：广西××市×××区××镇××路×号

组织机构代码证：×××××××

统一社会信用代码：×××××××××

法定代表人：×××

技术负责人：×××

固定电话：××××××× 移动电话：×××××××××××

有效期限：2017 年 06 月 27 日至 2020 年 06 月 26 日

发证机关：（公章）××市环境保护局

发证日期：2017 年 06 月 27 日

排污许可证目录

一、排污单位基本情况

（一）排污单位基本信息

表 1　排污单位基本信息表

单位名称	××××发展有限公司	注册地址	广西××市×××区××镇×××路×号
邮政编码	××××××	生产经营场所地址	广西××市×××区××镇×××路×号
行业类别	××××××加工	投产日期	2012-04-29
生产经营场所中心经度	109° 32′2.87″	生产经营场所中心纬度	21° 29′26.30″
组织机构代码		统一社会信用代码	××××××
技术负责人	×××	联系电话	××××××
所在地是否属于重点区域	□是 ☑否		
主要污染物类别	☑废气☑废水		
主要污染物种类	☑颗粒物 ☑SO_2 ☑NO_x □VOCs ☑其他特征污染物（汞及其化合物，林格曼黑度）	☑COD ☑氨氮 ☑其他特征污染物[pH 值，悬浮物，总氮（以 N 计），总汞，总镉，总砷，总铅]	
大气污染物排放形式	☑有组织 ☑无组织	废水污染物排放规律	☑间断排放，排放期间流量不稳定，但有周期性规律☑间断排放，排放期间流量不稳定，但有规律，且不属于非周期性规律☑间断排放，排放期间流量不稳定且无规律，但不属于冲击型排放
大气污染物排放执行标准名称	《火电厂大气污染物排放标准》（GB 13223—2011），《大气污染物综合排放标准》（GB 16297—1996）		
水污染物排放执行标准名称	《污水综合排放标准》（GB 8978—1996）		

（二）主要产品及产能

表 2　主要产品及产能信息表

序号	主要生产单元名称	主要工艺名称（1）	生产设施名称（2）	生产设施编号	设施参数（3）				其他设施信息	产品名称（4）	生产能力（5）	计量单位（6）	设计年生产时间/h（7）	其他产品信息	其他工艺信息
					参数名称	设计值	计量单位	其他设施参数信息							
1	发电机组	锅炉及发电系统	省煤器	MF0001	水管数量	51	根			电	92 568.96	MW	7 920	生产时间来源：环评设计供热主体设施运行时间	
			空气预热器	MF0002	空气管子数量	8 472	根								
			循环流化床锅炉	MF0003	蒸汽压力	5.29	MPa	额定							
					锅炉效率	89	%								
					蒸汽温度	485	℃	额定							
					额定蒸发量	75	t/h								
			引风机	MF0004	流量	48.6	m^3/s								
			一次风机	MF0005	流量	16.98	m^3/s								
			二次风机	MF0006	流量	11.2	m^3/s								

序号	主要生产单元名称	主要工艺名称（1）	生产设施名称（2）	生产设施编号	设施参数（3）				其他设施信息	产品名称（4）	生产能力（5）	计量单位（6）	设计年生产时间/h（7）	其他产品信息	其他工艺信息
					参数名称	设计值	计量单位	其他设施参数信息							
1	发电机组	锅炉及发电系统	循环流化床锅炉	MF0007	额定蒸发量	75	t/h		备用						
					蒸汽压力	5.29	MPa	额定		蒸汽	75	t/h	7 920	生产时间来源：环评设计供热主体设施运行时间	
					蒸汽温度	485	℃	额定							
					锅炉效率	89	%								
			引风机	MF0008	流量	48.6	m^3/s		备用						
			一次风机	MF0009	流量	16.98	m^3/s		备用						
			二次风机	MF0010	流量	11.2	m^3/s		备用						
			背压式汽轮机	MF0011	额定功率	12	MW								
			发电机	MF0012	效率	97.4	%		汽轮发电机组						
					输出功率	12	MW								

序号	主要生产单元名称	主要工艺名称（1）	生产设施名称（2）	生产设施编号	设施参数（3）				其他设施信息	产品名称（4）	生产能力（5）	计量单位（6）	设计年生产时间/h（7）	其他产品信息	其他工艺信息
					参数名称	设计值	计量单位	其他设施参数信息							
2	公用单元	装卸系统	装载机	MF0013	发动机功率	162	kW								
			装载机	MF0014	发动机功率	162	kW								
	公用单元	储存系统	干煤棚	MF0015	面积	1 881	m^2								
			露天煤场	MF0016	面积	4 640	m^2								
	公用单元	备料系统	碎煤机	MF0017	生产能力	100	t/h								
	公共单元	运输系统	输送皮带	MF0018	输送量	135	t/h	长度：87.33 m，宽度：650 mm							
			输送皮带	MF0019	输送量	135	t/h	长度：30.75 m，宽度 650 mm							
	公用单元	辅助系统	灰库	MF0020	容积	1 099	m^3								
			石膏库房	MF0021	容积	393	m^3								
			渣仓	MF0022	容积	280	m^3								
			石灰石粉仓	MF0023	容积	75	m^3								

序号	主要生产单元名称	主要工艺名称（1）	生产设施名称（2）	生产设施编号	设施参数（3）				其他设施信息	产品名称（4）	生产能力（5）	计量单位（6）	设计年生产时间/h（7）	其他产品信息	其他工艺信息
					参数名称	设计值	计量单位	其他设施参数信息							
2	公共单元	除尘工艺	脉冲式布袋除尘器	MF0024	处理烟气量	173 000	m^3/h	布袋数量：960条							
			脉冲式布袋除尘器	MF0025	处理烟气量	173 000	m^3/h	布袋数量：960条	备用						
	公用单元	循环冷却系统	直接空冷塔	MF0026	出力	240 000	m^3/h								

（三）主要原辅材料及燃料

表3　主要原辅材料及燃料信息表

序号	种类（1）	名称（2）	年最大使用量	计量单位（3）	硫元素占比	有毒有害成分及占比（4）	其他信息
原料及辅料							
1	辅料	次氯酸钠	0.775	t/a	/	/	1
2	辅料	磷酸三钠	0.182	t/a	/	/	2
3	辅料	氨水	1.08	t/a	/	/	3
4	辅料	石灰石	1 325.93	t/a	/	/	4
5	辅料	缓蚀阻垢剂	0.275	t/a	/	/	5
燃料							
序号	燃料名称	灰分/%	硫分/%	挥发分/%	热值/（MJ/kg、MJ/m^3）	年最大使用量/（万t/a、万m^3/a）	其他信息
1	柴油	0.048	0.006	0.00	40.128	0.001 922	1
2	烟煤	25.23	0.72	27.77	20.63	18.897 1	2

（四）产排污节点、污染物及污染治理设施

表 4　废气产排污节点、污染物及污染治理设施信息表

序号	生产设施编号	生产设施名称（1）	对应产污环节名称（2）	污染物种类（3）	排放形式（4）	污染治理设施					有组织排放口编号（6）	排放口设置是否符合要求（7）	排放口类型	其他信息
						污染治理设施编号	污染治理设施名称（5）	污染治理设施工艺	是否为可行技术	污染治理设施其他信息				
1	MF0003	循环流化床锅炉	锅炉烟气	二氧化硫	有组织	TA001	喷淋塔	石灰石-石膏湿法	是		DA001	是	主要排放口	
2	MF0003	循环流化床锅炉	锅炉烟气	氮氧化物	有组织						DA001	是	主要排放口	
3	MF0003	循环流化床锅炉	锅炉烟气	烟尘	有组织	TA002	除尘器	袋式除尘器	是		DA001	是	主要排放口	
4	MF0003	循环流化床锅炉	锅炉烟气	汞及其化合物	有组织					协同处理	DA001	是	主要排放口	
5	MF0003	循环流化床锅炉	锅炉烟气	林格曼黑度	有组织					协同处理	DA001	是	主要排放口	
6	MF0007	循环流化床锅炉	锅炉烟气	二氧化硫	有组织	TA001	喷淋塔	石灰石-石膏湿法	是		DA001	是	主要排放口	
7	MF0007	循环流化床锅炉	锅炉烟气	氮氧化物	有组织						DA001	是	主要排放口	
8	MF0007	循环流化床锅炉	锅炉烟气	烟尘	有组织	TA003	除尘器	袋式除尘器	是		DA001	是	主要排放口	2#除尘器备用
9	MF0007	循环流化床锅炉	锅炉烟气	汞及其化合物	有组织					协同处理	DA001	是	主要排放口	

序号	生产设施编号	生产设施名称（1）	对应产污环节名称（2）	污染物种类（3）	排放形式（4）	污染治理设施					有组织排放口编号（6）	排放口设置是否符合要求（7）	排放口类型	其他信息
10	MF0007	循环流化床锅炉	锅炉烟气	林格曼黑度	有组织					协同处理	DA001	是	主要排放口	
11	MF0018	输送皮带	输煤转运站	粉尘	无组织	TA004	无组织排放控制措施	封闭	是					
12	MF0017	碎煤机	备料系统	粉尘	无组织	TA005	系统密闭	封闭	是					
13	MF0020	灰库	灰库	粉尘	无组织	TA006	除尘器	布袋除尘	是					
14	MF0023	石灰石粉仓	石灰石筒仓	粉尘	无组织	TA007	除尘器	布袋除尘	是					
15	MF0022	渣仓	渣仓	粉尘	无组织	TA008	除尘器	袋式除尘器	是					
16	MF0015	干煤棚	储煤设施	粉尘	无组织	TA009	除尘措施	除尘喷淋系统	是					
17	MF0016	露天煤场	储煤设施	粉尘	无组织	TA010	除尘措施	人工洒水、地面硬化、大风雨天盖篷布	是					

表 5　废水类别、污染物及污染治理设施信息表

序号	废水类别（1）	污染物种类（2）	排放去向（3）	排放规律（4）	污染治理设施					排放口编号（6）	排放口设置是否符合要求（7）	排放口类型	其他信息
					污染治理设施编号	污染治理设施名称（5）	污染治理设施工艺	是否为可行技术	污染治理设施其他信息				
1	生活污水	pH 值，悬浮物，化学需氧量，氨氮（NH_3-N），总氮（以 N 计）	排至厂内综合污水处理站	间断排放，排放期间流量不稳定，但有周期性规律									
2	脱硫废水	pH 值，总汞，总镉，总砷，总铅	排至厂内综合污水处理站	间断排放，排放期间流量不稳定，但有周期性规律	TW001	脱硫废水处理系统	絮凝或混凝沉淀	是		DW001	是	设施或车间废水排放口	
3	循环冷却系统排水	pH 值	排至厂内综合污水处理站	间断排放，排放期间流量不稳定且无规律，但不属于冲击型排放									

序号	废水类别（1）	污染物种类（2）	排放去向（3）	排放规律（4）	污染治理设施					排放口编号（6）	排放口设置是否符合要求（7）	排放口类型	其他信息
					污染治理设施编号	污染治理设施名称（5）	污染治理设施工艺	是否为可行技术	污染治理设施其他信息				
4	锅炉定排	pH 值	排至厂内综合污水处理站	间断排放，排放期间流量不稳定，但有规律，且不属于非周期性规律									
5	反渗透冲洗水	pH 值	排至厂内综合污水处理站	间断排放，排放期间流量不稳定，但有规律，且不属于非周期性规律									
6	混床废水	pH 值	排至厂内综合污水处理站	间断排放，排放期间流量不稳定，但有规律，且不属于非周期性规律									

（五）排污权使用和交易信息

注：如发生排污权交易，需要载明；如果未发生交易，无须载明。

二、大气污染物排放

（一）排放口

表 6　大气排放口基本情况表

序号	排放口编号	污染物种类	排放口地理坐标		排气筒高度/m	排气筒出口内径/m	其他信息
			经度	纬度			
1	DA001	汞及其化合物，林格曼黑度，烟尘，氮氧化物，二氧化硫	109°31′56.57″	21°29′23.96″	60	2.2	

（二）有组织排放许可限值

表 7　大气污染物有组织排放

序号	排放口编号	污染物种类	许可排放浓度限值/（mg/Nm³）	许可排放速率限值/（kg/h）	许可年排放量限值/（t/a）					承诺更加严格排放浓度限值
					第一年	第二年	第三年	第四年	第五年	
主要排放口										
1	DA001	氮氧化物	200	/	/	/	/	/	/	/
2	DA001	汞及其化合物	0.03	/	/	/	/	/	/	/
3	DA001	烟尘	30	/	/	/	/	/	/	/
4	DA001	林格曼黑度	1	/	/	/	/	/	/	/
5	DA001	二氧化硫	400	/	/	/	/	/	/	/

序号	排放口编号	污染物种类	许可排放浓度限值/（mg/Nm^3）	许可排放速率限值/（kg/h）	许可年排放量限值/（t/a）					承诺更加严格排放浓度限值
					第一年	第二年	第三年	第四年	第五年	
一般排放口										
全厂有组织排放总计										
全厂有组织排放总计		颗粒物			35.72	35.72	35.72	/	/	
		SO_2			242	242	242	/	/	
		NO_x			238.12	238.12	238.12	/	/	
		VOCs			/	/	/	/	/	
主要排放口备注信息										
/										
一般排放口备注信息										
/										
全厂有组织排放总计备注信息										
/										

注：1.“全厂有组织排放总计”指的是，主要排放口与一般排放口之和数。

（三）特殊情况下许可限值

表 8　特殊情况下大气污染物有组织排放

排放口类型	污染物种类	许可排放时段	许可排放浓度限值/（mg/Nm^3）	许可日排放量限值/（kg/d）	许可月排放量限值/（t/m）
环境质量限期达标规划要求					
主要排放口	颗粒物	/	/	/	/
	SO_2	/	/	/	/
	NO_x	/	/	/	/
	VOCs	/	/	/	/
一般排放口	颗粒物	/	/	/	/
	SO_2	/	/	/	/
	NO_x	/	/	/	/
	VOCs	/	/	/	/
无组织排放	颗粒物	/	//	/	/
	SO_2	/	/	/	/
	NO_x	/	/	/	/
	VOCs	/	/	/	/
全厂合计	颗粒物	/	//	/	/
	SO_2	/	/	/	/
	NO_x	/	/	/	/
	VOCs	/	/	/	/

排放口类型	污染物种类	许可排放时段	许可排放浓度限值/（mg/Nm^3）	许可日排放量限值/（kg/d）	许可月排放量限值/（t/m）
重污染天气应对要求					
主要排放口	颗粒物	/	//	/	/
	SO_2	/	/	/	/
	NO_x	/	/	/	/
	VOCs	/	/	/	/
一般排放口	颗粒物	/	//	/	/
	SO_2	/	/	/	/
	NO_x	/	/	/	/
	VOCs	/	/	/	/
无组织排放	颗粒物	/	/	/	/
	SO_2	/	/	/	/
	NO_x	/	/	/	/
	VOCs	/	/	/	/
全厂合计	颗粒物	/	/	/	/
	SO_2	/	/	/	/
	NO_x	/	/	/	/
	VOCs	/	/	/	/
冬季污染防治其他备注信息					
其他特殊情况备注信息					

注：特殊情况指环境质量限期达标规划、重污染天气应对等对排污单位有更加严格的排放控制要求的情况。

（四）无组织排放许可条件

表 9　大气污染物无组织排放

序号	无组织排放编号	产污环节	污染物种类	主要污染防治措施	国家或地方污染物排放标准		其他信息	年许可排放量限值/（t/a）					申请特殊时段许可排放量限值
					名称	浓度限值/（mg/Nm^3）		第一年	第二年	第三年	第四年	第五年	
1	MF0017	备料系统	粉尘	系统密闭	《大气污染物综合排放标准》（GB 16297—1996）		1		/	/	/	/	/
2	MF0016	储煤设施	粉尘	除尘措施	《大气污染物综合排放标准》（GB 16297—1996）		1		/	/	/	/	/
3	MF0015	储煤设施	粉尘	除尘措施	《大气污染物综合排放标准》（GB 16297—1996）		1		/	/	/	/	/
4	MF0020	灰库	粉尘	除尘器	《大气污染物综合排放标准》（GB 16297—1996）		1		/	/	/	/	/
5	MF0023	石灰石筒仓	粉尘	除尘器	《大气污染物综合排放标准》（GB 16297—1996）		1		/	/	/	/	/
6	MF0018	输煤转运站	粉尘	无组织排放控制措施	《大气污染物综合排放标准》（GB 16297—1996）		1		/	/	/	/	/
7	MF0022	渣仓	粉尘	除尘器	《大气污染物综合排放标准》（GB 16297—1996）		1		/	/	/	/	/
全厂无组织排放总计													
全厂无组织排放总计			颗粒物					/	/	/	/	/	/
			SO_2					/	/	/	/	/	/
			NO_x					/	/	/	/	/	/
			VOCs					/	/	/	/	/	/

（五）排污单位大气排放总许可量

表 10　企业大气排放总许可量

序号	污染物种类	第一年（t/a）	第二年（t/a）	第三年（t/a）	第四年（t/a）	第五年（t/a）
1	颗粒物	35.72	35.72	35.72	/	/
2	SO_2	242	242	242	/	/
3	NO_x	238.12	238.12	238.12	/	/
4	VOCs	/	/	/	/	/

企业大气排放总许可量备注信息
/

注：“全厂合计”指的是，“全厂有组织排放总计”与“全厂无组织排放总计”之和数据、全厂总量控制指标数据两者取严。

三、水污染物排放

（一）排放口

表 11　废水直接排放口基本情况表

序号	排放口编号	排放口地理坐标		排放去向	排放规律	间歇排放时段	受纳自然水体信息		汇入受纳自然水体处地理坐标		其他信息
		经度	纬度				名称	受纳水体功能目标	经度	纬度	
1	DW001	109°31′56.93″	21°29′25.22″	排至厂内综合污水处理站		间断排放，排放期间流量不稳定，但有周期性规律				/	

表 12　废水间接排放口基本情况表

序号	排放口编号	排放口地理坐标		排放去向	排放规律	间歇排放时段	受纳污水处理厂信息		
		经度	纬度				名称	污染物种类	国家或地方污染物排放标准浓度限值/（mg/L）

（二）排放许可限值

表 13　废水污染物排放

序号	排放口编号	污染物种类	许可排放浓度限值/（mg/L）	许可年排放量限值/（t/a）				
				第一年	第二年	第三年	第四年	第五年
主要排放口								
主要排放口合计		COD_{Cr}					/	/
		氨氮					/	/
		总氮（以 N 计）					/	/
一般排放口								
设施或车间废水排放口								
1	DW001	总铅	1	/	/	/	/	/
2	DW001	总砷	0.5	/	/	/	/	/
3	DW001	总汞	0.05	/	/	/	/	/
4	DW001	总镉	0.1	/	/	/	/	/
5	DW001	pH 值	6～9	/	/	/	/	/

序号	排放口编号	污染物种类	许可排放浓度限值/（mg/L）	许可年排放量限值/（t/a）				
				第一年	第二年	第三年	第四年	第五年
全厂排放口总计								
全厂排放口总计		COD_{Cr}					/	/
		氨氮					/	/
		总氮（以N计）					/	/
全厂排放口总计								

主要排放口备注信息
/
一般排放口备注信息
/
设施或车间废水排放口备注信息
/
全厂排放口备注信息
/

注："全厂排放口总计"指的是，主要排放口合计数据、全厂总量控制指标数据两者取严。

（三）特殊情况下许可限值

表 14 特殊情况下废水污染物排放

序号	排污口编号	许可排放时段	许可排放浓度限值/（mg/L）	许可排放量限值/（kg/d）	其他信息

注：特殊情况指环境质量限期达标规划等对排污单位有更加严格的排放控制要求的情况。

四、环境管理要求

（一）自行监测

表 15 自行监测及记录表

序号	污染源类别	排放口编号	监测内容	污染物名称	监测设施	自动监测是否联网	自动监测仪器名称	自动监测设施安装位置	自动监测设施是否符合安装、运行、维护等管理要求	手工监测采样方法及个数	手工监测频次	手工测定方法	其他信息
1	废气	DA001	烟气流速，烟气温度，烟气压力，烟气量，湿度，氧含量	氮氧化物	自动	是	OMA2000	脱硫塔	是	非连续采样至少 3 个	6 次/天	《固定污染源废气氮氧化物的测定定电位电解法》（HJ 693—2014），《固定污染源排气中氮氧化物的测定盐酸萘乙二胺分光光度法》（HJ/T 43—1999）	手工监测在自动监测设备故障时开展

序号	污染源类别	排放口编号	监测内容	污染物名称	监测设施	自动监测是否联网	自动监测仪器名称	自动监测设施安装位置	自动监测设施是否符合安装、运行、维护等管理要求	手工监测采样方法及个数	手工监测频次	手工测定方法	其他信息
2	废气	DA001	烟气流速，烟气温度，烟气压力，烟气量，湿度，氧含量	二氧化硫	自动	是	OMA2000	脱硫塔	是	非连续采样至少3个	6次/天	《固定污染源废气二氧化硫的测定非分散红外吸收法》（HJ 629—2011）	手工监测在自动监测设备故障时开展
3	废气	DA001	烟气流速，烟气温度，烟气压力，烟气量，湿度，氧含量	汞及其化合物	手工					非连续采样至少3个	1次/季度	《固定污染源废气汞的测定　冷原子吸收分光光度法（暂行）》（HJ 543—2009）	
4	废气	DA001	烟气流速，烟气温度，烟气压力，烟气量，湿度，氧含量	烟尘	自动	是	OMA2000	脱硫塔	是	非连续采样至少3个	6次/天	《锅炉烟尘测试方法》（GB 5468—91代替GB 5468—85）	手工监测在自动监测设备故障时开展
5	废气	DA001	烟气流速，烟气温度，烟气压力，烟气量，湿度，氧含量	林格曼黑度	手工					非连续采样至少3个	1次/季度	《固定污染源排放烟气黑度的测定林格曼烟气黑度图法》（HJ/T 398—2007）	

序号	污染源类别	排放口编号	监测内容	污染物名称	监测设施	自动监测是否联网	自动监测仪器名称	自动监测设施安装位置	自动监测设施是否符合安装、运行、维护等管理要求	手工监测采样方法及个数	手工监测频次	手工测定方法	其他信息
6	废气	厂界	可吸入颗粒物（空气动力学当量直径10 μm 以下）	总悬浮颗粒物（空气动力学当量直径100μm 以下）	手工					非连续采样至少 3 个	1 次/季度	重量法	
7	废水	DW001	流量	总铅	手工					瞬时采样至少 3 个瞬时样	1 次/月	《水质　铜、锌、铅、镉的测定　原子吸收分光光度法》（GB 7475—87）	
8	废水	DW001	流量	总汞	手工					瞬时采样至少 3 个瞬时样	1 次/月	《水质　总汞的测定　冷原子吸收分光光度法》（HJ 597—2011 代替 GB 7468—87）	
9	废水	DW001	流量	总砷	手工					瞬时采样至少 3 个瞬时样	1 次/月	《水质　总砷的测定　二乙基二硫代氨基甲酸银分光光度法》（GB 7485—87）	
10	废水	DW001	流量	pH 值	手工					瞬时采样至少 3 个瞬时样	1 次/月	《水质 pH 值的测定　玻璃电极法》（GB/T 6920—86）	
11	废水	DW001	流量	总镉	手工					瞬时采样至少 3 个瞬时样	1 次/月	《水质　铜、锌、铅、镉的测定　原子吸收分光光度法》（GB 7475—87）	

（二）环境管理台账记录

表 16　环境管理台账记录表

序号	设施类别	操作参数	记录内容	记录频次	记录形式	其他信息
1	生产设施	基本信息	1. 按照发电机组记录每日的运行小时、用煤量、总的发电量、实际供热量、产灰量、产渣量。 2. 煤料分析：每日记录煤质分析，包括收到基灰分、含硫量、挥发分和低位发热量等	1 次/8 h，煤质记录 1 次/d	电子台账+纸质台账	至少保存 3 年
2	污染防治设施	基本信息	污染防治设施名称、工艺、改造相关验收资料、运行规程和技术资料等	结合污染防治设施改造更新，并长期保存	电子台账+纸质台账	长期保存
3	污染防治设施	监测记录信息	1. 手工监测记录：采样记录、样品保存和交换记录、样品分析记录、质控记录。 2. 自动监测运维记录：自动监测系统运行状况、系统辅助设备运行状况、系统校准、校验工作等；校准、维护保养、维修记录	1.样品分析记录，8 小时记录一次 2. 按照运维频次记录	电子台账+纸质台账	至少保存 3 年
4	污染防治设施	污染治理措施运行管理信息	1. 记录脱硫、除尘设备的工艺、投运时间等基本情况。按日记录脱硫剂使用量、煤灰产生量等，8 小时记录一次；记录脱硫、除尘设施运行、故障及维护情况、布袋除尘器换袋情况根据实际情况记录）。 2. 按日记录污水处理量 8 小时记录一次、污水排放量 8 小时记录一次、污泥产生量（根据实际情况记录）、污水处理使用的药剂名称及用量等 8 小时记录一次。 3. 煤灰、煤渣销售记录	1 次/8 h	电子台账+纸质台账	至少保存 3 年

（三）执行（守法）报告

表 17　执行（守法）报告信息表

序号	主要内容	上报频次	其他信息
1	1. 企业基本生产信息 2. 企业遵守法律法规情况 3. 污染防治设施运行情况 4. 自行监测情况 5. 台账管理情况 6. 实际排放情况及达标判定分析 7. 排污费（环境保护税）缴纳情况 8. 信息公开情况 9. 企业内部环境管理体系建设与运行情况 10. 其他排污许可证规定的内容执行情况 11. 其他需要说明的问题	1. 年度执行报告包括主要内容的 1～11 项，每年的 1 月 15 日之前上报； 2. 半年执行报告包括主要内容 1.3.4.5.6 项，每年 7 月 15 日之前上报； 3. 季度报告包括主要内容的第 6 项及污染设施异常情况汇总表，每年 4 月 15 日前、10 月 15 日前上报	按照《火电行业排污许可证申请与核发技术规范》执行。《环境管理台账及排污许可证执行报告技术规范》及相关技术规范性文件发布后，企业环境管理台账记录要求及执行报告编制规范以规范性文件要求为准

（四）信息公开

表 18　信息公开表

序号	公开方式	时间节点	公开内容	其他信息
1	国家排污许可信息公开系统进行网上公示	及时公开，及时更新	1. 基础信息，包括单位名称、组织机构代码、法定代表人、生产地址、联系方式，以及生产经营和管理服务的主要内容、产品及规模； 2. 排污信息，包括主要污染物及特征污染物的名称、排放方式、排放口数量和分布情况、排放浓度和总量、超标情况，以及执行的污染物排放标准、核定的排放总量； 3. 防治污染设施的建设和运行情况； 4. 建设项目环境影响评价及其他环境保护行政许可情况； 5. 突发环境事件应急预案； 6. 季度、半年及年度排污许可证执行报告中的相关内容； 7. 其他应当公开的环境信息	按照《企业事业单位环境信息公开办法》和《排污许可证管理暂行规定》执行

（五）其他控制及管理要求

一、按照《××市环境保护局关于限期对烟气污染源自动监控系统进行技术改造的通知》（×环监〔2017〕11 号）要求在 2017 年 7 月 31 日前完成废气在线监控口钼笼转换器的安装。

二、设置符合国家排放口规范化整治技术要求的废水、废气排放口。

三、按行业排污许可证申请与核发技术规范和相关监测技术规范、技术指南要求制定自行监测方案，开展自行监测工作，并按《国家重点监控企业自行监测及信息公开办法（试行）》要求进行信息公开。

四、应建立环境管理台账制度，按行业排污许可证申请与核发技术规范和相关技术规范要求做好排污单位基础信息、污染防治设施运行管理信息、监测记录信息等台账记录工作。

五、制定并落实事故污染预防及应急处置措施，制定完善并落实应急预案。加强环境管理，制定并落实环境保护规章制度，确保环保措施的有效落实、污染防治设施的正常运行以及各项污染物的稳定达标排放。

六、按行业排污许可证申请与核发技术规范和相关技术规范要求编制排污许可证执行报告，并按相关规范、规定要求进行信息公开。要求每年 1 月 15 日之前将上一年度排污许可证年度执行报告上报××市环境监察支队和所在辖区环境保护局，每个季度开始后 15 日内将上一季度或半年排污许可证执行报告上报××市环境监察支队和所在辖区环境保护局。

七、应按《企业事业单位环境信息公开办法》（环境保护部令第 31 号）要求公开排污单位的环境信息。

八、加强环境管理，采取有效降噪措施减少噪声污染，确保排污单位厂界噪声达到环境影响评价批复文件的有关要求。

九、收集并妥善处置所产生的固体废物。排污单位一般工业固体废物贮存场所应符合 GB 18599—2001《一般工业固体废物贮存、处置场污染控制标准》要求，排污单位有危险废物产生的，应严格按照 GB 18597—2001《危险废物贮存污染控制标准》的要求收集、贮存，并按《中华人民共和国固体废物污染环境防治法》的有关规定交由有危险废物处置资质的单位进行处置，执行危险废物转移联单制度，做好台账记录。

十、遵守并执行国家环保法律、法规和规章的有关规定。排污许可证有效期内涉及排污许可证内容的国家相关技术规定、规范和污染物排放标准等有新要求变化的，按新要求执行。

五、许可证变更、延续记录

表 19　许可证变更、延续记录表

变更时间	变更内容/事由	变更前证书编号

注：1. 在排污许可证有效期内，排污单位的名称、注册地址、法定代表人或者实际负责人等基本信息或排污口位置、排放去向、排放浓度、排放量等许可事项发生变化的，以及进行新改扩建项目，应提出变更申请。

2. 国家或地方污染物排放标准等发生变化时，核发机关应主动通知排污单位进行变更，排污单位在接到通知后二十日内申请变更。

六、其他许可内容

附图

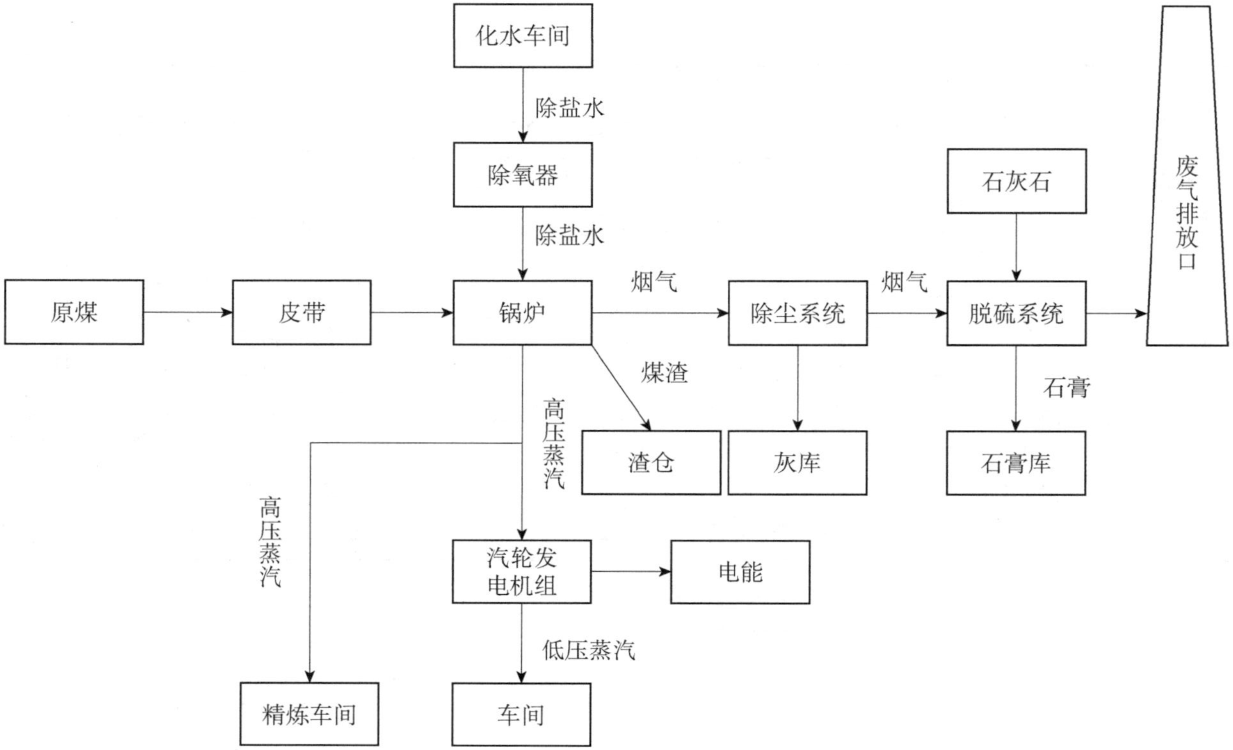

图1 生产工艺流程图

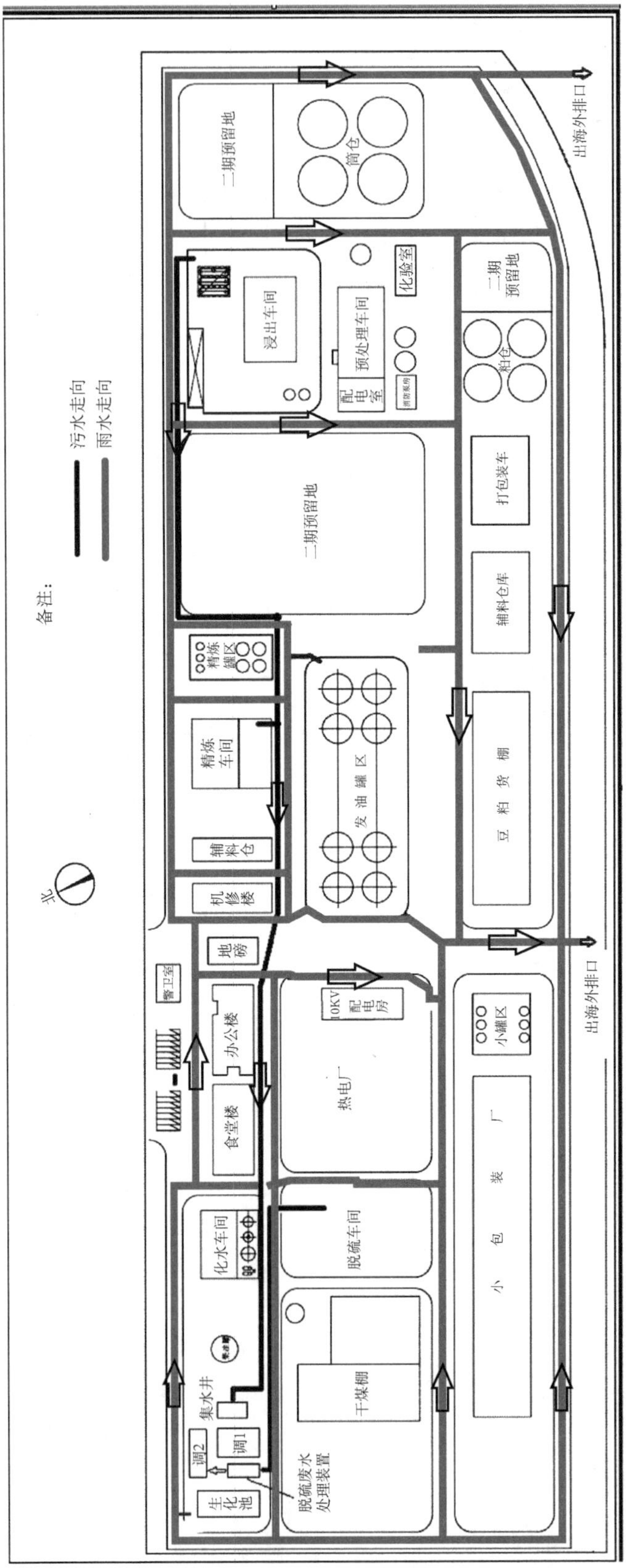

图2　生产厂区总平面布置图

××市环境保护局关于××××发展有限公司4 800 t/d高蛋白饲料粕物流及加工项目环境影响报告书的批复

×环复字〔2011〕×××号

××××发展有限公司：

报来的《××××发展有限公司4 800 t/d高蛋白饲料粕物流及加工项目环境影响报告书》（报批稿）及相关材料收悉。经研究，对该环评报告书批复如下：

一、该项目属新建（山东××××股份有限公司和×××国际港务集团合资组建）。项目位于××市×××区××××区。仓储规模：10万t筒仓仓储、3万t油罐罐储、2万t粕仓库库储。物流量：400万t/年。主要产品：155. 4万t/年高蛋白饲料粕、3万t/年发酵粕、37.5万t/年植物油、1.5万t/年磷脂。项目总投资111 488万元，其中环保投资3 290万元。

建设内容：10万t筒仓、6 000 t/d深度脱皮和前处理车间、籽皮粉碎及后处理系统、6 000 t/d浸出车间、饲料粕的粉碎系统、1 200 t/d精炼车间、300 t/d生物脱胶车间、100 t/d发酵车间、45 t/d磷脂车间、3万t油罐区、2万t粕仓库、两台75 t/h锅炉及其配套节能背压机组、脱盐水系统、锅炉湿法废气治理设施、污水处理站及其他配套相应的环保设施。

二、该项目环评报告书可作为环境管理及环保设计的依据。建设单位在落实报告书及专家评审意见和我局批复要求的环境保护措施后，可减轻对环境的负面影响。从环保角度分析，同意该项目按照本报告书中所列建设项目的性质、规模、地点，采用的生产工艺、设计标准、环境保护对策措施和要求进行项目建设。

三、建设单位应做好以下主要环境保护工作：

（一）选用机械性能好、密闭性好的输送设备，减少原料输送粉尘外扬。设置通风除尘系统，在各粮流落点处设置吸尘口，采用离心式除尘器和脉冲袋式除尘器串联的二级除尘系统进行通风除尘。

建设单位须加强对锅炉废气排放的管理工作，锅炉燃料须使用含硫量低于0.8%以下的优质煤，按要求落实锅炉废气在线监控设施和脱硫设施，并保证正常的运行，确保锅炉废气稳定达标排放。采用低氮燃烧技术，并预留烟气脱除氮氧化物装置空间。

（二）合理布局项目污水处理站，实行雨污分流、清污分流，提高废水的循环利用率。设置不小于每天工业废水排放量的事故应急池，事故时非正常排放废水储存于事故池，再进入污水处理站进行处理。废水和生活污水等废水经厂内污水处理站处理达到《污水综合排放标准》（GB 8978—1996）二级标准后排入园区污水管网，通过×××排污渠排放。

加强污水处理站的日常管理和维护工作，按规定要求安装 COD、NH_3-N 在线监测仪和污水流量计，并与我局监控系统联网。

（三）做好固体废物的分类管理和综合利用工作。生产过程中产生的固废综合利用，减少固废排放量。一般工业固体废物临时堆放场应按《一般工业固体废物贮存、处置场污染控制标准》（GB 18599—2001）规范建设和维护使用。生活垃圾统一收集送垃圾处理场处置；一般工业固废与危险废物不得乱弃或混入生活垃圾。

（四）建设单位必须加强生产管理，严格控制生产时间，选用低噪声生产设备，定期维护保养生产设备，对高声源设备采取隔声降噪减震措施，对生产厂房采取修建隔声墙等降噪措施，将营运期噪声对周围环境的不利影响降至最小的程度，确保厂界噪声达到《工业企业厂界环境噪声排放标准》（GB 12348—2008）3 类标准。

（五）制定环境风险应急预案，落实防范环境风险措施，配备必要的器材和设施，定期检查风险防范措施的有效性，定期进行风险救援演练，确保责任到人、措施到位。

（六）加强对浸出车间的有机溶剂正已烷等易燃易爆物质的管理。严格按照《浸出制油厂防火安全规范》（SBJ 04—91）进行生产安全管理、安全操作和溶剂安全管理。严禁明火靠近，防止静电火花和雷电袭击，严禁溶剂跑、冒、滴、漏。提高员工素质，严格遵守安全操作规程。建筑物设置足够的泄爆面积，浸出车间采用敞开工建筑，随时排除有害气体。

（七）严格控制施工时间，在北京时间每日中午 12:00—14:30，22:00 至次日 6:00 的时间段禁止施工，若工艺要求连续施工时，须向环保部门申请同意后方可进行；施工期建筑混凝土须购置使用商品混凝土，严格执行《××市生产和使用预拌混凝土的暂行规定》，确保项目建设期噪声达标排放。施工场地搭建围栏，并做好洒水降尘和及时清扫运输道路散落的尘土工作，以减轻施工扬尘对周围环境空气的影响。

（八）加强成品罐区管理。植物油储罐区设 1.5 m 高围堰，并建设容积不小于 5 m^3 的集油泵坑，配备一台流量 100 m^3/h 的排油泵，将泄漏的、被污染的植物油经排油泵抽入毛油罐，回收利用。

（九）落实报告书中施工期、营运期的环境保护监测和管理计划，做好大气、水环境等的跟踪监测工作，发现问题要及时整改和报告。

（十）规范排污口建设，预留安全、方便采样口。

四、本批复不包括放射性装置。若该项目在生产过程中使用国家规定的放射性设备时，建设单位须按规定要求开展使用放射源环境影响评价，并报经有审批权的环境保护行政主管部门审批同意后方可投入建设或使用。

五、本工程建成后，主要污染物允许排放总量控制指标为：废水 COD_{Cr} 45.3 t/a，NH_3-N 4.9 t/a。废气 SO_2 242 t/a，NO_x 240 t/a。实施年度审核制。

六、项目建设须按本项目环评报告书及我局批复要求，严格落实各项环保设施和措施，严格执行环境保护设施与主体工程同时设计、同时施工、同时投入使用的“三同时”制度。项目开工前需向市环境监察支队备案。项目建设竣工后，应按照国家环保总局令第 13 号《建设项目竣工环境保护验收管理办法》规定向我局申请试运行使用，经同意后方可投入试运行，同时向环保部门进行排污申报登记。试运行三个月内，向我局申请环境保护验收，提交项目竣工环境保护申请和验收监测报告，经验收合格后方可投入正式运行。

七、本批复自下达之日起五年内有效。自批准之日起超过五年，方决定该项目开工建设的，其环境影响评价文件应当报我局重新审核。建设项目的性质、地点、规模、生产工艺、设计标准以及防治污染、防止生态破坏的措施发生重大变动的，须到我局重新报批环境影响评价文件。

八、请市环境监察支队，×××环保分局做好工程施工期、营运期的日常环境监督管理工作，发现环境问题及时上报我局。

此复

××市环境保护局

××市环境保护局

2011 年 7 月 26 日

××市环境保护局关于××××发展有限公司 4 800 t/d 高蛋白饲料粕物流及加工项目竣工环境环保验收申请的批复

×环复字〔2013〕××号

××××发展有限公司：

报来××××发展有限公司 4 800 t/d 高蛋白饲料粕物流及加工项目《建设项目竣工环境保护验收申请》及《环境影响调查及环保设施验收监测报告》（×验字〔2012〕第××号）等相关材料收悉，市环保局于 2013 年 3 月 12 日组织召开该项目竣工现场验收会，并形成会议纪要。根据验收会议纪要，经研究，对该项目《竣工环境保护验收申请》批复如下：

一、建设项目基本情况

项目位于××市×××区××工业区。仓储规模：10 万 t 筒仓仓储、3 万 t 油罐罐储、2 万 t 粕仓库库储。物流量：400 万 t/年。主要产品：155.4 万 t/年高蛋白饲料粕、3 万 t/年发酵粕、37.5 万 t/年植物油、1.5 万 t/年磷脂。项目总投资 111 488 万元，其中环保投资 3 290 万元。验收监测生产负荷达 75%以上。

二、环境验收监测结论

市环境监测中心站的验收监测结果表明：

（一）废水达标排放及总量控制情况

1. 总排口外排废水所测指标 pH 值、氨氮、悬浮物、化学需氧量、生化需氧量、动植物油、挥发酚、总磷、阴离子表面活性剂（LAS）浓度均符合《污水综合排放标准》（GB 8978—1996）一级标准排放浓度限值。达标废水排入附近海域。

2. 实际排放污染物：化学需氧量排放量 6.85 t/a，氨氮排放量 0. 06 t/a。所排放指标的排放量均低于环评报告书所建议的污染物排放总量控制指标。

（二）废气达标排放及总量控制情况

1. 有组织排放：有组织颗粒物和非甲烷总烃的浓度低于《大气污染物综合排放标准》（GB 16297—1996）中新污染源大气污染物最高允许排放浓度。

2. 无组织排放：无组织颗粒物和非甲烷总烃的浓度低于《大气污染物综合排放标准》（GB 16297—1996）中新污染源大气污染物颗粒物无组织排放监控浓度限值。

3. 臭气浓度的最大浓度低于《恶臭污染物排放标准》（GB 14554—1993）中的新改

扩建二级标准。

4. 厨房油烟的浓度低于《饮食业油烟排放标准执行（试行）》（GB 18483—2001）标准限值。

5. 燃煤锅炉的烟尘、二氧化硫、氮氧化物的浓度和林格曼黑度均低于《火电厂大气污染物排放标准》（GB 13223—2003）III 时段燃气锅炉标准。

6. 实际排放污染物：二氧化硫 196 t/a，氮氧化物排放量 173 t/a。所排指标的排放量均低于环评报告书所建议的污染物排放总量控制指标。

（三）噪声达标排放情况

厂界噪声昼夜间监测值均达到《工业企业厂界环境噪声排放标准》（GB 12348—2008）3 类标准限值。

（四）生产固体废物尘灰、粉煤灰、炉渣、脱硫石膏、废白土、皂脚、脂肪酸、豆荚、碎石及泥土和污水站产生污泥等综合利用。

（五）公众意见调查结果

周边群众基本了解该项目并对目前的环境表示满意。

三、根据建设项目环保验收监测结果和综合结论及现场验收组检查综合意见，××××发展有限公司 4 800 t/d 高蛋白饲料粕物流及加工项目符合环保验收条件，同意通过项目竣工环保验收，投入正式生产。

四、建设单位应做好如下环保工作和整改要求

（一）进一步完善厂区污水管网建设。加强对污水处理设施的维护与管理，制定严格的操作规程和检查制度，专人管理，建立管理台帐，做好运行记录，确保正常运行以及各项污染物稳定达标排放。严禁超标废水外排，确保附近海域水质不受污染，达到环境功能区要求。保证事故性生产废水排放应急池保持空置状态，应急池不能设置排污口，设立标识牌。

（二）建立废水排放监管、应急、巡查制度。同意你公司生产废水处理达标后排入临时排污口。待园区市政污水管网配套建成（接入码头区边沿或污水泵站）时，你公司须承诺按环评及批复要求将达标废水接入园区市政污水管网，进入×××区污水处理厂处理排放。

（三）进一步完善环境管理制度，加强日常的环境管理，确保各项工作任务落实到位。

（四）作好生产使用化学物品的管理，按规定要求进行暂存与安全处置。酸、碱贮存罐按规定建设围堰，并设立标识牌。

（五）加强生产固体废弃物的管理，做到分类收集综合利用，生产固废须交有资质或取得合法环保手续的单位进行无害化处置。临时暂存场做到防渗、防飘扬，覆盖到位，定期洒水降尘。污水处理站产生的污泥及时清理，避免产生恶臭污染周围环境。

（六）进一步完善企业环境风险应急预案，落实防范环境风险措施，配备必要的器材和设备，定期检查风险防范设施及措施的有效性，进行必要的应急演练。

（七）加强安全生产，提高员工安全意识，严格遵守安全操作规程，杜绝安全性事故发生。

（八）进一步加强对生产设备的维护与管理，做好减震降噪防治工作，确保厂界噪声达标排放。

（九）本次验收不包括放射性装置。若在生产过程中使用国家规定的放射性设备时，你公司须按规定要求开展使用放射源环境影响评价，并报经有审批权的环境保护行政主管部门审批同意后方可投入使用。

（十）加强现场端自动监控日常管理，完善巡查台账，加强业务培训，熟悉仪器操作，专人专管，出现异常、故障及时向环保部门报告，确保自动监控设施稳定运行，联网数据正常传输。

（十一）尽快完成废水化学需氧量、氨氮和废气二氧化硫、氮氧化物在线监测设备验收工作。

五、项目需扩大规模、改变生产工艺或性质时，须向环保部门申报，经审批同意后方可进行。

六、请市环境监察支队和市辐射环境与固体废物管理站做好该项目运营期的环境监督管理工作，督促企业落实整改措施。

此复

×××市环境保护局

2013 年 4 月 8 日

任职证明

兹证明，我单位×××（身份证号×××）同志是生产环保负责人、×××（身份证号×××）同志是环保对外负责人、××（身份证号×××）同志是污水现场负责人。

特此证明。

××××发展有限公司

2017 年 7 月 27 日

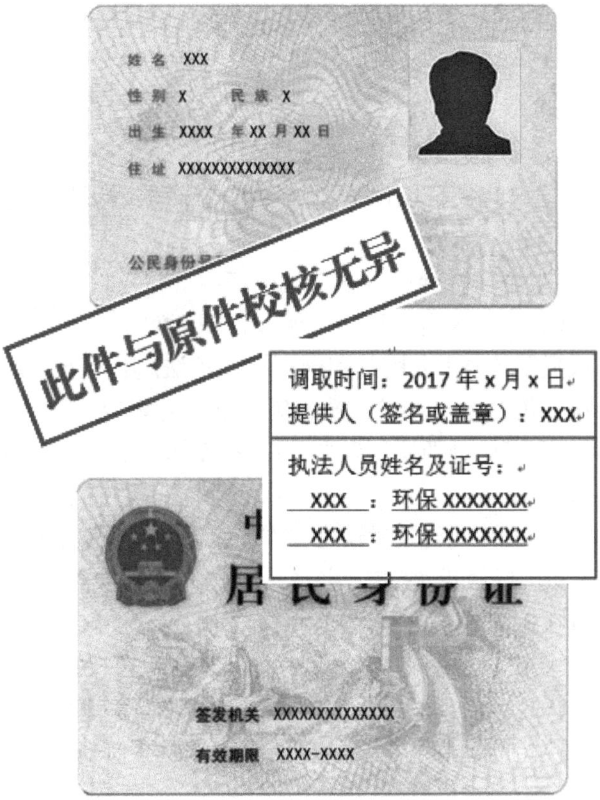

××市环境保护局
责令改正违法行为决定书

×环罚字〔2017〕××号

××××发展有限公司：

社会机构统一代码证：×××××××××××

地址：广西××市×××区×××镇×××路×号

法定代表人：×××

经我局调查，你公司实施了以下环境违法行为：

我局于 2017 年 7 月 27 日对你公司进行现场检查发现，你公司因污泥泵轴承故障，先后三次采取外接水泵的方式，将污泥池内的含水污泥排放至污水处理设施旁边的草地上，该草地未进行硬底化处理，存在通过渗坑排放污染物、通过不正常运行污染防治设施的方式逃避监管的违法行为。

以上违法事实有下列证据证明：

1. 2017 年 7 月 27 日××市环境保护局调查询问笔录 2 份；
2. 2017 年 7 月 27 日××市环境保护局现场检查（勘查笔录）1 份；
3. 现场照片、视频 1 组；
4. ××××发展有限公司社会机构统一代码证；
5. ×××、×××、×××身份证复印件和任职证明。

你公司上述行为违反了《中华人民共和国环境保护法》第四十二条第四款、《中华人民共和国水污染防治法》第二十一条第二款、第三十五之规定。

根据《中华人民共和国行政处罚法》第二十三条、《中华人民共和国水污染防治法》第七十三条、第七十六条第一款第七项之规定，责令你公司接本通知之日起，停止环境违法行为，将直接外排至草地上的含水污泥及时清理并作无害化处理，保证环保设施正常运行。

根据《中华人民共和国行政诉讼法》《中华人民共和国行政复议法》的相关规定，你公司如不服本决定，可在接到本决定书之日起 60 日内向××市人民政府或者广西壮族自治区环境保护厅申请复议，也可在六个月内直接向有管辖权的人民法院提起行政诉讼。提请复议或者提起行政诉讼期间不影响本决定书的执行。逾期不申请复议，不提起行政诉讼，又不履行本决定的，我局将依法申请人民法院强制执行。

××市环境保护局

2017 年 7 月 28 日

××市环境保护局
送达回证

送达文书名称及文号	××市环境保护局责令改正违法行为决定书 （×环罚字〔2017〕××号）
当事人名称或姓名	××××发展有限公司
送达地点	××××发展有限公司
送达方式	直接送达
收件人签名（盖） 及收件日期	××× （与当事人的关系：　　　　）2017 年 7 月 28 日
送达人签名	×××、×××　　　　2017 年 7 月 28 日
送达机关盖章	××市环境保护局
备　注	

××市环境保护局
查封决定书

×环罚字〔2017〕××号

××××发展有限公司：

统一社会信用代码：×××××××××××

地址：广西××市×××区××镇××路×号

法人代表：×××

2017年7月27日，我局对你公司进行现场检查，发现你公司的污水处理设施运行不正常，污水处理系统中的污泥压滤机因故障无法正常使用，通过抽水泵将污泥池内污泥抽至污水处理设施东侧未经硬底化处理的草地上。依据《中华人民共和国环境保护法》第二十五条和《环境保护主管部门实施查封、扣押办法》的规定，我局决定对你单位造成污染物排放的设施、设备予以查封（附查封清单），查封期限自2017年7月28日至2017年8月26日止（共30天）。在查封期间，你公司应妥善保管已查封的设施、设备，不得擅自损毁封条、变更查封状态或者启用已查封的设施、设备；被查封设备、设施造成的损失，由你公司自行承担。

你公司可以对本决定进行陈述和申辩。如你单位不服本决定，可以在接到决定书之日起60日内向广西壮族自治区人民政府或者环境保护部申请行政复议；也可以在接到决定书之日起6个月内依法向人民法院提起行政诉讼。申请复议或提起诉讼期间，不影响本决定执行。

附件：查封造成污染物排放的设备、设施清单

××市环境保护局

2017年7月28日

查封造成污染物排放的设备、设施清单

编号	名称（型号）	数量（单位）	所在位置	备注
1	齿轮油泵	1	污水车间	
2	消防水带	1	污水车间	
3	软管	1	污水车间	

受送达企业名称：××××发展有限公司

收件人签名：×××

2017 年 7 月 28 日

送达单位：××市环境保护局

送达人：×××、×××

2017 年 7 月 28 日

××市环境保护局
送达回证

送达文书名称及文号	××市环境保护局查封决定书 （×环罚字〔2017〕××号）
当事人名称或姓名	××××发展有限公司
送达地点	××××发展有限公司
送达方式	直接送达
收件人签名（盖） 及收件日期	××× （与当事人的关系：　　　　）2017 年 7 月 28 日
送达人签名	×××、×××　　　　2017 年 7 月 28 日
送达机关盖章	××市环境保护局
备　注	

××××发展有限公司
关于污水处理站污泥排放整改报告

〔2017〕01 号

××市环保局：

我公司污水处理站污泥压滤机部件一周前损坏，无法运行，因部分损坏的部件是非标部件，故采购周期较长，期间，污泥池内污泥液位较高时，现场人员使用临时泵及临时管线将污泥池内的污泥排放至污水站东侧空地，想待其自然干燥后再进行无害化处理。经查，共排泥 3 次，每次 10 m^3 左右。我公司现已采取了如下整改措施：

一、检查当天 7 月 27 日即组织人员将临时排泥泵及其管线进行了拆除；

二、立即组织将草坪上的污泥进行了全面收集，并进行无害化处理，同时将现场进行了整理；

三、污泥压滤机部分部件于 7 月 28 日到货并安装，安装后即可以采取人工操作的方式进行了压泥，其余损坏的部件于 7 月 29 日到公司进行了安装、调试，7 月 30 日恢复了自动运行；

四、加强现场管理和培训，杜绝类似事件发生。

另外，贵局在 7 月 28 日对我公司污水站使用的临时排泥泵及临时管线进行了查封，现申请解除查封。

××××发展有限公司

2017 年 8 月 4 日

污染源环境质量（2017年07月）								
站点：×××发展有限公司（污水排放口）				制表时间：2017-08-01				
序号	日期	废水流量（Avg）	废水流量（Cou）	COD_{Cr}（Avg）	COD_{Cr}（Cou）	氨氮（Avg）	氨氮（Cou）	pH（Avg）
		（l/s）	M^3	≤100（mg/L）	kg	≤15（mg/L）	kg	6～9（无量纲）
1	2017年7月1日	4.19	363	50.69	17.86	1.29	0.46	6.6
2	2017年7月2日	2.6	226	47.64	10.6	1.29	0.29	6.61
3	2017年7月3日	6.85	595	46.5	26.67	1.28	0.74	6.57
4	2017年7月4日	3.56	302	49.9	14.7	1.5	0.43	6.63
5	2017年7月5日	1.4	119	55.96	6.77	1.87	0.22	6.7
6	2017年7月6日	1.28	107	55.58	6.05	1.87	0.2	6.75
7	2017年7月7日	3.63	299	57.9	17.08	1.89	0.56	6.8
8	2017年7月8日	5.65	489	56.6	27	1.86	0.9	6.77
9	2017年7月9日	3.4	294	53.49	15.42	1.85	0.53	6.7
10	2017年7月10日	2.19	180	52.77	9.39	1.86	0.33	6.66
11	2017年7月11日	3.2	273	52.45	14.09	1.53	0.41	6.65
12	2017年7月12日	2.33	199	60.79	12.05	1.29	0.26	6.62
13	2017年7月13日	1.86	160	59.96	9.32	1.81	0.28	6.6
14	2017年7月14日	3.83	327	52.7	16.9	1.72	0.55	6.6
15	2017年7月15日	3.78	325	46.31	14.68	1.68	0.53	6.57
16	2017年7月16日	3.4	292	39.76	11.37	1.55	0.45	6.53
17	2017年7月17日	4.39	382	32.27	11.67	1.45	0.54	6.57
18	2017年7月18日	3.99	345	33.46	10.95	1.12	0.38	6.54
19	2017年7月19日	4.44	379	35.27	12.72	0.79	0.28	6.62
20	2017年7月20日	3.92	336	28.04	9.4	0.63	0.23	6.62
21	2017年7月21日	3.98	345	41.43	13.81	1.33	0.44	6.56
22	2017年7月22日	4.95	428	30.03	11.81	1.15	0.51	6.44
23	2017年7月23日	7.15	612	23.74	15.06	1.33	0.81	6.43
24	2017年7月24日	3.97	341	44.75	15.01	1.53	0.52	6.45
25	2017年7月25日	4.91	430	84.85	41.72	1.37	0.56	6.47
26	2017年7月26日	4.71	404	68.62	34.76	1.77	0.95	6.48
27	2017年7月27日	3.54	309	94.29	27.92	3.32	0.98	6.56
28	2017年7月28日	3.44	298	59.29	16.91	5.07	1.56	6.56
29	2017年7月29日	4.05	348	63.71	22.28	6.46	2.23	6.56
30	2017年7月30日	3.63	312	64	19.72	6.89	2.17	6.56
31	2017年7月31日	4.27	368	61.82	22.28	9.15	3.36	6.59
32	最小值	1.28	107	23.74	6.05	0.63	0.2	6.43
33	最大值	7.15	612	94.29	41.72	9.15	3.36	6.8
34	平均值	3.82	328.61	51.76	16.64	2.24	0.73	6.59
35	总排量	—	10187	—	515.96	—	22.68	—
上传数据总数：31			缺失数据总数：0			数据完整率：100.00%		
制表人：×××			审核人：×××			审核时间：2017.8.4		

××××发展有限公司处罚金额计算方法

一、2017 年 7 月排水量：

根据该公司 2017 年 7 月在线监控数据，7 月排水量为 10 187 t。

二、各污染物的污染当量数计算公式：

一般污染物的计算公式：

某污染物的排放量（kg）=污水排放量（m^3）×该污染物的浓度（mg/L）×10^{-3} 某污染物的污染当量数=该污染物的排放量（kg）/该污染物的污染当量值（kg）

COD 当量数：$10\,187\times51.76\times10^{-3}/1\approx527$

氨氮当量数：$10\,187\times2.24\times10^{-3}/0.8\approx29$

三、排污费计算：

取 COD、氨氮的当量数计算排污费，2017 年 7 月 27 日我局执法检查发现该公司从中间工序外排废水 COD、氨氮浓度超标，加倍征收排污费：$527\times1.4\times2+29\times1.4\times2\approx1\,557$

四、罚款计算

根据《中华人民共和国水污染防治法》第七十三条，不正常使用水污染物处理设施，处应缴纳排污费数额一倍以上三倍以下的罚款。排污费数额一倍以上三倍以下：1 557～4 671 元。

核算依据：污染源自动监控数据

核算人：×××、×××

××市环境监察支队

2017 年 8 月 4 日

××市环境监测中心站
监测报告

×（察）字〔2017〕×××号

项目名称： ××××发展有限公司

委托单位： ××市环境监察支队

监测类别： 委托监测

编制日期： 2017年08月07日

××市环境监测中心站

监测报告说明

1. 委托单位在委托前应说明监测目的，凡是污染事故调查、环保验收监测、仲裁及鉴定监测需在委托书中说明，并由我单位按规范采样、监测。由委托单位自行采样送检的样品，本报告只对送检样品负责。

2. 本报告无本站公章和及骑缝章无效。

3. 本报告出具的数据涂改或缺页无效。

4. 对本报告有异议的，应于领取报告之日起十五日内向我站提出，逾期不予受理。但对不能保存的特殊样品，本站不予受理。

5. 本报告未经同意不得用于广告宣传。

6. 未经同意，不得部分复制本报告。

地　　址：××市××大道××号

邮　　编：××××××

传　　真：×××××××

投诉电话：×××××××

一、监测信息

<table>
<tr><td>报告编号</td><td colspan="4">×（察）字〔2017〕×××号　编制日期2017年8月7日</td></tr>
<tr><td>任务来源</td><td colspan="4">受××市环境监察支队委托，我站对××××发展有限公司的废水进行监测。</td></tr>
<tr><td rowspan="3">委托方信息</td><td>名　称</td><td colspan="3">××市环境监察支队</td></tr>
<tr><td>地　址</td><td>××市环保局1楼</td><td>邮　编</td><td>××××××</td></tr>
<tr><td>联系人</td><td>××</td><td>联系方式</td><td>×××</td></tr>
<tr><td rowspan="3">受检方信息</td><td>名　称</td><td colspan="3">××××发展有限公司</td></tr>
<tr><td>地　址</td><td>广西××××××公司</td><td>邮　编</td><td>××××××</td></tr>
<tr><td>联系人</td><td></td><td>联系方式</td><td></td></tr>
<tr><td>监测类型</td><td colspan="4">委托监测</td></tr>
<tr><td rowspan="5">样品说明</td><td>样品来源</td><td>现场采样</td><td>采样时间</td><td>2017年7月27日</td></tr>
<tr><td>采样依据</td><td colspan="3">《地表水和污水监测技术规范》（HJ/T 91—2002）</td></tr>
<tr><td>样品类型</td><td colspan="3">废水</td></tr>
<tr><td rowspan="2">状　态</td><td>样品名称</td><td>容器</td><td>感官</td></tr>
<tr><td>××××发展有限公司污水处理设施旁排水地</td><td>玻璃瓶、聚乙烯瓶</td><td>浊、淡青、无异味</td></tr>
<tr><td rowspan="4">样品分析说　明</td><td>现场分析项目</td><td></td><td>分析完成时间</td><td></td></tr>
<tr><td rowspan="2">实验室分析项目</td><td rowspan="2">pH值、氨氮、化学需氧量、五日生化需氧量</td><td>接样时间</td><td>2017年7月27日</td></tr>
<tr><td>分析完成时间</td><td>2017年8月1日</td></tr>
<tr><td>现场采样人员</td><td colspan="3">×××、×××</td></tr>
<tr><td></td><td>实验室分析人员</td><td colspan="3">×××、×××、×××、×××</td></tr>
<tr><td></td><td>分析条件说明</td><td colspan="3">实验室分析条件符合本监测机构规定的条件要求</td></tr>
</table>

二、监测项目、分析方法及仪器设备

<table>
<tr><td rowspan="2">项目</td><td rowspan="2">分析方法/依据</td><td rowspan="2">检出限</td><td colspan="3">仪器设备</td></tr>
<tr><td>名称</td><td>型号</td><td>编号</td></tr>
<tr><td>pH值</td><td>《水质pH值的测定玻璃电极法》（GB/T 6920—1986）</td><td></td><td>实验室pH计</td><td>PHSJ-4A</td><td>321</td></tr>
</table>

项目	分析方法/依据	检出限	仪器设备		
			名称	型号	编号
氨氮	《水质　氨氮的测定纳氏试剂分光光度法》（HJ 535—2009）	0.025 mg/L	可见光光度计	DR3900	284
化学需氧量	快速密闭催化消解法《水和废水监测分析方法（第四版）》	5 mg/L	酸式滴定管	50.0 mL	1-1100008
五日生化需氧量	《水质　五日生化需氧量（BOD_5）的测定稀释与接种法》（HJ 505—2009）	0.5 mg/L	滴定管	25.0 mL	1-1100011
			生化培养箱	SPX-150B 型	560

三、监测结果

单位：pH 值量纲一，其余项目为 mg/L

样品名称	监测项目	样品编号	监测结果	《污水综合排放标准》（GB 8978—1996）1998 年 1 月 1 日起建成（包括改、扩建）的单位一级标准
××××发展有限公司污水处理设施旁排水地	氨氮	W170727-22	51.7	15
	化学需氧量	W170727-22	669	100
	pH 值	W170727-23	7.48	6～9
	五日生化需氧量	W170727-24	495	20

注：因设备问题，污水池中水由外接抽水泵直排到污水处理设施旁空地，污泥外排泵故障，直接排放的是含水污泥。

四、结论

根据监测结果，××××发展有限公司污水处理设施旁排水地氨氮、化学需氧量、五日生化需氧量不符合《污水综合排放标准》（GB 8978—1996）1998 年 1 月 1 日起建成（包括改、扩建）的单位一级标准限值要求。污水处理设施旁排水地 pH 值符合《污水综合排放标准》（GB 8978—1996）1998 年 1 月 1 日起建成（包括改、扩建）的单位一级标准限值要求。

以上结果仅对当日监测的情况负责。

报告编制：×××　　复核：×××　　审核：×××

日　　期：2017.8.7　　日期：2017.8.8　　日期：2017.8.8

签发人：×××　　职务：副站长　　签字：×××

××市环境监测中心
检验检测专用章

××市环境保护局
现场检查（勘察）笔录

时间： 2017年8月8日15时39分至16时9分

地点： ××市×××区×××路×号

被检查人名称或姓名： ××××发展有限公司

法定代表人（负责人）姓名： ×××

现场负责人姓名： ××× **年龄：** 34 **公民身份号码：** ×××

工作单位： ××××发展有限公司 **职务：** 安全管理部经理

与本案关系： 安全管理部经理

地址： ××市×××区×××路×号 **电话：** ××× **邮编：** ×××

检查（勘察）人及执法证号： ×××（××××）；×××（××××）

记录人： ×××

工作单位： ××市环境监察支队

其他参加人姓名及工作单位（地址）：

我们是××市环境监察支队的行政执法人员，这是我们的执法证件（向当事人出示证件，并记录持证人员姓名和执法证件号），请过目确认。

答：我已确认。

今天我们依法进行检查并了解有关情况，你应当配合调查，如实回答询问和提供材料，不得拒绝、阻碍、隐瞒或者提供虚假情况。如果你认为我们与本案有利害关系，可能影响公正办案，可以申请我们回避，并说明理由。（暗查等无法告知的情形除外）

答：听清楚了。不申请回避。

被检查（勘察）人或现场负责人确认意见：以上笔录属实。

被检查（勘察）人或现场负责人签字：××× 2017年8月8日

检查（勘察）人签字：×××、××× 2017年8月8日

记录人签字：××× 2017年8月8日

现场情况：

1. 2017 年 7 月 28 日，我局对××××发展公司以不正常运行污染防治设施的方式逃避监管的违法行为进行查处，对造成污染物排放的设施、设备予以查封。2017 年 8 月 7 日，该公司向我局提交《关于污水处理站污泥排放整改报告》，申请解除查封。我局执法人员于 2017 年 8 月 8 日对该公司进行现场核查，该公司正常生产，日加工大豆约 5 700 t，污泥压滤机经维修后已恢复正常运行，污水处理设施正常运行，原排至污水处理站东侧草地的污泥已全面清理，草地已用煤渣覆盖，齿轮油泵及其管线上的封条未被拆封，无其他异常情况。（以下空白）

被检查（勘察）人或现场负责人确认意见：以上笔录属实。

被检查（勘察）人或现场负责人签字：×××　　2017 年 8 月 8 日

检查（勘察）人签字：×××、×××　　2017 年 8 月 8 日

记录人签字：×××　　2017 年 8 月 8 日

现场照片证据

证明对象：原排至污水处理站东侧草地的污泥已被清理
拍摄时间：2017 年 8 月 8 日 15 时 27 分
拍摄地点：广西××市×××区××镇××路××号
拍摄人：×××
当事人、见证人：×××
执法人员（签名）及执法证号：××（××××）、×××（××××）

现场照片证据

证明对象：草地用煤渣覆盖
拍摄时间：2017 年 8 月 8 日 15 时 23 分
拍摄地点：广西××市×××区××镇××路××号
拍摄人：×××
当事人、见证人：×××
执法人员（签名）及执法证号：××（××××）、×××（××××）

现场照片证据

证明对象：齿轮油泵及其管线上的封条未被拆封
拍摄时间：2017 年 8 月 8 日 15 时 23 分
拍摄地点：广西××市×××区××镇××路××号
拍摄人：×××
当事人、见证人：×××
执法人员（签名）及执法证号：××（××××）、×××（××××）

××市环境保护局
行政处罚案件审议记录

案件名称：××××发展有限公司不正常运行污染防治设施案

时间：2017 年 8 月 16 日上午 9:00—10:20

地点：×××会议室

主持人：××× 职务：局长

记录人：×××（列席） 职务：支队法规科长

参加人员姓名及职务：×××副局长、×××副局长、×××副局长、×××副调研员、×××法规科长、×××辐射与固体废物管理站站长、×××环境监测站副站长、××环境监察支队支队长、××环境监察支队政委。

×××：同志们，今天召集大家主要是讨论××××发展有限公司不正常运行污染设施案，先请环境监察支队××同志介绍一下案情，然后请大家提出讨论意见。

×××：2017 年 7 月 27 日，我局执法人员对××××发展有限公司进行现场检查，发现该公司采取外接水泵的方式将污泥池内的含水污泥抽排至污水处理设施东侧未进行硬底化处理的草地上。经调查了解，公司工作人员反映是因污泥压滤机故障，先后三次将污泥通过外接水泵抽排所致。此行为属不正常运行污染防治设施的方式违法排放污染物。另外，通过对公司外排废水采样监测，监测报告显示，氨氮、化学需氧量及五日生化需氧量均超标。我局执法人员已进行了调查取证。

次日，我局向该公司下达了《××市环境保护局责令改正违法行为决定书》（×环罚字〔2017〕××号），并依据《中华人民共和国环境保护法》第二十五条和《环境保护主管部门实施查封、扣押办法》的有关规定，对该公司抽排污泥设施排水泵进行查封。

针对该公司不正常运行污染防治处理设施和超标排放水污染物的行为，8 月 18 日，我局依据《中华人民共和国水污染防治法》第七十三条规定：“违反本法规定，不正常使用水污染物处理设施，或者未经环境保护主管部门批准拆除、闲置水污染物处理设施的，由县级以上人民政府环境保护主管部门责令限期改正，应处缴纳排污费数额一倍以上三倍以下的罚款。”《中华人民共和国环境保护法》第六十条和《环境保护主管部门实施限制生产、停产整治办法》第五条、第十五条第一款的规定，告知该公司拟实施肆仟伍佰元罚款处罚和限制生产 30 日的行政措施。

同时告知了该公司陈述申辩和听证的权利，该公司逾期未向我局陈述、申辩，也未要求听证，故我们认为该公司放弃了以上权利，建议按告知金额予以处罚和采取限产措施。

×××：刚才支队的同志介绍了案情，下面请与会人员发表意见。

×××：该案比较复杂，同时违反多条法律，支队在查处过程中，我对案件进行过问，并指导支队的查处工作，同意支队提出的查处意见。

×××：实施查封、限制生产案件以往比较少，要认真研究法律，我同意支队查处建议，同时希望执法人员在查处过程中要严格依照法律程序办理。

×××：同意支队的查处意见。

×××：对该案违法事实和实用法律没有异议，同意支队的查处意见。

×××：该案在调查取证过程中，我和支队多次进行了交流，对该案的处理没有意见。

×××：同意。

×××：同意处罚和采取限制生产措施。

×××：无异议。

×××：大家还有没有其他不同意见？

（众：无意见）

×××：大家刚才谈了自己的看法，对支队提出的意见没有异议。

经会议讨论，形成以下意见：一是责令××××发展有限公司改正违法行为并处肆仟伍佰元罚款；二是对××××发展有限公司限制生产 30 日；三是请监察支队加强对该公司整改、限产期间环境监察工作。

××市环境保护局
行政处罚案件讨论会签到表

时间：2017年8月16日　　　　地点：××××室

姓名	职务	单位	备注
××	局长	市环保局	
×××	副局长	市环保局	
×××	副局长	市环保局	
×××	副局长	市环保局	
×××	科长	市环保局	
×××	副调研员	市环保局	
×××	科长	市环保局	
×××	副站长	市环境监测中心站	
×××	站长	辐射站	
×××	支队长	市环境监察支队	
×××	副支队长	市环境监察支队	
×××	支队法规科	市环境监察支队	

××市环境保护局
解除查封决定书

×环罚字〔2017〕××号

××××发展有限公司：

统一社会信用代码：×××××××××××

地址：广西××市×××区××镇××路×号

法人代表：×××

我局于 2017 年 7 月 28 日依法对你公司违反法律法规规定排放污染物，造成污染物排放的设施设备予以查封，查封期限自 2017 年 7 月 28 日至 2017 年 8 月 26 日止。你公司于 2017 年 8 月 7 日向我局提出解除申请。依据《环境保护主管部门实施查封、扣押办法》第十九条的规定，我局于 2017 年 8 月 8 日组织人员对你公司进行核查，你公司已改正相关违法行为，我局决定解除你公司造成污染物排放的设施、设备的查封。

××市环境保护局

2017 年 8 月 18 日

××市环境保护局
送达回证

送达文书名称及文号	××市环境保护局解除查封决定书 （×环罚字〔2017〕××号）
当事人名称或姓名	××××发展有限公司
送达地点	××××发展有限公司
送达方式	直接送达
收件人签名（盖） 及收件日期	××× （与当事人的关系：　　　）2017 年 8 月 21 日
送达人签名	×××、×××　　　2017 年 8 月 21 日
送达机关盖章	××市环境保护局
备　注	

××市环境保护局
限制生产事先告知书

×环罚字〔2017〕××号

××××发展有限公司：

2017 年 7 月 27 日，我局执法人员对你公司进行现场检查，发现你公司因污泥压滤机故障，先后三次采取外接水泵的方式将污泥池内的含水污泥抽排至污水处理设施东侧未进行硬底化处理的草地上。经监测，该外排废水氨氮、化学需氧量及五日生化需氧量均超标。

你公司的上述行为违反了《中华人民共和国环境保护法》第四十二条第一款“排放污染物的企业事业单位和其他生产经营者，应当采取措施，防治在生产建设或者其他活动中产生的废气、废水、废渣、医疗废物、粉尘、恶臭气体、放射性物质以及噪声、震动、光辐射、电磁辐射等对环境的污染和危害”，及该条第四款“严禁通过暗管、渗井、灌注或者篡改、伪造监测数据，或者不正常运行防治污染设施等逃避监管的方式违法排放污染物”的规定。

依据《中华人民共和国环境保护法》第六十条和《环境保护主管部门实施限制生产、停产整治办法》第十五条第一款的规定，我局拟责令你公司限制生产 30 日，在限制生产期限内日加工量不得超过 3 840 t/d。

根据环境保护部《环境保护主管部门实施限制生产、停产整治办法》第十一条的规定，你公司如对该处理意见有异议，可接到本通知之日起 3 日内向我局提出陈述和申辩；逾期未提出陈述或者申辩，视为你公司放弃陈述和申辩的权利。

地　　址：××市××大道××号

邮政编码：××××××

联 系 人：×××

电　　话：×××××××××

××市环境保护局

2017 年 8 月 18 日

××市环境保护局
送达回证

送达文书名称及文号	××市环境保护局限制生产事先告知书 （×环罚字〔2017〕××号）
当事人名称或姓名	××××发展有限公司
送达地点	××××发展有限公司
送达方式	直接送达
收件人签名（盖） 及收件日期	××× （与当事人的关系：　　　）2017 年 8 月 21 日
送达人签名	××、××　　　2017 年 8 月 21 日
送达机关盖章	××市环境保护局
备　注	

××市环境保护局
限制生产听证告知书

×环罚字〔2017〕××号

××××发展有限公司：

2017年7月27日，我局执法人员对你公司进行现场检查，发现你公司因污泥压滤机故障，先后三次采取外接水泵的方式将污泥池内的含水污泥抽排至污水处理设施东侧未进行硬底化处理的草地上。经监测，该外排废水氨氮、化学需氧量及五日生化需氧量均超标。

你公司的上述行为违反了《中华人民共和国环境保护法》第四十二条第一款“排放污染物的企业事业单位和其他生产经营者，应当采取措施，防治在生产建设或者其他活动中产生的废气、废水、废渣、医疗废物、粉尘、恶臭气体、放射性物质以及噪声、震动、光辐射、电磁辐射等对环境的污染和危害”及该条第四款“严禁通过暗管、渗井、灌注或者篡改、伪造监测数据，或者不正常运行防治污染设施等逃避监管的方式违法排放污染物”的规定。

依据《中华人民共和国环境保护法》第六十条和《环境保护主管部门实施限制生产、停产整治办法》第十五条第一款的规定，我局拟责令你公司限制生产30日，在限制生产期限内日加工量不得超过3 840 t/d。

根据环境保护部《环境保护主管部门实施限制生产、停产整治办法》第十一条的规定，你公司有要求举行听证的权利。你公司如果要求听证，要在接到本听证告知书之日起3日内向我局提同要求听证的申请，逾期未提出要求听证的申请，视为你公司放弃要求听证的权利。

地　　址：××市××大道××号

邮政编码：××××××

联 系 人：×××

电　　话：×××××××××

××市环境保护局

2017年8月18日

××市环境保护局
送达回证

送达文书名称及文号	××市环境保护局限制生产听证告知书 （×环罚字〔2017〕××号）
当事人名称或姓名	××××发展有限公司
送达地点	××××发展有限公司
送达方式	直接送达
收件人签名（盖） 及收件日期	××× （与当事人的关系： ）2017 年 8 月 21 日
送达人签名	××、×× 2017 年 8 月 21 日
送达机关盖章	××市环境保护局
备　注	

××市环境保护局
行政处罚事先告知书

×环罚字〔2017〕××号

××××发展有限公司：

经我局查实，你公司实施了以下环境违法行为：

2017年7月27日，我局执法人员对你公司进行现场检查，发现你公司因污泥压滤机故障，先后三次采取外接水泵的方式将污泥池内的含水污泥抽排至污水处理设施东侧未进行硬底化处理的草地上。该行为属于不正常运行污染防治设施的方式违法排放污染物。

我局于2017年7月28日向你公司下达了《××市环境保护局责令改正违法行为决定书》（×环罚字〔2017〕××号），责令你公司接到本通知之日起停止环境违法行为。

以上事实，有《××市环境保护局责令改正违法行为决定书》（×环罚字〔2017〕××号）及送达回证、2017年7月27日××市环境保护局现场检查（勘察）笔录、2017年7月27日××市环境保护局现场调查询问笔录、××××发展有限公司污水处理站简图、现场照片证据、污染源环境质量（2017年7月）、《××市环境保护局关于××××发展有限公司4 800 t/d高蛋白饲料粕物流及加工项目环境影响报告书的批复（×环复字〔2017〕×××号）、《营业执照》复印件、《任职证明》、×××身份证复印件、×××身份证复印件、×××身份证复印件为证。

你公司的上述行为违反了《中华人民共和国水污染防治法》第二十一条第二款“企业事业单位和个体工商户排放水污染物的种类、数量和浓度有重大改变的，应当及时申报登记；其水污染物处理设施应当保持正常使用；拆除或者闲置水污染物处理设施的，应当事先报县级以上地方人民政府环境保护主管部门批准”的规定。

根据《中华人民共和国水污染防治法》第七十三条“违反本法规定，不正常使用水污染物处理设施，或者未经环境保护主管部门批准拆除、闲置水污染物处理设施的，由县级以上人民政府环境保护主管部门责令限期改正，处应缴纳排污费数额一倍以上三倍以下的罚款”之规定，我局拟对你公司处以4 500元罚款。

根据《中华人民共和国行政处罚法》第三十二条的规定，你公司如对该处理意见有异议，可接到本通知之日起 3 日内向我局提出陈述和申辩；逾期未提出陈述或者申辩，视为你公司放弃陈述和申辩的权利。

联 系 人：×××、×××

电　　话：×××××××××

地　　址：××××××

邮政编码：××××××

××市环境保护局

2017 年 8 月 18 日

××市环境保护局
送达回证

送达文书名称及文号	××市环境保护局行政处罚事先告知书 （×环罚字〔2017〕××号）
当事人名称或姓名	××××发展有限公司
送达地点	××××发展有限公司
送达方式	直接送达
收件人签名（盖） 及收件日期	××× （与当事人的关系：安全管理部负责人） 2017 年 8 月 21 日
送达人签名	×××、×××　　　　2017 年 8 月 21 日
送达机关盖章	××市环境保护局 ××市环境保护局
备　注	

××××发展有限公司
关于××市环境保护局行政处罚事先告知书的复函

〔2017〕02 号

××市环保局：

我公司 8 月 21 日收到贵局“××市环境保护局行政处罚事先告知书（×环罚字〔2017〕××号）”，对此，我公司接受该项处罚、不申辩，特此说明。

××××发展有限公司

2017 年 8 月 22 日

××市环境保护局
限制生产决定书

×环罚字〔2017〕×××号

××××发展有限公司：

统一社会信用代码：××××××

地址：广西××市×××区××镇××路××号

法定代表人：×××

一、环境违法事实和证据

2017年7月27日，我局执法人员对你公司进行现场检查，发现你公司因污泥压滤机故障，先后三次采取外接水泵的方式将污泥池内的含水污泥抽排至污水处理设施东侧未进行硬底化处理的草地上。经监测，该外排废水氨氮、化学需氧量及五日生化需氧量均超标。

以上事实，有以下证据证明：

（一）《营业执照》复印件；

（二）2017年7月27日××市环境保护局现场检查（勘察）笔录。

（三）2017年7月27日××市环境保护局调查询问笔录及现场照片证据。

（四）××××发展有限公司污水处理站简图。

（五）污染源在线监测数据（2017年7月）。

（六）《××市环境保护局关于××××发展有限公司 4 800 t/天高蛋白饲料粕物流及加工项目环境影响报告书的批复》（×环复字〔2017〕×××号）。

（七）《任职证明》、×××、×××、××身份证复印件；

你公司以上行为违反了《中华人民共和国环境保护法》第四十一条第一款、第四款的规定。我局于2017年8月21日告知你公司违法事实、处理依据、拟作出限制生产的处理决定，并告知你公司有权进行陈述、申辩和要求听证。你公司未进行陈述、申辩，也未在法定期限内提出听证申请。

以上事实，有《××市环境保护局限制生产事先告知书》（×环罚字〔2017〕××号）、《××市环境保护局限制生产听证告知书》（×环罚字〔2017〕××号）及其送达回证为证。

二、责令限制生产的依据和期限

依据《中华人民共和国环境保护法》第六十条和《环境保护主管部门实施限制生产、停产整治办法》第五条、第十五条第一款的规定，我局决定责令你公司自收到本决定书之日起的30日内限制生产，在限制生产期限内日均生产高蛋白饲料粕不得超过3 840 t。

三、责令限制生产的履行方式和解除

（一）关于责令限制生产的履行方式和解除

你公司应当在收到本决定书后立即落实限制生产措施并实施整改，整改方案在15个工作日内报我局备案并向社会公开，整改方案应当包括改正措施、工程进度、资金保障和责任人员等事项。在整改期间内，你公司不得超过污染物排放标准或者重点污染物日允许排放总量控制指标排放污染物，并应按照环境监测技术规范进行监测或者委托有条件的环境监测机构开展监测，保存监测记录。

你公司完成整改后，应当在15个工作日内将整改任务完成情况和整改信息社会公开情况，报我局备案，并提交监测报告以及整改期间生产用电量、用水量、主要产品产量与整改前的对比情况等材料。限制生产决定自你单位报我局备案之日起解除。

（二）履行情况后督查

我局将依法对你公司履行限制生产措施的情况实施后督察，并在你公司解除限制生产后进行跟踪检查。如你公司仍未改正违法行为，我局将依法查处。

四、申请行政复议或者提起行政诉讼的途径和期限

你公司如不服本决定，可以在接到决定书之日起60日内向××市人民政府或者广西壮族自治区环境保护厅申请行政复议；也可以在接到决定书之日起6个月内依法向人民法院提起行政诉讼。

申请行政复议或者提起行政诉讼，不停止本决定书的执行。逾期不申请行政复议，不提起行政诉讼，又不履行本决定的，我局将依法申请人民法院强制执行。

××市环境保护局

2017年8月28日

××市环境保护局
送达回证

送达文书名称及文号	××市环境保护局限制生产决定书 （×环罚字〔2017〕×××号）
当事人名称或姓名	××××发展有限公司
送达地点	××市环境保护局监察支队办公室
送达方式	直接送达
收件人签名（盖） 及收件日期	××× （与当事人的关系：　　　）2017 年 8 月 30 日
送达人签名	××、××　　　　2017 年 8 月 30 日
送达机关盖章	××市环境保护局 ××市环境保护局
备　注	

××××发展有限公司
关于××市环境保护局限制生产决定书的整改方案

〔2017〕03 号

××市环保局：

我公司 8 月 30 日收到贵局“××市环境保护局限制生产决定书（×环罚字〔2017〕×××号）”文，对此，我公司立即组织管理人采取以下整改措施：

一、在当天下午四点钟开始降低豆粕产量，按文件要求控制每天的豆粕加工量在 3 480 t 以下（由榨油厂负责）；

二、重新制定加工计划（由生产技术部负责）；

三、单独统计整改前后水电量、主产品产量与整改前的对比数据（由生产技术部负责）；

四、联系并委托第三方环境监测机构对废水污染源排放开展监测，预计在 9 月中旬前后完成（由安全管理部负责）；

五、整改完成后由安全管理部负责将废水委托检测报告、限产期间的水电量、主产品产量与整改前的对比情况报市环保局；

六、加强污染源治理设施人员培训，提高环保意识，同时加强现场设备设施的维护管理，杜绝环境事件的发生。

××××发展有限公司

2017 年 9 月 6 日

××××发展有限公司
关于限产整改完成情况的报告

〔2017〕04 号

××市环保局：

我公司在 8 月 30 日收到贵局“××市环境保护局限制生产决定书（×环罚字〔2017〕×××号）”文，当日我公司即组织管理人员采取了相关措施，并将整改方案于 9 月 6 日报送贵局，截至 9 月 28 日，已达到限产 30 天的限制要求，完成了整改任务，具体整改情况如下：

一、生产技术部重新制定了生产计划，由榨油厂将高蛋白饲料粕每日产量降到 3 840 t 以下；

二、9 月 15 日委托环境监测公司开展了外排水水质监测，具体见附件 1；

三、由生产技术部、设备维修部完成了限产期间对产品产量、用水量及用电量情况的统计；开展了副主管以上人员环境保护管理工作的培训，提高环保认识和意识；

四、9 月 29 日在厂区宣传栏将整改完成情况报告进行了公示，见附件 2 公示照片。

以下是按照整改方案整改前后用水量、用电量及主要产品产量的对比情况：

时间 项目	7 月 31 日—8 月 29 日（30 天）	8 月 30 日—9 月 29 日（30 天）	备注
生产用电量/kW・h	5 562 059	5 408 297	7 月 31 日至 8 月 29 日停机三天
生产用水量/t	56 941	53 519	
豆粕产量/t	115 870	113 235	

特此说明。

附件：1. 委托检测报告

2. 公示照片

××××发展有限公司

2017 年 9 月 29 日

2017XXXXXXX

监 测 报 告

×××环境科技（监）字〔2017〕第×××××号

项目名称： ××××发展有限公司委托监测

委托单位： ××××发展有限公司

监测类别： 委托监测

报告日期： 2017 年 9 月 28 日

×××环境科技有限公司

报告专用章

×××环境科技有限公司声明

1. 本公司对出具的数据负责，对委托单位所提供的样品和技术资料保密。

2. 本公司的所有监测过程，遵循现行有效的监测技术标准和规范。委托单位在委托前应说明监测目的，凡是污染事故调查、环保验收监测、仲裁及鉴定监测等需在委托单中说明，并由本公司按监测技术标准和规范进行采样、监测。自送样委托监测，受检方信息和样品名称为委托方自报的内容，报告只对送检样品负责。

3. 报告无编制、审核、签发人签名无效；报告无本公司“报告专用章”和缺骑缝章无效；涂改、缺页、部分复制报告无效。

4. 对监测报告若有异议，应于收到报告之日起十五个工作日内向我公司提出，逾期不予受理。但对于性能不稳定、不易留样的样品，恕不受理复检；告知报告完成三十日后尚未领取监测报告的，视为认可监测报告。

5. 未经我公司书面批准，不得将本报告用于商业广告等一切宣传活动。

地　　址：××市××区××××

邮政编码：××××××

业务联系电话：×××××××××

传　　真：×××××××××

投诉电话：×××××××××

电子信箱：×××××××××

一、监测信息

项目名称	××××发展有限公司委托监测					
委托方信息	名称	××××发展有限公司				
	地址	××市×××区×××镇××路××号				
	联系人	×××	联系电话	×××××××	邮编	/
受检方信息	名称	××××发展有限公司				
	地址	××市×××区××镇××路××号				
	联系人	×××	联系电话	×××××××	邮编	/
监测类型	委托监测		监测人员	×××、×××、×××等		
监测来源	现场采样（2017.09.15）		分析时间	2017.9.15—9.22		
监测工况	监测期间企业生产正常，废水处理设施负荷为50%					
分析条件	现场和实验室分析条件均符合分析方法要求					

二、监测项目及其分析方法

序号	监测项目	分析方法	检出限/检出范围
废水			
1	废水采样	《地表水和污水监测技术规范》（HJ/T 91—2002）	/
2	pH 值	便携式 pH 计法《水和废水监测分析方法（第四版）》［国家环境保护总局（2002 年）］	0.01（量纲一）
3	悬浮物	《水质　悬浮物的测定　重量法》（GB 11901—89）	4 mg/L
4	化学需氧量	快速密闭催化消解法《水和废水监测分析方法（第四版）》［国家环境保护总局（2002 年）］	2 mg/L
5	五日生化需氧量	《水质　五日生化需氧量（BOD_5）的测定稀释与接种法》（HJ 505—2009）	0.5 mg/L
6	氨氮	《水质　氨氮的测定纳氏试剂分光光度法》（HJ 535—2009）	0.025 mg/L

三、仪器设备

序号	仪器名称	规格型号	出厂编号	监测因子
1	电子天平	SQP	0031790161	悬浮物
2	可见分光光度计	V-5000H	HC1606013	氨氮
3	便携式 pH 计	FG2	B526105635	pH 值
4	生化培养箱	LRH-250A	THA15071408W	五日生化需氧量

四、监测内容

生产废水	
监测点位	废水排放口
监测因子	pH 值、悬浮物、化学需氧量、五日生化需氧量、氨氮
监测频率	3 次/天，监测 1 天

五、废水监测点位示意图

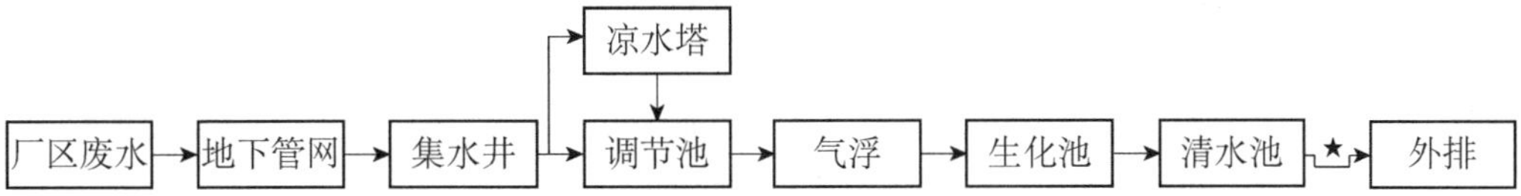

图例说明：★ 表示废水监测点位。

六、监测结果

6.1　废水监测样品状态说明

序号	监测点位	采样时间	样品状态
1	废水排放口	2017.09.15	浅黄色、微浊、稍有异味

6.2　废水监测结果

单位：mg/L，特殊注明除外

监测点位 监测项目	废水外排口			
	第一次	第二次	第三次	均值或范围
pH 值（量纲一）	6.92	6.75	6.60	6.60～6.92
悬浮物	22	25	18	22
化学需氧量	38	40	32	37
氨氮	4.67	4.14	3.76	4.19
五日生化需氧量	15.6	18.3	12.8	15.6

（以上结果仅对本次工况条件下负责）

编制：×××　　审核：×××　　签发：×××

2017 年 9 月 28 日　　2017 年 9 月 28 日　　2017 年 9 月 28 日

×××环境科技有限公司

17-9-29 09:17

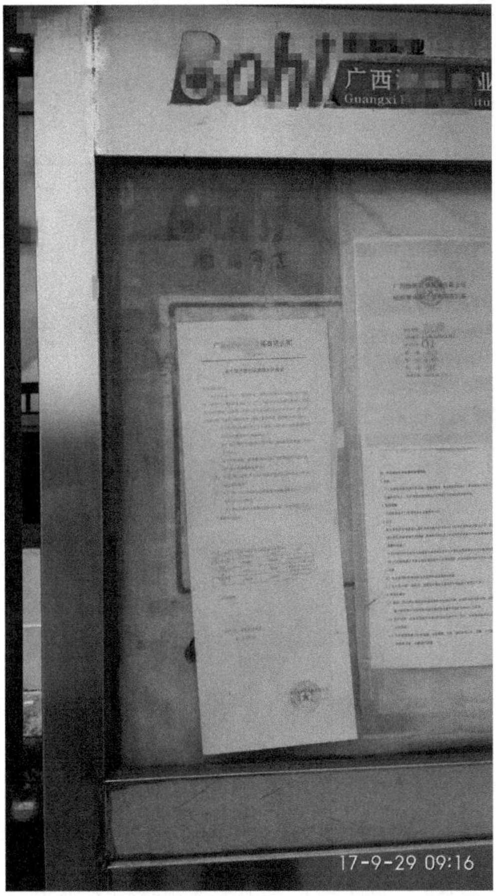
广西
Guangxi
17-9-29 09:16

广西壮族自治区非税收入一般缴款书（收　据）4　　桂 0№661920564

3100500001

填制日期　20　年　月　日　　执收单位名称：北海市环保局　　执收单位编码：

组织机构代码：

付款人	全　称	××××农业发展有限公司	收款人	全　称	北海市非税收入管理局
	账　号			账　号	850612010100977830
	开户银行			开户银行	[redacted]
币种：	人民币金额（大写）	肆仟伍佰元整		（小写）	4500.00

项目编码	收入项目名称	单位	数量	收缴标准	金　额
3100		元	1	0-0	4500.00

执收单位（盖章）	经办人（签章）	备注：

校验码：

××市环境保护局 财务专用章

第四联　执收单位给缴款人的收据

广西宏桂印务有限公司承印　0771-5330961、5315324

环境行政执法后监督核查记录表

<table>
<tr><td colspan="2">检查时间</td><td colspan="4">2017 年 9 月 30 日 17 时 24 分至 17 时 54 分</td></tr>
<tr><td colspan="2">受检单位</td><td colspan="4">××××发展有限公司</td></tr>
<tr><td colspan="2">受检单位地址</td><td colspan="4">广西××市×××区××镇××号路××号</td></tr>
<tr><td colspan="2">法定代表</td><td>×××</td><td colspan="2">联系电话</td><td>×××</td></tr>
<tr><td>检查人</td><td>×××</td><td>执法证号</td><td>××××</td><td>工作单位</td><td>××市环境监察支队</td></tr>
<tr><td>记录人</td><td>×××</td><td>执法证号</td><td>××××</td><td>工作单位</td><td>××市环境监察支队</td></tr>
<tr><td colspan="2">任务来源</td><td colspan="4">行政处罚☑　责令改正□　区（流）域限批□
挂牌督办□　其他____________</td></tr>
<tr><td colspan="2" rowspan="5">基本情况</td><td colspan="4">实施行政措施机关：××市环境保护局</td></tr>
<tr><td colspan="4">实施行政文号：×环罚字〔2017〕×××号</td></tr>
<tr><td colspan="4">主要环境问题或违法事实：2017 年 7 月 27 日，我局对该公司进行现场检查发现，其因污泥泵轴承故障，先后三次采取外接水泵的方式，将污泥池内的含水污泥排放至污水处理设施旁边的草地上，该草地未进行硬底化处理，存在通过渗坑排放污染物、通过不正常运行污染防治设施的方式逃避监管的违法行为。</td></tr>
<tr><td colspan="4">整改要求：我局责令该公司自接本决定书之日起，停止环境违法行为，将直接外排至草地上的含水污泥及时清理并作无害化处理，保证环保设施正常运行。</td></tr>
<tr><td colspan="4">整改期限：自送达决定书之日起，至保证环保设施正常运行。</td></tr>
<tr><td colspan="2" rowspan="2">整改情况</td><td colspan="4">是否完成：整改完成/未完成（是）</td></tr>
<tr><td colspan="4">整改进度及措施：目前该公司已停止环境违法行为，对造成污染物排放的设施进行拆除实施查封，同时按照处理要求限制生产，污水处理设施已正常恢复使用，排至草地的污泥已进行无害化处理，并已上缴罚款。</td></tr>
<tr><td colspan="2">后督查意见</td><td colspan="4">该公司已停止环境违法行为，并按照我局行政处罚、措施执行落实整改。同意该公司整改结果，建议结案。</td></tr>
<tr><td colspan="2">检查人（签字）</td><td colspan="2">×××、×××</td><td colspan="2">2017 年 9 月 30 日</td></tr>
</table>

备注：表中未列事宜详见现场检查（勘察）笔录

××市环境保护局
现场检查（勘察）笔录

时间： 2017年9月30日17时24分至17时54分

地点： ××市×××区×××路×号

被检查人名称或姓名： ××××发展有限公司

法定代表人（负责人）姓名： ×××

现场负责人姓名： ××× **年龄：** 34 **公民身份号码：** ×××

工作单位： ××××发展有限公司 **职务：** 安全管理部经理

与本案关系： 现场负责人

地址： ××市×××区×××路×号 **电话：** ××× **邮编：** ×××

检查（勘察）人及执法证号： ×××（××××××）；×××（××××××）

记录人： ×××

工作单位： ××市环境监察支队

其他参加人姓名及工作单位（地址）：

我们是××市环境监察支队的行政执法人员，这是我们的执法证件（向当事人出示证件，并记录持证人员姓名和执法证件号），请过目确认。

答：我已确认。

今天我们依法进行检查并了解有关情况，你应当配合调查，如实回答询问和提供材料，不得拒绝、阻碍、隐瞒或者提供虚假情况。如果你认为我们与本案有利害关系，可能影响公正办案，可以申请我们回避，并说明理由。（暗查等无法告知的情形除外）

答：听清楚了。不申请回避。

现场情况：

1. 2017年9月30日，我局执法人员对该公司的生产及排污情况进行现场核查，

被检查（勘察）人或现场负责人确认意见：确认，已阅读。

被检查（勘察）人或现场负责人签字：××× 2017年9月30日

检查（勘察）人签字：×××、××× 2017年9月30日

记录人签字：××× 2017年9月30日

相关情况如下：

现场检查时，该公司正常生产，日加工高蛋白饲料粕约 3 800 t。

2. 该公司的污水处理设施运行，曝气池内的曝气机运行，曝气池内的菌种视觉呈黄褐色；气浮机运行，PAC 加药机运行。该公司厂区内的污水总排口未有经处理的生产废水排放。据厂方负责人介绍，该公司经处理后的生产废水为间歇性排水，每天仅排放 3 次。

3. 该公司废水在线监控设备运行，2017 年 9 月 30 日 14 时 09 分在线监控数据显示为：COD 浓度为 26.14 mg/L、氨氮浓度为 2.89 mg/L、pH 值为 6.55。（以下空白）

被检查（勘察）人或现场负责人确认意见： 确认，已阅读

被检查（勘察）人或现场负责人签字： ×××　　2017 年 9 月 30 日

检查（勘察）人签字： ××× 、 ×××　　2017 年 9 月 30 日

记录人签字： ×××　　2017 年 9 月 30 日

环境行政执法后监督现场检查照片

上图为：××××发展有限公司的污水车间污泥压滤机污泥出口北侧的齿轮油泵、消防水带及软管已进行拆除。

上图为：我局执法人员对××××发展有限公司污水处理设施东侧草地进行现场检查，草地内的污泥已进行无害化处理，并加以修复。

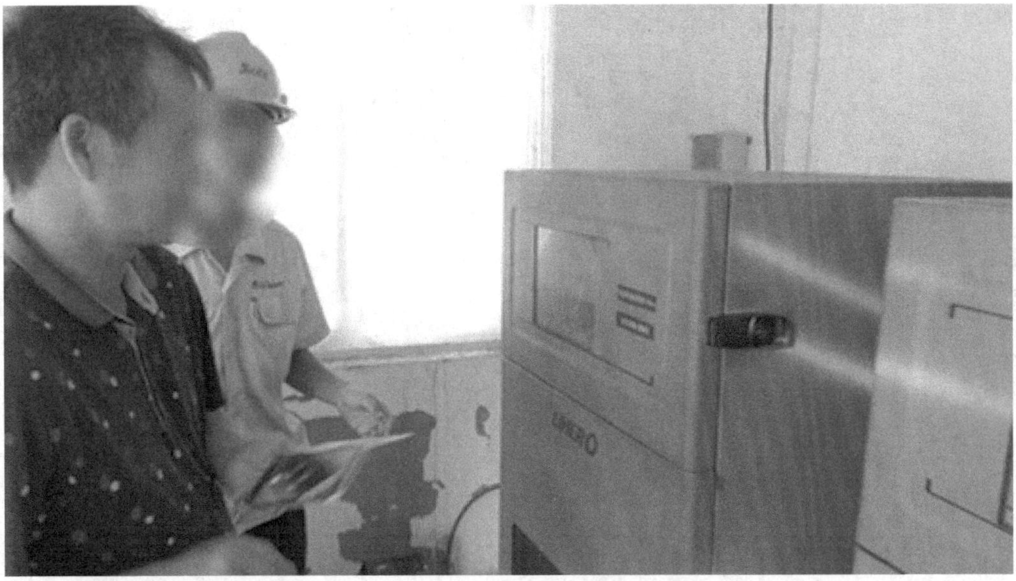

上图为：我局执法人员对××××发展有限公司的废水在线监控设施运行情况进行检查。

拍摄时间：2017 年 9 月 30 日　拍摄地点：广西××市×××区××镇××路×号

拍摄人：×××

执法人员（签名）及执法证号：×××　（××××）；×××　（××××）

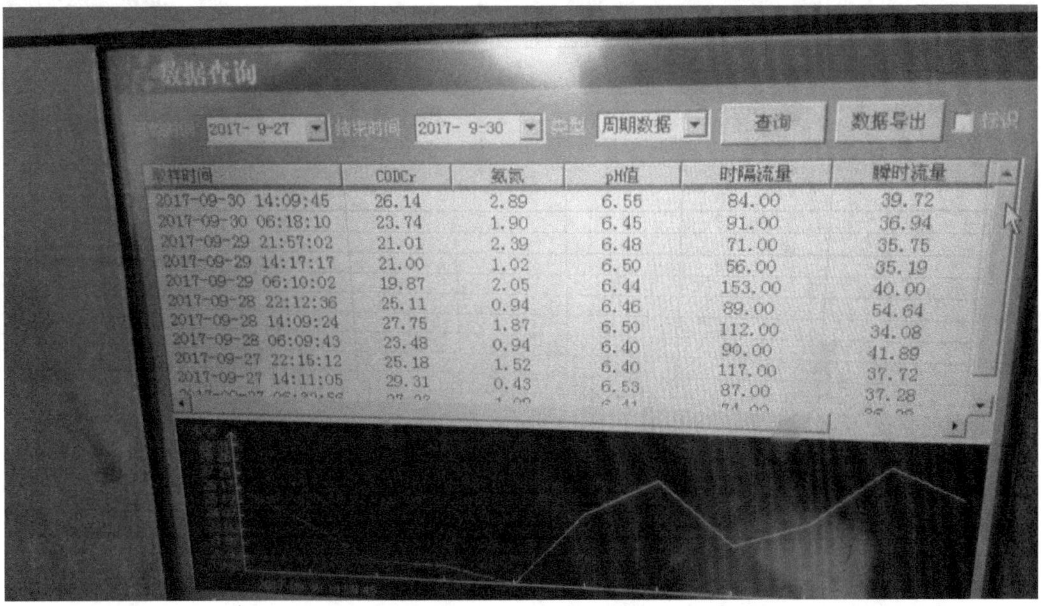

上图为：××××发展有限公司废水在线监控设施近几日的在线监控数据。

上图为：××××发展有限公司的污水处理设施的曝气池，池内的曝气机运行，菌种视觉呈黄褐色。

上图为：××××发展有限公司污水处理设施的气浮机正在运行。

拍摄时间：2017年9月30日

拍摄地点：广西××市×××区××镇××路×号　拍摄人：×××

执法人员（签名）及执法证号：×××　（××××）；×××　（××××）

姓名：XXX

性别：男

职务：科员

证号：XXX

工作单位：XX

环境监察大队

执法区域：XX市XX县

发证单位:XX省环境保护厅

发证日期：XX年XX月XX日

双自治区人民政府行政执法

证件专用章

此件与原件校核无异

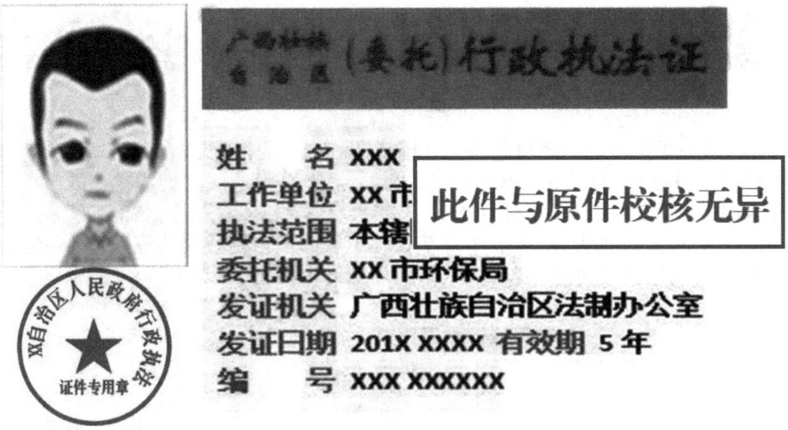
广西壮族自治区（委托）行政执法证

姓　　名 XXX

工作单位 XX市

执法范围 本辖

委托机关 XX市环保局

发证机关 广西壮族自治区法制办公室

发证日期 201X XXXX 有效期 5年

编　　号 XXX XXXXXX

双自治区人民政府行政执法

证件专用章

此件与原件校核无异

××市环境保护局
行政处罚案件结案审批表

<table>
<tr><td>立案日期</td><td>2017-08-07</td><td>立案号</td><td>201721</td></tr>
<tr><td>案　由</td><td colspan="3">不正常运行污染防治设施</td></tr>
<tr><td>当事人名称</td><td>××××发展有限公司</td><td rowspan="2">法定代表人
或负责人姓名</td><td rowspan="2">×××</td></tr>
<tr><td>当事人地址</td><td>广西××市×××区×××镇××路××号</td></tr>
<tr><td>调查人员姓名
及工作单位</td><td colspan="3">××、×××、××
××市环境监察支队机动大队</td></tr>
<tr><td>案件审查人员
及工作单位</td><td colspan="3">×××、××
××市环境监察支队法规宣传科</td></tr>
<tr><td>文书名称及文号</td><td colspan="3">×环罚字〔2017〕×××号</td></tr>
<tr><td colspan="4">案件处理过程及执行情况：
2017 年 7 月 27 日，我局执法人员对该公司进行现场检查，并对该公司做现场检查记录、调查询问笔录及拍摄照片，发现该公司因污泥压滤机故障，先后三次采取外接水泵的方式将污泥池内的含水污泥抽排至污水处理设施东侧未进行硬底化处理的草地上。该行为属不正常运行污染防治设施的方式违法排放污染物。
我局于 2017 年 7 月 28 日送达《××市环境保护局责令改正违法行为决定书》（×环罚字〔2017〕××号），责令该公司接本通知之日起停止环境违法行为。我局于 2017 年 7 月 28 日送达《××市环境保护局查封决定书》（×环罚字〔2017〕××号），对该公司造成污染物排放的设施、设备及时进行查封，查封期限自 2017 年 7 月 28 日至 2017 年 8 月 26 日止。该公司于 2017 年 8 月 4 日提交《关于污水处理站污泥排放整改报告》，并于 8 月 7 日提出解除申请。我局执法人员于 2017 年 8 月 8 日进行复查，并制作现场检查（勘察）笔录，拍摄现场照片。我局于 2017 年 8 月 18 日下达《××市环境保护局解除查封决定书》（×环罚字〔2017〕××号）、《××市环境保护局限制生产事先告知书》（×环罚字〔2017〕××号）、《××市环境保护局限制生产听证告知书》（×环罚字〔2017〕××号）、《××市环境保护局行政处罚事先告知书》（×环罚字〔2017〕××号），8 月 21 日告知该公司违法事实、处罚依据、拟作出的处罚决定，以及有权进行陈述、申辩。该公司于 2017 年 8 月 22 日提交《关于××市环境保护局行政处罚事先告知书的复函》（〔2017〕02 号），表示接受该项处罚，不申辩。我局于 2017 年 8 月 28 日下发《××市环境保护局限制生产决定书》（×环罚字〔2017〕×××号），责令限产 30 日，在限产期限内日均生产高蛋白饲料粕不得超过 3 840 t/d。我局于 2017 年 8 月 28 日下发《××市环境保护局行政处罚决定书》（×环罚字〔2017〕×××号），并于 8 月 30 日送达该公司，责令该公司停止环境违法行为，处以肆仟伍佰元罚款。
该公司于同年 9 月 5 日缴纳罚款，并于 9 月 6 日提交《关于××市环境保护局限制生产决定书的整改方案》（〔2017〕03 号）。</td></tr>
<tr><td>行政复议及
行政诉讼情况</td><td colspan="3">无</td></tr>
</table>

案件审查人意见：拟同意结案。 ××× 2017年10月9日
法制机构负责人意见： 同意 ××× 2017年10月9日
案件承办机构负责人意见： 拟同意 ××× 2017年10月9日
分管案件承办机构负责人意见： 同意 ××× 2017年10月9日
备注：

6. ××××净水材料有限公司利用无防渗措施的坑塘排放水污染物案

【案件提供单位】

××市环境保护局

【案件简介】

2017年8月3—7日，环保部门对××××净水材料有限公司进行了现场检查，发现该公司利用厂区外西侧无防渗措施的沟渠和水坑排放水污染物。8月9日，环保部门作出责令改正违法行为的决定。8月21日，环保部门作出责令停产整治决定。9月1日，环保部门根据《水污染防治法》作出罚款80 000元人民币的决定。该企业已缴纳罚款80 000元，对厂区西面沟渠和渗坑内的废水进行了有效处理，对沟渠和渗坑进行了平整，并完善了厂区雨污分流措施和防渗措施。

【专家点评】

该案事实清楚，证据充分，法律适用正确，自由裁量适当，程序合法。

一、该案的优点

1. 在该案中环保部门能够严格按照《环境行政处罚办法》的具体要求进行调查取证

环境行政处罚需要通过调查取证以确定环境违法事实，在该案中证明该公司利用厂区外西侧无防渗措施的沟渠和水坑排放水污染物的违法行为的事实证据（现场检查笔录、调查询问笔录、检测报告、影像资料等）均符合《环境行政处罚办法》的形式要求，且收集程序合法。现场检查笔录、调查询问笔录中均有行政相对人的签字确认，现场照片中对拍摄的事物、地点有明确的说明，并有当事人、见证人的签名及执法人员的证号，足以保证调查取证的程序合法性，成为确认该公司违法行为的主要证据。对于现场监测取样，取样过程记入现场勘察笔录，并由行政相对人在笔录上签字确认。在样品检测中出具了检测人员的技术考核合格证，确保了监测结果的真实性。

2. 在该案中自由裁量权行使恰当，行政处罚合理

在环保部门送达处罚事先（听证）告知书之后，该公司及时向环保部门提出陈述和申辩意见，环保部门认真对待陈述和申辩意见并进行了集体讨论，根据该公司认识到了违法行为的危害性和严重性，并严格按照环保部门的要求迅速整改到位，最终决定对该公司适当减轻经济处罚，并由环保部门强化对该企业的现场监管，指导企业对环境问题整改到位，环保部门也两次进行现场检察来督促企业落实整改措施。环保部门进行行政处罚的目的是为了督促企业改正违法行为，达到法律规定的标准，环保部门不能仅仅为了罚款而罚款，要实现环境和经济的协调发展，该市环保部门听取了该公司陈述和申辩意见，在行使自由裁量权时根据企业整改措施等作出了减轻罚款的决定，同时也达到了改正违法行为的目的。

3. 该案中环保局充分实现了信息公开

环境的公共物品属性和环境保护所追求的维护公共环境利益的目的性决定了在环境执法过程中信息公开的必要性和重要性。在本案中，环保部门不仅在处罚文件中明确记录执法的依据等，并在环保局网站中将责令停产整治决定书、行政处罚决定书，以及该公司的停产整治方案、停产整治完成情况报告都及时进行公示，有助于增强环保部门的公信力，同时也保障社会公众的知情权和参与权，有利于动员社会力量共同对污染行为进行监督。

二、存在的问题和建议

如果该案件案卷能够像其他优秀案卷一样包括案件处理具体适用的法律法规清单，将会更好。

××市环境保护局

行政处罚案件案卷

案件名称：××××净水材料有限公司利用无防渗措施的坑塘排放水污染物案

行政处罚决定书文号：×环罚字〔2017〕×××号

办案单位：××市环境监察支队

立卷人：×××　×××　归档时间：2017年10月31日

自2017年10月至2037年10月	保管期限	20 年
本卷共44件103页	归档号	

全宗号	目录号	案卷号
		×环罚字〔**2017**〕×××号

××××净水材料有限公司利用无防渗措施的坑塘排放水污染物案

正

卷

卷内文件目录

序号	文号	题名	日期	页号	备注
1	×环罚字〔2017〕×××号	行政处罚决定书	2017.9.1	524～525	
2		送达回证（×环罚字〔2017〕×××号）	2017.9.7	526	
3	×环责停字〔2017〕×××号	责令停产整治决定书	2017.8.21	527～528	
4		送达回证（×环责停字〔2017〕×××号）	2017.8.23	529	
5		环境违法行为立案审批表	2017.8.9	530	
6		企业营业执照复印件		531	
7		法人身份证复印件		532	
8		企业环保负责人身份证复印件		533	
9		调查询问笔录	2017.8.3	534～535	
10		现场检查（勘察）笔录	2017.8.7	536～537	
11		现场勘查示意图	2017.8.7	538	
12		现场取证照片	2017.8.7	539～543	
13	×环审〔2015〕××号	关于××××净水材料有限公司三氯化铝水溶液综合利用项目环境影响报告书的批复	2015.3.16	544～546	
14	×环验〔2016〕××号	关于××××净水材料有限公司三氯化铝水溶液综合利用项目竣工环境保护验收合格的函	2016.8.30	547～549	
15	×环监字〔2017〕×××号	××市环境保护监测站监测报告	2017.8.10	550～553	
16		水质采样及样品交接记录	2017.8.2	554～555	
17	×环监字〔2017〕×××号	××市环境保护监测站监测报告	2017.8.10	556～559	
18		水质采样及样品交接记录	2017.8.3	560～561	

序号	文号	题名	日期	页号	备注
19		执法人员执法证件		562	
20		环境监测人员技术 考核合格证		563～ 566	
21		行政处罚案件调查报告	2017.8.9	567～ 568	
22	×环责改字 〔2017〕××号	责令改正违法行为决定书	2017.8.9	569～ 570	
23		送达回证 （×环责改字〔2017〕××号）	2017.8.10	571	
24	×环责停告字 〔2017〕×××号	××市环境保护局责令停产整治事先 （听证）告知书	2017.8.13	572～ 573	
25		送达回证 （×环责停告字〔2017〕×××号）	2017.8.13	574	
26	×环罚告字 〔2017〕×××号	××市环境保护局 行政处罚事先（听证）告知书	2017.8.21	575～ 576	
27		送达回证 （×环罚告字〔2017〕×××号）	2017.8.23	577	
28		陈述申辩书	2017.8.24	578	
29		××××净水材料有限公司 停产整治实施方案	2017.8.28	579	
30		××××净水材料有限公司 停产整治实施方案信息公开		580	
31		污染源现场监察记录	2017.8.30	581～ 582	
32		××××净水材料有限公司 停产整治完成情况的报告	2017.9.8	583～ 584	
33		××××净水材料有限公司停产整治完 成情况的报告信息公开		585～ 586	
34		污染源现场监察记录	2017.9.30	587～ 588	
35		后督察现场照片	2017.9.30	589～ 590	
36		结案审批表	2017.10.9	591～ 592	
37		企业罚款缴纳凭证	2017.9.19	593	

××市环境保护局
行政处罚决定书

×环罚字〔2017〕×××号

××××净水材料有限公司：

统一社会信用代码：××××××

地址：××市化工循环产业园

法定代表人：×××

一、调查情况及发现的环境违法事实、证据和陈述申辩（听证）及采纳情况

我局于2017年8月3—7日对你单位进行了现场检查，发现你单位实施了以下违法行为：

你单位利用厂区外西侧无防渗措施的沟渠和水坑排放水污染物。××市环境保护监测站对你单位厂区外西侧沟渠和水坑废水进行了取样监测，并出具监测报告，监测报告显示厂区外西侧沟渠水质pH值为3.91，COD浓度为290 mg/L，氯化物浓度为4 220 mg/L；厂区外西侧水坑水质pH值为4.57，COD浓度为2 080 mg/L，氯化物浓度为10 900 mg/L。厂区外西侧沟渠和水坑废水水质均超过《污水综合排放标准》（GB 8978—1996）一级标准。

以上事实有2017年8月7日现场检查（勘察）笔录1份2页、2017年8月3日调查询问笔录1份2页、××市环境保护监测站出具的监测报告、现场勘查示意图、影像资料等证据为凭。

你单位上述行为违反了《中华人民共和国水污染防治法》第三十五条的规定。

我局于2017年8月21日对你单位下达了《行政处罚事先（听证）告知书》（×环罚告字〔2017〕×××号），告知你单位陈述申辩权和听证申请权。2017年8月24日，你单位向我局提出陈述申辩意见，认识到了以上违法行为的危害性和严重性，并已按照我局要求迅速进行了整改，请求我局从轻处罚。我局采纳你单位提出的陈述申辩意见，决定予以从轻处罚。

二、行政处罚的依据、种类及其履行方式、期限

依据《中华人民共和国水污染防治法》第七十六条第七项的规定，经研究，我局决定对你单位作出如下行政处罚：

处罚款捌万元。

限你单位在接到本处罚决定之日起十五日内缴至指定银行账户。逾期不缴纳罚款的，我局将根据《中华人民共和国行政处罚法》第五十一条第一项规定每日按罚款数额的 3%加处罚款。

收款银行：中国工商银行××分行营业部

户　　名：××市财政局

账　　号：××××××

三、申请行政复议或者提起行政诉讼的途径和期限

如不服本处罚决定，可在收到本处罚决定书之日起六十日内向湖北省环境保护厅或者××市人民政府申请复议，也可在六个月内直接向有管辖权的法院提起行政诉讼。申请行政复议或者提起行政诉讼期间，不停止行政处罚决定的执行。

逾期不申请行政复议，不提起行政诉讼，又不履行本处罚决定的，我局将依法申请人民法院强制执行。

××市环境保护局

2017 年 9 月 1 日

××市环境保护局
送达回证

送达文书名称及文号	行政处罚决定书 （×环罚字〔2017〕×××号）
当事人名称或姓名	××××净水材料有限公司
送达地点	××××净水材料有限公司
送达方式	直接送达
收件人签名（盖章） 及收件日期	××× （与当事人的关系：　　　）　2017 年 9 月 7 日
送达人签名	×××　××× 2017 年 9 月 7 日
送达机关盖章	××市环境保护局
备　注	

××市环境保护局
责令停产整治决定书

×环责停字〔2017〕×××号

××××净水材料有限公司：

统一社会信用代码：××××××

地址：××市化工循环产业园

法定代表人：×××

我局于 2017 年 8 月 3—7 日对你单位进行了现场检查，发现你单位实施了以下违法行为：

你单位利用厂区外西侧无防渗措施的沟渠和水坑排放水污染物。××市环境保护监测站对你单位厂区外西侧沟渠和水坑废水进行了取样监测，并出具监测报告，监测报告显示厂区外西侧沟渠水质 pH 值为 3.91，COD 浓度为 290 mg/L，氯化物浓度为 4 220 mg/L；厂区外西侧水坑水质 pH 值为 4.57，COD 浓度为 2 080 mg/L，氯化物浓度为 10 900 mg/L。厂区外西侧沟渠和水坑废水水质均超过《污水综合排放标准》(GB 8978—1996）一级标准。

以上事实有 2017 年 8 月 7 日现场检查（勘察）笔录 1 份 2 页、2017 年 8 月 3 日调查询问笔录 1 份 2 页、××市环境保护监测站出具的监测报告、现场勘查示意图、影像资料等证据为凭。

依据《环境保护主管部门实施限制生产、停产整治办法》第六条第一项的规定，本机关决定责令你单位停产整治。

你单位应当在收到本决定书后立即停止生产，制定整改方案，实施整改，并在 15 个工作日内将整改方案报我局备案并向社会公开。

你单位完成整改任务后，应当在 15 个工作日内将整改任务完成情况和整改信息社会公开情况，报我局备案，并提交整改后与整改前的对比情况等材料。停产整治决定自报我局备案之日起解除。

我局将依法对你单位履行停产整治措施的情况实施后督察，并依法作出处理或处罚。

如你单位对本决定不服，可以在收到本决定书之日起 60 日内向××市人民政府或者湖北省环境保护厅申请行政复议，也可以在收到本决定书之日起 6 个月内向有管辖权的人民法院提起行政诉讼。

联系人：×××　　　　　　　　　邮政编码：××××××

地　址：××市×××路××号　　联系电话：××××××

××市环境保护局

2017 年 8 月 21 日

××市环境保护局
送达回证

送达文书名称及文号	责令停产整治决定书 （×环责停字〔2017〕×××号）
当事人名称或姓名	××××净水材料有限公司
送达地点	××××净水材料有限公司
送达方式	直接送达
收件人签名（盖章） 及收件日期	××× （与当事人的关系：　　　）　2017年8月23日
送达人签名	×××　　　××× 2017年8月23日
送达机关盖章	××市环境保护局
备　注	

××市环境保护局
环境违法行为立案审批表

<table>
<tr><td>案件来源</td><td colspan="2">现场检查</td><td>立案号</td><td>Z2017013</td></tr>
<tr><td>案　由</td><td colspan="4">涉嫌利用无防渗措施的坑塘排放水污染物案</td></tr>
<tr><td rowspan="4">当事人</td><td>名称或姓名</td><td colspan="3">××××净水材料有限公司</td></tr>
<tr><td>住址（地址）</td><td>××市化工循环产业园</td><td>邮政编码</td><td>××××××</td></tr>
<tr><td>统一社会信用代码</td><td colspan="3">××××××××</td></tr>
<tr><td>法定代表人
（负责人）</td><td>×××</td><td>职　务</td><td>总经理</td></tr>
<tr><td>案情简介及立案理由</td><td colspan="4">我局于2017年8月3—7日对该公司进行现场检查，发现该公司实施了以下违法行为：利用厂区外西侧无防渗措施的沟渠和水坑排放水污染物。××市环境保护监测站对厂区外西侧沟渠和水坑废水进行了取样监测，并出具监测报告（×环监字〔2017〕×××号），监测报告显示厂区外西侧沟渠水质pH 3.91，COD 290 mg/L，氯化物4 220 mg/L；厂区外西侧水坑水质pH 4.57，COD 2 080 mg/L，氯化物10 900 mg/L。该案件符合《环境行政处罚办法》第二十二条规定的立案条件。</td></tr>
<tr><td>承办人
意　见</td><td colspan="4">该公司的上述行为违反了《中华人民共和国水污染防治法》第三十五条的规定，建议立案。
签名：×××　×××　　2017年8月9日</td></tr>
<tr><td>承办机构
负责人
审核意见</td><td colspan="4">同意立案调查
签名：×××　　　　2017年8月9日</td></tr>
<tr><td>环保部门
负责人
审批意见</td><td colspan="4">同意立案
签名：×××　　　　2017年8月9日</td></tr>
<tr><td>备　注</td><td colspan="4"></td></tr>
</table>

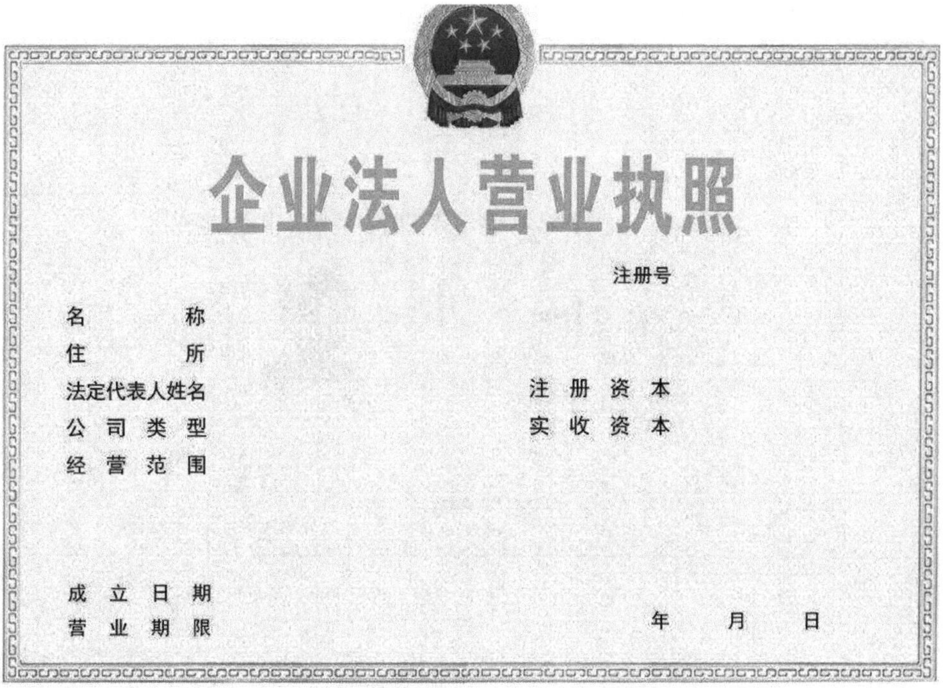

企业法人营业执照

注册号

名　　称

住　　所

法定代表人姓名　　注册资本

公司类型　　实收资本

经营范围

成立日期

营业期限　　年　月　日

备注：

本复印件由 ××× 提供，共 1 页，提供日期：2017 年 8 月 7 日。

本复印件仅供环保调查使用。

经核对与原件无误，共 1 页，核对人签字：×××，×××

核对日期：2017 年 8 月 7 日

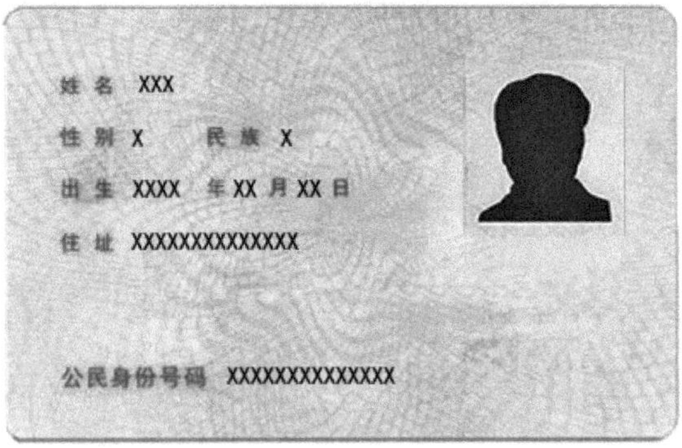

备注：

本复印件由 ××× 提供，共 1 页，提供日期：2017 年 8 月 7 日。

本复印件仅供环保调查使用。

经核对与原件无误，共 1 页，核对人签字：×××，×××

核对日期：2017 年 8 月 7 日

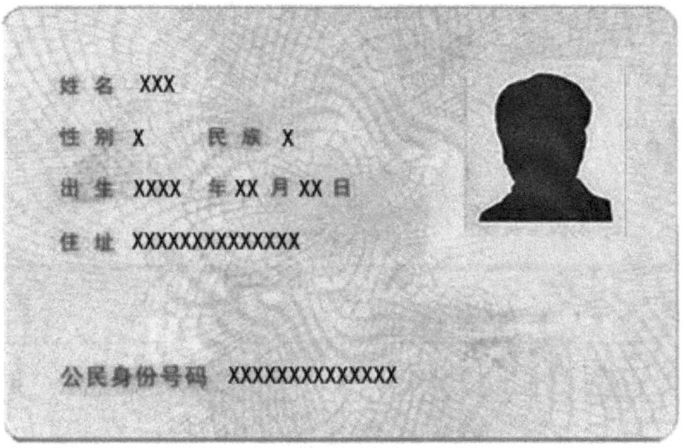

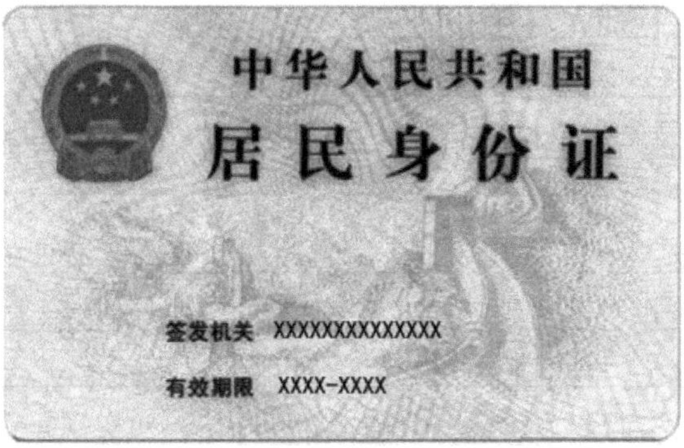

备注：

本复印件由 ××× 提供，共 1 页，提供日期：2017 年 8 月 7 日。

本复印件仅供环保调查使用。

经核对与原件无误，共 1 页，核对人签字：×××，×××

核对日期：2017 年 8 月 7 日

××市环境监察支队
调查询问笔录

时间： 2017年8月3日21时至22时

地点： ××化工循环产业园（××集团院内） **天气：** 晴

被询问人姓名： ××× **公民身份号码：** ××××××

工作单位及职务： ××××净水材料有限公司总经理

联系电话： ××××××

地址： ××化工循环产业园 **邮编：** ××××××

与本案关系： 当事人

询问人： ×××（××××××），×××（××××××） **记录人：** ×××

其他参加人姓名及工作单位： ×××、×××（××区环境监察大队）

问：您好，我们是××市环境监察支队行政执法人员，这是我们的执法证件［×××（××××××），×××（××××××）］，请过目确认。

答：☑我已确认。□有疑义，理由：

问：今天我们依法调查并了解有关情况，请配合，如实回答询问和提供材料，不得拒绝、阻碍、隐瞒或者提供虚假情况。如果你认为我们与本案有利害关系，可能影响公正办案，可以申请我们回避，并说明理由。听清楚了吗？

答：☑ 听清楚了。不申请回避。□申请回避，理由：

问：请介绍下你单位基本情况？

答：我单位名称：××××净水材料有限公司，地址：××化工循环产业园（××集团院内），法人代表：×××，统一信用代码：××××××××××××××××，经

被调查询问人确认意见：确认无误

被调查询问人签字：××× 2017年8月3日

调查询问人签字：××× 、××× 2017年8月3日

记录人签字：××× 2017年8月3日

参加人签字：××× 、××× 2017年8月3日

营范围：主要从事聚氯化铝生产销售；原料：三氯化铝水溶液、铝酸钙加热中和反应生成液体聚合氯化铝，烘干后生成固体聚合氯化铝；危废经营许可证：××××××。公司成立于2014年4月，2015年9月投入试生产。

问：请介绍下你个人的情况？

答：我叫×××，身份证号码：××××××；我从2014年4月开始在××××净水材料有限公司任总经理。

问：2017年8月3日中午，省环境监察总队执法人员和××市环境监察支队执法人员发现在你厂区西侧管架下煤场东侧水沟存有积水，水沟中间有一土坑，土坑内有积水（目测呈黄色），请问这些积水是否为你企业的水？

答：是的，2017年5月，我企业在准备安装环保设施选址时，发现此水沟积水呈红黄色，初步怀疑是我企业的液体产品聚合氯化铝渗漏，后经我企业自行取样分析，积水含氧化铝成分，证实该积水为我企业产品渗漏。我企业发现产品渗漏后，在水沟中间用铁锹挖了一小土坑，将潜水泵放至此小土坑将渗漏到水沟的水回抽至厂区原料池，又于2017年7月上旬用挖机将此小土坑扩大至7 m^3左右。

问：请问两次挖的土坑是否进行硬化处理？

答：没有。

问：2017年8月3日下午，××市环境监测站工作人员对该水沟积水和土坑内积水进行了现场监测采样，你是否知情？

答：我知情，并已签字确认。（以下空白）

被调查询问人确认意见：确认无误

被调查询问人签字：×××　　2017年8月3日

调查询问人签字：×××、×××　　2017年8月3日

记录人签字：×××　　2017年8月3日

参加人签字：×××、×××　　2017年8月3日

××市环境监察支队
现场检查（勘察）笔录

时间： 2017年8月7日15时7分至16时42分

地点： ××市环境监察支队会议室　　**天气：** 晴

被检查单位法定名称： ××××净水材料有限公司

地址： ××市化工循环产业园　　**邮编：** ××××××

法定代表人： ×××　　**联系电话：** ××××××

现场负责人： ×××　　**公民身份号码：** ××××××

工作单位及职务： ××××净水材料有限公司 总经理

联系电话： ××××××

检查（勘察）人： ×××（××××××），×××（××××××）　**记录人：** ×××

其他参加人姓名及工作单位： ×××，×××（××市环境监察支队）

您好，我们是××市环境监察支队行政执法人员，这是我们的执法证件［×××（××××××），×××（××××××）］，请过目确认。

答：☑我已确认。□有疑义，理由：

今天我们依法对你单位进行调查并了解有关情况，请配合，如实回答询问和提供材料，不得拒绝、阻碍、隐瞒或者提供虚假情况。如果你认为我们与本案有利害关系，可能影响公正办案，可以申请我们回避，并说明理由。听清楚了吗？

答：☑听清楚了。不申请回避。□申请回避，理由：

现场检查（勘察）情况：

被调查询问人确认意见：确认无误

被调查询问人签字：×××　　2017年8月7日

调查询问人签字：×××、×××　　2017年8月7日

记录人签字：×××　　2017年8月7日

参加人签字：×××　　2017年8月7日

1. ××××净水材料有限公司位于××市化工循环产业园，成立于2014年4月，2015年9月开始调试生产，环保手续齐全，××市环境保护局于2015年3月下达了×环审〔2015〕24号的环评批复，2016年8月下达了×环验〔2016〕28号的验收函。排放污染物许可证编号：临××××××。该公司主要利用××实业股份有限公司生产中产生的废酸（HW34）为原料生产聚合氯化铝，于2016年10月取得由××市环保局下发的危险废物经营许可证，编号：××××××。

2. 执法人员现场检查时该公司处于停产检修状态。公司西边围墙约15 m外有一条长约50 m南北向水沟，该水沟未进行硬化，水沟部分存有积水，中间处有一约4 m^3未做硬化的土坑，坑内存有积水，目测水质呈红黄色，水坑内放有一台潜水泵，土坑旁安放有电源线及插座，将潜水泵通电后土坑内积水可经泵抽入埋入地面下的颜料管道至公司西边围墙下的雨水沟，雨水沟末端开有两口铁闸，将西边铁闸打开时雨水沟的水可沿管道向南排入竹皮河，将南边铁闸打开时雨水沟水可进入初期雨水收集池。

3. 对该公司违法行为现场进行了调查取证，附有影像资料。××市环境监测站工作人员于2017年8月2日19时0分对该公司初期雨水收集池废水进行了取样分析，并于2017年8月3日16时10分对该公司厂区外西边水沟（北端）及土坑内废水分别进行了取样分析。

被调查询问人确认意见：确认无误

被调查询问人签字：×××　　2017年8月7日

调查询问人签字：×××、×××　　2017年8月7日

记录人签字：×××　　2017年8月7日

参加人签字：×××　　2017年8月7日

××市环境保护局
现场勘察示意图

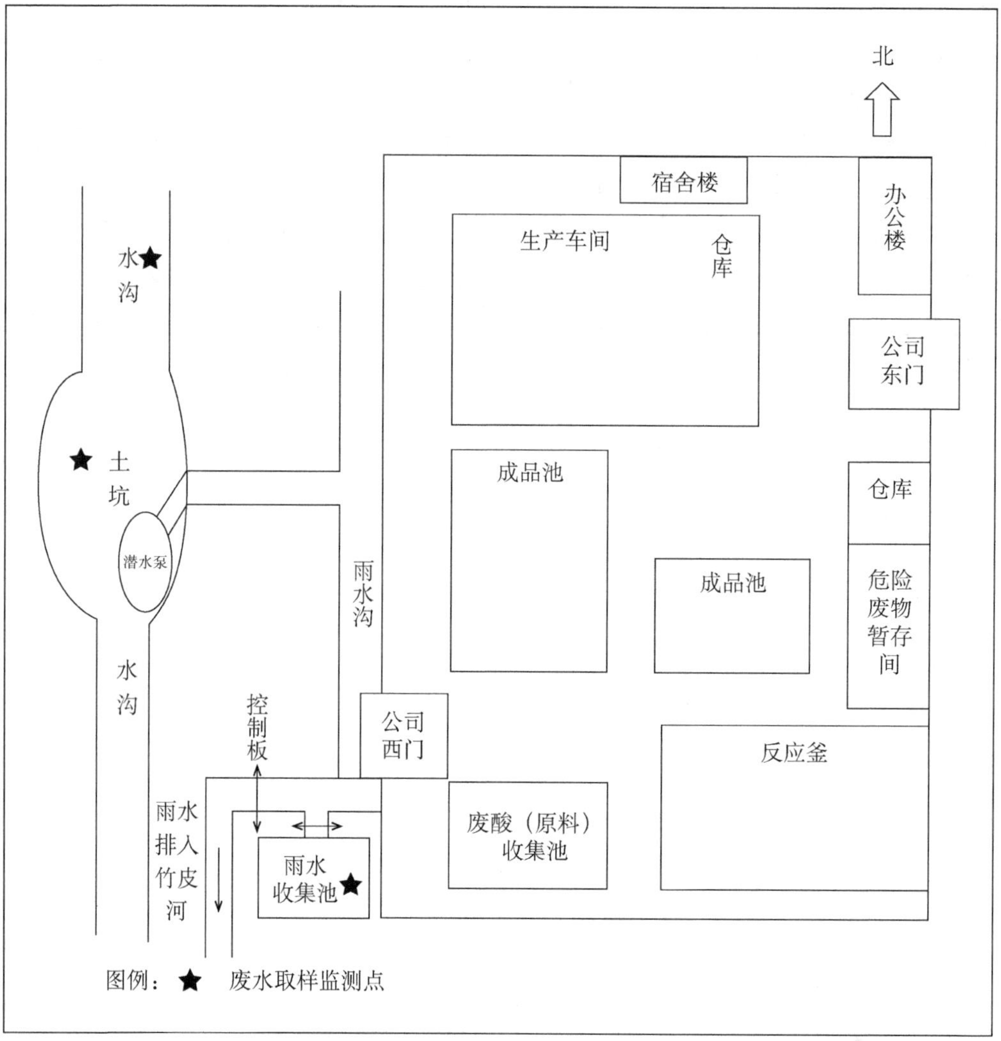

勘查人：	×××	执法证号：	××××××
绘图人：	×××	执法证号：	××××××
绘图时间：	2017年8月7日		
当事人签字：	×××		
拒签理由：			

现场取证照片

证明对象：××××净水材料有限公司利用厂区西侧无防渗措施的水坑贮存废水
拍摄时间：2017 年 8 月 7 日 12 时 11 分
拍摄地点：××××净水材料有限公司厂区西侧
拍摄人：×××
当事人：（签名、盖章或者按指印）×××
见证人：（签名、盖章或者按指印）×××
执法人员：×××　××× 执法证号：×××　×××

现场取证照片

证明对象：××××净水材料有限公司厂区西侧无防渗措施的水坑泵送至厂区西侧雨水收集管网
拍摄时间：2017 年 8 月 7 日 12 时 12 分
拍摄地点：××××净水材料有限公司厂区西侧
拍摄人：×××
当事人：（签名、盖章或者按指印）×××
见证人：（签名、盖章或者按指印）×××
执法人员：×××　××× 执法证号：×××　×××

现场取证照片

证明对象：××××净水材料有限公司厂区西侧无防渗措施的水坑泵送至厂区西侧雨水收集管网
拍摄时间：2017 年 8 月 7 日 12 时 12 分
拍摄地点：××××净水材料有限公司厂区西侧
拍摄人：×××
当事人：（签名、盖章或者按指印）×××
见证人：（签名、盖章或者按指印）×××
执法人员：×××　×××   执法证号：×××　×××

现场取证照片

证明对象：××××净水材料有限公司厂区西侧无防渗措施的水坑旁连接潜水泵的电源
拍摄时间：2017年8月7日12时10分
拍摄地点：××××净水材料有限公司厂区西侧
拍摄人：×××
当事人：（签名、盖章或者按指印）×××
见证人：（签名、盖章或者按指印）×××
执法人员：×××　××× 执法证号：×××　×××

现场取证照片

证明对象：××××净水材料有限公司雨水管网末端“三通”
拍摄时间：2017 年 8 月 7 日 12 时 15 分
拍摄地点：××××净水材料有限公司厂区西侧
拍摄人：×××
当事人：（签名、盖章或者按指印）×××
见证人：（签名、盖章或者按指印）×××
执法人员：×××　××× 执法证号：×××　×××

××市环境保护局
关于××××净水材料有限公司三氯化铝水溶液综合利用项目环境影响报告书的批复

×环审〔2015〕××号

××××净水材料有限公司：

你公司《关于申请审批××××净水材料有限公司三氯化铝水溶液综合利用项目环境影响报告书的请示》及相关材料收悉。经研究，现批复如下：

一、该项目位于××化工循环产业园，租用××集团现有厂区工业用地，不新征用地，项目性质为新建。该项目主体工程主要建设内容包括3个酸液池（两用一备）、2个反应池（罐）（一用一备）、2套烘干设施、2个沉淀池；储运工程主要包括一个铝酸钙粉仓库、一个成品仓库；环保工程主要为新建反应罐加装水喷淋塔装置吸收盐酸、干燥装置区设集气＋水喷淋装置；蒸汽供应、废水处置等公辅工程依托××集团现有设施。该项目建成后可年处理湖北××××制药股份有限公司布洛芬生产过程中所产生的酰化废水和湖北××科技股份有限公司酰氯装置生产过程中的含铝废水3万t，实现年产1万t聚合氯化铝的生产能力。项目总投资700万元，其中环保投资75万元。

项目建设符合国家产业政策，符合省危废处置布点规划，符合××市城市总体规划、工业布局规划的要求。在全面落实报告表提出的环境保护措施后，污染物可达标排放，主要污染物排放总量符合总量控制要求。因此，我局原则同意原环境影响报告书中所列建设项目的性质、规模、工艺、地点和拟采取的环境保护措施。

二、项目建设和运行管理中应重点做好的工作：

（一）加强对××××公司和××公司的废水输送和转运管理，杜绝沿途泄漏造成环境污染。××公司的废水转移须委托具有危废运输资质的单位转运，并实行危废转运联单制。

（二）反应池和烘干车间废气分别采取负压收集、水喷淋吸收处理满足《大气污染物综合排放标准》（GB 16297—1996）二级标准限值要求后通过高15 m排气筒排放。封闭沉淀池，减少无组织废气排放。确保反应池和烘干车间废气的负压收集效率，结合多种措施减少无组织排放。

（三）生活废水、烘干车间喷淋塔冷却水经预处理后进入××污水处理站处理后达标排放。

（四）优先选用低噪设备，对高噪设备采取隔音、消声等有效降噪措施，确保厂界噪声达到标排放。

（五）固体废物分类收集，做到“资源化、减量化、无害化”，必须严格按照危险废物规范化管理要求做好沉淀池淤泥、废石油醚等各类危险废物的收集、临时贮存和转移工作，危险废物必须交由有资质单位按规范处置利用。生活垃圾交由地方环卫部门统一清收。

（六）严格落实环境风险防范各项措施，严防各类环境风险事件发生。必须落实池体、连接输送管道、水喷淋装置的防渗漏及相应的应急措施，加强对项目厂址的地下水监控，避免对地下水及厂区土壤造成污染；封闭沉淀池避免雨水进入导致产品溢流。制定符合环境管理要求的突发环境事件应急预案，加强职工培训和宣贯，并定期开展演练不断总结完善，落实环境风险事故预防和应急处理设施设备，储备充足的应急物资。

（七）根据《报告书》的分析，你公司须报请市卫生计生、安监部门确认项目各无组织排放生产单元的卫生防护距离及管理要求，并确保项目试运行前大气环境防护距离和卫生防护距离内无居民、医院、学校等环境敏感点。居民住宅等其他敏感点将来亦不得在卫生防护距离内建设，你公司若发现相关情况应立即劝阻并及时书面上报市卫生计生、安监部门、开发区管理机构予以制止。

（八）合理调配××公司和××公司的废水水质水量，确保来水稳定处理，避免生产设施运行不正常，导致废水过量积累造成环境污染。同时，严格控制产品质量，明确产品用途，避免污染转移。

（九）本项目特征污染物管理控制指标为：TVOC 0.904 t/年，氯化氢 0.172 t/年。

三、工程建设必须严格执行配套的环境保护设施与主体工程同时设计、同时施工、同时投产使用的环境保护“三同时”制度。项目竣工后，须先向××区环保局提出书面申请，经同意后方可进行试运行；试运行期间（不超过 3 个月）必须按规定程序向我局申请环境保护竣工验收，验收合格后方可投入正式运行。

四、环境影响报告书经批准后，项目的性质、规模、地点或者防止生态破坏、防治污染的措施发生重大变动的，应当重新报批该项目的环境影响报告书。自环境影响报告书批复文件批准之日起，如超过 5 年方决定工程开工建设的，环境影响报告书应当报我局重新审核。

五、我局委托××市环境监察支队和××区环保局，分别组织开展该项目的“三同时”监督检查和监督管理工作。

六、你公司应在收到本批复后 10 个工作日内，将批准后的环境影响报告书分送×

×市环境监察支队和××区环保局，并按规定接受各级环境保护行政主管部门的日常监督检查。

××市环境保护局
2015 年 3 月 16 日

××市环境保护局
关于××××净水材料有限公司
三氯化铝水溶液综合利用项目
竣工环境保护验收合格的函

×环验〔2016〕××号

××××净水材料有限公司：

你公司《关于××××净水材料有限公司三氯化铝水溶液综合利用项目竣工环境保护验收申请》及附送《××××净水材料有限公司三氯化铝水溶液综合利用项目竣工环境保护验收监测报告》等材料收悉。经现场检查，我局意见如下：

一、项目建设基本情况

该项目位于××化工循环产业园，租用××集团现有厂区工业用地，不新征用地，项目性质为新建。该项目主体工程主要建设内容包括3个酸液池（两用一备）、2个反应池（罐）（一用一备）、2套烘干设施、2个沉淀池；储运工程主要包括一个铝酸钙粉仓库、一个成品仓库；环保工程主要为新建反应罐加装水喷淋塔装置吸收盐酸、干燥装置区设集气＋水喷淋冷却装置；蒸汽供应、废水处置等公辅工程依托××集团现有设施。该项目建成后可年接纳处理湖北××××制药股份有限公司布洛芬生产所产生的酰化废水和湖北××科技股份有限公司酰氯装置的含铝废水3万t，实现年产1万t聚合氯化铝的生产能力（其中聚合氯化铝水溶液产品约2.1万t）。项目总投资700万元，其中环保投资75万元。

2015年3月，我局以×环审〔2015〕××号文对该项目环境影响报告书进行了批复。该工程于2014年9月开始施工，于2015年9月建成投入试生产，2015年9月××市××区环境保护局对该项目试生产进行了批复。配套的环境保护设施已同步建成投入使用。

二、环境保护措施及环境风险防范措施落实情况

1. 反应池和烘干车间均按环评要求配备了相应的环保设施，经监测，排放废气经处理后均各自由 15 m 排气筒达《大气污染物综合排放标准》（GB 16297—1996）二级标准后排放。无组织排放的氯化氢及粉尘排放浓度均满足《大气污染物综合排放标准》（GB 16297—1996）无组织监控浓度的要求。

2. 烘干车间喷淋塔冷却废水、初期雨水、车间冲洗废水、生活废水等经收集预处理后必须进入××集团污水处理站处理后达标排放，不外排。

3. 沉淀池酸性污泥、废石油醚暂存于厂内固废仓库后拟定期交由有资质单位处理。生活垃圾交环卫部门统一收集处理。

4. 项目主要产噪设备已采取隔声、减震等措施。

5. 废气设置了永久采样监测孔；生产废水回用不外排。标志牌均按环评要求落实。

6. 经现场核实，附近最近居民相距 115 m，满足环评报告所提出的大气环境防护距离和卫生防护距离内无居民、学校、医院等环境敏感目标的要求。

7. 经监测数据核算，TVOC 和氯化氢排放总量符合环评批复下达的总量控制指标限值。

8. 已按环评要求落实，制定了相应的应急措施及应急预案。

三、环保设施运行效果和对环境影响

××市环境保护监测站关于该项目的《验收监测报告》（×环监验字〔2016〕××号）表明：

（一）验收监测期间烘干车间、反应池的氯化氢、非甲烷总烃、TVOC 均符合《大气污染物综合排放标准》（GB 16297—1996）二级标准排放限值。验收监测期间颗粒物、非甲烷总烃、氯化氢无组织排放监测结果均符合《大气污染物综合排放标准》（GB 16297—1996）中无组织排放标准限值。

（二）厂界噪声监测点位昼间噪声和夜间噪声均符合 GB 12348—2008《工业企业厂界环境噪声排放标准》3 类标准。

（三）本次验收监测你公司该项目污染物排放总量，按实际监测和全年生产 7 200 h，计算出你公司氯化氢排放量为 0.042 t/年，TVOC 排放量为 0.007 t/年，符合环评报告及环评批复建议的总量控制指标要求。

（四）沉淀池污泥、储酸隔油废石油醚拟交有资质单位处置；生活垃圾交环卫部门处理，所有固废均得到妥善处置。

四、验收结论和后续要求

该工程实施过程中基本落实了环境影响评价文件及批复要求，配套建设了相应的环境保护设施，落实了相应的环境保护措施，经验收合格，同意主体工程正式投入生产。

工程正式投运后应做好以下工作：

1. 加强各项生产设备和环保设施的运行管理，确保废水、危废、废渣规范委托处置，不得随意外排导致环境污染。废气经处理后应确保污染物稳定达标排放。

2. 严格执行危险废物的暂存和转运管理制度。

3. 严格管理应急事故池污水及收集管道，确保事故废水能得到有效收集，及时处理，避免造成环境污染。

请市环境监察支队、××高新区××区环保局做好运营期的日常环境监管。

××市环境保护局

××市环境保护局

2016年8月30日

××市环境保护监测站
监测报告

×环监字〔2017〕×××号

报告名称： ××××净水材料有限公司

任务来源： ××市环境保护局

监测类别： 执法监测

工作完成日期：2017 年 8 月 9 日

报告提交日期：2017 年 8 月 10 日

报告说明

1. 对本监测报告若有异议，应于收到报告后三天内向本站提出申诉要求，本站负责在十五个工作日内给予答复，逾期不予受理。无法保存、复现的样品不受理申诉。

2. 监测结果仅对当时的生产工况、排污状况、环境现状及样品检测数据负责，自送样仅对该样品检测数据负责。

3. 本报告不得自行涂改、增删，否则一律无效。未经同意不得复制。加盖××市环境保护监测站专用章后方能生效。

4. 本报告及数据不得用于商品广告，违者必究。

××市环境保护监测站
地　　址：××市×××路××号
申诉电话：×××××××
邮　　编：××××××

一、基本情况

××××净水材料有限公司位于××市××区××村。根据××市环境保护局的安排，我站配合××省环境监察总队和××市环境监察支队于 2017 年 8 月 1 日对××××净水材料有限公司废水进行执法监测。

二、监测信息

1. 废水监测信息见表 1。

表 1　废水监测信息一览

采样编号	监测点位	监测信息	分析项目	监测日期	分析日期
FS170801-3	初期雨水收集池	废水呈黄色，液态样品。	pH 值、悬浮物、化学需氧量、氨氮、石油类、五日生化需氧量、氯化物、铝离子。 单独采样项目：悬浮物、石油类、五日生化需氧量。	2017-08-01	2017-08-01—2017-08-07
备注：铝离子项目，因我站不具备其测试资质，故未检测。					

2. 监测因子及分析方法见表 2。

表 2　监测因子及分析方法一览表

监测项目	分析方法及依据	方法检出限	仪器名称、型号、编号
水质采样	水质　采样技术指导 HJ 494—2009	—	—
pH 值	水质　pH 值的测定　玻璃电极法 GB/T 6920—1986	0.02 pH 单位	PHSJ-4A 酸度计 YQ-11-2
悬浮物	水质　悬浮物的测定　重量法 GB/T 11901—1989	—	AL204 万分之一天平 YQ-44-3
石油类	水质　石油类和动植物油的测定 红外分光光度法 HJ 637—2012	0.01 mg/L	OL1020 型红外油分析仪 YQ-73-3
氯化物	水质　氯化物的测定 离子色谱法 HJ 84—2016	0.007 mg/L	ICS-1000 离子色谱仪 YQ-32
氨氮	水质　氨氮的测定　纳氏试剂分光光度法 HJ 535—2009	0.025 mg/L	SP-723 型分光光度计 YQ-43-7
化学需氧量	水质　化学需氧量的测定 重铬酸盐法 HJ 828—2017	4 mg/L	Staehd-106b 回流消解仪 YQ-87
五日生化需氧量	水质　五日生化需氧量的测定 稀释与接种法 HJ 505—2009	0.5 mg/L	SPX—250B 型培养箱 YQ-50-1

三、监测质量控制

1. 参与本次监测的人员均为我站具备相关监测项目上岗资格证人员；

2. 本次监测活动涉及到的监测设备均为经检定或校正合格的设备，且在监测过程中状态良好；

3. 监测人员严格执行了本次监测活动涉及到的分析方法、技术规范及评价标准，它们均为现行有效的国家标准；

4. 严格按照《地表水和污水监测技术规范》（HJ/T 91—2002）、《固定污染源监测质量保证与质量控制技术规范》（HJ/T 373—2007）和《环境监测质量管理技术导则》（HJ 630—2011）的要求，对污染源监测的全过程进行质量控制；

5. 本次监测报告实行三级审核制度。

四、监测结果

废水监测结果见表 3。

表 3　废水监测结果一览表

监测项目＼监测点位		FS170801-3
		初期雨水收集池
pH 值	量纲一	4.00
氨氮	mg/L	21.8
悬浮物	mg/L	3 880
石油类	mg/L	15.9
氯化物	mg/L	1.55×10^4
化学需氧量	mg/L	1 000
五日生化需氧量	mg/L	45.2

编制：×××　　校核：×××　　审核：×××　　签发（授权签字人）：×××

日期：2017.8.9　　日期：2017.8.9　　日期：2017.8.10　　日期：2017.8.10

*****报告结束*****

水质采样及样品交接记录表

企业名称：××××净水材料有限公司　　企业联系人：×××　　企业地址：×××　　天　气：阴

监测方法：HJ 494—2009《水质　采样技术指导》　　采样日期：2017.8.1　　是否在线比对：是□ 否■

废水去向：收集后排入××污水处理厂处理

样品类型															
废水		地表水					地下水					其他			
√															
样品编号	采样位置（断面名称）	采样时间	气象参数				河宽/m	水位/m	流量/（m^3/h）	现场测定记录					
			气温/℃	气压/kPa	风向	风速/（m/s）				水温/℃	溶解氧/（mg/L）	pH	透明度/cm	电导率/（μS/cm）	感官指标描述
FS170801—3	初期雨水收集池	19:14	23							26					黄色
/	/	/	/	/	/	/	/	/	/	/	/	/	/	/	/
/	/	/	/	/	/	/	/	/	/	/	/	/	/	/	/

采样现场情况记录　单独采样、SS、石油类、BODS

样点位示意图：

采样点位位于初期雨水收集池，收集后打入××污水处理站处理

×××　　×××

分析项目：	样品状态检验信息：	现场质控信息：
		样品存放条件： 冷冻-20℃　　是□　否□ 冷藏 1～5℃　是■　否□ 密封保存　　是■　否□ 避光保存　　是■　否□

采样人：×××　×××　　　　校核人：×××　　　　审核人：×××

水质样品交接表				
标识是否完整 是■　否□	样品类型是否正确 是■　否□	数量是否准确 是■　否□	外观是否完整 是■　否□	样品存放点： 样品间
样品是否密封 是■　否□	样品贮存方式是否正确 是■　否□	样品交接是否及时 是■　否□	是否自送样 是□　否■	备注： 下班前交结果（上午）

送样人：×××　　　　样品管理员：×××　　　　分析科室样品接收人：×××

时间：2017.8.2　　　　时间：2017.8.2　　　　时间：2017.8.2

××市环境保护监测站
监测报告

×环监字〔2017〕×××号

报告名称： ××××净水材料有限公司

任务来源： ××市环境保护局

监测类别： 执法监测

工作完成日期：2017年8月8日

报告提交日期：2017年8月10日

报告说明

1. 对本监测报告若有异议，应于收到报告后三天内向本站提出申诉要求，本站负责在十五个工作日内给予答复，逾期不予受理。无法保存、复现的样品不受理申诉。

2. 监测结果仅对当时的生产工况、排污状况、环境现状及样品检测数据负责，自送样仅对该样品检测数据负责。

3. 本报告不得自行涂改、增删，否则一律无效。未经同意不得复制。加盖××市环境保护监测站专用章后方能生效。

4. 本报告及数据不得用于商品广告，违者必究。

××市环境保护监测站
地　　址：××市×××路××号
申诉电话：××××××××
邮　　编：×××××

一、基本情况

××××净水材料有限公司位于××市××区××村。根据××市环境保护局的安排，我站配合××省环境监察总队和××市环境监察支队于 2017 年 8 月 3 日对××××净水材料有限公司废水进行执法监测。

二、监测信息

1. 废水监测信息见表 1。

表 1　废水监测信息一览表

采样编号	监测点位	监测信息	分析项目	监测日期	分析日期
FS170803-1A	厂界西外渗坑内	废水呈黄色，液态样品	pH 值、化学需氧量、氯离子	2017-8-3	2017-8-3—2017-8-4
FS170803-2A	厂界西外水沟内	废水呈浅黄色，液态样品			

2. 监测因子及分析方法见表 2。

表 2　监测因子及分析方法一览表

监测项目	分析方法及依据	方法检出限	仪器名称、型号、编号
水质采样	水质　采样技术指导 HJ 494—2009	—	—
pH 值	水质　pH 值的测定 玻璃电极法 GB/T 6920—1986	0.02 pH 单位	PHSJ-4A 酸度计 YQ-11-2
氯化物	水质　氯化物的测定 硝酸银滴定法 GB/T 11896—89	2 mg/L	滴定管
化学需氧量	水质　化学需氧量的测定 重铬酸盐法 HJ 828—2017	4 mg/L	Staehd-106b 回流消解仪 YQ-87

3. 采样点位示意图。

三、监测质量控制

1. 参与本次监测的人员均为我站具备相关监测项目上岗资格证人员；

2. 本次监测活动涉及到的监测设备均为经检定或校正合格的设备，且在监测过程中状态良好；

3. 监测人员严格执行了本次监测活动涉及到的分析方法、技术规范及评价标准，它们均为现行有效的国家标准；

4. 严格按照《地表水和污水监测技术规范》（HJ/T 91—2002）、《固定污染源监测质量保证与质量控制技术规范》（HJ/T 373—2007）和《环境监测质量管理技术导则》（HJ 630—2011）的要求，对污染源监测的全过程进行质量控制；

5. 本次监测报告实行三级审核制度。

四、监测结果

废水监测结果见表 3。

表 3　废水监测结果一览表

监测项目＼监测点位		FS170803-1A	FS170803-2A
		厂界西外渗坑内	厂界西外水沟内
pH 值	量纲一	4.57	3.91
氯化物	mg/L	1.09×10^4	4.22×10^3
化学需氧量	mg/L	2 080	290

编制：××　　校核：××　　审核：××　　签发（授权签字人）：××

日期：2017.8.8　　日期：2017.8.9　　日期：2017.8.9　　日期：2017.8.10

*****报告结束*****

水质采样及样品交接记录表

企业名称：××××净水材料有限公司　　企业联系人：×××　　企业地址：×××　　天　气：晴

监测方法：HJ 494—2009《水质　采样技术指导》　　采样日期：2017.8.3　　是否在线比对：是□　否■　　废水去向：/

样品类型															
废水		地表水					地下水					其他			
√															
样品编号	采样位置（断面名称）	采样时间	气象参数				河宽/m	水位/m	流量/（m^3/h）	现场测定记录					
			气温/℃	气压/kPa	风向	风速/（m/s）				水温/℃	溶解氧/（mg/L）	pH	透明度/cm	电导率/（μS/cm）	感官指标描述
FS170803－1A	厂界西外渗坑内	16:10	33							32					黄色
FS170803－2A	厂界西外水沟内	16:04	33							32					浅黄
/	/	/	/	/	/	/	/	/	/	/	/	/	/	/	/

采样现场情况记录 省监察总队执法监测

采样点位示意图： 样品留样，勿清洗　　×××　　×××

分析项目：	样品状态检验信息：	现场质控信息：
		样品存放条件： 冷冻−20℃　是□　否□ 冷藏 1～5℃　是□　否□ 密封保存　是■　否□ 避光保存　是■　否□

采样人：×××　×××　校核人：×××　审核人：×××

水质样品交接表				
标识是否完整 是■　否□	样品类型是否正确 是■　否□	数量是否准确 是■　否□	外观是否完整 是■　否□	样品存放点： 样品间
样品是否密封 是■　否□	样品贮存方式是否正确 是■　否□	样品交接是否及时 是■　否□	是否自送样 是□　否■	备注：

送样人：×××　　样品管理员：×××　　分析科室样品接收人：×××

时间：2017.8.3　　时间：2017.8.3　　时间：2017.8.3

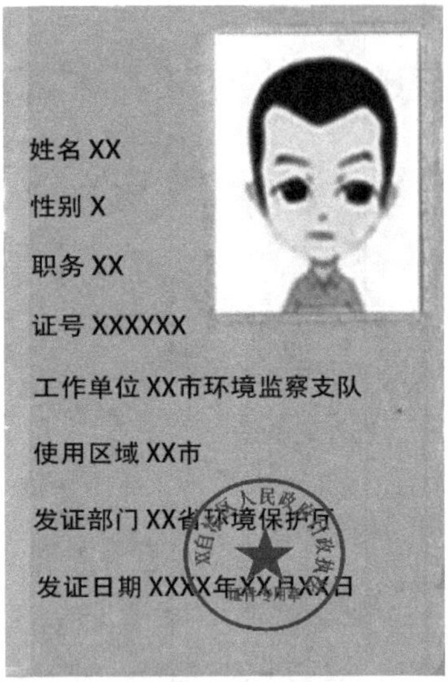
姓名 XX
性别 X
职务 XX
证号 XXXXXX
工作单位 XX市环境监察支队
使用区域 XX市
发证部门 XX省环境保护厅
发证日期 XXXX年XX月XX日

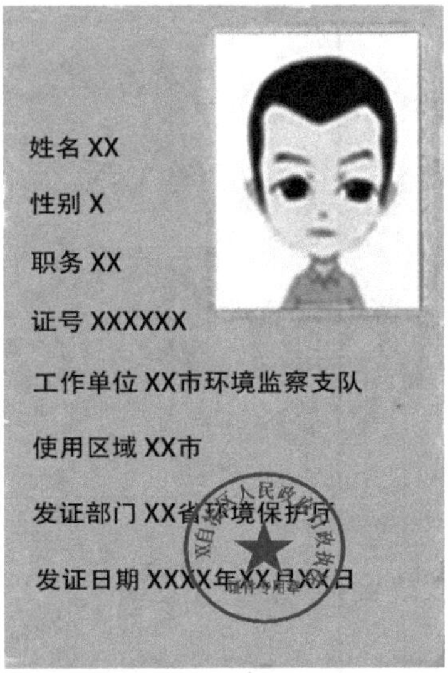
姓名 XX
性别 X
职务 XX
证号 XXXXXX
工作单位 XX市环境监察支队
使用区域 XX市
发证部门 XX省环境保护厅
发证日期 XXXX年XX月XX日

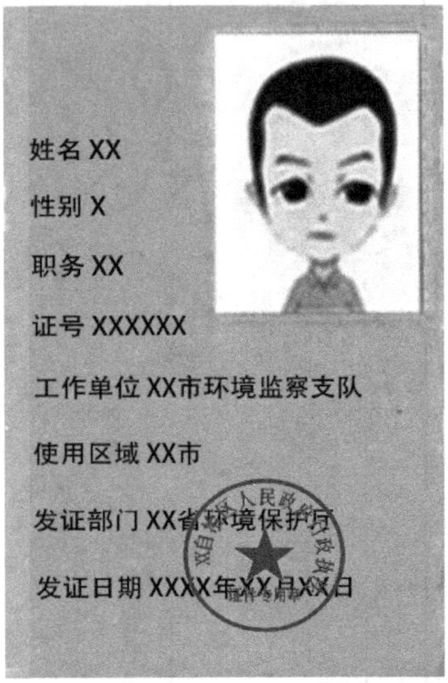
姓名 XX
性别 X
职务 XX
证号 XXXXXX
工作单位 XX市环境监察支队
使用区域 XX市
发证部门 XX省环境保护厅
发证日期 XXXX年XX月XX日

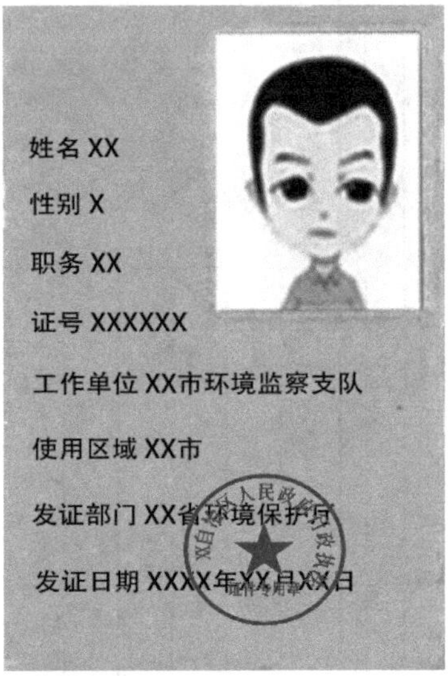
姓名 XX
性别 X
职务 XX
证号 XXXXXX
工作单位 XX市环境监察支队
使用区域 XX市
发证部门 XX省环境保护厅
发证日期 XXXX年XX月XX日

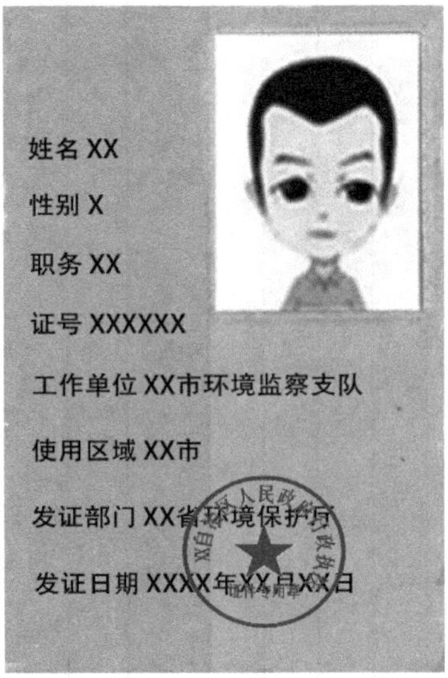
姓名 XX
性别 X
职务 XX
证号 XXXXXX
工作单位 XX市环境监察支队
使用区域 XX市
发证部门 XX省环境保护厅
发证日期 XXXX年XX月XX日

说明

1. 本证为环境监测人员考核合格的凭证。
2. 持证者有出具该证所列项目监测数据的资质。
3. 合格证有效期为五年，期满后持证人员应进行复查换证。
4. 合格证由个人保存，以备考核。
5. 此证无发证单位印章无效。

环境监测人员技术考核
合格证

编号：×××××

发证单位：××省环境监测中心站
发证日期：××××年××月××日

××省环境监测中心站

姓　　名：×××
性　　别：×
技术职称：××
工作单位：××××××××

××省环境监测中心站

考核合格项目：
××

说明

1. 本证为环境监测人员考核合格的凭证。
2. 持证者有出具该证所列项目监测数据的资质。
3. 合格证有效期为五年，期满后持证人员应进行复查换证。
4. 合格证由个人保存，以备考核。
5. 此证无发证单位印章无效。

环境监测人员技术考核
合格证

编号：×××××

发证单位：××省环境监测中心站
发证日期：××××年××月××日

姓　　名：×××
性　　别：×
技术职称：××
工作单位：×××××××××

考核合格项目：
××

说明

1. 本证为环境监测人员考核合格的凭证。
2. 持证者有出具该证所列项目监测数据的资质。
3. 合格证有效期为五年，期满后持证人员应进行复查换证。
4. 合格证由个人保存，以备考核。
5. 此证无发证单位印章无效。

环境监测人员技术考核
合格证

编号：×××××

发证单位：××省环境监测中心站
发证日期：××××年××月××日

姓　　名：×××
性　　别：×
技术职称：××
工作单位：×××××××××

考核合格项目：
×××

说明

1. 本证为环境监测人员考核合格的凭证。
2. 持证者有出具该证所列项目监测数据的资质。
3. 合格证有效期为五年，期满后持证人员应进行复查换证。
4. 合格证由个人保存，以备考核。
5. 此证无发证单位印章无效。

环境监测人员技术考核
合格证

编号：×××××

发证单位：××省环境监测中心站
发证日期：××××年××月××日

××省环境监测中心站

姓　　名：×××
性　　别：×
技术职称：××
工作单位：××××××××

××省环境监测中心站

考核合格项目：
×××

××市环境监察支队
行政处罚案件调查报告

一、案件调查的来源及调查经过

2017年8月3日，××省环境监察总队×××、×××同志会同××市环境监察支队×××、×××、×××同志对××××净水材料有限公司进行了现场检查，2017年8月3日，××市环境保护监测站对公司厂区外西面沟渠和水坑水质进行了取样监测，并出具了监测报告。××市环境监察支队发现违法行为后，于2017年8月9日报请××市环境保护局进行立案。2017年8月9日，××市环境保护局批准立案。

二、当事人的基本情况

××××净水材料有限公司位于××市化工循环产业园，统一社会信用代码为：××××××××××××××××，法定代表人：×××，现场负责人：×××。法人身份证号码：××××××。该公司成立于2014年4月，2015年9月投入试生产。××市环保局于2015年3月下达了该公司三氯化铝水溶液综合利用项目环评批复（×环审〔2015〕××号），2016年8月下达了该项目竣工环境保护验收合格的函（×环验〔2016〕××号）。该公司于2016年10月取得了××市环保局下达的危险废物经营许可证，编号为：××××××，核准经营危险废物类别为废酸（HW34）。

三、当事人违法事实和相关证据记录

2017年8月3—7日，××市环境监察支队执法人员对××××净水材料有限公司进行现场检查时发现，该单位利用厂区西侧沟渠和一个无防渗措施的水坑，收集厂区渗漏产生的废水。

××市环境保护监测站对厂区西侧沟渠及水坑废水进行了取样监测，并出具了监测报告（×环监字〔2017〕×××号），监测报告显示监测报告显示厂区外西侧沟渠水质pH值为3.91，COD浓度为290 mg/L，氯化物浓度为4 220 mg/L；厂区外西侧水坑水质pH值为4.57，COD浓度为2 080 mg/L，氯化物浓度为10 900 mg/L，pH、COD等主要污染指标均超过《污水综合排放标准》（GB 8978—1996）一级标准限值要求。以上事实有2017年8月7日现场检查（勘察）笔录1份2页、2017年8月3日调查询问笔录1份2页、××市环境保护监测站出具的监测报告（×环监字〔2017〕×××号）、现场勘查示意图、影像资料等证据为凭。

四、违反法律规定的行为和行政处罚的法律依据

××××净水材料有限公司涉嫌利用无防渗措施的坑塘贮存水污染物的行为违反了《中华人民共和国水污染防治法》第三十六条的规定；该案件行政处罚的法律依据为：《中华人民共和国水污染防治法》第七十六条第八项。

五、案件调查机构的处理建议

针对该单位利用无防渗措施的坑塘贮存水污染物的违法行为，依据《中华人民共和国水污染防治法》第七十六条第八项的规定，责令该单位对存在的违法行为进行限期治理，并参照《××省环境保护行政处罚自由裁量权细化标准（试行）》（×环发〔2010〕25号）的规定，建议处罚款10万元。

办案人员：×××

×××

××市环境监察支队

2017年8月9日

××市环境保护局
责令改正违法行为决定书

×环责改字〔2017〕××号

××××净水材料有限公司：

统一社会信用代码：××××××

地址：××市化工循环产业园

法定代表人：×××

我局于2017年8月3—7日对你单位进行了现场检查，发现你单位实施了以下违法行为：

你单位利用厂区外西侧无防渗措施的沟渠和水坑排放水污染物。××市环境保护监测站对你单位厂区外西侧沟渠和水坑废水进行了取样监测，并出具监测报告，监测报告显示厂区外西侧沟渠水质pH值为3.91，COD浓度为290 mg/L，氯化物浓度为4 220 mg/L；厂区外西侧水坑水质pH值为4.57，COD浓度为2 080 mg/L，氯化物浓度为10 900 mg/L。厂区外西侧沟渠和水坑废水水质均超过《污水综合排放标准》（GB 8978—1996）一级标准。

以上事实有2017年8月7日现场检查（勘察）笔录1份2页、2017年8月3日调查询问笔录1份2页、××市环境保护监测站出具的监测报告、现场勘查示意图、影像资料等证据为凭。

你单位上述行为违反了《中华人民共和国水污染防治法》第三十五条的规定。依据《中华人民共和国行政处罚法》第二十三条、《中华人民共和国水污染防治法》第七十六条第七项的规定，责令你单位立即改正违法行为，妥善处理厂区西侧沟渠和渗坑的废水，同时完善厂区雨污分流措施和防渗措施，杜绝废水进入外环境。未完成整改前你单位不得投入生产。请你单位于2017年8月15日前将改正情况书面报市环境监察支队。

我局将对你单位改正违法行为的情况进行监督。如你单位拒不改正上述环境违法行为，逾期不申请行政复议，不提起行政诉讼，又不履行本决定的，我局将依法申请有管辖权的人民法院强制执行。

你单位如对本决定不服，可在收到本决定书之日起六十日内向××省环境保护厅或者××市人民政府申请行政复议，也可在收到本决定书之日起六个月内向有管辖权的人民法院提起行政诉讼。

××市环境保护局

2017 年 8 月 9 日

××市环境保护局
送达回证

送达文书名称及文号	责令改正违法行为决定书 （×环责改字〔2017〕××号）
当事人名称或姓名	××××净水材料有限公司
送达地点	××××净水材料有限公司
送达方式	直接送达
收件人签名（盖章） 及收件日期	××× （与当事人的关系：　　　　）　2017年8月10日
送达人签名	××× ××× 2017年8月10日
送达机关盖章	××市环境保护局
备　注	

××市环境保护局
责令停产整治事先（听证）告知书

×环责停告字〔2017〕×××号

××××净水材料有限公司：

统一社会信用代码：××××××

地址：××市化工循环产业园

法定代表人：×××

我局于2017年8月3—7日对你单位进行了现场检查，发现你单位实施了以下违法行为：

你单位利用厂区外西侧无防渗措施的沟渠和水坑排放水污染物。××市环境保护监测站对你单位厂区外西侧沟渠和水坑废水进行了取样监测，并出具监测报告，监测报告显示厂区外西侧沟渠水质pH值为3.91，COD浓度为290 mg/L，氯化物浓度为4 220 mg/L；厂区外西侧水坑水质pH值为4.57，COD浓度为2 080 mg/L，氯化物浓度为10 900 mg/L。厂区外西侧沟渠和水坑废水水质均超过《污水综合排放标准》（GB 8978—1996）一级标准。

以上事实有2017年8月7日现场检查（勘察）笔录1份2页、2017年8月3日调查询问笔录1份2页、××市环境保护监测站出具的监测报告、现场勘查示意图、影像资料等证据为凭。

你单位上述行为违反了《中华人民共和国水污染防治法》第三十五条，即“禁止利用渗井、渗坑、裂隙和溶洞排放、倾倒含有毒污染物的废水、含病原体的污水和其它废弃物”的规定。

依据《环境保护主管部门实施限制生产、停产整治办法》第六条第一项的规定，我局拟责令你单位停产整治。改正方式包括：停止生产、制定整治方案、实施整改等。

根据《中华人民共和国行政处罚法》第三十二条的规定，你单位有权进行陈述和申辩。未提出陈述申辩意见的，视为放弃此权利。

根据《中华人民共和国行政处罚法》第四十二条的规定，对上述拟作出的“责令停产整治”的决定，你单位有要求举行听证的权利。你单位如果要求听证，可以在收到本告知书之日起3日内向我局提出举行听证的要求；逾期未提出听证申请的，视为你单位放弃听证权利。

联系人：×××　　　　　　　　邮政编码：××××××
地　址：××市×××路××号　　联系电话：×××××××

××市环境保护局
2017年8月13日

××市环境保护局
送达回证

送达文书名称及文号	责令停产整治事先（听证）告知书 （×环责停告字〔2017〕×××号）
当事人名称或姓名	××××净水材料有限公司
送达地点	××××净水材料有限公司
送达方式	直接送达
收件人签名（盖章） 及收件日期	××× （与当事人的关系：　　　）　2017 年 8 月 13 日
送达人签名	××× ××× 2017 年 8 月 13 日
送达机关盖章	××市环境保护局
备　注	

××市环境保护局
行政处罚事先（听证）告知书

×环罚告字〔2017〕×××号

××××净水材料有限公司：

统一社会信用代码：××××××

地址：××市化工循环产业园

法定代表人：×××

我局于2017年8月3—7日对你单位进行了现场检查，发现你单位实施了以下违法行为：

你单位利用厂区外西侧无防渗措施的沟渠和水坑排放水污染物。××市环境保护监测站对你单位厂区外西侧沟渠和水坑废水进行了取样监测，并出具监测报告，监测报告显示厂区外西侧沟渠水质pH值为3.91，COD浓度为290 mg/L，氯化物浓度为4 220 mg/L；厂区外西侧水坑水质pH值为4.57，COD浓度为2 080 mg/L，氯化物浓度为10 900 mg/L。厂区外西侧沟渠和水坑废水水质均超过《污水综合排放标准》（GB 8978—1996）一级标准。

以上事实有2017年8月7日现场检查（勘察）笔录1份2页、2017年8月3日调查询问笔录1份2页、××市环境保护监测站出具的监测报告、现场勘查示意图、影像资料等证据为凭。

你单位上述行为违反了《中华人民共和国水污染防治法》第三十五条的规定。依据《中华人民共和国水污染防治法》第七十六条第七项的规定，我局拟对你单位作出如下行政处罚：

处罚款拾万元。

根据《中华人民共和国行政处罚法》第三十二条的规定，你单位有权进行陈述和申辩。未提出陈述申辩意见的，视为放弃此权利。

根据《中华人民共和国行政处罚法》第四十二条的规定，对上述拟作出的“处罚款拾万元”的行政处罚，你单位有要求举行听证的权利。你单位如果要求听证，可以在收到本告知书之日起3日内向我局提出举行听证的要求；逾期未提出听证申请的，视为你单位放弃听证权利。

联系人：×××　　　　　　　　　　邮政编码：××××××

地　址：×××市×××路××号　联系电话：×××××××

××市环境保护局

2017年8月21日

××市环境保护局
送达回证

送达文书名称及文号	行政处罚事先（听证）告知书 （×环罚告字〔2017〕×××号）
当事人名称或姓名	××××净水材料有限公司
送达地点	××××净水材料有限公司
送达方式	直接送达
收件人签名（盖章） 及收件日期	××× （与当事人的关系：　　　　）　2017年8月23日
送达人签名	××× ××× 2017年8月23日
送达机关盖章	××市环境保护局
备　注	

陈述申辩书

我公司收到贵局下发的行政处罚事先（听证）告知书（×环罚告字〔2017〕×××号），现陈述和申辩意见如下：

1. 对于我公司利用厂区外西面沟渠和一个无防渗措施的水坑，收集厂区渗漏产生的废水，且水质超过《污水综合排放标准》一级标准，我公司深表歉意。现已将该废水抽出来送至××污水处理站处理，并将沟渠和水坑填起来，地面做硬化处理。同时对存在渗漏的初期雨水收集池拆除重建，现主体部分已完成，后期做防腐、防渗处理，杜绝废水进入外环境。

2. 我公司于 7 月初已全部停产，计划利用××集团停产检修的时机进行环保整改，首先将烘干车间的环保设备移至车间西边管架旁空地上，重新制作安装；其次对存在渗漏的初期雨水收集池拆除重建，并将厂区西面管架外雨水沟回填并硬化处理。贵局于 8 月 3—7 日到我公司现场检查发现的废水问题，由于我们公同暂未完成环保设备场地的建设，所以未来得及处理该问题。

3. 对于“处罚款 10 万元”，我公司认为处罚过重，同时就此相关问题已由贵局责令改正，希望贵局批评教育。

4. 综上所述：就贵局检查指出的问题，我公司一定虚心接受，并表示以后一定加强现场管理，杜绝此类事情的发生，望贵局理解我公司的申辩，从轻处罚为谢！

此致

××市环境保护局

××××净水材料有限公司

2017 年 8 月 24 日

××××净水材料有限公司
停产整治实施方案

××市环保局：

2017年8月23日，我公司收到贵局下发的责令停产整治决定书（×环责停字〔2017〕×××号），按照贵局提出的整改要求，拟采取以下整改措施：

1. 完善雨污分流，按照环保的相关要求重新修建初期雨水收集池和应急池，并做好防腐防渗漏措施，杜绝废水进入外环境。计划于9月上旬完成，资金保障：22万元，自筹；主要环保负责人：×××。

2. 将厂区外西侧沟渠及水坑的废水抽出来输送至××污水处理站处理。把现场清理干净，将水沟和水坑填起来。

3. 加强现场管理，一旦发现跑冒滴漏情况，及时处理。

我们将认真吸取教训，努力完善环保设施，严格现场管理，杜绝类似事情再次发生。

××××净水材料有限公司

2017年8月28日

64

欢迎访问荆门市环境保护局！

市环境保护局

关键字 搜索

首页 信息公开 环境质量 网上办事 政民互动 信息资源

当前位置：首页 > 政府信息公开 > 污染源环境监管信息公开 > 监察执法及行政处罚

净水材料有限公司停产整治实施方案

日期：2017-08-29 浏览：2 次

净水材料有限公司

停产整治实施方案

市环保局：

2017年8月23日，我公司收到贵局下发的《停产整治决定书》（荆环责停字[2017]001号），按照贵局提出的整改要求，拟采取以下整改措施：

1.完善雨污分流，按照环保的相关要求重新修建初期雨水收集池和应急池，并做好防腐防渗漏措施，杜绝废水进入外环境。计划于9月上旬完成，资金保障：22万元，自筹；主要环保负责人：王光明；

2.将厂区外西面沟渠及水坑的废水抽出来输送至天茂污水处理站处理，把现场清理干净，将水沟和水坑填起来；

3.加强现场管理，一旦发现跑冒滴漏情况，及时处理。

我们将认真吸取教训，努力完善环保设施，严格现场管理，杜绝类似事情再次发生。

荆门 水材料有限公司

2017年8月28日

上一篇 下一篇

××市环境保护局
污染源现场监察记录

<table>
<tr><td colspan="2">被检查单位名称</td><td colspan="5">××××净水材料有限公司</td></tr>
<tr><td colspan="2">地　址</td><td colspan="3">××市化工循环产业园</td><td>邮政编码</td><td>××××××</td></tr>
<tr><td colspan="2">法定代表人姓名</td><td colspan="2">×××</td><td>联系电话</td><td colspan="2">××××××</td></tr>
<tr><td colspan="2">现场负责人姓名</td><td>×××</td><td>职　务</td><td>总经理</td><td>联系电话</td><td>××××××</td></tr>
<tr><td rowspan="12">现场监察情况</td><td>被检查单位生产状态</td><td colspan="5">停产整改中</td></tr>
<tr><td>建设项目环评情况</td><td colspan="5">未经环评审批的新建项目 □有 √无
问题描述：\</td></tr>
<tr><td>产业政策执行情况</td><td colspan="5">产业政策符合性 √是 □否
问题描述：\</td></tr>
<tr><td>排污许可</td><td colspan="5">总量：\
问题描述：\</td></tr>
<tr><td>“三同时”执行情况</td><td colspan="5">未执行“三同时”建设项目 □有 √无
问题描述：\</td></tr>
<tr><td>污染防治设施建设、运行及管理情况</td><td colspan="5">√有 □无
污染防治设施建设与环评一致性 √是 □否
正常运行 √是 □否
运行管理台账 √有 □无
问题描述：\</td></tr>
<tr><td rowspan="3">自动监控系统情况</td><td colspan="5">√未安装 □正常运行 □非正常运行 □已联网 □未联网 □已验收 □未验收</td></tr>
<tr><td>在线监测数据</td><td colspan="4"></td></tr>
<tr><td colspan="5">问题描述：</td></tr>
<tr><td>排污口设置及废水排放情况</td><td colspan="5">排污口设置规范性 √是 □否 □正常排放 □不正常排放 □其他
问题描述：\</td></tr>
<tr><td>排放口设置及废气排放情况</td><td colspan="5">排放口设置规范性 √是 □否 □正常排放 □不正常排放 □其他
问题描述：\</td></tr>
</table>

<table>
<tr><td rowspan="9"></td><td rowspan="3">固体废物</td><td rowspan="2">一般固废</td><td rowspan="2">管理规范 □是 □否</td><td rowspan="2">危险废物</td><td>暂存符合要求 √是 □否</td></tr>
<tr><td>处置符合要求 √是 □否</td></tr>
<tr><td colspan="4">问题描述：\</td></tr>
<tr><td>噪音排放情况</td><td colspan="4">达标排放 □是 □否
问题描述：\</td></tr>
<tr><td rowspan="3">环保管理及应急工作</td><td colspan="2">环保管理机构及制度 √有 □无</td><td colspan="2">环境应急预案 √有 □无</td></tr>
<tr><td colspan="2">应急演练 √有 □无</td><td colspan="2">应急设施 √有 □无 □其他</td></tr>
<tr><td colspan="4">问题描述：\</td></tr>
<tr><td>排污费核定、缴纳情况</td><td colspan="4">\</td></tr>
<tr><td>其他</td><td colspan="4">\</td></tr>
<tr><td colspan="6">现场监察结论：
1. 现场检查时公司处于停产整改状态。
2. 公司已按要求对厂区西侧水坑和沟渠内废水泵送至××集团污水处理站进行处理。
3. 公司正在修建应急事故池和初期雨水池。</td></tr>
<tr><td colspan="6">违法行为处理建议：
对照整改方案落实整改任务后，将整改完成情况向社会公示，并报我局备案。</td></tr>
</table>

<table>
<tr><td rowspan="2">执法人员姓名</td><td>×××</td><td rowspan="2">工作单位</td><td>×××</td><td rowspan="2">执法证号</td><td>××××××</td></tr>
<tr><td>×××</td><td>×××</td><td>××××××</td></tr>
<tr><td>被检查单位现场负责人（签字）</td><td colspan="2">×××
2017 年 8 月 30 日</td><td>记录人（签字）</td><td colspan="2">×××
2017 年 8 月 30 日</td></tr>
</table>

××××净水材料有限公司
停产整治完成情况的报告

××市环保局：

我公司于 2017 年 8 月 23 日收到贵局下发的责令停产整治决定书（×环责停字〔2017〕×××号），现将整治完成情况汇报如下：

由于我公司初期雨水收集池渗漏产生的废水渗入厂区外西面的沟渠和无防渗措施的水坑里，现已将渗漏废水抽出转至××污水处理站处理，并将水坑及沟渠填好（详见附图 1），重修初期雨水收集池和应急池，并已做好防渗措施（详见附图 2、附图 3）。

××××净水材料有限公司

2017 年 9 月 8 日

附图 1（已将水沟填好）

附图 2（重修初期雨水收集池和应急池）

附图 3（已做防渗处理）

欢迎访问荆门市环境保护局！

××市环境保护局

关键字 搜索

首页 信息公开 环境质量 网上办事 政民互动 信息资源

当前位置：首页 > 政府信息公开 > 污染源环境监管信息公开 > 监察执法及行政处罚

××[redacted]净水材料有限公司停产整治完成情况的报告

日期：2017-09-09　阅读：2次

××[redacted]净水材料有限公司

停产整治完成情况的报告

××市环保局：

我公司于2017年8月23日收到贵局下发的责令停产整治决定书（荆环责停字[2017]001号），现将整治完成情况汇报如下.

由于我公司初期雨水收集池渗漏产生的废水渗入厂区外西面的沟渠和无防渗措施的水坑里，现已将渗漏废水抽出转至夫茂污水处理站处理，并将水坑及沟渠填好（详见附图1），重修初期雨水收集池和应急池，并已做好防渗措施（详见附图2、附图3），

××[redacted]净水材料有限公司

2017年9月8日

附图1.（已将水沟填好）

附图2（重修初期雨水收集池和应急池）

附图3（已做防渗处理）

××市环境保护局
污染源现场监察记录

<table>
<tr><td colspan="2">被检查单位名称</td><td colspan="5">××××净水材料有限公司</td></tr>
<tr><td colspan="2">地　址</td><td colspan="3">××市化工循环产业园</td><td>邮政编码</td><td>××××××</td></tr>
<tr><td colspan="2">法定代表人姓名</td><td colspan="2">×××</td><td>联系电话</td><td colspan="2">×××××××</td></tr>
<tr><td colspan="2">现场负责人姓名</td><td>×××</td><td>职　务</td><td>总经理</td><td>联系电话</td><td>××××××</td></tr>
<tr><td rowspan="11">现场监察情况</td><td>被检查单位生产状态</td><td colspan="5">正常生产中</td></tr>
<tr><td>建设项目环评情况</td><td colspan="5">未经环评审批的新建项目 □有 √无
问题描述：\</td></tr>
<tr><td>产业政策执行情况</td><td colspan="5">产业政策符合性 √是 □否
问题描述：\</td></tr>
<tr><td>排污许可</td><td colspan="5">总量：\
问题描述：\</td></tr>
<tr><td>“三同时”执行情况</td><td colspan="5">未执行“三同时”建设项目 □有 √无
问题描述：\</td></tr>
<tr><td>污染防治设施建设、运行及管理情况</td><td colspan="5">√有 □无
污染防治设施建设与环评一致性 √是 □否
正常运行 √是 □否
运行管理台账 √有 □无
问题描述：\</td></tr>
<tr><td rowspan="3">自动监控系统情况</td><td colspan="5">√未安装 □正常运行 □非正常运行 □已联网 □未联网 □已验收 □未验收</td></tr>
<tr><td>在线监测数据</td><td colspan="4"></td></tr>
<tr><td colspan="5">问题描述：</td></tr>
<tr><td>排污口设置及废水排放情况</td><td colspan="5">排污口设置规范性 √是 □否 □正常排放 □不正常排放 □其他
问题描述：\</td></tr>
<tr><td>排放口设置及废气排放情况</td><td colspan="5">排放口设置规范性 √是 □否 □正常排放 □不正常排放 □其他
问题描述：\</td></tr>
</table>

<table>
<tr><td rowspan="11"></td><td rowspan="3">固体废物</td><td rowspan="2">一般固废</td><td rowspan="2">管理规范 □是 □否</td><td rowspan="2">危险废物</td><td>暂存符合要求
√是 □否</td></tr>
<tr><td>处置符合要求
√是 □否</td></tr>
<tr><td colspan="4">问题描述：\</td></tr>
<tr><td>噪音排放情况</td><td colspan="4">达标排放 □是 □否
问题描述：\</td></tr>
<tr><td rowspan="3">环保管理及
应急工作</td><td colspan="2">环保管理机构及制度 √有 □无</td><td colspan="2">环境应急预案 √有 □无</td></tr>
<tr><td colspan="2">应急演练 √有 □无</td><td colspan="2">应急设施 √有 □无 □其他</td></tr>
<tr><td colspan="4">问题描述：\</td></tr>
<tr><td>排污费核定、
缴纳情况</td><td colspan="4">\</td></tr>
<tr><td>其他</td><td colspan="4">\</td></tr>
</table>

<table>
<tr><td colspan="6">现场监察结论：
1. 现场检查时公司处于正常生产状态。
2. 公司已按要求对厂区西侧水坑和沟渠内废水泵送至××集团污水处理站进行处理，已完成初期雨水池和应急事故池的建设，已做防渗处理。
3. 公司整改完成情况已在网站上向社会进行了公开。</td></tr>
<tr><td colspan="6">违法行为处理建议：
公司应加强厂区环境管理，杜绝“跑冒滴漏”现象的发生。</td></tr>
<tr><td rowspan="2">执法人员
姓名</td><td>×××</td><td rowspan="2">工作
单位</td><td>×××</td><td rowspan="2">执法
证号</td><td>××××××</td></tr>
<tr><td>×××</td><td>×××</td><td>××××××</td></tr>
<tr><td>被检查单位现场
负责人（签字）</td><td colspan="2">×××
2017年9月30日</td><td>记录人
（签字）</td><td colspan="2">×××
2017年9月30日</td></tr>
</table>

后督察现场照片

证明对象：××××净水材料有限公司厂区西侧新建的应急事故池和初期雨水收集池
拍摄时间：2017 年 9 月 30 日 15:36
拍摄地点：××××净水材料有限公司
拍摄人：×××
当事人：（签名、盖章或者按指印）×××
见证人：（签名、盖章或者按指印）×××
执法人员：×××　××× 执法证号：×××　×××

后督察现场照片

证明对象：××××净水材料有限公司厂区西侧新建的应急事故池和初期雨水收集池
拍摄时间：2017 年 9 月 30 日 15:36
拍摄地点：××××净水材料有限公司
拍摄人：×××
当事人：（签名、盖章或者按指印）×××
见证人：（签名、盖章或者按指印）×××
执法人员：×××　××× 执法证号：×××　×××

××市环境保护局
行政处罚案件结案审批表

案　由	涉嫌利用无防渗措施的坑塘排放水污染物案	案件来源	现场检查
当事人 名称/姓名	××××净水材料有限公司	法定代表人 （负责人）	×××
工作单位	××××净水材料有限公司	职务或职业	总经理
地址或 住　址	××市化工循环产业园		
立案时间	2017 年 8 月 9 日	案件审查人及 执法证编号	×××　××××××× ××　×××××××
行政处罚 决定书文号	×环罚字〔2017〕×××号		
简要案情及 查处经过	我局于 2017 年 8 月 3—7 日对该单位进行了现场检查，发现该单位实施了以下违法行为：该单位利用厂区外西侧无防渗措施的沟渠和水坑排放水污染物。××市环境保护监测站对该单位厂区外西面沟渠和水坑废水进行了取样监测，并出具监测报告，监测报告显示厂区外西面沟渠水质 pH 值为 3.91，COD 浓度为 290 mg/L，氯化物浓度为 4 220 mg/L；厂区外西面水坑水质 pH 值为 4.57，COD 浓度为 2 080 mg/L，氯化物浓度为 10 900 mg/L。厂区外西面沟渠和水坑废水水质均超过《污水综合排放标准》（GB 8978—1996）一级标准。 该单位上述行为违反了《中华人民共和国水污染防治法》第三十五条的规定。我局于 2017 年 8 月 21 日对该单位下达了《责令停产整治决定书》（×环责停字〔2017〕×××号），并于 2017 年 8 月 21 日向该单位下达了《行政处罚事先（听证）告知书》（×环罚告字〔2017〕×××号），告知该单位陈述申辩权和听证申请权。2017 年 8 月 24 日，该单位向我局提出陈述申辩意见，认识到了以上违法行为的危害性和严重性，并已按照我局要求迅速进行了整改，请求我局从轻处罚。我局采纳该单位提出的陈述申辩意见，决定予以从轻处罚。		
处理依据 及结果	该单位上述行为违反了《中华人民共和国水污染防治法》第三十五条的规定。依据《中华人民共和国水污染防治法》第七十六条第七项的规定，我局于 2017 年 9 月 1 日对该单位下达了《行政处罚决定书》（×环罚字〔2017〕×××号），作出如下行政处罚：处罚款捌万元。		

行政复议 行政诉讼 情　况	无
处罚执行情况 及罚没财物的 处置情况	该单位已缴纳罚款捌万元，对厂区西面沟渠和渗坑内的废水进行了有效处理，对沟渠和渗坑进行了平整，并完善了厂区雨污分流措施和防渗措施
承办人意见	该单位已完成整改，已缴纳罚款，建议结案 签名：×××　　2017 年 10 月 9 日
承办机构 负责人意见	同意呈报结案 签名：×××　　2017 年 10 月 9 日
环保部门 负责人 审批意见	同意 签名：×××　　2017 年 10 月 9 日
备　注	

企业罚款缴纳凭证

2017 年 9 月 19 日

××市环保局

××××净水材料有限公司 ××市财政局

××××××××××

中国工商银行××分行营业部

捌万元整　　800 000.00

×××××　　其他一般罚没收入　　0-0　　800 000.00

××××净水材料有限公司利用无防渗措施的坑塘排放水污染物案

副

卷

卷内文件目录

××市环境保护局
行政处罚案件内部审批表

<table>
<tr><td>案　由</td><td colspan="2">涉嫌利用无防渗措施的坑塘排放水污染物案</td><td>立案号</td><td>Z2017013</td></tr>
<tr><td rowspan="4">当事人</td><td>名称或姓名</td><td colspan="3">××××净水材料有限公司</td></tr>
<tr><td>地址（住址）</td><td>××市化工循环产业园</td><td>邮政编码</td><td>××××××</td></tr>
<tr><td>统一社会信用代码</td><td colspan="3">××××××××××××××××</td></tr>
<tr><td>法定代表人
（负责人）</td><td>×××</td><td>职　务</td><td>总经理</td></tr>
<tr><td>简要案情及申请理由依据和内容</td><td colspan="4">我局于2017年8月3—7日对该单位进行了现场检查，发现该单位实施了以下违法行为：该单位利用厂区外西侧无防渗措施的沟渠和水坑排放水污染物。××市环境保护监测站对该单位厂区外西面沟渠和水坑废水进行了取样监测，并出具监测报告，监测报告显示厂区外西面沟渠水质pH值为3.91，COD浓度为290 mg/L，氯化物浓度为4 220 mg/L；厂区外西面水坑水质pH值为4.57，COD浓度为2 080 mg/L，氯化物浓度为10 900 mg/L。厂区外西面沟渠和水坑废水水质均超过《污水综合排放标准》（GB 8978—1996）一级标准。
该单位上述行为违反了《中华人民共和国水污染防治法》第三十五条的规定。我局于2017年8月13日对该单位下达了《责令停产整治事先（听证）告知书》（×环责停告字〔2017〕×××号），告知该单位陈述申辩权和听证申请权。该单位未向我局提出陈述和申辩，也未提出听证要求。依据《环境保护主管部门实施限制生产、停产整治办法》第六条第一项的规定，拟责令该单位停产整治。</td></tr>
<tr><td>承办人意见</td><td colspan="4">报请领导对该单位下达责令停产整治决定。

签名或盖章：×××

2017年8月20日</td></tr>
</table>

承办机构 负责人 意见	同意呈报 签名或盖章：××× 2017 年 8 月 20 日
法制机构 负责人 意见	同意呈报 签名或盖章：××× 2017 年 8 月 20 日
分管领导 审核意见	同意 签名或盖章：××× 2017 年 8 月 20 日
环保部门 负责人 审批意见	同意 签名或盖章：××× 2017 年 8 月 20 日

××市环境保护局
行政处罚案件内部审批表

<table>
<tr><td>案　由</td><td colspan="2">涉嫌利用无防渗措施的坑塘排放水污染物案</td><td>立案号</td><td>Z2017013</td></tr>
<tr><td rowspan="4">当事人</td><td>名称或姓名</td><td colspan="3">××××净水材料有限公司</td></tr>
<tr><td>地址（住址）</td><td>××市化工循环产业园</td><td>邮政编码</td><td>××××××</td></tr>
<tr><td>统一社会信用代码</td><td colspan="3">×××××××××××××××××</td></tr>
<tr><td>法定代表人
（负责人）</td><td>×××</td><td>职　务</td><td>总经理</td></tr>
<tr><td>简要案情及申请理由依据和内容</td><td colspan="4">我局于 2017 年 8 月 3—7 日对该单位进行了现场检查，发现该单位实施了以下违法行为：该单位利用厂区外西侧无防渗措施的沟渠和水坑排放水污染物。××市环境保护监测站对该单位厂区外西面沟渠和水坑废水进行了取样监测，并出具监测报告，监测报告显示厂区外西面沟渠水质 pH 值为 3.91，COD 浓度为 290 mg/L，氯化物浓度为 4 220 mg/L；厂区外西面水坑水质 pH 值为 4.57，COD 浓度为 2 080 mg/L，氯化物浓度为 10 900 mg/L。厂区外西面沟渠和水坑废水水质均超过《污水综合排放标准》（GB 8978—1996）一级标准。
该单位上述行为违反了《中华人民共和国水污染防治法》第三十五条的规定。我局于 2017 年 8 月 21 日对该单位下达了《责令停产整治决定书》（×环责停字〔2017〕×××号），并于 2017 年 8 月 21 日向该单位下达了《行政处罚事先（听证）告知书》（×环罚告字〔2017〕×××号），告知该单位陈述申辩权和听证申请权。2017 年 8 月 24 日，该单位向我局提出陈述申辩意见，认识到了以上违法行为的危害性和严重性，并已按照我局要求迅速进行了整改，请求我局从轻处罚。我局采纳该单位提出的陈述申辩意见，决定予以从轻处罚。
依据《中华人民共和国水污染防治法》第七十六条第七项的规定，经研究，我局拟对该单位作出如下行政处罚：处罚款捌万元。</td></tr>
<tr><td>承办人意见</td><td colspan="4">报请领导对该单位下达行政处罚决定。

签名或盖章：×××

2017 年 9 月 1 日</td></tr>
</table>

承办机构 负责人 意见	同意呈报 签名或盖章：××× 2017 年 9 月 1 日
法制机构 负责人 意见	同意呈报 签名或盖章：××× 2017 年 9 月 1 日
分管领导 审核意见	同意 签名或盖章：××× 2017 年 9 月 1 日
环保部门 负责人 审批意见	同意 签名或盖章：××× 2017 年 9 月 1 日

××市环境保护局
案件集体讨论笔录

案件名称：××××净水材料有限公司涉嫌利用无防渗措施的坑塘排放水污染物案

立 案 号：Z20170013号

时　　间：2017年8月30日15时30分至16时30分

地　　点：××市环境监察支队会议室

主 持 人：××× 职务：市环保局副局长

记 录 人：××× 职务：综合稽查科副主任科员

参加人员：×××（市环保局副局长）

×××（市环境监察支队支队长）

×××（市环境监察支队副支队长）

×××（市环境监察支队副支队长）

×　×（市环境监察支队现场调查科科长）

×　×（市环保局法规科负责人）

×　×（市环境监察支队综合稽查科）

承办人汇报案件情况：（××介绍案件基本情况）

我局于2017年8月3—7日对该单位进行了现场检查，发现该单位实施了以下违法行为：

该单位利用厂区外西侧无防渗措施的沟渠和水坑排放水污染物。××市环境保护监测站对该单位厂区外西侧沟渠和水坑废水进行了取样监测，并出具监测报告，监测报告显示厂区外西侧沟渠水质pH值为3.91，COD浓度为290 mg/L，氯化物浓度为4 220 mg/L；厂区外西侧水坑水质pH值为4.57，COD浓度为2 080 mg/L，氯化物浓度为10 900 mg/L。厂区外西侧沟渠和水坑废水水质均超过《污水综合排放标准》（GB 8978—1996）一级标准。

以上事实有2017年8月7日现场检查（勘察）笔录1份2页、2017年8月3日调查询问笔录1份2页、××市环境保护监测站出具的监测报告、现场勘查示意图、影像资料等证据为凭。

该单位上述行为违反了《中华人民共和国水污染防治法》第三十五条的规定。

我局于2017年8月21日对该单位下达了《行政处罚事先（听证）告知书》（×环罚告字〔2017〕×××号），依据《中华人民共和国水污染防治法》第七十六条第七项的规定，拟对该单位作出：处罚款拾万元的处罚决定。并告知该单位陈述申辩权和听证申请权。

陈述申辩情况：

2017年8月24日，该单位向我局提出陈述申辩意见，认识到了违法行为的危害性和严重性，并已按照我局要求迅速进行了整改，请求我局从轻处罚。

参加讨论人员意见：

×××：该企业利用无防渗措施的坑塘排放水污染物的违法行为，事实清楚，证据确凿，案件办理程序正确，法律条款适用准确。企业在检查指出问题后，态度比较端正，整改迅速，效果明显，建议对陈述申辩内容予以部分采纳，适当减轻经济处罚，处罚款8万元。

×××：我同意×××同志的意见，我认为该企业违法行为事实清楚，证据确凿，处罚使用条款合理正确，对该企业处罚时可以适当考虑企业整改迅速到位的实际情况，适当减轻经济处罚。

×××：我同意以上同志的意见。

×××：我同意以上同志的意见，适当减轻经济处罚，但要督促××环保局强化对该企业的现场监管，特别是指导企业迅速对存在的环境问题整改到位。

×××：我同意以上同志的意见，适当减轻经济处罚。在处罚的基础上，要督促企业做好整改，把环境违法行为的影响降到最低。

×××：以上同志的意见我完全同意。该企业违法行为事实清楚，证据确凿。在调查取证和查处的过程中，程序正确，处罚使用条款比较恰当。即然发现了企业存在违法行为，就一定要依法从严查处，这即是对企业的一个警示，也是体现我们对环境违法行为坚决查处的决心。对该企业陈述申辩的意见，我认为可以部分采纳，适当减轻经济处罚。目前该企业正在停产整改中，不能一罚了之，要继续做好后督查工作，特别是指导企业按整改方案把存在的环境问题从根本上解决好。

×××：刚才，大家就××××净水材料有限公司涉嫌利用无防渗措施的坑塘排放水污染物案进行了集体讨论，大家的意见我完全同意，一方面要责令企业迅速整改到位，另一方面要对该企业的违法行为坚决进行处罚，结合企业的陈述申辩意见，适当减轻经济处罚是合适的，相信该企业能够从中吸取教训。目前，全省正在开展“双护双促”专项整治行动，大家要利用这次行动，认真的对全市企业进行排查，对存在环境违法行为的企业要坚决查处，决不手软，争取让我市的突出环境问题整治工作再上一个台阶。

结论意见：

参会人员一致认为××××净水材料有限公司涉嫌利用无防渗措施的坑塘排放水污染物的行为违反了《中华人民共和国水污染防治法》第三十五条的规定。同时采纳企业提出的陈述申辩意见，予以从轻处罚。依据《中华人民共和国水污染防治法》第七十六条第七项的规定，对该单位作出如下行政处罚：处罚款捌万元。

参加人员签名： ×××　×××　×××

×××　×××　×××　×××

2017年8月30日

危险废物经营许可证

此件与原件校核无异

法人名称：XXX

单位地址：XXXXXXXX

法定代表人：XXX

设施地址：XXXXXXXX

经营规模：XXXXXXXX

经营范围：XXXXXXXX

有效期限：XXXXXXXX

证书编号：XXXXXXXX

调取时间：2017年x月x日

提供人（签名或盖章）：XXX

执法人员姓名及证号：

XXX：环保XXXXXXX

XXX：环保XXXXXXX

发证机关：XX市环境保护局

发证日期：XXXX年XX月XX日

排放污染物许可证

此件与原件校核无异

环 第 号

单位名称：XXX有限公司

法人代表：XXX

单位地址：XXXXXXXXX

许可内容：详见《排放污染物许可

有效期限：XXXX年 XX月 XX

调取时间：2017年x月x日

提供人（签名或盖章）：XXX

执法人员姓名及证号：

XXX：环保XXXXXXX

XXX：环保XXXXXXX

发证机关：XX环境保护局

签发日期：XXXX年XX月XX日

环境保护厅 制

欢迎访问荆门市环境保护局！

××市环境保护局

关键字

首页　信息公开　环境质量　网上办事　政民互动　信息资源

当前位置：首页 > 政府信息公开 > 污染源环境监管信息公开 > 监察执法及行政处罚

××市环境保护局责令停产整治决定书（×环责停字〔2017〕×××号）

日期：2017-08-21　浏览：69次

XXXXXXX 有限公司：

统一社会信用代码：XXXXXXX

地址：XXXXXXX

法定代表人：XXX

我局于2017年8月3日-7日对你单位进行了现场检查，发现你单位实施了以下违法行为：

你单位利用厂区外西侧无防渗措施的沟渠和水坑排放水污染物，荆门市环境保护监测站对你单位厂区外西面沟渠和水坑废水进行了取样监测，并出具监测报告，监测报告显示厂区外西面沟渠水质PH3.91，COD280mg/L，氯化物4220mg/L；厂区外西面水坑水质PH4.57，COD2080mg/L，氯化物10900mg/L，厂区外西面沟渠和水坑废水水质均超过《污水综合排放标准》（GB8978-1996）一级标准。

以上事实有2017年8月7日现场检查（勘察）笔录1份3页、2017年8月3日调查询问笔录1份2页、荆门市环境保护监测站出具的监测报告、现场勘查示意图、影像资料等证据为凭。

依据《环境保护主管部门实施限制生产、停产整治办法》第六条第一项的规定，本机关决定责令你单位停产整治。

你单位应当在收到本决定书后立即停止生产，制定整改方案，实施整改，并在15个工作日内将整改方案报我局备案并向社会公开。

你单位完成整改任务后，应当在15个工作日内将整改任务完成情况和整改信息社会公开情况，报我局备案，并提交整改后与整改前的对比情况等材料。停产整治决定自报我局备案之日起解除。

我局将依法对你单位履行停产整治措施的情况实施后督察，并依法作出处理或处罚。

如你单位对本决定不服，可以在收到本决定书之日起60日内向荆门市人民政府或者湖北省环境保护厅申请行政复议，也可以在收到本决定书之日起6个月内向有管辖权的人民法院提起行政诉讼。

联系人：[redacted]　　邮政编码：[redacted]

地　址：[redacted]　　联系电话：[redacted]

××市环境保护局

2017年8月21日

欢迎访问荆门市环境保护局！

当前位置：首页 > 政府信息公开 > 污染源环境监管信息公开 > 监察执法及行政处罚

××市环境保护局行政处罚决定书（×环罚字[2017]×××号）

日期：2017-09-01　　阅读：126 次

荆门 XXX 材料有限公司：

统一社会信用代码：91XXXXXXXXX

地址：XXXXXXXXX

法定代表人：XXX

一、调查情况及发现的环境违法事实、证据和陈述申辩（听证）及采纳情况

我局于2017年8月3日-7日对你单位进行了现场检查，发现你单位实施了以下违法行为：

你单位利用厂区外西侧无防渗措施的沟渠和水坑排放水污染物。荆门市环境保护监测站对你单位厂区外西面沟渠和水坑废水进行了取样监测，并出具监测报告，监测报告显示厂区外西面沟渠水质PH3.91，COD280mg/L，氯化物4220mg/L；厂区外西面水坑水质PH4.57，COD2080mg/L，氯化物10900mg/L。厂区外西面沟渠和水坑废水水质均超过《污水综合排放标准》（GB8978-1996）一级标准。

以上事实有2017年8月7日现场检查（勘察）笔录1份3页、2017年8月3日调查询问笔录1份2页、荆门市环境保护监测站出具的监测报告、现场勘查示意图、影像资料等证据为凭。

你单位上述行为违反了《中华人民共和国水污染防治法》第二十五条的规定。

我局于2017年8月21日对你单位下达了《行政处罚事先（听证）告知书》（荆环罚告字〔2017〕014号），告知你单位陈述申辩权和听证申请权。2017年8月24日，你单位向我局提出陈述申辩意见，认识到了以上违法行为的危害性和严重性，并已按照我局要求迅速进行了整改，请求我局从轻处罚，我局采纳你单位提出的陈述申辩意见，决定予以从轻处罚。

二、行政处罚的依据、种类及其履行方式、期限

依据《中华人民共和国水污染防治法》第七十六条第七项的规定，经研究，我局决定对你单位作出如下行政处罚：

1、处罚款捌万元。

限你单位在接到本处罚决定之日起十五日内缴至指定银行账户，逾期不缴纳罚款的，我局将根据《中华人民共和国行政处罚法》第五十一条第一项规定每日按罚款数额的3%加处罚款。

收款银行：中国工商银行荆门分行营业部

户名：荆门市财政局

账号：1809000229200061981-002

三、申请行政复议或者提起行政诉讼的途径和期限

如不服本处罚决定，可在收到本处罚决定书之日起六十日内向湖北省环境保护厅或者荆门市人民政府申请复议，也可在六个月内直接向有管辖权的法院提起行政诉讼。申请行政复议或者提起行政诉讼期间，不停止行政处罚决定的执行。

逾期不申请行政复议，不提起行政诉讼，又不履行本处罚决定的，我局将依法申请人民法院强制执行。

××市环境保护局

2017年9月1日

五、移送公安机关行政拘留类

7. ×××制品有限公司通过逃避监管的方式排放污染物案

【案件提供单位】

××市环境保护局

【案情简介】

2017 年 8 月 21 日，××市环保局和产业园管委会形成案件查办组对×××制品有限公司进行现场检查，该企业 15 万 t 型钢生产线配套建设的加热炉和煤气发生炉正常运行。煤气发生炉产生的煤气进入到加热炉燃烧，燃烧产生的废气经脱硫除尘设施处理后排放。但该企业在前期进行污染防治设施提标改造过程中，未将原有烟囱拆除，使原有烟囱变成旁路，因管理不当，在生产过程中致使部分烟气未经处理从旁路排放，造成污染。

该企业行为违反了《中华人民共和国大气污染防治法》第二十条第二款规定，依据《中华人民共和国大气污染防治法》第九十九条第三项，参照《新疆维吾尔自治区行政处罚自由裁量权细化参照标准（试行）》的规定罚款 70 万元。依据《中华人民共和国环境保护法》第四十二条第四款、《环境保护主管部门实施查封、扣押办法》第四条第四项的规定，对企业配电箱进行查封后依法解封。依据《中华人民共和国环境保护法》第六十三条第一款第（三）项、《行政主管部门移送适用行政拘留环境违法案件暂行办法》第七条第一项的规定将法定代表人移送行政拘留五日。

【专家点评】

一、本案的优点

1. 本案调查内容全面，从环评审批、环保验收、建设运行情况进行了全面调查。

本案因烟气旁路排放涉嫌偷排立案调查，但执法人员没有局限于发现的违法行为，而是从源头查起，将涉事企业的环评报告及审批文件、环保验收报告以及环保设施的运行状况进行了全面排查，最终排除了违反环评法及验收的违法行为，确认涉事单位只违反了《大气污染防治法》的规定，因而在事实清楚的前提下展开处罚，调查工作主动全面。

2. 本案执法手段丰富，涉及多种强制措施。

本案因涉事企业技改过程中未拆除原有烟囱，导致烟气从旁路排放，涉嫌偷排。执法单位依法采取了责令改正、罚款、查封、移送行政拘留等行政命令、行政处罚、行政强制措施。同时，还对企业违法行为制作了调查报告、对企业负责人进行约谈、督促整改措施落实、进行执法后督查。充分体现了执法精细化，取得了较好的执法效果。

3. 本案送达程序完备。

本案涉及需要送达给相对人的文书包括：责令改正决定书、行政处罚事先告知书、行政处罚听证告知书、查封决定书、解除查封决定书、行政处罚决定书、移送行政拘留移交清单等诸多文书，执法单位均能够直接送达给相对人及相关部门，工作程序严密，工作效果能够直观体现。

4. 本案主体区分明确，资料齐全。

从执法主体而言，本案执法人员严格执行“两人执法并出示证件”的要求，在 4 份现场调查询问笔录、现场照片、7 份送达回证、执法后督察记录、立案审批处罚审批等执法单位文书上，均有执法人员签名并记录执法证号，而且将执法证复印在案卷中存档，非常规范。

从行政相对人主体而言，本案被处罚单位营业执照、法定代表人身份证、经办人身份证均有复印存档，更为难得的是备存了公司组织机构图、轧机车间组织机构图，将该公司内部管理责任明确区分，有助于准确将“直接负责人和相关责任人”移送行政拘留。

5. 本案案卷目录清楚，装订规范。

本案案卷按目录顺序装订，使查阅者对执法过程一目了然。文书完整，内容表述条理清晰、表述准确、结构严谨。

二、存在的问题和建议

1. 执法程序有待严密。本案涉及对违法企业采取的多种强制措施，但案卷中仅有行政处罚的集体决策记录，而没有查封、移送行政拘留的集体决策记录。

2. 本案涉及的文书共有责令改正决定书、行政处罚事先告知书、行政处罚听证告知书、行政处罚决定书、查封决定书、移送行政拘留决定书等 6 种文书，每种文书都列有所依据的法条条款，但是执法单位如果能够在文书中列明所依据的法条及自由裁量权依据条款的具体内容，将会对违法企业有更加直接的教育和警示。

卷内目录

卷号	1—17	×××制品有限公司涉嫌通过逃避监管的方式排放污染物案			
序号	责任者	文号	题名	日期	页码
1	××市环境保护局		立案审批表	2017.×.×	613～614
2			现场检查（勘查）笔录	2017.×.×	615～616
3			调查询问笔录（×××）	2017.×.×	617～618
4			调查询问笔录（×××）	2017.×.×	619～620
5			调查询问笔录（×××）	2017.×.×	621～623
6			调查询问笔录（×××）	2017.×.×	624～625
7			现场照片（图片、影像资料）证据	2017.×.×	626～630
8			关于×××制品有限公司涉嫌通过逃避监管的方式排放污染物的调查报告	2017.×.×	631～632
9		×环责改字〔2017〕1-××号	责令改正违法行为决定书	2017.×.×	633
10			×环责改字〔2017〕1-××号送达回证	2017.×.×	634
11		2017年第8期	案审会会议纪要	2017.×.×	635～636
12		2017-GW-107	烟气、烟尘监测报告单	2017.×.×	637
13		×环罚告字〔2017〕1-××号	行政处罚事先告知书	2017.×.×	638
14		×环听告字〔2017〕1-××号	环境保护行政处罚听证告知书	2017.×.×	639
15			送达回证（×环罚告字〔2017〕1-××号，×环听告字〔2017〕1-××号）	2017.×.×	640
16		×环查字〔2017〕1-×号	查封决定书	2017.×.×	641～642
17			送达回证（×环查字〔2017〕1-×号）	2017.×.×	643
18		×环解查字〔2017〕1-×号	解除查封决定书	2017.×.×	644
19			送达回证（×环解查字〔2017〕1-×号）	2017.×.×	645

卷号	1—17	×××制品有限公司涉嫌通过逃避监管的方式排放污染物案			
序号	责任者	文号	题名	日期	页码
20	××市环境保护局		环境问题约谈记录单	2017.×.×	646
21			环境行政执法后督察现场检查记录表	2017.×.×	647
22		×环罚〔2017〕1-××号	行政处罚决定书	2017.×.×	648～649
23			送达回证（×环罚〔2017〕1-××号）	2017.×.×	650
24		×环拘移〔2017〕××号	移送涉嫌环境违法适用行政拘留处罚案件审批表		651～652
25			涉嫌环境违法适用行政拘留处罚案件移送书		653～654
26			涉嫌环境违法适用行政拘留处罚案件移送材料清单	2017.×.×	655
27			移交材料清单	2017.×.×	656
28			营业执照复印件	2017.×.×	657
29			法定代表人身份证复印件	2017.×.×	658
30	×××制品有限公司		公司组织机构图（略）	2017.×.×	
31			轧机车间织机构图（略）	2017.×.×	
32		×环评〔2012〕××号	关于对×××制品有限公司16万吨/年精密铸件项目环境影响评价报告的批复	2017.×.×	659～660
33		××环函〔2014〕××号	关于×××制品有限公司年产15万吨型钢生产线项目竣工环境保护验收意见	2017.×.×	661～662
34		××环评〔2013〕××号	关于对×××制品有限公司年产15万吨型钢生产线建设项目环境影响报告表的批复	2017.×.×	663～664
35		××环函〔2014〕××号	关于×××制品有限公司年产16万吨精密铸件一期项目竣工环境保护验收意见	2017.×.×	665～666
36	××公安局	×公（博）行罚决字〔2017〕×××号	行政处罚决定书	2017.×.×	667
37		×拘收字〔2017〕××号	执行回执	2017.×.×	668

××市环境保护局
立案审批表

<table>
<tr><td>案件来源</td><td colspan="2">中央巡视组信访交办单</td><td>立案号</td><td>2017—17</td></tr>
<tr><td>案　由</td><td colspan="4">×××制品有限公司涉嫌通过逃避监管的方式排放污染物案</td></tr>
<tr><td rowspan="5">当事人</td><td>名称或姓名</td><td colspan="3">×××制品有限公司</td></tr>
<tr><td>地址（住址）</td><td>×东二区</td><td>邮政编码</td><td>××××××</td></tr>
<tr><td>营业执照注册号
（公民身份号码）</td><td></td><td>组织机构代码</td><td></td></tr>
<tr><td>社会信用代码</td><td colspan="3">××××××</td></tr>
<tr><td>法定代表人
（负责人）</td><td>×××</td><td>职　务</td><td>煤气发生炉
主管</td></tr>
<tr><td>案情简介及
立案理由</td><td colspan="4">2017 年 8 月 21 日，××市环保局和产业园管委会形成案件查办组对×××制品有限公司进行现场检查，企业 15 万 t 型钢生产线的加热炉和 2 座煤气发生炉正常运行，轧钢工序停产（因使用夜间低谷电价，所以白天不生产，夜间生产）。从生产工艺及现场检查实际情况来看，15 万 t 型钢生产线的加热炉在运行过程中会产生烟气排放，烟气污染防治设施（脱硫设施）设有旁路，旁路打开，存在烟气外排问题。
该公司的行为涉嫌违反了《中华人民共和国环境保护法》第二十条第三款第四十二条第四款的规定。
符合立案条件。

承办人：×××　×××

2017 年×月×日</td></tr>
</table>

承办机构负责人意见	同意立案 签名：××× 2017 年×月×日
法制机构审查意见	同意立案 签名：××× 2017 年×月×日
环保部门负责人审批意 见	同意立案 签名：××× 2017 年×月×日
备 注	

××市环境保护局
现场检查（勘察）笔录

时间： 2017年8月21日12时01分至12时46分

地点： ××市产业园×东二区

被检查（勘察）人名称或姓名： ×××

现场负责人： ××× 电话：×××××××××× **邮编：** ××××××

工作单位： ×××制品有限公司 **职务：** 副总经理

检查（勘案）人及执法证编号： ×××，××××××；×××，××××××

记录人： ×××

工作单位： ××市环境保护局

告知事项： 我们是××市环境保护局的行政执法人员，这是我们的执法证件，执法证编号××××××。请过目确认。

今天我们依法进行检查并了解有关情况，你应当配合调查，如实提供材料，不得拒绝、阻碍、隐瞒或者提供虚假情况。如果你认为检查人与本案有利害关系，可能影响公正办案，可以申请回避，并说明理由。请确认：已确认。

现场情况： 2017年8月21日，××市环境监察大队对×××制品有限公司进行现场检查及调取资料发现：

1. 该企业于2011年6月11日取得××市发改委备案文件：《关于×××制品有限公司年产30万t精密铸件及钢铁压延产品项目备案的通知》（×发改投资〔2011〕330号），备案建设内容：一期主要建设精密铸件生产线：二期主要建设钢铁型材生产线：三期主要建设棒材生产线。于2012年4月9日取得×××环保局环评批复：《关

被检查（勘察）人或现场负责人确认意见：确认，已阅读。

被检查（勘察）人或现场负责人签字：××× 2017年8月21日

检查（勘察）人签字：×××、××× 2017年8月21日

记录人签字：××× 2017年8月21日

参加人签字：　　　　年　　月　　日

于对×××制品有限公司 16 万 t/年精密铸件项目环境影响报告书的批复》（××环评〔2012〕××号），于 2013 年 7 月 1 日取得×××环保局环评批复：《关于对×××制品有限公司年产 15 万 t 型钢生产线建设项目环境影响报告表的批复》（××环评〔2013〕×××号）。于 2014 年 10 月 21 日通过×××环保局竣工验收，《×××制品有限公司年产 16 万 t 精密铸竹期项目竣工环域保护验收意见》（×环函〔2014〕×××号）、《×××环保局关于对×××制品有限公司年产 15 万 t 型钢生产线项目竣工环境保护验收意见》（×环函〔2014〕×××号）。

2. 建设情况：15 万 t 型钢生产线正常生产（煤气发生炉和加热炉正常运行），16 万 t 精密铸件一期项目已淘汰拆除。

3. 现场检查发现 15 万 t 型钢生产线煤气发生炉和加热炉正在运行，脱确设施正常生产运行，但脱硫设施设有旁路，部分烟气通过旁路排放。2017 年 8 月 21 月 11 时 31 分监察大队×××，×××爬上脱硫旁路平台上，发现旁路打开，旁路板可以随手旋转（开关），2017 年 8 月 21 日 11 时 46 分××市环境监测站监测人员对旁路排口烟气进行监测。现场检查在煤气发生炉东侧，堆放 10 t 原煤，煤场地面采取水泥防渗措施。（以下空白）

被检查（勘察）人或现场负责人确认意见：确认，已阅读。

被检查（勘察）人或现场负责人签字：×××　　2017 年 8 月 21 日

检查（勘察）人签字：×××、×××　　2017 年 8 月 21 日

记录人签字：×××　　2017 年 8 月 21 日

参加人签字：　　年　月　日

××市环境保护局
调查询问笔录

时间： 2017 年 8 月 21 日 13 时 40 分至 15 时 45 分

地点： ××二区

被调查询问人： ××× **性别：** 男 **年龄：** 38

身份证号码： ××× **工作单位：** ×××××

职务： 法定代表人 **电话：** ×××

地址： ××× **邮编：** ×××

调查询问人及执法证编号： ×××，××××××、×××，××××××

记录人： ××× **工作单位：** ×××

执法人员表明身份、出示证件及被调查询问人确认的记录： 我们是××市环境保护局的行政执法人员，这是我们的执法证件（执法证编号：××××××、××××××）。请过目确认：已确认。

今天我们依法进行检查并了解有关情况，你应当配合调查，如实回答询问和提供材料，不得拒绝、阻碍、隐瞒或者提供虚假情况。如果你认为调查人与本案有利害关系，可能影响公正办案，可以申请回避，并说明理由。你有权对本次调查询问提出陈述、申辩。

询问内容： 问：你厂 15 万 t 型钢生产线建设运行情况如何？

答：于 2013 年开始建设，2014 年投入生产，2014 年底通过环境保护竣工验收。

问：现场生产运行状况如何？

被调查询问人确认意见：以上笔录已阅，无误。

被调查询问人签字：××× 2017 年 8 月 21 日

调查询问人签字：×××、××× 2017 年 8 月 21 日

记录人签字：××× 2017 年 8 月 21 日

参加人签字：______ ____年____月____日

答：轧钢生产线正常生产，煤气发生炉和加热炉正常运行。

问：型钢生产线生产状况如何？

答：因钢坯不够，和夜间低谷电价低，所以我们夜间生产 5 h 左右，白天停止生产。

问：你厂是否设置燃煤锅炉？

答：建设一台 1 蒸吨燃煤锅炉，用于供热，但已于 2017 年 6 月拆除，目前正在使用电锅炉。

问：你厂 16 万 t 精密铸件生产线的建设运行情况如何？

答：按照国家淘汰落后产能要求，已于 2017 年 5 月 30 日前拆除 3 台 20 t 中频炉。（以下空白）

被调查询问人确认意见：以上笔录已阅，无误。

被调查询问人签字：×××　　2017 年 8 月 21 日

调查询问人签字：×××、×××　　2017 年 8 月 21 日

记录人签字：×××　　2017 年 8 月 21 日

参加人签字：　　年　月　日

××市环境保护局
调查询问笔录

时间： 2017 年 8 月 31 日 13 时 01 分至 13 时 45 分

地点： ××二区

被调查询问人： ××× **性别：** 男 **年龄：** 56

身份证号码： ××××××

工作单位： ××××× **职务：** 法定代表人 **电话：** ×××

地址： ××× **邮编：** ××××××

调查询问人及执法证编号： ×××，××××××、×××，××××××

记录人： ××× **工作单位：** ×××

执法人员表明身份、出示证件及被调查询问人确认的记录：我们是××市环境保护局的行政执法人员，这是我们的执法证件（执法证编号：××××××、××××××）。请过目确认：已确认。

今天我们依法进行检查并了解有关情况，你应当配合调查，如实回答询问和提供材料，不得拒绝、阻碍、隐瞒或者提供虚假情况。如果你认为调查人与本案有利害关系，可能影响公正办案，可以申请回避，并说明理由。你有权对本次调查询问提出陈述、申辩。

请确认： 已确认。

询问内容：问：你在公司是什么职务？

答：公司法定代表人。

问：你在公司具体负责什么？

被调查询问人确认意见：以上笔录已阅，无误。

被调查询问人签字：××× 2017 年 8 月 31 日

调查询问人签字：×××、××× 2017 年 8 月 31 日

记录人签字：××× 2017 年 8 月 31 日

参加人签字：______ ____年___月___日

答：统筹协调全公司项目及生产。

问：环保局现场检查时煤气发生炉旁旧烟囱是什么？

答：认定的旧烟囱是旁路，我也认同有少量烟气从旧烟囱排放。

问：你在生产过程中是否打开过旁路？

答：未打开旁路但密封不严有污染物排放。

问：旧烟囱旁路什么时间拆除的？

答：2017 年 8 月 24 日拆除旁路密封的。

（以下空白）

被调查询问人确认意见：以上笔录已阅，无误。

被调查询问人签字：×××　　2017 年 8 月 31 日

调查询问人签字：×××、×××　　2017 年 8 月 31 日

记录人签字：×××　　2017 年 8 月 31 日

参加人签字：＿＿＿＿　　＿＿年＿＿月＿＿日

××市环境保护局
调查询问笔录

时间： 2017 年 8 月 21 日 12 时 47 分至 13 时 38 分

地点： ××二区

被调查询问人： ××× **性别：** 男 **年龄：** ×

身份证号码： ×××

工作单位： ××× **职务：** ××× **电话：** ×××

地址： ××× **邮编：** ××××××

调查询问人及执法证编号： ×××，××××××、×××，××××××

记录人： ××× **工作单位：** ××××

执法人员表明身份、出示证件及被调查询问人确认的记录：我们是××市环境保护局的行政执法人员，这是我们的执法证件（执法证编号：××××××、××××××）。请过目确认：已确认。

今天我们依法进行检查并了解有关情况，你应当配合调查，如实回答询问和提供材料，不得拒绝、阻碍、隐瞒或者提供虚假情况。如果你认为调查人与本案有利害关系，可能影响公正办案，可以申请回避，并说明理由。你有权对本次调查询问提出陈述、申辩。

请确认： 已确认。

询问内容：问：你叫什么名字？身份证号是多少？

被检查（勘察）人或现场负责人确认意见：该以上笔录已阅，无误。

被检查（勘察）人或现场负责人签字：××× 2017 年 8 月 21 日

检查（勘察）人签字：×××、××× 2017 年 8 月 21 日

记录人签字：××× 2017 年 8 月 21 日

参加人签字：××× ____年____月____日

答：我叫×××，身份证号：×××。

问：你在×××制品有限公司具体的工作是什么？

答：负责煤气发生炉的运行主管。

问：你在×××制品有限公司是否有任命文件？

答：有×××制品有限公司任命煤气发生炉主管文件。

问：型钢生产线煤气发生炉运行情况如何？

答：2017 年 8 月 21 日现场检查正在进行，但平时由于加热炉开关运行不正常主要由于轧机有时未生产。

问：煤气发生炉的脱硫设施运行情况如何？

答：煤气发生炉的脱硫设施正常运行。

问：煤气发生炉脱硫塔旁边的塔是做什么用的？

答：煤气发生炉脱硫塔旁边的塔是原有旧的脱硫除尘塔。

问：煤气发生炉脱硫的烟气是否经过这个塔到脱硫？

答：煤气发生炉脱硫的烟气经过原有旧的塔。

问：原有旧的脱硫除尘塔的烟道是否焊死？

答：现场检查时原有旧的烟道未焊死。

问：未焊死烟气是否有通过这个原有的旧塔排放的现象？

答：有很小的烟气通过旧塔排放。

问：原有的旧脱硫除尘塔未焊死的原因是什么？

答：图省事，只用铁丝绑住，认为不松动就行了。

问：未焊死原有脱硫除尘塔是否是旁路在非紧急状态下打开？

答：没有打开过。

问：现有脱硫设施和氢氧化钠情况？是否有台账？

答：氢氧化钠 3 包、6 包石灰添加一般情况 3～4 天添加一次，没有运行台账。

问：煤气发生炉生产废水运行情况？

被调查询问人确认意见：以上笔录已阅，无误。

被调查询问人签字：×××　　2017 年 8 月 21 日

调查询问人签字：×××、×××　　2017 年 8 月 21 日

记录人签字：×××　　2017 年 8 月 21 日

参加人签字：×××　　2017 年 8 月 21 日

答：煤气发生炉生产废水循环使用。

补充：问：煤气发生炉运行情况？

答：煤气发生炉 2017 年 6 月 5 日开始运行，配套脱硫投入运行现阶段新建脱硫正常运行。（以下空白）

被调查询问人确认意见：以上笔录已阅，无误。

被调查询问人签字：×××　2017 年 8 月 21 日

调查询问人签字：×××、×××　2017 年 8 月 21 日

记录人签字：×××　2017 年 8 月 21 日

参加人签字：×××　2017 年 5 月 21 日

××市环境保护局
调查询问笔录

时间： 2017 年 8 月 22 日 16 时 45 分至 17 时 40 分

地点： ×××

被调查询问人： ××× **性别：** 男 **年龄：** 38

身份证号码： ×××

工作单位： ×××制品有限公司 **职务：** 副总经理

电话： ×××

地址： ××× **邮编：** ××××××

调查询问人及执法证编号： ×××，×××××××、 ×××，×××××××

记录人： ××× **工作单位：** ×××环保局

执法人员表明身份、出示证件及被调查询问人确认的记录： 我们是××市环境保护局的行政执法人员，这是我们的执法证件（执法证编号：×××××××、××××××）。请过目确认：已确认。

今天我们依法进行检查并了解有关情况，你应当配合调查，如实回答询问和提供材料，不得拒绝、阻碍、隐瞒或者提供虚假情况。如果你认为调查人与本案有利害关系，可能影响公正办案，可以申请回避，并说明理由。你有权对本次调查询问提出陈述、申辩。

请确认： 已确认。

询问内容： 问：×××制品有限公司部门架构是什么？

被调查询问人确认意见：以上笔录已阅，无误。

被调查询问人签字：××× 2017 年 8 月 22 日

调查询问人签字：××× 、××× 2017 年 8 月 22 日

记录人签字：××× 2017 年 8 月 22 日

参加人签字：××× 2017 年 8 月 22 日

答：企业法定代表人×××，董事长×××，副总经理×××，车间主任×××\×××，加热炉（煤气发生炉）主管×××。

问：你是在厂区负责什么工作的？

答：办公管理、对外协调、安全环保。

问：你是否知道煤气发生炉烟囱旁路问题？

答：不认为是旁路。

问：不认为旁路的原因是什么？

答：由于认识不到位，未及时切割密封旧烟囱。

问：你是否要求过煤气发生炉主管×××打开过旁路？

答：从未要求打开旁路，也从未打开过旁路，但由于密封不严有少量烟气排出。

（以下空白）

被调查询问人确认意见：以上笔录已阅，无误。

被调查询问人签字：×××　　2017 年 8 月 22 日

调查询问人签字：×××、×××　　2017 年 8 月 22 日

记录人签字：×××　　2017 年 8 月 22 日

参加人签字：×××　　2017 年 8 月 22 日

现场照片（图片、影像资料）证据

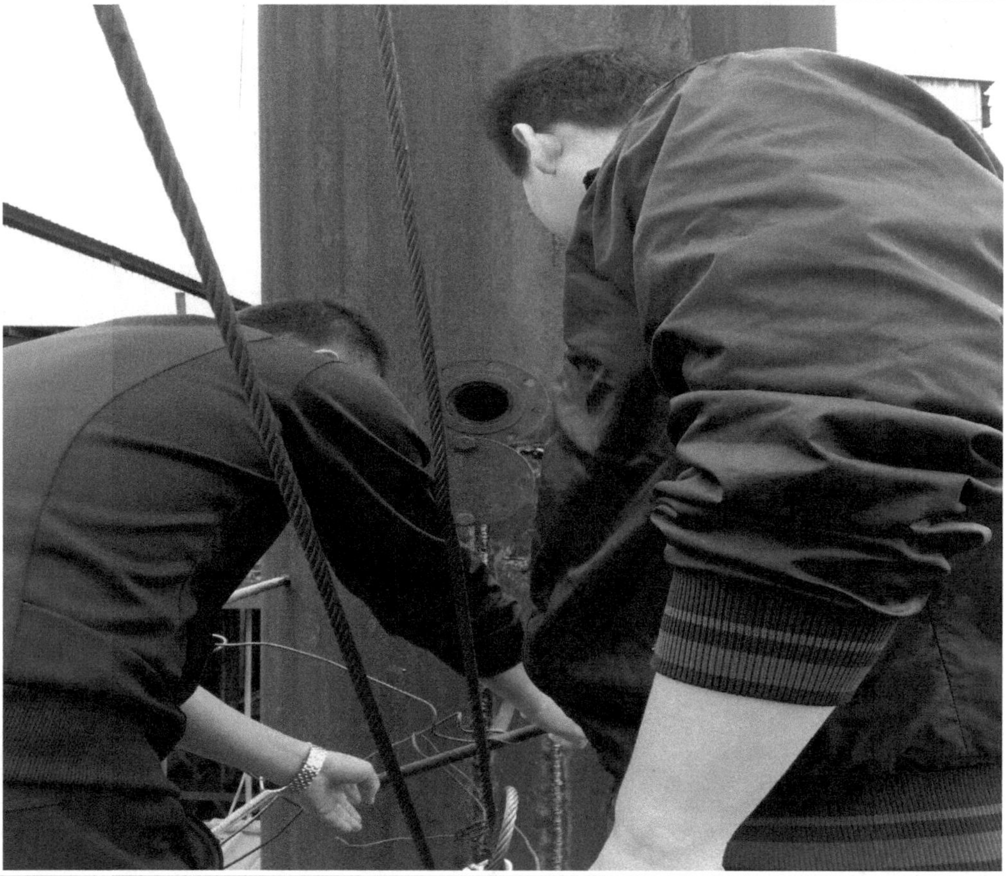

证明对象：型钢生产线原有烟囱旁路挡板旋转手柄（关闭）	证物袋 （存底片、光盘等）
拍摄时间：2017 年×月×日 11 时 20 分	
拍摄地点：×××制品有限公司	
拍摄人：×××	
执法人员（签名）：×××、××× 执法证号：×××　环保×××	
当事人签字：×××	

现场照片（图片、影像资料）证据

证明对象：型钢生产线原有烟囱旁路打开	证物袋 （存底片、光盘等）
拍摄时间：2017 年×月×日 11 时 45 分	
拍摄地点：×××制品有限公司	
拍摄人：×××	
执法人员（签名）：×××、××× 执法证号：×××　环保×××	
当事人签字：×××	

现场照片（图片、影像资料）证据

证明对象：型钢生产线现场指认原有烟囱	证物袋（存底片、光盘等）
拍摄时间：2017年×月×日11时35分	
拍摄地点：×××制品有限公司	
拍摄人：×××	
执法人员（签名）：×××、××× 执法证号：×××　环保×××	
当事人签字：×××	

现场照片（图片、影像资料）证据

<table>
<tr><td>证明对象：型钢生产线原有烟囱和现有烟囱对比</td><td rowspan="7">证物袋
（存底片、光盘等）</td></tr>
<tr><td>拍摄时间：2017年×月×日11时28分</td></tr>
<tr><td>拍摄地点：×××制品有限公司</td></tr>
<tr><td>拍摄人：×××</td></tr>
<tr><td>执法人员（签名）：×××、×××
执法证号：×××　环保×××</td></tr>
<tr><td>当事人签字：×××</td></tr>
</table>

现场照片（图片、影像资料）证据

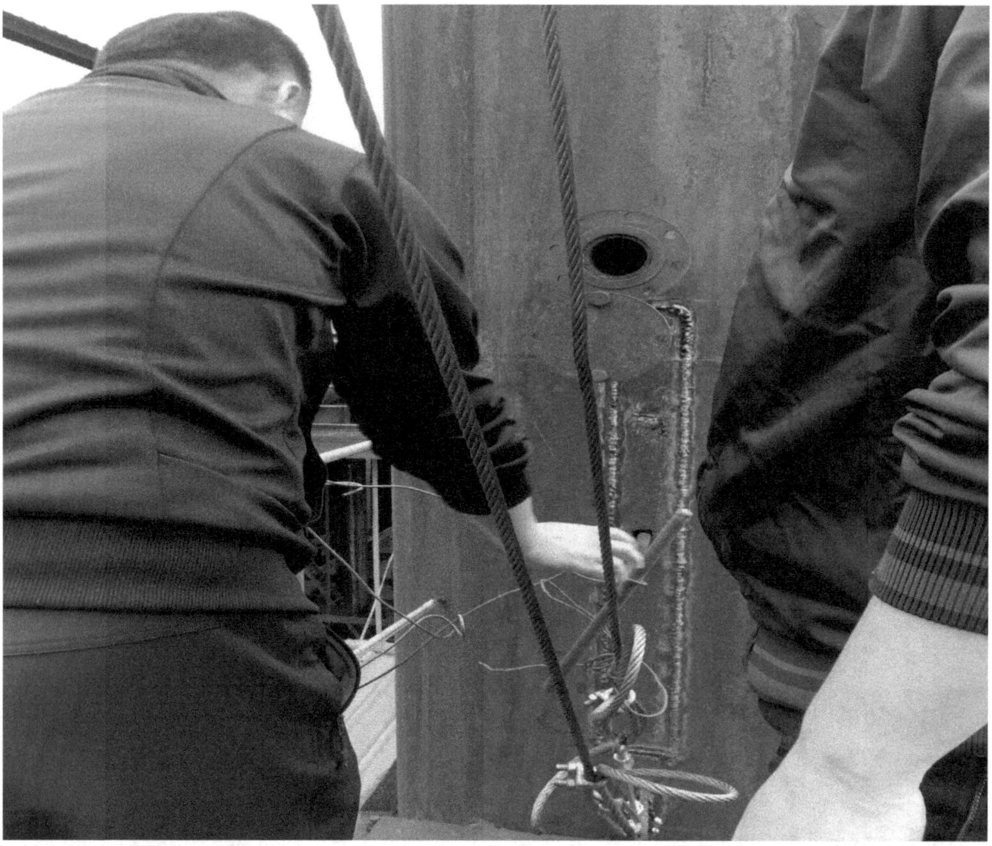

<table>
<tr><td>证明对象：型钢生产线原有烟囱旁路挡板旋转手柄（打开）</td><td rowspan="6">证物袋
（存底片、光盘等）</td></tr>
<tr><td>拍摄时间：2017 年×月×日 11 时 22 分</td></tr>
<tr><td>拍摄地点：×××制品有限公司</td></tr>
<tr><td>拍摄人：×××</td></tr>
<tr><td>执法人员（签名）：×××、×××
执法证号：×××　环保×××</td></tr>
<tr><td>当事人签字：×××</td></tr>
</table>

关于×××制品有限公司涉嫌通过逃避监管的方式排放污染物的调查报告

××市环境监察人员×××、×××、×××接到中央巡视组交办的信访投诉后，于 2017 年×月×日对新疆×××材料制品有限公司涉嫌通过逃避监管的方式排放污染物的案件情况进行了调查。现将调查情况报告如下。

一、企业基本情况

×××制品有限公司，于 2011 年 12 月 14 日在××市注册成立，统一社会信用代码（××××××），公司坐落于××市×××路北侧。于 2011 年 6 月 11 日 3 日取得××市发改委备案文件：《关于×××制品有限公司年产 30 万 t 精密铸件及钢铁压延产品项目备案的通知》（×发改投资〔2011〕×××号），备案建设内容：一期主要建设精密铸件生产线；二期主要建设钢铁型材生产线；三期主要建设棒材生产线。

1. 环评手续办理情况：于 2012 年 4 月 9 日取得×××环保局环评批复：《关于对×××制品有限公司 16 万 t/年精密铸件项目环境影响报告书的批复》（××环评〔2012〕××号），于 2013 年 7 月 1 日取得×××环保局环评批复：《关于对×××制品有限公司年产 15 万 t 型钢生产线建设项目环境影响报告表的批复》（××环评〔2013〕×××号）。

2. 环保竣工验收情况：于 2014 年 10 月 21 日通过×××环保局竣工验收：《×××环保局关于对×××制品有限公司年产 16 万 t 精密铸件一期项目竣工环境保护验收意见》（×环函〔2014〕×××号）、《×××环保局关于对×××制品有限公司年产 15 万 t 型钢生产线项目竣工环境保护验收意见》（×环函〔2014〕×××号）。

3. 建设运行情况：15 万 t 型钢生产线正常生产（煤气发生炉和加热炉正常运行）；16 万 t 精密铸件一期项目已于 2017 年 5 月 30 日前淘汰拆除。

二、现场调查情况

2017 年×月×日，××市环保局、产业园管委会和经信委形成案件查办组对×××制品有限公司进行现场检查发现，转办件反映的该公司生产钢材过程中使用的不是燃煤锅炉而是煤气发生炉。该企业用于生活供热的燃煤锅炉，已按照《××市燃煤锅炉整治方案》要求，于 2017 年 6 月 21 日拆除，目前已更换为电采暖锅炉。

现场检查该企业 15 万 t 型钢生产线配套建设的加热炉和煤气发生炉正常运行。煤气发生炉产生的煤气进入到加热炉燃烧，燃烧产生的废气经脱硫除尘设施处理后排放。但该企业在前期进行污染防治设施提标改造过程中，未将原有烟囱拆除，使原有烟囱变成旁路，因管理不当，在生产过程中致使部分烟气未经处理从旁路排放，造成污染。

三、处理建议

（一）建议对“通过逃避监管的方式排放污染物”环境违法行为进行处罚。

根据《中华人民共和国大气污染防治法》第二十条：禁止通过偷排、篡改或者伪造监测数据、以逃避现场检查为目的的临时停产、非紧急情况下开启应急排放通道、不正常运行大气污染防治设施等逃避监管的方式排放大气污染物。依据：①《中华人民共和国大气污染防治法》第九十九条：违反本法规定，有下列行为之一的，由县级以上人民政府环境保护主管部门责令改正或者限制生产、停产整治，并处十万元以上一百万元以下的罚款；情节严重的，报经有批准权的人民政府批准，责令停业、关闭：（三）通过逃避监管的方式排放大气污染物的。②《新疆维吾尔自治区行政处罚自由裁量权细化标准》的规定。

建议：给予柒拾万元整的罚款（700 000 元整）。

（二）对违法排污的生产设施进行查封。

依据《环境保护主管部门实施查封、扣押办法》第四条：排污者有下列情形之一的，环境保护主管部门依法实施查封、扣押：（四）通过暗管、渗井、渗坑、灌注或者篡改、伪造监测数据，或者不正常运行防治污染设施等逃避监管的方式违反法律法规规定排放污染物的；有前款第一项、第二项、第三项、第六项情形之一的，环境保护主管部门可以实施查封、扣押；已造成严重污染或者有前款第四项、第五项情形之一的，环境保护主管部门应当实施查封、扣押。

（三）对其直接负责的主管人员和其他直接责任人员，处十日以上十五日以下拘留；情节较轻的，处五日以上十日以下拘留。

依据《中华人民共和国环境保护法》第六十三条第一款规定：“企业事业单位和其他生产经营者有下列行为之一，尚不构成犯罪的，除依照有关法律法规规定予以处罚外，由县级以上人民政府环境保护主管部门或者其他有关部门将案件移送公安机关，对其直接负责的主管人员和其他直接责任人员，处十日以上十五日以下拘留；情节较轻的，处五日以上十日以下拘留：（三）通过暗管、渗井、渗坑、灌注或者篡改、伪造监测数据，或者不正常运行防治污染设施等逃避监管的方式违法排放污染物的；”向××公安局移送，对其直接负责的主管人员和其他直接责任人员，处十日以上十五日以下拘留；情节较轻的，处五日以上十日以下拘留。

××市环境监察大队

2017 年×月×日

××市环境保护局
责令改正违法行为决定书

×环责改字〔2017〕1-××号

×××制品有限公司：

营业执照注册号（公民身份号码）：×××

社会信用代码：××××××

地址：××州××市产业园××工业园内

法定代表人（负责人）：×××

我（局）于2017年8月21日对你（单位）进行了调查，发现你（单位）实施了以下环境违法行为：型钢生产线煤气发生炉脱硫设施设有旁路烟气通过旁路排放，不正常运行污染治理设施等逃避监管的方式违法排放污染物。

以上事实，有调查询问笔录、现场勘查笔录、影像资料等证据为凭。

上述行为违反了《中华人民共和国大气污染防治法》第二十条第二款的规定。

依据《中华人民共和国行政处罚法》第二十三条和《中华人民共和国大气污染防治法》第九十九条第三项。现责令你（单位）（接到本决定书之日起______日内）立即停止违法行为，停产整治，限期于2017年8月25日前将旁路拆除。

我局将对你（单位）改正违法行为的情况进行监督。如你（单位）拒不改正上述环境违法行为，逾期不申请行政复议，不提起行政诉讼，又不履行本决定的，我局将（依法实施行政处罚）依法申请人民法院强制执行。

（适用按日连续处罚的：我局将在30日内对你（单位）改正违法行为的情况进行复查。如你（单位）拒不改正违法排污行为，我局将按照《中华人民共和国环境保护法》第五十九条第一款的规定，对你（单位）实施按日连续处罚。）

你（单位）如对本决定不服，可在收到本决定书之日起60日内向上级环境保护主管部门或者××市人民政府申请行政复议，也可在收到本决定书之日起6个月内向××市人民法院提起行政诉讼。如你（单位）拒不改正上述违法行为，我局将申请××市人民法院强制执行。

××市环境保护局

2017年×月×日

××市环境保护局
送达回证

送达文书名称及文号	责令改正违法行为决定书 __×__环责改字〔2017〕1-××号
受送达人名称或姓名	×××制品有限公司
送达地点	厂区办公室
送达方式	直接送达
收件人签字（或盖章）及收件日期	×××（与当事人的关系：授权委托人）
送达人（两人签字）	×××　××× _2017_年×月×日×时×分
送达机关盖章	××市环境保护局 2017年×月×日 ××市环境保护局
备　注	

××市环境保护局
案审会会议纪要

（2017年第8期）

2017年8月26日下午，环保局党组副书记、局长×××主持召开案审会，研究讨论了×××制品有限公司的案件情况，并对查处决定达成如下意见：

2017年8月21日，××市环保局、产业园管委会和经信委形成案件查办组对×××制品有限公司进行现场检查发现该企业15万t型钢生产线配套建设的加热炉和煤气发生炉正常运行。煤气发生炉产生的煤气进入到加热炉燃烧，燃烧产生的废气经脱硫除尘设施处理后排放。但该企业在前期进行污染防治设施提标改造过程中，未将原有烟囱拆除，使原有烟囱变成旁路，因管理不当，在生产过程中致使部分烟气未经处理从旁路排放，造成污染。

1. 根据《中华人民共和国大气污染防治法》第二十条：禁止通过偷排、篡改或者伪造监测数据、以逃避现场检查为目的的临时停产、非紧急情况下开启应急排放通道、不正常运行大气污染防治设施等逃避监管的方式排放大气污染物。依据《中华人民共和国大气污染防治法》第九十九条违反本法规定，有下列行为之一的，由县级以上人民政府环境保护主管部门责令改正或者限制生产、停产整治，并处十万元以上一百万元以下的罚款；情节严重的，报经有批准权的人民政府批准，责令停业、关闭：（三）通过逃避监管的方式排放大气污染物的。

2. 参照《新疆维吾尔自治区环境行政处罚自由裁量权细化参照标准（试行）》，决定对该公司行政处罚70万元。

3. 依据《中华人民共和国环境保护法》第六十三条第一款“企业事业单位和其他生产经营者有下列行为之一，尚不构成犯罪的，除依照有关法律法规规定予以处罚外，由县级以上人民政府环境保护主管部门或者其他有关部门将案件移送公安机关，对其直接负责的主管人员和其他直接责任人员，处十日以上十五日以下拘留；情节较轻的，处五日以上十日以下拘留：第（三）项通过暗管、渗井、渗坑、灌注或者篡改、伪造监测数据，或者不正常运行防治污染设施等逃避监管的方式违法排放污染物的”规定，向××公安局移送。

请监察大队严格按照下发的责令改正违法行为决定书落实整改。

参会人员：×××、×××、×××、×××、×××、×××、×××
记录人员：×××

××市环境保护局
2017年×月×日

烟气、烟尘监测报告单

报告编号：2017-GW-107

受测单位：　×××制品有限公司
测试仪器：　崂应3012H型自动烟尘（气）测试仪
校准证书号：　CG字17051887号CF字17200304号
测试方法：《锅炉烟尘测试方法》（GB5468—91）
《固定污染源排气中颗粒物测定与气态污染物采样方法》（GB/T 16157—1996）
《固定污染源排气中二氧化硫的测定　定电位电解法》（HJ/T 57—2000）
《固定污染源废气　氮氧化物的测定　定电位电解法》（HJ 693—2014）
设备型号：轧机加热炉　　　　除尘器型号：/
排气筒高度（m）：25　　　　运行负荷（%）：70
测试日期：2017年×月×日

测点位置		烟气排口
测点截面积（m^2）		0.6
含氧量		17.1
烟气温度（℃）		277
烟气流量（m^3/h）		1.98×10^5
颗粒物排放浓度（mg/m^3）	实测值	37.1
	折算值	123.5
颗粒物排放速率（kg/h）		0.55
二氧化硫排放浓度（mg/m^3）	实测值	/
	折算值	/
二氧化硫排放速率（kg/h）		/
氮氧化物排放浓度(mg/m^3)	实测值	51
	折算值	169
氮氧化物排放速率（kg/h）		0.76

备　　注：

测试人员：×××　　　　审核：×××　　　　签发：×××

××市环境保护局
行政处罚事先告知书

×环罚告字〔2017〕1-××号

×××制品有限公司：

我局于 2017 年 × 月 × 日对你单位进行了调查，发现你单位实施了以下环境违法行为：型钢生产线煤气发生炉脱硫设施设有旁路烟气通过旁路排放，不正常运行污染治理设施等逃避监管的方式违法排放污染物。

以上事实有 现场勘察笔录、询问笔录、影像资料 等证据为凭。

你单位的上述行为违反了《中华人民共和国大气污染防治法》第二十条第二款 的规定。

依据 《中华人民共和国大气污染防治法》第九十九条第一款第三项 规定。参照《××自治区环境行政处罚自由裁量权细化参照标准（试行）》我局拟对你单位作出如下行政处罚：

1. 罚款柒拾万元。

根据《中华人民共和国行政处罚法》第三十二条的规定，你单位有权进行陈述和申辩。未提出陈述申辩意见的，视为放弃此权利。

根据《中华人民共和国行政处罚法》第四十二条的规定，对上述拟作出的 符合听证条件的行政处罚种类和幅度 ，你单位有要求举行听证的权利。你单位如果要求听证，可以在收到本告知书之日起 3 日内向我局提出举行听证的要求；逾期未提出听证申请的，视为你单位放弃听证权利。

联系人： ×××、××　　电话： ×××

地　址： ××市×××　　邮政编码： ××××××

××市环境保护局

2017 年×月×日

××市环境保护局
环境保护行政处罚听证告知书

×环听告字〔2017〕1-××号

×××制品有限公司：

根据《中华人民共和国行政处罚法》第四十二条和《中华人民共和国大气污染防治法》第九十九条第三项的规定作出行政处罚，如你单位对《行政处罚告知书》（×环罚告字〔2017〕第 1-×× 号）的处罚意见有异议，可以在接到本告知书之日起三日内向我局提出书面听证申请，也可以在送达回执上注明听证要求；逾期未提出申请的，视为你单位放弃要求举行听证的权利。

地址：×××街××号

邮政编码：××××××

经办人：×××　　×××

电话：×××

××市环境保护局

2017年×月×日

××市环境保护局
送达回证

送达文书名称及文号	行政处罚事先告知书　×环罚告字〔2017〕1-××号 行政处罚听证告知书　×环听告字〔2017〕1-××号
受送达人名称或姓名	×××制品有限公司
送达地点	厂区办公室
送达方式	直接送达
收件人签字（或盖章）及收件日期	×××（与当事人的关系：授权委托人）
送达人（两人签字）	×××、××× 2017年×月×日×时×分
送达机关盖章	××市环境保护局 2017年×月×日 ××市环境保护局（印章）
备　注	

××市环境保护局
查封决定书

×环查字〔2017〕1-×号

×××制品有限公司：

营业执照注册号（公民身份号码）：

组织机构代码证：

社会信用代码： ×××××××××××××××

地址： ××州××市产业园××工业园

法定代表人（负责人）： ×××

我局于 2017 年 × 月 × 日对你（单位）进行了调查，发现你（单位）实施了以下环境违法行为： 型钢生产线煤气发生炉脱硫设施设有旁路烟气通过旁路排放，不正常运行污染治理设施等逃避监管的方式违法排放污染物。

以上事实，有 现场勘查笔录、调查询问笔录、影像资料 等证据为凭。

本机关认为你（单位）的上述行为违反了《中华人民共和国环境保护法》第四十二条第四款 的规定。

依据《环境保护主管部门实施查封、扣押办法》环境保护部令第 29 号令第四条第四项 的规定，本机关决定对你（单位） 配电箱进行查封 。查封（扣押）期限为 30 日（时间从 2017 年 8 月 21 日起至 2017 年 9 月 20 日止）；查封（扣押）期限不包括检测或技术鉴定的时间。查封（扣押）设施、设备存放于 厂区内 ，在此期间，你（单位）不得擅自损毁封条、变更查封状态或者启用已查封的设施、设备。

如你（单位）对本行政强制措施不服，可以在收到本决定书之日起 60 日内向××市人民政府或者××市环境保护局申请行政复议，也可以在收到本决定书之日起 6 个月内向××市人民法院提起行政诉讼。申请行政复议或者提起行政诉讼，不停止本决定的执行。

××市环境保护局

2017 年×月×日

××市环境保护局

××市环境保护局
查封清单

被查封单位名称：×××制品有限公司

名称	数量	型号及特征	生产厂家	生产日期	存放地点
配电箱	1	灰色			厂区内

被查封人签名：×××　2017年×月×日

执法人员姓名及执法证号：×××　××××××　2017年×月×日

执法人员姓名及执法证号：×××　××××××　2017年×月×日

见证人签名：　年　月　日

注：本清单一式两份，被执行人和行政执法机关各存一份。如委托第三人保管的，应同时交第三人收执。

××市环境保护局
送达回证

送达文书名称及文号	××市环境保护局查封决定书 （×环查字〔2017〕1-×号）
当事人名称或姓名	××××制品有限公司
送达地点	厂区办公室
送达方式	直接送达
收件人签名（盖） 及收件日期	××× 与当事人的关系： 2017年8月21日
送达人签名	×××、×××、×××
送达机关盖章	××市环境保护局
备　注	

××市环境保护局
解除查封决定书

×环解查字〔2017〕1-×号

×××制品有限公司：

我局于 2017 年 × 月 × 日依法对你（单位） 配电箱 作出查封决定书（×环查决字〔2017〕1-×号），因你单位 整改完成 现根据《中华人民共和国行政强制法》第二十八条第一款的规定，经研究，现依法决定解除查封。

××市环境保护局

2017 年×月×日

××市环境保护局
送达回证

送达文书名称 及文号	解除查封决定书 ×环解查字〔2017〕1-×号
送达地点	厂区办公室
送达方式	直接送达
收件人签字（或盖章） 及收件日期	×××（与当事人的关系：授权委托人）
送达人（两人签字）	×××、××× 2017年×月×日×时×分
送达机关盖章	××市环境保护局 2017年×月×日
备　注	

××市环境保护局环境问题约谈记录单

×环约谈字〔2017〕第××号

约谈人：×××　×××

被约谈单位名称：×××制品有限公司

法定代表人：×××

约谈时间：2017年×月×日

约谈地点：×××制品有限公司会议室

约谈内容：根据2017年×月×日现场检查，发现你厂加热烟气炉未经脱硫设施处理，部分烟气由旁路直排排放的问题，你对操作管理工人疏于管理指导，造成问题的发生。

整改要求：1. 加强管理，对工人开展技术培训；

2. 于2017年×月×日前拆除脱硫设施烟气旁路；

3. 举一反三，开展你厂环境问题隐患大排查，对排查出的问题，尽快落实整改，并上报××市环保局。

签收单位：×××制品有限公司

签收人：×××

2017年×月×日

环境行政执法后督察现场检查记录表

<table>
<tr><td colspan="2">检查时间</td><td colspan="4">2017 年×月×日</td></tr>
<tr><td colspan="2">受检单位</td><td colspan="4">×××制品有限公司</td></tr>
<tr><td colspan="2">受检单位地址</td><td colspan="4">×东二区</td></tr>
<tr><td colspan="2">法定代表人</td><td>×××</td><td>联系电话</td><td colspan="2"></td></tr>
<tr><td>被检查人</td><td>×××</td><td>部门职务</td><td>行政部经理</td><td>联系电话</td><td>×××</td></tr>
<tr><td>检查人</td><td>×××</td><td>执法证号</td><td>××××××</td><td>工作单位</td><td>××市环境保护局</td></tr>
<tr><td>记录人</td><td>×××</td><td>执法证号</td><td>××××××</td><td>工作单位</td><td>××市环境保护局</td></tr>
<tr><td>任务来源</td><td colspan="5">行政处罚√　责令改正□　区（流）域限□
挂牌督办□　其他________________</td></tr>
<tr><td rowspan="5">基本情况</td><td colspan="5">实施行政措施机关：××市环境保护局</td></tr>
<tr><td colspan="5">实施行政文号：×环罚告字〔2017〕1-××号</td></tr>
<tr><td colspan="5">主要环境问题或违法事实：
型钢生产线煤气发生炉脱硫设施设有旁路烟气通过旁路排放，不正常运行污染治理设施等逃避监管的方式违法排放污染物</td></tr>
<tr><td colspan="5">整改要求：
停止违法行为，停产整治</td></tr>
<tr><td colspan="5">整改时限：2017 年×月×日</td></tr>
<tr><td rowspan="2">整改情况</td><td colspan="5">是否完成：是</td></tr>
<tr><td colspan="5">整改进度及措施：
2017 年×月×日下午将旁路拆除，烟囱切割并全部封死</td></tr>
<tr><td>后督察意见</td><td colspan="5">已完成整改</td></tr>
<tr><td colspan="2">被检查人（签字）</td><td colspan="2">×××</td><td>日期</td><td>2017 年×月×日</td></tr>
<tr><td colspan="2">检查人（签字）</td><td colspan="2">×××；×××</td><td>日期</td><td>2017 年×月×日</td></tr>
</table>

备注：表中未列事宜可根据现场检查情况进行记录。

××市环境保护局
行政处罚决定书

×环罚〔2017〕1-××号

×××制品有限公司：

营业执照注册号（公民身份号码）：

组织机构代码证：

社会信用代码： ××××××××××××××××××

地址： ×东二区×××××

法定代表人（负责人）： ×××

我局于 2017 年 × 月 × 日对你（单位）进行了调查，发现你（单位）实施了以下环境违法行为： 型钢生产线煤气发生炉脱硫设施设有旁路，烟气通过旁路排放，不正常运行污染防治设施等逃避监管的方式违法排放污染物。 以上事实，有 现场检查勘查笔录、影像资料、照片、调查询问笔录 等证据为凭。

你（单位）的上述行为违反了《中华人民共和国大气污染防治法》第二十条第二款的规定。

我局于 2017 年 × 月 × 日以《行政处罚事先（听证）告知书》（×环罚告字〔2017〕1-××号 告知你（单位）陈述申辩权（听证申请权）。

依据《中华人民共和国大气污染防治法》第九十九条第三项 的规定， 参照新疆维吾尔自治区行政处罚自由裁量权细化参照标准（试行），我局决定对你（单位）处以如下行政处罚：

1. 罚款（大写） 柒拾万 元。

限于接到本处罚决定之日起 15 日内缴至指定银行和账号。逾期不缴纳罚款的，我厅（局）可以根据《中华人民共和国行政处罚法》第五十一条第一项规定每日按罚款数额的 3%加处罚款。

收款银行： 工商银行×××支行 户名：×××财政局

账号： ×××××××××××

我局于 2017 年×月××日以《行政处罚事先（听证）告知书》（×环罚告字〔2017〕1-××告知你单位陈述申辩权，你单位在法定期限内未向我局提出书面听证申请及陈述申辩申请。

你（单位）如不服本处罚决定，可在收到本处罚决定书之日起 60 日内向××市人民政府或者×××环境保护局申请行政复议，也可以在 6 个月内向××市人民法院提起行政诉讼。申请行政复议或者提起行政诉讼，不停止行政处罚决定的执行。

逾期不申请行政复议，不提起行政诉讼，又不履行本处罚决定的，我局将依法申请人民法院强制执行。

××市环境保护局

2017 年×月×日

××市环境保护局
送达回证

送达文书名称 及文号	行政处罚决定书 ×环罚〔2017〕1-××号
送达地点	厂区办公室
送达方式	直接送达
收件人签字（或盖章） 及收件日期	×××（与当事人的关系：授权委托人）
送达人（两人签字）	×××、××× 2017年×月×日×时×分
送达机关盖章	××市环境保护局 2017年×月×日
备　注	

××市环境保护局移送涉嫌环境违法适用行政拘留处罚案件审批表

单位公章：×××环境保护局　　　　审批号：__×__环拘移〔2017〕×号

案　由	×××制品有限公司涉嫌通过逃避监管的方式排放污染物案				
企业名称或其他经营者	×××制品有限公司		组织机构代码（或者社会信用代码）	×××××××××××	
地　址	×东二区××××			邮政编码	××××××
法定代表人或负责人	×××	有效证件及号码	×××	联系电话	
企业主要负责人	×××	有效证件及号码	×××	联系电话	×××
调查人员	×××、×××		承办部门	××市环境保护局	
案情简介	2017年×月×日，××市环保局和产业园管委会形成案件查办组对×××制品有限公司进行现场检查，企业15万t型钢生产线的加热炉和2座煤气发生炉正常运行，轧钢工序停产（因使用夜间低谷电价，所以白天不生产，夜间生产）。从生产工艺及现场检查实际情况来看，15万t型钢生产线的加热炉在运行过程中会产生烟气排放，烟气污染防治设施（脱硫设施）设有旁路，旁路打开，存在烟气外排问题。				
行政拘留处罚移送依据和处理意见	移送依据：1.《中华人民共和国环境保护法》第六十三条第一款第（三）项；2.《行政主管部门移送适用行政拘留环境违法案件暂行办法》第七条第一项。 处理意见：1. 责令立即停止违法行为；2. 给予柒拾万元的处罚；3. 移送××公安局执行行政拘留。 经办人：×××、××× 2017年×月×日				

部门执法 机构意见	同意 签名：××× 2017 年×月×日
部门法制 机构意见	同意 签名：××× 2017 年×月×日
局领导意见	同意 签名：××× 年　月　日

××市环境保护局涉嫌环境违法适用行政拘留处罚案件移送书

<table>
<tr><td>案　由</td><td colspan="5">×××制品有限公司涉嫌通过逃避监管的方式排放污染物案</td></tr>
<tr><td>企业名称或其他经营者</td><td colspan="3">×××制品有限公司</td><td>组织机构代码（或者社会信用代码）</td><td>××××××××</td></tr>
<tr><td>地　址</td><td colspan="3">×东二区</td><td>邮政编码</td><td>××××××</td></tr>
<tr><td>法定代表人或负责人</td><td>×××</td><td>有效证件及号码</td><td>××××××</td><td>联系电话</td><td></td></tr>
<tr><td>企业主要负责人</td><td>×××</td><td>有效证件及号码</td><td>××××××</td><td>联系电话</td><td>××××××</td></tr>
<tr><td>调查人员</td><td colspan="3">×××、×××</td><td>承办部门</td><td>××市环境保护局</td></tr>
<tr><td>简要案情</td><td colspan="5">2017 年×月×日，××市环保局和产业园管委会形成案件查办组对×××制品有限公司进行现场检查，企业 15 万 t 型钢生产线的加热炉和 2 座煤气发生炉正常运行，轧钢工序停产（因使用夜间低谷电价，所以白天不生产，夜间生产）。从生产工艺及现场检查实际情况来看，15 万 t 型钢生产线的加热炉在运行过程中会产生烟气排放，烟气污染防治设施（脱硫设施）设有旁路，旁路打开，存在烟气外排问题。</td></tr>
<tr><td>移送依据</td><td colspan="5">《中华人民共和国环境保护法》第六十三条第一款第（三）项；
《行政主管部门移送适用行政拘留环境违法案件暂行办法》第七条第一项。</td></tr>
</table>

<table>
<tr><td>移送建议</td><td>同意移送</td></tr>
<tr><td colspan="2">经办人（执法证号）：
××× ××××××
××× ××××××

2017年×月×日
（行政机关公章）</td></tr>
</table>

××市环境保护局涉嫌环境违法适用行政拘留处罚案件移送材料清单

案由：×××制品有限公司涉嫌通过逃避监管的方式排放污染物案

材料名称	数量	提供部门	备注
案件移送书	1份2页	××市环境保护局	
案件调查报告	1份4页	××市环境保护局	
移送案件审批表	1份2页	××市环境保护局	
现场笔录	4份8页	××市环境保护局	
照片	5份5页	××市环境保护局	
责令改正违法行为决定书	1份2页	××市环境保护局	
查封决定书	1份2页	××市环境保护局	
行政处罚事先告知书	1份2页	××市环境保护局	
行政处罚决定书	1份2页	××市环境保护局	
监测报告单	1份6页	××市环境保护局	
监测原始记录	1份1页	××市环境保护局	
移交清单	1份1页	××市环境保护局	

移送部门人员签名（执法证号）

×××（××××）　　×××（××××）

××市环境保护局

2017年×月×日

（移送机关盖章）

公安机关签收人签名（警官证号）

×××（××××）　　×××（××××）

××市公安局

2017年×月×日

（受理机关盖章）

移交材料清单

1. 2017 年×月×日××市环境保护局现场勘查笔录（×××）
2. 2017 年×月×日××市环境保护局调查询问笔录（×××）
3. 2017 年×月×日××市环境保护局调查询问笔录（×××）
4. 2017 年×月×日××市环境保护局责令改正违法行为决定书（×××）
5. 2017 年×月×日××市环境保护局事先处罚告知书（×××）
6. 2017 年×月×日××市环境保护局事先处罚听证告知书（×××）
7. 2017 年×月×日××市环境保护局查封决定书（×××）
8. ××市环境保护局检测报告单
9. ××市环境保护局环境问题约谈记录单
10. 公司组织机构图（×××制品有限公司有限公司）
11. 2017 年×月×日××市环境保护局调查询问笔录（×××）

营业执照

注册号XXXXXXXXXXX

名　　　　称　XXXXXXXX有限公司

类　　　　型　有限责任公司

住　　　　所　XX市XX区XX街道XX号

法定代表人　XXX

注册资本　XXXXXX万元人

成立日期　XX年XX月XX日

营业期限　XX年XX月XX日至XX年XX月XX日

经营范围　XXXXXXXXXXXXXXXXXXXXXXXXXXXXXXXXXXXXXXX

XXXXXXXXXXX　XXXXXXXXXXXXXXXX

XXXXXXXXXXXX　XXXXXXXXXXXXXXX

XXXXXXXXXXX

此件与原件校核无异

调取时间：2017 年 x 月 x 日

提供人（签名或盖章）：XXX

执法人员姓名及证号：

XXX：环保 XXXXXXX

XXX：环保 XXXXXXX

登记机关　（XX市市场监督管理局）

XXXX 年 XX 月 XX 日

企业信用信息公示系统网址：http//gsxt.haaic.gov.cn　　中华人民共和国国家工商行政管理总局监制

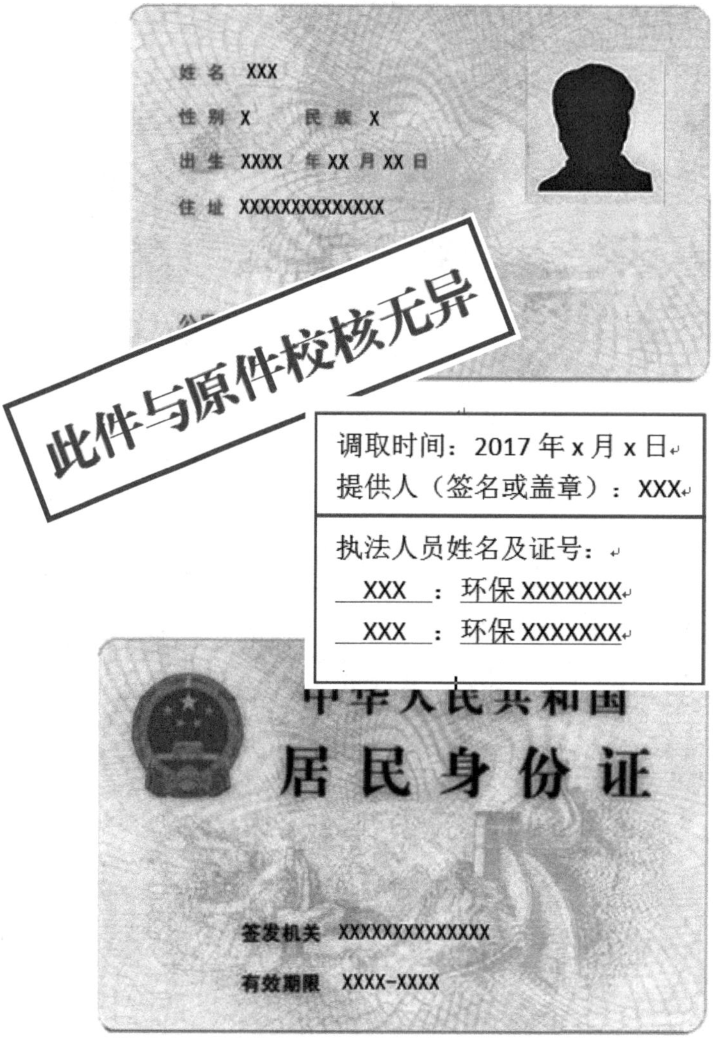
姓名 XXX
性别 X 民族 X
出生 XXXX 年 XX 月 XX 日
住址 XXXXXXXXXXXXXX
此件与原件校核无异
调取时间：2017 年 x 月 x 日
提供人（签名或盖章）：XXX
执法人员姓名及证号：
XXX ：环保 XXXXXXX
XXX ：环保 XXXXXXX
中华人民共和国
居民身份证
签发机关 XXXXXXXXXXXXXX
有效期限 XXXX-XXXX

关于对×××制品有限公司 16万吨/年精密铸件项目环境影响报告书的批复

××环评〔2012〕××号

×××制品有限公司：

你公司报来的《×××制品有限公司16万吨/年精密铸件项目环境影响报告书》（以下简称《报告书》）和××市环保局的审查意见（×环函〔2012〕××号）收悉。经我局研究，批复如下：

一、项目概述：拟建项目位于××××××。工程主要建设内容：新建精炼车间、铸造车间、同步配套20 t中频感应炉3台、消失模铸造生产线、水循环系统、除尘系统、动力变压器、原料堆场、成品车间、办公楼、职工宿舍等。年产10万t精密普碳钢结构铸件及6万t精密合金钢结构铸件。项目占地面积12.12 hm^2，其中绿化面积2.4 hm^2。项目总投资19 180万元，其中，环保投资约3 400万元，占总投资的18.14%。

根据修改完善后的《报告书》评价结论、××市环保局的审查意见，从环境保护的角度，我局同意该项目按《报告书》所列地点、性质、规模和环保措施进行建设。

二、要求建设单位认真落实《报告书》提出的工程建设期及运行期的各项环保措施及要求，并重点做好以下工作：

1. 施工期施工场地周围做好围挡，以减少扬尘扩散，并经常洒水；废水集中收集处理。项目建成后做好道路及地表平整和生态恢复工作，并加强周围绿化。

2. 生产过程中产生各类废气需采取如下措施：

工艺废气中的3台中频感应炉有组织排放的废气，由密闭集尘罩收集，经布袋除尘器净化处理后通过25 m排气筒高空排放；

熔炼车间无组织排放废气经密闭罩收集后由排气管道送入脉冲布袋除尘器处理，通过25 m排气筒高空排放；

钢水浇注、塑模浇注过程中产生烟尘、型砂中粉尘均采取脉冲式布袋除尘器处理后15 m排气筒高空排放；

生产过程中各类废气经上述处理后需达到《大气污染物综合排放标准》（GB 16297—1996）表2中的二级标准值；《工业炉窑大气污染物排放标准》（GB 9078—1996）表2中、表4中的二级标准值；

近期供暖使用常压无烟环保型锅炉，燃料使用无烟煤，锅炉废气排放达到《锅炉大气污染物排放标准》（GB 13271—2001）表 2 中的Ⅱ时段标准。待园区集中供暖实施后，由园区集中供热。

3. 本项目生产过程中产生的工艺废水全部综合利用，不外排；生活污水近期经厂区化粪池处理后排入污水储存池，全部用于厂区绿化，远期待园区污水处理设施建成后，排入园区污水管网集中处理。

4. 生产过程中产生各类固体废弃物需采取如下措施：

熔炼工段和铸造工段均会产生废耐火材料、熔炼过程中会产生熔炼钢渣，回用于中频感应炉熔炼钢，铸造废渣和水渣外售；不合格铸件、精密铸造；磁选铁粒均回用于生产；生活垃圾定期送垃圾场统一处理。

5. 噪声源选择低噪声设备，将主要噪声设备安装至室内，噪声设备采取加设减振基础、安装消声器等措施后，以满足《工业企业厂界环境噪声排放标准》（GB 12348—2008）中Ⅲ类标准要求。

6. 严格落实报告书中提出的风险防范措施，防止事故的发生。

7. 加强厂区绿化美化，绿化率达到园区统一要求。规范建设排污口，按《环境保护图形标志——排放口（源）》（GB 15562.1—1995）的规定，在各废气、水、声排污口（源）设立标识和采样口。

三、该项目排放的污染物均为生活源，不予核定污染物排放总量指标。

四、如工程的性质、规模、地点、采用的生产工艺、防治污染措施发生重大变动，须报我局重新审批。

五、建设单位要严格执行环境保护“三同时”管理制度，项目建成后须向我局提出试运行申请，试运行 3 个月内申请验收，经验收合格后方可正式运行。

六、项目建设和运行期环境监督管理工作由××市环保局负责，×××环境监察支队做不定期抽查。

××市环境保护局

2012 年×月×日

××市环境保护局关于×××制品有限公司年产 15 万吨型钢生产线项目竣工环境保护验收意见

××环函〔2014〕××号

×××制品有限公司：

你单位报送的《×××制品有限公司年产 15 万吨型钢生产线项目竣工环境保护验收申请表》及相关验收材料收悉。根据现场检查及验收监测情况，提出验收意见如下：

一、建设项目基本情况

项目建设地点位于××产业园××工业园内，太原路西侧，山西路北侧，紧靠×××钢铁有限公司。该项目建设区属于×××管辖，位于××市东南约 15 km，南距吐—乌—大高等级公路×××m，北距吐乌奇公路× km，西距小黄山铁路站约×× km。项目区的地理坐标为北纬：××° 04′ 53.2″，东经：××° 24′ 49.9″；项目占地面积：121 163.61 m^2（181.745 亩）；项目北侧、西侧为空地，南侧、东侧为园区道路，东侧与××××钢铁有限公司隔路相邻。项目建设性质为扩建，主要建设内容为：新建型钢生产车间及半连轧生产线，设有粗轧机、精轧机组、剪裁机、步进冷床、冷锯等生产设备；辅助工程为空压站、净循环水池和浊循环水池；配电室、备品件车间及成品件车间。

本项目于 2013 年 1 月开工建设，2013 年 11 月建成试运行，2014 年 5 月委托×××环境监测站验收监测。

二、环境保护措施落实情况

建设单位基本落实环评报告表提出的各项环保措施，各项污染物达标排放。根据×××环境监测站《×××有限公司年产 15 万 t 型钢生产线项目竣工环境保护验收监测报告表》（××环验字［2014-CJHJY-008］）监测结果显示，该项目热源依托一期×××有限公司年产 16 万 t 精密铸件项目，加热炉排放废气中烟尘、SO_2、NO_x 排放浓度达到《轧钢工业大气污染物排放标准》（GB 28665—2012）表 2 热处理炉标准限值；热轧工艺产生的粉尘、两段式煤气发生炉产生的无组织排放污染物，厂界无组织废气 TSP 排放浓度达到《大气污染物综合排放标准》（GB 16297—1996）表 2 中新污染源大气污染物排放限值；两段式煤气发生炉产生 H_2S 排放浓度达到《恶臭污染物排放标准》（GB 14554—

93）二级新扩改建标准。生产废水全部循环利用，不外排。生活污水经化粪池处理后各类污染物均达到了《污水综合排放标准》（BG 8978—1996）中新污染源三级标准，冬储夏灌。厂界东面昼间，西面、南面、北面昼间及夜间噪声监测值达到《工业企业厂界环境噪声排放标准》（GB 12348—2008）中的 3 类标准限值，厂界东侧夜间噪声监测值超出《工业企业厂界环境噪声排放标准》（GB 12348—2008）中的 3 类标准限值（因项目夜间生产且其厂界东面为园区道路，过往车辆较多）。产生的一般固体废物废钢、煤灰外售，生活垃圾交由××垃圾处置有限公司负责清运；危险废物焦油由具有危险废物处置资质的企业负责处置。

三、验收结论

××市环保局关于×××制品有限公司年产 15 万 t 型钢生产线项目基本执行了环境影响评价和环保“三同时”管理制度，经现场调查，基本落实了环评报告表提出的环保措施及批复要求，主要污染物达标排放，符合环保验收条件，同意通过竣工环保验收。

四、整改意见

（一）强化各项环保设施的运行管理工作，确保各项环保设施稳定运行和各项污染物稳定达标排放。

（二）做好排污口规范化建设工作，按规范设置标示标牌；完善环保档案（包括各类环保设施投资明细）；加强厂区周围环境的综合整治，做好厂区硬化及绿化美化，项目区绿化面积需达到园区规划要求。

（三）加强环境风险防范管理，完善环境事故应急预案，完善相关措施，保障区域环境安全。

（四）冬季如采用锅炉供暖，需申请我局验收后方可使用。

××市环境保护局

2014 年××月××日

××市环保局关于对×××制品有限公司年产 15 万吨型钢生产线建设项目环境影响报告表的批复

××环评〔2013〕××号

×××有限公司：

你公司报送的《×××有限公司年产 15 万吨型钢生产线建设项目环境影响报告表》（以下简称“报告表”）和××市环保局对该项目的审查意见（×环函〔2013〕××号）等相关材料收悉，经研究，批复如下：

一、项目概述：该项目位于××产业园××工业园内，太原路西侧，山西路北侧，紧靠××××钢铁有限公司。该项目建设区属×××××市管辖，位于××市东南约××km，南距吐—乌—大高等级公路××m，北距吐—乌—奇公路××km，西距小黄山铁路站约××km。厂址坐标为：东经××° 24′ 49.9″，北纬××° 04′ 53.2″，项目占地面积：121 163.61 m^2（181.745 亩），绿化面积 24 232.72 m^2。

该项目建设性质为扩建，新建型钢生产车间及半连轧生产线，设有粗轧机、精轧机组、剪裁机、步进冷床、冷锯等生产设备；辅助工程为空压站、净循环水池和浊循环水池；配电室、备品件车间及成品件车间。项目总投资 10 620 万元，其中环保投资 382 万元，占总投资的 3.6%。

二、建设单位应严格落实报告表中提出的各项环保措施，并重点做好以下工作：

1. 建设期必须严格依照城市扬尘防护规定进行施工，控制施工范围，在施工区周围加设围挡设施，建筑材料堆场必须采取防尘抑尘措施；散装水泥罐下部出口设置防尘袋；定期对施工场地及周边道路进行洒水抑尘；运输车辆要加盖篷布，不得超载，避免产生二次扬尘；施工和生活废水集中收集处理后回用降尘；建筑垃圾和生活垃圾集中收集，妥善处理。

2. 运营期加热炉污染物排放浓度满足《轧钢工业大气污染物排放标准》（GB 28665—2012）。煤气站设计依据《发生炉煤气站设计规范》（GB 50195—2010）要求，煤气发生炉采用两座 Φ 3.0 m 两段式混合煤气发生炉。两段式煤气发生炉产生的 H_2S、烟尘，煤气净化过程挥发的臭气等经处理达标后方可排放。加热炉加热型钢需设置烟气冷风设备，燃烧废气冷却后经 60 m 烟囱排入大气。职工食堂油烟气需用油烟进化设备处理后达到《饮食业油烟排放标准》（GB 18483—2001）方可排放。

3. 项目运营期车间净循环水系统中加热炉炉底管应采用气化冷却，产生的蒸汽并入蒸汽管网回用；浊循环水系统二次平流池的水流入泵站吸水池，由泵加压送至浊环过滤器，滤后水余压上冷却塔，冷却后进入浊循环冷却池，由水泵加压循环使用。生活废水经地埋式一体化污水处理设备处理，污水污染物浓度满足《污水综合排放标准》（GB 8978—1996）三级标准，污水经处理后用于厂区绿化。

4. 项目运营期产生的废钢、煤灰等废物必须全部委托有资质的单位回收或处置；焦油、废润滑油等危险废物收集后按照《危险废物贮存污染控制标准》（GB 18597—2001）进行贮存。生活垃圾收集后交由就近的垃圾处理站统一处理。

5. 项目建设中应选用低噪声设备，并采取基础减震，安装隔音、消声装置，加大绿化等措施降低噪声影响，以满足《工业企业厂界环境噪声排放标准》（GB 12348—2008）3 类区标准。

6. 排污口标准化建设：本项目应按《环境保护图形标志——排放口（源）》（GB 15562.1—1995）规定的图形，在各气、水、声排污口（源）挂牌标识，做到各排放口（源）的环保标志明显，便于企业管理和公众监督。

7. 建设项目的性质、规模、地点或运行方式等发生重大变动时，必须重新报批环境影响评价文件。

三、建设单位要严格执行环境保护“三同时”管理制度，项目建成后须向我局申请环保竣工验收，经验收合格后，方可正式运营。

四、项目建设和运行期环境监督管理工作由××市环保局负责，×××环境监察支队不定期抽查。

××市环境保护局

2013 年×月×日

××市环保局关于×××制品有限公司年产16万吨精密铸件一期项目竣工环境保护验收意见

××环函〔2014〕××号

×××制品有限公司：

你单位报送的《×××制品有限公司年产 16 万 t 精密铸件一期项目竣工环境保护验收申请表》及相关验收材料收悉。根据现场检查及验收监测情况，提出验收意见如下：

一、建设项目基本情况

项目建设地点位于××产业园××工业园内，太原路西侧，山西路北侧，紧靠××××钢铁有限公司。该项目建设区属于×××××市管辖，位于××市东南约××km，南距吐—乌—大高等级公路×××m，北距吐—乌—奇公路×KM，西距小黄山铁路站约××km。项目区的地理坐标为北纬：××° 04′ 53.2″，东经：××° 24′ 49.9″；项目占地面积：121 163.61 m^2（181.745 亩）；项目北侧、西侧为空地，南侧、东侧为园区道路，东侧与××××钢铁有限公司隔路相邻。项目建设性质为新建，主要建设内容为：精炼车间、铸造车间，同步配套 20 t 中频感应炉 3 套（12 t 中频感应炉 1 套），消失模铸造生产线（未建设）、水循环系统、除尘系统、动力变压器及其他配套工程。

本项目于 2012 年 4 月开工建设、于 2013 年 5 月建设完成并投入试运行，2014 年 5 月委托×××环境监测站验收监测。

二、环境保护措施落实情况

建设单位基本落实环评报告表提出的各项环保措施，各项污染物达标排放。项目有组织废气主要来自 2 套 20 t 中频感应炉、1 套 12 t 中频感应炉熔炼过程中产生的废气。根据×××环境监测站《×××有限公司 16 万 t/年精密铸件一期项目竣工环境保护验收监测报告》（××环验字［2014-CJHJY-007］）中监测结果显示精炼车间中频感应电炉冶炼排放废气中烟尘经布袋除尘处理后排放浓度达到《工业炉窑大气污染物排放标准》（GB 9078—1996）表 2 熔炼炉二级标准限值；SO_2 排放浓度达到《工业炉窑大气污染物排放标准》（GB 9078—1996）表 4 二级标准限值；NO_x 排放浓度达到《大气污染物综合排放标准》（GB 16297—1996）表 2 中新污染源排放限值。无组织废气包括原料堆储、配料、中频感应电炉冶炼的各个工序逸散的少量粉尘。监测结果显示，厂界无组织废气TSP浓度达到《大气污染物综合排放标准》（GB 16297—1996）新污染源标准限值。生产废水全部循环利用，不外排。生活污水经化粪池处理后，各类污染物均达到了《污水综合排放标准》（BG 8978—1996）中新污染源三级标准，冬储夏灌。厂界东面昼间，西面、南面、北面昼间及夜间噪声监测值达到《工业企业厂界环境噪声排放标准》（GB 12348—2008）中3类标准，厂界东侧夜间噪声监测值超出《工业企业厂界环境噪声排放标准》（GB 12348—2008）中的3类标准限值（因项目夜间生产，且其厂界东面为园区道路，过往车辆较多）。固体废物中废耐火材料、渣外售、熔炼钢渣回用、生活垃圾委托园区相关单位负责清运。

三、验收结论

×××制品有限公司年产16万t精密铸件一期项目基本执行了环境影响评价和环保“三同时”管理制度，经现场调查，基本落实了环评报告表提出的环保措施及批复要求，主要污染物达标排放，符合环保验收条件，同意通过竣工环保验收。

四、整改意见

（一）强化各项环保设施的运行管理工作，确保各项环保设施稳定运行和各项污染物稳定达标排放。

（二）做好排污口规范化建设工作，按规范设置标示标牌；完善环保档案（包括各类环保设施运行台账）；加强厂区周围环境的综合整治，做好厂区硬化及绿化美化，项目区绿化面积需达到园区规划要求。

（三）加强环境风险防范管理，完善环境事故应急预案，完善相关措施，保障区域环境安全。

（四）项目采用消失模铸造生产时，需重新申请验收后，方可投入生产。

××市环境保护局

2014年××月××日

××市公安局
行政处罚决定书

×公（博）行罚决字〔2017〕×××号

违法行为人（姓名、性别、年龄、出生日期、身份证件种类及号码、户籍所在地、现住址、工作单位、违法经历以及被处罚单位的名称、地址和法定代表人）×××，男，56岁，1961年4月6日出生，居民身份证号码：×××，户籍所在地：福建省××市××区××路×号××小区×座×，现住址：××市××乡××工业园区×××制品有限公司，×××制品有限公司法人代表。

现查明 由×××作为法定代表人的×××制品有限公司型钢生产线煤气发生炉脱硫设施设有旁路，烟气通过旁路排放，不正常运行污染防治设施等逃避监管的方式违法排放污染物。××市环境保护局依据《中华人民共和国大气污染防治法》第九十九条第三项、《××州环境保护局自由裁量权》的规定，决定对×××制品有限公司罚款柒拾万元，以上事实有××市环境保护局移交的电子证据、现场检查（勘察）笔录、调查询问笔录、现场照片证据、责令改正违法行为决定书、行政处罚事先告知书、环境保护行政处罚听证告知书、查封决定书、查封清单、行政处罚决定书、环境问题约谈记录单、×××制品有限公司涉嫌通过逃避监管的方式排放污染物的调查报告、监测报告及×××本人的陈述和申辩 等证据证实。

根据《中华人民共和国环境保护法》第六十三条第（三）项之规定，现决定 对×××行政拘留五日。

执行方式和期限 由××公安局治安大队民警送×××至××市拘留所执行行政拘留五日，执行期限为2017年8月31日到2017年9月5日。

逾期不交纳罚款的，每日按罚款数额的百分之三加处罚款，加处罚款的数额不超过罚款本数。如不服本决定，可以在收到本决定书之日起六十日内向 ××公安局或者××市人民政府 申请行政复议或者在六个月内依法向 ××市 人民法院提起行政诉讼。

××市公安局

公安机关（印）
2017年×月×日

行政处罚决定书已向我宣告并送达。

被处罚人　×××

2017年×月×日

一式三份，被处罚人和执行单位各一份，一份附卷。治安案件有被侵害人的，复印送达被侵害人。

××市拘留所执行回执

×拘收字（2017）×××号

××公安局××派出所：

根据×公（博）行罚决字〔2017〕×××号拘留决定书，被执行人 ××× 已于 2017 年×月×日 入所。

执行期限 5 日（自 201 年 8 月 31 日至 2017 年 9 月 5 日止）。

投送人：×××

×××

经办人：×××

×××

2017 年×月×日

（拘留所印章）

×××市拘留所

8. ×××污水处理有限公司不正常使用水污染物处理设施等逃避监管排放污染物案

【案件提供单位】

××环境保护局

【案件简介】

2017年2月14日，××环境监察支队执法人员对×××污水处理有限公司进行现场检查，发现该公司未经环保部门批准闲置水污染治理设施，检查发现该公司进水粗、细格栅均已损坏，无法运行；曝气沉砂池淤泥堵塞，吸砂桥无法运行；曝气池污泥活性不足，达不到曝气效果；二沉池吸泥桥设备损坏、无法正常运行。芬顿反应池管线堵塞无法使用。加药车间停运。出水长期超标排放。违反《中华人民共和国水污染防治法》第二十一条第二款，依据《中华人民共和国水污染防治法》第七十三条，参照《环境保护行政处罚自由裁量》处3倍排污费罚款为2 111 019元。

依据《中华人民共和国环境保护法》第六十三条第三款、《行政主管部门移送适用行政拘留环境违法案件暂行办法》的规定，移送公安机关处理。

【专家点评】

一、该案的优点

1. 本案符合《环境保护法》《行政主管部门移送适用行政拘留环境违法案件暂行办法》的规定，在给予违法企业行政处罚的同时，对企业负责人移送行政拘留8日。环境违法行为适用拘留处罚依据充分、准确；环保局与公安局的交接过程清晰明了；案件基础资料完备整齐。

2. 本案行政处罚及移送拘留的程序复杂，涉及多次检验监测、当事人申辩及听证、送达方式多样化——直接送达、留置送达、邮寄送达，保证了执法文书的有效送达。尤其可贵的是本案中的委托检测报告也采取了送达当事人的方式，并且在告知当事人在15天内有权提出异议，充分保障了当事人的知情权。

3. 本案行政处罚裁量权适用恰当。涉事污水处理厂未经批准擅自闲置污水处理设施，自2015年2月16日至本次处罚前，共受到4次行政处罚依然未能改正违法行为。本次执法采取从重处罚211万余元罚款的裁量权标准，符合立法本意和环境管理的工作要求。

4. 本案严格执行立案与查处相分离的原则。本案有立案审批表、移送行政拘留审批表、听证记录及报告、案审委集体讨论记录等，体现了执法过程中由监察执法人员现场调查及提出初步处罚意见，法规处主持听证及审核处罚意见，最终集体决策处罚的执法过程，从程序上保障处罚客观、公平、公正。

5. 本案确定处罚金额的事实依据完备充分。本案相对人由于废水超标排放涉嫌违法，执法人员在依据修订前《水污染防治法》进行处罚时需要计算排污费数额后方能确定最终处罚金额。本案执法人员收集了2016—2017年出水检验报告、×××污水处理有限公司2014—2016年进水量报告及统计表、污水处理厂及配套管网工程环境影响报告书的批复、污水处理有限公司3万m^3/d污水处理工程（原××污水处理厂一期）竣工环境保护验收合格的函等基础资料作为依据，计算出排污费核算单（2016.4—2017.3），在此基础上确定处罚金额，客观可信。

二、存在的问题和争议

案审委集体讨论的会议记录“该企业存在主观故意或者拒不改正违法行为的问题在幅度内从重处罚、处应缴纳排污费数额3倍罚款，应缴纳排污费703 673元，3倍罚款是21 119元”的内容与最终罚款2 111 019元数字不符，虽为笔误，实属不该。

目录

序号	提供人	文件题名	文号	页码
正卷				
19	××环境保护局	××环境保护局 环境保护行政处罚听证告知书	××环罚听告字〔2017〕第×××号	710
20	××环境保护局	邮寄送达证明		711
21	××环境监察支队	执法人员执法证复印件		712
22	×××污水处理厂	书面申辩意见和书面听证申请		713
23	×××污水处理厂	授权委托书		714～715
24	××环境保护局	××环境保护局 环境保护行政处罚听证通知书	××听通字〔2017〕第×××号	716
25	××环境保护局	××环境保护局送达回证		717
26	××环境保护局	听证主持人主持词		718
27	××环境保护局	××环境保护局听证笔录		719～721
28	××环境保护局	××环境保护局案件处理内部审批表		722～724
29	××环境监察支队	排污费核算单（2016.4—2017.3）		725～736
30	×××环境监测站、××州环境监测站	2016—2017 年出水检验报告		737～780
31	×××污水处理厂	×××污水处理有限公司 2014—2016 年进水量报告及统计表		781～782
32	×××环境监测站、××州环境监测站	××环境监测站计量认证书，××市环境保护局环境监测站计量认证证书		783～784
33	××环境监察支队	营业执照、法人及相关人员身份证，劳动合同复印件		785～795
34	××环境保护局	关于×××污水处理厂及配套管网工程环境影响报告书的批复		796～797
35	××环境保护局	关于×××污水处理有限公司 3 万 m^3/d 污水处理工程（原××污水处理厂一期工程）竣工环境保护验收合格的函		798～799
36	××环境保护局	××环境保护局督促履行义务催告书		800
副卷				
序号	提供人	文件题名	文号	页码
1	××环境保护局	××环境保护局环境行政执法案件集体审议记录		802～804
2	××环境保护局	××环境保护局听证报告		805～806

×××污水处理有限公司不正常使用水污染处理设施等逃避监管排放污染物案

正

卷

××环境保护局移送涉嫌环境违法适用行政拘留处罚案件审批表

单位公章：××环境保护局　　　　审批号：××环拘移〔2017〕第××号

<table>
<tr><td>案　由</td><td colspan="5">涉嫌不正常使用水污染物处理设施等逃避监管的方式违法排放污染物案</td></tr>
<tr><td>企业名称或其他经营者</td><td colspan="2">×××污水处理有限公司</td><td>组织机构代码（或者社会信用代码）</td><td colspan="2">×××××××××××××××</td></tr>
<tr><td>地　址</td><td colspan="3">××××县××街道××号</td><td>邮政编码</td><td>××××××</td></tr>
<tr><td>法定代表人或负责人</td><td>×××</td><td>有效证件及号码</td><td>××××××××××××××××</td><td>联系电话</td><td>×××××××</td></tr>
<tr><td>企业主要负责人</td><td>×××</td><td>有效证件及号码</td><td>××××××××××××××××</td><td>联系电话</td><td>×××××××</td></tr>
<tr><td>调查人员</td><td colspan="2">×××　×××</td><td>承办部门</td><td colspan="2">××环境监察支队</td></tr>
<tr><td>案情简介</td><td colspan="5">2017年2月14日，××环境监察支队执法人员对×××污水处理有限公司进行现场检查，发现该公司未经环保部门批准闲置水污染治理设施，检查发现该公司进水粗、细格栅均已损坏，无法运行；曝气沉砂池淤泥堵塞，吸砂桥无法运行；曝气池污泥活性不足，达不到曝气效果；二沉池吸泥桥设备损坏、无法正常运行。芬顿反应池管线堵塞无法使用。加药车间停运。出水长期超标排放。</td></tr>
<tr><td>行政拘留处罚移送依据和处理意见</td><td colspan="5">移送依据：《中华人民共和国环境保护法》第六十三条第三款；
《行政主管部门移送适用行政拘留环境违法案件暂行办法》。
处理意见：建议移送公安机关处理。

经办人：×××　×××　　　　2017年×月×日</td></tr>
</table>

部门执法 机构意见	同意 签字：×××　　　　2017 年×月×日
部门法制 机构意见	同意 签字：×××　　　　2017 年×月×日
分管领导 意　见	同意 签字：×××　　　　2017 年×月×日
局领导 意　见	同意 签字：　×××　　　　2017 年×月×日

××环境保护局涉嫌环境违法
适用行政拘留处罚案件移送书

<table>
<tr><td>案　由</td><td colspan="7">涉嫌不正常使用水污染物处理设施等逃避监管的方式违法排放污染物案</td></tr>
<tr><td>企业名称或
其他经营者</td><td colspan="3">×××污水处理有限公司</td><td colspan="2">组织机构代码（或者
社会信用代码）</td><td colspan="2">×××××××××
××××</td></tr>
<tr><td>地　址</td><td colspan="4">××××县××街道××号</td><td colspan="2">邮政编码</td><td>××××××</td></tr>
<tr><td>法定代表人
或负责人</td><td>×××</td><td>有效证件
及号码</td><td colspan="2">××××××××××
×××××</td><td colspan="2">联系电话</td><td>×××××
××</td></tr>
<tr><td>企业主要
负责人</td><td>×××</td><td>有效证件
及号码</td><td colspan="2">××××××××××
×××××</td><td colspan="2">联系电话</td><td>×××××
××</td></tr>
<tr><td>调查人员</td><td colspan="3">×××　×××</td><td>承办部门</td><td colspan="3">××环境监察支队</td></tr>
<tr><td>简要案情</td><td colspan="7">2017 年 2 月 14 日，××环境监察支队执法人员对×××污水处理有限公司进行现场检查，发现该公司未经环保部门批准闲置水污染治理设施，检查发现该公司进水粗、细格栅均已损坏，无法运行；曝气沉砂池淤泥堵塞，吸砂桥无法运行；曝气池污泥活性不足，达不到曝气效果；二沉池吸泥桥设备损坏、无法正常运行。芬顿反应池管线堵塞无法使用。加药车间停运。出水长期超标排放。</td></tr>
<tr><td>移送依据</td><td colspan="7">《中华人民共和国环境保护法》第六十三条第三款；
《行政主管部门移送适用行政拘留环境违法案件暂行办法》。</td></tr>
<tr><td>移送建议</td><td colspan="7">建议公安部门依法处理。</td></tr>
<tr><td colspan="8">经办人（执法证号）：

×××（××××）　　　×××（××××）

2017 年×月×日
（行政机关公章）</td></tr>
</table>

××环境保护局涉嫌环境违法
适用行政拘留处罚案件移送材料清单

案由：涉嫌不正常使用水污染物处理设施等逃避监管的方式违法排放污染物案

材料名称	数量	提供部门	备注
关于×××污水处理有限公司案件调查报告	1	××环保局	
××环境保护局现场检查（勘察）笔录	3	××环保局	
××环境保护局调查询问笔录	3	××环保局	
××环保局责令改正违法行为决定书	1	××环保局	××环改字〔2017〕×-×××号
现场检查照片	3	××环保局	
执法人员证件	2	××环保局	
2017 年检验报告	2	××州环境监测站 ××市环境监测站	报告单编号：S-2017-006 报告单编号：水 2017-063-w
×××污水处理有限责任公司 2014—2016 年进水报告	1	×××污水处理有限责任公司	
2016 年检验报告	10	××市环境监测站	
排污费核算单	1	××环保局	
××环境监测站计量认证证书 ××环境监测站计量认证证书	2	××州环保局 ××市环保局	
关于×××污水处理厂及配套管网工程环境影响报告书的批复	1	××环保局	×环评价函〔2011〕×××号
关于×××污水处理有限公司 3 万 m^3/d 污水处理工程（原×××污水处理厂一期工程）竣工环境保护验收合格的函	1	××环保局	×环函〔2015〕××××号

营业执照复印件（三证合一）	1	××环保局	
法人及相关人员身份证复印件、劳动合同	5	××环保局	
2016年××市环境保护局勘察笔录、调查笔录 2016年××区环保局勘察笔录、调查笔录	15	××市环保局、××区环保局	
××环保局环境保护行政处罚事先告知书	1	××环保局	××环罚告字〔2017〕第×××号
××环保局环境保护行政处罚听证告知书	1	××环保局	××环罚听告字〔2017〕第×××号
视频资料	1	××环保局	

移送部门人员签名（执法证号）

×××（××××）　　×××（××××）

××环境保护局

2017年×月×日
（移送机关盖章）

公安机关签收人签名（警官证号）

×××（××××）　　×××（××××）

×××公安局

2017年×月×日
（受理机关盖章）

注：本清单一式两份，移送部门和公安机关各存一份。

×××公安局
行政处罚决定书

×公（开）行罚决字〔2017〕×××号

违法行为人（姓名、性别、年龄、出生日期、身份证件种类及号码、户籍所在地、现住址、工作单位、违法经历以及被处罚单位的名称、地址和法定代表人）×××，男，28岁，1989年×月×日出生，身份证号码：×××××××××××××××，户籍所在地：新疆××县××村，现住×××污水处理有限公司员工宿舍。违法犯罪经历：无。

现查明 2017年2月14日，××环境监察支队执法人员对×××污水处理有限公司进行现场检查，发现×××污水处理有限公司末经环保部门批准闲置水污染治理设施，检查发现进水粗、细格栅均已损坏，无法运行；曝气沉砂池淤泥堵塞，吸砂桥无法运行；曝气池污活性不足，达不到曝气效果；二沉池吸泥桥设备损坏、无法正常运行。芬顿反应池管线堵塞无法使用。加药车间停运。出水长期超标排放。×××为生产运行班长，是直接责任人。以上事实有 违法行为人的陈述和申辩、证人证言、现场勘查笔录、检验报告、视听资料、书证等证据证实。

根据 《中华人民共和国环境保护法》第六十三条第三款之规定，现决定对违法行为人×××行政拘留八日的行政处罚。

执行方式和期限 由××市公安局××派出所民警将违法行为人×××送至××行政留所执行。执行期限为2017年×月×日至2017年×月×日。

逾期不交纳罚款的，每日按罚款数额的百分之三加处罚款，加处罚款的数额不超过罚款本数。

如不服本决定，可以在收到本决定书之日起六十日内向××公安局或××人民政府申请行政复议或者在六个月内依法向××人民法院提起行政诉讼。

×××公安局

2017年×月×日

行政处罚决定书已向我宣告并送达。

被处罚人：×××　　2017年×月×日××时××分

×××拘留所
执行回执

×公（行）拘收字〔2017〕×××号

××市公安局×××派出所：

根据 ×公（开）行罚决字〔2017〕×××号 决定书，被执行人 ××× 已于 2017 年×月×日 入所。

执行期限 8 日（自 2017 年×月×日至 2017 年×月×日止 ）。

投送人：×××、×××
2017 年×月×日

经办人：×××、×××
2017 年×月×日

×××拘留所（拘留所印章）
2017 年×月×日

××环境保护局
行政处罚决定书

××环罚字〔2017〕第×××号

×××污水处理厂：

统一社会信用代码：××××××××××

地址：××××州××县××街××号

法定代表人（负责人）：×××

我局于2017年2月14日对你单位进行了现场调查，发现你单位实施了以下环境违法行为：2016年4月—2017年3月20日通过不正常使用水污染物处理设施等逃避监管的方式违法排放污染物。

以上事实，有现场检查（勘察）笔录、调查询问笔录、监测报告、现场照片、影像资料等证据为凭。

你单位的上述行为违反了《中华人民共和国水污染防治法》第二十一条第二款的规定，我局于2017年4月21日以《××环境保护局环境保护行政处罚事先告知书》（××环罚告字〔2017〕第×××号）和《××环境保护局环境保护行政处罚听证告知书》（××环罚听告字〔2017〕第×××号）告知你单位陈述申辩权、听证申请权。你公司于2017年4月26日向我局提出听证申请，我局于2017年5月16日召开听证会，听取了你单位的意见。

依据《中华人民共和国水污染防治法》第七十三条的规定，参照《××环境保护局行政处罚自由裁量参照执行标准（试行）》）我局决定对你单位处以如下行政处罚：

罚款（大写）贰佰壹拾壹万壹仟零壹拾玖元整（2 111 019元）

限于接到本处罚决定之日起十五日内缴至指定银行和账号。逾期不缴纳罚款的，我局将每日按罚款数额的3%加处罚款。

收款银行：××××××分行营业部

户　　名：×××××××

账　　号：××××××××××××××××

如不服本决定，可在收到本处罚决定书之日起六十日内向×××环境保护厅或者××回族自治州人民政府申请行政复议，也可在六个月内直接向××市人民法院起诉。申请行政复议或者提起行政诉讼的，不停止行政处罚决定的执行。逾期不申请行政复议，不提起行政诉讼，又不履行本处罚决定的，我局将依法申请人民法院强制执行。

××环境保护局（公章）

2017年×月×日

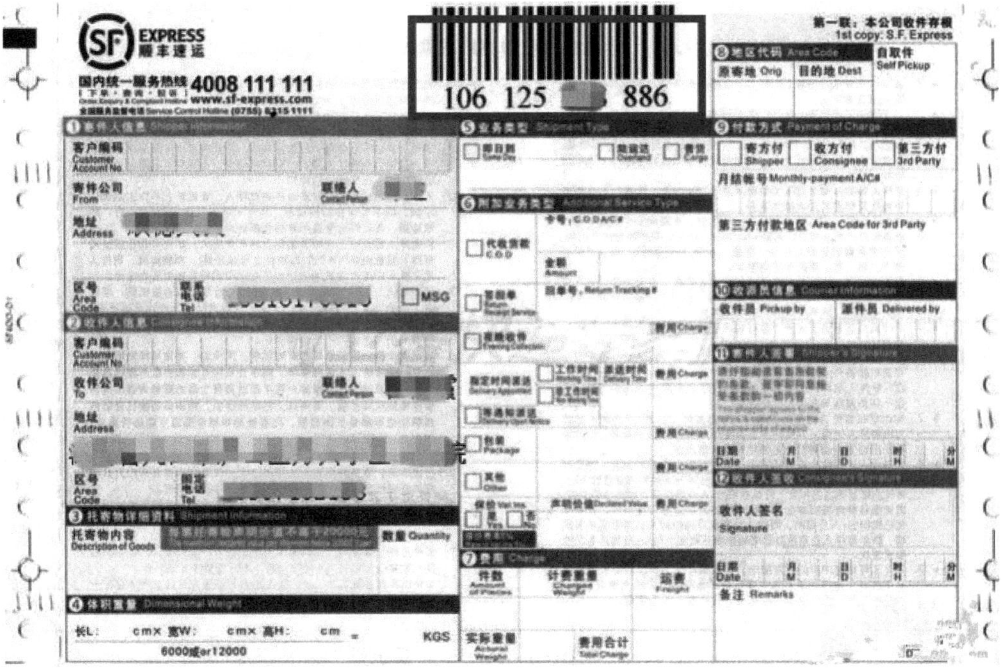
SF EXPRESS 顺丰速运
国内统一服务热线 4008 111 111
www.sf-express.com
106 125 886
第一联：本公司收件存根
1st copy: S.F. Express
①寄件人信息 Shipper Information
客户编码 Customer Account No.
寄件公司 From
联络人 Contact Person
地址 Address
区号 Area Code
联系电话 Tel
MSG
②收件人信息 Consignee Information
客户编码 Customer Account No.
收件公司 To
联络人 Contact Person
地址 Address
区号 Area Code
联系电话 Tel
③托寄物详细资料 Shipment Information
托寄物内容 Description of Goods
数量 Quantity
④体积重量 Dimensional Weight
长L: cm× 宽W: cm× 高H: cm = KGS
6000或or12000
⑤业务类型 Shipment Type
⑥附加业务类型 Additional Service Type
代收货款 COD
卡号 C.O.D A/C#
金额 Amount
签回单 Return Receipt Service
回单号 Return Tracking #
费用 Charge
包装 Package
其他 Other
保价 Val.Ins.
是 Yes
否 No
声明价值 Declared Value
⑦费用 Charge
件数 Amount of Pieces
计费重量 Charged Weight
运费 Freight
实际重量 Actual Weight
费用合计 Total Charge
⑧地区代码 Area Code
原寄地 Orig
目的地 Dest
自取件 Self Pickup
⑨付款方式 Payment of Charge
寄方付 Shipper
收方付 Consignee
第三方付 3rd Party
月结帐号 Monthly-payment A/C#
第三方付款地区 Area Code for 3rd Party
⑩收派员信息 Courier Information
收件员 Pickup by
派件员 Delivered by
⑪寄件人签署 Shipper's Signature
日期 Date 月 M 日 D 时 H 分 M
⑫收件人签收 Consignee's Signature
收件人签名 Signature
日期 Date 月 M 日 D 时 H 分 M
备注 Remarks

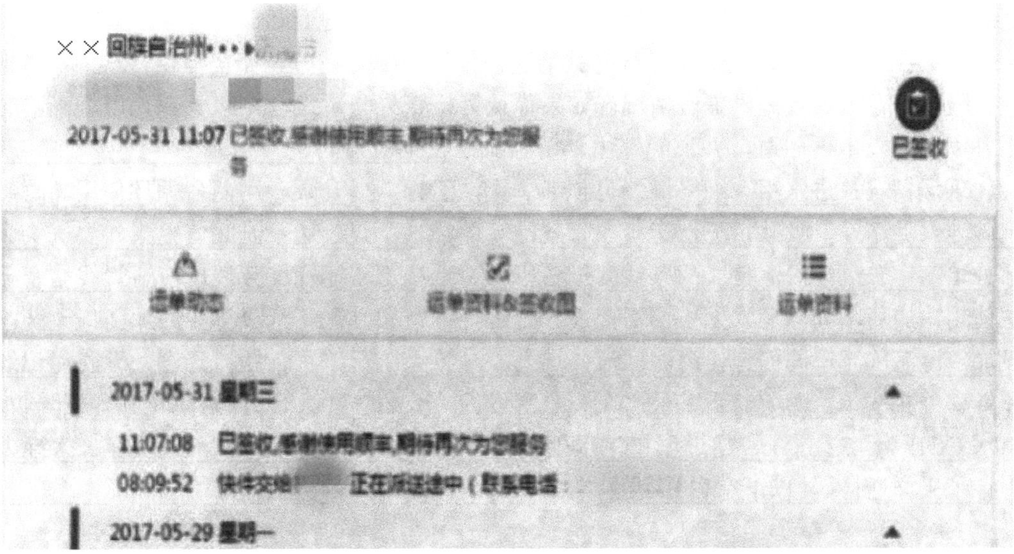
××回族自治州…
2017-05-31 11:07 已签收,感谢使用顺丰,期待再次为您服务
已签收
运单动态
运单资料&签收图
运单资料
2017-05-31 星期三
11:07:08 已签收,感谢使用顺丰,期待再次为您服务
08:09:52 快件交给 正在派送途中（联系电话
2017-05-29 星期一

××环境保护局
现场检查（勘察）笔录

时间： 2017 年 2 月 14 日 13 时 10 分至 13 时 30 分
地点： ×××污水处理有限公司办公室
被检查（勘察）人名称或姓名： ×××污水处理有限公司
现场负责人： ××× **电话：** ××× **邮编：** ×××
工作单位： ×××污水处理有限公司 **职务：** 运行主管
检查（勘察）人及执法证编号： ×××（环保××××）、×××（环保××××）
记录人： ××× **工作单位：** ××环境监察支队

告知事项：我们是××环境保护局的行政执法人员，这是我们的执法证件（执法证编号：环保××××、环保××××）。请过目确认：已确认。

今天我们依法进行检查并了解有关情况，你应当配合调查，如实提供材料，不得拒绝、阻碍、隐瞒或者提供虚假情况。如果你认为检查人与本案有利害关系，可能影响公正办案，可以申请回避，并说明理由。请确认：我不申请回避。

现场情况：进水粗、细格栅均已损坏，无法运行。提升泵一用两备循环使用。曝气沉砂池淤泥堵塞，吸砂桥无法运行。曝气池污泥活性不足，达不到曝气效果，曝气头大部分堵塞。二沉池吸泥桥（两条线）设备损坏、无法正常运行。芬顿反应池管线堵塞无法使用。加药车间停运，无钱购买药剂。无运行记录和台账。絮凝沉淀池加药口无药剂投加。污泥压滤车间停运，污泥回流井堵塞，导致系统无法正常压滤污泥，无脱泥记录和转移处置联单。现场查看出水口在线监测设施，出水口氨氮 COD 监测设施均未验收，出水 COD 为 172 mg/L，超过城镇污水处理厂一级 B 标准，×××执法人员在××地方进行了采样送检。（以下空白）

被检查（勘察）人或现场负责人确认意见：以上笔录已阅，无误，情况属实。
被检查（勘察）人或现场负责人签字：××× 2017 年 2 月 14 日
检查（勘察）人签字：×××、××× 2017 年 2 月 14 日
记录人签字：××× 2017 年 2 月 14 日
参加人签字：××× 2017 年 2 月 14 日

×××污水处理有限公司现场示意图

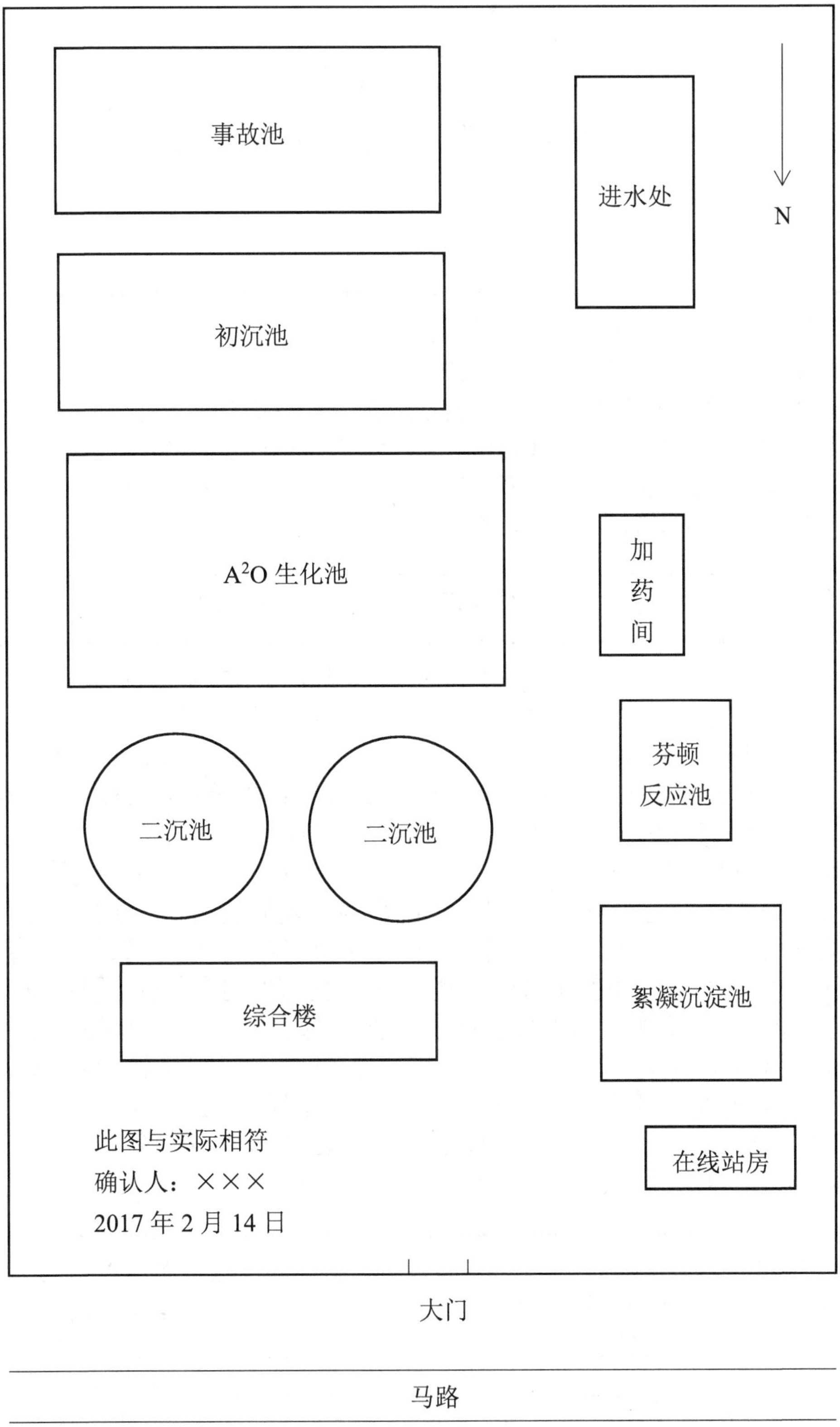

××环境保护局
现场检查（勘察）笔录

时间： 2017 年 3 月 9 日 16 时 30 分至 16 时 44 分

地点： ×××污水处理有限公司办公室

被检查（勘察）人名称或姓名： ×××污水处理有限公司

现场负责人： ××× **电话：** ××× **邮编：** ×××

工作单位： ×××污水处理有限公司 **职务：** 运行主管

检查（勘察）人及执法证编号： ×××（环保××××）、×××（环保××××）

记录人： ××× **工作单位：** ××环境监察支队

告知事项：我们是××环境保护局的行政执法人员，这是我们的执法证件（执法证编号：环保××××、环保××××）。请过目确认：已确认。

今天我们依法进行检查并了解有关情况，你应当配合调查，如实提供材料，不得拒绝、阻碍、隐瞒或者提供虚假情况。如果你认为检查人与本案有利害关系，可能影响公正办案，可以申请回避，并说明理由。请确认：我不申请回避。

现场情况：曝气沉砂池淤泥正在清泥，吸砂桥可以运行。除此外，其他设备还和 2017 年 2 月 14 日检查一样。进水粗、细格栅均已损坏，无法运行。提升泵一用两备循环使用。曝气池污泥活性不足，达不到曝气效果，曝气头大部分堵塞。二沉池吸泥桥（两条线）设备损坏、无法正常运行。芬顿反应池管线堵塞无法使用。加药车间停运，无钱购买药剂。无运行记录和台账。絮凝沉淀池加药口无药剂投加。污泥压滤车间停运，污泥回流井堵塞，导致系统无法正常压滤污泥，无脱泥记录和转移处置联单。现场查看出水口在线监测设施，出水口氨氮、COD 监测设施均未验收，出水 COD 仍然超过城镇污水处理厂一级 B 标准。2017 年 2 月 15 日，×××环境监测站监测人员对该公司进水口、总排口污水进行了采样监测，检验报告已于 2017 年 2 月 24 日送达给×××污水处理有限公司。（以下空白）

被检查（勘察）人或现场负责人确认意见：以上笔录已阅，无误，情况属实。

被检查（勘察）人或现场负责人签字：××× 2017 年 3 月 9 日

检查（勘察）人签字：×××、××× 2017 年 3 月 9 日

记录人签字：××× 2017 年 3 月 9 日

参加人签字：××× 2017 年 3 月 9 日

××环境保护局
现场检查（勘察）笔录

时间： 2017 年 3 月 20 日 13 时 20 分至 13 时 30 分

地点： ×××污水处理有限公司办公室

被检查（勘察）人名称或姓名： ×××污水处理有限公司

现场负责人： ××× **电话：** ××× **邮编：** ×××

工作单位： ×××污水处理有限公司 **职务：** 运行主管

检查（勘察）人及执法证编号： ×××（环保××××）、×××（环保××××）

记录人： ××× **工作单位：** ×××环境监察支队

告知事项： 我们是××环境保护局的行政执法人员，这是我们的执法证件（执法证编号：环保××××、环保××××）。请过目确认：已确认。

今天我们依法进行检查并了解有关情况，你应当配合调查，如实提供材料，不得拒绝、阻碍、隐瞒或者提供虚假情况。如果你认为检查人与本案有利害关系，可能影响公正办案，可以申请回避，并说明理由。请确认：我不申请回避。

现场情况： 进水粗、细格栅均已损坏，无法运行。提升泵一用两备循环使用。曝气沉砂池淤泥堵塞，吸砂桥无法运行。曝气池污泥活性不足，达不到曝气效果，曝气头大部分堵塞。二沉池吸泥桥（两条线）设备损坏、无法正常运行。芬顿反应池管线堵塞无法使用。加药车间停运，无钱购买药剂。无运行记录和台账。絮凝沉淀池加药口无药剂投加。污泥压滤车间停运，污泥回流井堵塞，导致系统无法正常压滤污泥，无脱泥记录和转移处置联单。现场查看出水口在线监测设施，出水口氨氮 COD 监测设施均未验收，出水 COD 为 168 mg/L，出水氨氮 19 mg/L，超过城镇污水处理厂一级 B 标准。×××环境监测站监测人员×××、×××对该企业的总排口的出水水质进行了采样监测。（以下空白）

被检查（勘察）人或现场负责人确认意见：以上笔录已阅，无误，情况属实。

被检查（勘察）人或现场负责人签字：××× 2017 年 3 月 20 日

检查（勘察）人签字：×××、××× 2017 年 3 月 20 日

记录人签字：××× 2017 年 3 月 20 日

参加人签字：××× 2017 年 3 月 20 日

××环境保护局
调查询问笔录

时间： 2017 年 2 月 14 日 12 时 10 分至 12 时 30 分

地点： ×××污水处理有限公司办公室

被调查询问人： ××× **性别：** 男 **年龄：** ×× **身份证号码：** ×××

工作单位： ×××××污水处理有限公司 **职务：** 运行主管 **电话：** ×××

地址： ×××××污水处理有限公司 **邮编：** ×××

调查询问人及执法证编号： ×××（环保××××）、×××（环保××××）

记录人： ××× **工作单位：** ××环境监察支队

执法人员表明身份、出示证件及被调查询问人确认的记录：我们是××环境保护局的行政执法人员，这是我们的执法证件（执法证编号：环保××××、环保××××）。请过目确认：已确认。

今天我们依法进行检查并了解有关情况，你应当配合调查，如实回答询问和提供材料，不得拒绝、阻碍、隐瞒或者提供虚假情况。如果你认为调查人与本案有利害关系，可能影响公正办案，可以申请回避，并说明理由。你有权对本次调查询问提出陈述、申辩。

请确认： 我不申请回避。

询问内容： 问：请介绍下你个人基本情况，介绍下你与被调查单位是什么关系？

答：我叫×××，身份证号：×××，住址：×××。我是该单位的运行主管。

问：请说下你单位名称，统一社会信用代码号？

被调查询问人确认意见：以上笔录已阅，无误。

被调查询问人签字：××× 2017 年 2 月 14 日

调查询问人签字：×××、××× 2017 年 2 月 14 日

记录人签字：××× 2017 年 2 月 14 日

参加人签字：××× 2017 年 2 月 14 日

答：我单位全称为×××污水处理有限公司，统一社会信用代码号：×××。

问：你公司什么时候开始建设，何时建成投入生产？建设有哪些项目？

答：2012年5月开工建设，2013年11月竣工。建有进水粗、细格栅，提升泵，曝气沉沙池，吸砂桥，曝气池，二沉池，芬顿反应池，絮凝沉淀池，污泥压滤车间。

问：请介绍下你单位的审批验收情况？

答：我单位整体项目由×××环保厅批复建设，2015年11月由×××环保局验收整体项目。

2015年9月对在线监测设备进行了验收，2016年4月更换了进水COD监测设备、出水氨氮、COD监测设备，因缺乏资金至今未验收。

问：请介绍下你单位的设计处理能力及实际处理情况？

答：两条线设计日处理能力3万m^3/日，实际运行一条线处理水量约 2 500 m^3/日。

问：请介绍下你公司设备运行情况?

答：进水粗、细格栅均已损坏，无法运行。提升泵一用两备循环使用。曝气沉砂池淤泥堵塞，吸砂桥无法运行。曝气池污泥活性不足，达不到曝气效果，曝气头大部分堵塞。二沉池吸泥桥（两条线）设备损坏、无法正常运行。芬顿反应池管线堵塞无法使用。加药车间停运，无钱购买药剂。无运行记录和台账。絮凝沉淀池加药口无药剂投加。污泥压滤车间停运，污泥回流井堵塞，导致系统无法正常压滤污泥，无脱泥记录和转移处置联单。

问：你公司现处理后的水质能否达标排放?

答：我单位排放的污水无法达到城镇污水处理厂一级B标准，大概从2016年4、5月开始就无法达标，因为当时二沉池停运，无法补充活性污泥。

问：你们公司谁负责污水厂具体的运行管理？有无将污水厂的实际情况告知给公司高层领导?

答：我公司由我负责污水厂的运行管理，我已于2016年4、5月份将污水处理厂的实际情况告知给厂长×××，×××从2015年1月开始担任我公司污水厂厂长。

问：你公司有无恢复设备正常运行的具体计划?

答：我不知道，公司领导没和我说过。

问：你公司2016年4月开始无法长期达标后的排水去向?

被调查询问人确认意见：以上笔录已阅，无误。

被调查询问人签字：××× 2017年2月14日

调查询问人签字：×××、××× 2017年2月14日

记录人签字：××× 2017年2月14日

参加人签字：××× 2017年2月14日

答：我公司 2016 年 4 月设备损坏后，导致出水长期超标。超标的污水通过洪沟排至北沙窝。

问：还有无其他要补充的情况？

答：无。

（以下空白）

被调查询问人确认意见：以上笔录已阅，无误。

被调查询问人签字：×××　　2017 年 2 月 14 日

调查询问人签字：×××、×××　　2017 年 2 月 14 日

记录人签字：×××　　2017 年 2 月 14 日

参加人签字：×××　　2017 年 2 月 14 日

××环境保护局
调查询问笔录

时间： 2017 年 2 月 14 日 12 时 30 分至 13 时 10 分
地点： ×××水处理有限公司办公室
被调查询问人： ××× **性别：** 男 **年龄：** ×× **身份证号码：** ×××
工作单位： ××× **职务：** 科员 **电话：** ×××
地址： ××× **邮编：** ×××
调查询问人及执法证编号： ×××（环保××××）、×××（环保××××）
记录人： ××× **工作单位：** ××环境监察支队

执法人员表明身份、出示证件及被调查询问人确认的记录：我们是×××环境保护局的行政执法人员，这是我们的执法证件（执法证编号：环保××××、环保××××）。请过目确认：已确认。

今天我们依法进行检查并了解有关情况，你应当配合调查，如实回答询问和提供材料，不得拒绝、阻碍、隐瞒或者提供虚假情况。如果你认为调查人与本案有利害关系，可能影响公正办案，可以申请回避，并说明理由。你有权对本次调查询问提出陈述、申辩。

请确认：我不申请回避。

询问内容：问：请介绍下你个人基本情况，介绍下你与被调查单位是什么关系？

答：我叫×××，身份证号：×××，住址：×××。我是2016年3月被×××派驻到该单位的监督员。

问：你单位从何时开始派驻监督员到该单位？

答：我单位从2015年1月开始派驻监督员到该单位。

被调查询问人确认意见：以上笔录已阅，无误。
被调查询问人签字：××× 2017 年 2 月 14 日
调查询问人签字：×××、××× 2017 年 2 月 14 日
记录人签字：××× 2017 年 2 月 14 日
参加人签字：××× 2017 年 2 月 14 日

问：你是否清楚该单位的设计处理能力及实际处理情况？

答：两条线设计日处理能力3万m^3/日，实际运行一条线处理水量约 2 500 m^3/日。

问：你是否清楚该单位目前（2017年2月14日）设备运行情况?

答：进水粗、细格栅均已损坏，无法运行。提升泵一用两备循环使用。曝气沉砂池淤泥堵塞。吸砂桥无法运行。曝气池污泥活性不足，达不到曝气效果，曝气头大部分堵塞。二沉池吸泥桥（两条线）设备损坏、无法正常运行。芬顿反应池管线堵塞无法使用。加药车间停运，无钱购买药剂。无运行记录和台账。絮凝沉淀池加药口无药剂投加。污泥压滤车间停运，污泥回流井堵塞，导致系统无法正常压滤污泥，无脱泥记录和转移处置联单。

问：该公司现处理后的水质能否达标排放？

答：该单位排放的污水无法达到城镇污水处理厂一级B标准，大概从2016年4月开始就无法达标，因为当时二沉池停运，无法补充活性污泥。

问：还有无其他要补充的情况？

答：无。

（以下空白）

被调查询问人确认意见：以上笔录已阅，无误。

被调查询问人签字：×××　　2017年2月14日

调查询问人签字：×××、×××　　2017年2月14日

记录人签字：×××　　2017年2月14日

参加人签字：×××　　2017年2月14日

××环境保护局
调查询问笔录

时间： 2017 年 2 月 20 日 15 时 30 分至 00 时 00 分

地点： ××州×××局×××办公室

被调查询问人： ××× **性别：** 男 **年龄：** ×× **身份证号码：** ×××

工作单位： ×××污水处理有限公司 **职务：** 厂长 **电话：** ×××

地址： ×××污水处理有限公司（×××路××号） **邮编：** ×××

调查询问人及执法证编号： ×××（环保××××）、×××（环保××××）

记录人： ××× **工作单位：** ×××环境监察支队

执法人员表明身份、出示证件及被调查询问人确认的记录：我们是×××环境保护局的行政执法人员，这是我们的执法证件（执法证编号：环保××××、环保××××）。请过目确认：已确认。

今天我们依法进行检查并了解有关情况，你应当配合调查，如实回答询问和提供材料，不得拒绝、阻碍、隐瞒或者提供虚假情况。如果你认为调查人与本案有利害关系，可能影响公正办案，可以申请回避，并说明理由。你有权对本次调查询问提出陈述、申辩。

请确认： 我不申请回避。

询问内容： 问：请介绍下你个人基本情况，介绍下你与被调查单位是什么关系？你主要负责的工作是？

答：我叫×××，身份证号：×××，住址：×××路××号。我是该单位的厂长。我主要负责生产运行方面的工作。

被调查询问人确认意见：以上笔录已阅，无误。

被调查询问人签字：××× 2017 年 2 月 20 日

调查询问人签字：×××、××× 2017 年 2 月 20 日

记录人签字：××× 2017 年 2 月 20 日

参加人签字：××× 2017 年 2 月 20 日

问：请说下你单位名称，统一社会信用代码号？

答：我单位全称为×××污水处理有限公司，统一社会信用代码号：×××。

问：你公司什么时候开始建设，何时建成投入生产？建设有哪些项目？

答：2012年10月开工建设，2013年10月工程主体建成，2013年11月试运行。建有进水粗、细格栅，提升泵，曝气沉砂池，吸砂桥，曝气池，二沉池，芬顿反应池，絮凝沉淀池，污泥压滤车间，生化池，事故池，加药车间。

问：请介绍下你单位的审批验收情况？

答：我单位整体项目由×××环保厅批复建设，2015年11月由×××环保局验收整体项目。2015年9月对在线监测设备进行了验收，2016年4月更换了进水COD监测设备、出水氨氮、COD监测设备，因缺乏资金尚未验收。

问：请介绍下你单位的设计处理能力及实际处理情况？

答：两条线设计日处理能力3万m^3/日，目前实际运行一条线处理水量约2 500 m^3/日。

问：请介绍下你公司设备运行情况?

答：进水粗、细格栅均已损坏，无法运行。提升泵一用两备循环使用。曝气沉砂池淤泥堵塞，吸砂桥无法运行。曝气池污泥活性不足，达不到曝气效果，曝气头大部分堵塞。二沉池吸泥桥（两条线）设备损坏、无法正常运行。芬顿反应池管线堵塞无法使用。加药车间停运，无钱购买药剂。无运行记录和台账。絮凝沉淀池加药口无药剂投加。污泥压滤车间停运，污泥回流井堵塞，导致系统无法正常压滤污泥，无脱泥记录和转移处置联单。

问：你公司现处理后的水质能否达标排放?

答：我单位排放的污水无法达到城镇污水处理厂一级B标准，大概从2016年4月开始就无法达标，因为当时二沉池停运，原因是无钱购买药品，无法加药，无法补充活性污泥。

问：你们公司谁负责污水厂具体的运行管理？有无将污水厂的实际情况告知给公司高层领导？

答：我公司由×××负责污水厂的运行管理，×××已于2016年4月份将污水处理厂的实际情况告知给我，我已多次向公司管理层进行情况反映。因资金不到位，一直未得到实质性解决。

问：你将你公司污水厂设备损坏及厂内无库存药剂情况具体汇报给那些公司负责人？

被调查询问人确认意见：以上笔录已阅，无误。

被调查询问人签字：×××　　2017年2月20日

调查询问人签字：×××、×××　　2017年2月20日

记录人签字：×××　　2017年2月20日

参加人签字：×××　　2017年2月20日

答：我将污水厂的情况报告给了×××、×××。×××是×××施工方代表，负责该厂施工、调试、试运行，整体工程验收工作。×××是投资方代表，主要负责我公司与×××的接洽工作。

问：你公司有无恢复设备正常运行的具体计划？

答：我公司已于2016年11月7日向管委会递交一级B整改方案及一级A提标改造方案。

问：还有无其他要补充的情况？

答：无。

（以下空白）

被调查询问人确认意见：以上笔录已阅，无误。

被调查询问人签字：××× 2017年2月20日

调查询问人签字：×××、××× 2017年2月20日

记录人签字：××× 2017年2月20日

参加人签字：××× 2017年2月20日

××环境保护局
环境违法案件立案审批表

<table>
<tr><td>案件来源</td><td colspan="2">检查发现</td><td>立案号</td><td>××环立字
〔2017〕××号</td></tr>
<tr><td>案　由</td><td colspan="4">涉嫌不正常使用水污染物处理设施等逃避监管的方式违法排放污染物案</td></tr>
<tr><td rowspan="5">当事人</td><td>名称或姓名</td><td colspan="3">×××污水处理有限公司</td></tr>
<tr><td>地址（住址）</td><td>×××</td><td>邮政编码</td><td>×××</td></tr>
<tr><td>营业执照注册号
（公民身份号码）</td><td>——</td><td>组织机构代码</td><td>——</td></tr>
<tr><td>社会信用代码</td><td colspan="3">×××</td></tr>
<tr><td>法定代表人
（负责人）</td><td>×××</td><td>职　务</td><td>法定代表人</td></tr>
<tr><td>案情简介
及立案理由</td><td colspan="4">2017 年 2 月 14 日，××环境监察支队和×××区环境监察大队人员对×××污水处理有限公司进行现场检查，检查中发现该企业未经环保部门批准闲置水污染治理设施。其行为涉嫌违反了《中华人民共和国环境保护法》第四十一条“建设项目中防治污染的设施，应当与主体工程同时设计、同时施工、同时投产使用。防治污染的设施应当符合经批准的环境影响评价文件的要求，不得擅自拆除或者闲置”。涉嫌违反了《中华人民共和国水污染防治法》第二十一条第二款“企业事业单位和个体工商户排放水污染物的种类、数量和浓度有重大改变的，应当及时申报登记；其水污染物处理设施应当保持正常使用；拆除或者闲置水污染物处理设施的，应当事先报县级以上地方人民政府环境保护主管部门批准”。符合《环境行政处罚办法》第二十二条规定的立案条件，建议立案。
承办人：×××　×××
2017 年 2 月 17 日</td></tr>
<tr><td>承办机构
负责人意见</td><td colspan="4">同意
签　名：×××
2017 年 2 月 17 日</td></tr>
<tr><td>法制部门
意　见</td><td colspan="4">同意
签　名：×××
2017 年 2 月 17 日</td></tr>
<tr><td>环保部门负责
人审批意见</td><td colspan="4">同意
签　名：×××
2017 年 2 月 17 日</td></tr>
<tr><td>备　注</td><td colspan="4"></td></tr>
</table>

××环境保护局
环境违法案件调查报告表

案　由	涉嫌不正常使用水污染物处理设施等逃避监管的方式违法排放污染物案		
单位名称	×××污水处理有限公司		
法定代表人或负责人	×××	职　务	法定代表人
地　址	×××	电　话	/

一、案件调查

案件来源：

2017 年 2 月 14 日，××环境监察支队和×××区环保局组成检查组，对×××污水处理有限公司进行现场检查。

调查经过：

2017 年 2 月 14 日，××环境监察支队监察人员对该公司进行了现场检查，检查中执法人员发现该公司进水粗、细格栅均已损坏，无法运行。提升泵一用两备循环使用。曝气沉砂池淤泥堵塞，吸砂桥无法运行。曝气池污泥活性不足，达不到曝气效果，曝气头大部分堵塞。二沉池吸泥桥（两条线）设备损坏、无法正常运行。芬顿反应池管线堵塞无法使用。加药车间停运，无钱购买药剂，无运行记录和台账。絮凝沉淀池加药口无药剂投加。污泥压滤车间停运。出水排放长期超过城镇污水处理厂一级 B 标准。现场拍摄了照片和影像资料，制作现场检查（勘查）笔录一份、调查询问笔录两份。

二、企业基本情况

企业名称：×××污水处理有限公司

住所：×××

法定代表人（负责人）：×××

统一社会信用代码：×××

该公司污水厂项目 2012 年 5 月开工建设，2013 年 11 月建成投产。该企业 3 万 m^3/d 污水厂项目于 2011 年由×××环保厅批复建设（×环评价函〔2011〕×××号）。该项目于 2015 年 11 月由自治区环保厅批复验收（×环函〔2015〕×××号）。

三、违法事实和相关证据记录

违法事实：×××污水处理有限公司 3 万 m^3/d 污水厂项目于 2012 年 5 月开工建设，2013 年 11 月建成投产。该企业 3 万 m^3/d 污水厂项目于 2011 年由自治区环保厅批复建设。该项目于 2015 年 11 月由自治区环保厅批复验收。现场检查时，执法人员发现该公司进水粗、细格栅均已损坏，无法运行。提升泵一用两备循环使用。曝气沉砂池淤泥堵塞，吸砂桥无法运行。曝气池污泥活性不足，达不到曝气效果，曝气头大部分堵塞。二沉池吸泥桥（两条线）设备损坏、无法正常运行。芬顿反应池管线堵塞无法使用。加药车间停运，无钱购买药剂，无运行记录和台账。絮凝沉淀池加药口无药剂投加。污泥压滤车间停运。出水排放长期超过城镇污水处理厂一级 B 标准。

相关证据记录：

证据 1：现场检查（勘察）笔录（××环境保护局于 2017 年 2 月 14 日制作，由该公司运行主管×××签字确认）

证据 2：×××（运行主管）调查询问笔录（××环境保护局于 2017 年 2 月 14 日制作）

证据 3：×××（厂长）调查询问笔录（××环境保护局于 2017 年 2 月 20 日制作）

证据 3：×××（××区派驻监督员）调查询问笔录（××环境保护局于 2017 年 2 月 14 日制作）

证据 3：现场检查（勘察）笔录（××环境保护局于 2017 年 3 月 9 日制作，由该公司运行主管×××签字确认）

证据 4：现场照片（××环境保护局于 2017 年 2 月 14 日、2 月 17 日拍摄）

证据 5：被调查单位资质证明（营业执照、法人及被询问人的身份证一份）复印件、现场检查（勘察）笔录、调查询问笔录、现场照片

四、违反法律规定的行为和行政处罚的法律依据

违反法律：该公司涉嫌违反了《中华人民共和国水污染防治法》第二十一条第二款："企业事业单位和个体工商户排放水污染物的种类、数量和浓度有重大改变的，应当及时申报登记；其水污染物处理设施应当保持正常使用；拆除或者闲置水污染物处理设施的，应当事先报县级以上地方人民政府环境保护主管部门批准。"

涉嫌违反了《中华人民共和国环境保护法》第四十一条："建设项目中防治污染的设施，应当与主体工程同时设计、同时施工、同时投产使用。防治污染的设施应当符合经批准的环境影响评价文件的要求，不得擅自拆除或者闲置。"

处罚依据：《中华人民共和国水污染防治法》第七十三条："违反本法规定，不正常使用水污染物处理设施，或者未经环境保护主管部门批准拆除、闲置水污染物处理设施的，由县级以上人民政府环境保护主管部门责令限期改正，处应缴纳排污费数额一倍以上三倍以下的罚款。"

《中华人民共和国环境保护法》第六十三条："企业事业单位和其他生产经营者有下列行为之一，尚不构成犯罪的，除依照有关法律法规规定予以处罚外，由县级以上人民政府环境保护主管部门或者其他有关部门将案件移送公安机关，对其直接负责的主管人员和其他直接责任人员，处十日以上十五日以下拘留；情节较轻的，处五日以上十日以下拘留：

（三）通过暗管、渗井、渗坑、灌注或者篡改、伪造监测数据，或者不正常运行防治污染设施等逃避监管的方式违法排放污染物的；"

五、案件调查机构的处理建议

1. 于 2017 年 2 月 24 日前恢复使用水污染治理设施。

2. 依据《中华人民共和国水污染防治法》第七十三条："违反本法规定，不正常使用水污染物处理设施，或者未经环境保护主管部门批准拆除、闲置水污染物处理设施的，由县级以上人民政府环境保护主管部门责令限期改正，处应缴纳排污费数额一倍以上三倍以下的罚款。"及《××回族自治州环境保护局规范行政处罚自由裁量权实施细则》："日排废水 100 吨以上的，处应缴纳排污费数额 3 倍罚款。"建议对该单位处应缴纳排污费数额 3 倍的罚款。

3. 依据《中华人民共和国环境保护法》第六十三条："尚不构成犯罪的，除依照有关法律法规规定予以处罚外，由县级以上人民政府环境保护主管部门或者其他有关部门将案件移送公安机关，对其直接负责的主管人员和其他直接责任人员，处十日以上十五日以下拘留；情节较轻的，处五日以上十日以下拘留。"建议移送公安部门行政拘留。

调查人：×××　　×××　　2017 年×月×日

调查部门意见

同意

负责人：×××　　2017 年×月×日

关于×××污水处理有限公司案件的调查报告

2017年2月14日，××环境保护局对×××污水处理有限公司进行现场检查，发现该公司进水粗、细格栅均已损坏，无法运行。提升泵一用两备循环使用。曝气沉砂池淤泥堵塞，吸砂桥无法运行。曝气池污泥活性不足，达不到曝气效果，曝气头大部分堵塞。二沉池吸泥桥（两条线）设备损坏、无法正常运行。芬顿反应池管线堵塞无法使用。加药车间停运，无钱购买药剂，无运行记录和台账。絮凝沉淀池加药口无药剂投加。污泥压滤车间停运。出水排放长期超过城镇污水处理厂一级B标准。我局成立了案件调查组，分别于2月14日、2月20日和3月9日、3月20日对×××污水处理有限公司环境违法行为进行了调查取证，现将调查情况报告如下。

一、调查情况

（一）企业基本情况。×××污水处理有限公司3万m^3/d污水厂项目2012年5月开工建设，2013年11月建成投产。该企业3万m^3/d污水厂项目于2011年由×××环保厅批复建设。该项目于2015年11月由×××环保局批复验收。

（二）外围调查情况。2月14日，调查组到×××污水处理有限公司对外围相关人员进行了调查，并制作了调查询问笔录。对×××区派驻到污水厂的监督员×××做了1份笔录，根据调查，可以初步判定×××污水处理有限公司设备损坏、长期处于无法运行状态。

（三）现场检查情况。2月14日，调查组到×××污水处理有限公司进行了现场检查，发现该企业正在运行，进水粗、细格栅均已损坏，无法运行。提升泵一用两备循环使用。曝气沉砂池淤泥堵塞，吸砂桥无法运行。曝气池污泥活性不足，达不到曝气效果，曝气头大部分堵塞。二沉池吸泥桥（两条线）设备损坏、无法正常运行。芬顿反应池管线堵塞无法使用。加药车间停运，无钱购买药剂。无运行记录和台账。絮凝沉淀池加药口无药剂投加。污泥压滤车间停运，污泥回流井堵塞，导致系统无法正常压滤污泥，无脱泥记录和转移处置联单。现场查看出水口在线监测设施，出水口氨氮、COD监测设施均未验收，出水COD为172 mg/L，超过城镇污水处理厂一级B标准。检查过程中，该企业运行主管全程陪同并对现场情况给予指认，我局检查人员全程拍照、摄像。现场检查结束后，环境监察执法人员分别对×××污水处理有限公司运行主管作了1份调查询问笔录，1份现场勘查笔录。2月20日，环境监察执法人员约见了×××污水处理有限公司污水厂厂长×××，对他作了1份调查询问笔录。经调查，×××污水处理有限公司大概从2016年4月起因当时二沉池停运，无法补充活性污泥，设备不断损坏，导致出水长期超标。

（四）现场采样情况。2017年3月20日现场检查，×××环境监测站两名工作人员对相关水样进行了提取采样，取样时设置了A瓶、B瓶，A瓶作为送检水样，B瓶作为留存样品。在污水厂总排口提取了 4 瓶水样，企业运行主管对水样进行了现场确认并拍摄照片。随后，×××环境监测站工作人员将水样送往×××环境监测站进行检测。

（五）水样监测结果。2017年3月28日，×××环境监测站出具了《检测结果报告单》，对照×××环保厅的批复《关于××市×区污水处理厂及配套管网工程环境影响报告书的批复》（新环评价函〔2011〕×××号）："《城镇污水处理厂污染物排放标准》（GB 18918—2002）一级B标准。"显示×××污水处理有限公司总排口提取的水样，五日生化需氧量：115 mg/L，超过标准4.75倍，化学需氧量：290 mg/L，超过标准3.8倍，氨氮：15 mg/L，未超过标准，悬浮物：176 mg/L，超过标准7.8倍，总氮：32.3 mg/L，超过标准0.615倍，总磷：2.54 mg/L，超过标准1.54倍。3月30日下午，××环境监察支队监察人员将监测结果报告单现场送达给×××污水处理有限公司，将"对检验报告单若有异议，应于收到报告之日起十五日内向检验单位提出，逾期不予受理"的权利告知了企业负责人。

（六）历史查处情况。2015年2月16日，×××区环保局环境监察大队对企业检查时，发现该企业自2013年12月投运以来，至今未通过环保竣工验收，污水治理设施未正常运行，出水水质超过环评及批复要求的水质标准，×××区环保局责令要求企业在2015年3月9日前通过建设项目环保竣工验收，并于2015年4月3日下达《行政处罚决定书》（×环罚字〔2015〕××号），罚款537 803.7元。

2015年8月30日，××环境监察支队检查时，发现该企业配套的环保设施未经验收，主体工程即投入生产，××环保局责令企业在2015年10月30日前通过建设项目环保竣工验收，并于2015年11月9日下达《行政处罚决定书》（××环罚字〔2015〕第×××号），罚款伍万元。

2015年8月30日，××环境监察支队检查时，发现该企业2015年6月16日总排口污水中化学需氧量、悬浮物超标排放，××环保局责令企业于2015年9月15日前改正违法排污行为，并于2015年11月9日下达《行政处罚决定书》（××环罚字〔2015〕第×××号），罚款伍万肆仟零贰拾壹（54 021）元。

2016年2月3日，××环境监察支队检查时，发现该企业不正常使用污染治理设施，未经环境保护主管部门批准闲置水污染治理设施，××环保局责令企业于2016年2月15日前正常运行污染治理设施，达标排放，并于2016年5月3日下达《行政处罚决定书》（××环罚字〔2016〕第×××号），罚款叁万零柒佰贰拾（30 720）元。

二、企业违法行为

×××污水处理有限公司未经环保部门批准，长期闲置水污染治理设施，导致出水长期超标。

三、处理建议

该企业未经环保部门批准，长期闲置水污染治理设施，导致出水长期超标的行为，违反了《中华人民共和国环境保护法》第二十一条第二款，依据《中华人民共和国环境保护法》第六十三条第三款：“通过暗管、渗井、渗坑、灌注或者篡改、伪造监测数据，或者不正常运行防治污染设施等逃避监管的方式违法排放污染物的，由县级以上人民政府环境保护主管部门或者其他有关部门将案件移送公安机关，对其直接负责的主管人员和其他直接责任人员，处十日以上十五日以下拘留；情节较轻的，处五日以上十日以下拘留。”建议公安机关对×××污水处理有限公司直接负责的主管人员和其他直接责任人员，依照法律及情节处以行政拘留。

××环境保护局

2017年×月×日

××环境保护局
责令改正违法行为决定书

××环改字〔2017〕×××号

×××污水处理有限公司：

营业执照注册号：×××　　组织机构代码：×××

地址：××××州××区

法定代表人（负责人）：×××

我局于2017年2月14日对你单位进行了调查，发现你单位实施了以下环境违法行为：

未经环保部门批准，闲置水污染治理设施。

有照片、现场勘查笔录、调查询问笔录等证据为凭。

你单位的上述行为违反了《中华人民共和国水污染防治法》第二十一条第二款第/项的规定，依据《中华人民共和国行政处罚法》第二十三条和《中华人民共和国水污染防治法》第七十三条第/款第/项，责令你单位：

于2017年2月24日前恢复并正常使用水污染治理设施。

我局将对你单位改正违法行为的情况进行监督。（逾期）未改正的，我局将依法进行处理。

你单位如对本决定不服，可在收到本决定书之日起六十日内向新疆维吾尔自治区环境保护厅或者××××州人民政府申请行政复议，也可在收到本决定书之日起六个月内向××市人民法院提起行政诉讼。

××环境保护局（公章）

2017年×月×日

××回族自治州环境保护局
送达回证

送达文书名称及文号	××环境保护局责令改正违法行为决定书 （××环改字〔2017〕×××号）
受送达人名称或姓名	×××污水处理有限公司
送达地点	×××
送达方式	留置送达
收件人签字（或盖章） 及收件日期	当事人拒签收，已摄像留证 （与受送达人的关系：　　　　　） 年　月　日
送达人（两人签字）	×××、×××
送达机关盖章	××环境保护局 2017年×月×日
备　注	

现场照片（图片、影像资料）证据

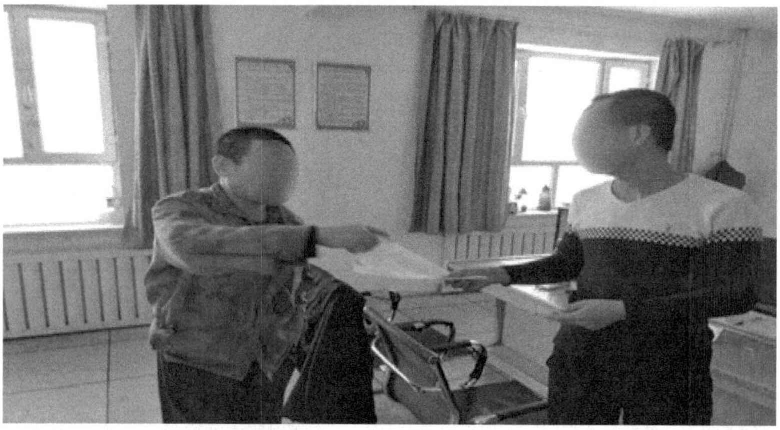

证明对象：留置送达责令改正违法行为决定书 （××环改字〔2017〕×××号）	证物袋 （存底片、光盘等）
拍摄时间：2017 年 2 月 17 日 17 时 50 分	
拍摄地点：×××污水处理有限公司	
拍 摄 人：×××	
当事人、见证人：×××（见证人）	
执法人员（签名）：×××、××× 执法证号：环保××××、环保××××	

现场照片（图片、影像资料）证据

<table>
<tr><td>证明对象：擅自闲置水污染治理设施</td><td rowspan="6">证物袋
（存底片、光盘等）</td></tr>
<tr><td>拍摄时间：2017 年 2 月 14 日 11 时 30 分</td></tr>
<tr><td>拍摄地点：×××污水处理有限公司</td></tr>
<tr><td>拍 摄 人：×××</td></tr>
<tr><td>当事人、见证人：×××</td></tr>
<tr><td>执法人员（签名）：×××、×××
执法证号：环保××××、环保××××</td></tr>
</table>

现场照片（图片、影像资料）证据

<table>
<tr><td>证明对象：擅自闲置水污染治理设施</td><td rowspan="6">证物袋
（存底片、光盘等）</td></tr>
<tr><td>拍摄时间：2017 年 2 月 14 日 11 时 30 分</td></tr>
<tr><td>拍摄地点：×××污水处理有限公司</td></tr>
<tr><td>拍 摄 人：×××</td></tr>
<tr><td>当事人、见证人：×××</td></tr>
<tr><td>执法人员（签名）：×××、×××
执法证号：环保 ××××、环保 ××××</td></tr>
</table>

环境行政执法后督察现场检查记录表

第 1 页　共 2 页

<table>
<tr><td colspan="2">检查时间</td><td colspan="4">2017 年 3 月 9 日</td></tr>
<tr><td colspan="2">受检单位</td><td colspan="4">×××污水处理有限公司</td></tr>
<tr><td colspan="2">受检单位地址</td><td colspan="4">××××县××街道××号</td></tr>
<tr><td colspan="2">法定代表人</td><td>×××</td><td>联系电话</td><td colspan="2">×××××××××</td></tr>
<tr><td>被检查人</td><td>×××</td><td>部门职务</td><td>运行主管</td><td>联系电话</td><td>××××××××</td></tr>
<tr><td>检查人</td><td>×××</td><td>执法证号</td><td>环保××××</td><td>工作单位</td><td>××环境监察支队</td></tr>
<tr><td>记录人</td><td>×××</td><td>执法证号</td><td>环保×××</td><td>工作单位</td><td>××环境监察支队</td></tr>
<tr><td>任务来源</td><td colspan="5">行政处罚□　　行政命令√　　区（流）域限批□
挂牌督办□　　其他＿＿＿＿＿＿＿＿</td></tr>
<tr><td rowspan="5">基本情况</td><td colspan="5">实施行政措施机关：××环保局</td></tr>
<tr><td colspan="5">实施行政文号：××环改字〔2017〕2-×××号</td></tr>
<tr><td colspan="5">主要环境问题或违法事实：
未经环保部门批准，闲置水污染治理设施。</td></tr>
<tr><td colspan="5">整改要求：
于 2017 年 2 月 24 日前恢复并正常使用水污染治理设施。</td></tr>
<tr><td colspan="5">整改时限：7 日</td></tr>
</table>

<table>
<tr><td rowspan="2">整改
情况</td><td colspan="4">是否完成：否</td></tr>
<tr><td colspan="4">整改进度及措施：
现场检查时，企业仍未整改，水污染治理设施仍未恢复并投入使用。</td></tr>
<tr><td>后督察
意　见</td><td colspan="4">按照法定程序对企业环境违法行为进行从重处罚。</td></tr>
<tr><td>被检查人（签字）</td><td>×××</td><td>日　期</td><td colspan="2">2017 年×年×月</td></tr>
<tr><td>检查人（签字）</td><td>×××　　环保××××
×××　　环保××××</td><td>日　期</td><td colspan="2">2017 年×年×月</td></tr>
</table>

备注：表中未列事宜可根据现场检查情况进行记录。

××环境保护局
环境保护行政处罚事先告知书

××环罚告字〔2017〕第×××号

×××污水处理有限公司：

我局于2017年2月14日—2017年3月20日对你单位进行了现场调查，发现你单位实施了以下环境违法行为：2016年4月—2017年3月20日通过不正常使用水污染物处理设施等逃避监管的方式违法排放污染物。

有现场检查（勘察）笔录、调查询问笔录、监测报告、现场照片、影像资料等证据为凭。

你单位的上述行为违反了《中华人民共和国水污染防治法》第二十一条第二款的规定，我局依据《中华人民共和国水污染防治法》第七十三条的规定，参照《××环境保护局行政处罚自由裁量参照执行标准（试行）》，拟对你单位处以如下行政处罚：

罚款（大写）贰佰壹拾壹万壹仟零壹拾玖元整（2 111 019元）

根据《中华人民共和国行政处罚法》第三十二条的规定，你单位（或者个人）如对我局上述认定的违法事实、处罚依据及处罚内容等有异议的，可在收到本告知书之日起7日内提出书面陈述、申辩意见；逾期未提出陈述、申辩意见的，视为你单位（或者个人）放弃陈述和申辩权利。

联系人：×××　　　　　　　　电话：×××××××

地址：××市×××路××号　　　　邮政政编：××××××

××环境保护局（公章）

2017年4月10日

××环境保护局
环境保护行政处罚听证告知书

××环罚听告字〔2017〕第×××号

×××污水处理有限公司：

我局于2017年2月14日—2017年3月20日对你单位进行了现场调查，发现你单位实施了以下环境违法行为：2016年4月—2017年3月20日通过不正常使用水污染物处理设施等逃避监管的方式违法排放污染物。

有现场检查（勘察）笔录、调查询问笔录、监测报告、现场照片、影像资料等证据为凭。

你单位的上述行为违反了《中华人民共和国水污染防治法》第二十一条第二款的规定，我局依据《中华人民共和国水污染防治法》第七十三条的规定，参照《××环境保护局行政处罚自由裁量参照执行标准（试行）》，拟对你单位处以如下行政处罚：

罚款（大写）：贰佰壹拾壹万壹仟零壹拾玖元整（2 111 019元）

根据《中华人民共和国行政处罚法》第三十二条的规定，你单位（或者个人）如对我局上述认定的违法事实、处罚依据及处罚内容等有异议的，可在收到本告知书之日起3日内提出书面陈述、申辩意见；逾期未提出陈述、申辩意见的，视为你单位（或者个人）放弃陈述和申辩权利。

其中对你单位拟作出的贰佰壹拾壹万壹仟零壹拾玖元罚款符合听证条件。根据《中华人民共和国行政处罚法》第四十二条的规定，你单位有要求举行听证的权利。你单位如果要求听证，可以在收到本告知书之日起三日内向我局提出听证申请；逾期未提出听证申请的，视为你单位放弃听证要求。

联系人：××× 电话：×××××××

地址：××市×××路××号 邮政政编：××××××

××环境保护局（公章）

2017年4月10日

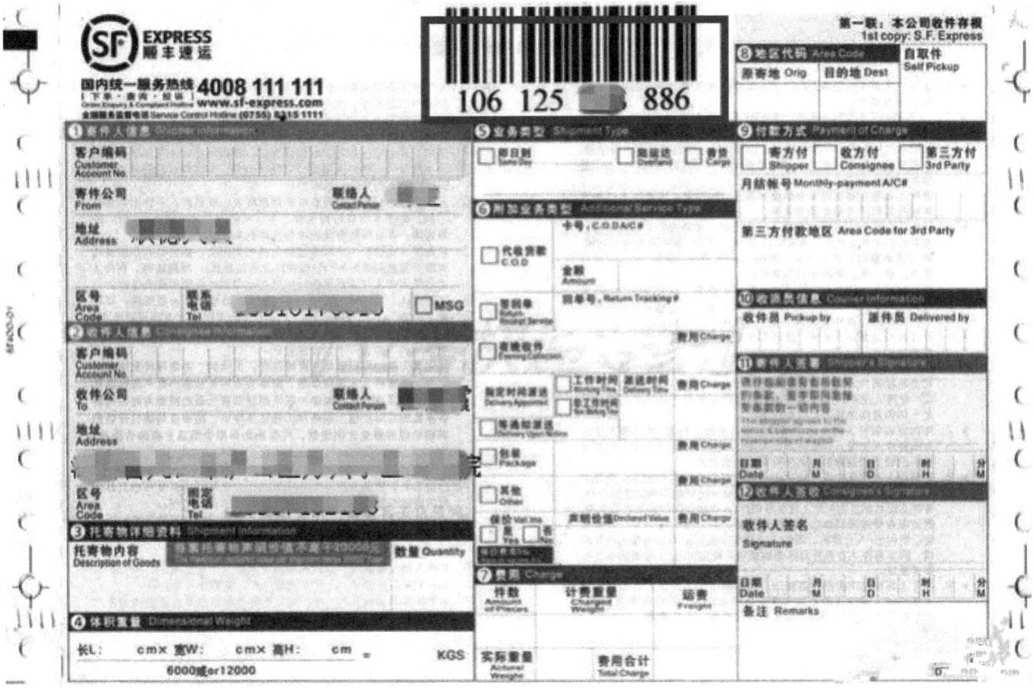

SF EXPRESS 顺丰速运

国内统一服务热线 4008 111 111

www.sf-express.com

106 125 [redacted] 886

第一联：本公司收件存根 1st copy: S.F. Express

① 寄件人信息 Shipper Information

客户编码 Customer Account No.

寄件公司 From　联络人 Contact Person

地址 Address

区号 Area Code　联系电话 Tel　MSG

② 收件人信息 Consignee Information

客户编码 Customer Account No.

收件公司 To　联络人 Contact Person

地址 Address

区号 Area Code　固定电话 Tel

③ 托寄物详细资料 Shipment Information

托寄物内容 Description of Goods　数量 Quantity

④ 体积重量 Dimensional Weight

长L:　cm× 宽W:　cm× 高H:　cm =　KGS

6000或or12000

⑤ 业务类型 Shipment Type

即日到 Same Day　陆运送 Overland　重货 Cargo

⑥ 附加业务类型 Additional Service Type

代收货款 C.O.D　卡号 C.O.D A/C#　金额 Amount

签回单 Return Receipt Service　回单号 Return Tracking #　费用 Charge

夜晚收件 Evening Collection　费用 Charge

指定时间派送 Delivery Appointment　工作时间 Working Time　派送时间 Delivery Time　非工作时间 Non-Working Time　费用 Charge

等通知派送 Delivery Upon Notice

包装 Package　费用 Charge

其他 Other　费用 Charge

保价 Val.Ins　是 Yes　否 No　声明价值 Declared Value　费用 Charge

⑦ 费用 Charge

件数 Amount of Pieces　计费重量 Charged Weight　运费 Freight

实际重量 Actual Weight　费用合计 Total Charge

⑧ 地区代码 Area Code

原寄地 Orig　目的地 Dest　自取件 Self Pickup

⑨ 付款方式 Payment of Charge

寄方付 Shipper　收方付 Consignee　第三方付 3rd Party

月结帐号 Monthly-payment A/C#

第三方付款地区 Area Code for 3rd Party

⑩ 收派员信息 Courier Information

收件员 Pickup by　派件员 Delivered by

⑪ 寄件人签署 Shipper's Signature

日期 Date　月 M　日 D　时 H　分 M

⑫ 收件人签收 Consignee's Signature

收件人签名 Signature

日期 Date　月 M　日 D　时 H　分 M

备注 Remarks

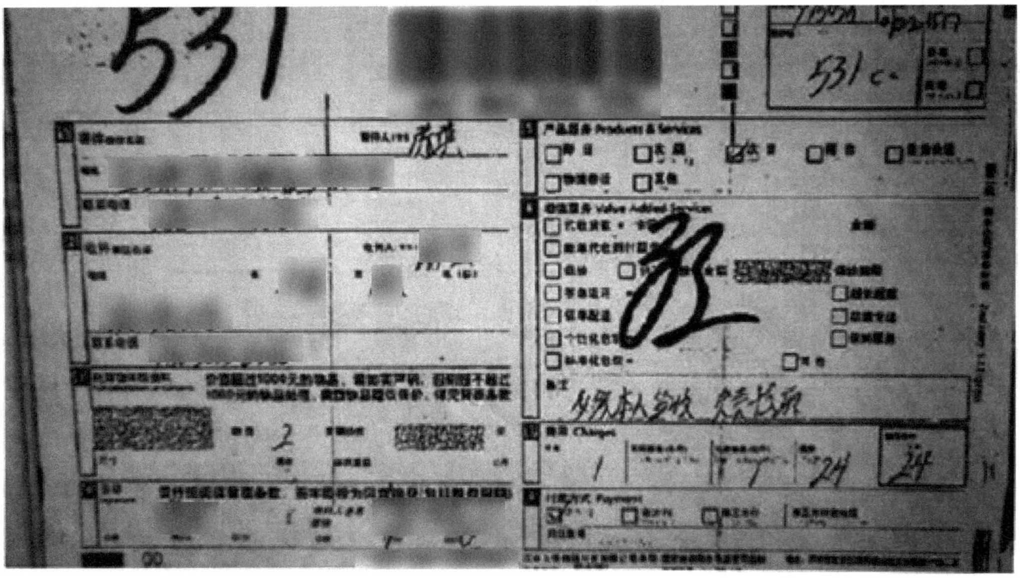

531

531 c.

产品服务 Products & Services

增值服务 Value Added Services

备注　乡派本人签收 突尧运单

费用 Charges

1　24　24

付款方式 Payment

姓名：XXX

性别：男

职务：科员

证号：XXX

工作单位：XX市XX县
环

使用区域：X

此件与原件校核无异

发证单位:XX省环境保护厅

发证日期：XX年XX月XX日

姓名：XXX

性别：男

职务：科员

证号：XXX

工作单位：XX市XX县

此件与原件校核无异

使用区域：XX市XX县

发证单位:XX省环境保护厅

发证日期：XX年XX月XX日

关于××环境保护局环境保护行政处罚事先告知书（××环罚告字〔2017〕×××号）和环境保护行政处罚听证告知书（××环罚听告字〔2017〕×××号）的书面申辩意见和书面听证申请

××环境保护局：

贵局于 2017 年 4 月 10 日对我公司下发环境保护行政处罚事先告知书和听证告知书，认为我公司：从 2016 年 3 月到 2017 年 3 月 20 日通过不正常使用水污染处理设施等逃避监管的方式违法排放污染物，对我公司进行处罚。

我公司认为处罚的理由与事实不符，此处罚有失公允，特此提出书面申辩，并要求贵局进行听证。

理由如下：

1、请提供此次检查的各种证据；

2、开发区颁发特许经营权证后未按国家及××州相关规定及自治区住建厅批复执行，不支付水费是污水处理厂不能正常运营的主要原因。

3、开发区不能有效控制上游进水，进水超标现象时发生导致污水厂长期超负荷运行，水厂根据设备保养要求于 2016 年 3 月 24 日开始不断向开发区申请停水检修始终未获批准，是污水厂不能正常运行直接原因。

×××污水处理有限公司

2017 年×月×日

授权委托书

委托单位名称（或委托人姓名）：__×××污水处理有限公司__
法定代表人姓名：__×××__ 职务：__董事长__
受委托人姓名：__×××__，工作单位：__×××污水处理有限公司__
受委托人姓名：__×××__，工作单位：__×××集团有限公司__

现委托__×××、×××__代表我公司参加××环保局于 5 月 16 日 11 点召开的环保听证会，有权代表我公司签署相关文件，委托期限为本次听证结束为止。

×××污水处理有限公司

委托单位（盖章）

2017 年 5 月 5 日

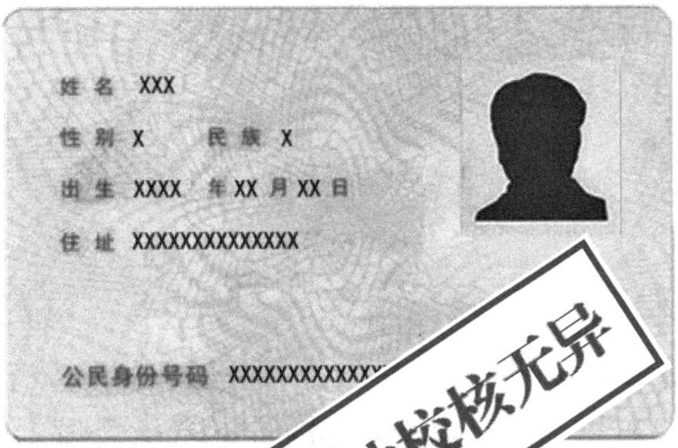

此件与原件校核无异

调取时间：2017 年 x 月 x 日
提供人（签名或盖章）：XXX

执法人员姓名及证号：
XXX：环保 XXXXXXX
XXX：环保 XXXXXXX

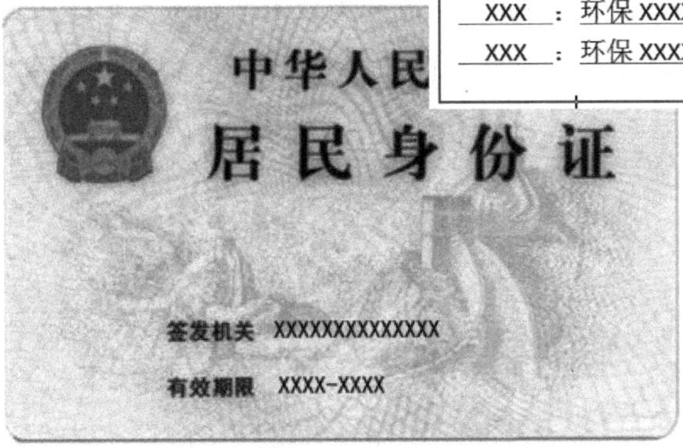

××环境保护局
环境保护行政处罚听证通知书

××听通字〔2017〕第×××号

×××污水处理有限公司：

你公司2017年4月26日就你公司不正常使用水污染物处理设施等逃避监管的方式违法排放污染物的违法行为，××环境保护局下达××环罚告字〔2017〕第×××号行政处罚一案提出听证要求，我局决定于2017年5月16日11时在××环保局8楼小会议室举行听证会。

本次听证会由××（××环保局总工程师）为听证主持人，×××（××环保局法规科科长）为听证员，×××（××州法规科科员）为记录员。

如你公司认为听证主持人、听证员与本案有直接利害关系的，有权申请其回避。申请听证主持人、听证员回避的，可在2017年5月11日前向我局提出书面申请并说明理由。

申请延期举行听证会的，可在2017年5月11日前向我局提出书面申请并说明理由。若无正当理由缺席，视为你公司放弃听证权力，听证终止。

你公司法定代表人可以亲自参加听证，也可以委托1～2名代理人参加听证。

注意事项：

1. 委托代理人参加听证的，在听证会举行前提交授权委托书，载明委托的事项、权限和期限。

2. 携带当事人（委托代理人）的身份证明原件、复印件和有关证据材料。

3. 通知有关证人出席作证，并事先告知我局联系人。

联系人：×××　　　　　　　　电话：×××××××

地址：××市×××路××号　　　　邮政政编：××××××

××环境保护局（公章）

2017年5月3日

××环境保护局
送达回证

送达文书名称及文号	××环境保护局行政处罚听证通知书 （××听通字〔2017〕第×××号）
受送达人名称或姓名	×××污水处理厂
送达地点	×××污水处理厂办公室
送达方式	直接送达
收件人签字（或盖章） 及收件日期	××× （与受送达人的关系：　公司出纳　　　） 2017年5月3日
送达人（两人签字）	×××　　×××
送达机关盖章	2017年5月3日
备　注	

听证主持人主持词

现在就×××污水处理有限公司“不正常运行水污染治理设施”一案的召开听证会。

首先由我介绍听证案由，×××污水处理有限公司于2017年4月26日，就××环境保护局对其不正常使用水污染物处理设施等逃避监管的方式违法排放污染物行政处罚一案（××环罚告字〔2017〕第×××号）提出听证要求。

现在由我告知听证参加人的权利和义务。

当事人享有下列权利：

（一）申请或者放弃听证；

（二）依法申请不公开听证；

（三）依法申请听证主持人、听证员、记录员回避；

（四）可以亲自参加听证，也可以委托1～2人代理参加听证；

（五）就听证事项进行陈述、申辩和举证、质证；

（六）进行最后陈述；

（七）审阅并核对听证笔录；

（八）依法查阅案卷材料。

当事人负有下列义务：

（一）依法举证、质证；

（二）如实陈述和回答询问；

（三）遵守听证纪律。

案件调查人员亦负有上述义务。

请问当事人（×××污水处理有限公司）是否申请听证主持人、听证员和记录员回避。

（不申请回避）先由案件调查人员陈述当事人违法事实，出示证据，提出初步处罚意见和依据。完毕请说明。

（调查人员陈述完毕后）请当事人进行陈述、申辩，提出事实理由依据和证据。完毕请说明。

（当事人陈述完毕后）请案件调查人员、当事人进行质证、辩论。

（辩论结束后）请案件调查人员作最后陈述。完毕请说明。

请当事人作最后陈述。完毕请说明。

（当事人称述结束后）宣布本次听证会就此结束。

××环境保护局
听证笔录

案由：×××污水处理有限公司于2017年4月26日，就××环境保护局对其不正常使用水污染物处理设施等逃避监管的方式违法排放污染物行政处罚一案提出听证要求。立案号：××环罚告字〔2017〕第×××号

时间：2016年5月16日11时10分至12时15分

地点：××环境保护局8楼小会议室　**听证方式：**事前听证

听证主持人姓名：××　**工作单位及职务：**××环境保护局总工程师

听证员姓名：×××　**工作单位及职务：**××环境保护局法规科科长

记录员姓名：×××　**工作单位及职务：**××环境保护局法规科科员

听证申请人名称或姓名：×××污水处理有限公司　**地址：**××市××××

法定代表人姓名：×××　**职务：**董事长

委托代理人（一）姓名：×××　**电话：**×××××××

工作单位：×××污水处理有限公司　**职务：**厂长

委托代理人（二）姓名：×××　**电话：**×××××××

工作单位：××× 集团有限公司　**职务：**副经理

有关证人姓名及工作单位：无

案件调查人（一）姓名：×××工作单位及执法证号：××环境监察支队，环保 ×××××

案件调查人（二）姓名：×××工作单位及执法证号：××环境监察支队，环保×××××

有关证人姓名及工作单位：无

听证笔录（正文）：××（主持人）：宣读参会人员权利和义务，当事人是否申请听

听证申请人及委托代理人、有关证人签名：××× ×××　2017年5月16日

案件调查人及有关证人签名：　　年　月　日

听证主持人签名：××× ×××　2017年5月16日

记录员签名：×××　2017年5月16日

证主持人、听证员、记录员回避。

×××（当事人）：不申请回避。

×××（调查人员）：2017 年 2 月 14 日，××环境保护局对×××污水处理有限公司进行现场检查，发现发现该公司进水粗、细格栅均已损坏，无法运行。提升泵一用两备循环使用。曝气沉砂池淤泥堵塞，吸砂桥无法运行。曝气池污泥活性不足，达不到曝气效果，曝气头大部分堵塞。二沉池吸泥桥（两条线）设备损坏、无法正常运行。芬顿反应池管线堵塞无法使用。加药车间停运，无钱购买药剂，无运行记录和台账。絮凝沉淀池加药口无药剂投加。污泥压滤车间停运。出水排放长期超过城镇污水处理厂一级 B 标准。我局成立了案件调查组，分别于 2 月 14 日、2 月 20 日和 3 月 9 日、3 月 20 日对×××污水处理有限公司环境违法行为进行了调查取证，证据有现场检查（勘察）笔录、调查询问笔录、检测结果报告单、现场照片、执法过程视频等。违反《中华人民共和国水污染防治法》第二十一条第二款，依据《中华人民共和国水污染防治法》第七十三条处应交排污费 1～3 倍罚款，参照《环境保护行政处罚自由裁量》处 3 倍排污费为 2 111 019 元。

×××（当事人）：长期进水超标导致我厂出水超标，2015 年才通过环保竣工验收；2013 年 10 月 5 日至今×××管委会未向我公司支付任何污水处理费；水污染治理设施需要检修，2016 年 7 月 16 日向×××管委会申请未批准。2016 年 9 月 6 日向×××申请解决我厂检修问题，未解决，2017 年再次向×××管委会申请检修设备，2017 年 4 月 1 日法院对我厂进行查封，我厂已无法进行其他操作。我认为因以上原因导致我厂无法解决“水污染处理设施不正常运行和水污染物超标排放”的环境问题，我厂不存在主观逃避监管排放污染物的行为。

××（主持人）：当事人对此案件最大的异议是？

×××（当事人）：我厂没有资金是最主要的问题，所以无法解决存在的环境问题。

×××（调查人员）：你们是否承认你厂存在水污染治理设施不正常运行、水污染物超标排放的行为？

×××（当事人）：我们承认。

×××（调查人员）：你们对我们案件的法律适用方面是否有异议？

×××（当事人）：没有异议。我认为我厂存在的环境问题不是我们主观造成的。

听证申请人及委托代理人、有关证人签名：×××　×××　2017 年 5 月 16 日

案件调查人及有关证人签名：＿＿＿＿　＿＿年＿＿月＿＿日

听证主持人签名：×××　×××　2017 年 5 月 16 日

记录员签名：×××　2017 年 5 月 16 日

×××（调查人员）：不是你们主观造成的，但你厂的环境问题确实存在，对我们的案件证据等方面的合法性有没有异议。

×××（当事人）：对案件我们没有异议，但是我们已说清楚导致我厂存在环境问题不是我厂的主观原因。

以上笔录已阅无误。

听证申请人及委托代理人、有关证人签名：×××　×××　2017 年 5 月 16 日

案件调查人及有关证人签名：＿＿＿＿　＿＿年＿＿月＿＿日

听证主持人签名：×××　×××　2017 年 5 月 16 日

记录员签名：×××　2017 年 5 月 16 日

××环境保护局
案件处理内部审批表

<table>
<tr><td>申请事项</td><td colspan="4">××环境保护局行政处罚决定书</td></tr>
<tr><td>案　源</td><td colspan="4">检查发现</td></tr>
<tr><td rowspan="4">当
事
人</td><td>名称或姓名</td><td colspan="3">×××污水处理有限公司</td></tr>
<tr><td>地址（住址）</td><td>××××县××街道</td><td>邮政编码</td><td>×××</td></tr>
<tr><td>社会信用代码</td><td colspan="3">××××××××××××××××××</td></tr>
<tr><td>法定代表人
（负责人）</td><td>×××</td><td>职　务</td><td>法定代表人</td></tr>
<tr><td>简要案情及
申请理由依
据和内容</td><td colspan="4">2017 年 2 月 14 日，××环境监察支队和××环境监察大队人员对×××污水处理有限公司进行现场检查，检查中发现该企业未经环保部门批准闲置水污染治理设施。涉嫌违反了《中华人民共和国水污染防治法》第二十一条第二款“企业事业单位和个体工商户排放水污染物的种类、数量和浓度有重大改变的，应当及时申报登记；其水污染物处理设施应当保持正常使用；拆除或者闲置水污染物处理设施的，应当事先报县级以上地方人民政府环境保护主管部门批准”。根据《中华人民共和国水污染防治法》第七十三条：“违反本法规定，不正常使用水污染物处理设施，或者未经环境保护主管部门批准拆除、闲置水污染物处理设施的，由县级以上人民政府环境保护主管部门责令限期改正，处应缴纳排污费数额一倍以上三倍以下的罚款。”××环保局于 4 月 10 日下发行政处罚事先告知书（××环罚告字〔2017〕第×××号）、行政处罚听证告知书（××环罚听告字〔2017〕第×××号）。
2017 年 4 月 26 日，×××污水处理有限公司就××环境保护局对其不正常使用水污染物处理设施等逃避监管的方式违法排放污染物行政处罚一案提出听证要求。
2017 年 5 月 16 日，在××环保局 8 楼召开听证会，鉴于当事人承认其“污水处理厂不正常使用水污染物处理设施等逃避监管的方式违法排放污染物”的环境违法行为，并且对案件的法律适用及证据的合法性没有异议，建议维持执行原拟定的行政处罚，处 3 倍排污费罚款共计 2 111 019 元。</td></tr>
<tr><td>承办人意见</td><td colspan="4">同意
签名或盖章：　×××　×××
2017 年 5 月 23 日</td></tr>
<tr><td>法制机构
负责人意见</td><td colspan="4">同意
签名或盖章：　×××
2017 年 5 月 23 日</td></tr>
<tr><td>环保部门
负责人
审批意见</td><td colspan="4">同意
签名或盖章：　×××　×××
2017 年 5 月 23 日</td></tr>
</table>

××× 污水处理有限公司 2016 年 3 月—2017 年 3 月 20 日排污费核算表

序号	日期	污水排放量（L）	污染因子	监测报告污染因子排放浓度（mg/L）	污染因子排放量（kg）	污染因子排污费（元）	排污费汇总（元）	备注
2	2016 年 4 月	112 581 000	悬浮物	87	9 794.55	3 428.09	25 336	悬浮物、氨氮超标排放，此两项污染物排污费加倍征收
			化学需氧量	4	450.32	630.45		
			氨氮	54	6 079.37	21 277.81		
3	2016 年 5 月	129 715 000	悬浮物	17	2 205.16	385.90	31 061	化学需氧量超标排放，此项污染物排污费加倍征收
			化学需氧量	84	10 896.06	30 508.97		
			氨氮	0.734	95.21	166.62		
4	2016 年 6 月	132 418 000	悬浮物	17	2 251.11	393.94	39 788	化学需氧量超标排放，此项污染物排污费加倍征收
			化学需氧量	105	13 903.89	38 930.89		
			氨氮	2	264.84	463.46		
5	2016 年 7 月	95 055 000	悬浮物	13	1 235.72	216.25	30 392	化学需氧量、氨氮超标排放，此两项污染物排污费加倍征收
			化学需氧量	92	8 745.06	24 486.17		
			氨氮	17.1	1 625.44	5 689.04		
6	2016 年 8 月	164 443 000	悬浮物	13	2 137.76	374.11	52 577	化学需氧量、氨氮超标排放，此两项污染物排污费加倍征收
			化学需氧量	92	15 128.76	42 360.52		
			氨氮	17.1	2 811.98	9 841.91		
7	2016 年 9 月	215 867 000	悬浮物	80	17 269.36	6 044.28	150 956	悬浮物、化学需氧量、氨氮超标排放，此三项污染物排污费加倍征收
			化学需氧量	221	47 706.61	133 578.50		
			氨氮	15	3 238.01	11 333.02		
8	2016 年 10 月	159 746 000	悬浮物	74	11 821.20	4 137.42	128 931	悬浮物、化学需氧量、氨氮超标排放，此三项污染物排污费加倍征收
			化学需氧量	265	42 332.69	118 531.53		
			氨氮	11.2	1 789.16	6 262.04		
9	2016 年 11 月	142 019 000	悬浮物	74	10 509.41	3 678.29	111 840	悬浮物、化学需氧量超标排放，此两项污染
			化学需氧量	265	37 635.04	105 378.10		

序号	日期	污水排放量（L）	污染因子	监测报告污染因子排放浓度（mg/L）	污染因子排放量（kg）	污染因子排污费（元）	排污费汇总（元）	备注
9	2016年11月	142 019 000	氨氮	11.2	1 590.61	2 783.57	111 840	物排污费加倍征收
10	2016年12月	121 895 000	悬浮物	40	4 875.80	1 706.53	25 340	悬浮物、化学需氧量超标排放，此两项污染物排污费加倍征收
			化学需氧量	64.3	7 837.85	21 945.98		
			氨氮	7.91	964.19	1 687.33		
11	2017年1月	90 779 000	悬浮物	40	3 631.16	1 270.91	18 871	悬浮物、化学需氧量超标排放，此两项污染物排污费加倍征收
			化学需氧量	64.3	5 837.09	16 343.85		
			氨氮	7.91	718.06	1 256.61		
12	2017年2月	52 327 000	悬浮物	106	5 546.66	1 941.33	27 829	悬浮物、化学需氧量超标排放，此两项污染物排污费加倍征收
			化学需氧量	168	8 790.94	24 614.62		
			氨氮	13.9	727.35	1 272.85		
13	2017年3月	40 000 000	粪大肠菌群	40 000	12 121.21	16 969.70	60 752	悬浮物、化学需氧量、五日生化需氧量、色度超标、总氮超标、总磷超标、粪大肠杆菌超标排放，加倍征收排污费
			色度	40 000	8 000.00	11 200.00		
			化学需氧量	290	11 600.00	32 480.00		
			总铬	0.03	1.200 000	42.00		
			总铅	0.01	0.400 000	22.40		
			总镉	0.001	0.040 000	11.20		
			总砷	0.003 8	0.152 000	10.64		
			汞	0.000 04	0.001 600	4.48		
			六价铬	0.004	0.160 000	11.20		
合计：		1 416 845 000					703 673	

注明：

1. 污染物排放标准：悬浮物20 mg/L，化学需氧量60 mg/L，氨氮8（15）mg/L。其中氨氮8 mg/L为夏季排放标准，15 mg/L为冬季排放标准；

2. 2016年4月—2016年10月为夏季，2016年11月—2017年3月为冬季；

3. 根据×××发改委、财政厅、环保厅×发改收费〔2015〕×××号文件要求，五项重金属（铅、汞、铬、镉、类金属砷）均须征收排污费。

特此注明。

排污费核算单

单位名称：×××污水处理有限公司

核定期限：2016 年 4 月 1 日—2016 年 4 月 30 日

核算依据：根据××市环境监测站 2016 年 4 月 13 日对该企业总排口污水检测报告，悬浮物浓度 87 mg/L，超标 4.4 倍，化学需氧量浓度 4 mg/L，氨氮浓度 54 mg/L，超标 3.6 倍。根据该企业台账记录 2016 年 4 月 1 日—2016 年 4 月 30 日出水量应为 112 581 m^3，即 112.581×10^6 L。

一、排污量计算

悬浮物：87 mg/L×112.581×10^6L÷10^6=9 794.55 kg

化学需氧量：4 mg/L×112.581×10^6L÷10^6=450.32 kg

氨氮：54 mg/L×112.581×10^6L÷10^6=6 079.37 kg

二、排污费核算

悬浮物：9 794.55 kg÷4×0.7 元/kg×2=3 428.10 元

化学需氧量：450.32 kg÷1×1.4 元/kg=630.45 元

氨氮：6 079.37 kg÷0.8×1.4 元/kg×2=21 277.83 元

三、应缴排污费

总计：3 428.10 元+630.45 元+21 277.83 元=25 336 元

排污费核算单

单位名称：×××污水处理有限公司

核定期限：2016 年 6 月 1 日—2016 年 6 月 30 日

核算依据：根据××市环境监测站 2016 年 6 月 15 日对该企业总排口污水检测报告，悬浮物浓度 17 mg/L，化学需氧量浓度 105 mg/L，超标 1.75 倍，氨氮浓度 2 mg/L。根据该企业台账记录 2016 年 6 月 1 日—2016 年 6 月 30 日出水量应为 132 418 m^3，即 132.418×10^6 L。

一、排污量计算

悬浮物：17 mg/L×132.418×10^6L÷10^6=2 251.11 kg

化学需氧量：105 mg/L×132.418×10^6L÷10^6=13 903.89 kg

氨氮：2 mg/L×132.418×10^6L÷10^6=264.84 kg

二、排污费核算

悬浮物：2 251.11 kg÷4×0.7 元/kg=393.94 元

化学需氧量：13 903.89 kg÷1×1.4 元/kg=38 930.89 元

氨氮：264.84 kg÷0.8×1.4 元/kg=463.47 元

三、应缴排污费

总计：393.94 元+38 930.89 元+463.46 元=39 788 元

此件与原件校核无异

排污费核算单

单位名称：×××污水处理有限公司

核定期限：2016 年 7 月 1 日—2016 年 7 月 31 日

核算依据：根据××市环境监测站 2016 年 7 月 21 日对该企业总排口污水检测报告，悬浮物浓度 13 mg/L，化学需氧量浓度 92 mg/L，超标 1.53 倍，氨氮浓度 17.1 mg/L，超标 2.14 倍。根据该企业台账记录 2016 年 7 月 1 日—2016 年 7 月 31 日出水量应为 95 055 m^3，即 95.055×10^6 L。

一、排污量计算

悬浮物：13 mg/L×95.055×10^6L÷10^6=1 235.72 kg

化学需氧量：92 mg/L×95.055×10^6L÷10^6=8 745.06 kg

氨氮：17.1 mg/L×95.055×10^6L÷10^6=1 625.44 kg

二、排污费核算

悬浮物：1 235.72 kg÷4×0.7 元/kg=216.25 元

化学需氧量：8 745.06 kg÷1×1.4 元/kg×2=24 486.17 元

氨氮：1 625.44 kg÷0.8×1.4 元/kg×2=5 689.04 元

三、应缴排污费

总计：216.25 元+24 486.17 元+5 689.04 元=30 392 元

排污费核算单

单位名称：×××污水处理有限公司

核定期限：2016 年 8 月 1 日—2016 年 8 月 31 日

核算依据：根据××市环境监测站 2016 年 7 月 21 日对该企业总排口污水检测报告，悬浮物浓度 13 mg/L，化学需氧量浓度 92 mg/L，超标 1.53 倍，氨氮浓度 17.1 mg/L，超标 2.14 倍。根据该企业台账记录 2016 年 8 月 1 日—2016 年 8 月 31 日出水量应为 164 443 m^3，即 164.443×10^6 L。

一、排污量计算

悬浮物：13 mg/L×164.443×10^6L÷10^6=2 137.759 kg

化学需氧量：92 mg/L×164.443×10^6L÷10^6=15 128.756 kg

氨氮：17.1 mg/L×164.443×10^6L÷10^6=2 811.975 3 kg

二、排污费核算

悬浮物：2 137.759 kg÷4×0.7 元/kg=374.11 元

化学需氧量：15 128.756 kg÷1×1.4 元/kg×2=42 360.52 元

氨氮：2 811.975 3 kg÷0.8×1.4 元/kg×2=9 841.91 元

三、应缴排污费

总计：374.11 元+42 360.524 元+9 841.91 元=52 577 元

此件与原件校核无异

排污费核算单

单位名称：×××污水处理有限公司

核定期限：2016 年 9 月 1 日—2016 年 9 月 30 日

核算依据：根据××市环境监测站 2016 年 9 月 19 日对该企业总排口污水检测报告，悬浮物浓度 80 mg/L，超标 4 倍，化学需氧量浓度 221 mg/L，超标 3.68 倍，氨氮浓度 15 mg/L，超标 1.88 倍。根据该企业台账记录 2016 年 9 月 1 日—2016 年 9 月 30 日出水量应为 215 867 m^3，即 215.867×10^6 L。

一、排污量计算

悬浮物：80 mg/L×164.443×10^6 L÷10^6=17 269.36 kg

化学需氧量：221 mg/L×164.443×10^6 L÷10^6=47 706.61 kg

氨氮：15 mg/L×164.443×10^6 L÷10^6=3 238.01 kg

二、排污费核算

悬浮物：17 269.36 kg÷4×0.7 元/kg×2=6 044.28 元

化学需氧量：47 706.61 kg÷1×1.4 元/kg×2=133 578.50 元

氨氮：3 238.01 kg÷0.8×1.4 元/kg×2=11 333.02 元

三、应缴排污费

总计：6 044.28 元+133 578.50 元+11 333.02 元=150 956 元

排污费核算单

单位名称：×××污水处理有限公司

核定期限：2016 年 10 月 1 日—2016 年 10 月 31 日

核算依据：根据××市环境监测站 2016 年 10 月 25 日对该企业总排口污水检测报告，悬浮物浓度 74 mg/L，超标 3.7 倍，化学需氧量浓度 265 mg/L，超标 4.42 倍，氨氮浓度 11.2 mg/L，超标 1.4 倍。根据该企业台账记录 2016 年 10 月 1 日—2016 年 10 月 31 日出水量应为 159 746 m^3，即 159.746×10^6 L。

一、排污量计算

悬浮物：74 mg/L×159.746×10^6 L÷10^6=11 821.20 kg

化学需氧量：265 mg/L×159.746×10^6 L÷10^6=42 332.69 kg

氨氮：11.2 mg/L×159.746×10^6 L÷10^6=1 789.16 kg

二、排污费核算

悬浮物：11 821.20 kg÷4×0.7 元/kg×2=4 137.42 元

化学需氧量：42 332.69 kg÷1×1.4 元/kg×2=118 531.53 元

氨氮：1 789.16 kg÷0.8×1.4 元/kg×2=6 262.04 元

三、应缴排污费

总计：4 137.42 元+118 531.53 元+6 262.04 元=128 931 元

此件与原件校核无异

排污费核算单

单位名称：×××污水处理有限公司

核定期限：2016 年 11 月 1 日—2016 年 11 月 30 日

核算依据：根据××市环境监测站 2016 年 10 月 25 日对该企业总排口污水检测报告，悬浮物浓度 74 mg/L，超标 3.7 倍，化学需氧量浓度 265 mg/L，超标 4.42 倍，氨氮浓度 11.2 mg/L。根据该企业台账记录 2016 年 11 月 1 日—2016 年 11 月 30 日出水量应为 142 019 m^3，即 142.019×10^6 L。

一、排污量计算

悬浮物：74 mg/L×142.019×10^6 L÷10^6=10 509.41 kg

化学需氧量：265 mg/L×142.019×10^6 L÷10^6=37 635.04 kg

氨氮：11.2 mg/L×142.019×10^6 L÷10^6=1 590.61 kg

二、排污费核算

悬浮物：10 509.41 kg÷4×0.7 元/kg×2=3 678.29 元

化学需氧量：37 635.04 kg÷1×1.4 元/kg×2=105 378.10 元

氨氮：1 590.61 kg÷0.8×1.4 元/kg=2 783.57 元

三、应缴排污费

总计：3 678.29 元+105 378.10 元+2 783.57 元=111 840 元

此件与原件校核无异

排污费核算单

单位名称：×××污水处理有限公司

核定期限：2016 年 12 月 1 日—2016 年 12 月 31 日

核算依据：根据××市环境监测站 2016 年 12 月 23 日对该企业总排口污水检测报告，悬浮物浓度 40 mg/L，超标 2 倍，化学需氧量浓度 64.3 mg/L，超标 1.07 倍，氨氮浓度 7.91 mg/L。根据该企业台账记录 2016 年 12 月 1 日—2016 年 12 月 31 日出水量应为 121 895 m^3，即 121.895×10^6 L。

一、排污量计算

悬浮物：40 mg/L×121.895×10^6 L÷10^6=4 875.80 kg

化学需氧量：64.3 mg/L×121.895×10^6 L÷10^6=7 837.85 kg

氨氮：7.91 mg/L×121.895×10^6 L÷10^6=964.19 kg

二、排污费核算

悬浮物：4 875.80 kg÷4×0.7 元/kg×2=1 706.53 元

化学需氧量：7 837.85 kg÷1×1.4 元/kg×2=21 945.98 元

氨氮：964.19 kg÷0.8×1.4 元/kg=1 687.33 元

三、应缴排污费

总计：1 706.53 元+21 945.98 元+1 687.33 元=25 340 元

此件与原件校核无异

排污费核算单

单位名称：×××污水处理有限公司

核定期限：2017 年 1 月 1 日—2017 年 1 月 31 日

核算依据：根据××市环境监测站 2016 年 12 月 23 日对该企业总排口污水检测报告，悬浮物浓度 40 mg/L，超标 2 倍，化学需氧量浓度 64.3 mg/L，超标 1.07 倍，氨氮浓度 7.91 mg/L。根据该企业台账记录 2017 年 1 月 1 日—2017 年 1 月 31 日出水量应为 90 779 m^3，即 90.779×10^6 L。

一、排污量计算

悬浮物：40 mg/L×90.779×10^6 L÷10^6=3 631.16 kg

化学需氧量：64.3 mg/L×90.779×10^6 L÷10^6=5 837.09 kg

氨氮：7.91 mg/L×90.779×10^6 L÷10^6=718.06 kg

二、排污费核算

悬浮物：3 631.16 kg÷4×0.7 元/kg×2=1 270.91 元

化学需氧量：5 837.09 kg÷1×1.4 元/kg×2=16 343.85 元

氨氮：718.06 kg÷0.8×1.4 元/kg=1 256.61 元

三、应缴排污费

总计：1 270.91 元+16 343.85 元+1 256.61 元=18 871 元

排污费核算单

单位名称：×××污水处理有限公司

核定期限：2017 年 2 月 1 日—2017 年 2 月 28 日

核算依据：根据××市环境监测站 2017 年 2 月 23 日对该企业总排口污水检测报告，悬浮物浓度 106 mg/L，超标 4.3 倍，化学需氧量浓度 168 mg/L，超标 1.8 倍，氨氮浓度 13.9 mg/L。根据该企业台账记录 2017 年 2 月出水量应为 52 327 m^3，即 $52\ 327\times10^3$ L。

一、排污量计算

悬浮物：$106\ \text{mg/L}\times52\ 327\times10^3\ \text{L}\div10^6=5\ 546.662\ \text{kg}$

化学需氧量：$168\ \text{mg/L}\times52\ 327\times10^3\ \text{L}\div10^6=8\ 790.936\ \text{kg}$

氨氮：$13.9\ \text{mg/L}\times52\ 327\times10^3\ \text{L}\div10^6=727.345\ 3\ \text{kg}$

二、排污费核算

悬浮物：5 546.662 kg/月÷4×0.7 元/kg×2=1 941.33 元

化学需氧量：8 790.936 kg/月÷1×1.4 元/kg×2=24 614.62 元

氨氮：727.345 3 kg/月÷0.8×1.4 元/kg=1 272.85 元

三、应缴排污费

总计：1 941.33 元+24 614.62 元+1 272.85 元=27 829 元

排污费核算单

单位名称：×××污水处理有限公司

核定期限：2017 年 3 月 1 日至 3 月 20 日

核算依据：根据××环境监测站 2017 年 3 月 28 日对该污水处理厂总排口污水检测报告（报告单编号：水 2017-063-W），悬浮物浓度 176 mg/L，超标 7.8 倍，化学需氧量浓度 290 mg/L，超标 3.8 倍，氨氮浓度 15 mg/L，五日生化需氧量 115 mg/L，超标 4.8 倍，色度 256 倍，超标 7.5 倍，总氮 32.3 mg/L，超标 0.6 倍，总磷 2.54 mg/L，超标 1.5 倍，粪大肠菌群>24 000，超标 1.4 倍，总铬<0.03 mg/L，总铅<0.01 mg/L.总镉<0.001 mg/L，总砷<0.003 8 mg/L，汞<0.000 04 mg/L，六价铬<0.004 mg/L。根据《××环境保护局调查询问笔录》，该污水处理厂日处理污水约 2 000 m^3，故可知 2017 年 3 月 1 日—3 月 20 日污水排放总量为：2000 m^3（t）/d×20d=40 000 m^3（t），即排放污水 4.0×10^7 L。

一、排污量计算

悬浮物：（176 mg/L×4×10^7 L/月 ）÷10^6=7 040 kg

生化需氧量：（115 mg/L×4×10^7 L/月）÷10^6=4 600 kg

化学需氧量：（290 mg/L×4×10^7 L/月 ）÷10^6=11 600

氨氮：（15 mg/L×4×10^7L/月 ）÷10^6=600 kg

色度：40 000 t

总氮：（32.3 mg/L×4×10^7L/月）÷10^6=1 292 kg

总磷：（2.54 mg/L×4×10^7L/d）÷10^6=101.6 kg

粪大肠菌群：40 000 t

总铬：（0.03 mg/L×4×10^7L/d）÷10^6=1.2 kg

总铅：（0.01 mg/L×4×10^7L/d）÷10^6=0.4 kg

总镉：（0.001 mg/L×4×10^7L/d）÷10^6=0.04 kg

总砷：（0.003 8 mg/L×4×10^7L/d）÷10^6=0.152 kg

汞：（0.000 04 mg/L×4×10^7L/d）÷10^6=0.001 6 kg

六价铬：（0.004 mg/L×4×10^7L/d）÷10^6=0.16 kg

二、排污费核算

悬浮物：7 040 kg/月÷4×0.7 元/kg×2=2 464 元

生化需氧量：4 600 kg/月÷0.5×0.7 元/kg×2=12 880 元

化学需氧量：11 600 kg/月÷1×1.4 元/kg×2=32 480 元

氨氮：600 kg/月÷0.8×1.4 元/kg=1 050 元

总氮：1 292 kg/月÷0.8×1.4 元/kg×2=4 522 元

总磷：101.6 kg/月÷0.25×0.7 元/kg×2=568.96 元

色度：40 000 t÷5×0.7 元/kg×2=11 200 元

粪大肠菌群：40 000 t÷3.3×0.7 元/kg×2=16 969.70 元

总铬：1.2 kg/月÷0.04×1.4 元/kg=42 元

总铅：0.4 kg/月÷0.025×1.4 元/kg=22.4 元

总镉：0.04 kg/月÷0.005×1.4 元/kg=11.2 元

总砷：0.152 kg/月÷0.02×1.4 元/kg=10.64 元

汞：0.001 6 kg/月÷0.000 5×1.4 元/kg=4.48 元

六价铬：0.16 kg/月÷0.02×1.4 元/kg=11.2 元

三、应缴排污费

总计：16 969.70 元+11 200 元+32 480 元+42 元+22.4 元+11.2 元+10.64 元+4.48 元+11.2 元=60 752 元

审核人：××× 核算人：×××

报告单编号: S-2017-006

报告单页数：共（5）页

检 验 报 告

此件与原件校核无异

检验类别： 委托性检测

样品名称： 废　水

CMA

2017XXXXXXX

受检单位： ×××污水处理有限公司

××市环境监测站

2017 年 2 月 20 日

注意事项

1. 报告无相关责任人签字无效；报告封面及监测数据处无本站业务专用章无效，报告无骑缝章无效。

2. 报告涂改无效，未经本站书面批准，不得复制本报告。

3. 对本监测结果有异议，请于收到报告之日起十五日内向本单位提出，逾期不予受理。

4. 由委托方自行采集的样品，仅对送检样品的监测数据负责，不对样品来源负责，对监测结果不作评价。

5. 未经本站书面同意，本报告及数据不得用于商品广告，违者必究。

地　　址：××××××××××号
电　　话：××××-×××××××
邮政编码：××××××

××市环境监测站检测报告单

报告编号：S-2017-006　　　　样品类别：污水

受检单位　　×××××污水处理有限公司
采样地点　　进口、出口
采样日期　　2017 年 2 月 15 日　分析日期　2017 年 2 月 20 日
采样编号　　进口：015～020　出口：021～026

此件与原件校核无异

检测项目	检测结果		分析方法
	进口	出口	
pH（量纲一）	7.29～7.31	7.45～7.47	《水质　pH 的测定　玻璃电极法》（GB 6920—1986）
悬浮物（mg/L）	301	106	《水质　悬浮物的测定　重量法》（GB 11901—1989）
色度（倍）	64	32	《水质　色度的测定》（GB 11903—89）
化学需氧量（mg/L）	571	168	《水质　化学需氧量的测定　重铬酸钾法》（GB 11914—1989）
氨氮（mg/L）	8.59	13.9	《水质　氨氮的测定　纳氏试剂比色法》（HB 535—2009）
样品状态描述	015～020：水质较浊、黄色、有臭味 021～026：水质较浊、黄色、有臭味		
备注	/		

××市环境监测站

制表人：×××
科室审核：×××　　质量审核：×××　　批准：×××　　（盖　章）

××市环境监测站检测报告单

报告编号：S-2017-006

样品类别：废水

受检单位　　×××污水处理有限公司

采样地点　　进口、出口　　　采样编号　　进口：015～020　出口：021～026

采样日期　　2017 年 2 月 15 日　　　分析日期　　2017 年 2 月 20 日

采样点位 / 监测项目		进口在线监测仪器							
		015	016	017	018	019	020	标样 A	标样 B
化学需氧量	水质在线自动方法监测值	187	207	1157	590	646	767	200.2	516
	水质实验室标准方法监测值	192	214	1114	530	643	734	200	500
	比对试验相对误差（%）	−2.60	−3.27	3.86	11.32	0.47	4.50	0.10	3.20
	在线测数据有效性判别	合格	合格	合格	合格	合格	合格	合格	合格
备注：									

制表人：×××　　　　科室审核：×××　　　　质量审核：×××

批准：×××　　（盖　章）

××市环境监测站检测报告单

报告编号：S-2017-006

样品类别：废水

受检单位	×××污水处理有限公司		
采样地点	进口、出口	样品编号	进口：015～020　出口：021～026
采样日期	2017 年 2 月 15 日	分析日期	2017 年 2 月 20 日

监测项目＼采样点位		进口在线监测仪器							
		021	022	023	024	025	026	标样 A	标样 B
化学需氧量	水质在线自动方法监测值	159	161	151	167	178	198	46.08	92.6
	水质实验室标准方法监测值	186	167	163	159	159	175	50	100
	比对试验相对误差（%）	−14.52	−3.59	−7.36	5.03	11.95	13.14	−7.84	−7.40
	在线测数据有效性判别	合格	合格	合格	合格	合格	合格	合格	合格
备注：									

制表人：×××　　　　科室审核：×××　　　　质量审核：×××

批准：×××　　（盖　章）

××市环境监测站检测报告单

报告编号：S-2017-006

样品类别：废水

受检单位　　×××污水处理有限公司

采样地点　　进口、出口　　采样编号　　进口：015～020　出口：021～026

采样日期　　2017 年 2 月 15 日　　分析日期　　2017 年 2 月 20 日

采样点位 监测项目		进口在线监测仪器							
		015	016	017	018	019	020	标样 A	标样 B
化学需氧量	水质在线自动方法监测值	15.2	3.19	8.95	8.48	7.80	7.59	10.1	42.2
	水质实验室标准方法监测值	17.46	2.92	7.98	7.52	7.92	7.73	10	40
	比对试验相对误差（%）	−12.94	9.25	12.16	12.77	−1.52	−1.81	1.00	5.50
	在线测数据有效性判别	合格	合格	合格	合格	合格	合格	合格	合格
备注：									

制表人：×××　　科室审核：×××　　质量审核：×××

批准：×××　　（盖　章）

××市环境监测站检测报告单

报告编号：S-2017-006

样品类别：废水

受检单位　×××污水处理有限公司

采样地点　进口、出口　　采样编号　进口：015～020　出口：021～026

采样日期　2017年2月15日　　分析日期　2017年2月20日

监测项目 \ 采样点位		进口在线监测仪器							
		021	022	023	024	025	026	标样A	标样B
化学需氧量	水质在线自动方法监测值	9.54	9.31	9.77	9.71	9.01	9.33	4.65	9.52
	水质实验室标准方法监测值	13.7	13.7	13.9	13.9	14.2	14.1	5	10
	比对试验相对误差（%）	−30.36	−32.04	−29.71	−30.14	−36.55	−33.83	−7.00	−4.80
	在线测数据有效性判别	不合格	不合格	不合格	不合格	不合格	不合格	合格	合格
备注：									

制表人：×××　　科室审核：×××　　质量审核：×××

批准：×××　　（盖　章）

关于×××污水处理有限公司检验报告的说明

×××污水处理有限公司位于×××高新技术产业开发区，通过自治区环保厅审批，2012 年 5 月开工建设，2013 年 11 月竣工，2013 年 12 月试运行，2015 年 11 月通过环保竣工验收。该污水处理厂执行《城镇污水处理厂污染物排放标准》（GB 18918—2002）一级 B 标准。化学需氧量≤60 mg/L，氮氧≤8（15）mg/L，悬浮物≤20 mg/L。××市环境监测站于 2017 年 2 月 15 日对其进行了监测，根据×××市环境监测站 2017 年 2 月 23 日出具的检验报告结果，化学需氧量：168 mg/L，超过标准 1.8 倍，氨氮：13.9 mg/L，未超过标准，悬浮物：106 mg/L，超过标准 4.3 倍。

××环境监察支队

2017 年 2 月 24 日

××环境保护局
送达回证

送达文书名称及文号	检验报告（S-2017-006）
受送达人名称或姓名	×××污水处理有限公司
送达地点	×××污水处理有限公司办公室
送达方式	直接送达
收件人签字（或盖章）及收件日期	××× （与受送达人的关系：　×××） 2017 年 2 月 24 日
送达人（两人签字）	×××　×××
送达机关盖章	2017 年 2 月 24 日
备　注	

监 测 报 告

报告单编号：水 2017-063-W

此件与原件校核无异

监测类型： 执法监测

样品名称： 污　水

2017XXXXXXX

委托单位： ××环境监察支队

受检单位： ×××污水处理有限公司

××市环境监测站

2017 年 3 月 28 日

注意事项

1. 报告无相关责任人签字无效；报告封面及监测数据处无本站业务专用章无效，报告无骑缝章无效。

2. 报告涂改无效，未经本站书面批准，不得复制本报告。

3. 对本监测结果有异议，请于收到报告之日起十五日内向本单位提出，逾期不予受理。

4. 由委托方自行采集的样品，仅对送检样品的监测数据负责，不对样品来源负责，对监测结果不作评价。

5. 未经本站书面同意，本报告及数据不得用于商品广告，违者必究。

地　　址：××××××××××号
电　　话：××××-×××××××
邮政编码：××××××

××市环境监测站监测结果报告单

报告单编号：水 2017-063-W　　　　监测人员：×××、×××

受检单位：×××污水处理有限公司　　　　样品类别：污水

委托单位：××环境监察支队　　　　监测日期：2017 年 3 月 20 日

采样点位 监测项目	总排口	检测标准方法名称及编号（含年号）
pH	7.50～7.52	水质 pH 值的测定 玻璃电极法（GB/T 6920—1986）
悬浮物	176	水质 悬浮物的测定 重量法（GB/T 11901—1989）
化学需氧量	290	水质 化学需氧量的测定 重铬酸盐法（GB 11914—1989）
五日生化需氧量	115	水质 五日生化需氧量的测定 稀释与接种法（HJ 505—2009）
氨氮	15.0	水质 氨氮的测定 纳氏试剂分光光度法（HJ 535—2009）
色度	256	水质 色度的测定（GB 11903—1989）
石油类	0.86	水质 石油类和动植物油的测定 红外分光光度法（HJ 637—2012）
动植物油	0.58	水质 石油类和动植物油的测定 红外分光光度法（HJ 637—2012）
阴离子表面活性剂	0.48	水质 阴离子表面活性剂的测定 亚甲蓝分光光度法（GB/T 7494—1987）
总氮	32.3	水质 总氮的测定 碱性过硫酸钾消解-紫外分光光度法（HJ 636—2012）
总磷	2.54	水质 总磷的测定 钼酸铵分光光度法（GB/T 11893—1989）
总铬	＜0.03	城市污水水质检验方法标准（CJ/T 51—2004）
总铅	＜0.01	水质 铜、锌、铅、镉的测定 原子吸收分光光度法（GB 7475—87）
总镉	＜0.001	水质 铜、锌、铅、镉的测定 原子吸收分光光度法（GB 7475—87）
汞	＜0.000 04	水质 汞、砷、硒、铋和锑的测定 原子荧光法（HJ 694—2014）
总砷	0.003 8	水质 汞、砷、硒、铋和锑的测定 原子荧光法（HJ 694—2014）
六价铬	＜0.004	水质 六价铬的测定 二苯碳酰二肼分光光度法（GB/T 7467—1987）
粪大肠菌群	＞24 000	水质 粪大肠菌群的测定 多管发酵法和滤膜法（试行）（HJ/T 347—2007）
备注：pH 量纲一，色度单位为倍，粪大肠菌群单位为个/L，其余项目监测结果单位均为 mg/L。		

此件与原件校核无异

制表人：×××　　审核：×××　　签发：×××　（公章）

××市环境监测站

报表日期：2017 年 3 月 28 日

注意保存资料　　保护环境　　人人有责

关于×××污水处理有限公司检验报告的说明

×××污水处理有限公司位于×××高新技术产业开发区，通过自治区环保厅审批，2012 年 5 月开工建设，2013 年 11 月竣工，2013 年 12 月试运行，2015 年 11 月通过环保竣工验收。该污水处理厂执行《城镇污水处理厂污染物排放标准》（GB 18918—2002）一级 B 标准。五日生化需氧量≤20 mg/L，化学需氧量≤60 mg/L，氨氮≤8（15）mg/L，悬浮物≤20 mg/L，总氮≤20 mg/L，总磷≤1 mg/L，色度≤30。×××市环境监测站于 2017 年 3 月 20 日对其进行了监测，根据×××市环境监测站 2017 年 3 月 28 日出具的检验报告结果，五日生化需氧量：115 mg/L，超过标准 4.75 倍。化学需氧量：290 mg/L，超过标准 3.8 倍。氨氮：15 mg/L，未超过标准。悬浮物：176 mg/L，超过标准 7.8 倍。总氮：32.3 mg/L，超过标准 0.615 倍。总磷：2.54 mg/L，超过标准 1.54 倍。

××环境监察支队

2017 年 3 月 28 日

××环境保护局
送达回证

送达文书名称及文号	检验报告（水 2017-063-W）
受送达人名称或姓名	×××污水处理有限公司
送达地点	×××污水处理有限公司办公室
送达方式	直接送达
收件人签字（或盖章）及收件日期	××× （与受送达人的关系：×××） 2017 年 3 月 30 日
送达人（两人签字）	××× ×××
送达机关盖章	××环境保护局 2017 年 3 月 30 日
备　注	

检 验 报 告

此件与原件校核无异

检验类别：委托性检测

样品名称：废　水

2016XXXXXXX

受检单位：×××污水处理有限公司

××市环境监测站

×年×月××日

注意事项

1. 报告无相关责任人签字无效；报告封面及监测数据处无本站业务专用章无效，报告无骑缝章无效。

2. 报告涂改无效，未经本站书面批准，不得复制本报告。

3. 对本监测结果有异议，请于收到报告之日起十五日内向本单位提出，逾期不予受理。

4. 由委托方自行采集的样品，仅对送检样品的监测数据负责，不对样品来源负责，对监测结果不作评价。

5. 未经本站书面同意，本报告及数据不得用于商品广告，违者必究。

地　　址：××××××××××号
电　　话：××××-×××××××
邮政编码：××××××

××市环境监测站检测报告单

报告编号：S-2016-001　　　　样品类别：污水

受检单位　　×××污水处理有限公司

采样地点　　进口、出口

采样日期　　2016 年 1 月 11 日　　分析日期　　2016 年 1 月 12 日—2016 年 1 月 13 日

采样编号　　进口：001　出口：002

此件与原件校核无异

检测项目	检测结果		分析方法
	001	002	
pH（量纲一）	8.93	7.24	《水质 pH 的测定 玻璃电极法》（GB 6920—1986）
化学需氧量（mg/L）	270	147	《水质 化学需氧量的测定 重铬酸钾法》（GB 11914—1989）
氨氮（mg/L）	20.6	2.81	《水质 氨氮的测定 纳氏试剂比色法》（HB 535—2009）
样品状态描述	001#：水质较浑浊、白色、有臭味 002#：水质略浑浊、白色、略有臭味		
备注	/		

制表人：×××

科室审核：×××　　质量审核：×××　　批准：×××　　（盖章）

××市环境监测站

报告单编号: S-2016-011
报告单页数：共（1）页

检 验 报 告

此件与原件校核无异

检验类别： 委托性检测

样品名称： 废 水

2016XXXXXXX

受检单位： ×××污水处理有限公司

××市环境监测站

××市环境监测站

2016 年 4 月 20 日

注意事项

1. 报告无相关责任人签字无效；报告封面及监测数据处无本站业务专用章无效，报告无骑缝章无效。

2. 报告涂改无效，未经本站书面批准，不得复制本报告。

3. 对本监测结果有异议，请于收到报告之日起十五日内向本单位提出，逾期不予受理。

4. 由委托方自行采集的样品，仅对送检样品的监测数据负责，不对样品来源负责，对监测结果不作评价。

5. 未经本站书面同意，本报告及数据不得用于商品广告，违者必究。

地　　址：××××××××××号

电　　话：××××-××××××××

邮政编码：××××××

××市环境监测站检测报告单

报告编号：S-2016-011　　　　样品类别：污水

受检单位　　×××污水处理有限公司
采样地点　　进口、出口
采样日期　　2016年4月13日　　分析日期：2016年4月14日
采样编号　　进口：036　出口：037

检测项目	检测结果		分析方法
	036	037	
pH（量纲一）	7.39	7.62	《水质 pH的测定 玻璃电极法》（GB 6920—86）
悬浮物（mg/L）	822	87.0	《水质悬浮物的测定 重量法》（GB 11901—89）
色度（倍）	37.6	17.7	《水质 色度的测定》（GB 11903—89）
化学需氧量（mg/L）	64	4	《水质 化学需氧量的测定 重铬酸钾法》（GB 11914—89）
氨氮（mg/L）	250	54	《水质 氨氮的测定 纳氏试剂比色法》（HB 535—2009）
样品状态描述	036#：水质较浑浊、有臭味 037#：水质略浑浊、无色、略有臭味		
备注	/		

制表人：×××

科室审核：×××　　质量审核：×××　　批准：×××　（盖　章）

报告单编号: S-2016-019
报告单页数：共（1）页

检 验 报 告

此件与原件校核无异

检验类别： 委托性检测

样品名称： 废 水

2016XXXXXXX

受检单位： ×××污水处理有限公司

××市环境监测站

×年×月×日

注意事项

1. 报告无相关责任人签字无效；报告封面及监测数据处无本站业务专用章无效，报告无骑缝章无效。

2. 报告涂改无效，未经本站书面批准，不得复制本报告。

3. 对本监测结果有异议，请于收到报告之日起十五日内向本单位提出，逾期不予受理。

4. 由委托方自行采集的样品，仅对送检样品的监测数据负责，不对样品来源负责，对监测结果不作评价。

5. 未经本站书面同意，本报告及数据不得用于商品广告，违者必究。

地　　址：××××××××××号
电　　话：××××-×××××××
邮政编码：××××××

××市环境监测站检测报告单

报告编号：S-2016-019　　　　样品类别：污水

受检单位　　×××污水处理有限公司

采样地点　　进口、出口

采样日期　　2016 年 5 月 16 日　分析日期　2016 年 5 月 17 日

采样编号　　进口：052　出口：053

此件与原件校核无异

检测项目	检测结果		分析方法
	052	053	
pH （量纲一）	6.95	7.30	《水质 pH 的测定 玻璃电极法》 （GB 6920—86）
悬浮物 （mg/L）	87.5	17	《水质悬浮物的测定 重量法》 （GB 11901—89）
色度（倍）	64	8	《水质 色度的测定》 （GB 11903—89）
化学需氧量 （mg/L）	193	84	《水质 化学需氧量的测定 重铬酸钾法》 （GB 11914—89）
氨氮 （mg/L）	7.38	0.734	《水质 氨氮的测定 纳氏试剂比色法》 （HB 535—2009）
样品状态描述	052#：水质较浑浊、灰白色、有臭味 053#：水质略浑浊、无色、略有臭味		
备注	/		

制表人：×××

科室审核：×××　　质量审核：×××　　批准：×××　（盖　章）

××市环境监测站

报告单编号: S-2016-023
报告单页数：共（1）页

检 验 报 告

此件与原件校核无异

检验类别： 委托性检测

样品名称： 废 水

2016XXXXXXX

受检单位： ×××污水处理有限公司

××市环境监测站
2016年6月19日

注意事项

1. 报告无相关责任人签字无效；报告封面及监测数据处无本站业务专用章无效，报告无骑缝章无效。

2. 报告涂改无效，未经本站书面批准，不得复制本报告。

3. 对本监测结果有异议，请于收到报告之日起十五日内向本单位提出，逾期不予受理。

4. 由委托方自行采集的样品，仅对送检样品的监测数据负责，不对样品来源负责，对监测结果不作评价。

5. 未经本站书面同意，本报告及数据不得用于商品广告，违者必究。

地　　址：××××××××××号
电　　话：××××-××××××××
邮政编码：××××××

××市环境监测站检测报告单

报告编号：S-2016-023　　　　样品类别：污水

受检单位　　××××××污水处理有限公司

采样地点　　进口、出口

采样日期　　2016年6月15日　　分析日期：2016年6月16-17日

采样编号　　进口：074　出口：075

检测项目	检测结果		分析方法
	074	075	
pH（量纲一）	5.55	6.88	《水质 pH的测定 玻璃电极法》（GB 6920—86）
悬浮物（mg/L）	68	17	《水质悬浮物的测定 重量法》（GB 11901—89）
色度（倍）	45.4	16.9	《水质 色度的测定》（GB 11903—89）
化学需氧量（mg/L）	293	105	《水质 化学需氧量的测定 重铬酸钾法》（GB 11914—89）
氨氮（mg/L）	8	2	《水质 氨氮的测定 纳氏试剂比色法》（HB 535—2009）
样品状态描述	074#：水质浑浊、红褐色、有臭味 075#：水质略浑浊、微黄色、略有臭味		
备注	/		

制表人：×××

科室审核：×××　　质量审核：×××　　批准：×××　（盖　章）

报告单编号: S-2016-027
报告单页数：共（1）页

检 验 报 告

此件与原件校核无异

检验类别： 委托性检测

样品名称： 废 水

CMA
2016XXXXXXX

受检单位： ×××污水处理有限公司

××市环境监测站

××市环境监测站
2016 年 7 月 27 日

注意事项

1. 报告无相关责任人签字无效；报告封面及监测数据处无本站业务专用章无效，报告无骑缝章无效。

2. 报告涂改无效，未经本站书面批准，不得复制本报告。

3. 对本监测结果有异议，请于收到报告之日起十五日内向本单位提出，逾期不予受理。

4. 由委托方自行采集的样品，仅对送检样品的监测数据负责，不对样品来源负责，对监测结果不作评价。

5. 未经本站书面同意，本报告及数据不得用于商品广告，违者必究。

地　　址：×××××××××××号
电　　话：××××-××××××××
邮政编码：××××××

××市环境监测站检测报告单

报告编号：S-2016-027　　　　　　　　　　样品类别：污水

受检单位　　×××污水处理有限公司

采样地点　　进口、出口

采样日期　　2016 年 7 月 21 日　　分析日期：2016 年 7 月 21 日

采样编号　　进口：082　出口：083

检测项目	检测结果		分析方法
	082	083	
pH（量纲一）	7.44	7.63	《水质 pH 的测定 玻璃电极法》（GB 6920—86）
悬浮物（mg/L）	110	13	《水质悬浮物的测定 重量法》（GB 11901—89）
色度（倍）	128	4	《水质 色度的测定》（GB 11903—89）
化学需氧量（mg/L）	526	92	《水质 化学需氧量的测定 重铬酸钾法》（GB 11914—89）
氨氮（mg/L）	54.5	17.1	《水质 氨氮的测定 纳氏试剂比色法》（HB 535—2009）
样品状态描述	082#：水质浑浊、灰黄色、有臭味 083#：水质略浑浊、微黄色、略有臭味		
备注	/		

制表人：×××

科室审核：×××　　质量审核：×××　　批准：×××　　（盖　章）

报告单编号: S-2016-036

报告单页数：共（1）页

检 验 报 告

此件与原件校核无异

检验类别： 委托性检测

样品名称： 废 水

2016XXXXXXX

受检单位： ×××污水处理有限公司

××市环境监测站

××市环境监测站

2016年8月16日

注意事项

1. 报告无相关责任人签字无效；报告封面及监测数据处无本站业务专用章无效，报告无骑缝章无效。

2. 报告涂改无效，未经本站书面批准，不得复制本报告。

3. 对本监测结果有异议，请于收到报告之日起十五日内向本单位提出，逾期不予受理。

4. 由委托方自行采集的样品，仅对送检样品的监测数据负责，不对样品来源负责，对监测结果不作评价。

5. 未经本站书面同意，本报告及数据不得用于商品广告，违者必究。

地　　址：××××××××××号

电　　话：××××-×××××××

邮政编码：××××××

××市环境监测站检测报告单

报告编号：S-2016-036　　　　样品类别：污水

受检单位　×××污水处理有限公司

采样地点　进口、出口

采样日期　2016年8月10日　分析日期：2016年8月12日

采样编号　进口：115　出口：116

此件与原件校核无异

检测项目	检测结果		分析方法
	115	116	
pH（量纲一）	7.04	7.09	《水质 pH的测定 玻璃电极法》（GB 6920—86）
悬浮物（mg/L）	904	50	《水质悬浮物的测定 重量法》（GB 11901—89）
色度（倍）	64	8	《水质 色度的测定》（GB 11903—89）
化学需氧量（mg/L）	636	100	《水质 化学需氧量的测定 重铬酸钾法》（GB 11914—89）
氨氮（mg/L）	66.0	10.2	《水质 氨氮的测定 纳氏试剂比色法》（HB 535—2009）
样品状态描述	115#：水质较浑浊、有臭味 116#：水质略浑浊、无色、略有臭味		
备注	/		

制表人：×××

科室审核：×××　　质量审核：×××　　批准：×××　（盖　章）

××市环境监测站

报告单编号: S-2016-042

报告单页数：<u>共（1）页</u>

检 验 报 告

此件与原件校核无异

检验类别： 委托性检测

样品名称： 废　水

2016XXXXXXX

受检单位： ×××污水处理有限公司

××市环境监测站

2016年9月23日

注意事项

1. 报告无相关责任人签字无效；报告封面及监测数据处无本站业务专用章无效，报告无骑缝章无效。

2. 报告涂改无效，未经本站书面批准，不得复制本报告。

3. 对本监测结果有异议，请于收到报告之日起十五日内向本单位提出，逾期不予受理。

4. 由委托方自行采集的样品，仅对送检样品的监测数据负责，不对样品来源负责，对监测结果不作评价。

5. 未经本站书面同意，本报告及数据不得用于商品广告，违者必究。

地　　址：××××××××××号

电　　话：××××-×××××××

邮政编码：××××××

××市环境监测站检测报告单

报告编号：S-2016-042　　　　样品类别：污水

受检单位　　×××污水处理有限公司
采样地点　　进口、出口
采样日期　　2016年9月19日　　分析日期：2016年9月21日
采样编号　　进口：131，出口：132

此件与原件校核无异

检测项目	检测结果		分析方法
	131	132	
pH（量纲一）	8.65	8.08	《水质 pH 的测定 玻璃电极法》（GB 6920—86）
悬浮物（mg/L）	146	80	《水质悬浮物的测定 重量法》（GB 11901—89）
色度（倍）	512	64	《水质 色度的测定》（GB 11903—89）
化学需氧量（mg/L）	404	221	《水质 化学需氧量的测定 重铬酸钾法》（GB 11914—89）
氨氮（mg/L）	13.9	15.0	《水质 氨氮的测定 纳氏试剂比色法》（HB 535—2009）
样品状态描述	131#：水质较浑浊、有臭味 123#：水质略浑浊、无色、略有臭味		
备注	/		

制表人：×××
科室审核：×××　　质量审核：×××　　批准：×××　　（盖章）

××市环境监测站

报告单编号: S-2016-048
报告单页数：共（1）页

检 验 报 告

此件与原件校核无异

检验类别： 委托性检测

样品名称： 废 水

2016XXXXXXX

受检单位： ×××污水处理有限公司

××市环境监测站

2016 年 11 月 4 日

注意事项

1. 报告无相关责任人签字无效；报告封面及监测数据处无本站业务专用章无效，报告无骑缝章无效。

2. 报告涂改无效，未经本站书面批准，不得复制本报告。

3. 对本监测结果有异议，请于收到报告之日起十五日内向本单位提出，逾期不予受理。

4. 由委托方自行采集的样品，仅对送检样品的监测数据负责，不对样品来源负责，对监测结果不作评价。

5. 未经本站书面同意，本报告及数据不得用于商品广告，违者必究。

地　　址：××××××××××号
电　　话：××××-×××××××
邮政编码：××××××

××市环境监测站检测报告单

报告编号：S-2016-048　　样品类别：污水

受检单位　×××污水处理有限公司
采样地点　进口、出口
采样日期　2016 年 10 月 25 日　分析日期　2016 年 10 月 31 日-11 月 3 日
采样编号　进口：140　出口：141

此件与原件校核无异

检测项目	检测结果		分析方法
	140	141	
pH 值（量纲一）	8.34	7.98	《水质 pH 的测定 玻璃电极法》（GB 6920—86）
悬浮物（mg/L）	236	74	《水质悬浮物的测定 重量法》（GB 11901—89）
色度（倍）	128	256	《水质 色度的测定》（GB 11903—89）
化学需氧量（mg/L）	632	265	《水质 化学需氧量的测定 重铬酸钾法》（GB 11914—89）
氨氮（mg/L）	24.8	11.2	《水质 氨氮的测定 纳氏试剂比色法》（HB 535—2009）
样品状态描述	140#：水质较浑浊、黄色、有臭味 141#：水质略浑浊、红褐色、有臭味		
备注	/		

制表人：×××
科室审核：×××　　质量审核：×××　　批准：×××　　（盖 章）

××市环境监测站

报告单编号: S-2016-054
报告单页数：共（1）页

检 验 报 告

此件与原件校核无异

检验类别： 委托性检测

样品名称： 废　水

2016XXXXXXX

受检单位： ×××污水处理有限公司

××市环境监测站
2016 年 12 月 15 日

注意事项

1. 报告无相关责任人签字无效；报告封面及监测数据处无本站业务专用章无效，报告无骑缝章无效。

2. 报告涂改无效，未经本站书面批准，不得复制本报告。

3. 对本监测结果有异议，请于收到报告之日起十五日内向本单位提出，逾期不予受理。

4. 由委托方自行采集的样品，仅对送检样品的监测数据负责，不对样品来源负责，对监测结果不作评价。

5. 未经本站书面同意，本报告及数据不得用于商品广告，违者必究。

地　　址：××××××××××号
电　　话：××××-×××××××
邮政编码：××××××

××市环境监测站检测报告单

报告编号：S-2016-054　　　　样品类别：污水

受检单位　　×××污水处理有限公司

采样地点　　进口、出口

采样日期　　2016年11月29日　　分析日期：2016年11月30日

采样编号　　进口：158　出口：159

检测项目	检测结果		分析方法
	158	159	
pH值（量纲一）	6.79	6.73	《水质 pH的测定 玻璃电极法》（GB 6920—86）
悬浮物（mg/L）	61	70	《水质悬浮物的测定 重量法》（GB 11901—89）
色度（倍）	64	32	《水质 色度的测定》（GB 11903—89）
化学需氧量（mg/L）	120	151	《水质 化学需氧量的测定 重铬酸钾法》（GB 11914—89）
氨氮（mg/L）	10.1	19.4	《水质 氨氮的测定 纳氏试剂比色法》（HB 535—2009）
样品状态描述	158#：水质较浑浊、黑黄色、略有臭味 159#：水质较浑浊、黑黄色、略有臭味		
备注	/		

制表人：×××

科室审核：×××　　质量审核：×××　　批准：×××　　（盖章）

报告单编号: S-2016-056
报告单页数：共（1）页

检 验 报 告

此件与原件校核无异

检验类别： 委托性检测

样品名称： 废　水

2016XXXXXXX

受检单位： ×××污水处理有限公司

××市环境监测站

2016 年 12 月 19 日

注意事项

1. 报告无相关责任人签字无效；报告封面及监测数据处无本站业务专用章无效，报告无骑缝章无效。

2. 报告涂改无效，未经本站书面批准，不得复制本报告。

3. 对本监测结果有异议，请于收到报告之日起十五日内向本单位提出，逾期不予受理。

4. 由委托方自行采集的样品，仅对送检样品的监测数据负责，不对样品来源负责，对监测结果不作评价。

5. 未经本站书面同意，本报告及数据不得用于商品广告，违者必究。

地　　址：××××××××××号

电　　话：××××-×××××××

邮政编码：××××××

××市环境监测站检测报告单

报告编号：S-2016-056　　样品类别：污水

受检单位　×××污水处理有限公司

采样地点　进口、出口

采样日期　2016 年 12 月 23 日　分析日期：2016 年 12 月 14 日

采样编号　进口：161　出口：162

此件与原件校核无异

检测项目	检测结果		分析方法
	161	162	
pH 值（量纲一）	8.35	8.45	《水质 pH 的测定 玻璃电极法》（GB 6920—86）
悬浮物（mg/L）	9	40	《水质悬浮物的测定 重量法》（GB 11901—89）
色度（倍）	64	32	《水质 色度的测定》（GB 11903—89）
化学需氧量（mg/L）	40.2	64.3	《水质 化学需氧量的测定 重铬酸钾法》（GB 11914—89）
氨氮（mg/L）	9.20	7.91	《水质 氨氮的测定 纳氏试剂比色法》（HB 535—2009）
样品状态描述	161#：水质较浑浊、黑黄色、略有臭味 162#：水质较浑浊、黑黄色、略有臭味		
备注	/		

制表人：×××

科室审核：×××　　质量审核：×××　　批准：×××　　（盖章）

××市环境监测站

×××污水处理有限公司
2014—2016年进水量报告

××环境保护局：

我单位根据进水流量计以及运行记录统计2014—2016年进水量统计详见附件1：

其中，2014—2016年进水量：5 146 117 m^3。

最大进水量：9 863 m^3（2014年4月17日）

15 258 m^3（2015年2月1日）

10 232 m^3（2016年9月19日）

最小进水量：2 514 m^3（2014年9月23日）

79 m^3（2015年2月1日）

313 m^3（2016年1月5日）

进水COD超标（单位：天）：

2014年：超标92天

2015年：超标96天

2016年：超标67天

×××污水处理有限公司

2017年3月8日

附件 1：

2014—2016 年进水量统计表

（单位：m^3）

年＼月	1 月	2 月	3 月	4 月	5 月	6 月	7 月	8 月	9 月	10 月	11 月	12 月	累计
2014 年	165 170	133 653	269 977	209 971	135 368	119 116	55 160	见备注	28 926	124 491	162 729	182 047	1 586 608
2015 年	120 229	97 329	156 739	167 262	164 808	182 335	122 680	192 425	259 172	175 572	175 547	138 381	1 952 479
2016 年	110 484	138 381	12 073	118 983	110 484	122 418	95 055	158 722	208 416	159 746	142 073	122 195	1 607 030

2014—2016 年总进水量：514 617 m^3

注：2014 年 7 月 14 日—9 月 23 日因管委会维修进水管线，此期间未进水。

资质认定

计量认证证书

证书编号：XXXXXXXX

名称：XXXXXXXXXXXXXXX

地址：XX 市 XX 区 XXX 路 XX

此件与原件校核无异

经审查，你机构已具备国家有关法律、行政法规规定的基本条件和能力，现予批准，可以向社会出具具有证明作用的数据和结果，特发此证。

检测能力见证书附表。

准许使用徽标

CMA

发证日期：20XX年XX月XX日

有效期至：XX月XX日

发证机关：

本证书由国家认证认可监督管理委员会制定，在中华人民共和国境内有效

资质认定

计量认证证书

证书编号：XXXXXXXX

名称：XXXXXXXXXXXXXXX

地址：XX 市 XX 区 XXX 路 XX

此件与原件校核无异

经审查，你机构已具备国家有关法律、行政法规规定的基本条件和能力，现予批准，可以向社会出具具有证明作用的数据和结果，特发此证。

检测能力见证书附表。

准许使用徽标

CMA

发证日期：20XX年XX月XX日

有效期至：XX月XX日

发证机关：

中国国家认证认可监督管理委员会

本证书由国家认证认可监督管理委员会制定，在中华人民共和国境内有效

编号：XXXXXX

姓　　名 XXX

性　　别 X

技术职称

工作单位 XXXXXXXXX

发证时间 XX 年 XX 月 XX 日

考核项目

水（含大气降水）和废水
水质采样、流量、水温、悬浮物、矿化度、溶解性总固体、pH 值、电导率、生化需氧量、化学需氧量、氨氮、浊度、总硬度；

编号：XXXXXX

姓　　名 XXX

性　　别 X

技术职称

工作单位 XXXXXXXXX

发证时间 XX年XX月XX日

考核项目

水（含大气降水）和废水
水质采样、流量、水温；

此件与原件校核无异

营业执照

注册号XXXXXXXXXXX

名　　　称　XXXXXXXX有限公司

类　　　型　有限责任公司

住　　　所　XX市XX区

法定代表人

注册资本　XX

成立日期　XX年XX月XX日

营业期限　XX年XX月XX日至XX年X

经营范围　XXXXXXXXXXXXXXXXXXXXX

XXXXXXXXXXXXXXXXXXXXXXXXXXXXXXXXXXXXXXXXXXXXXXXXXXXXXXXXXXXXXXXXXXX

XXXXXXXXXXXXXXXXXXXXXXXXXXXXXXXXXXXXXXXXXXXXXXXXXXXXXXXXXXXXXXXXXXX

XXXXXXXXXXXXXXXXXXXXXXXXXXXXXXXXXXXXXXXXXXXXXXXX.

此件与原件校核无异

调取时间：2017年x月x日

提供人（签名或盖章）：XXX

执法人员姓名及证号：

XXX：环保XXXXXXX

XXX：环保XXXXXXX

登记机关　XX市市场监督管理局

XXXX年XX月XX日

企业信用信息公示系统网址：http//gsxt.haaic.gov.cn　　中华人民共和国国家工商行政管理总局监制

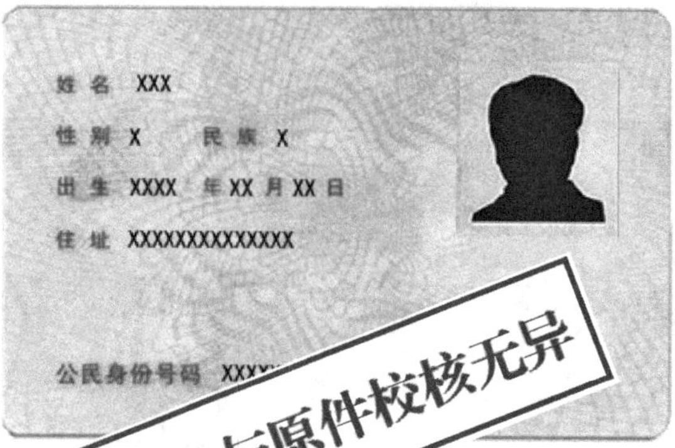

此件与原件校核无异

调取时间：2017 年 x 月 x 日
提供人（签名或盖章）：XXX

执法人员姓名及证号：
XXX：环保 XXXXXXX
XXX：环保 XXXXXXX

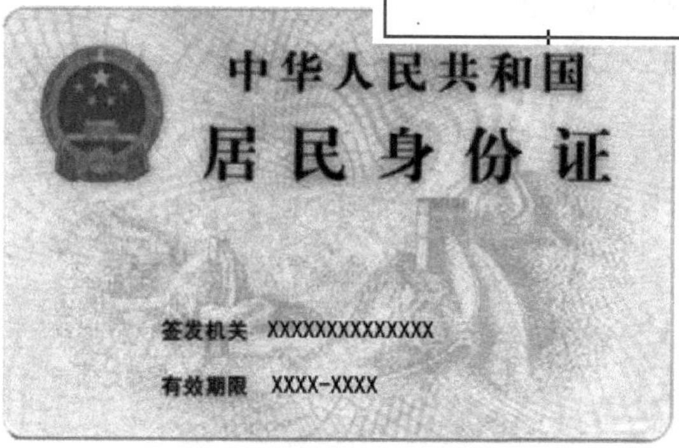

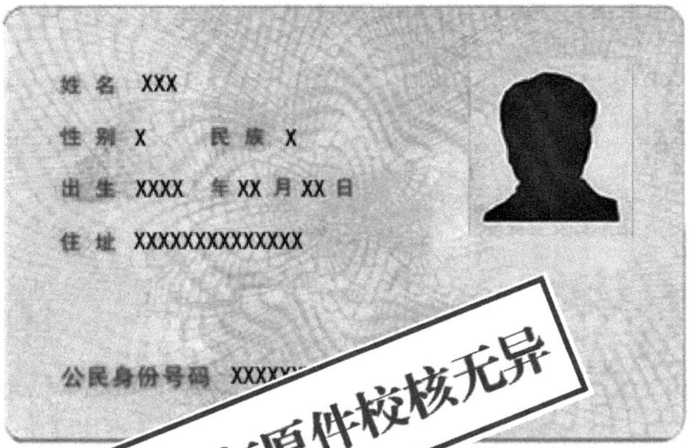

此件与原件校核无异

调取时间：2017 年 x 月 x 日
提供人（签名或盖章）：XXX

执法人员姓名及证号：
XXX ：环保 XXXXXXX
XXX ：环保 XXXXXXX

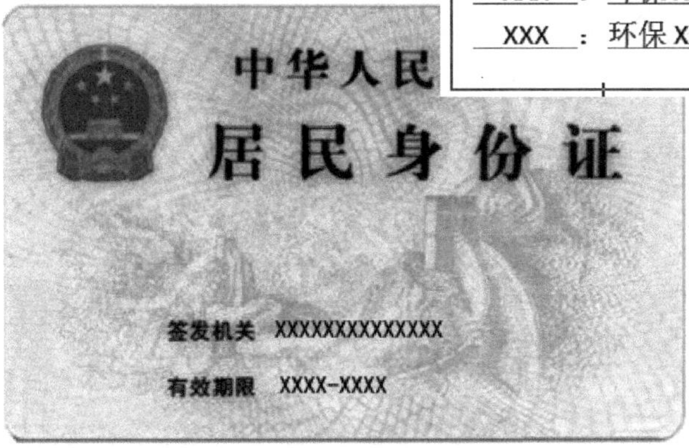

编号：

调取时间：2017 年 3 月 10 日 提供人（签名或盖章）：×××
执法人员姓名及证号： ×××：环保××××××× ×××：环保×××××××

劳 动 合 同 书

甲　　　方：×××污水处理有限公司

此件与原件校核无异

乙　　　方：×××

合同签订日期：2017 年 × 月 × 日

乙方联系电话：××××××

×××市人力资源和社会保障局

×××人力资源和社会保障厅监制

根据《中华人民共和国劳动法》《中华人民共和国劳动合同法》及有关法律、法规规定，甲乙双方遵循合法、公平、平等、协商一致、诚实信用原则签订本合同并共同遵守。

一、甲方基本情况

第一条　甲方_____×××污水处理有限公司_____

法定代表人（主要负责人）或委托代理人_____×××_____

经济类型：_有限公司_联系人及联系电话话：___×××　×××××××××___

注册地址：____×××高新区××××号×××综合办公楼×××室____

经营地址：____×××高新区××号____

通讯地址：____×××高新区××号____

二、乙方基本情

第二条　乙方___×××___性别___男___年龄___××___

户籍类型（非农业、农业）非业_____非农业_____

居民身份证号码或者其他有效证件名称___××××××××××××××××××___

其他有效证件名称____/____　证件号码____/____

在甲方工作起始时间___2016___年___×___月___×___日

家庭住址___×××市×××号___邮政编码___××××××___

在新疆居住地址___×××市×××号___邮政编码___××××××___

户口所在地___××___省（市）___××___区（县）___××___街道（乡镇）

三、劳动合同期限

第三条　甲乙双方约定按以下__A__种方式确定“劳动合同期限”：

A. 有固定期限的劳动合同：自_2016_年_×_月_×_日起至_2016_年_×_月_×_日止。其中试用期自_/_年_/_月_/_日起至_/_年_/_月_/_日止。

B. 无固定期限的劳动合同：自___年___月___日起至___年___月___日止。其中试用期自___年___月___日起至___年___月___日止。

C. 以完成一定工作任务为期限的劳动合同：自___年___月___日起生效，至完成本项工作任务之日止。

四、工作内容和工作地点

第四条　甲乙双方约定劳动合同限行地为_×××污水处理有限公司_____

第五条　根据甲方要求，乙方同意在_生产_岗位从事_厂长_工作。

甲方根据工作需要，按照合理诚信原则，可依法变动乙方的工作岗位。

第六条　甲方安排乙方所从事的工作内容及对乙方提出的工作要求，应当符合国家法律、法规、规定的劳动基准和甲方依法制订并已公示的规章制度。乙方应当按照甲方安排的工作内容及要求履行劳动义务。

五、工作时间和休息休假

第七条　甲乙双方协商确认按以下下__A__条款执行标准工时工作制、平均每周工作不超过四十小时。

A. 甲方实行每天_8_小时工作制。

具体作息时间，甲方安排如下：

每周周_一_至周_五_工作，上午_10：00—2：00_下午_4：00—8：00_

每周周_六、日_为休息日。

B. 甲方实行三班倒，实排乙方实行_/_班_/_运转工作制。

第八条　甲方安排乙方的_/_工作岗位，属于综合计算工时工作制岗位，双方依法执行综合计记算工时工作制规定。

甲方安排乙方的_/_工作岗位，属于不定时工作制岗位，双方依法执行不定时工作制规定。

第九条　甲方严格遵守国家有关加班加点工作规定，保证乙方的休息与身心健康。

（略）

第三十三条　本合同未尽事宜或与今后国家、自治区有关规定相悖的，按有关规定执行。

第三十四条　本合同自甲乙双方签字或盖章之日起生效。本合同一式两份，甲乙双方各执一份。

甲方（公章）

乙方：（签字或盖章）

×××

法定代表人（主要负责人）或委托代理人：

（签字或盖章）×××

签订日期：2016年1月1日

编号：

调取时间：2017 年 3 月 10 日 提供人（签名或盖章）：×××
执法人员姓名及证号： ×××：环保××××××× ×××：环保×××××××

劳 动 合 同 书

甲　　　方：×××污水处理有限公司

此件与原件校核无异

乙　　　方：×××

合同签订日期：2017 年 × 月 × 日

乙方联系电话：13××××××

×××市人力资源和社会保障局

×××人力资源和社会保障厅监制

根据《中华人民共和国劳动法》《中华人民共和国劳动合同法》及有关法律、法规规定，甲乙双方遵循合法、公平、平等、协商一致、诚实信用原则签订本合同并共同遵守。

一、甲方基本情况

第一条　甲方＿＿＿×××污水处理有限公司＿＿＿

法定代表人（主要负责人）或委托代理人＿＿＿×××＿＿＿

经济类型：＿＿＿联系人及联系电话话：＿×××　×××××××××＿

注册地址：＿×××高新技术产业开发区＿＿＿

经营地址：＿×××高新技术产业开发区＿＿＿

通讯地址：＿＿＿＿＿＿

二、乙方基本情

第二条　乙方＿＿×××＿＿性别＿＿男＿＿年龄＿＿××＿＿

户籍类型（非农业、农业）非业＿＿＿农业＿＿＿

居民身份证号码或者其他有效证件名称＿＿＿身份证＿＿＿

证件号码＿＿××××××××××××××××××＿＿＿

在甲方工作起始时间＿××××＿年＿××＿月＿××＿日

家庭住址＿×××市×××号＿＿邮政编码＿××××××＿

在新疆居住地址＿×××市×××＿邮政编码＿××××××＿

户口所在地＿××＿省（市）＿××＿区（县）＿××＿街道（乡镇）

三、劳动合同期限

第三条　甲乙双方约定按以下＿A＿种方式确定“劳动合同期限”：

A. 有固定期限的劳动合同：自＿2014＿年＿5＿月＿4＿日起至＿2017＿年＿5＿月＿3＿日止。其中试用期自＿2014＿年＿5＿月＿4＿日起至＿2014＿年＿8＿月＿3＿日止。

B. 无固定期限的劳动合同：自＿/＿年＿/＿月＿/＿日起至＿/＿年＿/＿月＿/＿日止。其中试用期自＿/＿年＿/＿月＿/＿日起至＿/＿年＿/＿月＿/＿日止。

C. 以完成一定工作任务为期限的劳动合同：自＿/＿年＿/＿月＿/＿日起生效，至完成本项工作任务之日止。

四、工作内容和工作地点

第四条　甲乙双方约定劳动合同限行地为＿＿＿×××市＿＿＿

第五条　根据甲方要求，乙方同意在＿操作工＿岗位从事＿班长＿工作。甲方根据工作需要，按照合理诚信原则，可依法变动乙方的工作岗位。

第六条　甲方安排乙方所从事的工作内容及对乙方提出的工作要求，应当符合国家法律、法规、规定的劳动基准和甲方依法制订并已公示的规章制度。乙方应当按照甲方安排的工作内容及要求履行劳动义务

五、工作时间和休息休假

第七条　甲乙双方协商确认按以下下＿A＿条款执行标准工时工作制、平均每周工作不超过四十小时。

A. 甲方实行每天___8___小时工作制。

具体作息时间，甲方安排如下：

每周周___一___至周___六___工作，上午____下午____

每周周___日___为休息日。

B. 甲方实行三班倒，实排乙方实行___/___班___/___运转工作制。

第八条 甲方安排乙方的___/___工作岗位，属于综合计算工时工作制岗位，双方依法执行综合计记算工时工作制规定。

甲方安排乙方的___/___工作岗位，属于不定时工作制岗位，双方依法执行不定时工作制规定。

第九条 甲方严格遵守国家有关加班加点工作规定，保证乙方的休息与身心健康。

（略）

第三十三条　本合同未尽事宜或与今后国家、自治区有关规定相悖的，按有关规定执行。

第三十四条　本合同自甲乙双方签字或盖章之日起生效。本合同一式两份，甲乙双方各执一份。

甲方（公章）

乙方：（签字或盖章）

×××

法定代表人（主要负责人）或委托代理人：

（签字或盖章）×××

签订日期：2016 年 1 月 1 日

关于×××污水处理厂及配套管网工程环境影响报告书的批复

×环评价函〔2011〕×××号

×××开发区管理委员会：

你单位《关于批复〈×××污水处理厂及配套管网工程环境影响报告书〉的申请报告》及所附相关材料收悉。经研究，批复如下：

一、×××污水处理厂拟建于×××高新技术产业开发区西北角，占地 7.26 hm^2，采用二级污水处理工艺（匀质调节池+强化生物吸附+吸附沉淀+厌氧水解+A/O+二沉池）配套建设污水管网约 130 km。工程总投资 21 374.27 万元，其中环保投资 325 万元，设计日处理污水 3 万 t。

根据清华大学编制的《×××污水处理厂及配套管网工程环境影响报告书》（以下简称《报告书》）的评价结论、自治区环境工程评估中心对《报告书》的技术评估意见（×环评估〔2011〕×××号）、×××环保局的审查意见（××环发〔2011〕×××号）从环境保护的角度，原则同意该工程按照环评文件所列建设工程的性质、规模、地点、采用的工艺及环境保护措施建设。

二、在工程设计、建设和环境管理中要认真落实《报告书》。

提出的各项环保要求，严格执行环保“三同时”制度，确保各类污染物稳定达标排放，并达到以下要求：

（一）加强施工期环境管理，明确环保责任。施工期固体废弃物等须运至当地环保部门指定场所进行处置，不得随意丢弃。噪声执行《建筑施工场界噪声限值》（GB 12523—90）标准。管线施工区域设置帷幕，施工结束后及时做好施工场地的生态恢复工作。

（二）各恶臭污染严重单元产生的臭气集中收集，采用生物滤池法除臭，臭气满足《恶臭污染物排放标准》（GB 14554—93）表 2 中标准限值要求后，经不低于 15m 高排气筒排放。

（三）各污水处理构筑物及事故水池须按设计采取相应防渗措施，避免污染地下水。出水水质须满足《城镇污水处理厂污染物排放标准》（GB 18918—2002）表 1 中一级 B 标准后，排至中水回用水库，以期再利用。

（四）选择低噪声设备，对高噪声设备采取安装消音器、密闭隔离等措施，厂界噪声须满足《工业企业厂界环境噪声排放标准》（GB 12348—2008）3 类标准。

（五）污泥经处理，确保含水率小于 60%后，运往垃圾场卫生填埋。

（六）须设置 500 m 卫生防护距离，在此范围内不得建设居民住宅、学校、医院等环境敏感目标。

（七）按国家有关规定设置规范的污染物排放口，安装进出流量计量装置和污染物排放在线连续监测装置。

（八）加强污水处理系统的运行管理和日常维护，确保污水处理设施正常运行、污染物稳定达标排放。避免因管理不善，对区域水环境造成污染。

三、工程污染物排放总量控制指标 COD_{cr} 657 t/年、NH_3-N 87.6 t/年，从×××污染物排放总量控制指标中调剂解决。

四、工程的日常环境监督检查工作由×××环保局负责，自治区环境监察总队进行不定期抽查。工程竣工后，须在试生产前向我厅书面提交试运行申请，经审查批准后方可进行试生产。在工程试生产三个月内，须按规定程序向我厅申请工程环境保护收。验收合格后，工程方可正式投入生产。

五、如工程的性质、规模、地点、采用的污水处理工艺防治污染、防止生态破坏的措施发生重大变动，须报我厅重新审批。

×× 环境保护厅

2011 年 6 月 30 日

关于×××污水处理有限公司3万m^3/d污水处理工程（原××污水处理厂一期工程）竣工环境保护验收合格的函

×环函〔2015〕×××号

×××污水处理有限公司：

你公司报送《×××污水处理有限公司竣工环境保护验收申请》及相关材料收悉。我厅组织×××环境保护局、×××区环境保护局等相关单位对该项目进行了竣工环境保护验收现场检查。经研究，函复如下：

一、×××污水处理有限公司位于×××高新技术产业开发区西北角（原×××污水处理厂及配套管网工程），本期只验收污水处理厂内3万m^3/d污水处理工程。工程污水处理规模3万m^3/天，污水处理工艺采用A^2/O+二沉池+芬顿反应池+絮凝沉淀工艺。污泥采用带式浓缩脱水，消毒工艺采用臭氧消毒主要构筑物包括：粗格栅渠、提升泵站、细格栅渠、调节池1座、生化池2座、二沉池2座、芬顿反应池1座、絮凝沉淀池2座、紫外线消毒间1座、污泥均化池1座、加药间、污泥脱水机房、鼓风机房及附属设施等，污水处理厂占地面积41 940 m^2，其中建筑物面积12 857 m^2，道路占地面积7 259 m^2，绿化面积12 600 m^2。工程实际总投资8 772.61万元，全部为环保投资。工程于2012年9月开工建设，2013年9月建成投入试运行，并于2015年9月开展了现场调查和监测工作。

二、×××州环境监测站编制的《×××污水处理有限公司3万m^3/d污水处理工程（原×××污水处理厂一期工程）竣工环境保护验收监测报告》（×××环验字〔2014〕-CTHJY-×××）表明：

（一）验收监测期间，污水处理厂总排口各项污染物浓度监测值均符合环评批复的《城镇污水处理厂污染物排放标准》（GB 18918—2002）中的一级（B）标准要求。

（二）污水处理厂恶臭气体集中收集后，经活性炭除臭装置处理后，通过15 m排气筒排放，恶臭物质中硫化氢、氨监测结果均符合《恶臭污染物排放标准》（GB 14554—1993）表2中标准。厂界硫化氢和氨无组织排放浓度均达到《城镇污水处理厂污染物排放标准》（GB 18918—2002）表4中的二级标准。

（三）厂界外昼、夜间噪声监测值均符合《工业企业厂界环境噪声排放标准》（GB 12348—2008）3类标准。

（四）该项目运行过程中产生的污泥均运至×××市垃圾填埋场卫生填埋处理。

（五）据实测结果核算（按监测时进水量 7 000 m^3 计），园区的污水经污水厂处理后每年可减排 COD 655 t、氨氮 61 t。经减排后接满负荷计算污水厂每年排放 COD 197.1 t、氨氮 11.28 t，符合环评批复的更求。

（六）30 位被调查者中，27 位被调查者对本项目的环境保护工作表示满意，3 位被调查者对本项目的环境保护工作表示较满意。

三、×××污水处理有限责任公司 3 万 m^3/d 污水处理工程落实了环评报告及批复中提出的各项污染治理措施，环保设施运行正常，污染物达标排放，工程竣工环境保护验收合格。

四、项目正式投产后应进一步做好以下工作：

（一）请你公司督促×××管委会必须于 2016 年底前完成污水厂排水管网及中水库建设，否则我厅将按《国务院关于印发水污染防治行动计划的通知》（国发〔2015〕17 号）有关规定，暂停审批该园区增加水污染物排放的建设项目。

（二）加强环保设施的日常维护和运行管理，完善运行记录和环保档案，确保各项污染物长期稳定达标排放。

五、请×××州环境保护局、×××区环境保护局和自治区环境监察总队做好污水处理厂运行期的日常环境监督管管理。

×××环境保护厅

××环境保护厅

2015 年 11 月 17 日

××环境保护局督促履行义务催告书

××环催字〔2017〕××号

×××污水处理有限公司：

统一社会信用代码：×××××××××××××××

地址：×××州×××高新技术产业开发区科技大道×号

法定代表人（负责人）：×××

你（单位）通过不正常使用水污染物处理设施等逃避监管的方式违法排放污染物，违反了《中华人民共和国水污染防治法》第二十一条第二款的规定。依据《中华人民共和国水污染防治法》第七十三条的规定，我局已于2017年5月31日向你（单位）下达了《行政处罚决定书》（××环罚字〔2017〕第×××号）。

你单位于2017年5月31日收到上述决定书后，未履行缴纳罚款的决定，未在法定期限内向我局申请陈述申辩，在法定期限向我局提出了听证申请，已受理。我局依据《中华人民共和国行政强制法》第五十四条的规定，责令你（单位）在接到本催告书后10日内履行行政处罚决定书确定的下列义务：

缴纳罚款（大写）贰佰壹拾壹万壹任零壹拾政元整（2 111 019）；

联系人：××× 电话：××××-×××××××

地址：×××路×××号 邮政编码：××××××

××环境保护局（公章）

2017年7月2日

×××污水处理有限公司不正常使用水污染物处理设施等逃避监管排放污染物案

副卷

××环境保护局
环境行政执法案件集体审议记录

案件名称： ×××污水处理有限公司环境违法案件

时间： 2017 年 4 月 7 日 10:30 至 11:00

地点： ×××环保局 6 楼会议室

讨论事由： 讨论×××污水处理有限公司不正常使用水污染处理设施，出水水质超标排放的环境违法行为处理情况

主持人： ××× **职务：** ×××

案审会成员： ×××、×××、×××、×××、×××

列席人员： ×××、×××

记录人： ×××

一、汇报案件情况及处理意见

×××（×××环保局法规科科长）：2016 年 2 月 14 日，×××环境监察支队人员对×××污水处理有限公司进行现场调查，发现该公司进水粗、细格栅均已损坏，无法运行。提升泵一用两备循环使用，曝气沉砂池淤泥堵塞，吸砂桥无法运行，曝气池污泥活性不足，达不到曝气效果，曝气头大部分堵塞，二沉池吸泥桥（两条线）设备损坏、无法正常运行。芬顿反应池管线堵塞无法使用。加药车间停运，无钱购买药剂，无运行记录和台账。絮凝沉淀池加药口无药剂投加。污泥压滤车间停运，企业称 2016 年 4 月开始污染防治设施无法正常运行，污水超标排放。×××市环境监测站工作人员于 2017 年 2 月 15 日对该企业排口出水进行采样，、2 月 20 日，×××市环境监测站出具检验报告（报告单编号：S201-060 显示 COD、悬浮物排放浓度超标，该企业违反了：1.《中华人民共和国水污染防治法》第二十一条第二款，依据《中华人民共和国水污染防治法》第七十三条处以缴纳排污费数额一倍以上三倍以下的罚款，依据《行政处罚自由裁量权参照执行标准》，该企业存在主观故意或者拒不改正违法行为的问题，在幅度内从重处理、处应缴纳排污费数额 3 倍罚款，应缴纳排污费 703 673 元，3 倍罚款是 2 111 019 元。2.《中华人民共和国环境保护法》第四十一条，根据《中华人民共和国环境保护法》第六十三条第三项，对其直接负责的主管人员和其他直接责任人员，移送公安机关处理；处 10～15 日拘留，情节较轻的，处 5～10 日拘留，建议移送×××公安局。

二、参与人员讨论情况

×××：请各位成员对案件事实及证据进行询问和发表意见。

×××：如何确定该企业长期不正常使用污染防治设施？

×××：我们调取了高新区 2016 年一年对该企业的检查记录，均有发现该企业存在不正常运行污染防治设施的问题。

×××：该企业存在不正常运行水污染物处理设施和水污染物超标排放两个环境违法行为，为何对不正常运行水污染物处理设施处罚?

×××：因水污染物超标排放是由水污染物处理设施不正常运行异致的，不正常运行水污染物处理设施是行为，水污染物超标排放是后果，所以只对不正常运行水污染物处理设施进行处罚。

×××：处罚依据的排污费是怎么计算的？

×××：根据该企业合账记录 2016 年 3 月—2017 年 2 月出水量应为 1 536 984m^3，采用 2016 年 3 月—2017 年 2 月每个月最近的监测报告单数据值、应缴纳排污费 703 673 元，3 倍罚款是 2 111 019 元。

×××：排污费计算的水量台账和监测报告单的表源是？

×××：水量台账是我们向企业调取的，有记录；监测报告数据是高新区环保局委托×××市环境监测站每月对该企业进行的废水监测。

×××：大家还有没有什么问题?

×××、×××、×××、×××、×××：没有问题。

×××：确定下是否同意对该企业处 2 111 019 元罚款，并对其直接负责的主管人员和其他直接责任人员移送×××公安局的处理意见。

×××：同意上述意见。

×××：同意上述处理意见。

×××：同意上述处理意见。

×××：同意上述意见。

×××：同意上述意见。

三、结论性意见

×××：经各成员讨论，×××污水处理有限公司的环境违法行为事实清楚，证据确凿，证据链紧凑、严谨，取证合法，法规科处罚建议符合法律条款。案审会形成审议决定：

×××污水处理有限公司不正常使用水污染处理设施、擅自闲置水污染处理设施违反了：1.《中华人民共和国水污染防治法》第二十一条第二款，依《中华人民共和国水污染防治法》第七十三条和《×××州行政处罚自由裁量权参照执行标准》处应缴纳排污费数额的三倍罚款，该企业应缴纳排污费数额为 703 673 元，3 倍罚款是 2 111 019 元。2.《中华人民共和国环境保护法》第四十一条，根据《中华人民共和国环境保护法》第六十三条第三项，对其直接负责的主管人员和其他直接责任人员，移送公安机关处理；处 10～15 日拘留，情节较轻的，处 5～10 日拘留，移交州公安局处理。

结论意见：处罚款 2 111 019 元，并移送州公安局处理。

案审会成员：×××、×××、×××、×××

列席人员：×××、×××、×××、×××

记录人员：×××

2017 年 4 月 7 日

××环境保护局听证报告

案由：×××污水处理有限公司于2017年4月26日，就××环境保护局对其不正常使用水污染物处理设施等逃避监管的方式违法排放污染物行政处罚一案提出听证要求。

听证时间：2017年5月16日11时10分至12时15分

听证地点：××环境保护局8楼小会议室

听证主持人：×××，××环保局总工程师

听证员：×××，×××环保局法规科科长

记录人：×××，×××环保局法规科科员

听证申请人：×××污水处理有限公司

法定代表人（负责人）：×××，董事长

委托代理人：×××，×××污水处理有限公司厂长；×××，×××集团有限公司副经理

案件调查人：×××（环保B××××××、×××（环保B××××××）

工作单位：×××州环境监察支队

调查人员称述案情：

2017年2月14日，××环境保护局对×××污水处理有限公司进行现场检查，发现发现该公司进水粗、细格栅均已损坏，无法运行。提升泵一用两备循环使用。曝气沉砂池淤泥堵塞，吸砂桥无法运行。曝气池污泥活性不足，达不到曝气效果，曝气头大部分堵塞。二沉池吸泥桥（两条线）设备损坏、无法正常运行。芬顿反应池管线堵塞无法使用。加药车间停运，无钱购买药剂，无运行记录和台账。絮凝沉淀池加药口无药剂投加。污泥压滤车间停运。出水排放长期超过城镇污水处理厂一级B标准。

我局成立了案件调查组，分别于2月14日、2月20日和3月9日、3月20日对×××污水处理有限公司环境违法行为进行了调查取证，证据有现场检查（勘察）笔录、调查询问笔录、检测结果报告单现场照片、执法过程视频等。违反《中华人民共和国水污染防治法》第二十一条第二款，依据《中华人民共和国水污染防治法》第七十三条处应交排污费1～3倍罚款，参照《环境保护行政处罚自由裁量》处3倍排污费为2 111 019元。

当事人申辩质证的主要内容：

当事人认为，造成其污水处理厂存在“不正常使用水污染物处理设施等逃避监管的方式违法排放污染物”环境违法行为的原因如下：

截至2017年3月28日，污水处理厂设备已运行近三年六个月，因未获得高新区

管委会的检修批准，以及前期进水严重超标、污水处理费始终得不到解决等原因，设备得不到有效保养，导致一些设备、设施瘫痪无法正常运转，从而致使水污染物超标排放不是我厂主观原因造成的。

争论焦点问题：

当事人认为其环境问题不是主观原因造成的，污水处理厂没有资金是最主要的原因，因此无法解决存在的环境问题。但当事人承认其“污水处理厂不正常使用水污染物处理设施等逃避监管的方式违法排放污染物”的环境违法行为，并且对案件的法律适用及证据的合法性没有异议。

主持人意见和建议：

鉴于当事人承认其“污水处理厂不正常使用水污染物处理设施等逃避监管的方式违法排放污染物”的环境违法行为，并且对案件的法律适用及证据的合法性没有异议，建议维持执行原拟定的行政处罚，处 3 倍排污费罚款共计 2 111 019 元。

听证证主持人签名：×××

记录人：×××

2017 年 5 月 17 日

六、涉嫌环境污染犯罪类

9. ×××安装工程有限公司和××建筑劳务公司违法倾倒危险废物案

【案件提供单位】

××生态环境保护局

【案件简介】

2017 年 5 与 5 日，环保部门接到群众举报在该区存在违法倾倒工业固体废物的问题。经环保部门与公安部门进行调查，确认为×××安装工程有限公司产生的固体废物，并且由××建筑劳务公司负责处置。5 月 23 日，环保部门对×××安装工程有限公司作出责令改正违法行为的决定，6 月 27 日对××建筑劳务有限公司作出责令改正违法行为的决定。8 月 21 日，环保部门根据《固体废物污染环境防治法》，对×××安装工程有限公司作出责令立即停止违法行为并进行改正，罚款 100 000 元人民币的决定。8 月 24 日，环保部门根据《环境影响评价法》《固体废物污染环境防治法》作出责令立即停止违法行为并进行改正，罚款 184 000 元人民币的决定。两公司已履行上述行政处罚决定。

【专家点评】

该案事实清楚，证据充分，法律适用正确，自由裁量适当，程序合法，法律责任追究过程操作规范，依据违法行为对违法者所追究的责任体系完备，是处理违法倾倒危废的典型案例之一。

一、该案的优点

1. 在该案中环保部门严格按照《环境保护法》《固体废物污染环境防治法》《环境行政处罚办法》的规定进行调查取证，为案件的正确处理奠定了基础。

在进行环境行政案件处理时需要通过大量的调查取证以确定环境违法事实。该案是一起群众举报的违法倾倒危废的案件，事实的调查、证据的收集（调查询问笔录、现场检查笔录等）均符合《环境行政处罚办法》的形式要求，且收集程序合法。特别是对于现场证据的调查，危废的处理、转移等过程均由执法人员当场拍摄照片，并记录了拍摄时间、地点、内容、拍摄人等内容，并有危废处理情况对比照，记录翔实可靠，这足以证明了执法程序的合法性，保障了执法过程的真实性和连续性，也构成了本案处理的最主要证据。

2. 在该案中环保部门能够严格按照《行政处罚法》和《政府信息公开条例》的规定进行听证并主动信息公开，确保违法企业有知情权和申辩的权利。

本案在对违法行为人进行罚款之前，告知对方可以申请听证或申辩，符合《行政处罚法》关于听证的规定。在对案件进行处理之后，主动在政府信息公开专栏进行案件信息公开，积极履行了执法信息公开的职责。这种事前、事中和事后义务的主动履行不仅表明执法机关执法过程符合法律与程序规定，也体现了执法者履职的主动性和规范性操作。

3. 该案在完成行政处理程序之后，环境行政部门将其移送公安机关立案侦查，形成环境污染责任承担的完整链条，体现了执法机关之间的良好配合。

近年来，虽然关于固体废物处理的制度一直在完善并加严，打击涉危险废物环境违法行为的力度不断加大，但全国各地危险废物环境污染案件仍屡禁不止。但由于环保机构不完善、人员严重不足及技术力量薄弱等原因，单独执法存在难度，需要公安机关等部门的配合。本案在前期案件事实调查阶段商请公安机关协助调查，以便环境污染状况更快得到处理。本案违法行为人责任还涉及环境污染犯罪，需要承担刑事责任，环境行政机关将案件材料移送公安立案调查，避免了证据灭失、重复取证等麻烦，也避免了以罚代刑，体现了各部门之间的良好配合，有利于对环境犯罪行为的及时打击和惩罚。

二、存在的问题和建议

该案中，2017 年 5 月 28 日拍摄的现场证据照片内容描述有不准确之处，同时，也应当注意笔录文字的质量。

×××安装工程有限公司和××建筑劳务公司违法倾倒危险废物案

正

卷

目录

××环境保护局立案审批表

<table>
<tr><td>案件来源</td><td colspan="2">投诉举报</td><td>立案号</td><td></td></tr>
<tr><td>案　　由</td><td colspan="4">涉嫌违法倾倒废油漆桶等危险废物案</td></tr>
<tr><td rowspan="5">当
事
人</td><td>名称或姓名</td><td colspan="3">×××安装工程有限公司</td></tr>
<tr><td>地址（住址）</td><td>天津市滨海新区
××××××××
××</td><td>邮政编码</td><td>××××
××</td></tr>
<tr><td>营业执照注册号
（公民身份号码）</td><td>×××</td><td>组织机构代码</td><td>×××</td></tr>
<tr><td>社会信用代码</td><td colspan="3">××××××××××</td></tr>
<tr><td>法定代表人
（负责人）</td><td>×××</td><td>职　务</td><td>法定代表人</td></tr>
<tr><td>案情简介及
立案理由</td><td colspan="4">2017 年 5 月 5 日，我局接到群众举报，在××大道西侧（×××派出所对面），即在××村内的两处低洼地内倾倒有大量的废油漆桶、废油漆渣等工业固体废物，2017 年 5 月 23 日，我局发现在×××××××××西侧紧临海边的空地上倾倒有类似的工业固体废物，经与××公安局联合调查发现，上述大量的废油漆桶、油漆渣等工业固体废物来自于××安装工程有限公司位于××港区内的×××圆桶制作工程项目部，经对照《国家危险废物管理名录》，上述废油漆桶、油漆渣等工业固体废物属于 HW12 类危险废物。该公司的行为违反了《中华人民共和国固体废物污染环境防治法》第五十五条之规定。
经初步判断，上述违法行为符合《环境行政处罚办法》第二十二条规定的立案条件，建议立案。
承办人：×××
年　月　日</td></tr>
<tr><td>承办机构负责人
意见</td><td colspan="4">签　名：×××
年　月　日</td></tr>
<tr><td>环保部门负责人
审批意见</td><td colspan="4">签　名：×××
年　月　日</td></tr>
<tr><td>备　注</td><td colspan="4"></td></tr>
</table>

介绍信

××公安局：

今天我局接到群众举报，在××大道西侧（×××派出所对面）的荒地内有人倾倒大量防腐涂料桶、防水涂料桶等疑似危险废物的物品，数量较大，已涉嫌犯罪。经我局现场核查，并走访周边群众，了解到今天上午9—10点钟有车辆倾倒此类废物，为了查明该危险废物的来源，现请求贵局协助调取事发时间案发地周边的监控视频，并与我局一同尽快侦破此案。

望以支持为盼！

××生态环境保护局

2017年5月5日

关于商请协助开展危险废物倾倒案件调查的函

××公安局：

近年来，虽然关于固体废物处理的制度一直在完善并加严，打击涉危险废物环境违法行为的力度不断加大，但全国各地危险废物环境污染案件仍屡禁不止，开发区也发生过几起疑似危险废物倾倒的案件，但由于我区环保机构不完善、人员严重不足及技术力量薄弱，最终没能查清工业垃圾的来源。为依法严厉打击涉危险废物环境违法行为，有效遏制污染环境违法行为的频发现状，经请示管委会领导，现将一起发生在我区的危险废物倾倒案件通报贵局。

2017 年 5 月 5 日，我局接到群众电话举报，在××大道西侧（×××派出所对面）的空地和桉树林地内堆放着大量的工业垃圾。

接到举报后，我局执法人员迅速赶到现场进行调查核实，经查，在××大道西侧的空地和桉树林地内堆放有两堆废弃的防腐涂料桶、防水涂料桶、油漆桶等危险废物（见附件 1），经对照《国家危险废物管理名录》核实（见附件 2），上述防腐涂料桶、油漆桶属于 HW12 类危险废物，数量较大，经初步估算，该危险废物数量已明显超过 3 t，根据《最高人民法院、最高人民检察院关于办理环境污染刑事案件适用法律若干问题的解释》第一条第一款第二项“非法排放、倾倒、处置危险废物 3 吨以上的”，上述非法倾倒危险废物的行为应当认定为“严重污染环境”，并涉嫌犯罪。

由于案发现场我局未抓到倾倒现行，且经我局连续多天的蹲守，及贵局给予我局的大力支持，共同查看了案发现场附近马路监控录像，但没能找到相关线索。目前我局人员较少，技术能力和经验等较为欠缺，追溯源头企业存在较大困难，为了尽快侦破此案，查明该危险废物的来源，追究相关人员责任，根据《环境保护行政执法与刑事司法衔接工作办法》第二十六条“环保部门在执法检查时，发现违法行为明显涉嫌犯罪的，应当及时向公安机关通报。公安机关认为有必要的可以依法开展初查，对符合立案条件的，应当及时依法立案侦查。在公安机关立案侦查前，环保部门应当继续对违法行为进行调查”的规定，我局现将该环境违法案件有关情况致函贵局，请求贵局在符合立案条件情况下及早立案侦查，尽快查清危废来源，与我局一同侦破此案。同时也感谢贵局在案件前期调查过程中给予我局的大力支持，通过此类案件的联动合作，进一步强化我局与贵局在打击环境污染犯罪领域的联动合作，建立健全环境污染犯罪案件的联合调查和移送机制，有效地惩治和防范环境污染犯罪，保护我区环境安全。

附件：1. 现场照片

2. 《国家危险废物管理名录》

××生态环境保护局

2017 年 5 月 15 日

××环境监察记录表

<table>
<tr><td>被监察单位</td><td>/</td><td>监察日期</td><td>2017 年 5 月 5 日</td></tr>
<tr><td>单位地址</td><td>××大道西侧</td><td rowspan="2">监察单位</td><td rowspan="2">××环保局</td></tr>
<tr><td>单位电话</td><td>/</td></tr>
<tr><td>现场监察内容及情况</td><td colspan="3">1. 接到群众举报，在××大道西侧倾倒有的工业固体废物。
2. 经现场勘察发现，在××大道西侧，即在××村内的两处低洼地内倾倒有双磷涂料空桶，×××有限公司产的 H2F-102 海工结构重防腐蚀涂料空桶、废油漆渣、废胶带等大量的工业固体废物。
3. 有现场照片。
4. 现场未发现倾倒车辆和人员。</td></tr>
<tr><td>现场处理意见</td><td colspan="3"></td></tr>
<tr><td>被监察单位意见</td><td colspan="3"></td></tr>
<tr><td>被监察单位签字</td><td>/</td><td>监察人员签字</td><td>×××　×××</td></tr>
<tr><td>领导意见</td><td colspan="3"></td></tr>
<tr><td>备　注</td><td colspan="3"></td></tr>
</table>

现场检查（勘察）照片

现　场 1

现　场 2

拍摄地点：×××××

拍摄人：×××、×××　　　　　拍摄时间：2017 年 5 月 5 日

现　场3

现　场4

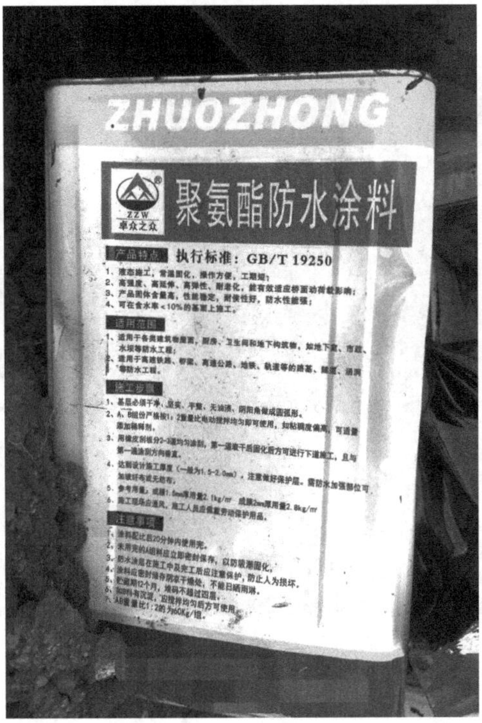

拍摄地点：×××××

拍摄人：×××、×××　　　　　拍摄时间：2017年5月5日

现场照片证据

拍摄内容：×××××附近的废物倾倒点1。

拍摄地点：×××××

拍摄时间：2017年5月5日　　　　　　　　拍摄人：×××

执法人员：×××、×××

拍摄内容：×××××附近的废物倾倒点2。

拍摄地点：×××××

拍摄时间：2017年5月5日　　　　　　　　拍摄人：×××

执法人员：×××、×××

拍摄内容：废油漆空桶上标有危险废物标识。

拍摄地点：×××××

拍摄时间：2017 年 5 月 5 日　　　　　　　　拍摄人：×××

执法人员：×××、×××

拍摄内容：××××有限公司双瑞涂料油漆空桶。

拍摄地点：×××××

拍摄时间：2017 年 5 月 5 日　　　　　　　　拍摄人：×××

执法人员：×××、×××

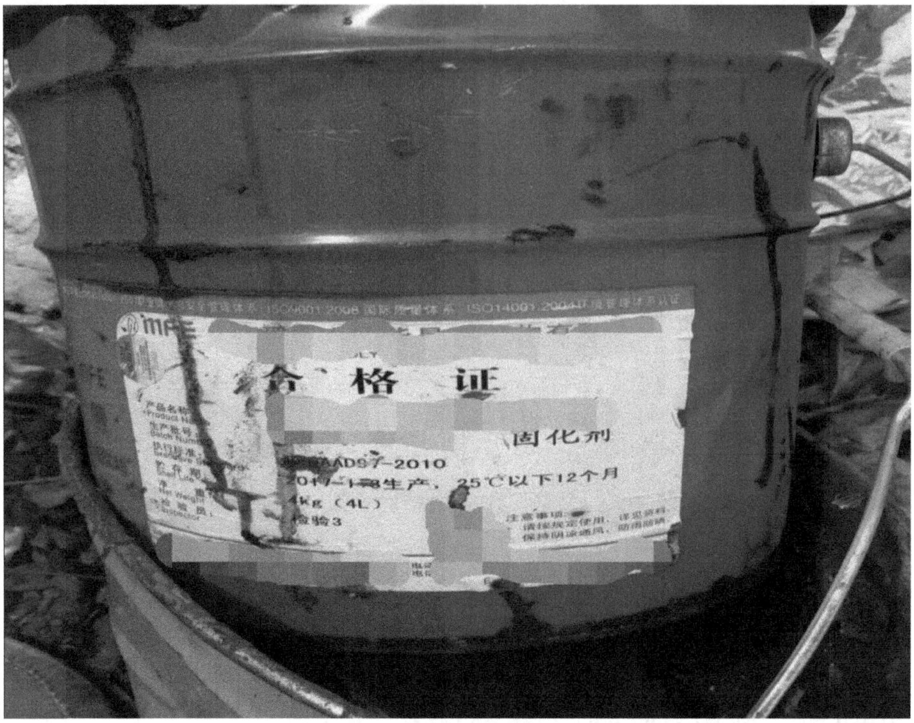

拍摄内容：××××有限公司 HZF-102 海工结构重防腐涂料油漆空桶。

拍摄地点：×××××

拍摄时间：2017 年 5 月 5 日　　　　　　　　拍摄人：×××

执法人员：×××、×××

现场照片证据

拍摄内容：××××工程有限公司在××××的临时堆放点 1。

拍摄地点：×××××

拍摄时间：2017 年 5 月 22 日　　　　　　　　拍摄人：×××

执法人员：×××、×××

拍摄内容：××××工程有限公司在××××的废物临时堆放点 2。

拍摄地点：×××××

拍摄时间：2017 年 5 月 22 日　　　　　　　　拍摄人：×××

执法人员：×××、×××

拍摄内容：××××工程有限公司堆放在××××的防腐涂料堆放点之一。

拍摄地点：×××××

拍摄时间：2017 年 5 月 22 日　　　　　　　　拍摄人：×××

执法人员：×××、×××

拍摄内容：××××工程有限公司堆放在××××的黄色胶带堆放点之一。

拍摄地点：×××××

拍摄时间：2017 年 5 月 22 日　　　　　　　　拍摄人：×××

执法人员：×××、×××

××环境监察记录表

<table>
<tr><td>被监察单位</td><td colspan="2">/</td><td>监察日期</td><td>2017年5月9日</td></tr>
<tr><td>单位地址</td><td colspan="2">××大道西侧××村（×××派出所对面）</td><td rowspan="2">监察单位</td><td rowspan="2">××环保局</td></tr>
<tr><td>单位电话</td><td colspan="2"></td></tr>
<tr><td>现场监察内容及情况</td><td colspan="4">1. 经与公安局工作人员一起对倾倒在××大道西侧××村附近的两处废物倾倒点进行勘察，发现两处倾倒点均有标有“××建筑”字样的工作服。
2. 有现场照片为证。</td></tr>
<tr><td>现场处理意见</td><td colspan="4"></td></tr>
<tr><td>被监察单位意见</td><td colspan="4"></td></tr>
<tr><td colspan="2">被监察单位签字</td><td></td><td>监察人员签字</td><td>×××　×××</td></tr>
<tr><td>领导意见</td><td colspan="4"></td></tr>
<tr><td>备　注</td><td colspan="4"></td></tr>
</table>

拍摄内容：×××××废物倾倒点 1 内发现标有“××建筑”的工作服。

拍摄地点：×××××

拍摄时间：2017 年 5 月 9 日　　　　　　　拍摄人：×××

执法人员：×××、×××

拍摄内容：×××××附近的废物倾倒点 2 内发现标有“××建筑”的工作服。

拍摄地点：×××××

拍摄时间：2017 年 5 月 9 日　　　　　　　拍摄人：×××

执法人员：×××、×××

××环境监察记录表

<table>
<tr><td>被监察单位</td><td colspan="2">/</td><td>监察日期</td><td>2017 年 5 月 23 日</td></tr>
<tr><td>单位地址</td><td colspan="2">××污水处理厂后面</td><td rowspan="2">监察单位</td><td rowspan="2">××环保局</td></tr>
<tr><td>单位电话</td><td colspan="2">/</td></tr>
<tr><td>现场监察内容及情况</td><td colspan="4">1. 在×××大道××污水处理厂后面临海空地上发现一处废油漆桶、废油漆渣等危险废物倾倒点。
2. 现场还发现标有“××建筑”的工作服。
3. 废物倾倒现场占地面积约 800 m^2。</td></tr>
<tr><td>现场处理意见</td><td colspan="4"></td></tr>
<tr><td>被监察单位意见</td><td colspan="4"></td></tr>
<tr><td>被监察单位签字</td><td>/</td><td>监察人员签字</td><td colspan="2">×××　×××</td></tr>
<tr><td>领导意见</td><td colspan="4"></td></tr>
<tr><td>备　注</td><td colspan="4"></td></tr>
</table>

现场照片证据

拍摄内容：××污水处理厂后面临海空地上的废物倾倒点。

拍摄地点：×××××

拍摄时间：2017 年 5 月 23 日　　　　　　　　拍摄人：×××

执法人员：×××、×××

拍摄内容：××污水处理厂后面临海空地上的废物倾倒点内发现标有“××建筑”的工作服。

拍摄地点：×××××

拍摄时间：2017 年 5 月 23 日　　　　　　　　拍摄人：×××

执法人员：×××、×××

拍摄内容：×××××岗过磅区监控拍摄到运输废物的车辆，车牌号为琼×××××××××。

拍摄地点：×××××

拍摄时间：2017 年 5 月 23 日　　　　拍摄人：×××

执法人员：×××、×××

拍摄内容：×××××岗过磅区监控拍摄到车牌号为琼×××××××××车辆及车上的废物。

拍摄地点：×××××

拍摄时间：2017 年 5 月 23 日　　　　拍摄人：×××

执法人员：×××、×××

拍摄内容：×××××岗过磅区监控拍摄到运输废物的车辆，车牌号为琼×××××××××。
拍摄地点：×××××
拍摄时间：2017 年 5 月 23 日　　　　　　　　拍摄人：×××
执法人员：×××、×××

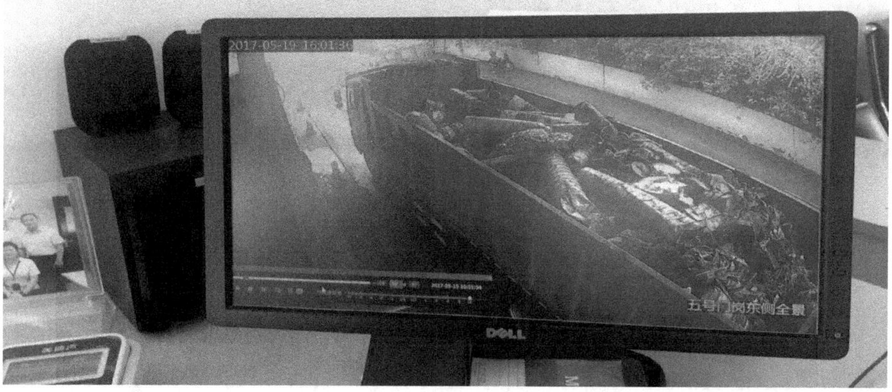

拍摄内容：×××××岗过磅区监控拍摄到车牌号为琼×××××××××车辆及车上的废物。
拍摄地点：×××××
拍摄时间：2017 年 5 月 23 日　　　　　　　　拍摄人：×××
执法人员：×××、×××

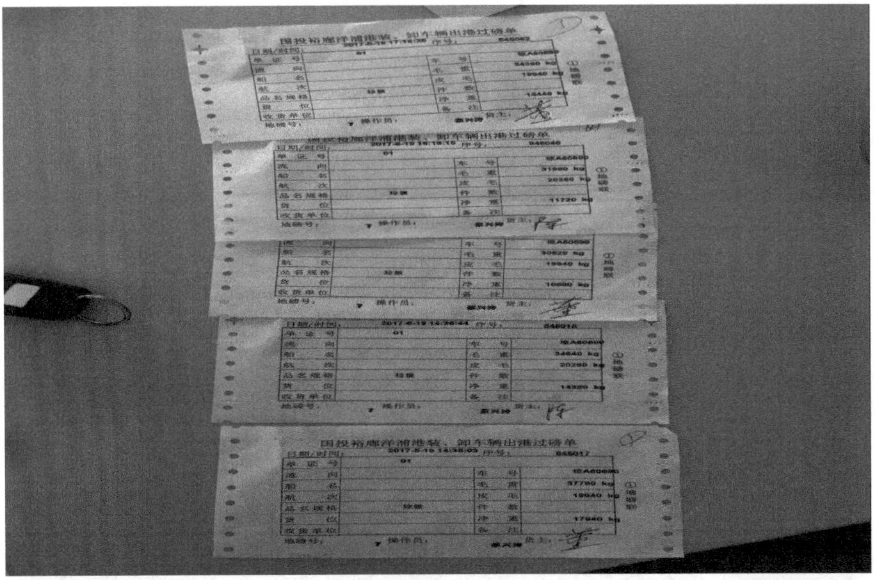

拍摄内容：2017 年 5 月 19 日车牌号为琼×××××××××和琼××××××××××两辆运输车拉运废物的过磅单 5 份。

拍摄地点：×××××

拍摄时间：2017 年 5 月 23 日　　　　　　　　拍摄人：×××

执法人员：×××、×××

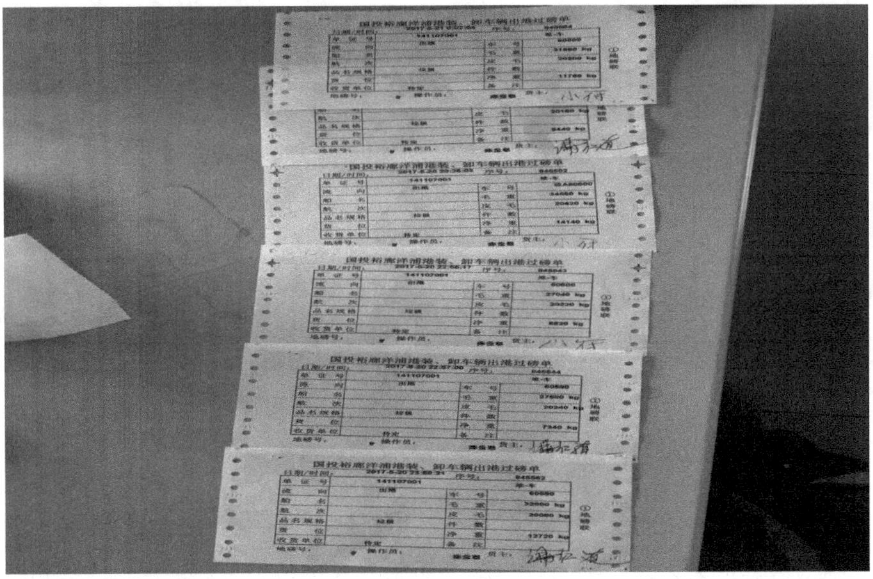

拍摄内容：2017 年 5 月 20 日和 2017 年 5 月 21 日车牌号为琼××××××××××和琼×××××××××两辆运输车拉运废物的过磅单 6 份。

拍摄地点：×××××

拍摄时间：2017 年 5 月 23 日　　　　　　　　拍摄人：×××

执法人员：×××、×××

现场照片证据

拍摄内容：××污水处理厂后面临海空地上的废物倾倒点。

拍摄地点：×××××

拍摄时间：2017 年 5 月 26 日　　　　　　　　拍摄人：×××

执法人员：×××、×××

拍摄内容：×××安装工程有限公司工作人员与××环保局执法人员共同确认倾倒在××污水处理厂后面的废物来源现场。

拍摄地点：×××××

拍摄时间：2017 年 5 月 26 日　　　　　　　　拍摄人：×××

执法人员：×××、×××

××环境监察记录表

<table>
<tr><td>被监察单位</td><td>×××安装工程有限公司</td><td>监察日期</td><td>2017年5月27日</td></tr>
<tr><td>单位地址</td><td>××港区内</td><td rowspan="2">监察单位</td><td rowspan="2">××环保局</td></tr>
<tr><td>单位电话</td><td>××××××</td></tr>
<tr><td>现场监察内容及情况</td><td colspan="3">1. ×××安装工程有限公司用彩色布条对其倾倒在××污水处理厂后面的废油漆桶、废油漆渣等危险废物进行加盖处理，防止污染扩散。
2. ××污水处理厂后面的危险废物倾倒点安装带有危险废物标识的警示牌。
3. ×××环保局执法人员对该公司进行加盖彩色布条进行全程监督。</td></tr>
<tr><td>现场处理意见</td><td colspan="3"></td></tr>
<tr><td>被监察单位意见</td><td colspan="3"></td></tr>
<tr><td>被监察单位签字</td><td>×××</td><td>监察人员签字</td><td>×××　×××</td></tr>
<tr><td>领导意见</td><td colspan="3"></td></tr>
<tr><td>备　注</td><td colspan="3"></td></tr>
</table>

现场照片证据

拍摄内容：×××安装工程有限公司对倾倒在××污水处理厂后面的固体废物进行加盖处理，防止污染扩散。

拍摄地点：×××××

拍摄时间：2017 年 5 月 27 日　　　　　　　　拍摄人：×××

执法人员：×××、×××

拍摄内容：×××安装工程有限公司对倾倒在××污水处理厂后面的固体废物设置警示牌。

拍摄地点：×××××

拍摄时间：2017 年 5 月 27 日　　　　　　　　拍摄人：×××

执法人员：×××、×××

拍摄内容：×××安装工程有限公司对倾倒在××污水处理厂后面的固体废物进行加盖处理，防止污染扩散。

拍摄地点：×××××

拍摄时间：2017 年 5 月 27 日　　　　　　　　拍摄人：×××

执法人员：×××、×××

现场照片证据

拍摄内容：×××安装工程有限公司对倾倒在××污水处理厂后面的固体废物进行加盖处理，防止污染扩散。

拍摄地点：×××××

拍摄时间：2017 年 5 月 27 日　　　　　　　　拍摄人：×××

执法人员：×××、×××

拍摄内容：×××安装工程有限公司对倾倒在××污水处理厂后面的固体废物设置警示牌。

拍摄地点：×××××

拍摄时间：2017 年 5 月 27 日　　　　　　　　拍摄人：×××

执法人员：×××、×××

拍摄内容：×××安装工程有限公司对倾倒在××污水处理厂后面的固体废物进行加盖处理，防止污染扩散。

拍摄地点：×××××

拍摄时间：2017 年 5 月 27 日　　　　　　　　拍摄人：×××

执法人员：×××、×××

××环境监察记录表

<table>
<tr><td>被监察单位</td><td>×××安装工程有限公司</td><td>监察日期</td><td>2017 年 5 月 28 日</td></tr>
<tr><td>单位地址</td><td>××港区内</td><td rowspan="2">监察单位</td><td rowspan="2">××环保局</td></tr>
<tr><td>单位电话</td><td>×××××××××××</td></tr>
<tr><td>现场监察内容及情况</td><td colspan="3">1. ×××安装工程有限公司通过挖土机对位于××港 834 堆场贴近石壁的废油漆桶、油漆渣进行了集中处理，以便于加盖。
2. ×××安装工程有限公司对集中处理后的废油漆桶、废油漆渣等危险废物进行了加盖处理（利用彩条带），防止污染扩散。
3. ×××安装工程有限公司对其通过彩色布条遮盖的危险废物点前安装了带有危险废物标识、禁止倾倒垃圾的警示牌。
4. ××环保局执法人员对该公司的加盖彩色塑料条，安装标识牌，集中处理石壁附近油漆桶和油漆渣等工作进行了全程录像监督。</td></tr>
<tr><td>现场处理意见</td><td colspan="3"></td></tr>
<tr><td>被监察单位意见</td><td colspan="3"></td></tr>
<tr><td>被监察单位签字</td><td>×××</td><td>监察人员签字</td><td>×××　×××</td></tr>
<tr><td>领导意见</td><td colspan="3"></td></tr>
<tr><td>备　注</td><td colspan="3"></td></tr>
</table>

现场照片证据

拍摄内容：×××安装工程有限公司位于×××有限公司内的一处固体废物临时堆放点。

拍摄地点：×××××

拍摄时间：2017 年 5 月 28 日　　　　　　　　拍摄人：×××

执法人员：×××、×××

拍摄内容：×××安装工程有限公司对位于××港口有限公司内的一处固体废物临时堆放点进行加盖处理过程，防止污染扩散。

拍摄地点：×××××

拍摄时间：2017 年 5 月 28 日　　　　　　　　拍摄人：×××

执法人员：×××、×××

××环境监察记录表

<table>
<tr><td>被监察单位</td><td colspan="2">×××安装工程有限公司</td><td>监察日期</td><td>2017 年 5 月 28 日</td></tr>
<tr><td>单位地址</td><td colspan="2">××港区内</td><td rowspan="2">监察单位</td><td rowspan="2">××环保局</td></tr>
<tr><td>单位电话</td><td colspan="2">××××××××××××</td></tr>
<tr><td>现场监察
内容及情况</td><td colspan="4">1. ×××安装工程有限公司用彩色布条对其倾倒在××大道西侧（×××派出所对面）两处的废油漆桶、废油漆渣等危险废物进行加盖处理，防止污染扩散。
2. 在×××派出所对面两处的危险废物倾倒点安装有带有危险废物标识、禁止倾倒垃圾的警示牌。
3. ××环保局执法人员对该公司的加盖彩色布条、安装标识牌等工作进行了全程录像监督。</td></tr>
<tr><td>现场处理
意见</td><td colspan="4"></td></tr>
<tr><td>被监察单位
意见</td><td colspan="4"></td></tr>
<tr><td>被监察单位签字</td><td>×××</td><td>监察人员
签字</td><td colspan="2">×××　×××</td></tr>
<tr><td>领导意见</td><td colspan="4"></td></tr>
<tr><td>备　注</td><td colspan="4"></td></tr>
</table>

现场照片证据

拍摄内容：××村附近固体废物倾倒点1未进行加盖处理前的照片。

拍摄地点：×××××

拍摄时间：2017年5月28日　　　　　　　　　拍摄人：×××

执法人员：×××、×××

拍摄内容：×××安装工程有限公司对倾倒在××大道西侧××村附近固体废物倾倒点1未进行加盖处理，防止污染扩散。

拍摄地点：×××××

拍摄时间：2017年5月28日　　　　　　　　　拍摄人：×××

执法人员：×××、×××

拍摄内容：××村附近固体废物倾倒点 2 未进行加盖处理前的照片。
拍摄地点：×××××
拍摄时间：2017 年 5 月 28 日　　　　　　　　拍摄人：×××
执法人员：×××、×××

拍摄内容：×××安装工程有限公司对倾倒在××开发区×××××××附近固体废物倾倒点 2 未进行加盖处理，防止污染扩散。
拍摄地点：×××××
拍摄时间：2017 年 5 月 28 日　　　　　　　　拍摄人：×××
执法人员：×××、×××

××环境监察记录表

<table>
<tr><td>被监察单位</td><td>×××安装工程有限公司</td><td>监察日期</td><td>2017年6月7日</td></tr>
<tr><td>单位地址</td><td>/</td><td rowspan="2">监察单位</td><td rowspan="2">××环保局</td></tr>
<tr><td>单位电话</td><td>××××××××××××</td></tr>
<tr><td>现场监察内容及情况</td><td colspan="3">1. ×××安装工程有限公司对其倾倒在××污水处理厂后面紧临海边空地上的废油漆桶、废油漆渣等危险废物进行装袋处理，共计装袋约101袋。
2. ××环保局执法人员对该公司进行废油漆桶等危险废物装袋处理过程进行全程监督，以上过程有拍照录像记录。
3. ××省危险废物处理单位×××有限公司相关工作人员作证监督。</td></tr>
<tr><td>现场处理意见</td><td colspan="3"></td></tr>
<tr><td>被监察单位意见</td><td colspan="3"></td></tr>
<tr><td>被监察单位签字</td><td>×××</td><td>监察人员签字</td><td>×××　×××</td></tr>
<tr><td>领导意见</td><td colspan="3"></td></tr>
<tr><td>备　注</td><td colspan="3"></td></tr>
</table>

现场照片证据

拍摄内容：×××安装工程有限公司对倾倒在××污水处理厂后面的固体废物进行装袋。

拍摄地点：×××××

拍摄时间：2017 年 6 月 7 日　　　　　　　　拍摄人：×××

执法人员：×××、×××

拍摄内容：×××安装工程有限公司对倾倒在××污水处理厂后面的固体废物进行装袋。

拍摄地点：×××××

拍摄时间：2017 年 6 月 7 日　　　　　　　　拍摄人：×××

执法人员：×××、×××

拍摄内容：×××安装工程有限公司的分包商××有限公司对分选出来的石块、废铁丝、一般生活垃圾进行装车，共计 47 袋。

拍摄地点：×××××

拍摄时间：2017 年 7 月 18 日　　　　　　　　拍摄人：×××

执法人员：×××、×××

拍摄内容：运载石块、废铁丝、一般生活垃圾的车辆在××生活垃圾填埋场过磅区称重。

拍摄地点：×××××

拍摄时间：2017 年 7 月 18 日　　　　　　　　拍摄人：×××

执法人员：×××、×××

××环境监察记录表

<table>
<tr><td>被监察单位</td><td>×××安装工程有限公司
（××建筑劳务有限公司分包）</td><td>监察日期</td><td>2017 年 6 月 15 日</td></tr>
<tr><td>单位地址</td><td></td><td rowspan="2">监察单位</td><td rowspan="2">××生态环境保护局</td></tr>
<tr><td>单位电话</td><td>×××××××××××</td></tr>
<tr><td>现场监察
内容及情况</td><td colspan="3">1. ××建筑劳务有限公司对倾倒在开发区××大道西侧（×××派出所对面）的废油漆桶进行袋装处理，共计 49 袋，并进行装车（车牌号为×A××××挂，×A×××××），该车系危险废物处置单位（××工贸有限公司）委托过来运输的车。
2. ××生态环保局执法人员对废油漆桶装袋装车并运输至××省危险废物处置中心的过程进行全程监督，以上过程有照片为证。
3. 经××省危险废物处置中心地磅称重，总重量为 318 600 kg，车重为 22 500 kg，除去车重后，废油漆桶总重量为 93 600 kg。
4. ××省××工贸有限公司（××省危险废物处置中心）、×××安装工程有限公司、××建筑劳务有限公司工作人员共同见证。</td></tr>
<tr><td>现场处理意见</td><td colspan="3"></td></tr>
<tr><td>被监察单位意见</td><td colspan="3"></td></tr>
<tr><td>被监察单位签字</td><td>×××</td><td>监察人员签字</td><td>×××、×××</td></tr>
<tr><td>领导意见</td><td colspan="3"></td></tr>
<tr><td>备　注</td><td colspan="3">××安装工程有限公司拒绝签字</td></tr>
</table>

危险废物转移联单

编号 ××××××××××

第一部分：废物产生单位写

产生单位：　××建筑劳务有限公司　　电话：××××××××××××

通讯地址：　××市××区××街××号　　邮编：××××××

运输单位：　××物流有限公司　　电话：××××××××××××

通讯地址：　××市××大道××号　　邮编：××××××

接收单位：　××工贸有限公司　　电话：××××××××××××

通讯地址：　××省××县××村　　邮编：××××××

废物名称：　其他废物　　编号类别：　××××　　数量：13.46 吨

废物特性：　T　　形态：　固态　　包装方式：袋装

外运目的：中转储存□　利用□　处理□　处置☑

主要危险成分：　油漆桶　　禁忌与应急措施：安全防漏远离火源

发运人：　×××　运达地：省危废处置中心　转移时间：2017 年 6 月 16 日

第二部分：废物运输单位写

运输者须知：你必须核实以上栏目事项，当与情况不符时，有权拒绝接受。

第一承运人：　　运输日期：2017 年 6 月 16 日

车（船）型：厢式　　牌号：××××××　　道路运输证号：××××××××

运输起点：××　　经由地：××　运输终点：省危废中心　运输人签字：××

第二承运人：　　运输日期：　年　月　日

车（船）型：　　牌号：　　道路运输证号：

运输起点：　　经由地：　　运输终点：　　运输人签字：

第三部分：废物接收单位写

接受者须知：你必须核实以上栏目事项，当与情况不符时，有权拒绝接受。

经营许可证：××××　接收人：　×××　　接受日期：2017.6.16

废物处置方式：利用□　贮存□　焚烧☑　安全填埋□　其他□

单位负责人签字：×　×××　　单位负责人盖章：　　日期：2017.6.16

××省生态环境保护厅监制

××环境监察记录表

<table>
<tr><td>被监察单位</td><td>×××安装工程有限公司</td><td>监察日期</td><td>2017 年 6 月 15 日</td></tr>
<tr><td>单位地址</td><td></td><td rowspan="2">监察单位</td><td rowspan="2">××生态环境保护局</td></tr>
<tr><td>单位电话</td><td>×××××××××××</td></tr>
<tr><td>现场监察内容及情况</td><td colspan="3">1. ××建筑劳务有限公司领取危险废物转移联单 2 份（编号为：×××××、×××××）。
2. ××建筑劳务有限公司为××安装工程有限公司分包公司。</td></tr>
<tr><td>现场处理意见</td><td colspan="3"></td></tr>
<tr><td>被监察单位意见</td><td colspan="3"></td></tr>
<tr><td>被监察单位签字</td><td>×××、×××</td><td>监察人员签字</td><td>×××、××</td></tr>
<tr><td>领导意见</td><td colspan="3"></td></tr>
<tr><td>备　注</td><td colspan="3"></td></tr>
</table>

现场照片证据

拍摄内容：×××安装工程有限公司的分包商××建筑劳务有限公司对倾倒在××附近的废油漆空桶进行装袋和装车。

拍摄地点：×××××

拍摄时间：2017 年 6 月 15 日　　　　　　　　拍摄人：×××

执法人员：×××、×××

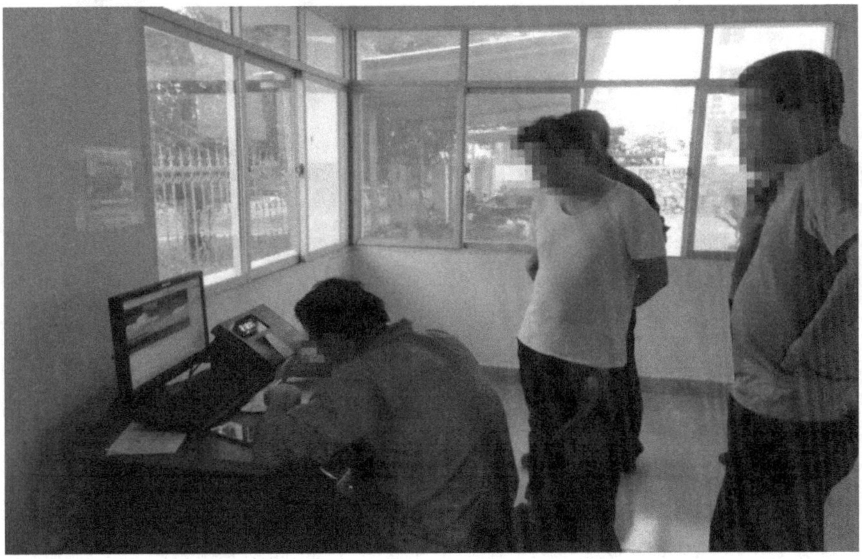

拍摄内容：运载油漆空桶的车辆在××省危险废物处置中心过磅区称重。

拍摄地点：×××××

拍摄时间：2017 年 6 月 15 日　　　　　　　　拍摄人：×××

执法人员：×××、×××

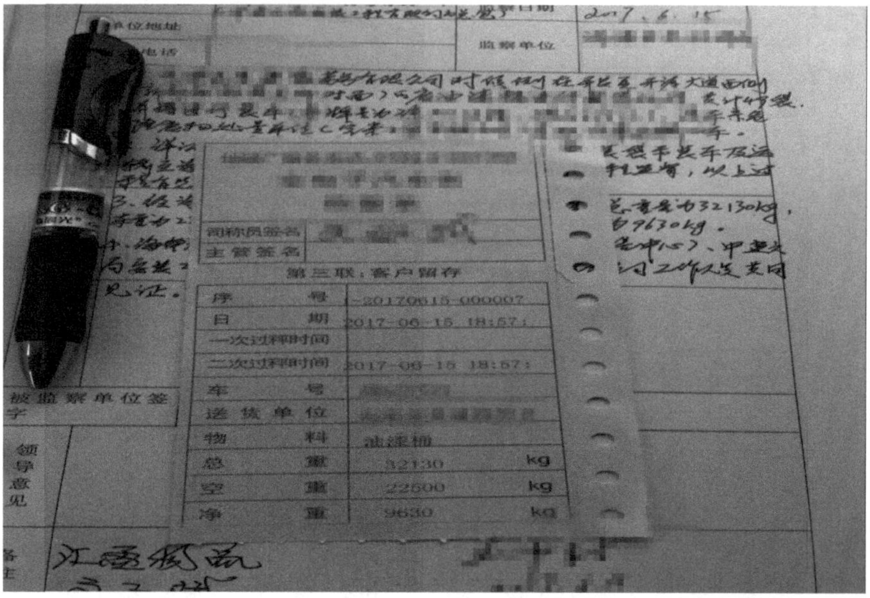

拍摄内容：称量单。

拍摄地点：×××××

摄时间：2017 年 6 月 15 日　　　　　　　　拍摄人：×××

执法人员：×××、×××

拍摄内容：××省危险废物处置中心工作人员将油漆空桶从运输车辆上卸货并暂存在库房中。

拍摄地点：×××××

时间：2017 年 6 月 15 日　　　　　　　　拍摄人：×××

执法人员：×××、×××

××环境监察记录表

<table>
<tr><td>被监察单位</td><td>××建筑劳务有限公司
（×××安装工程有限公司为总包）</td><td>监察日期</td><td>2017 年 6 月 16 日</td></tr>
<tr><td>单位地址</td><td></td><td rowspan="2">监察单位</td><td rowspan="2">××生态环境保护局</td></tr>
<tr><td>单位电话</td><td>××××××××××××</td></tr>
<tr><td>现场监察内容及情况</td><td colspan="3">1. ××建筑劳务有限公司对倾倒在开发区××大道西侧（××派出所对面）的废油漆桶进行袋装和装车（车牌号为×A×××××，×A×××××挂），该车系危险废物处置单位（××工贸有限公司）委托过来运输的车。
2. 经××建筑劳务有限公司和×××安装工程有限公司要求，上述在××大道西侧倾倒的危险废物（废油漆桶）交由第三方单位（××混凝土有限公司）称重确认，经称重，废油漆桶和车重的总重量为 318 600 kg，车重以 2017 年 6 月 15 日在××工贸有限公司称量的一致，即车重（车牌号为×A×××××，×A××××挂）为 22 500 kg，除去车重后，废油漆桶总重量为 9 360 kg。
3. ××生态环保局执法人员对废油漆桶装袋装车及在××混凝土有限公司称重过程进行全程监督，以上过程有照片为证。
4. 上述过程有××省××工贸有限公司（××省危险废物处置中心）、×××安装工程有限公司、××建筑劳务有限公司、××混凝土有限公司及运输单位××物流有限公司工作人员共同见证。</td></tr>
<tr><td>现场处理意见</td><td colspan="3"></td></tr>
<tr><td>被监察单位意见</td><td colspan="3"></td></tr>
<tr><td>被监察单位签字</td><td>×××</td><td>监察人员签字</td><td>××、×××</td></tr>
<tr><td>领导意见</td><td colspan="3"></td></tr>
<tr><td>备　注</td><td colspan="3">×××安装工程有限公司拒绝签字</td></tr>
</table>

危险废物转移联单

第一部分：废物产生单位写　　　　　　　　　　　　编号：××××××××××

产生单位：　　××建筑劳务有限公司　　　　电话：×××××××××××

通讯地址：　　××市××区××街××号　　　　邮编：××××××

运输单位：　　××物流有限公司　　　　电话：×××××××××××

通讯地址：　　××市××大道××　　　　邮编：××××××

接收单位：　　××工贸有限公司　　　　电话：×××××××××××

通讯地址：　　××省××县××村　　　　邮编：××××××

废物名称：　　其他废物　　编号类别：　　××××　　数量：9.36 吨

废物特性：　　T　　形态：　　固态　　包装方式：袋装

外运目的：中转储存□　利用□　处理□　处置☑

主要危险成分：　　油漆桶　　禁忌与应急措施：安全防漏远离火源

发运人：　　×××　运达地：省危废处置中心　转移时间：2017 年 6 月 16 日

第二部分：废物运输单位写

运输者须知：你必须核实以上栏目事项，当与情况不符时，有权拒绝接受。

第一承运人：　　　　　　　　运输日期：2017 年 6 月 16 日

车（船）型：厢式　　牌号：××××××　　道路运输证号：×××××××

运输起点：××　　经由地：××　运输终点：省危废中心　运输人签字：××

第二承运人：　　　　　　　　运输日期：　　年　月　日

车（船）型：　　　　牌号：　　　　道路运输证号：

运输起点：　　　　经由地：　　　　运输终点：　　　　运输人签字：

第三部分：废物接收单位写

接受者须知：你必须核实以上栏目事项，当与情况不符时，有权拒绝接受。

经营许可证：×××××　　接收人：×××　　接受日期：2017.6.16

废物处置方式：利用□　贮存□　焚烧☑　安全填埋□　其他□

单位负责人签字：　　×××　　单位负责人盖章：　　日期：2017.6.16

××省生态环境保护厅监制

××环境监察记录表

<table>
<tr><td>被监察单位</td><td>××建筑劳务有限公司
（×××安装工程有限公司为总包）</td><td>监察日期</td><td>2017 年 6 月 16 日</td></tr>
<tr><td>单位地址</td><td></td><td rowspan="2">监察单位</td><td rowspan="2">××生态环境保护局</td></tr>
<tr><td>单位电话</td><td>××××××××××××</td></tr>
<tr><td>现场监察内容及情况</td><td colspan="3">1. ××建筑劳务有限公司领取危险物品转移单两份（编号为：××××，××××）
2. ××建筑劳务有限公司为×××安装工程有限公司分公司。</td></tr>
<tr><td>现场处理意见</td><td colspan="3"></td></tr>
<tr><td>被监察单位意见</td><td colspan="3"></td></tr>
<tr><td>被监察单位签字</td><td>×××</td><td>监察人员签字</td><td>××、×××</td></tr>
<tr><td>领导意见</td><td colspan="3"></td></tr>
</table>

现场照片证据

拍摄内容：×××安装工程有限公司的分包商××建筑劳务有限公司对倾倒在××附近的废油漆空桶进行装袋和装车。

拍摄地点：×××××

拍摄时间：2017 年 6 月 16 日　　　　　　　拍摄人：×××

执法人员：×××、×××

拍摄内容：×××安装工程有限公司的分包商××建筑劳务有限公司对倾倒在××附近的废油漆空桶进行装袋和装车。

拍摄地点：×××××

拍摄时间：2017 年 6 月 16 日　　　　　　　拍摄人：×××

执法人员：×××、×××

拍摄内容：运载油漆空桶的车辆在××××××公司过磅区称重。

拍摄地点：×××××

拍摄时间：2017 年 6 月 16 日　　　　　　　　拍摄人：×××

执法人员：×××、×××

拍摄内容：运载油漆空桶的车辆在××××××公司过磅区称重。

拍摄地点：×××××

拍摄时间：2017 年 6 月 16 日　　　　　　　　拍摄人：×××

执法人员：×××、×××

××环境监察记录表

<table>
<tr><td>被监察单位</td><td>××建筑劳务有限公司
（×××安装工程有限公司为总包）</td><td>监察日期</td><td>2017年6月17日</td></tr>
<tr><td>单位地址</td><td></td><td rowspan="2">监察单位</td><td rowspan="2">××生态环境保护局</td></tr>
<tr><td>单位电话</td><td>×××××××××××</td></tr>
<tr><td>现场监察
内容及情况</td><td colspan="3">1. ××建筑劳务有限公司对倾倒在开发区××大道西侧（×××派出所对面）的废油漆桶进行袋装处理，并进行装车（车牌号为×A××××挂，×A×××××），该车系危险废物处置单位（××工贸有限公司）委托过来运输的车。
2. 经××省危险废物处置中心地磅称重，总重量为36 300 kg，车重为22 840 kg，除去车重后，废油漆桶总重量为13 460 kg。
3. ××生态环保局执法人员对废油漆桶装袋装车并运输至××省危险废物处置中心的过程进行全程监督，以上过程有照片为证。
4. ××省××工贸有限公司（××省危险废物处置中心）、×××安装工程有限公司、××建筑劳务有限公司工作人员共同见证。</td></tr>
<tr><td>现场处理意见</td><td colspan="3"></td></tr>
<tr><td>被监察单位意见</td><td colspan="3"></td></tr>
<tr><td>被监察单位签字</td><td>×××</td><td>监察人员签字</td><td>×××、×××</td></tr>
<tr><td>领导意见</td><td colspan="3"></td></tr>
<tr><td>备　注</td><td colspan="3">×××安装工程有限公司拒绝签字</td></tr>
</table>

送货单××××混凝土有限公司

搅拌站号：　　　　　　　　　　　　　　　　　　　　　　　　　　　17-06-17 11：22：32

<table>
<tr><td>工程名称</td><td colspan="3">过磅单</td><td colspan="2">计划方量</td><td colspan="2">m³</td></tr>
<tr><td>施工单位</td><td colspan="3"></td><td colspan="2">本车方量</td><td colspan="2">m³</td></tr>
<tr><td>施工部位</td><td colspan="3"></td><td colspan="2">累计数量</td><td colspan="2">m³</td></tr>
<tr><td>浇灌方式</td><td colspan="3"></td><td colspan="2">累计车次</td><td colspan="2"></td></tr>
<tr><td>强度等级</td><td></td><td>出货单号</td><td colspan="2"></td><td colspan="2">质 检 员</td><td></td></tr>
<tr><td>塌 落 度</td><td>±</td><td>运输车号</td><td colspan="2">×××××</td><td colspan="2">司 磅 员</td><td>×××</td></tr>
<tr><td>毛　　重</td><td>36.3 t</td><td>驾 驶 员</td><td colspan="2"></td><td colspan="2">签 收 员</td><td></td></tr>
<tr><td colspan="8">说明：
1. 未经本公司许可不得往混凝土内添加水或其他材料，否则由此引起的质量问题概不负责。
2. 浇筑完毕后，应按规范及时进行防风、保温、保湿养护。</td></tr>
<tr><td colspan="8">备注　　　　皮重：22.84 t　　　　　　净重：13.46 t</td></tr>
</table>

危险废物转移联单

编号 ××××××××××

第一部分：废物产生单位写			
产生单位：	××建筑劳务有限公司	电话：	×××××××××××××
通讯地址：	××市××区××街××号	邮编：	××××××
运输单位：	××物流有限公司	电话：	×××××××××××××
通讯地址：	××市××大道××　号	邮编：	××××××
接收单位：	××工贸有限公司	电话：	×××××××××××××
通讯地址：	××省××县××村	邮编：	××××××

废物名称：　其他废物	编号类别：　××××	数量：13.46 吨
废物特性：　T	形态：　固态	包装方式：袋装
外运目的：中转储存☐　利用☐　处理☐　处置☑		
主要危险成分：　油漆桶		禁忌与应急措施：安全防漏远离火源
发运人：　×××	运达地：省危废处置中心	转移时间：2017 年 6 月 16 日

第二部分：废物运输单位写			
运输者须知：你必须核实以上栏目事项，当与情况不符时，有权拒绝接受。			
第一承运人：		运输日期：2017 年 6 月 16 日	
车（船）型：厢式	牌号：××××××	道路运输证号：××××××××	
运输起点：××	经由地：××	运输终点：省危废中心	运输人签字：××
第二承运人：		运输日期：　年　月　日	
车（船）型：	牌号：	道路运输证号：	
运输起点：	经由地：	运输终点：	运输人签字：

第三部分：废物接收单位写		
接受者须知：你必须核实以上栏目事项，当与情况不符时，有权拒绝接受。		
经营许可证：××××××	接收人：×××	接受日期：2017.6.16
废物处置方式：利用☐　贮存☐　焚烧☑　安全填埋☐　其他☐		
单位负责人签字：×××	单位负责人盖章：	日期：2017.6.16

××省生态环境保护厅监制

现场照片证据

拍摄内容：×××安装工程有限公司的分包商××建筑劳务有限公司对倾倒在××附近的废油漆空桶进行装袋和装车。

拍摄地点：×××××

拍摄时间：2017 年 6 月 17 日　　　　拍摄人：×××

执法人员：×××、×××

拍摄内容：×××安装工程有限公司的分包商××建筑劳务有限公司对倾倒在××附近的废油漆空桶进行装袋和装车。

拍摄地点：×××××　　　　拍摄时间：2017 年 6 月 17 日

拍摄人：×××　　　　执法人员：×××、×××

拍摄内容：运载油漆空桶的车辆在××凝土有限公司过磅区称重。

拍摄地点：×××××

拍摄时间：2017 年 6 月 17 日　　　　　　　　拍摄人：×××

执法人员：×××、×××

××环境监察记录表

<table>
<tr><td>被监察单位</td><td>××建筑劳务有限公司（×××安装工程有限公司为总包）</td><td>监察日期</td><td>2017 年 6 月 22 日</td></tr>
<tr><td>单位地址</td><td></td><td rowspan="2">监察单位</td><td rowspan="2">××生态环境保护局</td></tr>
<tr><td>单位电话</td><td></td></tr>
<tr><td>现场监察内容及情况</td><td colspan="3">1. ××建筑劳务有限公司对倾倒在××污水处理厂后面的废油漆桶进行袋装和装车（车牌号为×A×××××、×A××××挂），该车系危险废物处置单位（××工贸有限公司）委托过来的运输车。
2. 经××建筑劳务有限公司和××安装工程有限公司要求，上述在××污水处理厂后面倾倒的危险废物（废油漆桶）交由第三方单位（××再生物资有限公司）称重确认，经称重，废油漆桶和车重的总重量为 27.81 t，除去车重（车牌号为×A×××××、×A××××挂）21.12 t，废油漆桶总重量为 6.69 t。
3. ××生态环保局执法人员对废油漆桶装袋装车及在××再生物资有限公司称重过程进行全程监督，以上过程有照片为证。
4. 上述过程有××工贸有限公司（××省危险废物处置中心）、×××安装工程有限公司、××建筑劳务有限公司、××再生物资有限公司及运输单位海南汇盈物流有限公司工作人员共同见证。</td></tr>
<tr><td>现场处理意见</td><td colspan="3"></td></tr>
<tr><td>被监察单位意见</td><td colspan="3"></td></tr>
<tr><td>被监察单位签字</td><td>×××</td><td>监察人员签字</td><td>×××、×××</td></tr>
<tr><td>领导意见</td><td colspan="3"></td></tr>
<tr><td>备　注</td><td colspan="3">×××安装工程有限公司拒绝签字</td></tr>
</table>

危险废物转移联单

编号 ××××××××××

第一部分：废物产生单位写
产生单位：××建筑劳务有限公司　电话：×××××××××××   通讯地址：××市××区××街××号　邮编：××××××   运输单位：××物流有限公司　电话：×××××××××××   通讯地址：××市××大道××号　邮编：××××××   接收单位：××工贸有限公司　电话：×××××××××××   通讯地址：××省××县××村　邮编：××××××
废物名称：其他废物　编号类别：××××　数量：6.69 t   废物特性：T　形态：固态　包装方式：袋装   外运目的：中转储存☐　利用☐　处理☐　处置☑   主要危险成分：油漆桶　禁忌与应急措施：安全防漏远离火源   发运人：×××　运达地：省危废处置中心　转移时间：2017 年 6 月 22 日
第二部分：废物运输单位写
运输者须知：你必须核实以上栏目事项，当与情况不符时，有权拒绝接受。   第一承运人：　运输日期：2017 年 6 月 22 日   车（船）型：厢式　牌号：××××××　道路运输证号：×××××××   运输起点：××　经由地：××　运输终点：省危废中心　运输人签字：××   第二承运人：　运输日期：　年　月　日   车（船）型：　牌号：　道路运输证号：   运输起点：　经由地：　运输终点：　运输人签字：
第三部分：废物接收单位写
接受者须知：你必须核实以上栏目事项，当与情况不符时，有权拒绝接受。   经营许可证：×××××　接收人：×××　接受日期：2017.6.22   废物处置方式：利用☐　贮存☐　焚烧☑　安全填埋☐　其他☐   单位负责人签字：×××　单位负责人盖章：　日期：2017.6.22

××省生态环境保护厅监制

全电子汽车衡 称重记录单	
客户名称	
货物名称	

××电子衡器

×××××××××××

第二联：仓库留存

序号	×××××	
日期	××××-××-××	
时间		
车号	×××××××	
货号		
毛重	27.81	t
皮重	21.12	t
净重	6.69	t
备注		

××再生物资有限公司

现场照片证据

拍摄内容：×××安装工程有限公司的分包商××建筑劳务有限公司对倾倒在×××××××××后面的废油漆空桶进行装车。

拍摄地点：×××××

拍摄时间：2017 年 6 月 22 日　　　　　　　　拍摄人：×××

执法人员：×××、×××

拍摄内容：运载油漆空桶的车辆在××再生物资有限公司过磅区称重。

拍摄地点：×××××

拍摄时间：2017 年 6 月 22 日　　　　　　　　拍摄人：×××

执法人员：×××、×××

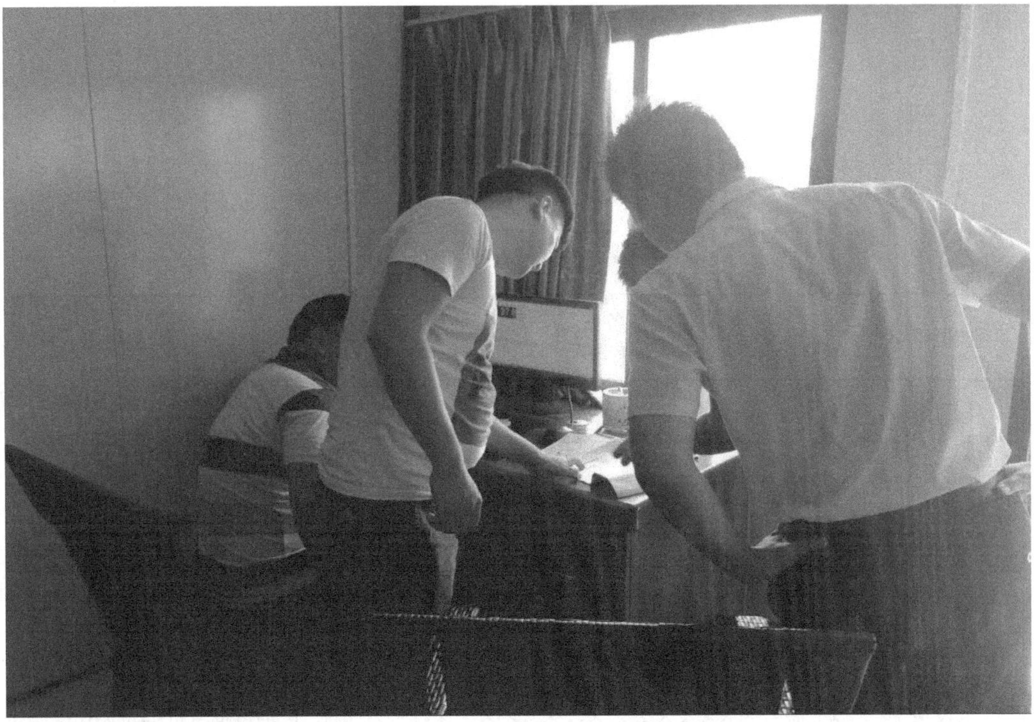

拍摄内容：运载油漆空桶的车辆在××再生物资有限公司过磅区称重。

拍摄地点：×××××

拍摄时间：2017 年 6 月 22 日　　　　　　　　拍摄人：×××

执法人员：×××、×××

××环境监察记录表

<table>
<tr><td>被监察单位</td><td>××建筑劳务有限公司
（×××安装工程有限公司为总包）</td><td>监察日期</td><td>2017 年 6 月 22 日</td></tr>
<tr><td>单位地址</td><td></td><td rowspan="2">监察单位</td><td rowspan="2">××生态环境保护局</td></tr>
<tr><td>单位电话</td><td></td></tr>
<tr><td>现场监察内容及情况</td><td colspan="3">1. ××建筑劳务有限公司对倾倒在开发区污水处理厂后面的废油漆桶进行袋装和装车（车牌号为×A×××××、×A××××挂），该车系危险废物处置单位（××工贸有限公司）委托过来的运输车。
2. 经××建筑劳务有限公司和×××安装工程有限公司要求，上述在××污水处理厂后面倾倒的危险废物（废油漆桶）交由第三方单位（××再生物资有限公司）称重确认，经称重，废油漆桶和车重的总重量为 28.73 t，除去车重（车牌号为×A×××××、×A××××挂）21.12 t，废油漆桶总重量为 7.61 t。
3. ××生态环保局执法人员对废油漆桶装袋装车及在××再生物资有限公司称重过程进行全程监督，以上过程有照片为证。
4. 上述过程有××省××工贸有限公司（××省危险废物处置中心）、×××安装工程有限公司、××建筑劳务有限公司、××再生物资有限公司及运输单位××物流有限公司工作人员共同见证。</td></tr>
<tr><td>现场处理意见</td><td colspan="3"></td></tr>
<tr><td>被监察单位意见</td><td colspan="3"></td></tr>
<tr><td>被监察单位签字</td><td>×××</td><td>监察人员签字</td><td>×××、×××</td></tr>
<tr><td>领导意见</td><td colspan="3"></td></tr>
<tr><td>备　注</td><td colspan="3">×××安装工程有限公司拒绝签字</td></tr>
</table>

危险废物转移联单

编号 ××××××××××

第一部分：废物产生单位写
产生单位：　××建筑劳务有限公司　电话：××××××××××× 通讯地址：　××市××区××街××号　邮编：×××××× 运输单位：　××物流有限公司　电话：××××××××××× 通讯地址：　××市××大道××　号　邮编：×××××× 接收单位：　××工贸有限公司　电话：××××××××××× 通讯地址：　××省××县××村　邮编：××××××
废物名称：　其他废物　编号类别：　××××　数量：7.61 t 废物特性：　T　形态：　固态　包装方式：袋装 外运目的：中转储存□　利用□　处理□　处置☑ 主要危险成分：　油漆桶　禁忌与应急措施：安全防漏远离火源 发运人：　×××　运达地：省危废处置中心　转移时间：2017 年 6 月 22 日
第二部分：废物运输单位写
运输者须知：你必须核实以上栏目事项，当与情况不符时，有权拒绝接受。 第一承运人：　运输日期：2017 年 6 月 22 日 车（船）型：厢式　牌号：××××××　道路运输证号：×××××××× 运输起点：××　经由地：××　运输终点：省危废中心　运输人签字：×× 第二承运人：　运输日期：　年　月　日 车（船）型：　牌号：　道路运输证号： 运输起点：　经由地：　运输终点：　运输人签字：
第三部分：废物接收单位写
接受者须知：你必须核实以上栏目事项，当与情况不符时，有权拒绝接受。 经营许可证：××××××　接收人：　×××　接受日期：2017.6.22 废物处置方式：利用□　贮存□　焚烧☑　安全填埋□　其他□ 单位负责人签字：　×××　单位负责人盖章：　日期：2017.6.22

××省生态环境保护厅监制

全电子汽车衡 称重记录单	
客户名称	
货物名称	

××电子衡器
××××××××××

第二联：仓库留存

序号	×××××	
日期	××××-××-××	
时间		
车号	×××××××	
货号		
毛重	28.73	t
皮重	21.12	t
净重	7.61	t
备注		

××环境监察记录表

<table>
<tr><td>被监察单位</td><td>××建筑劳务有限公司
（×××安装工程有限公司为总包）</td><td>监察日期</td><td>2017 年 6 月 22 日</td></tr>
<tr><td>单位地址</td><td></td><td rowspan="2">监察单位</td><td rowspan="2">××生态环境保护局</td></tr>
<tr><td>单位电话</td><td>××××××××××××</td></tr>
<tr><td>现场监察内容及情况</td><td colspan="3">1. ××建筑劳务有限公司领取危险废物转移联单 3 份（编号为×××××、×××××、×××××）。
2. ××建筑劳务有限公司为×××安装工程有限公司的分包公司。</td></tr>
<tr><td>现场处理意见</td><td colspan="3"></td></tr>
<tr><td>被监察单位意见</td><td colspan="3"></td></tr>
<tr><td>被监察单位签字</td><td>×××</td><td>监察人员签字</td><td>×××、×××</td></tr>
<tr><td>领导意见</td><td colspan="3"></td></tr>
<tr><td>备　注</td><td colspan="3"></td></tr>
</table>

现场照片证据

拍摄内容：×××安装工程有限公司的分包商××建筑劳务有限公司对倾倒在××污水处理厂后面的废油漆空桶进行装车。

拍摄地点：×××××

拍摄时间：2017 年 6 月 22 日　　　　　　　拍摄人：×××

执法人员：×××、×××

拍摄内容：运载油漆空桶的车辆在××再生物资有限公司过磅区称重。

拍摄地点：×××××

拍摄时间：2017 年 6 月 22 日　　　　　　　拍摄人：×××

执法人员：×××、×××

××环境监察记录表

<table>
<tr><td>被监察单位</td><td>××建筑劳务有限公司
（×××安装工程有限公司为总包）</td><td>监察日期</td><td>2017年6月27日</td></tr>
<tr><td>单位地址</td><td></td><td rowspan="2">监察单位</td><td rowspan="2">××生态环境保护局</td></tr>
<tr><td>单位电话</td><td></td></tr>
<tr><td>现场监察内容及情况</td><td colspan="3">1. ××建筑劳务有限公司对倾倒在××污水处理厂后面和×××派出所对面的沾染油漆的黄色胶带进行装车（车牌号为×A×××××、×A××××挂），该车系危险废物处置单位（××工贸有限公司）委托过来的运输车。
2. 经××建筑劳务有限公司和×××安装工程有限公司要求，上述在××污水处理厂后面和××派出所对面的沾染油漆的黄色胶带交由第三方单位（××混凝土有限公司）称重确认，经称重，沾染油漆的黄色胶带和车重的总重量为35.96 t，除去车重（车牌号为×A×××××、×A××××挂）22.84 t，废油漆桶总重量为13.12 t。
3. ××生态环保局执法人员对沾染油漆的黄色胶带装车及在××混凝土有限公司称重过程进行全程监督，以上过程有照片为证。
4. 上述过程有××省危险废物处置中心、×××安装工程有限公司、××建筑劳务有限公司、××混凝土有限公司及运输单位××物流有限公司工作人员共同见证。</td></tr>
<tr><td>现场处理意见</td><td colspan="3"></td></tr>
<tr><td>被监察单位意见</td><td colspan="3"></td></tr>
<tr><td>被监察单位签字</td><td>×××</td><td>监察人员签字</td><td>×××、××</td></tr>
<tr><td>领导意见</td><td colspan="3"></td></tr>
<tr><td>备　注</td><td colspan="3">×××安装工程有限公司拒绝签字</td></tr>
</table>

危险废物转移联单

编号：××××××××××

第一部分：废物产生单位写

产生单位：××建筑劳务有限公司　　电话：××××××××××××
通讯地址：××市××区××街××号　　邮编：××××××
运输单位：××物流有限公司　　电话：××××××××××××
通讯地址：××市××大道××　号　　邮编：××××××
接收单位：××工贸有限公司　　电话：××××××××××××
通讯地址：××省××县××村　　邮编：××××××

废物名称：其他废物　　编号类别：××××　　数量：13 120 kg
废物特性：T　　形态：固态　　包装方式：袋装
外运目的：中转储存☐　利用☐　处理☐　处置☑
主要危险成分：油漆桶　　禁忌与应急措施：安全防漏远离火源
发运人：×××　运达地：省危废处置中心　转移时间：2017 年 6 月 27 日

第二部分：废物运输单位写

运输者须知：你必须核实以上栏目事项，当与情况不符时，有权拒绝接受。
第一承运人：　　运输日期：2017 年 6 月 27 日
车（船）型：厢式　　牌号：××××××　　道路运输证号：×××××××
运输起点：××　　经由地：××　运输终点：省危废中心　运输人签字：××
第二承运人：　　运输日期：　年　月　日
车（船）型：　　牌号：　　道路运输证号：
运输起点：　　经由地：　　运输终点：　　运输人签字：

第三部分：废物接收单位写

接受者须知：你必须核实以上栏目事项，当与情况不符时，有权拒绝接受。
经营许可证：××××××　　接收人：×××　　接受日期：2017.6.27
废物处置方式：利用☐　贮存☐　焚烧☑　安全填埋☐　其他☐
单位负责人签字：×××　　单位负责人盖章：　　日期：2017.6.27

××省生态环境保护厅监制

送货单××混凝土有限公司

搅拌站号：　　　　　　　　　　　　　　　　　　　　　　　　　17-06-17 11：22：32

<table>
<tr><td>工程名称</td><td colspan="3">过磅单</td><td>计划方量</td><td>m^3</td></tr>
<tr><td>施工单位</td><td colspan="3">××劳务有限公司</td><td>本车方量</td><td>m^3</td></tr>
<tr><td>施工部位</td><td colspan="3"></td><td>累计数量</td><td>m^3</td></tr>
<tr><td>浇灌方式</td><td colspan="3"></td><td>累计车次</td><td></td></tr>
<tr><td>强度等级</td><td></td><td>出货单号</td><td></td><td>质 检 员</td><td></td></tr>
<tr><td>塌 落 度</td><td>±</td><td>运输车号</td><td>×××××</td><td>司 磅 员</td><td>×××</td></tr>
<tr><td>毛　　重</td><td>35.96 t</td><td>驾 驶 员</td><td></td><td>签 收 员</td><td></td></tr>
<tr><td colspan="6">说明：
1. 未经本公司许可不得往混凝土内添加水或其他材料，否则由此引起的质量问题概不负责。
2. 浇筑完毕后，应按规范及时进行防风、保温、保湿养护。</td></tr>
<tr><td colspan="6">备注　　　　　皮重：22.84 t　　　　　　净重：13.12 t</td></tr>
</table>

现场照片证据

拍摄内容：×××安装工程有限公司的分包商××劳务有限公司对倾倒在××污水处理厂后面的沾染油漆的黄色胶带进行装车。

拍摄地点：×××××

拍摄时间：2017 年 6 月 27 日　　　　　　　　　拍摄人：×××

执法人员：×××、×××

拍摄内容：运载沾染油漆的黄色胶带的车辆在××混凝土有限公司过磅区称重。

拍摄地点：×××××

拍摄时间：2017 年 6 月 27 日　　　　　　　　　拍摄人：×××

执法人员：×××、×××

拍摄内容：运载沾染油漆的黄色胶带的车辆在××混凝土有限公司过磅区称重。

拍摄地点：×××××

拍摄时间：2017 年 6 月 27 日　　　　　　　　　拍摄人：×××

执法人员：×××、×××

××环境监察记录表

<table>
<tr><td>被监察单位</td><td>××建筑劳务有限公司
（×××安装工程有限公司为总包）</td><td>监察日期</td><td>2017年6月27日</td></tr>
<tr><td>单位地址</td><td></td><td rowspan="2">监察单位</td><td rowspan="2">××生态环境保护局</td></tr>
<tr><td>单位电话</td><td></td></tr>
<tr><td>现场监察内容及情况</td><td colspan="3">1. ××建筑劳务有限公司对倾倒在××污水处理厂后面废油漆桶进行装车（车牌号为×A×××××、×A××××挂），该车系危险废物处置单位（××工贸有限公司）委托过来的运输车。
2. 经××建筑劳务有限公司和×××安装工程有限公司要求，上述在××污水处理厂后面的危险废物（废油漆桶）交由第三方单位（××混凝土有限公司）称重确认，经称重，废油漆桶和车重的总重量为32.26 t，除去车重（车牌号为×A×××××、×A××××挂）22.68 t，废油漆桶总重量为9.58 t。
3. ××生态环保局执法人员对废油漆桶装车及在××混凝土有限公司称重过程进行全程监督，以上过程有照片为证。
4. 上述过程有××省危险废物处置中心、×××安装工程有限公司、××建筑劳务有限公司、××混凝土有限公司及运输单位××物流有限公司工作人员共同见证。</td></tr>
<tr><td>现场处理意见</td><td colspan="3"></td></tr>
<tr><td>被监察单位意见</td><td colspan="3"></td></tr>
<tr><td>被监察单位签字</td><td>×××</td><td>监察人员签字</td><td>×××、×××</td></tr>
<tr><td>领导意见</td><td colspan="3"></td></tr>
<tr><td>备　注</td><td colspan="3">×××安装工程有限公司拒绝签字</td></tr>
</table>

危险废物转移联单

编号 ××××××××××

第一部分：废物产生单位写			
产生单位：	××建筑劳务有限公司	电话：	×××××××××××
通讯地址：	××市××区××街××号	邮编：	××××××
运输单位：	××物流有限公司	电话：	×××××××××××
通讯地址：	××市××大道××号	邮编：	××××××
接收单位：	××工贸有限公司	电话：	×××××××××××
通讯地址：	××省××县××村	邮编：	××××××

废物名称：其他废物　编号类别：××××　数量：9.58 t
废物特性：T　形态：固态　包装方式：袋装
外运目的：中转储存☐　利用☐　处理☐　处置☑
主要危险成分：油漆桶　禁忌与应急措施：安全防漏远离火源
发运人：×××　运达地：省危废处置中心　转移时间：2017 年 6 月 27 日

第二部分：废物运输单位写

运输者须知：你必须核实以上栏目事项，当与情况不符时，有权拒绝接受。
第一承运人：　运输日期：2017 年 6 月 27 日
车（船）型：厢式　牌号：×××××　道路运输证号：×××××××
运输起点：××　经由地：××　运输终点：省危废中心　运输人签字：××
第二承运人：　运输日期：　年　月　日
车（船）型：　牌号：　道路运输证号：
运输起点：　经由地：　运输终点：　运输人签字：

第三部分：废物接收单位写

接受者须知：你必须核实以上栏目事项，当与情况不符时，有权拒绝接受。
经营许可证：×××××　接收人：×××　接受日期：2017.6.27
废物处置方式：利用☐　贮存☐　焚烧☑　安全填埋☐　其他☐
单位负责人签字：×××　单位负责人盖章：　日期：2017.6.27

××省生态环境保护厅监制

送货单××混凝土有限公司

搅拌站号： 17-06-17 11：22：32

<table>
<tr><td>工程名称</td><td colspan="2">过磅单</td><td>计划方量</td><td colspan="2">m^3</td></tr>
<tr><td>施工单位</td><td colspan="2">××建筑劳务有限公司</td><td>本车方量</td><td colspan="2">m^3</td></tr>
<tr><td>施工部位</td><td colspan="2"></td><td>累计数量</td><td colspan="2">m^3</td></tr>
<tr><td>浇灌方式</td><td colspan="2"></td><td>累计车次</td><td colspan="2"></td></tr>
<tr><td>强度等级</td><td></td><td>出货单号</td><td></td><td>质 检 员</td><td></td></tr>
<tr><td>塌 落 度</td><td>±</td><td>运输车号</td><td>×××××</td><td>司 磅 员</td><td>×××</td></tr>
<tr><td>毛 重</td><td>32.26 t</td><td>驾 驶 员</td><td></td><td>签 收 员</td><td></td></tr>
<tr><td colspan="6">说明：
1.未经本公司许可不得往混凝土内添加水或其他材料，否则由此引起的质量问题概不负责。
2.浇筑完毕后，应按规范及时进行防风、保温、保湿养护。</td></tr>
<tr><td colspan="6">备注 皮重：22.68 t 净重：9.58 t</td></tr>
</table>

现场照片证据

拍摄内容：×××安装工程有限公司的分包商××建筑劳务有限公司对倾倒在××污水处理厂后面的油漆空桶进行装车。

拍摄地点：×××××

拍摄时间：2017 年 6 月 27 日　　　　　　　　拍摄人：×××

执法人员：×××、×××

拍摄内容：运载油漆空桶的车辆在××建筑劳务有限公司过磅区称重。

拍摄地点：×××××

拍摄时间：2017 年 6 月 27 日　　　　　　　　拍摄人：×××

执法人员：×××、×××

××环境监察记录表

<table>
<tr><td>被监察单位</td><td>××建筑劳务有限公司
（×××安装工程有限公司为总包）</td><td>监察日期</td><td>2017 年 7 月 6 日</td></tr>
<tr><td>单位地址</td><td></td><td rowspan="2">监察单位</td><td rowspan="2">××生态环境保护局</td></tr>
<tr><td>单位电话</td><td></td></tr>
<tr><td>现场监察内容及情况</td><td colspan="3">1. ××取走 0×××8、0×××9 两份危险废物转移联单。
2. ××建筑劳务有限公司的危废装车（车牌号为×B×××××），该车系危险废物处置单位（××工贸有限公司）的运输车辆。
3. 经××建筑劳务有限公司和×××安装工程有限公司要求，上述在××大道西侧段和××污水处理厂后侧的危险废物（废油漆渣和混合物）交由第三方单位（××混凝土有限公司）称重确认，经称重，废油漆渣和混合物和运输车的总重量为 6 780 kg，车重以××现场称重为准，实车重为 5 680 kg，除去车重的废油漆渣和混合物重量为 1 100 kg。
4. ××生态环保局执法人员对废油漆渣及混合物装车及在××混凝土有限公司称重过程进行全程监督，以上过程有照片为证。
5. 上述过程有××工贸有限公司（××省危险废物处置中心）、×××安装工程有限公司、××建筑劳务有限公司、××混凝土有限公司共同见证。</td></tr>
<tr><td>现场处理意见</td><td colspan="3"></td></tr>
<tr><td>被监察单位意见</td><td colspan="3"></td></tr>
<tr><td>被监察单位签字</td><td>×××</td><td>监察人员签字</td><td>×××、×××</td></tr>
<tr><td>领导意见</td><td colspan="3"></td></tr>
<tr><td>备　注</td><td colspan="3">×××安装工程有限公司拒绝签字</td></tr>
</table>

危险废物转移联单

编号 ××××××××××

第一部分：废物产生单位写

产生单位：××建筑劳务有限公司　电话：××××××××××××

通讯地址：××市××区××街××号　邮编：××××××

运输单位：××物流有限公司　电话：××××××××××××

通讯地址：××市××大道××号　邮编：××××××

接收单位：××工贸有限公司　电话：××××××××××××

通讯地址：××省××县××村　邮编：××××××

废物名称：其他废物　编号类别：××××　数量：1 100 kg

废物特性：T　形态：固态　包装方式：袋装

外运目的：中转储存□　利用□　处理□　处置☑

主要危险成分：油漆桶　禁忌与应急措施：安全防漏远离火源

发运人：×××　运达地：省危废处置中心　转移时间：2017 年 7 月 6 日

第二部分：废物运输单位写

运输者须知：你必须核实以上栏目事项，当与情况不符时，有权拒绝接受。

第一承运人：　运输日期：2017 年 7 月 6 日

车（船）型：厢式　牌号：××××××　道路运输证号：×××××××

运输起点：××　经由地：××　运输终点：省危废中心　运输人签字：××

第二承运人：　运输日期：　年　月　日

车（船）型：　牌号：　道路运输证号：

运输起点：　经由地：　运输终点：　运输人签字：

第三部分：废物接收单位写

接受者须知：你必须核实以上栏目事项，当与情况不符时，有权拒绝接受。

经营许可证：×××××　接收人：×××　接受日期：2017.7.6

废物处置方式：利用□　贮存□　焚烧☑　安全填埋□　其他□

单位负责人签字：×××　单位负责人盖章：　日期：2017.7.6

××省生态环境保护厅监制

送货单××混凝土有限公司

搅拌站号：　　　　　　　　　　　　　　　　　　　　　　　　　　17-06-17 11：22：32

<table>
<tr><td>工程名称</td><td colspan="3">×××××××××</td><td>计划方量</td><td>35 m^3</td></tr>
<tr><td>施工单位</td><td colspan="3">×××安装工程有限公司</td><td>本车方量</td><td>5.92 m^3</td></tr>
<tr><td>施工部位</td><td colspan="3">×××××××××</td><td>累计数量</td><td>5.92 m^3</td></tr>
<tr><td>浇灌方式</td><td colspan="3"></td><td>累计车次</td><td>1</td></tr>
<tr><td>强度等级</td><td>C15</td><td>出货单号</td><td>×××××</td><td>质 检 员</td><td>×××</td></tr>
<tr><td>塌 落 度</td><td>160±20</td><td>运输车号</td><td>×××××</td><td>司 磅 员</td><td>×××</td></tr>
<tr><td>毛　　重</td><td>32 t</td><td>驾 驶 员</td><td></td><td>签 收 员</td><td></td></tr>
<tr><td colspan="6">说明：
1. 未经本公司许可不得往混凝土内添加水或其他材料，否则由此引起的质量问题概不负责。
2. 浇筑完毕后，应按规范及时进行防风、保温、保湿养护。</td></tr>
<tr><td colspan="6">备注　毛重：6.78 t　　皮重：5.68 t　　净重：1.10 t</td></tr>
</table>

现场照片证据

拍摄内容：运载废油漆渣和胶带的车辆在××混凝土有限公司过磅区称重。

拍摄地点：×××××

拍摄时间：2017 年 7 月 6 日　　　　　　　　拍摄人：×××

执法人员：×××、×××

××环境监察记录表

被监察单位	××建筑劳务有限公司 （×××安装工程有限公司为总包）	监察日期	2017 年 7 月 12 日
单位地址		监察单位	××生态环境保护局
单位电话			
现场监察内容及情况	1. ××建筑劳务有限公司的危险废物装车（车牌号为×A×××××、×A××××挂），该车系危险废物处置单位（××工贸有限公司）委托过来的运输车辆。 2. 经××建筑劳务有限公司和××安装工程有限公司要求，上述在××大道西侧段和××污水处理厂后侧的危险废物（废油漆渣和混合物、油漆空桶）交由第三方单位（××混凝土有限公司）称重确认，经称重，危险废物和车辆的总重量为 36.86 t，车重以××现场称重为准，实车重为 23.45 t，除去车重后危险废物总重量为 13.41 t。 3. ××生态环保局执法人员对废油漆渣及混合物、油漆空桶、胶带装车及在××混凝土有限公司称重过程进行全程监督，以上过程有照片为证。 4. 上述过程有××工贸有限公司（××省危险废物处置中心）、×××安装工程有限公司、××建筑劳务有限公司、××混凝土有限公司共同见证。		
现场处理意见			
被监察单位意见			
被监察单位签字	×××	监察人员签字	××、×××
领导意见			
备　注			

危险废物转移联单

编号 ××××××××××

第一部分：废物产生单位写

产生单位：××建筑劳务有限公司 电话：×××××××××××

通讯地址：××市××区××街××号 邮编：××××××

运输单位：××物流有限公司 电话：×××××××××××

通讯地址：××市××大道×× 号 邮编：××××××

接收单位：××工贸有限公司 电话：×××××××××××

通讯地址：××省××县××村 邮编：××××××

废物名称：其他废物 编号类别：×××× 数量：13.41 t

废物特性：T 形态：固态 包装方式：袋装

外运目的：中转储存☐ 利用☐ 处理☐ 处置☑

主要危险成分：油漆桶，胶带 禁忌与应急措施：安全防漏远离火源

发运人：××× 运达地：省危废处置中心 转移时间：2017 年 7 月 12 日

第二部分：废物运输单位写

运输者须知：你必须核实以上栏目事项，当与情况不符时，有权拒绝接受。

第一承运人： 运输日期：2017 年 7 月 12 日

车（船）型：厢式 牌号：×××××× 道路运输证号：×××××××

运输起点：×× 经由地：×× 运输终点：省危废中心 运输人签字：××

第二承运人： 运输日期： 年 月 日

车（船）型： 牌号： 道路运输证号：

运输起点： 经由地： 运输终点： 运输人签字：

第三部分：废物接收单位写

接受者须知：你必须核实以上栏目事项，当与情况不符时，有权拒绝接受。

经营许可证：××××× 接收人：××× 接受日期：2017.7.12

废物处置方式：利用☐ 贮存☐ 焚烧☑ 安全填埋☐ 其他☐

单位负责人签字：××× 单位负责人盖章： 日期：2017.7.12

××省生态环境保护厅监制

送货单

××混凝土有限公司

搅拌站号：　　　　　　　　　　　　　　　　　　　　　　　　17-06-17 11：22：32

<table>
<tr><td>工程名称</td><td colspan="3">过磅单</td><td>计划方量</td><td>m^3</td></tr>
<tr><td>施工单位</td><td colspan="3">××建筑劳务有限公司</td><td>本车方量</td><td>m^3</td></tr>
<tr><td>施工部位</td><td colspan="3"></td><td>累计数量</td><td>m^3</td></tr>
<tr><td>浇灌方式</td><td colspan="3"></td><td>累计车次</td><td></td></tr>
<tr><td>强度等级</td><td></td><td>出货单号</td><td></td><td>质 检 员</td><td></td></tr>
<tr><td>塌 落 度</td><td>±</td><td>运输车号</td><td>×××××</td><td>司 磅 员</td><td>×××</td></tr>
<tr><td>毛　　重</td><td>t</td><td>驾 驶 员</td><td></td><td>签 收 员</td><td></td></tr>
<tr><td colspan="6">说明：
1. 未经本公司许可不得往混凝土内添加水或其他材料，否则由此引起的质量问题概不负责。
2. 浇筑完毕后，应按规范及时进行防风、保温、保湿养护。</td></tr>
<tr><td colspan="6">备注　　　皮重：23.46 t　　　毛重：36.86 t　　　净重：13.41 t</td></tr>
</table>

现场照片证据

拍摄内容：×××安装工程有限公司的分包商××建筑劳务有限公司对分选出来的油漆渣混合物进行装袋。

拍摄地点：×××××

拍摄时间：2017 年 7 月 12 日　　　　　　拍摄人：×××

执法人员：×××、×××

拍摄内容：×××安装工程有限公司的分包商××建筑劳务有限公司对分选出来的油漆空桶进行装袋。

拍摄地点：×××××

拍摄时间：2017 年 7 月 12 日　　　　　　拍摄人：×××

执法人员：×××、×××

拍摄内容：×××安装工程有限公司的分包商××建筑劳务有限公司对分选出来的废油漆渣混合物和油漆空桶进行装车。

拍摄地点：×××××

拍摄时间：2017 年 7 月 12 日　　　　　　　　拍摄人：×××

执法人员：×××、×××

拍摄内容：运载废油漆渣混合物和油漆空桶的车辆。

拍摄地点：×××××

拍摄时间：2017 年 7 月 12 日　　　　　　　　拍摄人：×××

执法人员：×××、×××

拍摄内容：运载废油漆渣混合物和油漆空桶的车辆在××混凝土有限公司过磅区称重。

拍摄地点：×××××

拍摄时间：2017 年 7 月 12 日　　　　　　　　拍摄人：×××

执法人员：×××、×××

××环境监察记录表

<table>
<tr><td>被监察单位</td><td>××建筑劳务有限公司（×××安装工程有限公司为总包）</td><td>监察日期</td><td>2017 年 7 月 18 日</td></tr>
<tr><td>单位地址</td><td></td><td rowspan="2">监察单位</td><td rowspan="2">××生态环境保护局</td></tr>
<tr><td>单位电话</td><td></td></tr>
<tr><td>现场监察内容及情况</td><td colspan="3">1. ××建筑劳务有限公司对焊丝盘装车，共 17 袋，总重量为 0.86 t，将该批焊丝盘交给废品收购站。
2. ××建筑劳务有限公司对废铁丝、一般生活垃圾、石块等一般固体废物装车，共 47 袋，总重量为 15.18 t，将该批一般固体废物交由××市生活垃圾填埋场。
3. ××生态环保局执法人员对焊丝盘、废铁丝、一般生活垃圾、石块等一般固体废物装车进行全程监督。
4. 上述过程有××生态环保局、××检察院、××公安局、×××安装工程有限公司、××建筑劳务有限公司工作人员共同见证。</td></tr>
<tr><td>现场处理意见</td><td colspan="3"></td></tr>
<tr><td>被监察单位意见</td><td colspan="3"></td></tr>
<tr><td>被监察单位签字</td><td>×××</td><td>监察人员签字</td><td>×××、×××</td></tr>
<tr><td>领导意见</td><td colspan="3"></td></tr>
<tr><td>备注</td><td colspan="3"></td></tr>
</table>

现场照片证据

拍摄内容：×××安装工程有限公司的分包商××建筑劳务有限公司对分选出来的焊丝盘进行装袋。

拍摄地点：×××××

拍摄时间：2017 年 7 月 18 日　　　　　　拍摄人：×××

执法人员：×××、×××

拍摄内容：焊丝盘共计 17 袋。

拍摄地点：×××××

拍摄时间：2017 年 7 月 18 日　　　　　　拍摄人：×××

执法人员：×××、×××

拍摄内容：×××安装工程有限公司的分包商××建筑劳务有限公司对分选出来的废铁丝和一般生活垃圾进行装袋。

拍摄地点：×××××

拍摄时间：2017 年 7 月 18 日　　　　　　　　拍摄人：×××

执法人员：×××、×××

拍摄内容：×××安装工程有限公司的分包商××建筑劳务有限公司对分选出来的石块进行装袋。

拍摄地点：×××××

拍摄时间：2017 年 7 月 18 日　　　　　　　　拍摄人：×××

执法人员：×××、×××

××生态环境保护局
调查询问笔录

时间： 2017 年 5 月 26 日 15 时 0 分至 18 时 35 分

地点：

被调查询问人： ××× **性别：** 男 **年龄：** ××

身份证号码： ××××××××××××××××××

工作单位： ××安装工程有限公司 **职务：** 项目安全总监

电话： ×××××××××××

地址： ××市××区××× ××-×-×××室 **邮编：** ××××××

调查询问人及执法证编号： ××× ××××××、××× ××××××

记录人： ××× **工作单位：** ×××生态环境保护局

执法人员表明身份、出示证件及被调查人确认的记录：我们是××生态环境保护局的行政执法人员，这是我们的执法证件（执法证编号：××××××、××××××）。请过目确认：

今天我们依法进行检查并了解了有关情况，你应当配合调查，如实回答询问和提供材料，不得拒绝、阻碍、隐瞒或者提供虚假情况。如果你认为调查人与本案有利害关系，可能影响公正办案，可以申请回避，并说明理由。你有权对本次调查提出陈述、申辩。

请确认： 不回避。×××

询问内容：

1. 请介绍一下你个人的基本情况。

答：×××，身份证号码：××××××××××××××××××××。住址：××

被调查询问人确认意见：以上属实 2017 年 5 月 26 日

被调查询问人签字：××× 2017 年 5 月 26 日

调查询问人签字：×××、 ××× 2017 年 5 月 26 日

记录询问人签字：××× 2017 年 5 月 26 日

参加人签字：××× 年 月 日

市××区×××× ××-×-×××室。单位：×××安装工程有限公司，职务：项目安全总监。

2. 你与单位是什么关系？

答：劳动合同关系，目前在公司担任项目安全总监。

3. 你单位名称？法定代表人姓名？生产经营范围？

答：单位名称：×××安装工程有限公司，法定代表人是×××；生产经营范围是线路、管道和设备安装，金属结构制造等。

4. 你单位工商营业执照是多少？

答：统一社会信用代码：××××××××××××××××××。

5. 你单位通信地址？邮编？联系方式？

答：地址：××市××区×××道××号；邮编为××××××；联系方式为×××××××××。

6. 你单位是否办理环评审批手续？经哪一级环保部门批准？审批文号是什么？

答：我单位×××工程Ⅱ标段项目，没有办理，现已委托×××环院环评有限公司进行环境影响评价报告编制，编制完成后会报××环保局审批。

7. 你单位×××工程Ⅱ标段项目建成时间？投产时间？

答：2016年12月13日开始做施工措施，2016年12月27日开始投产。

8. 你单位×××工程Ⅱ标段项目污染防治设施建设情况、处理工艺、正常处理能力？

答：固体废弃物集中堆放储存；除锈设备有配除锈设施；工艺采用焊接减少噪声排放。

9. 你单位具体生产工艺？固体废物产生环节？产生哪些工业固体废物？

答：钢板除锈→折弯→防腐→焊接→成形；固体废物产生在防腐这个环节，废物有废油漆桶、废胶带、废油漆渣；焊接环节产生焊渣、废焊丝、废焊丝盘；除锈环节产生废铁粉、边角料。

10. 你单位生产过程中产生的固体废物、废油漆桶是否严格按照危险废物管理条例进行管理存放和处置？

答：没有。

11. 我局接到举报在××大道西侧（×××派出所对面）即××村内两处××低洼地内倾倒有废油漆桶、废胶带等工业固体废物，××污水处理厂西侧紧临海边的空地上

被调查询问人确认意见：以上属实　　2017 年 5 月 26 日

被调查询问人签字：×××　　2017 年 5 月 26 日

调查询问人签字：×××、　×××　　2017 年 5 月 26 日

记录询问人签字：×××　　2017 年 5 月 26 日

参加人签字：×××　　年　月　日

倾倒有废油漆桶、废胶带等工业固体废物，请问上述这些废物是否是你单位产生？

答：是。

12. 请问上述废物是什么时候开始倾倒的？

答：3 月初。

13. 请问你公司从 3 月初开始共计倾倒多少？

答：具体重量不知道，约 28 车（卡车）。

14. 你司是联系什么人给你司处理工业固体废物的？

答：我司联系×××帮忙找车拉走。

15. 你司是直接向×××支付费用？费用多少？

答：是，600 元/车。

16. 请问你公司是否确认帮助你司转移出厂上述工业固体废物的单位或者个人是否具有相关合法资质？

答：没有。

17. 请问你公司是否核实上述工业固体废物的处理结果？

答：没有。

18. 请问你公司在××港××码头东南角空地上堆放废油漆桶等工业固体废物是否征得××港同意？

答：是。

19. 上述笔录与你所说的是否一致？

答：是。

20. 请问你还有什么需要补充吗？

答：没有。（以下空白）

被调查询问人确认意见：以上属实　2017 年 5 月 26 日

被调查询问人签字：×××　2017 年 5 月 26 日

调查询问人签字：×××、　×××　2017 年 5 月 26 日

记录询问人签字：×××　2017 年 5 月 26 日

参加人签字：×××　年　月　日

××生态环境保护局
调查询问笔录

时间： 2017 年 6 月 27 日 15 时 46 分至 17 时 43 分
地点： ××环境监察大队会议室
被调查询问人： ××× **性别：** 男 **年龄：** ××
身份证号码： ××××××××××××××
工作单位： ××建筑劳务有限公司 **职务：** 经理
电话： ×××××××××××
地址： ×××××××（现住址） **邮编：** ××××××
调查询问人及执法证编号： ××××××××××、××××××××××
记录人： ××× **工作单位：** ××生态环境保护局

执法人员表明身份、出示证件及被调查人确认的记录： 我们是××生态环境保护局的行政执法人员，这是我们的执法证件（执法证编号：××××××、××××××）。请过目确认：

今天我们依法进行检查并了解了有关情况，你应当配合调查，如实回答询问和提供材料，不得拒绝、阻碍、隐瞒或者提供虚假情况。如果你认为调查人与本案有利害关系，可能影响公正办案，可以申请回避，并说明理由。你有权对本次调查提出陈述、申辩。

请确认： 不回避。 ×××

询问内容：

1. 请介绍一下你个人的基本情况。

被调查询问人确认意见： 以上属实 2017 年 6 月 27 日
被调查询问人签字： ××× 2017 年 6 月 27 日
调查询问人签字： ×××、××× 2017 年 6 月 27 日
记录询问人签字： ××× 2017 年 6 月 27 日
参加人签字： ××× 年 月 日

答：×××，身份证号码：×××××××。住址：××市××区×××室。单位：×××建筑劳务工程有限公司。职务：区域经理。

2. 你与单位是什么关系？

答：工作关系（未鉴订劳动合同），目前在公司担任区域经理。

3. 你单位名称？法定代表人姓名？生产经营范围？

答：单位名称：×××建筑劳务有限公司，法定代表人是×××；生产经营范围是建筑工程劳务服务、土木工程、机电设备安装工程等。

4. 你单位工商营业执照是多少？

答：统一社会信用代码：×××××××××××××。

5. 你单位通信地址？邮编？联系方式？

答：地址：××市×××区×××号；邮编为××××××；联系方式为×××××××××。

6. 你单位与×××安装工程有限公司是什么关系？

答：劳务分包关系，分包工程为×××钢圆筒工程重防腐蚀涂层施工。

7. 你单位在×××安装工程有限公司的×××钢圆筒试验段工程Ⅱ标段项目负责什么业务？

答：负责除锈、防腐、拼装、焊接、成形等业务。

8. 你单位所使用的原辅材料由谁提供？

答：由×××安装工程有限公司提供。

9. 你单位在负责×××安装工程有限公司×××钢圆筒试验段工程Ⅱ标段项目产生工业固体废物的环节是哪些？产生哪些废物？

答：除锈工段产生废铁渣、边角料等；喷漆工段产生废胶带、废油漆桶、废固化油漆渣等；焊接工段产生废焊渣、废焊丝、废焊丝盘等。

10. 今天你到我大队来为了什么事？

答：为了处理倾倒至×××大道西侧（×××派出所对面），××村内两处低洼地和×××污水厂紧邻海边的空地危险废物的相关事项。

11. 你是以什么身份来接受调查和反映情况的？

答：我是受公司委托来接受调查，反映危废倾倒事项的。

12. 请你详细说明。

被调查询问人确认意见：　以上属实　　2017 年 6 月 27 日

被调查询问人签字：　×××　　2017 年 6 月 27 日

调查询问人签字：　×××、　×××　　2017 年 6 月 27 日

记录询问人签字：　×××　　2017 年 6 月 27 日

参加人签字：　×××　　年　月　日

答：2017 年 2 月份开始，由于堆积在××港区域内的工业固体废物数量太大、太多，无法继续堆存，找到（联系到）×××安装工程有限公司的×××提供转运车辆信息给我，我安排车辆来装，是两辆中型货车，一共装运 25 车次左右，每车 600 元；运输截止至 2017 年 5 月份（每车次 600 元为口头协定，到目前为止尚未支付）。

13. 你是否核实运输车辆是否具有转运危险废物相关资质？是否核实有无处置危险废物资质？

答：我没有核实。

14. 你单位是否与转运危险废物的车主签订处置协议？

答：没有。

15. 你是否支付处置上述危险废物的费用？

答：我只是与运输上述危险废物的转运车辆车主口头协定每车次 600 元的运输费，但到目前为止尚未支付，其他的没有支付任何费用。

16. 帮你单位转运上述危险废物的车主是否想你提供危险废物转移五联单？

答：没有。

17. 请问倾倒上述的危险废物（×××大道西侧（×××派出所对面），××村内两处低洼地和×××污水厂紧邻海边的空地危险废物）是否由你单位产生？

答：是。

18. 你是否告知转运上述危险废物的车主如何处置？

答：我说把这些垃圾找个有垃圾的地方倾倒掉。

19. 你是否去核实上述危险废物倾倒的位置？

答：没有核实，我也不知道倾倒在哪了。

20. 你是认识转移危险废物车主，是否由车主的联系方式？

答：我不认识车主，也没有车主的联系方式。

21. 你是否记得转运危险废物车辆的车牌号？

答：我不记得了。

22. 你是否由转运上述危险废物车辆司机的联系方式？

答：没有。

23. 你如何支付上述口头协定每转运一次 600 元费用给车主？

答：通过中间人×××联系支付（目前尚未支付）。（以下空白）

被调查询问人确认意见： 以上属实　　2017 年 6 月 27 日

被调查询问人签字： ×××　　2017 年 6 月 27 日

调查询问人签字： ×××、×××　　2017 年 6 月 27 日

记录询问人签字： ×××　　2017 年 6 月 27 日

参加人签字： ×××　　年 月 日

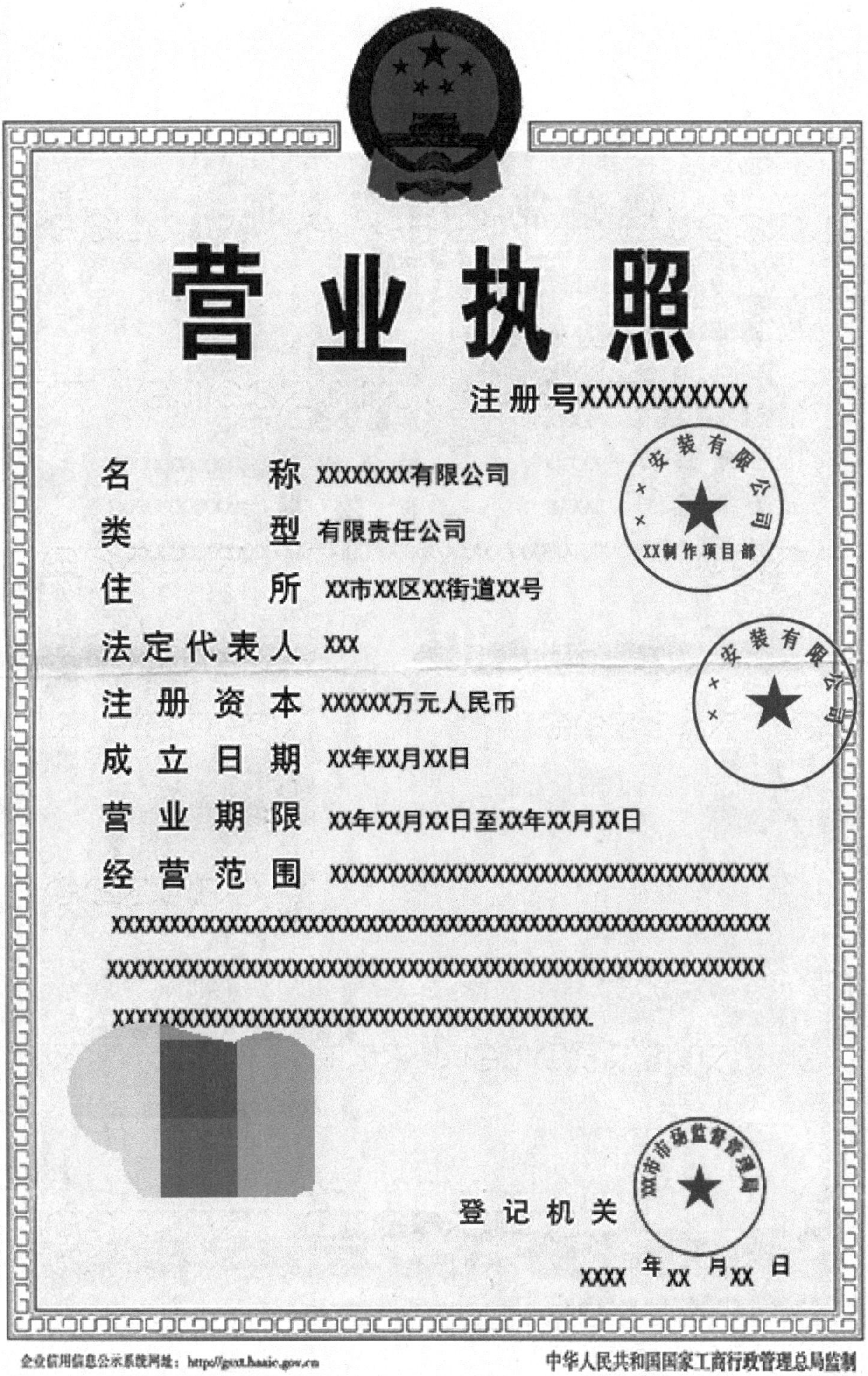

营业执照

注册号XXXXXXXXXXX

名　　　称　XXXXXXXX有限公司

类　　　型　有限责任公司

住　　　所　XX市XX区XX街道XX号

法定代表人　XXX

注 册 资 本　XXXXXX万元人民币

成 立 日 期　XX年XX月XX日

营 业 期 限　XX年XX月XX日至XX年XX月XX日

经 营 范 围　XXXXXXXXXXXXXXXXXXXXXXXXXXXXXXXXXXXXXXXXXXXXXXXXXXXXXXXXXXXXXXXXXXXXXXXXXXXXXXXXXXXXXXXXXXXXXXXXXXXXXXXXXXXXXXXXXXXXXXXXXXXXXXXXXXXXXXXXXXXXXXXXXXXXXXXXXXXXXXXXXXXXXXXXXXXXXXXXXXXXXXXXXXXXXXXX.

××安装有限公司

XX制作项目部

××安装有限公司

XX市市场监督管理局

登记机关

XXXX年XX月XX日

企业信用信息公示系统网址：http://gsxt.haaic.gov.cn

中华人民共和国国家工商行政管理总局监制

建筑业企业资质证书

（正本）

企业名称：XXXXX有限公司

详细地址 XXXXX

营业执照注册号：XXXXX　　法定代表人：XXX

注册资本：XXXXX　　经济性质：XXXXXXXXXXXX

证书编号 XXXXX　　有效期：XXXXXXXXXXXX

资质类别及等级：XXXXXXXXXXXXXXXXXXXXXXXXXXXXXXXXXXXXXXXXXXX

XX建筑劳务有限公司

发证机关：中华人民共和国住房和城乡建设部

XX年XX月XX日

中华人民共和国住房和城乡建设部制

全国建筑市场监管与诚信信息发布平台查询网址：http://www.mohurd.gov.cn/docmaap　　No.DZ 20420815

××生态环境保护局
责令改正违法行为决定书

单位名称：×××安装工程有限公司

统一社会信用代码：××××××

法定代表人（负责人）：×××

地址：××市×××区×××

2017 年 5 月 5 日，我局接到群众电话举报，在××开发区××村内的两处低洼地（×××派出所对面）倾倒有大量的废油漆桶、废油漆渣等危险废物，2017 年 5 月 23 日，我局发现在××西侧紧临海边的空地上倾倒有类似的危险废物，经查实，上述危险废物来自你公司位于××港区内的×××钢圆桶制作工程项目部，且该项目部在××港区内的两处危险废物临时存放点管理极其混乱，危险废物与铁屑、生活垃圾等一般固废混合露天堆放，没有执行相关危险废物管理制度。

以上违法事实，有《现场勘察笔录》、现场检查摄像资料、监控录像、过磅单等证据为证。

你公司的上述行为违反了《中华人民共和国固体废物污染环境防治法》第三十三条、第五十二条、第五十三条、第五十五条、第五十八条第三款、第五十九条之规定。

依据《中华人民共和国行政处罚法》第二十三条和《中华人民共和国固体废物污染环境防治法》第六十八条第一款第二项、第七十六条和第七十五条第一款第一项、第二项、第十一项、第七项、第六项之规定，现责令你公司立即停止违法行为，采取相应措施对倾倒的危险废物进行遮盖和围挡，并委托有资质的单位进行处置，防止污染扩散，且自接到本决定书之日起 30 日内按照《中华人民共和国固体废物污染环境防治法》的有关规定规范管理你公司产生的危险废物。

我局将对你公司改正违法行为的情况进行监督。如你公司拒不改正上述环境违法行为，逾期不申请行政复议，不提起行政诉讼，又不履行本决定的，我局将依法申请人民法院强制执行。

你公司如对本决定不服，可以在接到本决定书之日起六十日内向××生态环境保护厅或者××管理委员会申请行政复议；也可在收到本决定书之日起六个月内向××人民法院提起行政诉讼。如你公司拒不改正上述违法行为，我局将申请××人民法院强制执行。

××生态环境保护局
2017 年 5 月 23 日

（此件主动公开，联系人：×××，联系电话：××××××）

××生态环境保护局送达回证

送达文书名称及文号	××生态环境保护局责令改正违法行为决定书 ×环责改字〔2017〕1号
受送达人名称或姓名	×××安装工程有限公司
送达地点	××环境监测站
送达方式	代领
收件人签名（盖章） 及收件日期	××× （与受送达人的关系：×××） 2017年7月27日
送达人（两人签字）	×××　　×××
送达机关盖章	2017年7月27日
备　注	

××生态环境保护局
责令改正违法行为决定书

××建筑劳务有限公司：

统一社会信用代码：××××××××××××××××××××

地址：××市××××××××××××××××××××

法定代表人：×××

2017 年 5 月 5 日，我局接到举报，在×××××两处低洼地（×××派出所对面）倾倒有大量的废油漆桶、废油漆渣等危险废物，2017 年 5 月 23 日我局发现在××大道西侧海边的空地上倾倒有类似的危险废物，经查实，上述危险废物来自你公司分包×××安装工程有限公司×××钢圆桶制作工程项目喷涂作业过程中产生的。

你公司上述随意倾倒危险废物的行为违反了《中华人民共和国固体废物污染环境防治法》第五十五条之规定。

以上违法事实，有《调查询问笔录》《现场勘察笔录》、现场检查摄像资料、监控录像、过磅单等证据为证。

依据《中华人民共和国行政处罚法》第二十三条和《中华人民共和国固体废物污染环境防治法》第七十六条之规定，现责令你公司立即停止违法行为，委托有危险废物处置资质的单位进行处置。

我局将对你公司改正违法行为的情况进行监督。如你公司拒不改正上述环境违法行为，逾期不申请行政复议，不提起行政诉讼，又不履行本决定的，我局将依法申请人民法院强制执行。

你公司如对本决定不服，可以在接到本决定书之日起六十日内向××生态环境保护厅或者××管理委员会申请行政复议；也可在收到本决定书之日起六个月内向××人民法院提起行政诉讼。如你公司拒不改正上述违法行为，我局将申请××人民法院强制执行。

××生态环境保护局

2017 年 6 月 27 日

（此件主动公开，联系人：×××，联系电话：××××××）

××生态环境保护局送达回证

送达文书名称及文号	××生态环境保护局责令改正违法行为决定书 ×环责改字〔2017〕3号
受送达人名称或姓名	××建筑劳务有限公司
送达地点	××环境监测站
送达方式	自领取
收件人签名（盖章） 及收件日期	××× （与受送达人的关系：×××） 2017年7月27日
送达人（两人签字）	××× ×××
送达机关盖章	2017年7月27日
备　注	

港口服务合同

甲方：×××安装工程有限公司
乙方：××港口有限公司

签订时间：××××年××月××日

×××安装工程有限公司（以下简称甲方）与××港口有限公司（以下简称乙方）就甲方租赁乙方 11 万 m^2（1#泊位及 5#泊位对应场地，以实际测量为准）混凝土堆场及 1#仓库加工钢构件，提供货物装卸等服务事宜，经双方友好协商，签订本合同。

1. 合同宗旨

1.1　甲方作为一个独立承包商租赁乙方混凝土堆场，负责本合同所要求的各项任务，应当独立承担因本合同履行所产生的所有应负责任和费用。乙方不是甲方的代理人，也不是甲方的雇员或合伙人。

1.2　任何一方不得超出本合同规定的作业范围而使用合同，或将合同作为其他方面证明。

1.3　双方在履行合同的过程中，应遵守法律、法规的相关规定。双方签约代表或履约代表，在进行合同项下的交易活动，应当有必要的书面授权。

2. 合同期限和文本

2.1　合同履行期限：本合同自双方代表签字后生效，终止日期为服务止，直至费用结算完成前均为有效。租金计算起始日期为：乙方交付甲方场地当日。

2.2　本合同未尽事宜，由双方协议补充。补充的条款经双方法定代表或授权代表签字或加盖公章确认后生效，与合同的其他条款具有同等的法律效力。若补充协议与原合同条款存在冲突，则以补充协议为准。

2.3　本合同一式四份，双方各执两份，具有同等的法律效力。

3. 费用标准：

3.1　混凝土堆场租赁费 9.91 元/（m^2•/月）（含 5%增值税）

3.2　货物进港费 20.50 元/t（包含卸船费，水平运至甲方指定码头内作业区域费用及相关一切费用），货物出港费 15.00 元/t（甲方自行作业）。（注：海运到港设备按货物进港费率 20.5 元/吨计费，甲方自卸陆运设备进港乙方免收费用）。

3.3　电费 1.357 元/度。

3.4　水费 2.50 元/t。

3.5　以上费用除混凝土塘场租赁费外均含 6%增值税。

暂定租期 7 个月，最终结算价格以实际面积及时间为准。在甲方使用期间，合同价格不随市场波动调整，直至合同终止。

4. 费用结算及支付

4.1　甲方应通过银行电汇、转账、银行承兑汇票等方式向乙方支付各种费用。甲方采用其他方式支付乙方费用时，应承担该种方式所产生的额外财务费用。

4.2　甲方在签约时向乙方提供准确的发票抬头、营业执照副本、税务登记证、机构代码证、一般纳税人证件等相关资料，以便乙方能及时开具港口作业发票，乙方接收甲方费用信息如下：

账户名称：××港口有限公司

开户行：××建行营业部

银行账号：××××××××××××××××

双方相关结算资料发生变更时，需提前通知对方，否则产生的后果由己方承担。

4.3 港口费用按月据实结算，乙方在每月初将上月费用统计后，经甲方审核认可，甲方开票信息如下：

单位名称：×××安装工程有限公司

纳税人识别号：×××××××××××××

单位地址：××市、××区××××××号

开户行：×××银行

账户：×××××××××××××

电话：××××××

开具正式收款发票并快递至：

地址：××××××区××路××号

单位：×××安装工程有限公司

邮编：××××××

电话：××××××××

联系人：×××

5. 甲方的权利与义务

5.1 甲方有权在符合安全生产规定的情况下，为满足生产需要增设设备、设施以及对所租赁混凝土堆场的改造，但不得破坏使用的混凝土堆场的结构；施工方案经乙方书面同意后方可实施。

5.2 在本合同履行期间，甲方应确保安全生产并承担因安全生产责任事故造成的一切经济损失及其他法律后果，如甲方在港口租赁期间因乙方原因产生相关费用由乙方负责。

5.3 遵守国家相关的法律、法规并严格执行乙方有关港口管理的相关规章制度；各岗位从业人员必须持证上岗，配备、相应的安全防护用品。

5.4 甲方在生产过程中，应采取必要措施防止污染环境，如造成环境污染或其他损失，自行承担责任。

5.5 对于进入乙方码头、场地等区域的甲方人员及其承包商的运输车辆，在满足甲方正常施工要求的前提下，按乙方规定的路线行驶。

5.6 甲方不应安排乙方设备做出超出设备性能以外以及违反作业。

5.7 甲方应按国家有关安全环保的法律、法规，定期处理所租赁堆场的工业垃圾。

5.8 自行负责混凝土堆场设施报批手续（若需）。

5.9 在合同期满之日起30天内，甲方的设备、设施，自行拆除，将堆场恢复至租赁前状态，超出30天，乙方有权自行拆除，拆除费用由甲方承担。

6. 乙方的权利与义务

6.1 甲方车辆、人员进、出港口，由乙方提供通行证。

6.2　乙方有权对甲方的作业现场的安全生产情况、设施使用情况进行监督检查，发现事故隐患及时通知甲方。

6.3　乙方需按照甲方要求提供优质装卸服务，按标准配置满足装卸需要，操作人员持相应的有效证件上岗。

6.4　乙方需提供甲方船舶靠泊所需码头泊位；确保甲方船舶能及时停靠，甲方船舶必须服从乙方调配，需按乙方要求提前告知乙方。但因甲方施工需要，乙方应负责协调安排，确保甲方优先装卸。

6.5　乙方需配置齐码头吊装所使用的机具、车辆、吊索具，并按规定进行检验，保证安全完好性。

6.6　乙方在作业环节造成甲方货物损坏或灭失，由乙方负责照价赔偿：乙方作业中造成其人员及其他设施受损均与甲方无关，除甲方故意行为外。

6.7　在不违背国家、政府有关法律法规和安全规程的前提下，乙方必须严格执行甲方所下达的装卸任务。

6.8　乙方负责在其设备负荷范围内的货物码头装卸。

6.9　乙方 2017 年 1 月 31 日前增容一台 2 500 kVA 的变压器，使乙方为甲方提供的总电容达 5 700 kVA，乙方负责提供电源接点及线路走廊，相关费用由乙方承担。

6.10　在本合同履行期间，乙方不得干预甲方的正常施工活动。

6.11　乙方必须在 2016 年 11 月 15 日前将甲方所租赁场地（即 1#泊位及 5#泊位对应场地）内现有的材料、设备转移至其他场地存放，并满足甲方施工条件。

6.12　乙方需免费为甲方提供 5#泊位，甲方长期停靠一艘约 1 300 t 浮吊船（尾停，无作业横靠；约 40 m 宽，停靠日期：2017 年 1 月 15 日至工程结束）。若甲方船舶在非作业期间乙方需要使用此泊位，甲方需配合乙方将此船移至乙方指定区域。

6.13　在 2016 年 12 月 10 日至 2017 年 1 月 20 日（大约 40 天）期间，甲方将停靠（横靠，长 146 m）一艘 3 800 t 浮吊船用于组装振动锤，乙方不收取相关费用。

6.14　在 2016 年 11 月 25 日至 2017 年 1 月 20 日（大约 55 天）期间，乙方需提供 5#泊位岸边约 1 500 m^2 场地给甲方使用。甲方用于组装吊梁、振梁及振动锤。

6.15　在甲方租赁期间，乙方免费提供 1#仓库给甲方使用，但甲方需支付 10 元/（m^2 • 月）的场地租赁费。仓库占地面积以实测为准。（堆场面积内 1#仓库不重复收费）

7. 合同变更

7.1　本合同一经签订并生效后，除法律另有规定或合同另有约定外，任何一方不得任意变更或解除。

7.2　经双方协商同意，本合同可以修改。修改后的合同经双方法定代表或授权代表签字并加盖公章确认后生效。在书面有效的修改协议达成前，双方仍需严格按本合同的规定执行。

7.3　在本合同履行过程中，因国家法律、法规或政策发生变动，致使本合同的部分条款失去法律效力的，双方可根据当时有效的国家法律、法规或政策进行调整。如不能就合同条款调整达成一致协议的，按当时有效的国家法律、法规或政策执行。

8. 合同终止

8.1 甲方提前 15 天向乙方发送终止合同通知书，经双方协商后，终止合同。

8.2 一方或双方依法被解散、撤销或被宣告破产而终止营业的，自终止营业之日起合同自动终止。

8.3 乙方以违反安全法律、法规规定或危害作业安全或危害甲方或甲方分包商的人员、财产的方式进行作业的。

9. 税费

9.1 本合同发生的一切税费，由乙方承担。

10. 保险

10.1 在本合同有效期限内，双方应各自就自己的人员和财产向保险人投保足额保险，并自行承担相应的投保费用。

10.2 一方在本合同有效期限内发生的保险事故，需要向保险人索赔的，另一方应当提供力所能及的协助，包括但不限于提交相关证明资料等。

10.3 受损方在前面所述情况下，放弃向保险人索赔的，视为其同意在放弃对保险人索赔的范围内免除对方的赔偿责任。

10.4 因不可抗力或其他不可归咎于对方的原因，致使一方遭受损失，而又不能全部或部分的从保险人的索赔中获得补偿的，对不能补偿的部分或全部损失，由该方自行承担。

10.5 因第三方的原因导致保险事故发生，致使甲乙双方或单方受损的，由受损方自行负责因此发生的诉争、索赔并承担自己的损失。

11. 适用法律

11.1 本合同的解释和履行适用中华人民共和国法律。

11.2 在本合同履行过程中，如中华人民共和国法律、法规或条例被修改、补充或中华人民共和国政府发布新的法律、法规或条例，使本合同双方中任何一方的合同权利或义务发生实质性变化的，双方应遵守这些法律、法规和条例履行合同，并在不违背国家法律、法规和条例的前提下协商调整本合同的相关条款。

12. 不可抗力

12.1 不可抗力：是指因战争、动乱、空中飞行物体坠落或其他非甲乙方责任造成的爆炸、火灾，以及风、雨、雪、震等对工程造成损害的自然灾害。

12.2 任何一方由于不可抗力不能履行合同时，应当及时向对方通报。在取得有关机关证明以后，允许延期履行或者暂时不履行合同。各方应把实际情况通知对方，并在不可抗力停止或消失后继续履行合同。双方根据情况可部分或者全部免予承担违约责任。采取必要的补救措施将损失降到最低程度。

12.3 因不可抗力或意外事件的发生，致使合同中止履行超过 15 天，或者合同的履行已无必要或已无可能的，任何一方可以书面通知对方，提前解除合同，并且不承担因提前解除合同所产生的任何责任和费用。

13. 违约责任

13.1 在符合各项安全要求的前提下，乙方不按时保质保量提供装卸服务，不严格履行本协议行为，均视为违约行为。

13.2 甲方有违规行为时，乙方将本着友好的原则，提出整改要求，甲方应及时改正。如未能改正，造成的损失，由甲方承担。

13.3 在履行合同过程中，甲、乙双方对各自的人员和财产负责，任何一方的人员伤亡或财产损失，若非对方人员故意或者重大过失行为所致，应保证对方不承担责任。

14. 争议的解决

14.1 履行合同过程中，如果双方发生争议或纠纷时，应努力通过友好协商的方式解决。如协商不能解决时，任何一方均可将纠纷或争议提交××法院，以诉讼方式解决。

14.2 在争议或纠纷的解决期间，双方仍应继续全面履行合同约定的权利和义务。

甲方：×××安装工程有限公司
法定代表：
授权代表：
联系人：
联系电话：

乙方：××港口有限公司
法定代表：
授权代表：
联系人：
联系电话：

港口服务合同

补充协议一

甲方（作业委托人）：×××安装工程有限公司

乙方 C 港口经营人）：××港口有限公司

根据《中华人民共和国海商法》《中华人民共和国合同法》及其他法律法规的规定，甲乙双方本着互利互惠的原则，经友好协商，根据实际情况在《港口服务合同》基础上鉴订以下补充协议。

一、乙方为甲方提供一台 8 t 叉车

1. 费用：28 000.00 元/月（含增值税）。

2. 工作内容：叉车作业。工作地点：××港堆场。装卸方式：由乙方配备作业设备与操作人员，并负责日常维护保养，作业期间油耗由甲方负责。工作时间：2016 年 12 月 17 日至 2017 年 10 月 31 日。

3. 合同中作业设备的所有权归乙方所有。合同期间甲方必须对设备的完好进行保护，并保证作业人员的人身安全，否则由此造成的损失由甲方负责。

4. 合同期间，因不可抗力因素造成不能作业，乙方不承担责任。

二、乙方为甲方提供一台登高车

1. 费用：28 000.00 元/月（含增值税）。

2. 工作地点：××港堆场。装卸方式：由乙方配备作业设备与操作人员负责日常维护保养，作业期间油耗由甲方负责。工作时间：2017 年 1 月 11 日至 2017 年 2 月 11 日。

3. 合同中作业设备的所有权归乙方所有。合同期间甲方必须对设备的完好进行保护，并保证作业人员的人身安全，否则由此造成的损失由甲方负责。

4. 合同期间因不可抗力因素造成不能作业，乙方不承担责任。

三、甲方租赁乙方港口内华海仓库（648 m^2）

1. 费用：20.00 元/（m^2•月）（含增值税）。

2. 租赁时间：2016 年 11 月 19 日至 2017 年 10 月 31 日。

四、甲方租赁乙方 2#泊位后方堆场（22 200 m^2）

1. 费用：9.91 元/（m^2·月）（含增值税）。

2. 租赁时间：2017 年 1 月 1 日至 2017 年 5 月 31 日。

五、费用结算及支付

本协议结算方式与港口服务协议（编号：××××××）一致。

六、本协议生效后，即成为原合同不可分割的组成部分，与原合同具有同等的法律效益，除本合同中明确所做修改和增加的条款之外，原合同的其余部分应完全继续有效，本合同未尽事宜按照原合同执行[编号：JLA（海护岸）、××合同（ ）-07-2016]。

七、本协议一式陆份，甲方执伍份，乙方执壹份，具有同等法律效益。

（以下无正文，为签署部分）

甲方：×××安装工程有限公司
法定代表人
或授权代表：
电话：

乙方：××港口有限公司
法定代表人
或授权代表：
电话：

建设项目环境影响评价合同书

甲方：×××安装工程有限公司

乙方：××环评有限公司

根据《中华人民共和国合同法》的规定，甲乙双方就建设项目的环境影响评价，协商签订本合同，以共同信守。

×××安装工程有限公司
项目部

一、服务内容、方式和要求

1. 甲方委托乙方对××项目进行环境影响评价工作，编制该项目的《现状环境影响评价报告》。

2.《现状环境影响评价报告》按国家及地方的有关技术规范编制，由环境保护主管部门对该报告作出备案的方式完成。

3. 采用“保质保量，有偿服务，信誉第一，遵守合同”的方式，开展各项环评工作。

二、双方责任

1. 甲方责任

（1）为乙方提供《现状环境影响评价报告》编制工作经费共计人民币伍万二仟元整（¥52 000.00）包干备用（此费用包括：编制工作费用，乙方人工费用，及有关现场政府环境部门评审人员所产生的费用，税金）。

（2）及时向乙方提供项目土地租赁合同等相关资料，并完善产治等环保措施且能满足相关环保标准要求。

（3）未能及时提供评价款项和厂区内污染防治等环保措施引起《影响评价报告》推迟的，由甲方负责。

（4）为乙方在现场工作提供方便。

2. 乙方责任

（1）按国家规范要求和环境保护主管部门要求的内容开展工作。

（2）在合同生效 10 个工作日内提交《现状环境影响评价报告》成果，并对报告结论负责。

（3）甲方取得环境保护主管部门备案后，提交 4 本报告给甲方存档。

（4）使该项目获得政府环境保护行政主管部门的备案。

三、《现状环境影响评价报告》的审批

《现状环境影响评价报告》编制完成后，由甲方呈报环境保护主管部门进行备案，乙方负责协调工作。

四、付款方式

合同签订后三天内，甲方付给乙方经费即人民币叁万元（¥30 000.00）。报告经环保部门组织评审通过后，上报审批通过后甲方付给乙方经费余款人民币贰万贰仟元整（¥22 000.00）。

甲方每次对乙方支付拨款前乙方均需提供真实有效的增值税专用发票（税率 3%）及收据，否则承包人有权不支付相应货款。

五、违约处理及解决办法

1. 违约处理

（1）任何一方如提出终止合同，则向另一方赔偿经济损失 1 万元。

（2）如果《现状环境影响评价报告》质量没有达到环境保护主管部门的要求，需要增加或补充工作时，其经费由乙方负责。

（3）如甲方改变建设地点、工程规模及其他建设条件，甲方应另增加评价费用。

2. 争议的解决办法

双方约定，在展行分包合同过程中发生争议，双方协商解决或者调解不成时，按下列第（2）种方式解决争议：

（1）提交××仲裁委员会申请仲裁：

（2）依法向有管辖权的合同签约所在地人民法院提起诉讼。

六、其他

1. 本合同未尽事宜，双方协商解决。

2. 本合同经双方签字盖章后生效。

3. 本合同一式陆份，甲方执肆份，乙方执贰份。

甲方（盖章）：×××安装有限公司

代表（签字）：×××

联系方式：××××××××××

××××年××月××日

××××安装有限公司

××制作项目部

乙方（盖章）：××环评有限公司

代表（签字）：×××

联系方式：××××××××××

账户：××××××××××××××××××××

开户行：××银行××省分行

×××× 年 ×× 月 ×× 日

××工程重防腐蚀涂层施工

劳务分包合同

工程承包人：×××安装工程有限公司

劳务分包人：××建筑劳务有限公司

签约地点：××市××区××路××××号

签约时间：2017年1月18日

合同编号：×××××××××××××××

第一部分

合同协议书

工程承包人（发包人，甲方）：×××安装工程有限公司
法定代表人：×××
住　　　所：××市××区××街××号

劳务分包人（承包人，乙方）：××建筑劳务有限公司
法定代表人：×××
住　　　所：××市××区××街××号
资质证书号码：××××××××××××××
发证机关：××市××区工商行政管理局
资质专业及等级：土建工程 劳务分包壹级
复审时间及有效期：2015 年/2018 年 7 月 28 日
营业执照号码：×××××××××××
安全生产许可证号码：（×）JZ 安许证字（2015） ×××××
乙方属于一般纳税人。

鉴于乙方同意按照本合同要求履行其合同责任和义务，并保证以诚信、敬业和积极的态度与甲方及本工程涉及的任何第三方保持充分有效的合作，以确保本工程的圆满竣工；另鉴于乙方已对工程现场环境、地质条件及所有有关资料进行了全面细致勘查和研究，已对工程施工所有相关图纸进行了详细研究和计算，并已对甲方有关项目管理制度规定充分了解。依照《中华人民共和国建筑法》《中华人民共和国合同法》及其他有关法律、法规，遵循平等、自愿、公平和诚实信用的原则，甲乙双方就分包工程施工事项经协商达成一致，订立本合同。

一、分包工程概况

总包工程名称：××工程
分包工程名称：××工程重防腐蚀涂层施工
分包工程地点：××港口有限公司港口码头
分包工程承包范围：钢圆筒重防腐蚀涂层施工包括钢圆筒及副格钢板（主要规格

2.5 m 宽×11.8 m 长×22 mm 厚）、隼槽角钢等钢材的除锈、清理、焊缝预留区保护等施工；转运至车间钢板及其他钢材的整体喷涂；钢圆筒及副格组装焊接完成后，在安装现场进行焊缝及焊缝预留区域表面处理及补涂施工等。

二、分包合同价款

固定全费用综合单价：20.8 元/m^2（含 3%增值税）。
暂估总价金额：10 400 000.00 元（含 3%增值税），大写：人民币壹仟零肆拾万元整。
其中：
安全文明施工费（固定全费用综合单价的 2%，并且含于单价中）；
人民币（大写）贰拾万捌仟元整（208 000.00）。

三、工期

计划开工日期：具体开工时间以甲方书面通知为准。
合同工期总日历天数为：160 天。

四、工程质量标准

本分包工程质量标准双方约定为：符合设计要求及达到国家施工验收规范合格标准，并要求达到另行约定质量奖项的评定标准。

五、安全创优目标

本分包工程安全创优目标双方约定为：另行约定。

六、组成本分包合同的文件包括：

除专用条件另有约定外，组成本合同的文件及优先解释顺序如下：
1. 本合同协议书及补充协议
2. 中标通知书（如果有）
3. 本合同专用条件及附件
4. 投标书及双方明示纳入合同的投标书其他部分（如果有）
5. 本合同通用条件
6. 标准、规范及有关技术文件
7. 图纸
8. 工程量清单
9. 工程报价单或预算书
10. 甲方提供的各项管理制度
11. 甲方与建设单位（项目建设单位）总承包合同文件相关内容
12. 其他分包合同文件

除非另有约定，合同履行过程中双方共同签署的补充协议、会议纪要、备忘录及其他文件，以及经确认的双方往来文件也视为本合同组成部分。专用合同条款及其附件须经合同当事人签字或盖章。

七、本合同中有关词语的含义与本合同第二部分《通用条件》中分别赋予它们的解释相同。

八、乙方向甲方承诺，按照合同约定的工期和质量标准，完成本协议书第一条约定的工程（以下简称为“本分包工程”），并在质量保修期内承担保修责任。

九、乙方向甲方承诺，履行总包合同中与分包工程有关的甲方的所有义务，并与甲方共同向建设单位承担履行本分包工程合同以及确保本分包工程质量和安全的连带责任。

十、合同的生效

合同订立时间：2017 年 1 月 18 日

合同订立地点：

本合同自经双方加盖公章并经法定代表人或委托代理人签字后生效，合同规定的责任、权利和义务履行完毕且价款结清后终止。

本合同一式 6 份，甲方执 4 份，乙方执 2 份。

甲方（公章）

××安装工程有限公司

合同专属章

住所：

法定代表人：

委托代理人：

电话：

传真：

电子邮箱：

开户银行：

账户：

邮政编码：

乙方（公章）

××建筑劳务有限公司

住所：

法定代表人：

委托代理人：

电话：

传真：

电子邮箱：

开户银行：

账户：

邮政编码：

第二部分

通用条件

1. 词语定义
2. 工程概况
3. 工作内容
4. 合同工期
5. 质量标准
6. 甲方权利及义务
7. 乙方权利及义务
8. 技术资料
9. 环境保护及安全文明施工
10. 材料及设备管理
11. 检验、验收及完工
12. 工程保修
13. 合同价格
14. 合同价款的支付
15. 变更
16. 索赔
17. 合同价款结算
18. 违约
19. 合同的解除
20. 担保及保险
21. 争议
22. 不可抗力
23. 文物和地下障碍物
24. 知识产权
25. 其他

1. 词语定义

1.1 建设单位：××投资建筑有限公司，即整体工程开发单位。

1.2 监理：××工程管理有限公司，指建设单位聘请的整体工程的监理单位。

1.3 工程承包人（甲方）：×××安装工程有限公司，指在主合同中约定，被建设单位接受的具有工程施工承包主体资格的当事人以及取得该当事人资格的合法继承人。

1.4 劳务分包人（乙方）：××建筑劳务有限公司，指在本合同中约定，被甲方接受的具有工程施工劳务承包主体资格的当事人。

1.5 总包合同：甲方与建设单位签订的××工程总承包合同。

1.6 整体工程：××工程，即总包合同约定的承包范围内的所有工程。

1.7 整体工程质量奖项：总包合同中约定整体工程需取得的质量奖项。

1.8 实际开工日期：甲方发出开工通知中记载的日期。

1.9 实际完工日期：完工验收报告中记载的完工日期。

1.10 现场现有的垂直运输设施及脚手架：指甲方为实施其整体工程租赁、搭设的垂直运输设施及脚手架，且搭设时间仅限于甲方为完成主体工程所需时间或总包合同中约定的时间。

1.11 合同价款：指本合同协议书中约定并依本合同约定调整后的价格。

1.12 罚款：本合同中所称“罚款”，性质皆属“违约责任”。

1.13 日、天：本文所述之“日”、“天”均指日历日。

1.14 项目经理：指甲方派驻工地负责工程管理和履行合同的代表，并唯一具有现场签认用工、办理洽商变更手续的最终确认权，但任何签认用工、洽商变更均须符合本合同规定，否则甲方仍有权不予认可。

1.15 乙方现场代表：指乙方派驻工地负责工程管理和履行合同的代表。

1.16 项目部：指××安装工程有限公司××项目经理部，是甲方委派的在授权范围内管理本项目的临时机构。

1.17 过程计量：指根据本合同具体规定，由乙方提出并经甲方审核认可的月度或节点已完工程量。过程计量只是过程付款的凭据，不作为双方本合同最终结算的依据。

1.18 最终结算：指乙方完成本合同约定的工程内容后，按本合同约定方式确定乙方最终工程价款的书面凭证。

2. 工程概况

具体见合同协议书及专用条件中所述。

3. 工作内容

除非本合同另有约定，乙方应对其作业内容的实施、完工负责，并应履行总包合同及本合同约定的、与劳务作业有关的所有义务及工作程序。

具体见合同协议书及专用条件中所述。

4. 合同工期

4.1 开工

4.1.1　本工程计划开工时间由甲乙双方在合同协议书中约定。

4.1.2　工程实际开工日期以甲方现场书面通知进场施工时间为准，无论实际开工日期与本合同约定计划开工时间是否一致，乙方均已在投标中考虑了该项风险，不得再就此向甲方提出任何索赔。

4.2　阶段工期

4.2.1　乙方须在本合同签订后五日内报送本分包工程进度计划，该计划应满足甲方整体工程总体进度计划要求。该计划经甲方审核确认后，作为合同附件，具备合同约束力，乙方必须遵守该计划中关于本分包工程的阶段工期及完工日期的要求。除专用条件另有约定之外，甲方无义务对乙方工期提前的行为予以奖励或支付任何补偿。

4.2.2　乙方应根据甲方要求，每月 25 日前提交下月施工计划，有阶段工期要求的提交阶段施工计划。乙方应按甲方要求提交阶段、时段施工计划，以及与完成上述阶段、时段施工计划相应的劳动力安排计划，经甲方批准后严格实施。但甲方对月及阶段、时段等过程中施工计划的任何批准不视为允许改变总工期，不得作为乙方提出工期延长及追加合同价款的依据。

4.3　工程完工及延期

4.3.1　乙方应在本合同约定完工日期或依合同顺延后的完工日期前完成本工程的施工，并通过验收。

4.3.2　因甲方原因引起的设计变更，导致工程延期开工或造成关键线路工程的工期延误，乙方须在事件发生后七天内以书面形式报告甲方，并附上相应的证据资料。经甲方审核确认后，按甲方批准时间顺延阶段工期或总工期，但乙方无权要求因工期延长引起的合同价款的增加。若本条所述审核需建设单位审批的，则以建设单位审核结果为准。

4.3.3　除本条所述原因外其他情况导致的工期延误，及乙方未在上述规定期限内向甲方提出书面报告的，视为不影响本分包工程工期，乙方也无权向甲方提出任何工期及费用索赔。

4.4　违约责任

4.4.1　在施工期间，若甲方认为乙方进度不能满足本合同约定，乙方应按甲方要求安排赶工措施，除专用条件另有约定外，由此发生费用由乙方自行承担。

4.4.2　甲方认为乙方施工能力不能满足甲方工期要求的，甲方可单方面减少乙方施工范围或工作内容；另行雇佣第三方实施，因此发生的费用直接从应付乙方工程款中扣除，无须通知乙方或征得乙方同意，扣除金额为甲方与第三方签订的合同额。

5. 质量标准

5.1　质量标准及奖项

乙方应严格执行甲方的质量保证体系及项目部质量管理规定，认真按照施工图、设计变更以及有关标准、规范规程和设计要求组织施工。工程质量确保符合国家或专业的现行质量检验评定标准的规定及合同约定工程质量标准，并达到约定质量奖项的验评标准。

5.2　返工、修理及整改

5.2.1　无论乙方施工工程是否已通过验收，当甲方或监理发现乙方施工质量不符合本合同约定，派驻甲方代表可要求乙方返工，除非乙方举证证明并非乙方原因造成，否则乙方应按甲方代表的要求返工，并承担由此发生的一切费用，工期不予顺延。

5.2.2　若整体工程质量标准及质量奖项未达到总包合同的要求，除非乙方举证证明此类影响并非乙方原因造成，否则乙方应负责其承包工程的返工、修理和整改，并承担因此而发生的费用，工期不予顺延。

5.3　违约责任

5.3.1　若甲方通知乙方后 24 小时内，乙方不能对缺陷进行修返工、修理或整改，或乙方返工、修理或整改后仍不能达到相应的质量要求，甲方可在发出通知或专用条件约定期限 24 小时后雇佣第三方进行修补，并直接从乙方的工程款或保修金中扣除因此发生的费用，扣除金额为甲方与返工、修理或整改的第三方签订的合同金额和甲方由此产生的其他费用，无须通知乙方和征得乙方同意，同时甲方有权要求乙方承担相关违约责任。

5.3.2　因乙方原因造成在施工中出现影响结构、使用功能等重大质量事故时，乙方必须承担事故处理所发生的所有费用。同时，甲方可无条件终止本合同，并要求乙方按本合同第 18 条规定承担违约责任。

6. 甲方权利及义务

6.1　派驻甲方代表

6.1.1　甲方项目经理代表甲方行使本合同的约定责任，履行本合同条款。其权限在专用条件中约定。

6.1.2　除甲方项目经理及其书面确定具有详细权限的代表人外，任何人的签字及行为均不发生效力，不对甲方产生任何法律约束力。

6.2　总包管理职责、权限

甲方负责工程施工指导和管理工作，行使总承包管理职责，对乙方施工的进度、质量、安全、文明施工进行监督和管理，协调乙方同其他施工方的配合关系。对乙方不服从现场管理的行为，有追究其违约责任和终止本合同的权利。

6.3　现场施工条件的提供

6.3.1　若甲方需提供垂直运输设施及周转架料，则甲方仅负责在其整体工程工期计划注明或专用条件约定时间内提供现场现有的垂直运输设施及周转架料。乙方不得因自身施工便利要求甲方延长垂直运输设施及脚手架的搭设时间。

6.3.2　考虑到需配合现场其他分包工程施工，甲方不承诺专为乙方提供任何设备及周转架料，乙方也不得因甲方不能完全满足乙方关于垂直运输设施及周转架料的要求，而提出任何工期及费用赔偿。

6.3.3　甲方保证现场道路畅通，场地平整并提供进场材料临时堆放地点。乙方根据现场布置图对甲方所提供设备的数量及位置有了充分了解，乙方报价已充分考虑了现场情况，不在以任何形式或理由要求增加设备设施。

6.3.4 甲方还应负责向乙方提供除本款第 1 项所述的施工所需工作面。若因甲方提供工作面不及时导致乙方施工进度受到影响，乙方可按本合同第 4.3.2 条约定办理工期顺延，但不得就此提出任何经济索赔或费用补偿。

6.4 支付工程款

甲方应按本合同约定办理工程结算，向乙方支付工程款。

6.5 其他

6.5.1 其他权利义务由双方在专用条件中约定，如：

（1）测量定位。

（2）沉降观测。

（3）检查和验收。

（4）提供（非）独立使用的生产、生活临时设施、工作用水、用电及施工场地。

6.5.2 第 6.5.1 条所述其他权利义务由双方在专用条件中选择适用，若未选择则视为甲方无须承担。

7. 乙方权利及义务

7.1 派驻乙方代表及管理人员

7.1.1 乙方现场代表全权负责乙方施工现场管理，代表乙方行使与本合同有关的权利和义务，并与甲方保持通畅的通讯联系和现场配合，乙方对该负责人所有基于履行本合同约定的行为承担全部法律责任。

7.1.2 乙方必须按投标文件要求在施工现场派驻管理人员，且不得随意更换。管理人员每周驻现场时间不得少于 40 小时。若乙方未经甲方允许更换任何一位管理人员，或管理人员驻现场时间未达到本合同要求，则乙方应按专用条件约定承担违约责任。如因特殊原因需更换上述人员，乙方须至少提前 7 天向甲方提出书面申请并提交拟任命的管理人员的详细资料，经甲方审查批准后方可更换后任继续行使前任的职权，履行前任的义务。

7.1.3 如果在履约过程中，甲方认为乙方的管理人员不能胜任其工作，则有权要求乙方更换，乙方应在五天内提交拟任命的管理人员的详细资料，经甲方批准后更换。如乙方在五天内未提交出新的人选，或两次提出的人选都不能令甲方满意，将被视为乙方违约，甲方有权终止合同，并追究乙方的违约责任。

7.2 工程施工

7.2.1 乙方需服从甲方现场管理，做到安全、文明施工，遵守甲方公司及项目部管理制度，按甲方统一规划堆放材料、机具，按甲方标准化工地要求设置标牌，搞好生活区的管理，做好自身责任区的治安保卫工作。在情况紧急且无法与甲方项目经理取得联系时，分包项目经理应采取保证人员生命和工程、财产安全的紧急措施，并在采取措施后 24 小时内向甲方项目经理送交报告。

7.2.2 乙方应于本合同签订后七天内报送劳动力安排计划，并按本合同约定的阶段工程分别注明各工种最低人员数量。该计划一经甲方审批确认，即成为具备合同效力的文件。若乙方怠于报送该计划，甲方可单方通知或分阶段通知乙方其关于劳动力数量的要求，通知送达后，该要求即对乙方具备约束力。

7.2.3　若乙方人员不足最低数量要求时，甲方可自行安排劳动力工作直至乙方调配足够劳动力之日止，并按甲方的实际指出及相关费用损失从乙方工程款中扣除相应费用。

7.2.4　乙方连续三十天不能满足上述人员数量要求时，甲方可单方解除本合同，并要求其按合同第 19 条约定承担违约责任。

7.2.5　乙方须按照批准的施工方案做好冬雨季施工防护措施。

7.2.6　乙方应及时清理现场丢弃的垃圾至甲方指定堆放地点。

7.2.7　乙方应按照甲方协调的工作面按工序进行施工，不得在施工中损坏其他分包人的工作成果，否则需按甲方与其他分包人签订的合同价格予以赔偿，并承担专用条件中约定的违约责任。

7.2.8　乙方工作应满足甲方或施工场地内第三方工作中的相关要求，如与其他分部分项（专业）工程施工相关的留孔、补洞、预埋、修补等以及为其提供便利条件等施工时，乙方应按甲方的指令予以配合。本合同的合同价格的单价或合价中已包括此类的交叉、配合工作内容及其费用，并且因配合工作对施工工期的影响也已包括在本合同约定的分包工作期限内，不因此顺延工期。

7.2.9　乙方应严格依照本合同、甲方项目经理批转的施工组织设计（或施工方案）及甲方指令施工，未经甲方授权或允许，不得擅自与建设单位、监理及有关部门建立工作联系。若建设单位、监理及有关部门直接向乙方发布指令，乙方应立即报告甲方，经甲方审批后方可实施，否则不予调整合同价款，不计任何费用，且不顺延工期。

7.2.10　甲方在招投标时已经带领乙方踏勘现场，并对现场及周边情况进行详细介绍，乙方投标及中标行为已经视为对施工现场条件的认可。如施工现场存在不能满足施工要求的情况，则需由乙方自行考虑达到施工条件，相关费用包含单价中。

7.3　成品保护

在本分包工程通过完工验收前，乙方对自己完成的工作有责任做好成品保护工作，如发生成品损坏，，其责任和修复费用由乙方承担，工期不予顺延。

7.4　临近建筑物、地下构筑物的保护乙方须认真做好施工现场责任范围内的地下管线、临近建筑物、设备、构筑物及交通要道、人行道等的保护工作。若此类建筑、设备、管线及道路发生了损坏，除非乙方举证证明其已尽到保护义务，否则因修复损坏及因此发生的赔偿等一切责任均由乙方承担。

7.5　人员

7.5.1　乙方应解决其施工人员的吃、住、行等问题，费用承担由双方在专用条件中约定。

7.5.2　乙方应与其使用的工人签订劳动合同，且保证工人受过专门的培训并已取得政府有关管理机构规定的上岗证书，相关证书需交由甲方相关部门备案。这些特殊工种包括但不限于：电工、焊工、信号工、架子工、爆破作业人员、施工机械操作人员等。

未经甲方授权或允许，不得擅自与发包人及有关部门建立工作联系，不得违反相关法律规定。乙方应当按照法律规定为工人缴纳社会保险，若乙方违反法律规定不予缴纳或不足额缴纳，应自行承担因此导致工人提出的赔偿，及因此导致的法律责任。因此造成甲方损失，甲方可直接从应付工程款中予以扣除，扣除金额为甲方实际支出金额，无须通知乙方或得到乙方同意，并赔偿由此给甲方造成的损失。除上述书面记录的用工行为外，乙方承诺在本工程不存在其他劳务用工行为。

7.5.3　乙方应确保工人工资的按期足额发放，甲、乙双方各设置一名专职民管员，乙方民管员每月组织农民工现场签认工资单，甲方民管员现场督管并拍摄影像资料。工资单还必须由乙方项目经理或被授权人亲笔签字确认，并加盖公司公章。若为被授权人签字的，需一并附上授权委托书。乙方民管员将签字、盖章的工资单交至甲方后，由甲方进行工资发放，发放分为现场发放和直接打入农民工工资卡两种方式。若为现场发放，甲方民管员需拍摄工资发放时的影像资料。乙方将相关劳务资料报甲方备案。如因拖欠工人工资导致工人讨薪、聚众扰民事件，或乙方的任何人员（包括其雇佣人员）未经甲方的同意，以索要工资、工程价款等名义，擅自进入建设单位、监理、甲方办公区或工程现场妨碍建设单位、监理、甲方工作人员正常办公，或影响正常施工，或做出任何影响甲方和建设单位声誉的行为出现时，甲方无须通知乙方或征得乙方的同意，可按工人提出的拖欠工资额直接向其支付工资，并从乙方工程款中扣除，同时要求乙方按专用条件约定承担违约责任。

7.5.4　乙方所有参与本工程作业的人员包括施工管理人员，在进场前，须向甲方出示并递交进场人员的花名册及其身份证、计划生育证、出省（市）务工许可、特殊岗位操作（合格）证，及按照建设当地有关政府部门的要求须出示的其它相关证件的原件，并向甲方递交相应的复印件。每月 3 日还须提供上月的乙方盖章确认的花名册、劳动合同签署情况、考勤表及工资单。若不按本条约定提供相应花名册、考勤表及工资单（附农民工签字），甲方可拒付当期工程款直至乙方补足相应资料。

不按规定签订劳动合同或签订劳动合同不规范，或拖欠农民工工资、侵害农民工合法权益、或发生农民工劳动安全保护欠缺的情况，或因欠薪导致闹事、打斗、死伤、上访等事件的发生，甲方有权对乙方处以 20 000 元/次的罚款，并从支付给乙方的计量款中扣除相应部分，由甲方代替支付工人工资。

7.5.5　乙方严禁雇佣未成年人、残疾人及年龄未超过 16 岁的现场作业人员。每发现一例则按专用条件约定承担罚款。若因乙方雇佣未成年人、残疾人及年龄未超过 16 岁的现场作业人员，出现安全责任事故，则乙方应承担责任，并赔偿由此给甲方造成的损失。

7.6　免除甲方责任

乙方应在履行本合同项下约定义务时保证，甲方在本合同约定的分包工程的实施、完工以及保修过程中免于承担与下述事项有关的任何责任、费用、索赔和诉讼：

（1）由于乙方原因造成的任何人员的伤亡；

（2）由于乙方原因造成的任何财产的损失或损害；

（3）由于乙方的疏忽、过失导致的连带责任；

（4）由于建设单位开发节奏变化、设计变更调整；

（5）非甲方原因造成的乙方工期及费用损失。

如乙方在分包工程中造成以上事项或导致甲方因以上事项承担相关责任，乙方自愿按专用条件约定金额承担违约责任，并赔偿甲方因此所受的一切损失，如赔偿金、诉讼费、差旅费等。

7.7　禁止转包

乙方严禁将工程转包或再分包，否则甲方有权单方终止合同并将罚没乙方全额履约担保作为赔偿，担保金额不足以承担甲方损失时，乙方应向甲方支付不足部分。

7.8　其他

8. 技术资料

8.1　图纸

甲方按专用条件约定时间及数量向乙方提供施工图，并组织设计交底和图纸会审，向乙方明确施工技术、质量、安全、工期、文明施工、成品、半成品保护等要求。

8.2　技术交底

施工前，乙方应做好技术交底工作，严格按照甲方要求施工工艺施工。施工过程中，甲方管理人员有权按规定进行检查。

8.3　施工方案

8.3.1　乙方应严格遵照甲方编制审批后的方案组织实施。

8.3.2　在施工过程中，甲方有权针对施工中出现的问题修改施工方案，乙方应按修改后的施工方案组织施工，并不得以施工方案变更为由提出任何工期和费用索赔要求。

8.4　完工验收资料

工程完工后，乙方应在验收前十天，向甲方提交完工验收报告和完工资料，包括：

（1）隐蔽工程和中间验收记录的原始技术资料；

（2）提供办理工程完工图的数据与资料；

（3）乙方提供资料数据并配合甲方做好完工验收各项资料，资料费用由乙方承担；

（4）其他。

8.5　违约责任

乙方应随施工进度，按甲方要求及时上报有关施工资料至甲方，如有关资料上报不及时或不完整，甲方有权暂停办理工程结算，直至乙方按要求交齐相关资料。

9. 环境保护及安全文明施工

9.1　编制安全文明施工方案

乙方应严格遵守甲方安全生产管理体系和本项目各阶段安全生产、文明施工要求方案，编制专项安全施工组织设计并在合同签订后3日内取得甲方审批同意，建立安全生产保证体系，并配备足额、专职的持证安全生产管理人员。

9.2　安全教育及事故处理

乙方应按工程所在地有关规定做好安全教育、安全防护（包括为所属人员配备个人防护用品）等工作，保证施工安全和人身安全。在本合同期内，乙方应承担本分包工程范围内发生的所有人员伤亡事故的相应责任及费用，并应积极采取有效措施防止损失扩大，同时按规定立即书面报告甲方及有关部门。

9.3　安全生产

9.3.1　乙方应与甲方签订《安全生产协议》（作为本合同附件），并遵守工程建设职业健康、环境保护、安全生产以及文明施工有关管理规定，严格按标准进行施工，否则所有有关职工健康、污染环境、安全事故的责任和因此而发生的费用由乙方承担。

9.3.2　乙方在施工过程中必须遵守工程所在地有关消防、安全文明施工、环境管理等规定，办理相关手续，承担由此发生的费用。凡因违反政府有关规定的引起的所有责任，均由乙方承担。

9.3.3　若甲方授权人员要求乙方违反安全管理的规定进行施工时，应予以拒绝，并书面通知甲方。乙方明知或应当知道，甲方授权人员的要求或甲方提供的有关设施不符合安全生产管理规定，却不予拒绝，导致的安全事故的，由乙方承担责任及因此发生的费用。

9.3.4　乙方应遵守工程建设安全生产有关管理规定，严格按照安全标准组织施工。发生伤亡及其他安全事故，乙方应立即上报甲方，并全力组织抢救，采取有效措施防止事故扩大，妥善保护事故现场。因乙方违反国家、工程所在地政府、发包人及甲方的安全、质量生产相关规章制度、工程指令和本合同的相关约定等而导致的任何质量和伤亡事故，乙方应对此承担全部责任及费用。并承担给甲方造成的经济损失。

9.4　安全设备及要求

9.4.1　甲乙双方依专用条件约定为乙方工人配备符合国家规范的安全设备及劳保用品。配备的安全设备及劳保用品应通过安全防护性能测试，符合有关规定，否则不得使用。未按约定配备安全设备及劳保用品的，按专用条件约定承担罚款。

9.4.2　乙方在建筑工程施工全过程应严格按照安全生产操作规程组织施工，进入现场的人员一律佩戴安全帽，如有违反，按照甲方管理制度处理；因施工违章造成的人员伤亡，其责任和由此发生的费用由乙方全部承担。

9.4.3　乙方人员在进行高空施工时应注意做好防护措施及人身保护措施，遇有同一作业面上立体交叉时，作业人员在垂直方向不得交叉作业。如有发生此类安全事故，乙方应承担违约责任，并承担因此发生的所有赔偿责任。

9.4.4　甲方认为乙方工作中安全措施不力或安全设施不足，可要求乙方限期改正，若仍不能满足安全要求，甲方有权自行安排，所发生的费用由乙方承担。

9.5　噪声及扬尘

9.5.1　工程实施全过程，要节约资源，爱护环境，保护环境，满足社会的环保要求，避免噪声扰民并严格控制粉尘污染，如有社会投诉或因为粉尘污染受到相关部门处罚，乙方应承担相应违约责任。

9.5.2　乙方在施工过程中应最大限度地控制扰民，并负责解决出现的扰民及民扰问题，并承担相应的费用。若乙方不能平息事件，则由甲方解决，由此产生的经济支出由乙方承担。

9.6　排污

乙方因生产、生活造成的废弃物、污水等应按照甲方要求的指定地点堆、排放，如有违反，按甲方现场管理制度执行。

9.7　防火、防电

在施工过程中，乙方人员在施工过程中要注意电源、电线的摆放与连接安全，严防发生火灾、触电事故。施工现场严禁有明火，现场施工人员不准吸烟，避免明火。如需明火施工，需提前到甲方处办理动火证。施工现场要消除一切火灾隐患，并备有灭火工具。若乙方于本分包工程范围内发生一切火灾事故，应赔偿造成的所有损失及政府的处罚，并承担相应违约责任。

9.8　体检

乙方进场施工人员须有一年内的体检记录，确保身体健康，无突发性及传染性病史。否则，因此导致的职工健康、安全或疾病事故等责任均由乙方承担。

9.9　CI 形象

乙方施工及临界设施范围内 CI 形象由甲方统一一制作及安装，费用由甲方承担。甲方将不定期对乙方施工范围内的文明施工及 CI 形象进行检查，乙方需进行日常维护，以达到甲方的要求。如维护过程中出现损坏或丢失等情况，整改、修复及重置的费用由乙方负责，按照甲方实际发生费用的 120%进行赔偿。

9.10　其他

若专用条件或甲方现场管理制度有更为详细的规定，乙方应遵照执行。

10. 材料及设备管理

10.1　辅材及中小型机具

10.1.1　材料、设备进场的时间及程序

乙方应及时组织符合本合同约定、施工生产需要及国家相关规范要求工程需要的材料进场，乙方应遵守甲方材料进出场规定和其他材料的相关制度。原材料购买前七天及时向甲方提供样品，并按经甲方确认的样品采购材料。

10.1.2　提供材料的产品资料

乙方应随进场材料向甲方提供产品合格证书、检测报告等资料，否则，甲方将拒绝材料进入现场。

10.1.3　材料的质量与检测

10.1.3.1　乙方采购的材料应按工程所在地的检验试验规定自行对材料进行见证取样，并承担材料检验试验的全部费用。检验试验结果收集整理后随完工资料移交给甲方。

10.1.3.2　由乙方提供的材料必须与整体工程所用材料的材质、颜色、外观、性能配套。

10.1.3.3　不论乙方提供的材料是否经过甲方检验，均不减轻乙方的责任，甲方也不

对其检验结果承担任何责任。

10.1.4　违约责任

10.1.4.1　乙方在施工过程中未经甲方书面许可，不得擅自更换材料用于本分包工程施工。否则，甲方将视为乙方擅自降低材料标准而违约，乙方将为此承担相应的违约责任。甲方要求改正的，应立即改正，并承担因此发生的费用。若因此造成甲方损失，乙方应负责赔偿。

10.1.4.2　因材质不配套或材料进场不及时等特殊情况，甲方可自行采购乙方分包工程范围内部分材料用于本分包工程，发生的费用按甲方的采购价（依甲方采购合同确定）从乙方工程当期付款中扣除。

10.2　甲方供应材料

10.2.1　计划

10.2.1.1　乙方若需使用甲方供应材料（具体材料规格及数量见专用条件约定），应在本合同签订后三日内报送需求计划给甲方，该计划应包括材料的需求数量。甲方按专用条件约定审核确认后，该需求计划生效。除设计变更外，甲方仅按该需求计划的材料种类及数量提供，但该计划并不作为乙方完成实物工程数量的依据。设计变更所需甲供材在甲方通知乙方后三日内报送需求计划。

10.2.1.2　乙方在材料使用前十五天报送详细的需求报告，以确保甲方及时供货给乙方使用。因乙方计划或报告提供不及时导致甲供材不及时，由乙方承担相应的工期责任及相关费用损失。

10.2.2　使用

10.2.2.1　在施工过程中，甲供材料及甲供设备到场后即由乙方专职材料人员负责验收，承担保管、保养、维护等责任。发生的卸车、清点、保管、保养及维护费用均已包含在本合同价款内。

10.2.2.2　乙方应妥善保管、合理使用甲方供应的材料、设备。因保管不善发生丢失、损坏，乙方应赔偿，并承担因此造成的工期延误等发生的一切经济损失。甲方对现场使用的甲供材料及甲供设备有优先的占有控制、管理权，如发现乙方浪费材料、损坏设备，乙方应按照甲方现场管理规定支付违约金。现场剩余的材料及废料由乙方负责及时清理运回现场材料仓库，并及时办理相应手续，不得乱放。

10.2.2.3　若乙方使用甲方供应的材料超过甲方审定的需求计划，其超过部分由乙方自行采购，且采购的品牌、质量、颜色、外观应与甲方供应的材料及设备保持一致，或由甲方供应，按甲方采购价（依甲方采购合同确定）从乙方工程款中扣除。

10.2.2.4　乙方严禁擅自使用甲方物资，同时应严格遵守甲方各项物资管理制度，进出场物资必须先向甲方申报，待甲方书面认可后方可进场或退场。擅自使用的，除返还原值外，还应承担专用条件约定的罚款。

10.2.2.5　所有应由甲方采购供应的材料、半成品，即使由乙方采购供应被用于工程，但若未经甲方项目经理书面批准和认可的，一概不计入乙方的工程价款或其他属甲方向乙方支付的任何款项内。

10.3　甲方供应设备

10.3.1　甲供设备种类、数量及提供时间见专用条件约定。

10.3.2　乙方在使用完毕后，应立即将甲供设备退还给甲方，并办理退还手续。退还时其回收率不得低于专用条件约定的回收率，因乙方保管、使用不善造成的丢失、损坏或低于该回收率的，由乙方负责按此类周转机具/材料的原值赔偿不足部分，或由甲方在应付乙方工程价款中扣除。甲方提供的现场照明灯具、灯泡（管）在施工过程中更换时应以旧换新。

10.4　对甲方供应材料的加工、管理

10.4.1　乙方工作内容若包括对甲方供应材料的加工、管理时，乙方应编制材料加工方案，计算材料需求数量及可退还材料数量，在本合同签订后七天内报甲方，甲方应依据专用条件约定的计算规则进行核实。经甲方核实后，该加工方案、需求数量及退还数量成为本合同文件的一部分。乙方未及时报送的，甲方可自行编制方案并通知乙方，通知后即成为具备合同效力的文件。

10.4.2　乙方在退还甲方材料时，应将其返回原状，并在与甲方核对退还数量及质量后，完成退还工作。若退还材料少于约定退还数量时，由乙方负责按甲方采购价格的原值赔偿，或由甲方在应付工程款中扣除。材料复原及退还材料发生的费用承担等具体在专用条件中约定，无约定时视为由乙方承担。

11. 检验、验收及完工

11.1　验收程序

11.1.1　乙方应在每个分项样板工程施工完、每一道工序施工完，每个分项工程施工完后进行自检后，依本合同约定时间以书面形式通知甲方进行验收。

11.1.2　上道工序未自检、甲方和监理未验收或验收不合格，不得进入下道工序施工。施工中乙方应严格执行隐蔽工程和隐蔽验收制度。

11.1.3　如因甲方未按乙方通知时间及时进行验收，造成工期延误，按本合同第 4.3 条约定处理。

11.2　隐蔽工程检验、阶段检验及完工检验

11.2.1　工程具备覆盖、掩盖条件或达到本合同约定的中间验收部位，乙方自检合格后，在隐蔽和中间验收 48 小时前通知甲方代表进行验收。通知包括乙方自检记录、隐蔽和中间验收的内容、验收时间和地点。验收合格，甲方代表在验收记录上签字后，方可进行隐蔽和继续施工；验收不合格，乙方在限定时间内修改后重新验收。

11.2.2　乙方在工程完工后应通知甲方办理完工验收，并向甲方提交完工验收报告及有关资料施工技术基础资料（包括施工日志），甲方在收到上述资料后的 14 个工作日内应组织有关部门验收，并在验收后的 7 个工作日内给予批准或提出修改意见。需要修改的，乙方按甲方要求修改，并承担由自身原因造成的修改费用。在甲方、监理在完工验收单上签字，明确表示本分包工程符合本合同约定的质量标准之日，为工程完工时间。

11.2.3　乙方应协助甲方办理整体工程完工验收，及时完成验收提出的整改内容；并负责向甲方提交产品合格证、完工报告及符合地方标准的资料。如有缺项、漏项或资料不合格等情况，甲方有权不办理工程结算，不支付剩余工程价款及保修金。

11.3　重新检验

11.3.1　检查检验合格后，发现因乙方原因引起的质量问题，仍由乙方承担返修责任及费用，赔偿甲方因此造成的损失。甲方并不为其检查检验的行为承担任何责任。若乙方拒不返修或整改，则由甲方自行聘请第三方返修，并按其与第三方实际发生费用从乙方应付工程款中扣除。

11.3.2　无论是否进行验收，当建设单位、监理工程师、甲方要求对已经隐蔽的工程重新检验时，乙方应按要求进行剥离和开孔，并在检验后重新覆盖或修复。检验合格后，由发出重新检验指令一方承担由此发生的全部费用，赔偿乙方损失，并相应顺延工期。检验不合格，乙方承担检验、返工、修理发生的全部费用，工期不顺延。

12. 工程保修

12.1　保修期

保修期及保修金比例由双方在专用条件中约定。

12.2　保修责任

12.2.1　保修期内，乙方在收到甲方保修通知后 24 小时内派人修理，不得以尚未确定维修义务的责任方或已认定为第三方，而拒绝维修。如乙方未能在规定的期限内到场维修或未在约定期限内维修完毕的，甲方有权委托第三方按照原设计标准进行维修，无论是否为乙方过错，费用均由乙方支付。

12.2.2　如发生需要乙方紧急抢修的事故，乙方应在接到甲方通知 12 小时内到达事故现场抢修。

12.2.3　分包方未及时履行保修义务，导致总包方、业主或经许可的其他物业使用者的财产或人身造成损失的，应承担全部赔偿责任。

12.3　保修金的返还

保修金在专用条件约定时间内无息支付给乙方。

13. 合同价格

13.1　合同价格模式

下列合同价款的方式，甲、乙双方在本工程分包合同中约定采用其中的一种：

（1）固定合同总价；

（2）固定综合单价，结算时综合单价不变，工程量计算和变更价款的调整依据本合同第 13.4 条及专用条件的约定执行；

（3）固定综合单价+措施费包干，结算时综合单价不变，工程量计算和变更价款的调整依据本合同第 13.4 条及专用条件的约定执行，措施费总价包干；

（4）约定不同工种劳务的计时单价，按确认的工时计算；

（5）其他方式。

13.2 合同价格内包括的风险及费用

13.2.1 本分包工程的第（1）种计价方式的合同总价款和第（2）、（3）种计价方式的单价，除本合同另有约定外，均为一次性含税包干价，乙方不得以低于成本、出现亏损等任何原因要求调高价款。

13.2.2 除非专用条件另有约定，否则下述风险及费用已含在本合同价款内，不予调整：

（1）乙方完成的实际工程量与乙方标价的清单内工程量的差异（仅为固定合同总价包括的风险范围）；

（2）经过乙方标价的工程量清单（或乙方投标报价）各分项工程、各子目中的计算、价格错误及组价的漏项；

（3）乙方为完成本合同所述工作范围内及相关的所有工作内容发生的费用；

（4）乙方施工范围或施工工程量的增加或减少导致价格的变化；

（5）材料价格及人工价格上涨或下落；

（6）税率及费率的变化；

（7）国家法律、法规、政策的变化；

（8）当地工程造价管理部门公布的各种价格调整；

（9）其他。

13.3 工时或工程量的计算

13.3.1 采用固定合同总价方式的，施工过程中不计算工时和工程量。

13.3.2 采用固定综合单价模式的，甲乙双方按专用条件约定的计量规则，按图计算工程量。

13.3.3 采用劳务计时单价模式的，由乙方每日统计其用工数量，报甲方审核确认工时数量。

13.3.4 对乙方自行超出设计图纸范围和因乙方原因造成返工的工程量，甲方不予计量。

13.4 合同价格的调整

13.4.1 价格调整的程序。

若发生影响本合同价款的事由，乙方需在七天内向甲方提出调整本合同价款的请求并附所有证明资料。若乙方未按本条所述时限和方式提出合同价款调整的请求，则甲方有权单方面确认调整金额，乙方不得再行提出任何异议。

13.4.2 价格调整的计算方式。因设计变更发生的价格调整，清单中已有相同项目的，按照已有项目填报单价调整；清单中有类似项目的，参照类似项目填报单价调整；清单中没有相同或类似项目的，由双方协商确定。

14. 合同价款的支付

14.1 预付款见专用条件约定。

14.2 进度款的支付

14.2.1 在专用条件约定的时间内，由乙方向甲方报送已完成工程量，该报告应完整、准确的统计当期工作量完成情况，并包括中期结算价及明细表及上期农民工工资已发放的工资单据。

14.2.2　甲方在收到乙方报送工程量后，对其进行审核确认，甲方在进行审核前 24 小时应通知乙方，乙方为计量提供便利条件并派人参加。乙方收到通知后不参加计量，计量结果有效，作为当期工程款支付的依据。

14.2.3　甲方审核确认的工程量，抵扣工程预付款及其他应扣除金额，并在甲方收到建设单位当期付款后，向乙方支付工程进度款，具体支付比例及时间在专用条件中明确。甲方未予审核的，不能视为甲方对其的默认，只有当甲方以书面形式明确认可时，方表示该工程量的计算得到确认。

14.2.4　乙方未按本合同约定的时限和方式向甲方提交已完工程量报告，或其所提交的报告未按甲方要求进行整改的，甲方不予计量，并视为乙方放弃当期支付请求。

14.2.5　甲方依本条约定确认的工程进度款仅为中期付款依据，对双方不产生任何合同价款确认方面的约束力，且并不视为对因变更调整的合同价款、索赔的价款或费用以及其他约定的追加合同价款的确认。

14.2.6　因变更调整的合同价款、索赔价款或费用及其他依本合同约定追加的合同价款由双方确认后在最终结算时一并支付。

14.3　工程尾款的支付

乙方承接本分包工程完工结算完毕后，除保留保修金外，甲方按专用条件约定支付剩余工程尾款。

14.4　代扣款项

依规定应由甲方代扣代缴的已计入合同价格中的各类款项，由甲方在向乙方支付款项时直接扣除（具体代扣代缴款项结合实际情况由合同双方约定）。

14.5　拒绝付款

除本合同其他约定外，甲方有权自在以下情况发生当期起，拒绝支付乙方工程款，直至乙方整改完毕，符合本合同约定后再行支付，延付期间甲方不承担任何利息及违约责任，并且乙方需对其违约行为承担违约责任：

（1）乙方未按本合同约定履行义务或履行义务不完全（包括本合同约定的工期、质量、材料检验、成品保护、资料提交、农民工工资发放等所有本合同约定的乙方义务）的；

（2）乙方未在提出每期付款请求前提供足额税务发票的。

15. 变更

15.1　变更的范围和内容

在履行本合同时发生以下情形之一，可按照本条规定进行变更：

（1）缩小乙方工作范围或取消合同中的任何一项工作；

（2）改变合同中任何一项工作的质量或特性；

（3）更改工程有关部分的标高、基线、位置和尺寸；

（4）增减合同约定的工程量；

（5）改变有关的施工时间和顺序；

（6）其他有关工程变更需要的附加工作。

15.2 变更的指令

15.2.1 乙方应根据以下指令，以更改、增补或省略的方式对本分包工程进行变更：

（1）建设单位或监理根据总包合同做出的，并经甲方确认通知乙方的变更指令；

（2）除上述第（1）项以外的甲方直接做出的变更指令。

15.2.2 乙方不应执行从建设单位或监理处直接收到的未经甲方确认的分包工程变更的指令。如乙方直接收到此类变更指令，应立即通知甲方并向甲方提供一份该直接指令的复印件。由甲方提出关于对该指令的处理意见后，按甲方意见实施。

15.2.3 施工中乙方不得擅自进行任何变更。因乙方擅自变更发生的费用和由此导致甲方的全部损失，由乙方承担，延误的工期不予顺延。

15.3 变更的计价和对工期的影响

15.3.1 发生工程变更后，按本合同第13.4条及专用条件的约定调整合同价格。

15.3.2 变更工作影响工期的，按本合同第4.3.3条约定办理。

15.3.3 因乙方自身原因导致的工程变更，乙方无权要求追加合同价款及顺延工期。

16. 索赔

16.1 协助索赔

在分包工程实施过程中，如果按总包合同可进行索赔时，则乙方应尽其最大可能，以书面形式提供分包工程方面的相关情况或其他资料，出示同期施工记录等有效证据，协助甲方索赔成功。任何此类乙方索赔的款项均应在甲方业已从建设单位取得相关索赔款项的前提下支付，且索赔额度不超过建设单位批准索赔额中劳务费用额度。若因乙方原因导致甲方索赔不成功，甲方有权不批准乙方的该项索赔，且造成甲方的全部损失由乙方承担。

16.2 索赔的程序

乙方应在索赔事件发生7天内，将索赔数额和索赔依据上报甲方。若乙方未按时报送索赔事项，视为乙方放弃其索赔权利，在此时间后提交的任何补充索赔请求均不予批准。

17. 合同价款结算

17.1 结算的计价方式

17.1.1 若采用固定合同总价模式，则最终结算价款为本合同中约定的合同总价与合同确定的调整金额之和。

17.1.2 若采用固定综合单价合同、计时单价合同模式，最终结算价款均为其单价与依合同确定的工程量/工日/数量之乘积，加上合同确定的调整金额。

17.2 结算的程序

17.2.1 乙方应在本分包工程完工，并验收合格之日起28天内向甲方上报其结算资料，结算资料应包括其结算总价及明细表。甲方在收到该结算资料后予以审核，并经甲方代表签字确认后生效。甲方未对该结算资料提出意见不能视为默认，仅在甲方以书面形式明确表示同意后，结算资料方视为认可。

17.2.2　若乙方未在该期限内。上报结算资料，或结算资料不符合本条约定，则被视为乙方违反本合同约定，甲方有权根据甲方现有资料，单方面进行计算，并确定结算价格，乙方应无条件接受，且不得提出异议，不得以价格高低为由影响施工，由此造成的工期延误和费用损失由乙方承担。。甲方并有权扣留本合同约定结算完成后应付的任何款项，直至结算最终办理完毕，且乙方无权要求甲方承担任何违约责任及利息。甲方前期依据本合同已支付的款项被视为已满足乙方支付农民工工资的需要，若因此发生乙方拖欠农民工工资、农民工聚众闹事等情况，乙方将承担结算价款的10%/1次的违约责任。

17.3　配合甲方与建设单位的结算

甲方若要求乙方就总包合同工程结算事宜，与工程监理、建设单位或建设单位委托的审查单位共同核实时，不论与乙方的结算价格是否直接相关，乙方均须按甲方的要求予以配合。若乙方未予以配合的，造成甲方与建设单位结算中未能获得相应价款的，乙方在本合同价款的结算中不得计取。

18. 违约

18.1　乙方违约责任

18.1.1　乙方未按本合同约定按时达到甲方、建设单位要求的工期节点或完工时间完工的，除本合同其他条款承担约定的违约责任外，还应按专用条件中约定的比例承担违金。

18.1.2　乙方施工质量不符合本合同约定标准的，乙方除按本合同约定进行修复外，还应承担相应的违约金，违约金比例在专用条件中约定。

18.1.3　乙方未按约定组织符合工程要求且持有相应资格证书的劳务作业人员进场的，除按本合同约定尽快安排劳务作业人员尽快进场外，还应按专用条件中约定的比例承担违约金。

18.1.4　乙方未按甲方要求进行安全文明施工的，除按本合同约定尽快纠正外，还应按专用条件中约定的比例承担违约金。

18.1.5　乙方未每月向甲方提供上月劳务分包人在本项目，上所有劳务作业人员的工资核算及支付情况的盖章书面记录的，除按本合同约定尽快向甲方提交外，还应按专用条件中约定的比例承担违约金。

18.1.6　乙方未与其劳务作业人员签订书面劳动合同，或未按时足额支付劳务作业人员工资并支付法定社会保险的，除按照本合同其他条款承担约定的违约责任外，还应按专用条件中约定的比例承担违约金。

18.1.7　其他违约责任在其他通用条件及专用条件中约定。

18.2　甲方违约责任

若乙方完全履行了本合同的所约定的责任和义务，而甲方应按本合同未尽支付价款义务时，甲方按合同专用条件约定承担违约责任，乙方对此无权再获得任何其他工期延长或费用、利润的增加。

18.3 违约金的扣除

18.3.1 甲方可直接依据本合同约定扣除违约金，而不需得到乙方的确认。

18.3.2 一方违约后，另一方要求违约方继续履行本合同时，违约方承担违约责任后仍应继续履行本合同。

19. 合同的解除

19.1 因乙方违约而解除合同

乙方存在违约行为，或甲方认为乙方没有能力履行本合同时，甲方可向乙方发出解除本合同的通知，通知到达乙方时合同解除，由乙方承担违约责任，赔偿甲方全部损失。甲方也可选择向乙方发出整改通知要求整改，乙方不能按照整改通知进行整改或者整改结果不能满足甲方要求的，甲方可将本合同约定的乙方工作内容的一部分或全部，自行组织实施、整改或委托第三方实施、整改。由甲方自行组织实施、整改或第三方实施、整改的，除相应工程量不进入乙方的合同结算价款外，由此所造成差价及因此导致的工期延误责任，均应由乙方承担。

19.2 因建设单位原因而解除合同

如因建设单位的原因致使本合同无法履行，或因建设单位原因造成工程停建或缓建达到专用条件约定时限的，甲方和乙方可以协商解除本合同。

19.3 合同解除后的移交和撤场

本合同解除后 48 小时内，乙方应将已完工程和剩余材料、设备全部移交甲方，按甲方要求撤出施工场地。甲方应为乙方撤出提供必要条件，所产生的费用按专用条件约定承担。若乙方不按规定时间离场，甲方向乙方收取占住费，该笔费用直接从本分包工程结算款中扣除，同时要求乙方承担相应违约责任。占住费及违约责任由双方在专用条件中约定。

20. 担保及保险

20.1 履约担保

乙方在本合同签订后七天内，按专用条件约定向甲方提供履约担保，担保有效期至整体工程竣工验收之日止。甲方在未收到乙方提供的合格的履约担保前，有权不向乙方支付任何工程款或工程进度款。

20.2 保险

20.2.1 甲方已购买工程保险（具体见专用条件所述），乙方应视其需要自行购买保险，保险费用已包含在本合同价款中。若发生甲方购买保险保赔额以外的损失，由乙方承担。

20.2.2 若根据本合同约定，应由乙方承担工期延误责任时，因此导致保险期延长的损失，也应由乙方承担。

21. 争议

如果在承包人和分包人之间产生由于分包工程的施工的任何争议，无论是在分包工程施工期间或竣工之后，也不论是在分包合同有效或终止分包合同之前或之后，承包人或分包人可就此类争议向另一方发出通知。在此情况下，双方应设法通过友好协商解决争议或由第三方进行调解；当协商不成或调解不成时，双方可选择以下一种作为争议的解决方式：

（1）双方达成仲裁协议，向约定的仲裁委员会申请仲裁。仲裁机构应由双方在本合同的专用条件中约定。在分包工程实施过程中，承包人和分包人各自的权利义务不因正在进行仲裁为由而改变。

（2）向有管辖权的人民法院起诉。双方也可在本合同的专用条件中约定选择。在分包工程实施过程中，承包人和分包人各自的权利义务不因以正在进行诉讼为由而改变。

22. 不可抗力

22.1 不可抗力事件定义

本合同中不可抗力的定义与总包合同的定义相同。

22.2 减少不可抗力的损失

22.2.1 不可抗力事件发生后，乙方应立即通知甲方项目经理，并在力所能及的条件下迅速采取措施，尽力减少损失，甲方应协助乙方采取措施。若因乙方未能尽力挽救，导致损失扩大的，由乙方承担全部责任。

22.2.2 甲方项目经理认为乙方应当暂停工作的，乙方应暂停工作。不可抗力事件结束后 48 小时内乙方向甲方项目经理通报受害情况和损失情况，及预计清理和修复的费用。不可抗力事件持续发生，乙方应每隔 7 天向甲方项目经理通报一次受害情况。不可抗力结束后 14 天内，乙方应向甲方项目经理提交清理和修复费用的正式报告和有关文件。

22.3 不可抗力责任承担

22.3.1 本分包工程本身的损害、因不可抗力导致第三人人员伤亡和财产损失以及运至施工场地用于施工的材料和待安装的设备的损害，由建设单位承担。

22.3.2 甲乙双方人员伤亡引起的全部责任各自承担。

22.3.3 乙方机械设备损坏及停工损失，由乙方承担。

22.3.4 停工期间，乙方应甲方要求留在施工场地的必要的管理人员及保卫人员的费用由甲方承担。

22.3.5 工程所需清理、修复费用，由甲方承担。

22.3.6 延误的工期相应顺延。

23. 文物和地下障碍物

23.1 在施工过程中发现古墓、古建筑遗址等文物和化石或其他有考古、地质研究价值的物品时，乙方应立即保护好现场并于 4 小时内以书面形式通知甲方，甲方应于收到书面通知后 24 小时内报告当地文物管理部门，甲乙双方按文物管理部门的要求采取妥善保护措施。由此发生的费用和延误的工期，经甲方确认后，按专用条件约定处理。如乙方发现后隐瞒不报或哄抢文物，致使文物遭受破坏，乙方依法承担相应责任。

23.2 施工过程中发现影响工作的地下障碍物时，乙方应于 8 小时内以书面形式通知甲方，同时提出处置方案，甲方收到处置方案后24小时内予以认可或提出修改方案，由此发生的费用和延误的工期，经甲方确认后，按专用条件约定处理。所发现的地下障碍物有归属单位时，甲方应报请有关部门协同处置。

24. 知识产权

24.1 甲方与乙方双方共同约定，与本工程（包括但不限于乙方分包范围所涉工程内容）相关的一切发明创造，其专利申请权、所有权、使用权及其他相关权利均归属甲方，未经甲方书面许可，均不得另行申请专利及相关权利，若甲方认为，双方可以共同享有专利权，可以以书面形式同意双方共同申请专利权，但甲方必须为第一专利申请人和第一专利权人。甲方就本工程所涉一切文字、图纸、图表和其他资料（包括纸面形式和电子数据形式）拥有著作权，该权利受《中华人民共和国著作权法》保护。乙方未经甲方书面许可不得使用、发表或以其他方式利用、处置。本工程所涉前述限制之外的设计资料，施工组织设计、技术方案、工艺流程、材料配方、图纸、数据等技术资料，非经甲方书面许可不得擅自使用、发表或向第三人披露。

24.2 甲方所使用的商标受《中华人民共和国商标法》保护，未经甲方书面批准，乙方不得使用相同或者近似的商标，也不得伪造、更换、擅自制造甲方的商标标识等其他行为。

24.3 本工程中，乙方确保其所提供使用的材料、设备、机械等不得侵害任何第三人的商标权、专利权或著作权等权利。如对任何第三人的知识产权造成侵权，侵权责任由乙方向权利人承担。

24.4 乙方如果违反以上约定，则按照专用条款约定的违约金计算方法向甲方支付违约金。如该违约金低于甲方的损失，乙方应当按照甲方的实际损失或者乙方所获得的利益赔偿甲方。

25. 其他

25.1 禁止转让合同权利或义务

本合同任何一方不得单方面转让合同权利或义务，若确需转让合同权利或合同义务，必须满足以下两个条件：

（1）取得合同另一方明确的书面同意意见；

（2）签订合同权利、义务转让协议。

25.2 合同备案

本合同签订后15天内，乙方应负责至相关行政管理机关办理分包工程备案手续，甲方给予必要的协助。办理备案手续发生的费用由乙方承担，且未能办理备案前，甲方有权不支付任何合同价款。若本合同发生重大变更的，乙方应当自变更后7个工作日内，将变更协议送原备案机关备案完成后，变更协议生效。

25.3 合同生效与终止

本合同自双方加盖公章并经法定代表人或授权代理人签字之日起生效。在完工结算办理完，乙方将工程交付甲方，甲方支付约定的工程款后，除有关保修条款仍然生效外，其他条款即告终止。保修期满后，有关保修条款自行终止。

25.4 合同发票

支付款项时乙方向甲方提供工程所在地税务机关出具的合法发票和乙方缴税单据（缴税单据需加盖乙方财务专用章），开具发票的税费已含在本合同单价中，否则甲方有权不付款。乙方应保证所提供的发票真实、合法、有效，如因乙方发票不符合税法相关规定而给甲方带来的经济损失乙方应予以赔偿，且须更换相应发票。相关经济损失赔偿额包括但不限于票面金额按企业所得税率 25%计算的企业所得税额以及滞纳金、罚款等损失。

第三部分

专用条件

（注：本条件序号与通用条件一一对应）

2. 工程概况

本工程概况描述如下：

（1）项目简介

××人工岛项目位于××省××市××湾，填海面积 24 km^2，设计护岸总长为 20 km。其中南护岸采用大型钢圆筒圆堰的直立式护岸，总长度达 9 km。钢圆筒总计 290 个、直径 30 m，筒高 25～39 m。单个钢圆筒质量达 500～800 t，单个副格质量达 65～105 t。

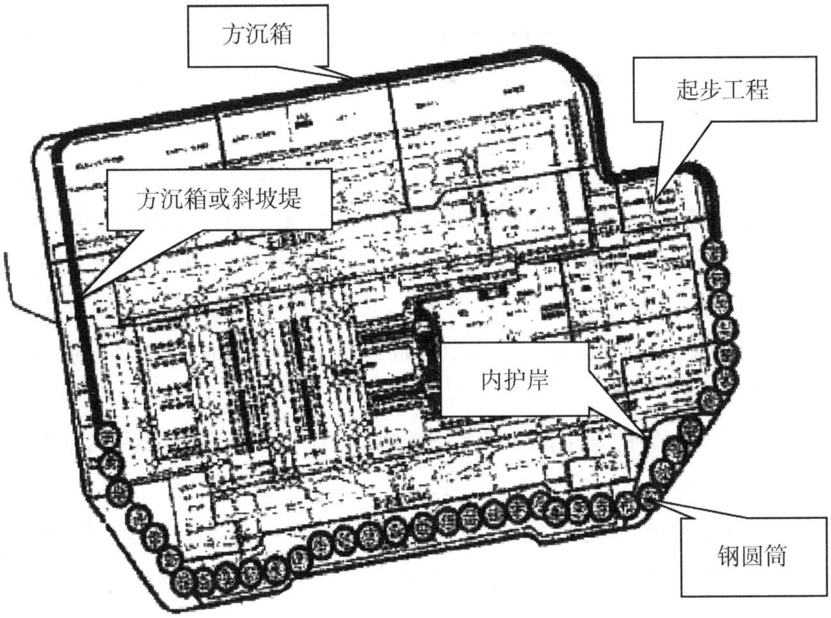

（2）结构形式

钢圆筒、副格及宽榫槽（不等边角钢）的钢材选用 Q345B，钢圆筒主体壁厚 22 mm，顶部及底部加强钢板厚 30 mm，海侧副格壁厚 20 mm，陆侧壁厚 16 mm。

钢圆筒之间净距为 3.0 m，钢圆筒之间采用副格连接，副格的弧形钢板两端焊接“T”形锁口，“T”形锁口与焊接在钢圆筒上宽榫槽相连。

加强竖肋（“T”形钢）每 7.5 一道，共 48 道；环形加劲肋约 3.3 m 一道，共 8 道，均采用 Q235B 型钢。

（3）防腐涂层

采用海工专用环氧重防腐涂层和牺牲阳极阴极保护或者外加电流明极保护联合对钢圆筒结构实施保护。

保护区域	涂层类型	表面处理	施工道数/道	干膜厚度/μm
水下区	环氧重防腐涂层（黑灰色）	Sa 2.5	2	900
回填区	环氧重防腐涂层（黑灰色）	Sa 2.5	2	900

水下区涂装范围：钢圆筒及钢副格外壁迎水面，距顶端 4.9 m 以下至 29 m 范围，包括榫槽及其附件的所有外露表面。

回填区涂装范围：钢圆筒及钢副格外壁迎水面，距顶端 29～33.5 m；钢圆筒内及钢副格圆闭区、钢圆筒及钢副格回填区从顶端至底端；涂装范围包括榫槽及其附件的所有外露表面；钢圆筒及钢副格内壁加强肋不做涂装要求，但加强肋和筒壁连接的焊缝部位的涂装余量不少于 20 mm。

（4）具体详见建设单位所发施工图纸、工程量清单所示全部内容及招标文件。

3. 工作内容

乙方工作内容包括（可列附件详细规定，参见附件“分包合同工作内容细化”）：

根据钢圆筒加工的总体工艺流程，除锈、转运、涂装等施工在××港码头现场进行，需与现场坡口加工、卷板、组装焊接等配合作业。高峰期日处理量约 9 600 m^2（约 160 张钢板/d）。

钢圆筒加工的总体工艺流程：坡口加工→①钢材平板表面抛丸除锈→滚弧（Ø30 m 直径）→运输至喷涂车间（②设置焊缝预留不涂区域保护）→③涂层喷涂（除锈处理完成运输至喷涂车间，涂层喷涂前钢材表面如有灰尘或污染物，喷涂前需处理干净）→运输至安装现场→钢圆筒榫槽、“T”形纵肋、环形横肋等组装焊接及焊缝打磨→④焊缝及焊缝预留区域打磨、清理、补涂。其中标注①②③④的工作内容属涂层施工范畴。

具体施工内容如下：

（1）钢材表面抛丸除锈采用水平移动式抛丸机清理系统进行除锈，钢材表面达到 Sa 2.5 级，其他钢材分包方自行选择除锈方式。

（2）根据甲方提供的焊缝排版图，设置焊缝预留不涂区域，保护宜采用便捷方式，涂装施工前进行保护，涂装施工完成后可快速拆除，最好可重复利用，具体由乙方设计和实施。

（3）涂层喷涂计划：一次性喷涂到位（干膜厚 600 um、900 um 两种），喷涂设备应具备满足一次喷涂至设计技术规格书要求的涂层各项技术性能指标的适立性。

（4）焊缝及焊缝预留区域清理补涂。

甲方负责提供现场露天钢材表面处理场地、倒运吊车、运输车辆；提供约 5 000 m^2 厂房作为喷涂施工车间，沿门内设 4 趟运输轨道及钢板立放胎架及流水作业运输小车最少 24 辆；提供安全合理的焊缝及焊缝预留区域清理补涂临时作业措施，提供施工人员临时宿舍铺位，其他表面处理机具设备、涂装机具设备、测量检测仪器设备等均由乙方负责。

4. 合同工期

4.2.3 对按照阶段性工期计划，或提前完成工期节点的，甲方对乙方工期节点予以奖励。

5. 质量标准

本工程要求达到的质量等级为符合设计要求及达到国家质量验收规范合格标准，要求获得的质量奖项或需达到的质量评定标准为另行约定。

6. 甲方权利及义务

6.1.1 甲方派驻代表为××，其权限包括接收、审核并确认分包人提交的工程变更、现场签证、工程竣工结算等价款报告，以及工程竣工验收报告；协调施工现场发生的各种矛盾；代表发包人在施工现场履行合同。

甲乙双方所有经济往来函件（包括但不限于通知、联系单、变更、签证等）经甲方代表在上述授权范围内最终签字后生效，其他项目管理人员单独签字无效。甲方代表及项目管理人员在上述授权范围以外的任何行为，均需经甲方总部书面文件授权，否则无效。甲方其他权利义务还包括：无。

甲方有权要求乙方更换其认为不称职的分包项目经理，在接到甲方通知更换后乙方应于7日内完成项目经理更换并做好工作交接，否则每延期一天罚款10 000元。

7. 乙方权利及义务

7.1.2 乙方派驻代表为×××（任命书或授权委托书作为分包合同附件）。其职权包括：现场质量、工期、安全管理协调、工程预结算总负责等。乙方擅自更换管理人员应承担的违约责任为：承担合同价款5%的违约金。若乙方管理人员擅自离岗，每人每天罚款1 000元，未参加甲方生产例会，每人次罚款1 000元。

7.2.7 乙方损坏其他分包人的工作成果的，应承担的违约责任为：承担无偿修复工作以及有由此对方产生的索赔，甲方可视情况对乙方进行经济处罚。

7.5.1 乙方人员的吃、住、行由乙方负责解决，并承担费用。其提供的生产、生活设施包括：除甲方根据现场施工需要把临时电源供应至二级配电箱外，其他所有生产、生活设施（宿舍、办公用房及生产本电发包人提供）。

7.5.2 乙方于每名劳务人员进场前给每位劳务人员办理意外伤害保险，并将保险资料报甲方项目部备案，保险费用含在合同单价中。乙方逾期或拒不办理的。由甲方代为办理，并从乙方工程款中扣除。保险金额最低要求：意外伤害死亡、残疾保险金额40万元，意外伤害医疗保险金额2万元。

7.5.3 若乙方违反本条约定，每发现一例，乙方应承担罚款或违约金为：壹仟元。乙方按合同金额的2%承担违约责任，并赔偿甲方因此所受的一切损失。

7.5.5 执行通用条款。

7.6 执行通用条款。

8. 技术资料

甲方于合同签订后两天（时间）向乙方提供图纸1套，并组织图纸会审及设计交底。

9. 环境保护及安全文明施工

9.10　其他

9.4.1　乙方未按本合同约定配备安全设备、安排安全措施的，每发现一例，应承担运约金或罚款500元。

其他：乙方有义务配合甲方完善安全资料以及无偿的配合甲方所组织的安全活动。

9.10.1　甲方和乙方约定：本分包合同总价的2%作为安全文明施工费；在甲方支付乙方的第一次工程款中扣取。

9.10.2　乙方应做到安全、文明施工，满足甲方现场文明施工的措施和要求；同时满足交通、环保、民扰和扰民等政府相关部门的规定和要求，免除建设单位和甲方因此可能遭受的任何形式的损失。里方不承担任何与此有关的索赔。

9.10.3　甲方有权对乙方现场安全文明施工、CI形象及安全隐患情况进行检查，现场发现不符合，乙方应及时整改，如乙方拒不整改或整改不到位，甲方有权自行整改，所发生的费用由已方承担，在安全文明施工费中扣除，若安全文明施工费不足以弥补相应损失，则甲方按照实际损失在分包人工程款中予以扣除。

9.10.4　乙方达到甲方安全文明施工要求后，甲方在每期支付工程款时，经甲方安全负责人确认后，按照当期批复乙方计量产值的70%，并扣除当期因安全文明施工不符合甲方要求所应扣除的费用后，退回乙方安全文明施工费，每次退回时，乙方应向甲方出具与安全文明施工费金额相符的发票（发票中应标注“安全文明施工费”等与安全投入相关的内容），否则甲方不予支付该费用。

9.10.5　工程竣工验收合格后，办理结算。结算计量：全费用综合单价乘以钢圆筒及副格按设计规格书或图纸要求的涂装净面积（补涂部分已考虑在此净面积内）。

10. 材料及设备管理

10.2.1　甲供材包括：涂料、稀释剂，上述主材送至乙方现场由乙方卸货、签收后自行保管，如有丢失、损坏责任自负。涂料损耗系数为暂定1.4，根据现场武验签订补充协议按实调整。

10.2.1.1　甲供材规格及数量为见设计技术规格书，数量根据产品说明书计算。

10.2.2.1　乙方专职材料人员为××（出具授权书），若乙方更换专职材料人员，则提供更换后人员授权书。

10.2.2.3　油漆材料由乙方保存，甲供材料超出损耗部分按照甲方同时期供应材料价格的2倍从乙方工程款中扣除。

10.2.2.4　擅自使用甲方物资，除返还原值外，还应按原值5%向甲方缴纳罚款。

10.3.1　甲供设备数量、种类及提货时间：现场已具备。

10.4.1　甲方供应材料数量计算规则为根据图纸净面积乘以产品平米需用量，再乘以损耗系数。

10.4.2 材料复原及退还材料的费用承担方式为：甲方承担。

11. 检验、验收及完工

11.1.1 乙方应提前1天向甲方申请报验。

11.1.4 所有工序在施工前必须按施工图纸、规范标准和甲方要求进行样板施工。样板工程或工序经乙方自检后、甲方、监理及建设单位验收合格后，方可开展全面施工。

12. 工程保修

12.1 缺陷责任期

12.1.1 本工程缺陷责任期为：自本工程通过竣工验收之日起12个月，起始计算时间以总包方整体工程竣工验收证明书上所记载的日期为准。如在缺陷责任期内质量缺陷尚未修复完毕，则缺陷责任期终止之日延长至缺陷修补完毕之日。

12.1.2 保修金比例为：合同结算价款的10%。

12.1.3 保修金返还的时间：自本工程竣工验收合格满1年后30日内返还保修金（无息）。

12.1.4 保修范围：分包方须承担本分包合同中约定的全部工作内容及总包方在总承包工程质量保修书内由其负责修补与分包工程相衔接缺陷的责任。

12.2 质量保修期

12.2.1 工程质量保修范围和内容：承包人在质量保修期内，按照有关法律规定和合同约定，承担工程质量保修责任。质量保修范围包括主体结构工程。

12.2.2 根据《建设工程质量管理条例》及有关规定，工程的质量保修期如下：主体结构工程为设计文件规定的工程合理使用年限。

13. 合同价格

13.2.2 本工程合同价款包括的风险及费用范围有：施工机具、劳务、管理、措施、运输、维护及人、材、机市场价格的浮动等合同实施期间内的风险和责任等各项应有费用。

除通用条件规定外，本工程合同价款包括的其他风险及费用范围有：见招标文件。

13.3.2 采用综合单价模式，计量规则为：采用全费用固定综合单价模式，计量规则为：GB 50500—2013，《建设工程工程量清单计价规范》。

14. 合同价款的支付

14.1 预付款比例为：无，支付时间为：无。

14.2.3 工程进度款支付比例为：每月支付已完成工程量的70%，工程完工验收合格后付至合同额的80%，本工程结算完成后付至结算额的90%。余款10%为保修金，按照保修金返还的条款支付。支付时间为：承包人收到相关审核人员审核签字同意且承包人收到业主相应进度款后30天内支付。

14.5 支付上述款项前，分包人应向承包人提供工程所在地相应金额增值税专用发票。否则承包人有权不予支付工程款。

14.6 甲方已就本工程建设单位支付、结算条款向乙方作出详细说明，乙方知悉并认可其真实涵义，并接受可能由此产生的工程款延期支付、结算等风险，并就此风险已在投标报价中作出充分考虑。若因甲方与建设单位合同约定的付款条件发生改变从而导致本合同付款无法按照约定支付，甲方不承担任何形式的违约责任。

15. 变更

15.3　除通用条件约定外，发生变更时还应按以下原则计价：参考合同清单中相应的全费用固定综合单价，且变更内容不可超出甲方与建设方的签证范围及单价。

18. 违约

18.1.1　乙方未按本合同工期或延长的工期按时达到甲方、建设单位要求的工期节点或完工的，每延误一天，承担的违约责任为：罚款 50 000 元，且甲方保留随时解除合同的权利。

18.1.2　乙方返修后仍不能达到本合同约定要求或不及时进行返修的。其承担的违约责任为：甲方可另请劳务人员进行返修，由此产生的费用由乙方承担。

18.1.3　乙方未按照合同约定安排符合工程要求且持有相应资格证书的劳务作业人员进场的，每延误一天，承担的违约责任为：罚款 20 000 元。

18.1.4　乙方未按合同要求进行安全文明施工的；每发现一次，承担的违约责任为：罚款 2 000 元，单项未按照安全文明施工标准执行且多次不予改正的，承包方可自行处理，发生的费用直接在工程款中扣除（扣除费用不小于单项工程价款的 2%）。

18.1.5　乙方未按照合同按时提供上月在本项目上所有劳务作业人员的工资核算及支付情况的盖章书面记录的，每延误一天，承担的违约责任为：10 000 元。

18.1.6　乙方未与其劳务作业人员签订书面劳动合同，或未按时足额支付劳务作业人员工资并支付法定社会保险的，每发现一次，承担的违约责任为：承包方可根据情况直接从分包方工程款中扣除相应的费用，并加以严厉处罚 。

18.1.7　其他违约责任：乙方不得将工程转包或者分包，如若发现情况存在，甲方有权利单方面解除合同，并且由此造成的经济损失由乙方承担。

19. 合同的解除

19.2　乙方完成合同内施工任务，整体工程竣工验收合格且办理完结算、资金清算后合同解除。

19.3　若乙方于解除合同后不按甲方规定时间撤出施工场地的。占住费金额为 50 000 元/日。违约金为 合同造价的 3%。

19.4　就乙方工程范围内的有关工作，发生但不限于以下任何一项，甲方有权调整或切割乙方合同内工作内容，甚至单方解除合同，乙方应当服从。所有甲方损失均由乙方承担。

（1）建设单位明确要求进行切割与辞退的；

（2）连续两个考核节点未完成甲方节点工期的；

（3）发生重大质量事故或较大安全事故。

其他：

（1）分包商年均劳动力和施工分包能力不能满足现场需求；

（2）施工组织混乱、现场管理不善、产出能力不足，工期严重拖延，并造成重大损失的；

（3）违反合同约定条款，恶意进行经济索赔，以停工、罢工等形式要挟涨价；或合同久拖不签、竣工久拖不结（算）等严重不良行为；

（4）擅自将承包合同内容再转包、再分包或转包给个人的；

（5）拖欠人员工资，发生恶意讨薪、缠访闹事、越级上访及诉讼等恶性事件的。

其他：工程验收质量不合格，且经返修后仍不合格或工程进度拖延超过 15 日或发生一起及以上人员重伤事故或由于乙方原因给甲方造成直接经济损失超过 10 万元时，甲方有权解除合同并要求乙方承担全部损失。

20. 担保及保险

20.1　担保形式为乙方向甲方以现金或银行汇款方式提交履约保证金。担保金额为合同额的 5%。

20.1.1　履约保证金的提交时间：从春节后第二期进度款开始逐步扣回，第二期扣回 2%，第三期扣回 2%，第四期扣回 1%。

20.1.2　履约保证金的返还，按照（2）执行：

（1）履约保证金自整个工程全部竣工之日后_______日内返还。

（2）履约保证金自分包工程完工后 30 日内返还。

（3）履约保证金按照工程节点分期返还。

如乙方具有违约行为，甲方无须出具证明和陈述理由，可以随时无条件扣除履约保证金。

20.1.3　履约担保有效期的延长：根据项目工期和甲方要求顺延。

20.2　甲方已购买工程保险为工程一切险和第三方责任险。

21. 争议

双方约定，在履行分包合同过程中发生争议，双方协商解决或者调解不成时，按下列第（2）种方式解决争议：

（1）提交××仲裁委员会申请仲裁；

（2）依法向有管辖权的 合同签订所在地人民法院提起诉讼。

23. 文物和地下障碍物

24 知识产权：本合同通用条件第 24 条款约定分包人违约应承担的违约责任：分包人如果违反此约定，则按照该分包工程合同价款的 20%向总承包人另行支付违约金。如该违约金低于总承包人损失，分包人应当按照总承包人的实际损失或者分包人所获得的利益赔偿总承包人。

24.4　乙方如果违反以上约定，则按照该分包工程合同价款的 5% 向甲方另行支付违约金。

25. 其他

25.5　分包工程所有签证及零星用工（机械）必须在 7 日内由签证单（附件二）中

全部人员签字方可生效，超过 7 日未能签字则失效。

25.6　在项目整体工程施工过程中所产生的废弃物品均由乙方负责按相关部门有关法律法规进行处理。

25.7　甲方向乙方送达的通知、纪要、联系函、图纸等一切书面文件应由乙方授权人员进行签收，如出现拒签：（1）甲方可以邮寄至乙方住所地，甲方寄出时间即为送达时间，如邮寄至乙方住所地出现拒收或其他导致退件的情形，则视为已送达，乙方住所地为：××市××区××街 65 号；（2）或由甲方发送至乙方电子邮箱即视为送达，送达时间为电子邮件到达乙方邮箱地址时间。乙方邮箱为：×××××_@gg.com

本合同附件：

附件一：分部分项工程量清单与计价表

附件二：现场签证单

附件三：授权委托书

合同附件一：

分部分项工程量清单与计价表

序号	项目名称	暂估工程量	固定全费用综合单价/元	合价/元
I	钢圆筒及副格除锈、防腐涂装	500 000	20. 8	10 400 000
合计				

合同附件二：

合同外工程现场签证单

总包单位：　　　　　　　　　　分包工程名称：
分包单位：

签证原因：		
工程地点及桩位		
具体部位		
（此处填写具体数量、单位及计算过程等信息。根据实际需要可适当调整表格样式或增加附表）		
分包方负责人签字：		日期：
项目部现场负责人签字：		日期：
部门经理意见： 日期：		
项目部主管领导意见： 日期：		
项目经理意见： 日期：		

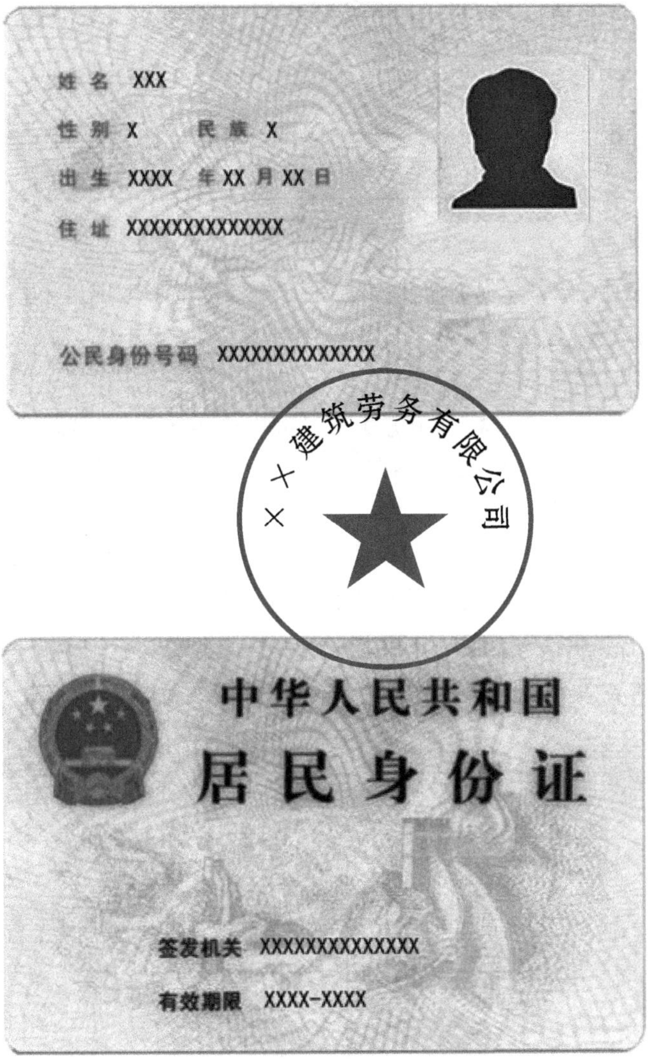
姓 名 XXX
性 别 X 民 族 X
出 生 XXXX 年 XX 月 XX 日
住 址 XXXXXXXXXXXXXX
公民身份号码 XXXXXXXXXXXXXX
××建筑劳务有限公司
中华人民共和国
居民身份证
签发机关 XXXXXXXXXXXXXXX
有效期限 XXXX-XXXX

危险废物处置服务合同书

甲方：××建筑劳务有限公司	乙方：××工贸有限公司 丙方：××工贸有限公司分公司

根据《中华人民共和国环境保护法》及《中华人民共和国固体废物污染环境防治法》等相关环境保护法律、法规关于“任何单位在生产过程中形成的废物，特别是危险废物，不得随意排放、弃置或者转移，应当依法集中处理”的规定。为最大限度地减少废物，特别是危险废物对环境的污染，保护环境，保障人民身体健康，在　省环保部门的监督下，受甲方委托，由乙方负责处理甲方生产过程中产生的废物，特别是危险废物，丙方负责收款和开泵事宜。甲、乙、丙三方经过协商，在平等互助的基础上，达成以下协议：

一、收费标准

乙方是经××省生态环境保护厅批准的危险废物集中收运、处置单位，在××省范围内以收费方式处置各类危险废物，丙方是乙方下属分公司。根据××省物价局×发改收费〔2016〕××文件，丙方按如下标准向甲方收取危险废物处置费。

收费标准单位：元

处置方式	单位	单价
焚烧	kg	4.0 元
固化	kg	3.2 元
物化	kg	3.9 元
直接填埋	kg	2.0 元
剧毒	kg	500 元
易制毒	kg	80 元

二、危险废物转移、处置的种类和数量

1. 甲方每年委托给乙方转移、处置的危险废物其数量和类型以《危险废物转移联单力为准。

2. 超出本合同范围的各类危险废物的处置价格三方另行商议。

3. 危险废物类型及数量

序号	名称	材质	生产工序	预计处理量/（kg/年）	处置方式	主要成分	国家危废名录编号	危害特性
1	其他废物	固体	喷涂	30 000	焚烧	废油漆空桶	××××××	T
合计	30 000 kg							

注：（1）处置物质量按照乙方入厂实际过磅计算。

（2）入厂过磅质量与危险废物转移联单质量允许偏差，废物毛重质量小于 4 t，误差允许≤100 kg；毛重质量大于 4 t，允许误差≤0.5%；若超出上述误差允许范围，可以第三方过磅质量为参照进行校对。

（3）预处置量为估计值，合同正常履行的情况下，合同期限届满时实际处置量至少应达到预处置量的 80%。

（4）应按照环境影响评价文件预测的工业固废产生数量的 70%或项目竣工环境保护验收报告调查工业固废数量的 50%委托乙方处置。

4. 本表与《危险废物信息调查表》《危险废物成分参考表》冲突的，以后二者为准。

三、费用及支付方式和时间

1. 本合同预计量处置总费用为人民币壹拾贰万圆整（¥120 000 元）。单次收运按实际重量计算。

2. 人工搬运费为：甲方工厂搬运上车费，由甲方承担。乙方工厂搬运下车费，由乙方承担。

3. 危险废物包装费用为：危险废物由甲方负责按《危险废物收集、贮存、运输技术规范》（HJ 2025—2012）规定进行包装。

4. 剧毒品运输由甲方自行联系有相关资质单位运输及支付运费。

5. 甲方需要乙方进行危险废物贮存、管理等方面的技术指导、支持时，乙方可提供相应的技术服务并由丙方收取技术服务费用。

6. 合同签订与收运结束后，丙方开具发票送达甲方，甲方在 7 个工作日内通过银行转账支付该批次收运的处置费用给丙方。

7. 丙方账户信息如下：

开户名称：××工贸有限公司分公司

纳税识别号：××××××××××××××××××

开户行：×××银行股份有限公司××支行

账号：××××××××××××××

四、履约保证金

1. 合同签订后十五个工作日内，甲方向丙方支付履约保证金<u>零</u>元后，丙方开具收据给甲方，用于保证合同的顺利履行。收运结束后，履约保证金转为<u>零</u>元的处置费用进行抵扣。

2. 履约保证金的额度由乙方和丙方根据合同风险确定，如发生以下情况则提高履约保证金金额：

（1）处置对象为高危、剧毒等高风险处置物的；

（2）处置物成分不明的；

（3）合同处置物变更、违约风险增加的。

3. 合同期限届满时，履约保证金的处理方式如下：

（1）因甲方原因使得乙方未发生处置业务或处置费用少于履约保证金的，履约保证金不予退还；

（2）发生第七条中丙方可没收履约保证金违约情形时，履约保证金不予退还；

（3）除第 1、2 条款的情况外，履约保证金可冲抵处置费用或予以退还。

五、三方的责任、义务

甲方：

1. 如实提供处置物信息，不得故意隐瞒或提供虚假信息。

（1）如实填写乙方发放的《危险废物信息调查表》《危险废物成分参考表》，保证危险废物信息的真实、可信，并在经双方确定的版本上签字加盖公章，附在合同之后，与合同主文具同等效力。

（2）保证提供给乙方的危险废物不出现下列异常情况，发现下还情况乙方有权暂停交接，待甲方妥善处理达到合同要求并经乙方确认后方可接收。

A. 交接过程中如出现危险废物标识不明确、包装破损、泄漏或对运输安全构成威胁的。

B. 品种未列入本合同内或需特别说明而未予说明的（危险废物可能含有易爆物质、放射性物质、多氯联苯以及氰化物等剧毒物质）。

C. 两类以上（含两类）危险废物人为混合装入同一容器内，或者将危险废物与非危险废物混合装入同一容器的。

D. 其他违反危险废物运输包装（国家标准、行业标准及通用技术标准）的。

（3）不得把本合同以外的危险废物（特别是含剧毒或放射性的危险废物）与本合同内的危险废物混合在一起交由乙方收运，否则造成的一切责任全部由甲方承担，且丙方有权按该危险废物处置价格的 10 倍向甲方收处置费，情况严重的将交由执法部门处理。

（4）有责任向乙方提供危险废物的相关资料，如危险废物的名称、含量、成分、毒性及防护知识资料等，并将危险废物成分及浓度、含量等数据列清单交给乙方，如没有成分、浓度数据，应委托第三方检测机构分析测试后告知乙方。如发现不能说明物化性质成分的危险废物应暂停交接，待明确该物化学性质及成分后进行，否则产生的一切后果及法律责任由甲方承担。

2. 负责处置物的收集、包装、暂存

（1）根据《危险废物收集、贮存、运输技术规范》（HJ 2025—2012）、《危险废物贮存污染控制标准》（GB 18597—2001）将危险废物进行严格分类、标识、规范包装后集中放置于固定存放点。其包装要求如下：

序号	废物名称	包装方式（根据化学性质）	规格
1	其他废物	袋装	/

（2）应将各类危险废物分开存放，做好标记标识，不可混入其他杂物，以保障乙方处理方便及操作安全。袋装、桶装危险废物应按照危险废物包装、标识及贮存技术规范的要求贴上标签。

3. 交付处置物时，负责乙方车辆装车、与乙方现场确认，并办理和填写转移联单。

（1）在需要移交处理相关危险废物时，至少提前 7 个工作日以书面形式通知乙方，约定交运时间及方式；

（2）须指定专人负责并配合乙方核定相关危险，废物交接数量，按规定做好《危险废物转移联单》交接登记手续；

（3）负责在本单位内部的危险废物自备装车工作（包括自备装车工具，如叉车等），并自行装车。

4. 合同中列出的危险废物交予乙方处理，合同期内不得自行处理或者交由第三方处理。

乙方：

1. 负责向甲方收集、汇总处置物信息，提供处置方案及价格。

（1）甲方提出意向后，向甲方发放《危险废物信息调查表》《危险废物成分参考表》，并指导甲方填写，然后根据甲方提供的《危险废物信息调查表》《危险废物成分参考表》信息提供包装建议并报价。

（2）负责办理危险废物交运接纳手续，做好《危险废物转移联单》交接登记及协调与政府有关部门的工作。

2. 负责到甲方指定的地点交接处置物，并安全运输至处置地。

（1）按时收运甲方委托处置的危险废物（剧毒品运输费用由甲方承担），以接到甲方的收运通知为准。如遇特殊情况，如车辆、交通、天气、市政设施变化等原因，确实无法按时收运，乙方应及时通知甲方，双方妥善解决处理。

（2）必须使用符合国家规定标准的专用车辆进行危险废物运输转移。如因运输不规范造成沿途环境污染所产生的一切后果由乙方负责。

（3）确保危险废物处理质量达到国家有关环保标准，若不达标造成环境污染，则自行承担由此产生的一切法律责任。

（4）接收时如果发现不在合同接收目录内的危险废物，乙方有权立即停止收运，双方根据实际情况协商解决。如危险废物不属于乙方经营范围目录内的应及时退回给甲方。

（5）经甲、乙双方确认危险废物交接后，全权负责所接收危险废物的管理责任。

丙方：

丙方负责收取合同费用，包括但不限于处置费、履约保证金、违约金、罚款等，并按时开具相应的票据。

六、危险废物的计重

危险废物的计重按下列方式进行：

1. 运输车辆的自重，于每次装载前由乙方提供计重工具或者支付相关费用计量，并经甲、乙、丙三方代表签字确认。

2. 装废后的重量计量，由甲、乙、丙三方共同认可的计量工具或计量机构进行计量，相关费用由甲方承担，并经甲、乙、丙三方代表签字确认。其确认凭证一式三份，三方各执一份，作为收付费用的依据。

七、违约条款

（一）有下列情况之一的，甲方可根据合同规定主张赔款，并可单方面终止协议。

1. 乙方未如实按规范要求进行工业固废处理。

2. 乙方置换甲方工业固体废物的。

（二）有下列情况之一的，乙方可根据合同法规定，追究甲方违约责任，违约金由丙方收取。

1. 甲方如果在合同约定期限内未付款，乙方有权立即停止相关服务，且甲方应向丙方支付违约金，按每天100元/t计费，并在下次收运服务费用中支付。

2. 甲方虚报预处置量或处置量不足部分达到总量 30%以上的，由此带来的法律风险，由甲方承担。

3. 甲方以任何方式故意隐瞒、虚报处置物信息的情况导致乙方发生运输、生产事故的，甲方承担包括对第三者侵权责任在内的全部法律责任。

八、合同期限

本合同有效期限自签约之日起至2017年12月31日。

九、其他

1. 本合同如有未尽事宜，或甲方在生产过程中产生新的危险废物需要乙方处置时，甲、乙、丙三方经协商一致后方可订立补充协议，其补充协议与本合同具同等法律效力。

2. 乙方厂区设备如需停产维护，乙方应提前36个小时以书面形式或电子扫描形式告知甲方暂停收运事宜。

3. 在合同有效期内若遇到不可抗力（如重大市政建设等）或重大自然灾害等因素，无法履行本合同，甲、乙、丙三方以协商为主，协商不成的，可以依法向天津市滨海新区塘沽所在地的人民法院提起诉讼。

4. 本合同一式六份，甲方执两份，乙方执三份、丙方执一份，由甲方负责送当地环保部门备案，乙方负责送至省环保部门及运输部门备案，丙方自行保全。

5. 本合同经三方法人代表、负责人或者授权代表签名并加盖公章方可正式生效。

甲方：××建筑劳务有限公司	乙方：××工贸有限公司
法人代表（或授权代表人）签字：	法人代表（或授权代表）签字：
收运联系人：	收运联系人：
收运联系电话：	收运联系电话：
	公司投诉电话：
地址：×××市××区××街	地址：×××市××区××街
签约时间：2017 年 6 月 13 日	签约时间：2017 年 6 月 13 日
	丙方：××工贸有限公司分公司
	负责人（或授权代表）签字：
	收运联系人：
	收运联系电话：
	地址：××县××镇××村
	签约时间：2017 年 6 月 13 日

××港装、卸车辆出港过磅单

日期/时间：×××××　　　　序号：×××××

单证号	×××××××××××		
流向	出港	车号	××××××
船名		毛重	27 040 kg
航次		皮毛	20 220 kg
品名规格	×××	件数	
货位		净重	6 820 kg
收货单位	×××	备注	

地磅号：　　　　操作员：　　　　货主：××

××港装、卸车辆出港过磅单

日期/时间：×××××　　　　序号：×××××

单证号	×××××××××××		
流向	出港	车号	××××××
船名		毛重	34 560 kg
航次		皮毛	20 420 kg
品名规格	×××	件数	
货位		净重	14 140 kg
收货单位	×××	备注	

地磅号：　　　　操作员：　　　　货主：××

××港装、卸车辆出港过磅单

日期/时间：×××××　　　　　　　　　　　　　序号：×××××

单证号	××××××××××		
流向	出港	车号	××××××
船名		毛重	32 800 kg
航次		皮毛	20 080 kg
品名规格	×××	件数	
货位		净重	12 720 kg
收货单位	×××	备注	

地磅号：　　　　　　　　操作员：　　　　　　　　货主：××

××港装、卸车辆出港过磅单

日期/时间：×××××　　　　　　　　　　　　　序号：×××××

单证号	××××××××××		
流向	出港	车号	××××××
船名		毛重	27 580 kg
航次		皮毛	20 240 kg
品名规格	×××	件数	
货位		净重	7 340 kg
收货单位	×××	备注	

地磅号：　　　　　　　　操作员：　　　　　　　　货主：××

××港装、卸车辆出港过磅单

日期/时间：×××××　　　　序号：×××××

单证号	×××××××××××		
流向	出港	车号	××××××
船名		毛重	29 600 kg
航次		皮毛	20 160 kg
品名规格	×××	件数	
货位		净重	9 440 kg
收货单位	×××	备注	

地磅号：　　　　操作员：　　　　货主：××

××港装、卸车辆出港过磅单

日期/时间：×××××　　　　序号：×××××

单证号	×××××××××××		
流向	出港	车号	××××××
船名		毛重	31 960 kg
航次		皮毛	20 200 kg
品名规格	×××	件数	
货位		净重	11 760 kg
收货单位	×××	备注	

地磅号：　　　　操作员：　　　　货主：××

××港装、卸车辆出港过磅单

日期/时间：×××××　　　　　　　　　　　　序号：×××××

单 证 号	×××××××××××		
流 向	出港	车 号	××××××
船 名		毛 重	30 520 kg
航 次		皮 毛	19 940 kg
品 名 规 格	×××	件 数	
货 位		净 重	10 580 kg
收 货 单 位	×××	备 注	

地磅号：　　　　　　　　操作员：　　　　　　　　货主：××

××港装、卸车辆出港过磅单

日期/时间：×××××　　　　　　　　　　　　序号：×××××

单 证 号	×××××××××××		
流 向	出港	车 号	××××××
船 名		毛 重	34 640 kg
航 次		皮 毛	20 260 kg
品 名 规 格	×××	件 数	
货 位		净 重	14 380 kg
收 货 单 位	×××	备 注	

地磅号：　　　　　　　　操作员：　　　　　　　　货主：××

××港装、卸车辆出港过磅单

日期/时间：×××××　　序号：×××××

单证号	×××××××××××		
流向	出港	车号	××××××
船名		毛重	31 980 kg
航次		皮毛	20 260 kg
品名规格	×××	件数	
货位		净重	11 720 kg
收货单位	×××	备注	

地磅号：　　操作员：　　货主：××

××港装、卸车辆出港过磅单

日期/时间：×××××　　序号：×××××

单证号	×××××××××××		
流向	出港	车号	××××××
船名		毛重	37 780 kg
航次		皮毛	19 940 kg
品名规格	×××	件数	
货位		净重	17 840 kg
收货单位	×××	备注	

地磅号：　　操作员：　　货主：××

××港装、卸车辆出港过磅单

日期/时间：×××××　　　　　　　　　　序号：×××××

单 证 号	×××××××××××		
流 向	出港	车 号	××××××
船 名		毛 重	34 380 kg
航 次		皮 毛	19 940 kg
品 名 规 格	×××	件 数	
货 位		净 重	14 440 kg
收 货 单 位	×××	备 注	

地磅号：　　　　　　操作员：　　　　　　货主：××

×××安装工程有限公司
关于施工现场投入情况的函

×××函〔2017〕4号

××省××区生态环境保护局：

应贵局要求现将我公司××现场施工投入情况函告如下：

经统计，项目开工至今累计投入约520万元。

1. 现场临建工程累计投入80万元，具体包括现场办公室的搭建、集装箱的购置等。

2. 码头场地租赁及码头改造累计投入190万元，具体包括码头1#区、5#区的场地租赁费用及1#仓库和华海仓库的租赁费用等。

3. 危险废物处理措施费30万元，具体包括危险废物的存放、运输、处置费用等。

4. 现场临电及增容改造120万元，具体包括现场临时电缆、配电室的搭设及码头电器增容费用等。

5. 安全文明措施及CI投入100万元，具体包括安全防护装备及设施的购置、安全文明评估等费用。目前该项目处于停工状态。

特此函告。

×××安装有限公司

×××安装工程有限公司

××××年××月××日

××生态环境保护局
移送涉嫌环境违法犯罪案件审批表

单位公章：　　　　　　　　　　　　　　　　审批号：浦环移字〔2017〕2 号

<table>
<tr><td>案　由</td><td colspan="5">×××安装工程有限公司和××建筑劳务有限公司涉嫌违法倾倒危险废物案</td></tr>
<tr><td>企业名称或其他经营者</td><td colspan="2">×××安装工程有限公司；
××建筑劳务有限公司</td><td>组织机构代码（或者社会信用代码）</td><td colspan="2">××××××××××；
××××××××××</td></tr>
<tr><td>地　址</td><td colspan="3">××市滨海新区×××××××××××××××××××；
××市滨海新区×××××××××××××××××××；</td><td>邮政编码</td><td>/
/</td></tr>
<tr><td>法定代表人或负责人</td><td>×××；
×××</td><td>有效证件及号码</td><td>/
××××××××××；
×××××××××</td><td>联系电话</td><td>/
/</td></tr>
<tr><td>现场负责人</td><td>×××；
×××</td><td>有效证件及号码</td><td>×××××××××××
×××××××××；
×××××××××××
×××××××××</td><td>联系电话</td><td>××××××××；
××××××</td></tr>
<tr><td>调查人员</td><td colspan="2">×××、×××</td><td>承办部门</td><td colspan="2">××生态环境保护局</td></tr>
<tr><td>案情简介</td><td colspan="5">2017 年 5 月 5 日，我局接到群众电话举报，在××开发区××村两处低洼地内（××派出所对面）倾倒有 2 堆废油漆桶、废油漆渣等工业固体废物，2017 年 5 月 23 日我局发现在××污水处理厂西侧紧临海边的空地上倾倒有类似的工业固体废物。
经查实，上述倾倒在××村和××污水处理厂西侧的废油漆渣属于 HW12 类危险废物，废油漆桶、和废油漆渣及废油漆桶混合之物属于 HW49 类危险废物，且均来自于位于××港区内的×××安装工程有限公司×××钢圆桶制作工程项目部，是由该公司和项目分包商××建筑劳务有限公司联系外面人员进厂转运倾倒的，废物数量总计 100 t，其中废油漆桶、废油漆渣等危险废物 83.96 t，一般固体废物 16.04 t。上述倾倒危险废物的行为违反了《中华人民共和国固体废物污染环境防治法》第五十五条之规定，已构成了违法事实。</td></tr>
<tr><td>移送依据和处理意见</td><td colspan="5">根据最高人民法院、最高人民检察院《关于办理环境污染刑事案件适用法律若干问题的解释》（法释〔2016〕29 号）第一条第一款第二项：非法排放、倾倒、处置危险废物三吨以上的，应当认定为“严重污染环境罪”。×××安装工程有限公司和××建筑劳务有限公司涉嫌违法倾倒 83.96 t 危险废物，已涉嫌刑事犯罪，建议将该案移送××公安局做进一步处理。
经办人：×××
年　月　日</td></tr>
<tr><td>部门执法机构意见</td><td colspan="5">同意
年　月　日</td></tr>
<tr><td>局领导意见</td><td colspan="5">同意
年　月　日</td></tr>
</table>

××生态环境保护局
涉嫌环境违法犯罪案件移送书

<table>
<tr><td>案　由</td><td colspan="5">×××安装工程有限公司和××建筑劳务有限公司
涉嫌违法倾倒危险废物案</td></tr>
<tr><td>企业名称或
其他经营者</td><td colspan="3">×××安装工程有限公司；
××建筑劳务有限公司</td><td>社会信用
代码</td><td>××××××××××；
××××××××××</td></tr>
<tr><td>地　址</td><td colspan="3">××市滨海新区××××××××××××；
××市滨海新区××××××××××××；</td><td>邮政编码</td><td>/
/</td></tr>
<tr><td>法定代表人
或负责人</td><td>×××；
×××</td><td>有效证件
及号码</td><td>/
×××××××××××
××××</td><td>联系电话</td><td>/
/</td></tr>
<tr><td>项目现场
负责人</td><td>×××；
×××</td><td>有效证件
及号码</td><td>×××××××××××
××××××××××；
×××××××××××
×××××××××××</td><td>联系电话</td><td>×××××××××××；
×××××××××××</td></tr>
<tr><td>调查人员</td><td colspan="3">×××、×××</td><td>承办部门</td><td>××生态环境保护局</td></tr>
<tr><td>简要案情</td><td colspan="5">2017 年 5 月 5 日，我局接到群众电话举报，在××开发区××村两处低洼地内（×××派出所对面）倾倒有 2 堆废油漆桶、废油漆渣等工业固体废物，2017 年 5 月 23 日我局发现在××污水处理厂西侧紧临海边的空地上倾倒有类似的工业固体废物。
经查实，上述倾倒在××村和××污水处理厂西侧的废油漆渣属于 HW12 类危险废物，废油漆桶、和废油漆渣及废油漆桶混合之物属于 HW49 类危险废物，且均来自于位于××港区内的×××安装工程有限公司×××钢圆桶制作工程项目部，是由该公司和项目分包商××建筑劳务有限公司联系外面人员进厂转运倾倒的，废物数量总计 100 t，其中废油漆桶、废油漆渣等危险废物 83.96 t，一般固体废物 16.04 t。上述倾倒危险废物的行为违反了《中华人民共和国固体废物污染环境防治法》第五十五条之规定，已构成了违法事实。</td></tr>
<tr><td>移送依据</td><td colspan="5">根据最高人民法院、最高人民检察院《关于办理环境污染刑事案件适用法律若干问题的解释》（法释〔2016〕29 号）第一条第一款第二项：非法排放、倾倒、处置危险废物三吨以上的，应当认定为“严重污染环境罪”。</td></tr>
<tr><td>移送建议</td><td colspan="5">×××安装工程有限公司和××建筑劳务有限公司涉嫌违法倾倒 83.96 t 危险废物，已涉嫌刑事犯罪，建议将该案移送××公安局做进一步处理。</td></tr>
<tr><td colspan="6">经办人（执法证号）：×××××××××××

年　　月　　日
（行政机关公章）</td></tr>
</table>

涉嫌环境违法犯罪案件移送材料清单

案由：×××安装工程有限公司和××建筑劳务有限公司涉嫌违法倾倒危险废物案

材料名称	数 量	提供部门	备 注
××生态环境保护局涉嫌环境违法犯罪案件移送书	1份1页	××生态环境保护局	原件
××生态环境保护局移送涉嫌环境违法犯罪案件审批表	1份1页	××生态环境保护局	原件
违法主体认定材料	10份10页		工商营业执照复印件、授权委托书、相关人员身份证复印件
××生态环境保护局现场检查（勘察）笔录（含照片和现场勘查图）	3份10页	××生态环境保护局	原件
××生态环境保护局调查询问笔录	5份13页	××生态环境保护局	原件
环境监察记录表（含现场照片）	7份21页	××生态环境保护局	原件
现场调查取证图片资料	65张	××生态环境保护局	原件
监控录像	4个		
危险废物鉴别报告	1份19页	环境保护部华南环境科学研究所	原件
危险废物数量认定材料（含照片和过磅单）	10份48页	××生态环境保护局	原件
关于×××安装工程有限公司和××建筑劳务有限公司涉嫌违法倾倒危险废物的调查报告	1份7页	××生态环境保护局	原件
××生态环境保护局责令改正违法行为决定书（×环责改字〔2017〕1号）及送达回证	1份3页	××生态环境保护局	原件
××生态环境保护局责令改正违法行为决定书（×环责改字〔2017〕3号）及送达回证	1份2页	××生态环境保护局	原件
其他有关证据材料	7份		

移送部门人员签名（执法证号）

××××××××××

年　月　日

（移送机关盖章）

公安机关签收人签名（警官证号）

××××××××××

年　月　日

（受理机关盖章）

注：本清单一式两份，移送部门和公安机关各存一份。

××公安局

立案告知书

×公（刑）立字（2017）0106号

××生态环境保护局：

×××安装有限公司与××建筑劳务有限公司倾倒危险废物案 一案，经查，我局认为符合立案条件，现已立案侦查。

特此告知

××省××区公安局

二零一七年八月十六日

本告知书已收到

被告知人：×× 2017年8月24日

采取其他方式告知或者有特殊情况未告知的，注明情况：____________________。

办案人：×××

2017年 月 日 时

此联交被告知人

受案回执

××生态环境保护局：

你（单位）于2017年8月15日报称的×××安装有限公司与××建筑劳务公司倾倒危险废物案（受案登记表文号为×公（刑）受案字〔2017〕××××号）。

你（单位）可通过来电查询案件进展情况。

联系人、联系方式：××× ×××××××××

××市公安局
××××年××月××日

报案人、控告人、
举报人、扭送人：
年 月 日

×××安装工程有限公司涉嫌非法处置固废危险废物鉴别

委托单位：×××××××生态环境保护局
编制单位：×××××××环境科学研究所
二〇一七年六月

检验检测机构

资质认定证书

证书编号：

名称：XXXXXXXXX

地址：XXXXXXXXX

经审查，你机构已具备国家有关法律、行政法规规定的基本条件和能力，现予批准，可以向社会出具具有证明作用的数据和结果，特发此证。资质认定包括检验检测机构计量认证。

检验检测能力及授权签字人见证书附表。

许可使用标志

CMA

发证日期：XXXX年XX月XX日

有效期至：XXXX年XX月XX日

发证机关：XX质量技术监督局

本证书由国家认证认可监督管理委员会监制，在中华人民共和国境内有效。

项目名称：×××安装工程有限公司涉嫌非法处置固废危险废物鉴别
委托单位：×××××××生态环境保护局
编制单位：×××××××环境科学研究所
单位法人代表（所长）：×××
项目负责人：×××高级工程师
参加人员：×××工程师
×××工程师
报告审核：×××高级工程师

目 录

1. 项目由来

2017 年 5 月 5 日，×××生态环境保护局接报，在××大道西侧（××派出所对面），即在××村内的两处低洼地内倾倒有大量的废油漆桶、废油漆渣等工业固体废物。×××生态环境保护局执法人员到××村内的两处低洼地现场进行勘察，发现上述现场确实存在倾倒废油漆桶、废油漆渣等工业固体废物。与此同时，×××生态环境保护局 2017 年 5 月 23 日发现在××污水处理厂西侧紧临海边的空地上亦倾倒有废油漆桶、废油漆渣等工业固体废物。经与××公安局联合调查发现，上述大量的废油漆桶、油漆渣等工业固体废物均来自×××安装工程有限公司位于×××区内的××工程项目部。

经对×××安装工程有限公司项目安全总监×××调查询问，×××供认倾倒废油漆桶、废油漆渣等工业固体废物来源为×××安装工程有限公司，废油漆桶、废油漆渣等转移处置过程中没有按照危险废物转移管理规定进行处置，转移过程没有任何凭证。

根据《关于商请协助开展危险废物倾倒案件调查的函》（×环函〔2017〕49 号），需对涉案物品进行鉴定，出具危险废物鉴别报告。据此，2017 年 6 月 8 日，×××生态环境保护局委托×××环境科学研究所开展此次×××安装工程有限公司涉嫌非法处置固废的危险属性鉴别工作。

2. 鉴别委托概况

委托单位：××生态环境保护局

委托时间：2017 年 6 月 8 日

鉴别单位：××环境科学研究所

产生固废企业：×××安装工程有限公司

公司法人：×××

公司注册地址：××市×××区××××道××号

××项目部位置：××省×××区内的×××工程项目部。

3. 属性鉴别过程

根据《危险废物鉴别工作指南（试行）》《危险废物鉴别技术规范》（HJT 298—2007）、《危险废物鉴别标准通则》（GB 5085.7—2007）相关技术要求，本次固体废物属性鉴别的过程为：现场踏勘→资料调研分析→属性判别→编制报告。

4. 技术路线

根据《危险废物鉴别标准 通则》（GB 5085.7—2007）、《危险废物鉴别工作指南（试行）》（环办土函〔2016〕2297）号），×××安装工程有限公司非法处置固废危险废物鉴别的技术路线见图 1。

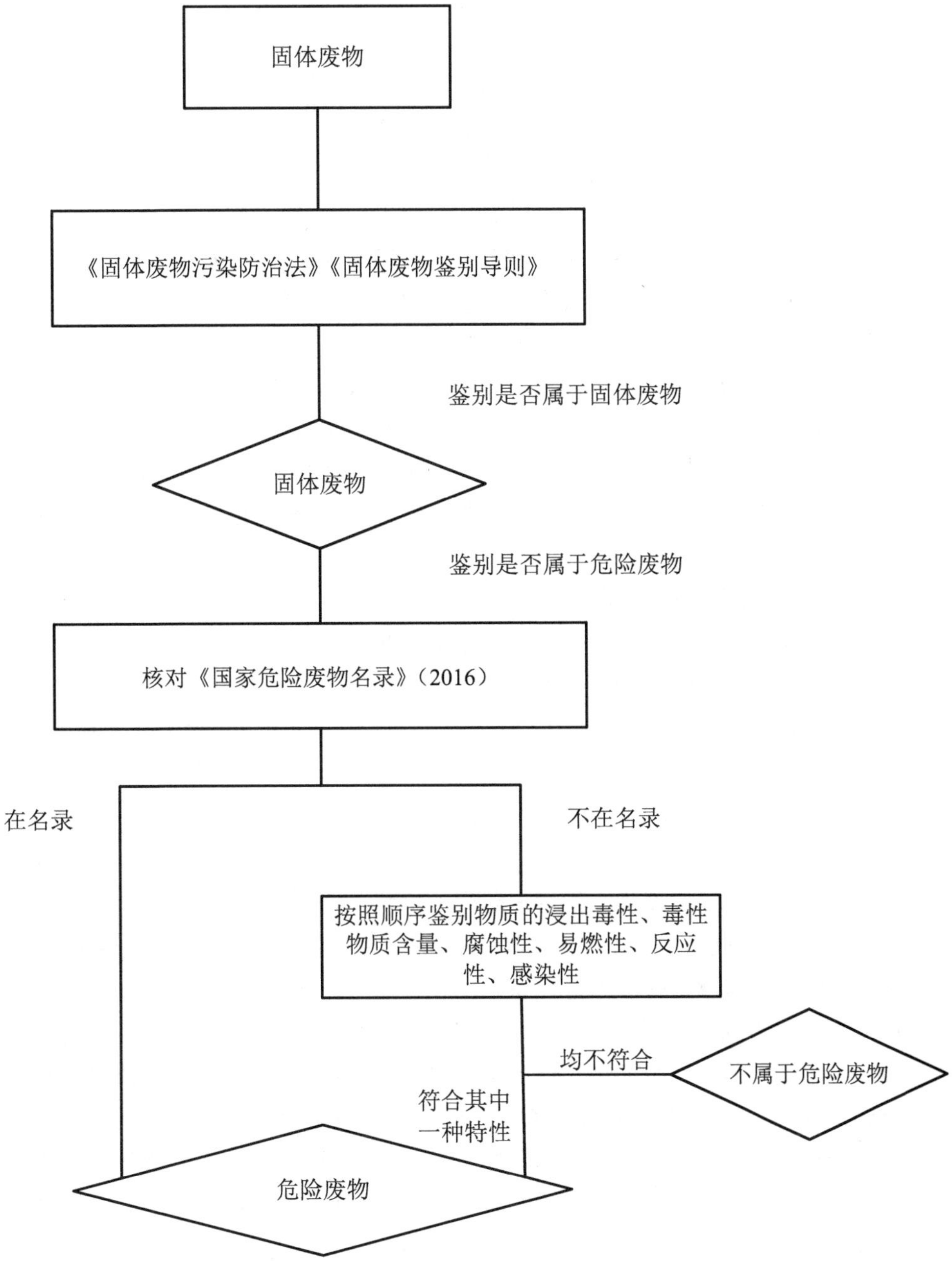

图 1　固体废物属性鉴别的技术路线

5. 编制依据

5.1　法律法规

（1）《中华人民共和国环境保护法》（2015 年 1 月 1 日起实施）；

（2）《中华人民共和国固体废物污染环境保护法》（2005 年 4 月 1 日起实施）；

（3）《危险废物经营许可证管理办法》。

5.2　行业标准规范

（1）《国家危险废物名录（2016）》；

（2）《国家危险废物名录（2016）》解读；

（3）《危险废物鉴别技术规范》（HJ/T 298—2007）；

（4）《危险废物鉴别标准　腐蚀性鉴别》（GB 5085.1—2007）；

（5）《危险废物鉴别标准　急性毒性初筛》（GB 5085.2—2007）；

（6）《危险废物鉴别标准　浸出毒性鉴别》（GB 5085.3—2007）；

（7）《危险废物鉴别标准　易燃性鉴别》（GB 5085.4—2007）；

（8）《危险废物鉴别标准　反应性鉴别》（GB 5085.5—2007）；

（9）《危险废物鉴别标准　毒性物质含量鉴别》（GB 5085.6—2007）；

（10）《危险废物鉴别标准　通则》（GB 5085.7—2007）；

（11）《危险废物鉴别指南（试行）》（环办土函〔2016〕2297 号）；

（12）《固体废物鉴别导则（试行）》（国家环保总局公告 2006 年 11 号）。

5.3　其他资料

（1）××生态环境保护局相关办案材料；

（2）企业生产原辅材料、产品、生产工艺等相关资料。

6. ×××安装工程有限公司固废产生概况

×××安装工程有限公司××项目部位置：××省×××区内的××工程项目部。

项目产品：钢圆筒。

项目原辅材料包括钢板、油漆等。油漆主要成分为环氧树脂，稀释剂主要为二甲苯、环己酮和正丁醇等。

生产工艺流程：钢板除锈→折弯→防腐→拼装→焊接→成型。

根据现场调查分析可知，该公司固废主要有废油漆渣、废油漆桶等，现场勘察显示，废油漆桶上标注有易燃、有毒有害标识。

7. 现场踏勘及调查笔录分析

×××环境科学研究所工作人员于 2017 年 6 月 8 日会同×××生态环境保护局执法人员到××村内的两处低洼地和××污水处理厂西侧紧临海边的空地两处现场进行勘察（具体倾倒废油漆桶、废油漆渣等固体废物位置见图 2），经现场勘察发现上述两处确实存在倾倒废油漆桶、废油漆渣等工业固体废物（具体见图 3 和图 4 倾倒废油漆桶、废油漆渣等工业固体废物现场照片），现场勘察显示，丢弃油漆桶上标注有易燃、有毒有害标识。

根据 2017 年 5 月 5—26 日××生态环境保护局执法人员现场勘察和对×××安装工程有限公司项目安全总监×××调查笔录，×××供认倾倒废油漆桶、废油漆渣等工业固体废物来源为×××安装工程有限公司，废油漆桶、废油漆渣等转移处置过程中没有按照危险废物转移管理规定进行处置，转移过程没有任何凭证。（具体现场勘察记录和调查笔录见附件 2）。

图2　××安装工程有限公司倾倒废油漆桶、废油漆渣等固体废物2处所在位置

××村之 1 处倾倒点

××村之 1 处倾倒点

××村之 2 处倾倒点

××村之 2 处倾倒点

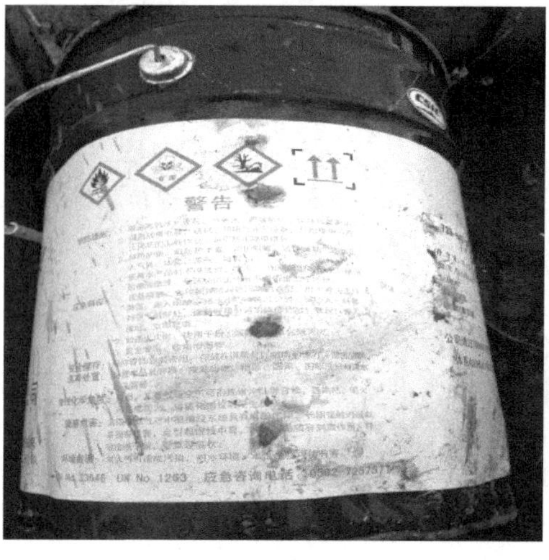

废油漆桶

废油漆桶、废油漆渣

图 3　××村内的 2 处倾倒废油漆桶、废油漆渣等工业固体废物现场照片

XX 污水处理厂西侧倾倒点现场

废油漆桶、废油漆渣等

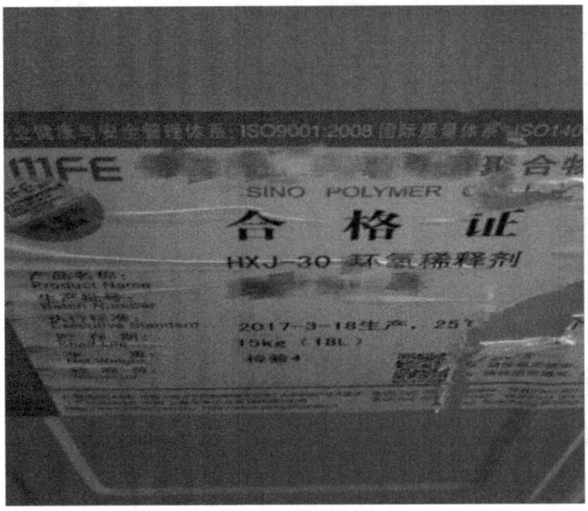

废油漆桶现场照片

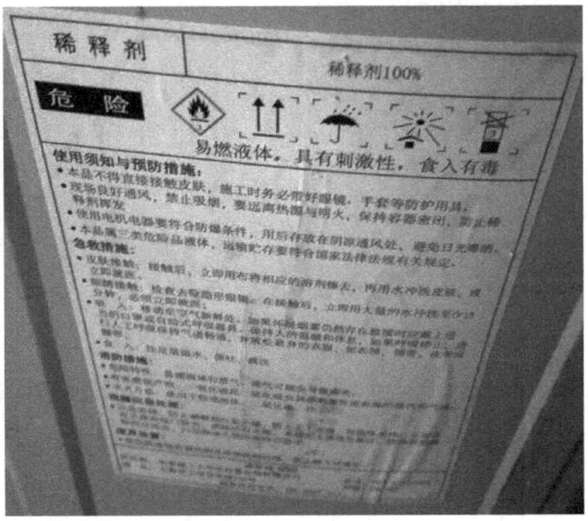

废油漆桶现场照片

废油漆桶、废油漆渣等

废油漆桶、废油漆渣等

图 4　××污水处理厂西侧倾倒废油漆桶、废油漆渣等工业固体废物现场照片

8. 固体废物属性判定

固体废物与非固体废物的鉴别首先应根据《中华人民共和国固体废物污染环境防治法》中的定义进行判断；其次可根据《固体废物鉴别导则（试行）》所列的固体废物范围进行判断；根据上述定义和固体废物范围仍难以鉴别的，可根据《固体废物鉴别导则（试行）》第三部分的固体废物与非固体废物鉴定方法进行判断。

8.1 判定依据

8.1.1《中华人民共和国固体废物污染环境防治法》中的定义

根据《中华人民共和国固体废物污染环境防治法》中的定义：固体废物，是指在生产、生活和其他活动中产生的丧失原有利用价值或者虽未丧失利用价值但被抛弃或者放弃的固态、半固态和置于容器中的气态的物品、物质以及法律、行政法规规定纳入固体废物管理的物品、物质。

8.1.2《固体废物鉴别导则（试行）》中的固体废物范围

根据《固体废物鉴别导则（试行）》，列于（一）中的物质或物品，如果没有包括在（二）中，是固体废物。任何物质或物品如果包括在（二）中，则不是固体废物。

（一）固体废物包含（但不限于）下列物质、物品或材料：

（1）从家庭收集的垃圾；

（2）生产过程中产生的废弃物质、报废产品；

（3）实验室产生的废弃物质；

（4）办公产生的废弃物质；

（5）城市污水处理厂污泥，生活垃圾处理厂产生的残渣；

（6）其他污染控制设施产生的垃圾、残余渣、污泥；

（7）城市河道疏浚污泥；

（8）不符合标准或规范的产品，继续用作原用途的除外；

（9）假冒伪劣产品；

（10）所有者或其代表声明是废物的物质或物品；

（11）被污染的材料（如被多氯联苯 PCBs 污染的油）；

（12）被法律禁止使用的任何材料、物质或物品；

（13）国务院环境保护行政主管部门声明是固体废物的物质或物品。

（二）固体废物不包括下列物质或物品：

（1）放射性废物；

（2）不经过贮存而在现场直接返回到原生产过程或返回到其产生的过程的物质或物品；

（3）任何用于其原始用途的物质和物品；

（4）实验室用样品；

（5）国务院环境保护行政主管部门批准其他可不按固体废物管理的物质或物品。

8.2 判定结果

本次鉴别的物质为企业生产活动中产生的虽未丧失利用价值但被抛弃或者放弃的

固态物质，符合《中华人民共和国固体废物污染环境防治法》中固体废物的定义，属于《固体废物鉴别导则（试行）》中所列的固体废物范围中“二（一）”的物质或物品，“（2）生产过程中产生的废弃物质、报废产品”，故本次鉴别的物质属于固体废物。

9. 危险废物鉴别

根据《危险废物鉴别工作指南（试行）》（环办土函〔2016〕2297号）、《危险废物鉴别标准 通则》（GB 5085.7—2007）规定，依据《中华人民共和国固体废物污染环境防治法》《固体废物鉴别导则》判断待鉴别的物品、物质是否属于固体废物，不属于固体废物的，则不属于危险废物。经判断属于固体废物的，则依据《国家危险废物名录（2016）》直接判断。凡列入《国家危险废物名录（2016）》的，属于危险废物，不需要进行危险特性鉴别。《危险废物鉴别工作指南（试行）》（环办土函〔2016〕2297号）第三条：固体废物产生源不明确时，应先通过溯源分析确定固体废物产生源；固体废物产生源明确时，分别按以下情形开展鉴别工作：（一）明确列入《国家危险废物名录》的固体废物，则属于危险废物，应终止鉴别并向委托方出具鉴别结论。（二）根据《危险废物鉴别标准 通则》（GB 5085.7—2007）中相关判定规则则可直接判别属性的固体废物，应终止鉴别并向委托方出具鉴别结论。（三）未列入《国家危险废物名录》且无法根据《危险废物鉴别标准通则（GB 5085.7）》中相关判定规则直接判别属性的固体废物，经综合分析原辅材料、生产工艺、产生环节和主要成分，不可能具有危险特性的，不属于危险废物，应终止鉴别并向委托方出具鉴别结论。（四）上述情况以外的固体废物，则需通过采样和检测分析确定其危险特性，按本指南第五条至第八条开展危险特性鉴别工作。

根据××环境科学研究所工作人员于2017年6月8日同××生态环境保护局执法人员到××村内的两处低洼地和××污水处理厂西侧紧临海边的空地2处现场进行勘察；以及2017年5月5—26日×××生态环境保护局执法人员对×××安装工程有限公司项目安全总监×××调查笔录和现场调查可知，本次涉嫌非法处置的固废来源明确，为×××安装工程有限公司产生的废油漆桶、废油漆渣等，依据“《危险废物鉴别工作指南（试行）》（环办土函〔2016〕2297号）第三条（一）”，该次涉嫌非法处置的固废为明确列入了《国家危险废物管理名录》（2016）的固体废物，废油漆渣废物类别：“HW12染料、涂料废物”中危险废物的“生产、销售及使用过程中产生的失效、变质、不合格、淘汰、伪劣的油墨、燃料、颜料、油漆”，废物代码为：900-299-12，危险特性：“T”；废油漆桶废物类别：“HW49其他废物”中危险废物的“含有或沾染毒性、感染性危险废物的废弃包装物、容器、过滤吸附介质”，废物代码为：900-041-49，危险特性：“T，In”，具体可见表1。

根据《危险废物鉴别标准 通则》（GB 5085.7—2007）第5危险废物混合后判定规则：5.1具有毒性（包括浸出毒性、急性毒性及其他毒性）和感染性等一种或一种以上危险特性的危险废物与其他固体废物混合，混合后的废物属于危险废物。5.2仅具有腐蚀性、易燃性或反应性的危险废物与其他固体废物混合，混合后的废物经GB 5085.1、GB 5085.4和GB 5085.5鉴别不再具有危险特性的，不属于危险废物。5.3危险废物与放射性废物混合，混合后的废物应按照放射性废物管理。鉴于上述委托鉴定的固体废物依前文所述本次物代码为：900-299-12 及 900-041-49，危险特性为“T”，属于具有毒性的危险废物，故本次鉴定固体废物中和废漆渣及废油漆桶混合之物质亦属于危险废物。

表 1 《国家危险废物名录（2016）》摘录

废物名称	废物类别	行业来源	废物代码	危险废物	危险特性
废油漆渣	HW12 染料、涂料废物	非特定行业	900-299-12	生产、销售及使用过程中产生的失效、变质、不合格、淘汰、伪劣的油墨、燃料、颜料、油漆	T
废油漆桶	HW49 其他废物	非特定行业	900-041-49	含有或沾染毒性、感染性危险废物的废弃包装物、容器、过滤吸附介质	T，In

10. 鉴别结论

根据《危险废物鉴别工作指南（试行）》《危险废物鉴别技术规范》（HJT 298—2007）、《危险废物鉴别标准　通则》（GB 5085.7—2007）以及《国家危险废物名录（2016）》，结合现场踏勘及××生态环境保护局执法人员对×××安装工程有限公司项目安全总监×××调查笔录，×××安装工程有限公司涉嫌非法处置固废为废油漆桶、油漆渣等，属于危险废物，废油漆渣废物类别：“HW12 染料、涂料废物”中危险废物的“生产、销售及使用过程中产生的失效、变质、不合格、淘汰、伪劣的油墨、燃料、颜料、油漆”，废物代码为：900-299-12，危险特性：“T”；废油漆桶废物类别：“HW49 其他废物”中危险废物的“含有或沾染毒性、感染性危险废物的废弃包装物、容器、过滤吸附介质”，废物代码为：900-041-49，危险特性：“T，In”。本次鉴定固体废物中和废漆渣及废油漆桶混合之物质亦属于危险废物。

附件 1

固体废物鉴别委托书

××环境科学研究所：

根据《中华人民共和国固体废物污染环境防治法》《危险废物鉴别标准》《固体废物鉴别工作指南》和《危险废物鉴别工作指南（试行）》的有关规定，现委托贵单位对×××安装工程有限公司涉嫌非法倾倒危险废物案件开展固体废物鉴别工作。

××经济开发区环境保护局

2017 年 6 月 8 日

附件 2

××经济开发区环境监察记录表

<table>
<tr><td>被监察单位</td><td></td><td>监察日期</td><td>2017 年 5 月 5 日</td></tr>
<tr><td>单位地址</td><td>××大道西侧（×××派出所对面）</td><td rowspan="2">监察单位</td><td rowspan="2">××生态环境保护局</td></tr>
<tr><td>单位电话</td><td></td></tr>
<tr><td>现场监察内容及情况</td><td colspan="3">1. 接群众举报，在××大道西侧（×××派出所对面）倾倒有大量的工业固体废物。
2. 经现场勘查发现，在××大道西侧，即在××村内的两处低洼地内倾倒有涂料空桶、×××聚合物有限公司产的 HZF-102 海工结构防腐蚀涂料废桶、废油漆渣、废胶带等大量的工业固体废物。
3. 有现场照片。
4. 现场未发现倾倒的车辆和人员。</td></tr>
<tr><td>现场处理意见</td><td colspan="3"></td></tr>
<tr><td>被监察单位意见</td><td colspan="3"></td></tr>
<tr><td>被监察单位签字</td><td></td><td>监察人员签字</td><td>×××、×××</td></tr>
<tr><td>领导意见</td><td colspan="3"></td></tr>
<tr><td>备注</td><td colspan="3"></td></tr>
</table>

××生态环境保护局
现场检查（勘察）笔录

时间： 2017 年 5 月 23 日　　时　　分至　　时　　分

地点： ××大道西侧（×××派出所对面）××村内两处低洼地

被检查（勘察）人（单位）名称或姓名： ×××安装工程有限公司

现场负责人： ×××　　**电话：** ×××××××××××

邮编： ××××××

工作单位： ××安装工程有限公司　　**职务：** 项目安全总监

检查（勘察）人及执法证编号： ×××，××××××；×××，××××××

记录人： ×××　　**工作单位：** ××生态环境保护局

告知事项：我们是××环境保护局的行政执法人员，这是我们的执法证件（执法证编号：××××××，××××××）。请过目确认：

今天我们依法进行检查并了解有关情况，你应当配合调查，如实提供材料，不得拒绝、阻碍、隐瞒或者提供虚假情况。如果你认为检查人与本案有利害关系，可能影响公正办案，可以申请回避，并说明理由。请确认：不回避，×××

现场情况：

1. 在××大道西侧（×××派出所对面），即××村内两处低洼地倾倒有××安装工程有限公司的废油漆桶、废油漆渣、废物胶带等工业固体废物。

2. 现场勘查示意图见附件。

被检查（勘察）人或现场负责人确认意见： 以上属实。

被检查（勘察）人或现场负责人签字： ×××　　2017 年 5 月 23 日

检查（勘察）人签字： ×××　、　×××　　2017 年 5 月 23 日

记录人签字： ×××　　2017 年 5 月 23 日

参加人签字： ×××　　2017 年 5 月 23 日

附件：　　　　现场勘察图　　　　2017年5月23日

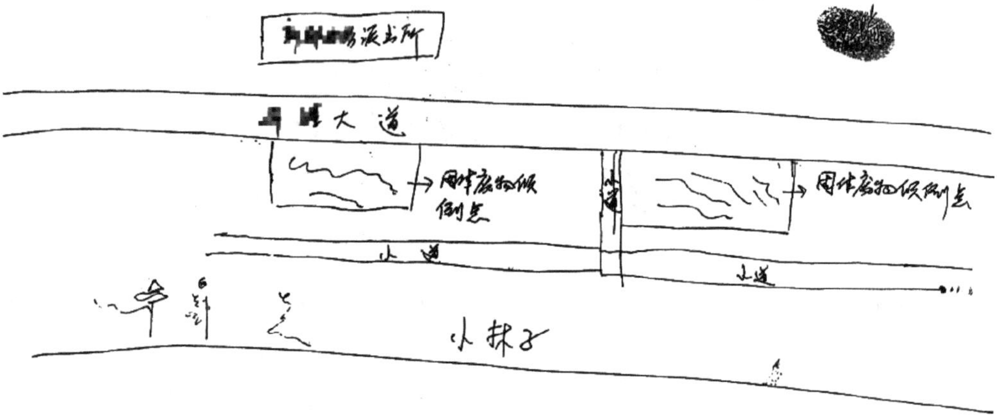

××生态环境保护局
现场检查（勘察）笔录

时间： 2017 年 5 月 26 日____时____分至____时____分

地点： ××污水处理厂西侧等临海边的空地

被检查（勘察）人（单位）名称或姓名： ×××安装工程有限公司

现场负责人： ××× **电话：** ×××××××××××××

邮编： ××××××

工作单位： ×××安装工程有限公司 **职务：** 项目安全总监

检查（勘察）人及执法证编号： ×××，××××××；×××，××××××

记录人： ××× **工作单位：** ××生态环境保护局

告知事项：我们是××生态环境保护局的行政执法人员，这是我们的执法证件（执法证编号：××××××；××××××）。请过目确认：________

今天我们依法进行检查并了解有关情况，你应当配合调查，如实提供材料，不得拒绝、阻碍、隐瞒或者提供虚假情况。如果你认为检查人与本案有利害关系，可能影响公正办案，可以申请回避，并说明理由。请确认： 不回避。

现场情况：

1. 在××污水处理厂西侧等临海边的空地上倾倒有×××安装工程有限公司的废油漆桶、废油漆渣、废胶带等工业固体废物，占地面积约 800 m^2。

2. 现场勘查示意图见附件。

被检查（勘察）人或现场负责人确认意见： 以上属实。

被检查（勘察）人或现场负责人签字： ××× 2017 年 5 月 26 日

检查（勘察）人签字： ××× 、 ××× 2017 年 5 月 26 日

记录人签字： ××× 2017 年 5 月 26 日

参加人签字： ××× 2017 年 5 月 26 日

附件：　　　　现场勘察图.　　　　2017年5月26日

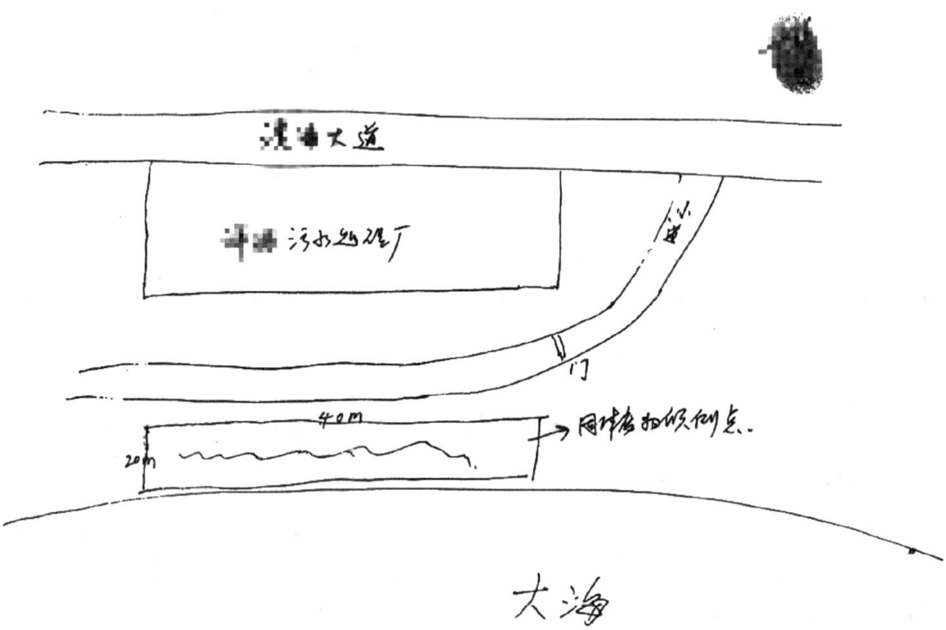

附件 3

××生态环境保护局
立案审批表

<table>
<tr><td>案件来源</td><td colspan="2">投诉举报</td><td>立案号</td><td></td></tr>
<tr><td>案　由</td><td colspan="4">涉嫌违法倾倒废油漆桶等危险废物案</td></tr>
<tr><td rowspan="5">当
事
人</td><td>名称或姓名</td><td colspan="3">×××安装工程有限公司</td></tr>
<tr><td>地址（住址）</td><td>××市××区××
××道××号</td><td>邮政编码</td><td>××××××</td></tr>
<tr><td>营业执照注册号
（公民身份号码）</td><td></td><td>组织机构代码</td><td></td></tr>
<tr><td>社会信用代码</td><td colspan="3">××××××××××××××××××</td></tr>
<tr><td>法定代表人
（负责人）</td><td>回光林</td><td>职　务</td><td>法定代表人</td></tr>
<tr><td>案情简介及
立案理由</td><td colspan="4">2017 年 5 月 5 日，我局接到群众举报，在××大道西侧（×××派出所对面），即在××村内的两处低洼地内倾倒有大量的废油漆桶、废油漆渣等工业固体废物，以及 2017 年 5 月 23 日，我局发现在××污水处理厂西侧紧临海边的空地上倾倒有类似的工业固体废物，经与××公安局联合调查发现，上述大量的废油漆桶、油漆渣等工业固体废物来自于×××安装工程有限公司位于××区内的×××工程项目部，经对照《国家危险废物管理名录》，上述废油漆桶、油漆渣等工业固体废物属于 HW12 类危险废物。该公司的行为违反了《中华人民共和国固体废物污染环境防治法》第五十五条之规定。
经初步判断，上述违法行为符合《环境行政处罚办法》第二十二条规定的立案条件，建议立案。
承办人：
年　月　日</td></tr>
<tr><td>承办机构
负责人意见</td><td colspan="4">签　名：
年　月　日</td></tr>
<tr><td>环保部门负责人
审批意见</td><td colspan="4">签　名：
年　月　日</td></tr>
<tr><td>备　注</td><td colspan="4"></td></tr>
</table>

附件 4

关于商请协助开展危险废物倾倒案件调查的函

××公安局：

近年来，虽然关于固体废物处理的制度一直在完善并加严，打击涉危险废物环境违法行为的力度不断加大，但全国各地危险废物环境污染案件仍屡禁不止，开发区也发生过几起疑似危险废物倾倒的案件，但由于我区环保机构不完善、人员严重不足及技术力量薄弱等原因，最终没能查清工业垃圾的来源。为依法严厉打击涉危险废物环境违法行为，有效遏制污染环境违法行为的频发现状，经请示管委会领导，现将一起发生在我区的危险废物倾倒案件通报贵局：

2017 年 5 月 5 日，我局接到群众电话举报，在××大道西侧（××派出所马路对面）的空地和××林地内堆放着大量的工业垃圾。

接到举报后，我局执法人员迅速赶到现场进行调查核实，经查，在××大道西侧的空地和××林地内堆放有两堆废弃的防腐涂料桶、防水涂料桶、油漆桶等危险废物（见附件 1），经对照《国家危险废物管理名录》核实（见附件 2），上述防腐涂料桶、油漆桶属于 HW12 类危险废物，数量较大，经初步估算，该危险废物数量已明显超过 3 吨，根据《最高人民法院、最高人民检察院关于办理环境污染刑事案件适用法律若干问题的解释》第一条第一款第二项“非法排放、倾倒、处置危险废物 3 吨以上的”，上述非法倾倒危险废物的行为应当认定为“严重污染环境”，并涉嫌犯罪。

由于案发现场我局未抓到倾倒现行，且经我局连续多天的蹲守，及贵局给予我局的大力支持，共同查看了案发现场附近马路监控录像，但没能找到相关线索。目前我局人员较少，技术能力和经验等较为欠缺，追溯源头企业存在较大困难，为了尽快侦破此案，查明该危险废物的来源，追究相关人员责任，根据《环境保护行政执法与刑事司法衔接工作办法》第二十六条“环保部门在执法检查时，发现违法行为明显涉嫌犯罪的，应当及时向公安机关通报。公安机关认为有必要的可以依法开展初查，对符合立案条件的，应当及时依法立案侦查。在公安机关立案侦查前，环保部门应当继续对违法行为进行调查”的规定，我局现将该环境违法案件有关情况致函贵局，请求贵局在符合立案条件情况下及早立案侦查，尽快查清危废来源，与我局一同侦破此案。同时也感谢贵局在案件前期调查过程中给予我局的大力支持，通过此类案件的联动合作，进一步强化我局与贵局在打击环境污染犯罪领域的联动合作，建立健全环境污染犯罪案件的联合调查和移送机制，有效地惩治和防范环境污染犯罪，保护我区环境安全。

附件：1. 现场照片

2.《国家危险废物管理名录》

××生态环境保护局

2017 年 5 月 15 日

附件 5

关于×××海工结构重防腐蚀涂料主要成分说明

×××海工结构重防腐蚀涂料主要成分如下表所示。

表　×××海工结构重防腐蚀涂料主要成分

序号	涂料主要成分	名称	主要成分
1	成膜物质	环氧树脂	环氧树脂
2	粉料	重晶石粉	
3		长石粉	SiO_2、Al_2O_3、K_2O、Na_2O、CaO
4		滑石粉	
5	色浆	炭黑	C

上述材料未列入 2015 年出台的《危险化学品目录》，不含重金属，固化残留在油漆桶中，对环境无危害。该涂料为反应固化型涂料，经聚合反应后形成交联型环氧树脂网状聚合物，不溶于水及一般常见溶剂。且因其本身无任何重金属及其他有害物质，因此经水及其他溶剂长时间浸泡也不会释放溶解任何有害物质，对环境无害。

×××船舶涂料有限公司

2017.5.29

关于 725-H×-501 环氧稀释剂主要成分说明

725-H×-501 环氧稀释剂主要成分如下表。

表　725-H×-501 环氧稀释剂主要成分

序号	成分	CAS 号	含量/%
1	二甲苯	1330-20-7	70～80
2	环己酮	108-94-1	20～30

由表可知，725-H×-501 环氧稀释剂均为易挥发有机液体，在油漆固化之前已全部挥发出去，因而油漆桶内固化的油漆中不包含任何稀释的成分。

××船舶涂料有限公司

×××船舶有限公司

2017.5.29

关于涂料主要成分的说明

我司生产销售的HZF-102海工结构重防腐蚀涂料，为双组分包装的环氧树脂涂料，其主要成分为液体环氧树脂，环氧固化剂，对环境无害的防锈填料及助剂等。涂料两组分混合后发生化学反应而硬化，经喷涂施工形成的涂膜以及包装桶内残留的涂料硬块，其主要成分为混合了防锈填料的经化学反应而交联成网状的环氧树脂固化物，该产物为热固性聚合物，不溶于水和其他常见介质，对环境不会造成不利影响。

涂料主要成分见下表。

序号	工业名称	CAS号	有效成分分子式	含量%
A组分				
1	环氧树脂	25068-38-6		30～60
2	云母氧化铁	1309-37-1		15～30
3	石英粉	14808-60-7		15～25
4	滑石粉	14807-96-6		5～15
5	钛白粉	13463-67-7		5～15
6	助剂	/	/	2～5
B组分				
1	烷基多元胺加成物	/	/	75～95
2		/	/	5～25

××聚合物有限公司

2017.6

关于 725-H×-501 环氧稀释剂主要成分说明

725-H×-501 环氧稀释剂主要成分如下表。

表 725-H×-501 环氧稀释剂主要成分

序号	成分	CAS 号	含量/%
1	二甲苯	1330-20-7	70～80
2	环己酮	108-94-1	20～30

由表可知，725-H×-501 环氧稀释剂均为易挥发有机液体，在油漆固化之前已全部挥发出去，因而油漆桶内固化的油漆中不包含任何稀释的成分。

××聚合物有限公司

2017.6.12

××生态环境保护局
行政处罚事先（听证）告知书

××建筑劳务有限公司：

2017 年 5 月 5 日，我局接到举报，在××两处低洼地（××对面）倾倒有大量的废油漆桶、废油漆渣等危险废物，2017 年 5 月 23 日我局发现在××污水处理厂西侧海边的空地上倾倒有类似的危险废物。经查实，上述共计 83.96 t 的危险废物来自你公司分包×××安装工程有限公司×××钢圆筒制作工程项目喷涂作业过程中产生的，且未执行危险废物转移联单制度。你司未经我局批准擅自转移 83.96 t 危险废物的行为违反了《中华人民共和国固体废物污染环境防治法》第五十九条之规定。依据《中华人民共和国固体废物污染环境防治法》第七十五条第一款第六项和第七十五条第二款之规定，我局拟对你司处于十万元（¥100 000.00）的罚款。

以上违法事实有××建筑劳务有限公司营业执照复印件、企业法人授权委托书、法人身份证复印件、代理人身份证复印件、××生态环境保护局调查询问笔录、××生态环境保护局现场检查（勘察）笔录、现场检查照片等证据为证。

根据《中华人民共和国行政处罚法》第三十二条和第四十二条的规定，你司享有听证或陈述申辩的权利。如要求听证，你司应在收到本告知书之日起三日内向我局提出，逾期未提出听证，视为放弃听证的权利。如要求陈述申辩，你司应在收到本告知书之日起七日内进行陈述申辩，逾期未进行陈述申辩，视为放弃陈述申辩的权利。

联系人：××× 电话：×××××××××××

地　址：×××××室 邮编：××××××

×××生态环境保护局

2017 年 8 月 10 日

××生态环境保护局
送达回证

送达文书名称及文号	××生态环境保护局行政处罚事先（听证）告知书 ×环罚告字〔2017〕4号
受送达人名称或姓名	××建筑劳务有限公司
送达地点	××大厦××××室
送达方式	自取
收件人签名（盖章）及收件日期	××× （与受送达人的关系：×××） 2017年8月11日
送达人（两人签字）	×××　　×××
送达机关盖章	2017年8月11日
备　注	

××生态环境保护局
行政处罚事先（听证）告知书

×××安装工程有限公司：

2017 年 5 月 5 日，我局接到举报，在××两处低洼地（××对面）倾倒有大量的废油漆桶、废油漆渣等危险废物，2017 年 5 月 23 日我局发现在××污水处理厂西侧海边的空地上倾倒有类似的危险废物。经查实，上述共计 83.96 t 的危险废物来自你公司位于××港内的×××钢圆筒制作工程项目部，该项目未依法办理相关环境影响评价手续，其行为违反了《中华人民共和国环境影响评价法》第二十五条的规定。依据《中华人民共和国环境影响评价法》第三十一条第一款规定，我局拟对你司处以项目总投资额 520 万元的百分之二共计十万肆仟元（¥104 000.00）的罚款。

你公司位于××港内的危险废物临时堆放点管理极其混乱，危险废物与铁屑、生活垃圾等一般固废混合露天堆放，其行为违反了《中华人民共和国固体废物污染环境防治法》第三十三条、第五十八条第三款之规定。依据《中华人民共和国固体废物污染环境防治法》第六十八条第一款第二项和第六十八条第二款、第七十五条第一款第七项和第七十五条第二款之规定，我局拟对你司处以肆万元（¥40 000.00）的罚款。

你公司位于××港内的危险废物临时堆放点未粘贴危险废物标识，其行为违反了《中华人民共和国固体废物污染环境防治法》第五十二条之规定。依据《中华人民共和国固体废物污染环境防治法》第七十五条第一款第一项和第七十五条第二款之规定，我局拟对你司处以贰万元（¥20 000.00）的罚款。

你公司位于××港内的项目部未制定危险废物管理计划及向我局进行申报登记，其行为违反了《中华人民共和国固体废物污染环境防治法》第五十三条之规定。依据《中华人民共和国固体废物污染环境防治法》第七十五条第一款第二项和第七十五条第二款之规定，我局拟对你司处以贰万元（¥20 000.00）的罚款。

以上违法事实有×××安装工程有限公司营业执照复印件、企业法人授权委托书、代理人身份证复印件、××生态环境保护局调查询问笔录、××生态环境保护局现场检查（勘察）笔录、现场检查照片等证据为证。

根据《中华人民共和国行政处罚法》第三十二条和第四十二条的规定，你司享有听证或陈述申辩的权利。如要求听证，你司应在收到本告知书之日起三日内向我局提出，逾期未提出听证，视为放弃听证的权利。如要求陈述申辩，你司应在收到本告知书之日起七日内进行陈述申辩，逾期未进行陈述申辩，视为放弃陈述申辩的权利。

联系人：×××　　　　　　　　　　　　　　　电话：×××××××××
地　址：××开发区×××××××室　　　　　　　邮编：×××××

××生态环境保护局
2017年8月10日

××生态环境保护局
送达回证

送达文书名称及文号	××生态环境保护局行政处罚事先（听证）告知书 ×环罚告字（2017）3号
受送达人名称或姓名	×××安装工程有限公司
送达地点	××大厦××××室
送达方式	自取
收件人签名（盖章） 及收件日期	××× （与受送达人的关系：×××） 2017年8月14日
送达人（两人签字）	×××　　×××
送达机关盖章	2017年8月14日
备　注	

××生态环境保护局
行政处罚决定书

××建筑劳务有限公司：

社会信用代码：××××××××××××××××××

法定代表人：×××

单位地址：××市××区×××

一、调查情况及发现的环境违法事实、证据和陈述申辩及采纳情况

2017年5月5日，我局接到举报，在××村两处低洼地（×××派出所对面）倾倒有大量的废油漆桶、废油漆渣等危险废物，2017年5月23日我局发现在××污水处理厂西侧海边的空地上倾倒有类似的危险废物。经查实，上述共计83.96吨的危险废物来自你公司分包××安装工程有限公司三亚新机场本岛填海南护岸钢圆桶制作工程项目喷涂作业过程中产生的，且未执行危险废物转移联单制度。你司未经我局批准擅自转移83.96t危险废物的行为违反了《中华人民共和国固体废物污染环境防治法》第五十九条之规定。

以上违法事实有××建筑劳务有限公司营业执照复印件、企业法人授权委托书、法人身份证复印件、代理人身份证复印件、××生态环境保护局调查询问笔录、××生态环境保护局现场检查（勘察）笔录、现场检查照片等证据为证。

我局于2017年8月10日以《××生态环境保护局行政处罚事先（听证）告知书》（×环罚告字〔2017〕4号）告知你公司陈述申辩权（听证申请权）。在规定期限内你公司未向我局提交陈述申辩材料，或者提出听证申请。

二、行政处罚的依据、种类及履行方式、期限

根据《中华人民共和国固体废物污染环境防治法》第七十五条第一款第六项和第七十五条第二款之规定，我局对你公司擅自转移83.96t危险废物，且未执行危险废物转移联单制度的违法行为作出如下行政处罚：

（一）责令立即停止违法行为，并进行改正；

（二）处以十万元（¥100 000.00）的罚款。

限于接到本处罚决定之日起15日内缴至指定银行和账号。逾期不缴纳罚款的，我局可以根据《中华人民共和国行政处罚法》第五十一条第一项规定每日按罚款数额的3%

加处罚款。指定银行、账号和户名如下：

收款银行：建设银行××分行

账号：××××××××××××××××××

户名：××××××××××××

三、申请行政复议或者提起行政诉讼的途径和期限

你司如不服本处罚决定，可在收到本处罚决定书之日起六十日内向××管委会或××生态环境保护厅申请行政复议，也可以在六个月内向××人民法院提起行政诉讼。申请行政复议或者提起行政诉讼，不停止行政处罚决定的执行。

逾期不申请行政复议，不提起行政诉讼，又不履行本处罚决定的，我局将依法申请人民法院强制执行。

××生态环境保护局

2017 年 8 月 18 日

××生态环境保护局
送达回证

送达文书名称及文号	××生态环境保护局行政处罚事先（听证）告知书 ×环罚告字〔2017〕2 号
受送达人名称或姓名	××建筑劳务有限公司
送达地点	××大厦××××室
送达方式	自取
收件人签名（盖章） 及收件日期	××× （与受送达人的关系：×××） 2017 年 8 月 22 日
送达人（两人签字）	×××　　×××
送达机关盖章	2017 年 8 月 22 日
备　注	

××生态环境保护局
行政处罚决定书

×××安装工程有限公司：

社会信用代码：××××××××××××××××××

法定代表人：×××

单位地址：××市××区×××

一、调查情况及发现的环境违法事实、证据和陈述申辩及采纳情况

2017年5月5日，我局接到举报，在××村两处低洼地（×××派出所对面）倾倒有大量的废油漆桶、废油漆渣等危险废物，2017年5月23日我局发现在××污水处理厂西侧海边的空地上倾倒有类似的危险废物。经查实，上述共计83.96 t的危险废物来自你公司位于××港内的×××钢圆筒制作工程项目部，你公司存在以下环境违法行为：（1）该项目未依法办理环境影响评价手续；（2）危险废物临时堆放点管理极其混乱，危险废物与铁屑、生活垃圾等一般固废混合露天堆放；（3）危险废物临时堆放点未粘贴危险废物标识；（4）未制定危险废物管理计划及向我局进行申报登记。

以上违法事实有×××安装工程有限公司营业执照复印件、企业法人授权委托书、代理人身份证复印件、××生态环境保护局调查询问笔录、××生态环境保护局现场检查（勘察）笔录、现场检查照片等证据为证。

你公司上述行为违反了《中华人民共和国环境影响评价法》第二十五条、《中华人民共和国固体废物污染环境防治法》第三十三条、第五十八条第三款、第五十二条、第五十三条之规定。

我局于2017年8月10日以《××生态环境保护局行政处罚事先（听证）告知书》（×环罚告字〔2017〕3号）告知你公司陈述申辩权（听证申请权）。在规定期限内你公司未向我局提交陈述申辩材料，或者提出听证申请。

二、行政处罚的依据、种类及履行方式、期限

1. 根据《中华人民共和国环境影响评价法》第三十一条第一款之规定，我局对你公司未依法办理环境影响评价手续的违法行为作出如下行政处罚：责令停止建设和使用，处以项目总投资额520万元的百分之二共计十万肆仟元（¥104 000.00）的罚款；

2. 根据《中华人民共和国固体废物污染环境防治法》第六十八条第一款第二项和第

六十八条第二款、第七十五条第一款第七项和第七十五条第二款之规定，我局对你公司将危险废物与一般固废混合露天堆放的违法行为作出如下行政处罚：责令立即停止违法行为并进行改正，处以肆万元（¥40 000.00）的罚款；

3. 根据《中华人民共和国固体废物污染环境防治法》第七十五条第一款第一项和第七十五条第二款之规定，我局对你公司未粘贴危险废物标识的违法行为作出如下行政处罚：责令立即停止违法行为并进行改正，处以贰万元（¥20 000.00）的罚款；

4. 根据《中华人民共和国固体废物污染环境防治法》第七十五条第一款第二项和第七十五条第二款之规定，我局对你公司未制定危险废物管理计划及向我局进行申报登记的违法行为作出如下行政处罚：责令立即停止违法行为并进行改正，处以贰万元（¥20 000.00）的罚款。

综上所述，我局决定对你公司作出如下行政处罚：

（一）责令立即停止违法行为，并对存在的问题进行改正；

（二）处以拾捌万肆仟元（¥184 000.00）的罚款。

限于接到本处罚决定之日起 15 日内缴至指定银行和账号。逾期不缴纳罚款的，我局可以根据《中华人民共和国行政处罚法》第五十一条第一项规定每日按罚款数额的 3% 加处罚款。指定银行、账号和户名如下：

收款银行：建设银行××分行

账号：××××××××××××××××

户名：×××××××××××××

三、申请行政复议或者提起行政诉讼的途径和期限

你司如不服本处罚决定，可在收到本处罚决定书之日起六十日内向××管委会或×××生态环境保护厅申请行政复议，也可以在六个月内向××人民法院提起行政诉讼。申请行政复议或者提起行政诉讼，不停止行政处罚决定的执行。

逾期不申请行政复议，不提起行政诉讼，又不履行本处罚决定的，我局将依法申请人民法院强制执行。

×××生态环境保护局

2017 年 8 月 21 日

××生态环境保护局
送达回证

送达文书名称及文号	××生态环境保护局行政处罚事先（听证）告知书 ×环罚告字〔2017〕4号
受送达人名称或姓名	×××安装工程有限公司
送达地点	××大厦××××室
送达方式	自取
收件人签名（盖章） 及收件日期	××× （与受送达人的关系：×××） 2017年8月25日
送达人（两人签字）	×××　　×××
送达机关盖章	2017年8月25日
备　注	

XX省非税收入一般缴款书

X.财通字(200×)　　№000000001X

征收大厅编码:

执收单位编码:

执收单位名称:　　年　月　日　集中汇缴□　直征□

付款人	全称		收款人	全称	
	账号			账号	
	开户银行			开户银行	

收入项目	编码	数量	收缴标准	金额

金额(大写)	(小写)
上列款项已收妥并划转收款单位账户 代理银行(盖章) 年　月　日	科目(贷): 对方科目(借): 复核:　记账:

校验码:　　本缴款书付款期为10天(节假日顺延),过期无效。

④收款人开户银行收款后作贷方传票

此件与原件校核无异

XX省非税收入一般缴款书

X.财通字(200×)　　№000000001X

征收大厅编码:

执收单位编码:

执收单位名称:　　年　月　日　集中汇缴□　直征□

付款人	全称		收款人	全称	
	账号			账号	
	开户银行			开户银行	

收入项目	编码	数量	收缴标准	金额

金额(大写)	(小写)
上列款项已收妥并划转收款单位账户 代理银行(盖章) 年　月　日	科目(贷): 对方科目(借): 复核:　记账:

校验码:　　本缴款书付款期为10天(节假日顺延),过期无效。

④收款人开户银行收款后作贷方传票

XX省非税收入一般缴款书

X财通字（200×）　　№000000001X

征收大厅编码:
执收单位编码:
执收单位名称:　　　　年　月　日　集中汇缴□　直征□

付款人	全　称		收款人	全　称	
	账　号			账　号	
	开户银行			开户银行	

收入项目	编码	数量	收缴标准	金额
金额（大写）			（小写）	

上列款项已收妥并划转收款单位账户 代理银行（盖章） 年　月　日	科目（贷）： 对方科目（借）： 复核:　　记账:

校验码:　　本缴款书付款期为10天（节假日顺延），过期无效。

④收款人开户银行收款后作贷方传票

此件与原件校核无异

XX省非税收入一般缴款书

X财通字（200×）　　№000000001X

征收大厅编码:
执收单位编码:
执收单位名称:　　　　年　月　日　集中汇缴□　直征□

付款人	全　称		收款人	全　称	
	账　号			账　号	
	开户银行			开户银行	

收入项目	编码	数量	收缴标准	金额
金额（大写）			（小写）	

上列款项已收妥并划转收款单位账户 代理银行（盖章） 年　月　日	科目（贷）： 对方科目（借）： 复核:　　记账:

校验码:　　本缴款书付款期为10天（节假日顺延），过期无效。

④收款人开户银行收款后作贷方传票

×××安装工程有限公司和××建筑劳务公司违法倾倒危险废物案

副卷

目　　录

××生态环境保护局
案件会审笔录

案由： 关于×××安装工程有限公司和××建筑劳务有限公司涉嫌违法倾倒废油漆桶等危险废物一案

会审地点： ××××××办公室　**会审时间：** 2017年8月10日

会审内容： 对×××安装工程有限公司和××建筑劳务有限公司涉嫌违法倾倒废油漆桶等危险废物环境违法行为事实的认定和依法进行处罚的意见。

主持人： ×××　**承办人：** ×××、×××　**记录人：** ×××

出席人员姓名及职务：

×××： ××生态环境保护局党组书记。

×××： ××生态环境保护局局长。

×××： ××生态环境保护局副局长。

×××： ××生态环境保护局主任科员。

×××： ××生态环境保护局职员。

×××： ××生态环境保护局职员。

×××： ××生态环境保护局职员。

主持人（签名）：______记录人（签名）：______

出席人签名：______

发言记录：

×××： 下面我们就“×××安装工程有限公司和××建筑劳务有限公司涉嫌违法倾倒废油漆桶等危险废物一案”环境违法行为事实的认定和依法进行处罚的意见进行会审，请承办人介绍一下案件的基本情况、有哪些证据证明材料以及处理的依据和处罚建议。

×××： 基本案情和违法事实如下：2017年5月5日，我局接到群众电话举报，在××开发区××村两处低洼地内（××派出所对面）倾倒有两堆废油漆桶、废油漆渣等工业固体废物。接到举报后，我局执法人员立即赶赴现场。检查发现举报情况属实，现场确实有两堆固体废物，主要为××涂料有限公司产的725-××××01G海工结构重防腐蚀涂料和725×××501环氧稀释剂空桶、××有限公司产的H××××2海工结构重防腐蚀涂料和H×××30环氧稀释剂空桶、沾染油漆涂料的黄色胶带、油漆涂料渣等废物，数量在3 t以上，以上事实有现场监察记录和照片为证。

2017 年 5 月 9 日，我局与××公安局执法人员一起对两堆废物倾倒现场再次进行勘察，发现均有“×××”字样的工作服，根据该线索，进一步加大走访和摸排力度，于 2017 年 5 月 22 日，发现位于××港内的××安装工程有限公司×××护岸钢圆筒制作工程项目部也存放有与××村倾倒点相同的废物，该公司废物临时堆放点现场管理极其混乱，废油漆桶、油漆渣等危险废物与铁屑、生活垃圾等一般固体废物混合露天堆放、没有执行危险废物管理相关规定。经对该公司项目安全总监×××（××市人，身份证号×××××××××××××××）进行询问，掌握到该公司上述危险废物转移出厂未执行危险废物五联单制度，委托无危险废物处置资质的人拉走处置，以上事实有现场监察记录和照片为证。

2017 年 5 月 23 日，×××与我局执法人员一起到××村两处废物倾倒点进行指认，其当场承认危险废物是该公司×××钢圆桶制作工程项目部产生的。另我局执法人员走访××港现场工作人员，掌握到××××的废物除倾倒在××××外，2017 年 5 月 20 日左右也倾倒了部分废物在××污水处理厂西侧，根据这条线索，执法人员赶赴现场进行核实，经核实，现场确实有与×××2 处倾倒点、×××项目部类似的废物，现场还发现有“×××”字样的工作服。执法人员通过调取××港 5 号门岗过磅区的监控录像和过磅单，发现 2017 年 5 月 19 日、20 日和 21 日通过车牌号×A××××、×A×××挂的货车转运 11 车次废物出厂，以上事实有现场监察记录和照片为证。

2017 年 5 月 26 日，×××与我局执法人员一起到××污水处理厂西侧废物倾倒点进行指认，其当场承认危险废物是该公司×××钢圆筒制作工程项目部产生的，以上事实有现场监察记录和照片为证。当天执法人员对×××制作调查询问笔录 1 份，掌握该公司×××钢圆筒制作工程项目未依法办理环境影响评价手续、未按照危险废物管理制度规范管理和处置的事实，随意将危险废物交由无危险废物处置资质的人员进行处理。此外，当天我局责令该公司立即停止违法行为，采取相应措施对倾倒的危险废物进行遮盖、围挡和设置危废标识牌，并委托有资质的单位进行处置，防止污染扩散。

2017 年 5 月 27 日、28 日，在我局执法人员全程监督下，×××××对××村 2 处倾倒点、××污水处理厂西侧倾倒点和厂区内的临时存放点进行加盖、围挡、设置危险警示牌，妥善封存危险废物，以上事实有现场监察记录和照片为证。

2017 年 6 月 8 日，我局委托环境保护部×××科学研究所对××安装工程有限公司涉嫌非法倾倒危险废物案件开展固体废物鉴别工作，经鉴定，倾倒在××村和××污水处理厂西侧的废油漆渣属于 HW12 类危险废物，废油漆桶、和废油漆渣及废油漆桶混合之物属于 HW49 类危险废物，以上结论有华南所出具的鉴别报告为证。

2017 年 6 月 13 日，××安装工程有限公司向我局反映，该公司三亚新机场本岛填海南护岸钢圆桶制作工程项目重防腐蚀涂层施工工作由××建筑劳务有限公司分包负责，施工现场产生的固体废物由×××负责处置，该公司也主动承认是他们负责联系外面人员进厂转运危险废物。同日，×××与海南省××有限公司签订危险废物处置合同。以上事实有《×××钢圆筒工程重防腐蚀涂层施工劳务分包合同》和《危险废物处置服务合同书》为证。

2017 年 6 月 15 日，天津××开始对倾倒点的废物进行分选和清运，于 2017 年 6 月 15 日、16 日、17 日、22 日、27 日、2017 年 7 月 6 日、12 日委托××有限公司共清运危险废物 9 车，共计 83.96 t，分选和清运危险废物的过程均在我局执法人员、×××、运输单位、过磅单位等相关工作人员的见证监督下完成，数量确定也有过磅单、现场监察记录表和危险废物转移联单为证；2017 年 7 月 18 日将分选出来的 0.86 t 焊丝盘交由废品收购站处理，废铁丝、石块和生活垃圾等共计 15.18 t 的一般固体废物交由××市生活垃圾填埋场处理，上述过程有我局、检察院、公安局、运输单位相关工作人员见证监督下完成，以上事实有现场监察记录和照片为证。

2017 年 6 月 27 日，我局对××建筑劳务有限公司经理×××（河南省人，身份证号×××××××××××××）制作调查询问笔录 1 份，其交代了从 2017 年 3 月份开始，由于厂区内堆存废物数量较大，无法继续堆存，其找到××××的×××，向其询问转运车辆信息。随后，×××在未核实运输单位是否具有危险废物处置资质情况下，安排车辆将废物拉走，并告知运输人找个有垃圾的地方倾倒，双方口头协定运输价格为 600 元/车，截至 2017 年 5 月，共计转运约 25 车，但目前尚未支付费用。

2017 年 6 月 28 日，我局对×××再次进行调查询问，并制作调查询问笔录 1 份，其交代了他的上司项目执行经理×××指派他联系运输单位的事实，联系了一个名叫×××的中间人，由他帮忙联系车辆，并且交代了最终拉运次数为 28 车，口头协定运输价格为 600 元/车，尚未支付费用。

2017 年 6 月 29 日，我局对×××（天津市人，身份证号××××××××××××××××）制作调查询问笔录 1 份，其表示转移危险废物的车辆是×××联系的，其事先不知情天津×××转移出厂的废物是什么东西及倾倒地点，但他承认认识×××这个中间人。

2017 年 6 月 30 日，我局对×××（海南省××市人，身份证号×××××××××××17）制作调查询问笔录 1 份，其交代了××××××××联系他，让他帮忙找车拉运货物，×××联系了××本地一个姓李的司机（电话号码为×××××××××××）和姓陈的司机（电话号码为××××××××××××××××），具体他们的姓名不知道，告知他们××××有货物需要运输，让他们去联系××××，具体清运的垃圾是什么他并不知情，倾倒的地点也不知情。根据×××提供的线索，我局联系了姓陈和姓李的司机，但两位均表示在外地，暂未调查。

经查实，×××安装工程有限公司位于××港内的×××钢圆筒制作工程项目未依法办理相关环境影响评价手续，危险废物临时堆放点管理极其混乱，危险废物与铁屑、生活垃圾等一般固废混合露天堆放，没有执行相关危险废物管理制度，该公司的行为违反了《中华人民共和国环境影响评价法》第二十五条和《中华人民共和国固体废物污染环境防治法》第三十三条、第五十二条、第五十三条、第五十八条第三款之规定。另查实，××建筑劳务有限公司未经我局批准转移 83.96 t 废油漆桶、废油漆渣等危险废物的行为违反了《中华人民共和国固体废物污染环境防治法》第五十九条之规定。

处理依据及建议：根据最高人民法院、最高人民检察院《关于办理环境污染刑事案件适用法律若干问题的解释》（法释〔2016〕29 号）第一条第一款第二项：非法排放、倾倒、处置危险废物三吨以上的，应当认定为“严重污染环境罪”，××安装工程有限公司和××建筑劳务有限公司涉嫌非法倾倒 83.96 t 危险废物的行为，我局已于 2017 年 8 月 4 日将该案件相关符合移送条件的材料线索，移送××公安局做进一步处理，××公安局已经受理该案件并进行侦办。此外，鉴于该公司已按照我局下达的责令改正违法行为决定书履行停止建设及生产规定，并按照要求已全部将倾倒的危险废物进行处理，交由海南省危险废物处置中心进行处置，因此，（一）根据《中华人民共和国环境影响评价法》第三十一条第一款之规定，建议对××安装工程有限公司未办理环评手续问题处于项目总投资 520 万元百分之二共计拾万零肆仟元（¥104 000.00）的罚款；（二）根据《中华人民共和国固体废物污染环境防治法》第六十八条第一款第二项和第六十八条第二款、第七十五条第一款第七项和第七十五条第二款之规定，建议对××××将危险废物与一般固体废物露天混合堆放问题处以肆万元（¥40 000.00）的罚款；（三）根据《中华人民共和国固体废物污染环境防治法》第七十五条第一款第一项和第七十五条第二款之规定，建议对××××未粘贴危险废物标识问题处以贰万元（¥20 000.00）的罚款；（四）根据《中华人民共和国固体废物污染环境防治法》第七十五条第一款第二项和第七十五条第二款之规定，建议对××××未制定危险废物管理计划及向我局进行申报登记问题处以贰万元（¥20 000.00）的罚款；（五）根据《中华人民共和国固体废物污染环境防治法》第七十五条第一款第六项和第七十五条第二款之规定，建议对××建筑劳务有限公司未经我局批准擅自转移 83.96t 危险废物，且未执行危险废物转移联单制度问题处以拾万元（¥100 000.00）的罚款。

×××：××安装工程有限公司和××建筑劳务有限公司涉嫌非法倾倒 83.96 t 危险废物的行为，我局于 2017 年 8 月 4 日将该案件相关符合移送条件的材料线索移送公安局做进一步处理，公安局已受理并进行侦办。××安装工程有限公司×××钢圆筒制作工程项目未依法办理相关环境影响评价手续、危险废物与一般固体废物混合露天堆放、未粘贴危险废物标识、未进行申报等问题违法事实清楚、证据确凿，处罚适当，建议对××安装工程有限公司处以总计人民币拾捌万零肆仟元（¥184 000.00）的罚款；××安装劳务有限公司未经我局批准擅自转移 83.96 t 危险废物，且未执行危险废物转移联单制度问题违法事实清楚、证据确凿，处罚适当，建议对该公司处以拾万元（¥100 000.00）的罚款。

×××：针对×××安装工程有限公司和××建筑劳务有限公司未依法办理相关环境影响评价手续、危险废物与一般固体废物混合露天堆放、未粘贴危险废物标识、危险废物未进行申报、未经我局批准擅自转移 83.96 t 危险废物且未执行危险废物转移联单制度等问题该的违法事实、立案查处过程、证据证明材料以及处理的依据和处罚建议等方面，请大家发表建议。

×××：违法事实清楚，证据证明材料确凿，处罚适当。

×××：没有意见。

×××：违法事实清楚，证据充分，适用法律准确，处罚适当。

×××：违法事实清楚，证据充分，适用法律准确，处罚适当，另外，请执法人员做好后督察工作，监督企业完善手续，经我局批准后方可投入使用。

×××：既然大家没有意见，就按上述处罚意见进行处罚，并做好后督察工作，核查企业落实整改工作情况。

审理结论：通过对该案件的会审，大家一致认为：（1）对×××安装工程有限公司处以总计人民币拾捌万零肆仟元（¥184 000.00）的罚款；（2）对××建筑劳务有限公司处以拾万元（¥100 000.00）的罚款。

主持人（签名）：×××　记录人（签名）：×××

出席人签名：×××　×××　×××　×××　×××　×××　×××

关于×××安装工程有限公司和××建筑劳务有限公司涉嫌违法倾倒危险废物的调查报告

一、调查处理过程

2017 年 5 月 5 日，我局接到群众电话举报，在××村两处低洼地内（×××派出所对面）倾倒有 2 堆废油漆桶、废油漆渣等工业固体废物。接到举报后，我局执法人员立即赶赴现场。检查发现举报情况属实，现场确实有 2 堆固体废物，主要为××有限公司产的 725××××01G 海工结构重防腐蚀涂料和 7×××××501 环氧稀释剂空桶、华东理工大学华×聚合物有限公司产的 HZF-102 海工结构重防腐蚀涂料和 H×J-30 环氧稀释剂空桶、沾染油漆涂料的黄色胶带、油漆涂料渣等废物，数量在 3 t 以上，以上事实有现场监察记录和照片为证。

2017 年 5 月 9 日，我局与××公安局执法人员一起对两堆废物倾倒现场再次进行勘察，发现均有“××××”字样的工作服，根据该线索，进一步加大走访和摸排力度，于 2017 年 5 月 22 日，发现位于××港内的××安装工程有限公司×××钢圆筒制作工程项目部也存放有与××村倾倒点相同的废物，该公司废物临时堆放点现场管理极其混乱，废油漆桶、油漆渣等危险废物与铁屑、生活垃圾等一般固体废物混合露天堆放、没有执行危险废物管理相关规定。经对该公司项目安全总监×××（天津市人，身份证号××××××××××××××）进行询问，掌握到该公司上述危险废物转移出厂未执行危险废物五联单制度，委托无危险废物处置资质的人拉走处置，以上事实有现场监察记录和照片为证。

2017 年 5 月 23 日，×××与我局执法人员一起到××村两处废物倾倒点进行指认，其当场承认危险废物是该公司×××钢圆筒制作工程项目部产生的。另我局执法人员走访××港现场工作人员，掌握到废物除倾倒在××村外，2017 年 5 月 20 日左右也倾倒了部分废物在××污水处理厂西侧，根据这条线索，执法人员赶赴现场进行核实，经核实，现场确实有与×××村 2 处倾倒点、××项目部类似的废物，现场还发现有“中国建筑”字样的工作服。执法人员通过调取××港 5 号门岗过磅区的监控录像和过磅单，发现 2017 年 5 月 19 日、20 日和 21 日通过车牌号×A××××××、×A×××××挂的货车转运 11 车次废物出厂，以上事实有现场监察记录和照片为证。

2017 年 5 月 26 日，×××与我局执法人员一起到××污水处理厂西侧废物倾倒点进行指认，其当场承认危险废物是该公司×××钢圆筒制作工程项目部产生的，以上事实有现场监察记录和照片为证。当天执法人员对×××制作调查询问笔录 1 份，掌握该公司×××钢圆筒制作工程项目未依法办理环境影响评价手续、未按照危险废物管理制度规范管理和处置的事实，随意将危险废物交由无危险废物处置资质的人员进行处理。此外，当天我局责令该公司立即停止违法行为，采取相应措施对倾倒的危险废物进行遮盖、围挡和设置危废标识牌，并委托有资质的单位进行处置，防止污染扩散。

2017年5月27日、28日，在我局执法人员全程监督下，×××××对××村2处倾倒点、××污水处理厂西侧倾倒点和厂区内的临时存放点进行加盖、围挡、设置危险警示牌，妥善封存危险废物，以上事实有现场监察记录和照片为证。

2017年6月8日，我局委托环境保护部×××环境科学研究所对××安装工程有限公司涉嫌非法倾倒危险废物案件开展固体废物鉴别工作，经鉴定，倾倒在××村和××污水处理厂西侧的废油漆渣属于HW12类危险废物，废油漆桶、和废油漆渣及废油漆桶混合之物属于HW49类危险废物，以上结论有华南所出具的鉴别报告为证。

2017年6月13日，×××安装工程有限公司向我局反映，该公司×××钢圆筒制作工程项目重防腐蚀涂层施工工作由××建筑劳务有限公司分包负责，施工现场产生的固体废物由天津××××负责处置，该公司也主动承认是他们负责联系外面人员进厂转运危险废物。同日，××××与海南省××有限公司签订危险废物处置合同。以上事实有《×××钢圆筒工程重防腐蚀涂层施工劳务分包合同》和《危险废物处置服务合同书》为证。

2017年6月15日，天津××开始对倾倒点的废物进行分选和清运，于2017年6月15日、16日、17日、22日、27日、2017年7月6日、12日委托××有限公司共清运危险废物9车，共计83.96 t，分选和清运危险废物的过程均在我局执法人员、×××××、运输单位、过磅单位等相关工作人员的见证监督下完成，数量确定也有过磅单、现场监察记录表和危险废物转移联单为证；2017年7月18日将分选出来的0.86 t焊丝盘交由废品收购站处理，废铁丝、石块和生活垃圾等共计15.18 t的一般固体废物交由××市生活垃圾填埋场处理，上述过程有我局、检察院、公安局、运输单位相关工作人员见证监督下完成，以上事实有现场监察记录和照片为证。

2017年6月27日，我局对××建筑劳务有限公司经理×××（河南省人，身份证号××××××××××××××××××）制作调查询问笔录1份，其交代了从2017年3月份开始，由于厂区内堆存废物数量较大，无法继续堆存，其找到××××的×××，向其询问转运车辆信息。随后，×××在未核实运输单位是否具有危险废物处置资质情况下，安排车辆将废物拉走，并告知运输人找个有垃圾的地方倾倒，双方口头协定运输价格为600元/车，截至2017年5月，共计转运约25车，但目前尚未支付费用。

2017年6月28日，我局对×××再次进行调查询问，并制作调查询问笔录1份，其交代了他的上司项目执行经理×××指派他联系运输单位的事实，联系了一个名叫×××的中间人，由他帮忙联系车辆，并且交代了最终拉运次数为28车，口头协定运输价格为600元/车，尚未支付费用。

2017年6月29日，我局对×××（天津市人，身份证号×××××××××××

××××××）制作调查询问笔录1份，其表示转移危险废物的车辆是×××联系的，其事先不知情天津××转移出厂的废物是什么东西及倾倒地点，但他承认认识×××这个中间人。

2017年6月30日，我局对×××（××市人，身份证号×××××××××××××××××）制作调查询问笔录1份，其交代了×××联系他，让他帮忙找车拉运货物，×××联系了××本地一个姓李的司机（电话号码为×××××××××××）和姓陈的司机（电话号码为×××××××××××），具体他们的姓名不知道，告知他们×××有货物需要运输，让他们去联系×××，具体清运的垃圾是什么他并不知情，倾倒的地点也不知情。根据×××提供的线索，我局联系了姓陈和姓李的司机，但两位均表示在外地，暂未调查。

二、违法事实

经查实，×××安装工程有限公司位于××港内的×××钢圆筒制作工程项目未依法办理相关环境影响评价手续，危险废物临时堆放点管理极其混乱，危险废物与铁屑、生活垃圾等一般固废混合露天堆放，没有执行相关危险废物管理制度，该公司的行为违反了《中华人民共和国环境影响评价法》第二十五条和《中华人民共和国固体废物污染环境防治法》第三十三条、第五十二条、第五十三条、第五十八条第三款、第五十九条之规定。另查实，××建筑劳务有限公司倾倒83.96 t废油漆桶、废油漆渣等危险废物的行为违反了《中华人民共和国固体废物污染环境防治法》第五十五条之规定。

三、处理依据及建议

根据《中华人民共和国环境影响评价法》第三十一条第一款和《中华人民共和国固体废物污染环境防治法》第六十八条第一款第二项和第七十五条第一款第一项、第二项、第七项、第六项之规定，建议对×××安装工程有限公司违反环评和危险废物管理制度进行行政处罚；根据最高人民法院、最高人民检察院《关于办理环境污染刑事案件适用法律若干问题的解释》（法释〔2016〕29号）第一条第一款第二项：非法排放、倾倒、处置危险废物三吨以上的，应当认定为“严重污染环境罪”，××建筑劳务有限公司涉嫌非法倾倒83.96 t危险废物的行为，建议将该案件相关符合移送条件的材料线索，移送××公安局做进一步处理。关于该案××安装工程有限公司所承担的责任，也请××公安局一并侦办明确。

××生态环境保护局

2017年7月26日

XX省XX经济开发区专栏

政府信息公开专栏

hainan.gov.cn

索 引 号：XXXXX		主题分类：城乡建设、环境保护	
发文机构：XX环保局		组配分类：环境保护	
名　　称：XX经济开发区环境保护局行政处罚决定书			
文　　号：无	发文日期：2017年08月24日	主题词：	

打印本页　关闭窗口　字体大小[大 中 小]

X环罚〔2017〕4号

XX生态环境保护局行政处罚决定书

XX安装工程有限公司：
社会信用代码：
法定代表人：
单位地址：XX市 XX 区 XX 道XX号

一、调查情况及发现的环境违法事实、证据和陈述申辩及采纳情况

2017年5月5日，我局接到举报，在XX经济开发区XX大道西侧XX村两处低洼地（　　　　对面）倾倒有大量的废油漆桶、废油漆渣等危险废物，2017年5月23日我局发现在XX污水处理厂西侧海边的空地上倾倒有类似的危险废物。经查实，上述共计83.96吨的危险废物来自你公司位于 XX 港内的 XX工程项目部，你公司存在以下环境违法行为：(1)该项目未依法办理环境影响评价手续；（2）危险废物临时堆放点管理极其混乱，危险废物与铁屑、生活垃圾等一般固废混合露天堆放；（3）危险废物临时堆放点未粘贴危险废物标识；（4）未制定危险废物管理计划及向我局进行申报登记。

以上违法事实有中建XX安装工程有限公司营业执照复印件、企业法人授权委托书、代理人身份证复印件、经济开发区生态环境保护局调查询问笔录、洋浦经济开发区生态环境保护局现场检查（勘察）笔录、现场检查照片等证据为证。

你公司上述行为违反了《中华人民共和国环境影响评价法》第二十五条、《中华人民共和国固体废物污染环境防治法》第三十三条、第五十八条第三款、第五十二条、第五十三条之规定。

我局于2017年8月10日以《XX经济开发区生态环境保护局行政处罚事先（听证）告知书》（X环罚告字〔2017〕3号）告知你公司陈述申辩权（听证申请权）。在规定期限内你公司未向我局提交陈述申辩材料，或者提出听证申请。

二、行政处罚的依据、种类及履行方式、期限

1、根据《中华人民共和国环境影响评价法》第三十一条第一款之规定，我局对你公司未依法办理环境影响评价手续的违法行为作出如下行政处罚：责令停止建设和使用，处于项目总投资额520万元的百分之二共计拾万零肆仟元（¥104 000.00）的罚款；

2、根据《中华人民共和国固体废物污染环境防治法》第六十八条第一款第二项和第六十八条第二款、第七十五条第一款第七项和第七十五条第二款之规定，我局对你公司将危险废物与一般固废混合露天堆放的违法行为作出如下行政处罚：责令立即停止违法行为并进行改正，处于肆万元（¥40 000.00）的罚款；

3、根据《中华人民共和国固体废物污染环境防治法》第七十五条第一款第一项和第七十五条第二款之规定，我局对你公司未粘贴危险废物标识的违法行为作出如下行政处罚：责令立即停止违法行为并进行改正，处于贰万元（¥20 000.00）的罚款；

4、根据《中华人民共和国固体废物污染环境防治法》第七十五条第一款第二项和第七十五条第二款之规定，我局对你公司未制定危险废物管理计划及向我局进行申报登记的违法行为作出如下行政处罚：责令立即停止违法行为并进行改正，处于贰万元（¥20 000.00）的罚款。

综上所述，我局决定对你公司作出如下行政处罚：

（一）责令立即停止违法行为，并对存在的问题进行改正；

（二）处于拾捌万肆仟元（¥184 000.00）的罚款。

限于接到本处罚决定之日起15日内缴至指定银行和账号。逾期不缴纳罚款的，我局可以根据《中华人民共和国行政处罚法》第五十一条第一项规定每日按罚款数额的3%加处罚款。指定银行、账号和户名如下：

收款银行：XX 银行 XX分行

账号：XXXXX

户名：XX 经济开发区财政局财政性资金

三、申请行政复议或者提起行政诉讼的途径和期限

你司如不服本处罚决定，可在收到本处罚决定书之日起六十日内向XX经济开发区管委会或XX省生态环境保护厅申请行政复议，也可以在六个月内向XX人民法院提起行政诉讼。申请行政复议或者提起行政诉讼，不停止行政处罚决定的执行。

逾期不申请行政复议，不提起行政诉讼，又不履行本处罚决定的，我局将依法申请人民法院强制执行。

XX生态环境保护局

2017年8月24日

索引号：XXXXXXXXX		主题分类：城乡建设、环境保护	
发文机构：XX 环保局		组配分类：环境保护	
名　称：XX 经济开发区生态环境保护局行政处罚决定书			
文　号：无	发文日期：2017年08月21日	主题词：	

X环罚（2017）2号

XX生态环境保护局行政处罚决定书

XX建筑劳务有限公司：
社会信用代码：XXXXXXXXX
法定代表人·XX
单位地址： XX市 XX 区 XX 、街XX号

一、调查情况及发现的环境违法事实、证据和陈述申辩及采纳情况

2017年5月5日，我局接到举报，在 XX经济开发区 XX大道西侧 XX 村两处低洼地（ 对面）倾倒有大量的废油漆桶、废油漆渣等危险废物，2017年5月23日我局发现在 XX 污水处理厂西侧海边的空地上倾倒有类似的危险废物。经查实，上述共计83.96t 的危险废物来自你公司分包 XX 安装工程有限公司 XX 工程项目喷涂作业过程中产生的，且未执行危险废物转移联单制度。你司未经我局批准擅自转移83.96t 危险废物的行为违反了《中华人民共和国固体废物污染环境防治法》第五十九条之规定。

以上违法事实有XX 建筑劳务有限公司营业执照复印件、企业法人授权委托书、法人身份证复印件、代理人身份证复印件、XX 经济开发区生态环境保护局调查询问笔录、 XX经济开发区生态环境保护局现场检查（勘察）笔录、现场检查照片等证据为证。

我局于2017年8月10日以《 XX经济开发区生态环境保护局行政处罚事先（听证）告知书》（X环罚告字（2017）4号）告知你公司陈述申辩权（听证申请权）。在规定期限内你公司未向我局提交陈述申辩材料，或者提出听证申请。

二、行政处罚的依据、种类及履行方式、期限

根据《中华人民共和国固体废物污染环境防治法》第七十五条第一款第六项和第七十五条第二款之规定，我局对你公司擅自转移83.96t 危险废物，且未执行危险废物转移联单制度的违法行为作出如下行政处罚：

（一） 责令立即停止违法行为，并进行改正；

（二） 处于十万元（¥100 000.00）的罚款。

限于接到本处罚决定之日起15日内缴至指定银行和账号。逾期不缴纳罚款的，我局可以根据《中华人民共和国行政处罚法》第五十一条第一项规定每日按罚款数额的3%加处罚款。指定银行、账号和户名如下：

收款银行：XX 银行XX分行

账号：XXXX

户名： XX经济开发区财政局财政性资金。

三、申请行政复议或者提起行政诉讼的途径和期限

你司如不服本处罚决定，可在收到本处罚决定书之日起六十日内向 XX经济开发区管委会或、XX省环境保护厅申请行政复议，也可以在六个月内向 XX人民法院提起行政诉讼。申请行政复议或者提起行政诉讼，不停止行政处罚决定的执行。

逾期不申请行政复议，不提起行政诉讼，又不履行本处罚决定的，我局将依法申请人民法院强制执行。

XX生态环境保护局

2017年8月21日

10. ××市×××实业有限公司通过暗管违法排放污染物案

【案件提供单位】

××市××区环境保护局

【案件简介】

2017年1月3日，环保局执法人员现场检查时发现，该公司抛光清洗生产线产生的清洗废水经沉淀池下方设置的圆形排口排入雨水管网内，最终流入清水河，造成环境污染，涉嫌通过暗管，采取逃避监管的方式违法排放污染物，违反了《中华人民共和国环境保护法》第六十九条和《中华人民共和国水污染防治法》第二十二条第二款的相关规定。根据×环监字〔2017〕第JD001号、××〔2017〕第JS007号监测报告显示该公司向地表水体排放的污染物超过国家规定的排放标准，其中重金属铬超标3.2倍、重金属锌超标13倍，涉嫌严重污染环境。

依据《中华人民共和国环境保护法》第六十九条，最高人民法院、最高人民检察院《关于办理环境污染刑事案件适用法律若干问题的解释（法释〔2016〕29号）第一条第一款第三项和第一条第一款第四项之规定，移送公安机关追究刑事责任。经公安机关侦办，区检察院公诉，区人民法院经审理判决，判处××市×××实业有限公司罚金人民币15万元；判处该公司法人代表、总经理隆××有期徒刑9个月，并处罚金2万元；判处本案直接责任人××市×××实业有限公司副总经理孙××有期徒刑9个月，并处罚金2万元。

【专家点评】

一、该案的优点

1. 本案符合《环境保护法》、最高人民法院、最高人民检察院《关于办理环境污染刑事案件适用法律若干问题的解释》的规定，在给予违法企业行政处罚的同时，对企业排放污染物一类重金属超标行为移送公安机关刑事立案。环境违法行为适用刑事移送依据充分，准确；环保局与公安局的交接过程清晰明了；案件基础资料完备整齐。

2. 本案证明有涉嫌环境犯罪的事实发生的证据均是环保部门在行政执法过程中发现并收集制作的物证、书证、视听资料、监测报告，而且各项证据种类的取得程序符合法定程序和工作规范要求。尤其是证实涉事企业排放污水中重金属超标的监测报告不仅有 CMA 资质印章，检验人、复核人、批准人一一签字确认，证据形式严密。可见，环保执法过程的严密性决定了后续刑事侦查的准确性。

3. 本案执法手段丰富，涉及多种强制措施。

本案因涉事企业以逃避监管的方式排放水污染物，且经监测重金属超标。执法单位依法采取了责令改正、查封、移送刑事追责等行政命令、行政强制措施。同时，还对企业负责人进行约谈、督促整改措施落实、进行执法后督查。充分体现了执法精细化，取得了较好的执法效果。

4. 本案执法主体严格执行“两人执法并出示证件”的程序要求，执法过程清晰。

本案有 3 份现场检查（勘察）笔录、2 份现场调查询问笔录、17 份现场照片、4 份送达回证、以及执法后督察记录、立案审批等执法单位文书上，均有执法人员签名并记录执法证号，客观记录了执法过程。尤其是现场勘验笔录后面还附有现场勘查示意图，使阅卷人对违法行为现场有了更直观的感受。此外，更值得学习的是，本案案卷中有现场采样记录单，不仅有执法人员签名，还有采样单位代表签名，严格按照《环境行政处罚办法》《工业污染源现场检查技术规范》要求进行，这在目前普遍存在的执法人员重执法程序、轻监测程序的现状具有重要的示范意义。

5. 现场检查（勘察）笔录、调查询问笔录记录详实，对企业基本情况、组织构架、生产工艺均进行了非常详细的调查，履职过程规范，证据材料收集齐全，难能可贵。

二、存在的问题和建议

1. 本案涉及了行政违法行为移送刑事追责后是否还需要行政处罚的问题，根据 2016 年 6 月 16 日《公安机关受理行政执法机关移送犯罪案件规定》、2017 年 1 月 25 日《环境保护行政执法与刑事司法衔接工作办法》等规定，作为两种不同的责任形式，行政机关在移送刑事追责后仍应当对行政违法行为进行处罚，本案没有进一步采取行政处罚措施，案件处理略显虎头蛇尾。

2. 企业未经环评审批验收，执法部门未对该情况进行第一步调查处理，且无相关说明材料。

3. 环保部门第一次检查时采集了雨水管网总排口的常规指标，没有第一时间采集沉淀池出水水样进行重金属监测，存在一些缺陷。

××市××区环境保护局
环境行政执法卷宗目录
（正卷）

×环〔2017〕卷宗字001号

案件名称：××市×××实业有限公司通过暗管，采取逃避监管的方式违法排放污染物案

文件名称	页码	备注
刑事判决书	1025～1028	〔2017〕×0112刑初××号
逮捕证	1029	成公×（西）捕字〔2017〕10198号
责令改正违法行为决定书	1030	×环责改字〔2017〕011号
送达回证	1031	责令改正违法行为决定书（×环责改字〔2017〕011号）
查封决定书	1032	×环查字〔2017〕002号
送达回证	1033	查封决定书（×环查字〔2017〕002号）
查封清单	1034	
解除查封决定书	1035	×环解查字〔2017〕002号
送达回证	1036	解除查封决定书（×环解查字〔2017〕002号）
行政处罚案件调查报告	1037～1039	×环调终字〔2017〕001号
立案审批表	1040	×环立字〔2017〕001号
现场检查（勘察）笔录	1041～1043	×环检勘字〔2017〕1-3-1号
现场检查（勘察）笔录	1044～1045	×环检勘字〔2017〕1-4-1号
现场检查（勘察）笔录	1046～1048	×环检勘字〔2017〕1-5-1号
调查询问笔录	1049～1055	×环调询字〔2017〕1-4-1号
调查询问笔录	1056～1059	×环调询字〔2017〕1-12-1号
现场照片（图片、影像资料）证据	1060～1076	共17份
采样取证登记单	1077	2017年1月3日

注：本案宗连带封面封底及目录共计110页。其中正卷连带封面封底及目录共计76页；副卷连带封面封底及目录共计34页。

××市××区环境保护局

2017年11月6日

××省××市××区人民法院
刑事判决书

〔2017〕×0112 刑初××号

公诉机关××市××区人民检察院

被告人单位××市×××实业有限公司，统一社会信用代码×××××××××××，住所××省××经济技术开发区××镇××路××号，法人代表隆××。

诉讼代表人饶××，××市×××实业有限公司副总经理。

被告人隆××，男，1970 年 9 月 24 日出生，××省××县人，汉族，大学文化，××市×××实业有限公司法人代表、总经理，公民身份证号码××××××，户籍所在地××省××市××区×××路××号×栋×号，现住××省××市××区××路××小区×栋×单元×号。2017 年 2 月 20 日因涉嫌污染环境罪被××市公安局××区分局刑事拘留，同年 2 月 24 日被该局取保候审。

辩护人谭××，四川××律师事务所律师。

被告人孙××，男，1968 年 2 月 19 日出生，××省××县人，公民身份证号码××××××，汉族，大学文化，××市×××实业有限公司副总经理，户籍所在地××省××市××区××路×××号×栋×单元××××号。2017 年 2 月 20 日因涉嫌污染环境被××市公安局××区公安分局刑事拘留；2017 年 3 月 28 日因涉嫌污染环境罪经××市××区人民检察院批准逮捕，同日由××市公安局××区分局执行逮捕。现羁押于××市××区看守所。

辩护人刘×武、刘×瑞，四川××律师事务所律师。

××市××区人民检察院以成×刑检刑诉〔2017〕××号起诉书指控被告单位××市×××实业有限公司、被告人隆××、孙××平犯污染环境罪，于 2017 年 9 月 6 日向本院提起公诉。本院受理后，依法组成合议庭，公开开庭进行了审理。××市××区人民检察院指派检查员牛××出庭支持公诉，被告单位××市×××实业有限公司代表饶××，被告人隆××及其辩护人谭××，被告人孙××及其辩护人刘×武、刘×瑞到庭参与诉讼。现已审理终结。

公诉机关指控，2017 年 1 月 3 日，××市××区执法人员接到报告，称本区车城东六路雨水井中有乳白色液体排入清水河。当日 15 时许，本区环境监察执法大队执法人员赶至现场勘查，并对××市×××实业有限公司进行执法检查，发现该公司抛光清洗生产线产生的清洗废水经沉淀池下方设置的圆形排口直接排入雨水管网内，并最终流入清水河，造成环境污染。16 时许，环境检测工作人员分别对××市××实业有限公司雨水管网接入园区雨水管网总排口处进行采样检测，次日对该雨水管网内残留油状乳白色液体进行采集检测。据××市××区环境监测站×环监字〔2017〕第 JD001 号监测报告、××省××环保股份有限公司××〔2017〕第 JS007 号检测报告，××市×××实业有限公司向地表水排放的污染物超过国家规定的排放标准，其中重金属铬超标 3.2 倍，重金属锌超标 13 倍，重金属锰超标 8.7 倍。

2017 年 1 月 4 日，××市××区环境保护局向××市×××实业有限公司下发×环责改字〔2017〕011 号责令改正违法行为决定书。2017 年 1 月 12 日，××市××区环境保护局将××市×××实业有限公司涉嫌严重污染环境一案移交公安机关。2017 年 2 月 20 日 10 时许，公安民警至××市×××实业有限公司调查，现场挡获公司总经理隆××及副总经理孙××。随后二被告人被传唤至公安机关接受调查。

公诉机关认为，被告人单位××市×××实业有限公司违反国家规定。通过暗管，采取逃避监管的方式排放有毒物质，严重污染环境，其行为已构成污染环境罪。对此直接负责的主管人员被告人隆××、孙××亦应追究污染环境罪的刑事责任。提请依法惩处。

被告单位代表饶××对起诉指控的基本事实及罪名不持异议，提出请求对被告单位从轻处罚等辩护意见。

被告人隆××对起诉指控的基本事实及罪名不持异议。其辩护人提出了被告人隆××系过失犯罪，其承担间接责任，起次要作用，主观恶性小，有坦白情节，后及时整改，悔罪态度好，系初犯，且患有肾癌，请求从轻处罚并适用缓刑等辩护意见。

被告人孙××对起诉指控的基本事实及罪名不持异议。其辩护人提出排污时间短，排污量较少，后果较轻，被告人孙××认罪态度好，系初犯，请求从轻处罚等辩护意见。

经审理查明：2016 年，××市××实业有限公司为生产发动机盖板引入抛光清洗生产线。该抛光清洗生产线产生的清洗废水经沉淀池下方设置的圆形排口直接排入雨水管网内，并最终流入清水河。2017 年 1 月 4 日，××市××区环境检测工作人员对××市××实业有限公司雨水管网内残留油状乳白色液体进行采样。后经检测，××市××实业有限公司向地表水体排放的污染物超过国家规定的排放标准，其中重金属铬超标 3.2 倍，重金属锌超标 13 倍。

被告人隆××系××市××实业有限公司股东、法人代表、总经理，直接负责市场部、财务部工作；被告人孙××系该公司股东、副总经理，直接负责质量部、技术部等部门和公司日常生产管理。2017 年 2 月 20 日，公安机关在××区一学校门口将被告人隆××挡获；同日，公安民警至××市××实业有限公司，将被告人孙××通知到案。另查明，被告人隆××患有肾癌。

上述事实，有经庭审质证的受案登记表、立案决定书、到案经过及情况说明，现场勘验笔录、示意图及照片，扣押笔录、扣押决定书、扣押清单，产品送货单，××市地面水水域环境功能类别划分管理规定，地表水环境质量标准（GB 3838—2002），×环监字〔2017〕第JD001号监测报告，被告单位××市×××实业有限公司的营业执照、组织机构代码证，报告人隆××、孙××的在职证明，被告人隆××的病情证明书、病理诊断报告，被告人隆××、孙××的常住人口基本信息，证人陈××、谢××、彭××、饶××、程××、张××、佘××的证言，被告人隆××、孙××的供述、分别指认排污地点的指认照片等证据证实，足以认定。

本院认为，被告单位××市×××实业有限公司违反国家规定，排放有毒物质，严重污染环境，其行为已构成污染环境罪，应依法惩处。被告人隆××作为该公司股东、法人代表和总经理，明知引进的抛光清洗生产线会产生废水，而放任公司严重超标排污，其行为亦构成污染环境罪。被告人孙××作为该公司股东和负责质量部、技术部等部门和公司日常生产管理的副总经理，明知引进的的抛光清洗生产线会产生废水，而放任公司严重超标排污，对此应承担直接责任，其行为亦构成污染环境罪。被告人隆××如实供述犯罪事实，当庭自愿认罪，依法可以从轻处罚。被告人孙××主动投案，如实供述犯罪事实，当庭自愿认罪，系自首，依法从轻处罚。被告单位××市×××实业有限公司及被告人隆××、孙××系初犯，在被执法部门查处后及时整改，酌情从轻处罚。扣押在案的样品、样本，应由扣押机关依法处理。公诉机关指控被告单位××市×××实业有限公司、被告人隆××、孙××犯污染环境罪的基本事实成立，定性准确，本院予以支持。对被告单位的诉讼代表人所提请求对被告单位从轻处罚的辩护意见，本院予以采纳。对被告人隆××的辩护人所提被告人隆××主管恶性较小，有坦白情节，后及时整改，悔罪态度好，系初犯，且患有肾癌，请求从轻处罚并适用缓刑的辩护意见，与审理查明的事实和法律规定相符，予以采纳；对被告人隆××的辩护人所提被告人隆××系过失犯罪，其承担间接责任，起次要作用的辩护意见，本院认为，被告人隆××明知可能严重超标排污而放任，其具有犯罪故意，且其作为公司大股东、法人代表和总经理，所起作用非明显的次要作用，亦应承担相应直接责任，此辩护意见不予采纳。对被告人孙××的辩护人所提排污时间短，排污量较少，后果较轻，被告人孙××认罪态度好，系初犯，请求从轻处罚的辩护意见，与审理查明的事实和法律规定相符，本院予以采纳。据此，为惩罚犯罪，保护环境资源，根据被告单位××市×××实业有限公司及被告人隆××、孙××的犯罪事实、犯罪性质、情节和对于社会的危害程度，依照《中华人民共和国刑法》第三百四十六条、三百三十八条、第六十七条第一款、第三款、第七十二条第一款、第三款、第七十三条第二款、第三款之规定，判决如下：

一、被告单位××市×××实业有限公司犯污染环境罪，判处罚金人民币十五万元。

（罚金限于判决生效后一个月内缴纳。）

二、被告人隆××犯污染环境罪，判处有期徒刑九个月，缓刑一年六个月，并处罚金人民币二万元。

（缓刑考验期限，从判决确定之日起计算；罚金限于判决生效后一个月内缴纳。）

三、被告人孙××犯污染环境罪，判处有期徒刑九个月，并处罚金人民币二万元。（刑期自判决执行之日起计算，判决执行以前先行羁押的，羁押一日折抵刑期一日，即自2017年2月20日起至2017年11月19日止；罚金限于判决生效后一个月内缴纳。）

如不服本判决，可在接到判决书的第二日起十日内，通过本院或者直接向××省××市中级人民法院提出上诉。书面上诉的，应当提交上诉状正本一份，副本两份。

审　判　长　胡××

人民陪审员　汪××

人民陪审员　周××

二〇一七年十月三十一日

书　记　员　张××

××省××市公安局××区分局
逮 捕 证

×公×（西）捕字〔2017〕10198号

根据《中华人民共和国刑事诉讼法》第七十八条之规定，经××区人民检察院批准，兹由我局对涉嫌污染环境罪的孙××（性别男，出生日期1968年2月19日，住址×××路×××号×栋×单元××××号）执行逮捕，送××市××区看守所羁押。

××市公安局××区分局

二〇一七年三月二十八日

本证已于 2017 年 3 月 28 日向我宣布。

被逮捕人：孙××（捺指印）

本证副本已收到，被逮捕人孙某平已于2017年3月28日送至我所（如先行拘留的，填写拘留后羁押时间）

接收民警：×××

××市××区看守所

二〇一七年三月二十八日

××市××区环境保护局
责令改正违法行为决定书

×环责改字〔2017〕011号

××市×××实业有限公司：

统一社会信用代码：××××××××××××；

法定代表人：隆××；身份证号码：×××××××××××××××；

地址：××省××经济技术开发区××镇××路××号。

我局于2017年1月3日对你公司进行了调查，发现你公司实施了以下环境违法行为：涉嫌通过暗管，采取逃避监管的方式向地表水体排放污染物，严重污染环境 。

以上事实，有《现场检查（勘察）笔录》（×环检勘字〔2017〕1-3-1号、《调查询问笔录》（×环调询字〔2017〕1-4-1号、现场照片及视听证据等证据为凭。

上述行为违反了《中华人民共和国水污染防治法》第二十二条第二款的规定。

依据《中华人民共和国行政处罚法》第二十三条和《中华人民共和国水污染防治法》第七十五条第二款的规定，现责令你公司：

1. 立即停止违法行为；

2. 立即拆除你公司抛光清洗生产线沉淀池连接雨水管网的暗管，限期于2017年1月6日前完成。

我局将对你公司改正违法行为的情况进行监督。如你公司拒不改正上述环境违法行为，逾期不申请行政复议，不提起行政诉讼，又不履行本决定的，我局将依法申请人民法院强制执行。

适用按日连续处罚的：我局将在30日内对你公司改正违法行为的情况进行复查。如你公司拒不改正违法排污行为，我局将按照《中华人民共和国环境保护法》第五十九条的规定，对你公司实施按日连续处罚。

你公司如对本决定不服，可在收到本决定书之日起60日内向××市环境保护局或者××区人民政府申请行政复议，也可在收到本决定书之日起6个月内向××市××人民法院提起行政诉讼。如你公司拒不改正上述违法行为，我局将申请××市××区人民法院强制执行。

××市××区环境保护局

2017年1月4日

××市××区环境保护局
送达回证

送达文书名称及文号	责令改正违法行为决定书（×环责改字〔2017〕011号）
受送达人名称或姓名	××市×××实业有限公司
送达地点	××省××经济技术开发区××镇××路××号 ××市×××实业有限公司
送达方式	当面送达
收件人签字（或盖章） 及收件日期	孙×× （与受送达人的关系：公司副总经理） 2017年1月4日
送达人（两人签字）	×××、×××
送达机关盖章	××市××区环境保护局 2017年1月4日
备　注	

××市××区环境保护局
查封决定书

×环查字〔2017〕002号

××市×××实业有限公司：

企业法定代表人公民身份号码：×××××××××××；

社会信用代码：××××××××××××××；

地址：××省××经济技术开发区××镇××路××号；

法定代表人：隆××。

我局于2017年1月3日对你公司进行了调查，发现你公司实施了以下环境违法行为：

我局执法人员现场检查时发现，你公司抛光清洗生产线产生的清洗废水经沉淀池下方设置的圆形排口排入雨水管网内，最终流入清水河，造成环境污染。

以上事实，有《现场检查（勘察）笔录》《询问笔录》、现场照片及影像资料、废水采样监测数据等证据为凭。

本机关认为你公司的上述行为违反了《中华人民共和国环境保护法》第二十五条的规定。

依据《中华人民共和国环境保护法》第二十五条的规定，本机关决定对你公司抛光清洗生产线产生废水的设施设备予以查封。查封期限为10日（时间从2017年1月5日起至2017年1月14日止）；查封期限不包括检测或技术鉴定的时间。查封设施、设备存放于你公司原址，在此期间，你公司不得擅自损毁封条、变更查封状态或者启用已查封的设施、设备。

如你公司对本行政强制措施不服，可以在收到本决定书之日起60日内向××市××区人民政府或者××市环境保护局申请行政复议，也可以在收到本决定书之日起6个月内向××市新都区人民法院提起行政诉讼。申请行政复议或者提起行政诉讼不停止本决定的执行。

××市××区环境保护局

2017年1月5日

××市××区环境保护局
送达回证

送达文书名称及文号	查封决定书（×环查字〔2017〕002号）
受送达人名称或姓名	××市×××实业有限公司
送达地点	××省××经济技术开发区××镇××路××号 ××市××实业有限公司
送达方式	当面送达
收件人签字（或盖章）及收件日期	孙×× （与受送达人的关系：公司副总经理） 2017年1月5日
送达人（两人签字）	×××、×××
送达机关盖章	（印章：××市××区环境保护局） 2017年1月5日
备　注	

××市××区环境保护局
查封清单

被查封单位名称：××市×××实业有限公司

名称	数量	型号及特征	生产厂家	生产日期	存放地点
立式振动光饰机	3台	LMJ300	无锡国达机械设备有限公司	2006年	就地查封
立式振动光饰机	2台	LMJ250	无锡国达机械设备有限公司	2006年	就地查封
电源控制开关	3个	无	无	不详	就地查封
抛光清洗生产线总电源控制柜	1个	无	无	不详	就地查封

被查封人签名：孙×× 2017年1月5日

执法人员姓名及执法证号：×××（×××××××××××） 2017年1月5日

执法人员姓名及执法证号：×××（×××××××××××） 2017年1月5日

见证人签名：××区××镇环保办工作人员曾××、李×× 2017年1月5日

注：本清单一式两份，被执行人和行政执法机关各存一份。如委托第三人保管的，应同时交第三人收执。

××市××区环境保护局
解除查封决定书

×环解查字〔2017〕002号

××市×××实业有限公司：

我局于2017年1月5日，依法对你公司抛光清洗生产线产生的清洗废水经沉淀池下方设置的圆形排口排入雨水管网内，最终流入清水河造成环境污染一事，下达了查封决定书（×环查字〔2017〕002号），因查封期限已届满，根据《中华人民共和国行政强制法》第二十八条第一款第四项的规定，经研究，现依法决定解除查封。

××市××区环境保护局

2017年1月16日

××市××区环境保护局
送达回证

送达文书名称及文号	解除查封决定书（×环解查字〔2017〕002号）
受送达人名称或姓名	××市×××实业有限公司
送达地点	××省××经济技术开发区××镇××路××号 ××市××实业有限公司
送达方式	当面送达
收件人签字（或盖章） 及收件日期	孙×× （与受送达人的关系：公司副总经理） 2017年1月 16 日
送达人（两人签字）	×××、×××
送达机关盖章	××市××区环境保护局 2017年1月16日
备　注	

××市××区环境保护局
行政处罚案件调查报告

×环调终字〔2017〕001 号

案　由：涉嫌通过暗管，采取逃避监管的方式向地表水体排放污染物，严重污染环境案
当事人：××市×××实业有限公司
案件承办人：×××、×××（签名）
案件承办机构：××市××区环境监察执法大队（公章）
报告内容：

一、案件来源

2017 年 1 月 3 日 15 时 31 分，我局执法人员×××接到××区××镇环保办工作人员×××报告，××区××路雨水井中有乳白色液体排入清水河。2017 年 1 月 3 日 15 时 46 分，××区环境监察执法大队执法人员赶到现场进行勘察，发现××市×××实业有限公司抛光清洗生产线产生的清洗废水经沉淀池下方设置的圆形排口排入雨水管网内，最终流入清水河，造成环境污染，涉嫌通过暗管，采取逃避监管的方式违法排放污染物，为进一步查清事实，××区环境保护局于当日批准立案，并由××区环境监察执法大队执法人员×××（执法证号：×××××××××××）、××（执法证号：××××××××××），负责对该案进行调查，现已调查终结，形成报告如下。

二、当事人基本情况

当事人：××市×××实业有限公司；类型：有限责任公司（自然人投资或控股）；统一社会信用代码：×××××××××；名称：××市×××实业有限公司；住所：××省××经济技术开发区××镇××路××号；法定代表人：隆××；注册资本：（人民币）五百万；成立日期：××××年×月×日；营业期限：××××年×月×日至××××年×月×日；经营范围：生产、销售汽车零部件（不含发动机）、摩托车零部件（不含发动机），销售机电产品（不含汽车）、医疗器械（限一类）；其他无需审批的合法项目。

当事人于 2011 年底从××区××镇老厂搬迁到××经济技术开发区××路××号，租用×××机电有限公司厂房建设，占地面积约为 5 400 m^2，总投资约 3 000 万元人民币，2012 年投入生产，该公司主要产品为汽车零配件，建厂至今未向环境保护主管部门

申报环境影响评价相关文件。

三、案件基本情况

当事人建有两条生产线，分别为机加工生产线和抛光清洗生产线，机加工生产线有数控车床99台、钻床32台、数控加工中心9台、磨床6台、毛刺机1台、仪表车床13台，机加工过程中需要使用水性切削液、油性切削液、磨削液，皂化液等辅料用作冷却和防锈；抛光清洗生产线的设备有：抛丸机5台、清洗机1台，抛光清洗生产过程中需要使用光亮剂和重油除垢剂；抛光清洗生产线清洗区建有6个纵向并排的沉淀池用于收集清洗废水，每个沉淀池连接处上设有圆形排口，使每个沉淀池相通。清洗机下设有一条排水沟用于收集清洗废水，排水沟两端分别接入两侧1#、6#沉淀池，清洗废水通过排水沟进入1#、6#沉淀池后逐步进入2#、4#、5#沉淀池，最后在3#沉淀池汇合，3#沉淀池靠近雨水井处设置了上下两个排口，上排口为方形排口，下排口为圆形排口。现场检查时，我局执法人员发现排水沟内有油状乳白色液体流入1#、6#沉淀池后通过3#沉淀池下方圆形排口连接的暗管流入靠近围墙处的雨水井内，随后执法人员对该公司雨水管网进行逐一检查确认，该公司的清洗废水通过3#沉淀池地下暗管连接至雨水井最终流入车城东路旁的清水河内。2017年1月3日16时50分××区环境监测站工作人员对该公司雨水管网接入园区雨水管网总排口处进行采样监测，2017年1月4日××区环境监测站工作人员再次对该公司雨水管网内残留油状乳白色液体进行采样监测。根据××区环境监测站和××省××环保股份有限公司出具的监测报告（×环监字〔2017〕第JD 001号、××〔2017〕第JS 007号）显示该公司向地表水体排放的污染物超过国家规定的排放标准，其中重金属铬超标3.2倍、重金属锌超标13倍、重金属锰超标8.7倍（其他不计）。

以上事实有以下证据证明：

证据一：我局执法人员对当事人现场检查时的《现场检查（勘察）笔录》（×环检勘字〔2017〕1-3-1号、×环检勘字〔2017〕1-4-1号）共2份，查封扣押《现场检查（勘察）笔录》（×环检勘字〔2017〕1-5-1号）1份，现场照片17张，现场摄像取证视频光盘2份，当事人法定代表人隆××委托公司副总经理孙××接受调查询问笔录（×环调询字〔2017〕1-4-1号、×环调询字〔2017〕1-12-1号）共2份；

证据二：当事人法定代表人隆××委托孙××提供的材料：工商营业执照（副本）复印件1份、被委托人及相关人员身份证复印件6份、厂房租赁合同书复印件1份、法人身份证复印件1份、委托书2份、孙××、秦××、程××在职证明各1份、公司雨水管网平面布置图复印件1份、辅料进货凭证复印件1份；

证据三：××区环境监测站出具的监督性监测报告（×环监字〔2017〕第JD 001号）1份、××区环境监测站委托监测报告××〔2017〕第JS007号）1份、《地表水环境质量标准》（GB 3838—2002）、《××市地面水水域环境功能类别划分管理规定》1份。

四、当事人违法事实及违反的法律条款

综上所述，××市×××实业有限公司抛光生产线产生的清洗废水通过地下暗管，采取逃避监管的方式违法排放污染物到地表水体的行为，违反了《中华人民共和国水污染防治法》第二十二条第二款“禁止私设暗管或者采取其他规避监管的方式排放水污染物”之规定；其排放的水污染物中重金属铬超标3.2倍、重金属锌超标13倍、重金属锰超标8.7倍的行为，违反了《中华人民共和国环境保护法》第六十九条“违反本法规定，构成犯罪的，依法追究刑事责任”之规定。该公司环境违法行为事实清楚、证据确凿。依据《中华人民共和国环境保护法》第六十九条“违反本法规定，构成犯罪的，依法追究刑事责任”之规定；依照最高人民法院、最高人民检察院《关于办理环境污染刑事案件适用法律若干问题的解释》（法释〔2016〕29号）第一条第一款第三项“实施刑法第三百三十八条规定的行为，排放、倾倒、处置含铅、汞、铬、砷、铊、锑的污染物，超过国家或者地方污染物排放标准三倍以上的”和第一条第一款第四项“实施刑法第三百三十八条规定的行为，排放、倾倒、处置含镍、铜、锌、银、钒、锰、钴的污染物，超过国家或者地方污染物排放标准十倍以上的”应当认定为“严重污染环境”之规定；该公司违法向地表水体排放的污染物中重金属铬超标3.2倍、重金属锌超标13倍的环境违法事实已构成了“严重污染环境”。

五、处罚依据及自由裁量理由

2017年1月4日，我局依法向当事人下达了《责令改正违法行为决定书》（×环〔2017〕011号）责令该公司立即停止违法行为，限期于2017年1月6日前完拆除沉淀池连接雨水管网的管道。该公司环境违法行为事实清楚、证据确凿。依据《中华人民共和国环境保护法》第六十九条“违反本法规定，构成犯罪的，依法追究刑事责任”之规定；依照最高人民法院、最高人民检察院《关于办理环境污染刑事案件适用法律若干问题的解释》（法释〔2016〕29号）第一条第一款第三项“实施刑法第三百三十八条规定的行为，排放、倾倒、处置含铅、汞、铬、砷、铊、锑的污染物，超过国家或者地方污染物排放标准三倍以上的”和第一条第一款第四项“实施刑法第三百三十八条规定的行为，排放、倾倒、处置含镍、铜、锌、银、钒、锰、钴的污染物，超过国家或者地方污染物排放标准十倍以上的”应当认定为“严重污染环境”之规定；该公司违法向地表水体排放的污染物中重金属铬超标3.2倍、重金属锌超标13倍的环境违法事实已构成了“严重污染环境”，建议将××市×××实业有限公司以涉嫌“严重污染环境”移交公安机关侦办。

××市××区环境监察执法大队

承办人：×××、×××

2017年1月12日

××市××区环境保护局
立案审批表

<table>
<tr><td>案件来源</td><td>检查发现</td><td>立案号</td><td colspan="2">×环立字〔2017〕001 号</td></tr>
<tr><td>案　由</td><td colspan="4">涉嫌通过暗管，采取逃避监管的方式违法排放污染物案</td></tr>
<tr><td rowspan="5">当
事
人</td><td>名称或姓名</td><td colspan="3">××市××实业有限公司</td></tr>
<tr><td>地址（住址）</td><td>××省××经济技术开发区××镇××路××号</td><td>邮政编码</td><td>××××××</td></tr>
<tr><td>法人公民
身份号码</td><td>××××××</td><td>组织机构代码</td><td>无</td></tr>
<tr><td>社会信用代码</td><td colspan="3">××××××××</td></tr>
<tr><td>法定代表人
（负责人）</td><td>隆××</td><td>职　务</td><td>法定代表人</td></tr>
<tr><td>案情简介及
立案理由</td><td colspan="4">2017 年 1 月 3 日，我局执法人员现场检查时发现，该公司抛光清洗生产线产生的清洗废水经沉淀池下方设置的圆形排口排入雨水管网内，最终流入清水河，造成环境污染，涉嫌通过暗管，采取逃避监管的方式违法排放污染物。涉嫌违反了《中华人民共和国环境保护法》第六十九条和《中华人民共和国水污染防治法》第二十二条第二款的相关规定。
初步审查符合《环境行政处罚办法》第二十二条规定的立案条件。
承办人：×××、×××　　2017 年 1 月 3 日</td></tr>
<tr><td>承办机构
负责人意见</td><td colspan="4">建议立案
签　名：×××　　2017 年 1 月 3 日</td></tr>
<tr><td>环保部门负责人
审批意见</td><td colspan="4">同意立案
签　名：×××　　2017 年 1 月 3 日</td></tr>
<tr><td>备　注</td><td colspan="4"></td></tr>
</table>

××市××区环境保护局
现场检查（勘察）笔录

×环 检勘字〔2017〕1-3-1号

时间： 2017年1月3日15时46分至22时00分

地点： ××省××经济技术开发区××镇××路××号

被检查（勘察）人名称或姓名： ××市×××实业有限公司

现场负责人： 孙×× **电话：** ×××××× **邮编：** ×××××

工作单位： ××市××实业有限公司 **职务：** 副总经理

检查（勘察）人及执法证编号： ×××（×××××××××××）、×××（×××××××××××）

记录人： ××× **工作单位：** ××市××区环境监察执法大队

告知事项： 我们是××区环境保护局的行政执法人员，这是我们的执法证件（执法证编号：×××（×××××××××××）、×××（×××××××××××））。请过目确认：确认无误。

今天我们依法进行检查并了解有关情况，你应当配合调查，如实提供材料，不得拒绝、阻碍、隐瞒或者提供虚假情况。如果你认为检查人与本案有利害关系，可能影响公正办案，可以申请回避，并说明理由。请确认：我清楚了，不申请执法人员回避。

现场情况： 2017年1月3日15时31分，××区环境监察执法大队执法人员×××接到××镇环保办公室人员曾××报告，××区车城东六路有乳白色液体排入清水河。2007年1月3日15时46分，××区环境监察执法大队执法人员赶到现场进行勘

被检查（勘察）人或现场负责人确认意见：我已阅读，记录属实，与现场检查情况一致，无异议，无补充。

被检查（勘察）人或现场负责人签字：孙××、程××、秦×× 2017年1月3日

检查（勘察）人签字：×××、××× 2017年1月3日

记录人签字：××× 2017年1月3日

参加人签字：×××、××× 2017年1月3日

察。勘察发现，××路上雨水井内有大量乳白色液体排入清水河，执法人员随即对××路上的雨水井进行逐一排查，排查至××市××机械有限责任公司加工车间外一雨水井时，发现该雨水井内埋设有两根管道，（其中西北方管道内有与排入清水河内相似的乳白色液体排放）执法人员根据此乳白色液体流向排查至××市×××实业有限公司清洗抛光生产线外清洗区的沉淀池，发现乳白色液体系由该沉淀池排入雨水管网。

××市×××实业有限公司位于××省××经济技术开发区××镇××路××号，租用××机电有限公司部分厂房，占地面积约为 5 400 m^2，于 2009 年 12 月开工建设，2012 年 12 投入试生产。主要从事汽车零部件生产制造，年产量约 1 000 万件，其主要生产工艺为：原料（钢件）→切割→锻造→粗加工→半精加工→表面处理（外包）→抛光清洗→成品入库。在生产过程中产生的污染物主要有：噪声、粉尘、清洗废水和危险废物。危险废物包括废乳化液、废液压油、废乳化液包装溶剂空桶和废液压油包装溶剂空桶。

现场检查时，该公司副总经理孙××、综合部人事专员秦××、采购部采购专员程××全程陪同检查并介绍相关情况。该公司现场无法向执法人员提供环境影响评价文件，据陪同人员程××介绍，该公司办理了环评相关手续。另据该公司副总经理孙××介绍，该公司包装溶剂空桶由供货商回收利用，但现场无法提供相关合同或回收协议。

该公司目前设有生产线两条，分别为机加工生产线和抛光清洗生产线。机加工生产线主要设备有：数控车床 99 台、钻床 32 台、数控加工中心 9 台、磨床 6 台、毛刺机 1 台、仪表车床 13 台。抛光清洗生产线主要生产设备有：抛丸机 5 台、清洗机 1 台。抛光清洗生产线清洗区建有 6 个并排的沉淀池，用于沉淀清洗废水，清洗机旁设有一条废水收集沟渠，废水收集沟渠两端分别接入两侧 1#和 6#沉淀池，清洗废水通过废水收集沟渠进入 1#和 6#沉淀池后汇入中间 3#沉淀池。现场检查时，执法人员发现两侧沉淀池均有乳白色液体流入中间 3#沉淀池内，中间 3#沉淀池靠近雨水管网处有上下两个排口，下方排口排放的乳白色液体通过该公司设置的暗管进入雨水井内，雨水井内有油状乳白色液体流动。随后执法人员对该公司所在园区内所有雨水井进行逐一排查，确认清水河出现的乳白色液体确系该公司沉淀池内的油状乳白色液体经雨水管网排入。

2017 年 1 月 3 日 16 时 50 分，××区环境监测站依法对该公司雨水管网接入园区总排口内的油状乳白色液体进行采样监测，现场陪同采样人员包括该公司综合部人事专员秦××、××区××镇环境保护办公室工作人员×××、×××。我局执法人员对执法及采样全过程进行了拍照、摄像并绘制了现场勘查示意图。（以下空白）

被检查（勘察）人或现场负责人确认意见：我已阅读，记录属实，与现场检查情况一致，无异议，无补充。

被检查（勘察）人或现场负责人签字：孙××、程××、秦××　2017 年 1 月 3 日

检查（勘察）人签字：×××　、　×××　2017 年 1 月 3 日

记录人签字：×××　2017 年 1 月 3 日

参加人签字：×××、×××　2017 年 1 月 3 日

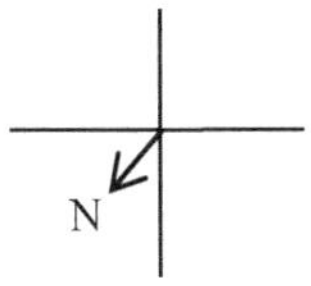

现场勘查示意图

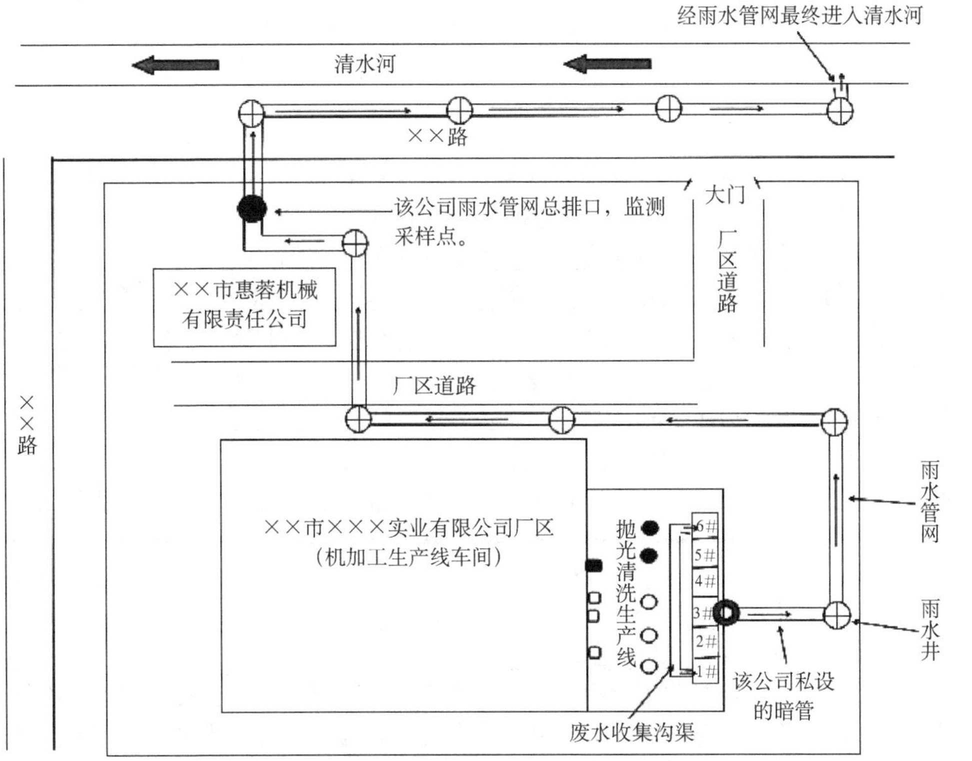

备注：1. 图中◎标记表示该公司3#沉淀池下方设置的圆形排口，现场检查时该公司抛光清洗生产线产生的油状乳白色液体通过此排口，经该公司私设的暗管进入雨水井内，再经雨水管网最终排放进入清水河。2. 图中⊕标记表示雨水井。3. 图中●标记表示该公司雨水管网总排口，龙泉驿区环境监测站在该点位对该公司外排油状乳白色液体进行了现场采样。4. 图中→标记表示该公司外排废水流向。

被检查（勘察）人或现场负责人确认意见：我已阅读，记录属实，与现场检查情况一致，无异议，无补充。

被检查（勘察）人或现场负责人签字：孙××、程××、秦×× 2017年1月3日

检查（勘察）人签字：×××、××× 2017年1月3日

记录人签字：××× 2017年1月3日

参加人签字：×××、××× 2017年1月3日

××市××区环境保护局
现场检查（勘察）笔录

×环 检勘字〔2017〕1-4-1 号

时间： 2017 年 1 月 4 日 17 时 00 分至 18 时 00 分
地点： ××省××经济技术开发区××镇××路××号
被检查（勘察）人名称或姓名： ××市×××实业有限公司
现场负责人： 程×× **电话：** ××××××× **邮编：** ×××××
工作单位： ××市×××实业有限公司 **职务：** 采购部采购专员
检查（勘察）人及执法证编号： ×××（×××××××××××）、×××（×××××××××××）
记录人： ××× **工作单位：** ××市××区环境监察执法大队

告知事项： 我们是 ××区 环境保护局的行政执法人员，这是我们的执法证件(执法证编号： ×××（×××××××××××）、 ×××（×××××××××××））。请过目确认： 确认无误 。

今天我们依法进行检查并了解有关情况，你应当配合调查，如实提供材料，不得拒绝、阻碍、隐瞒或者提供虚假情况。如果你认为检查人与本案有利害关系，可能影响公正办案，可以申请回避，并说明理由。请确认： 我清楚了，不申请执法人员回避 。

现场情况： 2017 年 1 月 4 日，我局执法人员会同××区环境监测站工作人员，再次对××市×××实业有限公司抛光清洗生产线外排废水进行采样监测。现场采样时，有该公司采购部采购专员程××全程陪同，××区环境监测站工作人员对该公司抛光清洗生产线正对面雨水井盖下雨水管网内残留的油状乳白色液体进行了现场采样。我局执法人员对采样全过程进行了拍照、摄像并绘制了现场勘查示意图。

（以下为空白）

（下接现场勘查示意图）

被检查（勘察）人或现场负责人确认意见： 我已阅读，记录属实，与现场检查情况一致，无异议，无补充。

被检查（勘察）人或现场负责人签字： 程×× 2017 年 1 月 4 日
检查（勘察）人签字： ××× 、 ××× 2017 年 1 月 4 日
记录人签字： ××× 2017 年 1 月 4 日
参加人签字： ××× 、××× 2017 年 1 月 4 日

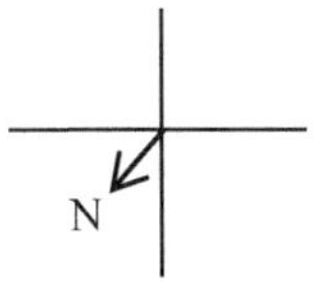

现场勘查示意图

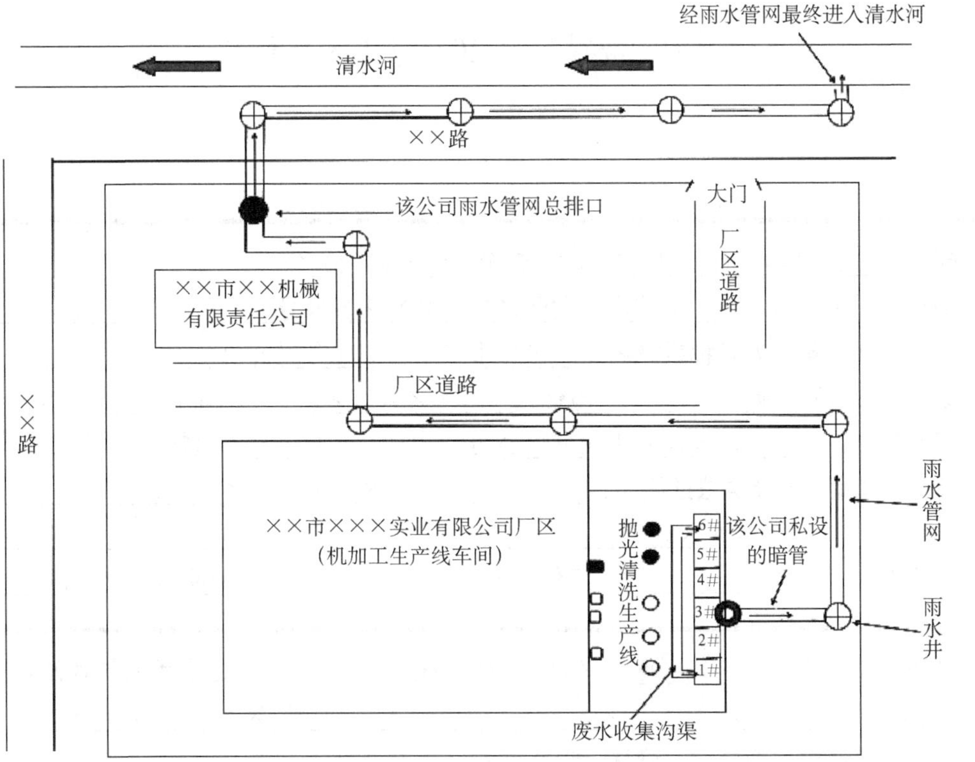

备注：1．图中◎标记表示该公司3#沉淀池下方设置的圆形排口，现场检查时该公司抛光清洗生产线产生的油状乳白色液体通过此排口，经该公司私设的暗管进入雨水井内，再经雨水管网最终排放进入清水河。2．图中⊕标记表示雨水井。3．图中●标记表示该公司雨水管网总排口，龙泉驿区环境监测站在该点位对该公司外排油状乳白色液体进行了现场采样。4．图中⟶标记表示该公司外排废水流向。

被检查（勘察）人或现场负责人确认意见：我已阅读，记录属实，与现场检查情况一致，无异议，无补充。

被检查（勘察）人或现场负责人签字：程××　　2017年1月4日

检查（勘察）人签字：×××　、　×××　　2017年1月4日

记录人签字：×××　　2017年1月4日

参加人签字：×××、×××　　2017年1月4日

××市××区环境保护局
现场检查（勘察）笔录

×环 检勘字〔2017〕1-5-1 号

时间： 2017 年 1 月 5 日 14 时 36 分至 15 时 20 分
地点： ××省××经济技术开发区××镇××路××号
被检查（勘察）人名称或姓名： ××市×××实业有限公司
现场负责人： 孙×× **电话：** ×××××× **邮编：** ××××××
工作单位： ××市×××实业有限公司 **职务：** 副总经理
检查（勘察）人及执法证编号： ×××（×××××××××××）、×××（×××××××××××）
记录人： ××× **工作单位：** ××市××区环境监察执法大队

告知事项：我们是 ××区 环境保护局的行政执法人员，这是我们的执法证件（执法证编号：×××（×××××××××××）、×××（×××××××××××））。请过目确认：确认无误。

今天我们依法进行检查并了解有关情况，你应当配合调查，如实提供材料，不得拒绝、阻碍、隐瞒或者提供虚假情况。如果你认为检查人与本案有利害关系，可能影响公正办案，可以申请回避，并说明理由。请确认：我清楚了，不申请执法人员回避。

现场情况：我局执法人员现场向××市×××实业有限公司副总经理孙××宣读查封决定书：2017 年 1 月 3 日，我局执法人员依法对你公司进行调查，发现你公司抛光清

被检查（勘察）人或现场负责人确认意见：我已阅读，记录属实，与现场检查情况一致，无异议，无补充。

被检查（勘察）人或现场负责人签字：孙×× 2017 年 1 月 5 日
检查（勘察）人签字：×××、××× 2017 年 1 月 5 日
记录人签字：××× 2017 年 1 月 5 日
参加人签字：×××、××× 2017 年 1 月 5 日

洗生产线产生的清洗废水经沉淀池下方设置的圆形排口排入雨水管网内，最终流入清水河，造成环境污染。以上事实，有《现场检查（勘察）笔录》《询问笔录》、现场照片及影像资料等证据为凭。你公司的上述行为违反了《中华人民共和国环境保护法》第二十五条的规定；依据《中华人民共和国环境保护法》第二十五条的规定，本机关决定对你公司抛光清洗生产线产生废水的设施设备予以查封。查封期限为 10 日（时间从 2017 年 1 月 5 日起至 2017 年 1 月 14 日止）；查封期限不包括检测或技术鉴定的时间。查封设施、设备存放于你公司原址，在此期间，你公司不得擅自损毁封条、变更查封状态或者启用已查封的设施、设备。

如你公司对本行政强制措施不服，可以在收到本决定书之日起 60 日内向××市××区人民政府或者××市环境保护局申请行政复议，也可以在收到本决定书之日起 6 个月内向××市××区人民法院提起行政诉讼。申请行政复议或者提起行政诉讼，不停止本决定的执行，宣读完毕。

查封决定书宣读完毕后，执法人员请当事人确认或进行陈述、申辩，当事人确认不陈述申辩。

现场查封情况：2017 年 1 月 5 日，我局执法人员会同××镇环保办工作人员×××、×××依法对××市×××实业有限公司抛光清洗生产线产生生产废水的设施设备进行现场查封，该公司副总经理孙××全程陪同并配合实施查封。执法人员现场依法向该公司送达了《查封决定书》（×环查字〔2017〕002 号），依法对该公司抛光清洗生产线 3 台立式振动光饰机、2 台立式振动光饰机（小）、3 个电源控制开关、1 个总电源控制柜实施了就地查封。现场张贴了查封封条并制作了查封清单，全程进行了拍照、摄像并绘制了现场勘查示意图。现场查封时，该公司抛光清洗生产线未进行生产。查封后，其抛光清洗生产线所有电源开关处于关闭状态。因其抛光清洗生产线没有独立的电表和水表，相关用电、用水读数无法读取。

（以下为空白）

（下接现场勘查示意图）

被检查（勘察）人或现场负责人确认意见：我已阅读，记录属实，与现场检查情况一致，无异议，无补充。

被检查（勘察）人或现场负责人签字：孙×× 2017 年 1 月 5 日

检查（勘察）人签字：×××、×××　2017 年 1 月 5 日

记录人签字：×××　2017 年 1 月 5 日

参加人签字：×××、×××　2017 年 1 月 5 日

现场勘查示意图

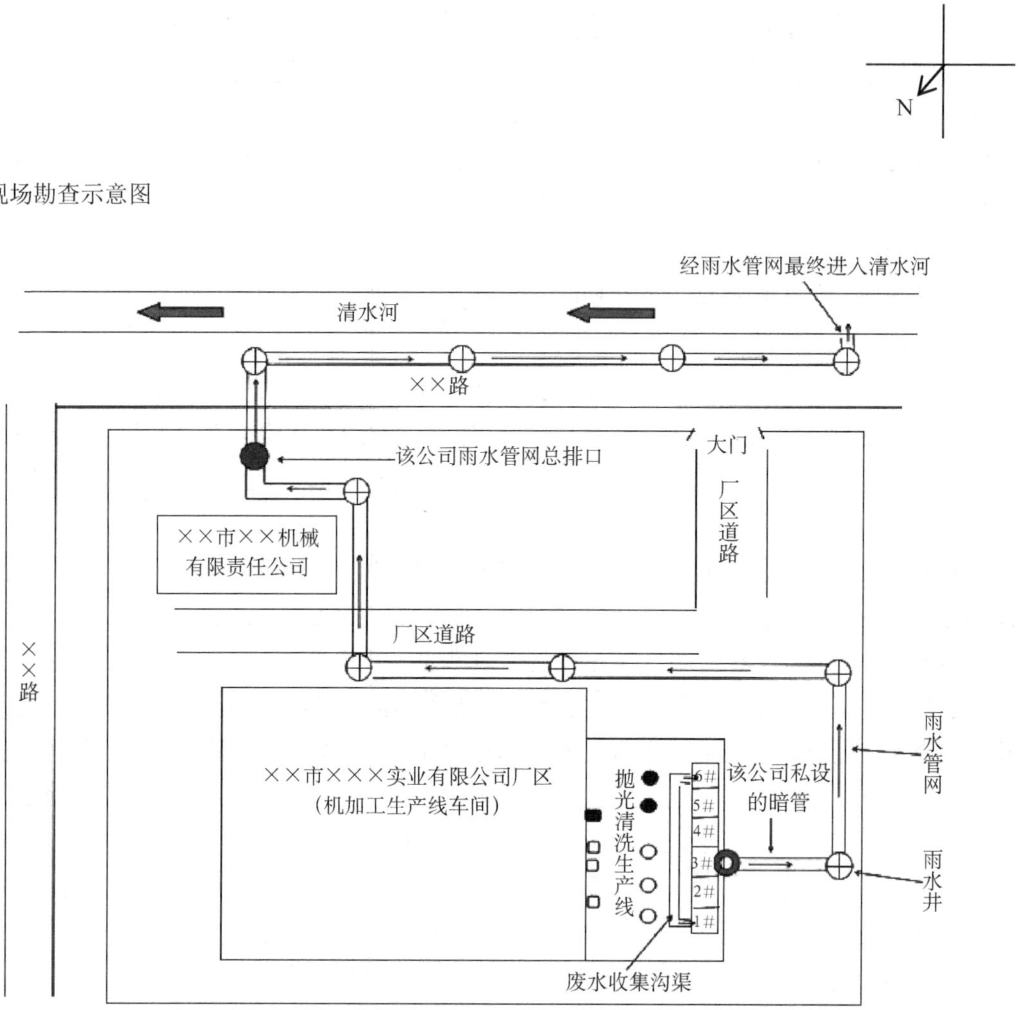

备注：1．图中○标记为2017年1月5日现场查封的3台立式振动光饰机。2．图中●标记为2017年1月5日现场查封的2台立式振动光饰机（小）。3．图中□标记为2017年1月5日现场查封的3个电源控制开关。4．图中■标记为2017年1月5日现场查封的1个总电源控制柜。

被检查（勘察）人或现场负责人确认意见：我已阅读，记录属实，与现场检查情况一致，无异议，无补充。

被检查（勘察）人或现场负责人签字：孙×× 2017年1月5日

检查（勘察）人签字：×××、××× 2017年1月5日

记录人签字：××× 2017年1月5日

参加人签字：×××、××× 2017年1月5日

××市××区环境保护局
调查询问笔录

×环 调询字〔2017〕1-4-1号

时间： 2017 年 1 月 4 日 13 时 50 分至 15 时 30 分

地点： ××市××区环境监察执法大队办公室

被调查询问人： 孙×× **性别：** 男 **年龄：** 48岁

身份证号码： ××××××

工作单位： ××市×××实业有限公司 **职务：** 副总经理

电话： ××××××

地址： ××省××经济技术开发区××镇××路××号

调查询问人及执法证编号： ×××（××××××××××）、×××（××××××××××）

记录人： ××× **工作单位：** ××市××区环境保护局

执法人员表明身份、出示证件及被调查询问人确认的记录： 我们是××区环境保护局的行政执法人员，这是我们的执法证件（执法证编号：××××××××××、××××××××××）。请过目确认：我看清楚了。

今天我们依法进行检查并了解有关情况，你应当配合调查，如实回答询问和提供材料，不得拒绝、阻碍、隐瞒或者提供虚假情况。如果你认为调查人与本案有利害关系，可能影响公正办案，可以申请回避，并说明理由。你有权对本次调查询问提出陈述、申辩。

被调查询问人确认意见：我已阅读，记录属实，与现场检查情况一致，无异议，无补充。

被调查询问人签字：孙×× 2017年1月4日

调查询问人签字：×××、××× 2017年1月4日

记录人签字：××× 2017年1月4日

参加人签字： 2017年1月4日

请确认： 我清楚了，不申请执法人员回避。

询问内容：问：以下询问笔录将采用电脑打印的方式制作，你是否同意？

答：我同意。

问：请问你的姓名？

答：孙××。

问：请问你的民族？

答：汉族。

问：请问你的年龄？

答：48 岁。

问：你是什么文化程度？

答：大学本科文化。

问：请问你是否听得清楚询问人的语言？

答：我能听懂。

问：请问你的工作单位和任职部门、职务？

答：我是××市×××实业有限公司副总经理。

问：你此次到我局接受调查询问是否带有法人委托书或介绍信？

答：我带来了法定代表人隆××（身份证号：××××××）的授权委托书，现交给你们。

问：请问今天是否由你代表公司来我局接受询问调查，并介绍相关情况？

答：今天是由我代表公司来接受询问调查，并介绍相关情况。

问：请问今天我们依法向你询问你公司的环保工作情况，你能如实回答相关问题吗？

答：我能如实回答。

问：你公司是否办理了工商营业执照等相关手续？

答：我公司办理工商营业执照，统一社会信用代码：×××××××××；名称：××市×××实业有限公司；类型：有限责任公司（自然人投资或控股）；住所：××省××经济技术开发区××镇××路××号；法定代表人：隆××；注册资本：（人民币）五百万；成立日期：××××年×月×日；营业期限：××××年×月×日至××××年×月×日；经营范围：生产、销售汽车零部件（不含发动机）、摩托车零部件（不含发

被调查询问人确认意见： 我已阅读，记录属实，与现场检查情况一致，无异议，无补充。

被调查询问人签字： 孙×× 2017 年 1 月 4 日

调查询问人签字： ××× 、 ××× 2017 年 1 月 4 日

记录人签字： ××× 2017 年 1 月 4 日

参加人签字： 2017 年 1 月 4 日

动机），销售机电产品（不含汽车）、医疗器械（限一类）；其他无须审批的合法项目。

问：你公司地址或生产经营地址在什么地方？

答：我公司生产经营的地址在××省××经济技术开发区××镇××路××号。

问：你公司是什么时间在此建厂的？

答：我公司大约在 2011 年底从××区××街道办老厂房搬到此处租用××机电有限公司厂房建设，2012 年投入正式生产。

问：你公司建厂时是否向环境保护主管部门报批了环境影响评价文件？

答：我公司建厂时使用××机电有限公司报批的环境影响评价文件，××区环境保护局于 2009 年 9 月 15 日下达了《关于××机电有限公司机械零部件加工及模具制造项目环保审查的批复》（×环建管〔2009〕复字 194 号）。

问：你公司与××机电有限公司是什么关系？

答：我公司虽然和××机电有限公司是同一个法人，但财务和运营都是独立的。

问：你公司建厂时为什么没有向环境保护主管部门申报环境影响评价文件？

答：××机电有限公司没有从事生产，我们用的是他的资质，不需要再办理环评手续了。

问：你公司投资规摸有多大？

答：我公司总投资大约 3 000 万人民币。

问：你公司目前有多少工人？

答：160 人左右。

问：你公司主要生产什么产品？

答：我公司生产和销售汽车零配件。

问：你公司产品年产量约为多少？

答：我公司汽车配件的年产量大约 1 000 万件。

问：你公司生产主要原料及辅料是什么？

答：我公司生产的主要原辅材料有金属材料、乳化液、抗磨液压油、合成磨削液、光亮剂、脱水质换防锈油、重油污清洗剂等。

问：你公司有哪些生产设备？

答：我公司设有两条生产线。机加工生产线有数控车床 99 台、钻床 2 台、数控加

被调查询问人确认意见：我已阅读，记录属实，与现场检查情况一致，无异议，无补充。

被调查询问人签字：孙×× 2017 年 1 月 4 日

调查询问人签字：×××、××× 2017 年 1 月 4 日

记录人签字：××× 2017 年 1 月 4 日

参加人签字：________ 2017 年 1 月 4 日

工中心9台、磨床6台、毛刺机1台、仪表车床13台；抛光清洗生产线有抛丸机3台、光饰机2台、清洗机1台。

问：你公司生产的主要工艺流程是什么？

答：原料（钢件）→切割→锻造→粗加工→半精加工→表面处理（外包）→抛光清洗→成品入库。

问：你公司在生产过程中产生了哪些污染物？

答：我公司在生产过程中产生的污染物有噪声、粉尘、清洗废水和固体废物（铁屑、边角余料、废包装溶剂空桶、废润滑油、废乳化液、沉淀池污泥）。

问：你公司针对产生的污染物配套建设了哪些污染防治和处理设施？

答：我公司产生的污染物粉尘采用布袋除尘器收集处置；清洗废水通过沉淀池沉淀后外排；铁屑、边角余料由废品回收站回收；废包装溶剂空桶由供应商回收；废润滑油、废乳化液2016年5月以前都是供应商回收，2016年5月以后的都暂存在库房内。

问：你公司将废包装溶剂空桶（包括乳化液桶、抗磨液压油桶、合成磨削液桶、光亮剂桶、脱水质换防锈油桶、重油污清洗剂桶）废乳化液、废液压油交由供应商回收，是否签订了回收协议或回收合同？

答：我公司与供应商签订的买卖合同中有关于包装溶剂空桶由供应商回收的协议，但废乳化液和废液压油没有涉及。

问：2017年1月3日15时46分我局执法人员对你公司现场进行环保工作检查，当天的情况你清楚吗？

答：我清楚，现场检查时我和公司综合管理部人事专员秦××、采购专员程××全程陪同检查并介绍相关情况的。

问：2017年1月3日我局执法人员现场检查时，你公司的生产情况是怎样的？

答：我公司当日是正常生产状态。

问：你公司生产过程中哪些工序需要使用乳化液？

答：主要使用乳化液的设备有数控车床和数控加工中心，在加工钢件时使用。

问：你公司这些工序使用乳化液有什么作用？

答：主要起到冷却和防锈作用。

问：你公司数控车床和数控加工中心使用的乳化液何时更换一次？

被调查询问人确认意见：我已阅读，记录属实，与现场检查情况一致，无异议，无补充。

被调查询问人签字：孙××　　2017年1月4日

调查询问人签字：×××　、　×××　　2017年1月4日

记录人签字：×××　　2017年1月4日

参加人签字：　　2017年1月4日

答：大约一年更换一次，平时设备中的乳化液少了后就直接添加，确实变质不能使用后才更换。

问：你公司数控车床和数控加工中心设备乳化液的使用量有多大？

答：一个月的使用量大约有 2 桶（每桶约 180 kg）。

问：你公司数控车床和数控加工中心设备中的乳化液在哪里消耗的？

答：绝大部分是被金属加工件带走了，主要是对金属加工件起到防锈保护。

问：你公司设备使用的乳化液是什么？

答：是指水性切削液、油性的切削液、磨削液、皂化液，根据设备不同使用的就不同，通常都统称其为乳化液。

问：你公司抛光清洗生产线何时建成并投入使用的？

答：2016 年 4 月开始建设并投入试生产。

问：你公司抛光清洗生产线配套建设了哪些设施、设备？

答：抛丸机 3 台、光饰机 2 台、清洗机 1 台、6 个并排的沉淀池、1 条排水沟。

问：你公司有哪些金属加工部件需要经过抛光清洗生产线工序的？

答：我公司金属加工件中 EA211 发动机后盖板、EC5 发动机后盖板均需要在抛光清洗生产线加工。

问：你公司金属加工件中 EA211 发动机后盖板、EC5 发动机后盖板的生产加工工艺是什么？

答：我公司外购的冲压件毛坯需经过机加工再抛光清洗。

问：你公司外购的冲压件毛坯在机加工过程中需要经过几道工序？

答：需要经过粗车加工、精车加工和磨削工序。

问：你公司外购的冲压件毛坯在经过粗车加工、精车加工和磨削工序中是否会用到乳化液？

答：金属加工件中 EA211 发动机后盖板、EC5 发动机后盖板属于钢件，需要用到乳化液。

问：2017 年 1 月 3 日我局执法人员现场检查时发现，你公司抛光清洗生产线的清洗区建有 6 个并排的沉淀池，清洗机下方有一条排水沟，排水沟两端分别接入两侧的 1#、6#沉淀池，这根排水沟和沉淀池的作用是什么？

被调查询问人确认意见：我已阅读，记录属实，与现场检查情况一致，无异议，无补充。

被调查询问人签字：孙××　　2017 年 1 月 4 日

调查询问人签字：×××　、　×××　　2017 年 1 月 4 日

记录人签字：×××　　2017 年 1 月 4 日

参加人签字：　　2017 年 1 月 4 日

答：排水沟是用于回收清洗废水到沉淀池，沉淀池的作用是沉淀清洗废水。

问：现场检查时执法人员发现，6个沉淀池中两侧的沉淀池均设有通往中间3#沉淀池的排口，中间3#沉淀池靠近雨水井处上下各设有一个排口，上排口为方形，下排口为圆形，两侧的沉淀池均有油状乳白色液体流入中间沉淀池，后通过中间3#沉淀池下方圆形排口连接的地下暗管排入标有雨水井盖的雨水井中，对此情况你是否清楚？

答：我清楚。

问：这个中间3#沉淀池上方圆形排口和下方圆形排口通过什么方式连接的雨水井？

答：通过地下暗管连接的。

问：你公司抛光清洗生产线清洗区中间3#沉淀池靠近雨水井处上下设有两个排口，上排口为方形，下排口为圆形，这两个排口连通至清洗区沉淀池对面围墙边的雨水井内，这两个排口的作用是什么？

答：我公司在建设沉淀池时是准备沉淀后的废水回收循环利用，但施工时改变了废水回收循环利用初衷。

问：你公司抛光清洗生产线清洗区中间3#沉淀池靠近雨水井处上下设有两个排口，上排口为方形，下排口为圆形，这两个排口通过地下暗管连接至清洗区沉淀池对面围墙边的雨水井内，这两个排口和地下暗管是何时设置的？

答：应该是我公司建设时就设置了。

问：你公司在建设中间3#沉淀池时设置的上下两个排口通过地下暗管连接至围墙边的雨水井，对此情况你是否清楚？

答：建设时我不清楚，后经过了解得知中间3#沉淀池上方方形的排口是排放沉淀清洗废水的，下方圆形排口是当时工人为了便于清理沉淀，就在下方留了一个排口，但不清楚下方的排口通过地下管道连接了到围墙旁的雨水井内。

问：你是否清楚你公司雨水管网走向及去处？

答：不知道。

问：现场检查时我局执法人员对你公司中间3#沉淀池排口连接到围墙边的雨水井依次向园区雨水井总排口揭盖检查，发现雨水管网内的油状乳白色液体自中间3#沉淀池排口经雨水管网流向园区雨水井总排口，最终进入清水河，对此情况你是否清楚？

答：我清楚。

被调查询问人确认意见：我已阅读，记录属实，与现场检查情况一致，无异议，无补充。

被调查询问人签字：孙××　　　　2017年1月4日

调查询问人签字：×××　、　×××　　　　2017年1月4日

记录人签字：×××　　　　2017年1月4日

参加人签字：　　　　2017年1月4日

问：现场检查时我局执法人员对你公司沉淀池连接到围墙边的雨水井依次向园区雨水井总排口揭盖检查，发现雨水管网内的油状乳白色液体自中间 3#沉淀池排口流向园区雨水井总排口，最终进入清水河，这些油状的乳白色液体是哪里产生的？

答：应该是我公司金属加工 EA211 发动机后盖板、EC5 发动机后盖板加工后的清洗废水。

问：你公司的清洗废水为什么是油状乳白色的？

答：零部件上带有乳化液以及清洗时使用的自来水、光亮剂和重油除垢剂的混合物。

问：你公司排放的这些油状的乳白色液体是何时开始通过雨水管网排放的？

答：从我公司建成抛光清洗生产线投入使用后就是通过雨水管网排放的。

问：从你公司建成抛光清洗生产线投入使用后排放的清洗废水有多少？

答：排放量不大，但无法统计。

问：你公司金属加工件 EA211 发动机后盖板、EC5 发动机后盖板的月产量是多少？

答：EA211 发动机后盖板月产量大约 500 件，EC5 发动机后盖板月产量大约 10 000 件。

问：你公司每月的用水量是多少？

答：大致在 800～1 000 t。

问：你公司在抛光清洗金属加工件 EA211 发动机后盖板、EC5 发动机后盖板时需要加入哪些辅料？

答：抛光时需要加入光亮剂，清洗时需要加入重油垢清洗剂及自来水。

问：2017 年 1 月 3 日 16 时 50 分，××区环境监测站到你公司雨水管网接入园区雨水总排口处进行了现场采样，你公司综合部人事专员秦××，××镇环保办工作人员×××、×××全程陪同采样，××区环境监察执法大队执法人员全程摄像、照相取证，对此情况你是否清楚？

答：我清楚。

问：以上询问记录与你所述是否一致？有无异议？有无补充？

答：与我所述一致，无异议，无补充。

（以下空白）

被调查询问人确认意见：我已阅读，记录属实，与现场检查情况一致，无异议，无补充。

被调查询问人签字：孙×× 2017 年 1 月 4 日

调查询问人签字：××× 、 ××× 2017 年 1 月 4 日

记录人签字：××× 2017 年 1 月 4 日

参加人签字： 2017 年 1 月 4 日

××市××区环境保护局
调查询问笔录

×环 调询字〔2017〕1-12-1 号

时间： 2017 年 1 月 12 日 14 时 30 分至 17 时 00 分

地点： ××市××区环境监察执法大队办公室

被调查询问人： 孙×× **性别：** 男 **年龄：** 48 岁

身份证号码： ××××××

工作单位： ××市×××实业有限公司 **职务：** 副总经理

电话： ××××××

地址： ××省××经济技术开发区××镇××路××号

调查询问人及执法证编号： ×××（×××××××××××）、×××（××××××××××）

记录人： ××× **工作单位：** ××市××区环境保护局

执法人员表明身份、出示证件及被调查询问人确认的记录：我们是 ××区环境保护局的行政执法人员，这是我们的执法证件（执法证编号：××××××××××× 、××××××××××× ）。请过目确认：我看清楚了。

今天我们依法进行检查并了解有关情况，你应当配合调查，如实回答询问和提供材料，不得拒绝、阻碍、隐瞒或者提供虚假情况。如果你认为调查人与本案有利害关系，可能影响公正办案，可以申请回避，并说明理由。你有权对本次调查询问提出陈述、申辩。

被调查询问人确认意见： 我已阅读，记录属实，与现场检查情况一致，无异议，无补充。

被调查询问人签字： 孙×× 2017 年 1 月 12 日

调查询问人签字： ××× 、 ××× 2017 年 1 月 12 日

记录人签字： ××× 2017 年 1 月 12 日

参加人签字： 2017 年 1 月 12 日

请确认： 我清楚了，不申请执法人员回避。

询问内容： 问：以下询问笔录将采用电脑打印的方式制作，你是否同意？

答：我同意。

问：请问你的姓名？

答：孙××。

问：请问你的民族？

答：汉族。

问：请问你的年龄？

答：48 岁。

问：你是什么文化程度？

答：大学本科文化。

问：请问你是否听得清楚询问人的语言？

答：我能听懂。

问：请问你的工作单位和任职部门、职务？

答：我是××市×××实业有限公司副总经理。

问：你此次到我局接受调查询问是否带有法人委托书或介绍信？

答：我带来了法定代表人隆××（身份证号：×××××××××××××）的授权委托书，现交给你们。

问：请问今天是否由你代表公司来我局接受询问调查，并介绍相关情况？

答：今天是由我代表公司来接受询问调查，并介绍相关情况。

问：请问今天我们依法向你询问你公司的环保工作情况，你能如实回答相关问题吗？

答：我能如实回答。

问：你公司是否办理了工商营业执照等相关手续？

答：我公司办理工商营业执照，统一社会信用代码：×××××××××××××××；名称：××市×××实业有限公司；类型：有限责任公司（自然人投资或控股）；住所：××省××经济技术开发区××镇××路××号；法定代表人：隆××；注册资本：（人民币）五百万；成立日期：××××年×月×日；营业期限：××××年×月×日至××××年×月×日；经营范围：生产、销售汽车零部件（不含发动机）、摩托车零部件（不含发动机），销售机电产品（不含汽车）、医疗器械（限一类）；其他无须审批的合法项目。

被调查询问人确认意见：我已阅读，记录属实，与现场检查情况一致，无异议，无补充。

被调查询问人签字：孙×× 2017 年 1 月 12 日

调查询问人签字：××× 、 ××× 2017 年 1 月 12 日

记录人签字：××× 2017 年 1 月 12 日

参加人签字：________ 2017 年 1 月 12 日

问：你在××市×××实业有限公司具体负责哪些工作？

答：我该公司的负责技术质量工作。

问：你公司地址或生产经营地址在什么地方？

答：我公司生产经营的地址在××省××经济技术开发区××镇××路××号。

问：你公司是什么时间在此建厂的？

答：我公司大约在 2011 年底从××区××街道办老厂房搬到此处租用××机电有限公司厂房建设，2012 年投入正式生产。

问：你公司主要生产什么产品？

答：我公司生产和销售汽车零配件。

问：你公司产品年产量约为多少？

答：我公司汽车配件的年产量大约 1 000 万件。

问： 2017 年 1 月 5 日，我局执法人员依法对你公司抛光清洗生产线产生废水的设备设施进行查封，对此情况你是否清楚？

答：我清楚，当天是我全程配合行政执法的。

问：你公司是谁在具体负责公司的环境保护工作？

答：后勤综合部在管理我公司环境保护工作，以前没有专门的环保负责人，现在由后勤综合部饶××副总经理兼职管理。

问：你公司于 2017 年 1 月 4 日向我局提供的用水发票为什么是××机电有限公司的？

答：我公司的用水是××机电有限公司统一结算的，由于都是一个法人，最近几个月我公司象征性地缴纳一部分。

问：2017 年 1 月 4 日 17 时我局执法人员会同××区环境监测站工作人员依法现场对你公司抛光清洗生产线沉淀池靠近围墙处的雨水井内残留的油状乳白色液体再次采样监测，对此情况你是否清楚？

答：我清楚，采样现场时我公司采购部采购专员程××全程陪同的。

问：2017 年 1 月 3 日我局执法人员现场检查后至 2017 年 1 月 4 日 17 时前，你公司是否向 3＃沉淀池连接的雨水管网内排放有其他污染物？

答：没有排放有其他污染物，检查当日后我公司已停止生产了。

问：2017 年 1 月 12 日我局执法人员取得了××区环境监测站出具的 2017 年 1 月 3 日现场检查时对你公司雨水管网接入园区总排口处废水采样监测报告（×环监〔2017〕

被调查询问人确认意见： 我已阅读，记录属实，与现场检查情况一致，无异议，无补充。

被调查询问人签字： 孙×× 2017 年 1 月 12 日

调查询问人签字： ××× 、 ××× 2017 年 1 月 12 日

记录人签字： ××× 2017 年 1 月 12 日

参加人签字： 2017 年 1 月 12 日

第JD 001号、××〔2017〕第JS 007号），报告显示你公司通过雨水管网排放最终进入清水河的废水中多项指标都超过了国家规定的排放标准，对此你是否知晓？

答：我知道了。

问：以上询问记录与你所述是否一致？有无异议？有无补充？

答：与我所述一致，无异议，无补充。

（以下为空白）

被调查询问人确认意见：我已阅读，记录属实，与现场检查情况一致，无异议，无补充。

被调查询问人签字：孙×× 2017年1月12日

调查询问人签字：×××、××× 2017年1月12日

记录人签字：××× 2017年1月12日

参加人签字： 2017年1月12日

现场照片（图片、影像资料）证据

<table>
<tr><td>证明对象：××市×××实业有限公司办公区正门入口。</td><td rowspan="6">证物袋
（存底片、光盘等）</td></tr>
<tr><td>拍摄时间：2017 年 1 月 3 日 16 时 50 分</td></tr>
<tr><td>拍摄地点：××市×××实业有限公司办公楼</td></tr>
<tr><td>拍摄人：×××</td></tr>
<tr><td>当事人、见证人（签名、盖章或者按指印）：
孙××</td></tr>
<tr><td>执法人员（签名）：×××；×××
执法证号：×××××××××××；×××××××××××</td></tr>
</table>

<table>
<tr><td colspan="2"></td></tr>
<tr><td>证明对象：现场检查时××市×××实业有限公司处于正常生产状态，数控车床有工人在进行生产作业。</td><td rowspan="6">证物袋

（存底片、光盘等）</td></tr>
<tr><td>拍摄时间：2017 年 1 月 3 日 16 时 50 分</td></tr>
<tr><td>拍摄地点：××市×××实业有限公司生产车间</td></tr>
<tr><td>拍摄人：×××</td></tr>
<tr><td>当事人、见证人（签名、盖章或者按指印）：
孙××</td></tr>
<tr><td>执法人员（签名）：×××　；×××
执法证号：×××××××××××　；×××××××××××</td></tr>
</table>

<table>
<tr><td>证明对象：该公司抛光清洗区建有一条排水沟，水沟两端连接两侧沉淀池，用于收集清洗废水，水沟内有油状乳白色液体流入沉淀池。</td><td rowspan="6">证物袋

（存底片、光盘等）</td></tr>
<tr><td>拍摄时间：2017 年 1 月 3 日 16 时 50 分</td></tr>
<tr><td>拍摄地点：××市×××实业有限公司抛光清洗生产线</td></tr>
<tr><td>拍摄人：×××</td></tr>
<tr><td>当事人、见证人（签名、盖章或者按指印）：
孙××</td></tr>
<tr><td>执法人员（签名）：××× ；×××
执法证号：×××××××××× ；××××××××××</td></tr>
</table>

证明对象：现场检查时发现，该公司抛光清洗生产线沉淀池内均有油状乳白色液体，两侧沉淀池均设有圆形排口通往中间3#沉淀池。	证物袋 （存底片、光盘等）
拍摄时间：2017年1月3日16时50分	
拍摄地点：××市×××实业有限公司抛光清洗生产线	
拍摄人：×××	
当事人、见证人（签名、盖章或者按指印）： 孙××	
执法人员（签名）：××× ；××× 执法证号：×××××××××× ；××××××××××	

<table>
<tr><td>证明对象：现场检查时发现该公司抛光清洗生产线中间3#沉淀池建设有方形和圆形上下两个排口通往雨水井，底部圆形排口有油状乳白色液体流入沉淀池旁的雨水井内。</td><td rowspan="6">证物袋

（存底片、光盘等）</td></tr>
<tr><td>拍摄时间：2017年1月3日16时50分</td></tr>
<tr><td>拍摄地点：××市×××实业有限公司抛光清洗生产线</td></tr>
<tr><td>拍摄人：×××</td></tr>
<tr><td>当事人、见证人（签名、盖章或者按指印）：
孙××</td></tr>
<tr><td>执法人员（签名）：××× ；×××
执法证号：××××××××××× ；×××××××××××</td></tr>
</table>

<table>
<tr><td colspan="2"></td></tr>
<tr><td>证明对象：现场检查时发现该公司抛光清洗生产线建有 6 个并排的沉淀池，用于收集清洗废水。</td><td rowspan="6">证物袋

（存底片、光盘等）</td></tr>
<tr><td>拍摄时间：2017 年 1 月 3 日 16 时 50 分</td></tr>
<tr><td>拍摄地点：××市×××实业有限公司抛光清洗生产线</td></tr>
<tr><td>拍摄人：×××</td></tr>
<tr><td>当事人、见证人（签名、盖章或者按指印）：
孙××</td></tr>
<tr><td>执法人员（签名）：×××　；×××
执法证号：×××××××××××　；×××××××××××</td></tr>
</table>

<table>
<tr><td colspan="2"></td></tr>
<tr><td>证明对象：现场检查时发现该公司抛光清洗生产线配套建设有抛丸机、光饰机及清洗机等生产设备，场地内堆放有需要抛光清洗的产品，现场有工人在生产作业。</td><td rowspan="6">证物袋

（存底片、光盘等）</td></tr>
<tr><td>拍摄时间：2017 年 1 月 3 日 16 时 50 分</td></tr>
<tr><td>拍摄地点：××市×××实业有限公司抛光清洗生产线</td></tr>
<tr><td>拍摄人：×××</td></tr>
<tr><td>当事人、见证人（签名、盖章或者按指印）：
孙××</td></tr>
<tr><td>执法人员（签名）：×××；×××
执法证号：××××××××××；××××××××××</td></tr>
</table>

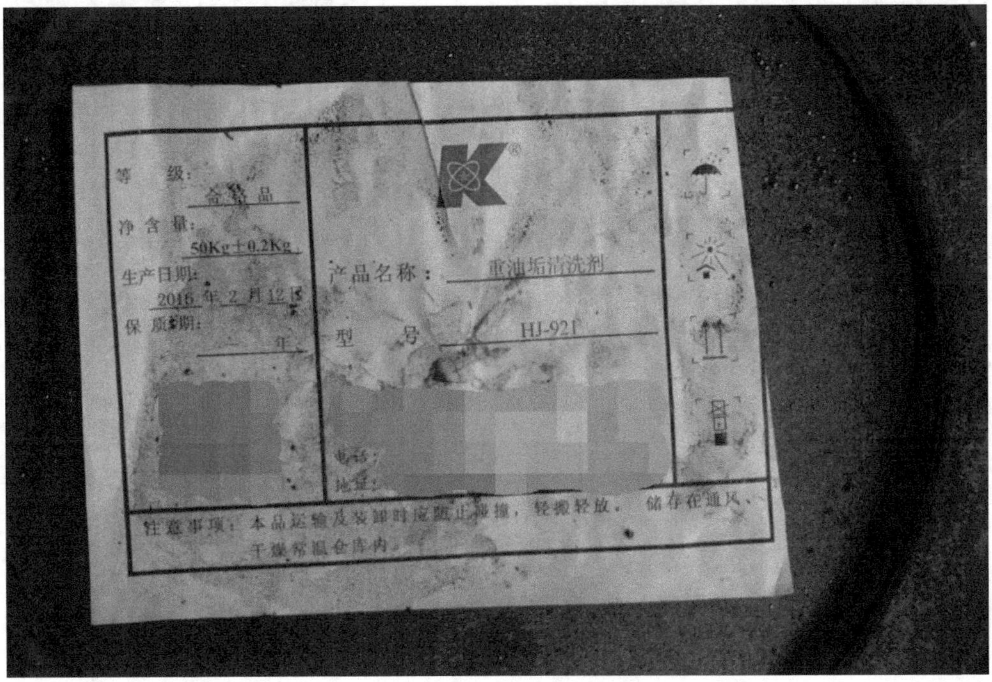

<table>
<tr><td>证明对象：该公司抛光清洗生产线放置有清洗产品时需要使用的重油垢清洗剂。</td><td rowspan="6">证物袋

（存底片、光盘等）</td></tr>
<tr><td>拍摄时间：2017 年 1 月 3 日 16 时 50 分</td></tr>
<tr><td>拍摄地点：××市×××实业有限公司抛光清洗生产线</td></tr>
<tr><td>拍摄人：×××</td></tr>
<tr><td>当事人、见证人（签名、盖章或者按指印）：
孙××</td></tr>
<tr><td>执法人员（签名）：××× ；×××
执法证号：××××××××××× ；×××××××××××</td></tr>
</table>

证明对象：该公司抛光清洗生产线放置有清洗产品时需要使用的重油垢清洗剂。	证物袋 （存底片、光盘等）
拍摄时间：2017 年 1 月 3 日 16 时 50 分	
拍摄地点：××市×××实业有限公司抛光清洗生产线	
拍摄人：×××	
当事人、见证人（签名、盖章或者按指印）： 孙××	
执法人员（签名）：××× ；××× 执法证号：××××××××××× ；×××××××××××	

<table>
<tr><td>证明对象：现场检查时发现该公司抛光清洗生产线外的雨水井内有油状乳白色液体流动，该雨水井一端通往园区雨水管网总排口，另一端该公司抛光清洗生产线 3#沉淀池通过暗管连接至该雨水井。</td><td rowspan="6">证物袋

（存底片、光盘等）</td></tr>
<tr><td>拍摄时间：2017 年 1 月 3 日 16 时 50 分</td></tr>
<tr><td>拍摄地点：××市×××实业有限公司抛光清洗生产线外的雨水井</td></tr>
<tr><td>拍摄人：×××</td></tr>
<tr><td>当事人、见证人（签名、盖章或者按指印）：
孙××</td></tr>
<tr><td>执法人员（签名）：××× ；×××
执法证号：××××××××××× ；×××××××××××</td></tr>
</table>

<table>
<tr><td>证明对象：现场检查时发现该公司抛光清洗生产线外的雨水井内有油状乳白色液体流动，该雨水井一端通往园区雨水管网总排口，另一端该公司抛光清洗生产线 3#沉淀池通过暗管连接至该雨水井。</td><td rowspan="6">证物袋

（存底片、光盘等）</td></tr>
<tr><td>拍摄时间：2017 年 1 月 3 日 16 时 50 分</td></tr>
<tr><td>拍摄地点：××市×××实业有限公司抛光清洗生产线外的雨水井</td></tr>
<tr><td>拍摄人：×××</td></tr>
<tr><td>当事人、见证人（签名、盖章或者按指印）：
孙××</td></tr>
<tr><td>执法人员（签名）：××× ；×××
执法证号：××××××××××× ；×××××××××××</td></tr>
</table>

证明对象：××区环境监测站工作人员对××市×××实业有限公司接入园区雨水管网总排口内的油状乳白色液体进行采样监测。	证物袋 （存底片、光盘等）
拍摄时间：2017 年 1 月 3 日 16 时 50 分	
拍摄地点：××市××机械有限责任公司加工车间外	
拍摄人：×××	
当事人、见证人（签名、盖章或者按指印）： 孙××	
执法人员（签名）：××× ；××× 执法证号：×××××××××× ；××××××××××	

证明对象：××路清水河一处雨水井排口有乳白色液体排入清水河，经排查是由××市×××实业有限公司接入园区雨水管网总排口排出。	证物袋 （存底片、光盘等）
拍摄时间：2017 年 1 月 3 日 16 时 50 分	
拍摄地点：××区××路清水河	
拍摄人：×××	
当事人、见证人（签名、盖章或者按指印）： 孙××	
执法人员（签名）：××× ；××× 执法证号：×××××××××× ；××××××××××	

证明对象：××区环境监测站工作人员对××市×××实业有限公司接入园区雨水管网总排口内的油状乳白色液体进行采样监测。	证物袋 （存底片、光盘等）
拍摄时间：2017 年 1 月 3 日 16 时 50 分	
拍摄地点：××市××机械有限责任公司加工车间外	
拍摄人：×××	
当事人、见证人（签名、盖章或者按指印）： 孙××	
执法人员（签名）：××× ；××× 执法证号：××××××××××× ；×××××××××××	

<table>
<tr><td>证明对象：××区环保局行政执法人员对××市×××实业有限公司现场检查时使用执法记录仪拍摄的执法视频。</td><td rowspan="6">证物袋
（存底片、光盘等）</td></tr>
<tr><td>拍摄时间：2017 年 1 月 3 日 16 时 50 分</td></tr>
<tr><td>拍摄地点：××市×××实业有限公司</td></tr>
<tr><td>拍摄人：×××</td></tr>
<tr><td>当事人、见证人（签名、盖章或者按指印）：
我已观看，并确认。孙××</td></tr>
<tr><td>执法人员（签名）：××× ；×××
执法证号：×××××××××× ；××××××××××</td></tr>
</table>

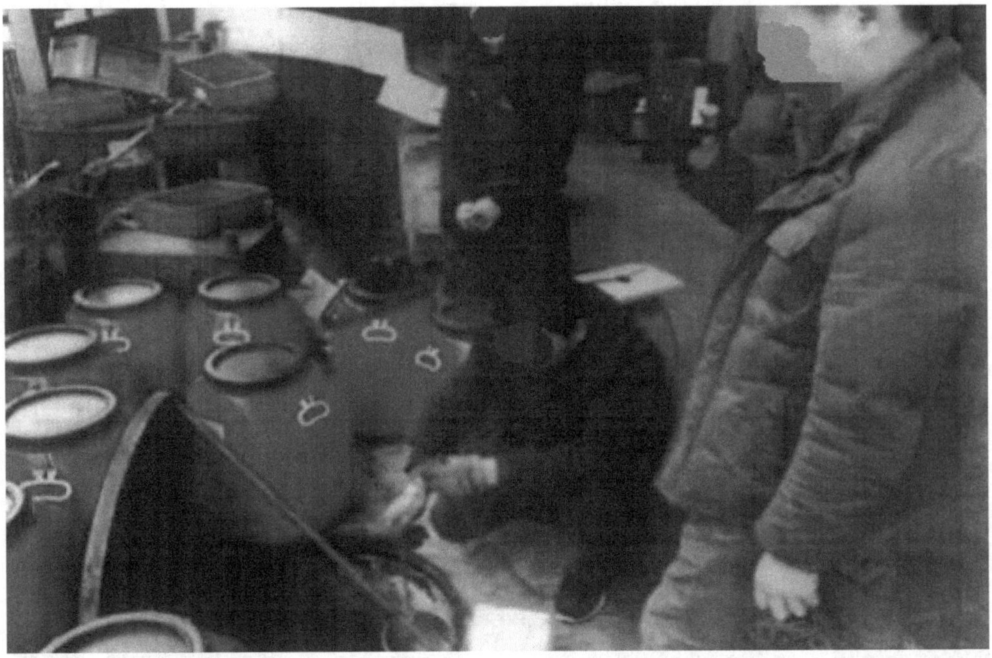

<table>
<tr><td>证明对象：××区环境保护局执法人员再次会同××区环境监测站工作人员，依法对××市×××实业有限公司抛光清洗生产线对面雨水井下雨水管网内残留的油状乳白色废液进行现场采样。</td><td rowspan="6">证物袋

（存底片、光盘等）</td></tr>
<tr><td>拍摄时间：2017年1月4日17时31分</td></tr>
<tr><td>拍摄地点：××市×××实业有限公司抛光清洗生产线</td></tr>
<tr><td>拍摄人：×××</td></tr>
<tr><td>当事人、见证人（签名、盖章或者按指印）：
孙××</td></tr>
<tr><td>执法人员（签名）：×××；×××
执法证号：×××××××××××；×××××××××××</td></tr>
</table>

证明对象：××区环境保护局联合公安机关依法对××市×××实业有限公司抛光清洗生产线违法设置的暗管进行强制破拆。	证物袋 （存底片、光盘等）
拍摄时间：2017年1月5日16时50分	
拍摄地点：××市×××实业有限公司抛光清洗生产线	
拍摄人：×××	
当事人、见证人（签名、盖章或者按指印）： 孙××	
执法人员（签名）：××× ；××× 执法证号：××××××××××× ；×××××××××××	

××市××区环境保护局
采样取证登记单

依照《中华人民共和国行政处罚法》第三十七条第二款的规定，我局对××市×××实业有限公司雨水管网接入园区雨水管网总排口内的油状乳白色液体予以采样取证。

附：采样取证清单

采样地点（场所）：××市×××实业有限公司接入园区雨水管网总排口

采样时间：2017年1月3日16时50分

名　称	数　量	容　量	编　号	形　态	备　注
油状乳白色液体	4	500 mL	17010317	液体	

被采样取证人：孙××　　2017年1月3日

采样取证人：×××、×××　　2017年1月3日

封样人：×××、×××　　2017年1月3日

××市××区环境保护局
采样取证登记单

依照《中华人民共和国行政处罚法》第三十七条第二款的规定，我局对××市×××实业有限公司抛光清洗生产线沉淀池靠近围墙处的雨水井内残留的油状乳白色液体予以采样取证。

附：采样取证清单

采样地点（场所）：××市×××实业有限公司抛光清洗生产线沉淀池靠近围墙处的雨水井内

采样时间：2017年1月4日17时00分

名　称	数　量	容　量	编　号	形　态	备　注
油状乳白色液体	4	500 mL	17010412	液体	

被采样取证人：程××　　2017年1月4日

采样取证人：×××、×××　　2017年1月4日

封样人：×××、×××　　2017年1月4日

××市××区环境监测站

监测报告

×环监字〔2017〕第 JD001 号

（盖计量认证印章）　　　　（盖监测资质印章）

项目名称： ××市××实业有限公司

监测类别： 监督性监测

报告日期： 2017 年 1 月 12 日

（盖　章）

监测报告说明

1. 报告封面无本站业务专用章无效，报告无骑缝章无效。

2. 报告内容需齐全、清楚，涂改无效；报告无相关责任人签字无效。

3. 委托方如对本报告有异议，须于收到本报告十五日内向本站提出，逾期不予受理。

4. 送样委托监测由委托方自行采集的样品，仅对送检样品的测试数据负责，不对样品来源负责，对监测结果可不作评价。

5. 未经本站书面批准，不得部分复制本报告。

6. 未经本站书面同意，本报告及数据不得用于商品广告，违者必究。

机构通讯资料：

××市××区环境监测站

地　　址：××街×××××号附 7 号

邮政编码：××××××

电　　话：×××××××

传　　真：×××××××××××

1. **监测内容**

我站于2017年1月3日对××××有限责任公司/×××实业有限公司（××路××号）进行了现场监测，监测内容为污水监测，监测性质为监督性监测。

2. **监测项目**

表1　监测点位布设及项目表

监测点位	监测项目	监测频次
该公司生产废排口	pH、悬浮物、化学需氧量、石油类	1天1次
备　注	/	

3. **监测方法及方法来源**

表2　污水监测分析方法表

监测项目	监测方法	方法来源	检出限/（mg/L）	监测仪器	仪器编号
pH	玻璃电极法	GB 6920—86	0.1（pH）	pHS-2F 酸度计	050313
悬浮物	重量法	GB 11901—89	4	XT220A 电子天平	2805211
化学需氧量	重铬酸盐法	GB 11914—89	10	50 mL 酸式滴定管	/
石油类	红外分光光度法	HJ 637—2012	0.04（采样量500 mL）	红外分光测油仪	017239u668

4. **监测结果**

表3　污水监测结果表

采样位置	分析项目	分析日期	分析结果	标准值
该公司生产废水排口	pH（量纲一）	1.3	6.9	/
	悬浮物/（mg/L）	1.5	940	/
	化学需氧量/（mg/L）	1.4	1.23×103	/
	石油类/（mg/L）	1.5	23.7	/
	采样时间	16:50		/
备　注	/			

报告编制：　×××　；　审核：　×××　；　批准：　×××

日期：　2017.1.10　；　日期：　2017.1.10　；　日期：　2017.1.12

××省×××环保股份有限公司检测报告

×××〔2017〕第 JS007 号

（盖计量认证印章） XXXXXXXXXX

项目名称： ××市×××实业有限公司

监测类别： 委托监测

报告日期： 2017 年 1 月 11 日

（盖　章）

检测报告说明

1. 报告封面无本检验检测专用章无效，无 CMA 章无效，报告无骑缝章无效。

2. 报告内容需齐全、清楚，涂改无效；报告无相关责任人签字无效。

3. 委托方如对本报告有异议，须于收到本报告十五日内向本公司提出，逾期不予受理。

4. 由委托方自行采集的样品，仅对送检样品的测试数据负责，不对样品来源负责，对监测结果可不作评价。

5. 未经本公司书面批准，不得部分复制本报告。

6. 未经本公司书面同意，本报告及数据不得用于商品广告，违者必究。

机构通讯资料：

单　　位：××省×××环保股份有限公司

地　　址：×××××××××××××××

邮政编码：××××××

电　　话：×××××××

传　　真：××××××××

1. 检测基本情况

受××市××区环境保护局委托，我公司于 2017 年 1 月 5 日对其自送水样进行了检测。

2. 检测项目

铜、锌、铅、镉、铁、锰、铍、镍、钼、钡、钴、钒、钛、铬共 14 项。

3. 监测方法及方法来源

本次检测项目的检测方法及方法来源件表 3-1。

表 3-1 检测方法、方法来源、使用仪器、检出限

项目	检测方法	方法来源	使用仪器编号	检出限/（mg/L）
铜	电感耦合等离子体发射光谱法	HJ 776—2015	Aglicnt720 MY4210001	9.0×10^{-3}
锌				1.0×10^{-3}
铅				1.0×10^{-2}
镉				1.0×10^{-3}
铁				4.5×10^{-3}
锰				5.0×10^{-4}
铍				2.0×10^{-4}
镍				6.0×10^{-3}
钼				8.0×10^{-3}
钡				1.0×10^{-3}
钴				2.5×10^{-3}
钒				5.0×10^{-3}
钛				5.0×10^{-4}
铬				1.0×10^{-2}

4. 检测结果

检测结果见表 4-1。

表 4-1 检测结果

检测编号	送样编号	检测项目	单位	检测结果	标准限值	结果评价
JS17011901	/	铜	mg/L	0.450	1.0	/
		锌	mg/L	14.0	1.0	/
		铅	mg/L	0.080	0.05	/
		镉	mg/L	未检出	/	/
		铁	mg/L	50.0	0.3	/
		锰	mg/L	0.973	0.1	/
		铍	mg/L	未检出	/	/
		镍	mg/L	0.088	0.02	/
		钼	mg/L	0.060	0.077	/
		钡	mg/L	7.00	0.71	/
		钴	mg/L	未检出	/	/
		钒	mg/L	0.020	0.05	/
		钛	mg/L	0.410	0.1	/
		铬	mg/L	0.210	0.05	/

报告编制：×××；审核：×××；批准：×××

日期：2017.1.11；日期：2017.1.11；日期：2017.1.11

××市××区环境保护局
涉嫌环境违法案件移送书

×环拘移〔2017〕001 号

案　由	涉嫌通过暗管，采取逃避监管的方式向地表水体排放污染物，严重污染环境案。				
企业名称或其他经营者	××市×××实业有限公司			社会信用代码	××××××××
地　址	××省××经济技术开发区××镇××路××号			邮政编码	××××××××
法定代表人或负责人	隆××	有效证件及号码	身份证××××××	联系电话	××××××
企业主要负责人	孙××	有效证件及号码	身份证××××××	联系电话	××××××
调查人员	×××、×××			承办部门	××市××区环境监察执法大队
简要案情	2017 年 1 月 3 日，我局执法人员依法对×××实业有限公司进行执法检查，发现该公司抛光清洗生产线产生的清洗废水经沉淀池下方设置的圆形排口排入雨水管网内，最终流入清水河，造成环境污染，涉嫌通过暗管，采取逃避监管的方式违法排放污染物。根据××区环境监测站和××省××环保股份有限公司出具的监测报告（×环监字〔2017〕第 JD001 号、××〔2017〕第 JS007 号）显示该公司向地表水体排放的污染物超过国家规定的排放标准，其中重金属铬超标 3.2 倍、重金属锌超标 13 倍，涉嫌严重污染环境。				
移送依据	1.《中华人民共和国环境保护法》第六十九条； 2.最高人民法院、最高人民检察院《关于办理环境污染刑事案件适用法律若干问题的解释》（法释〔2016〕29 号）第一条第一款第三项和第一条第一款第四项之规定。				
移送建议	建议由公安机关依法对××市×××实业有限公司涉嫌通过暗管，采取逃避监管的方式向地表水体排放污染物，严重污染环境的违法行为进行调处。				
经办人（执法证号）：×××　（×××××××） ×××　（×××××××）					2017 年 2 月 15 日 （行政机关公章）

××市××区环境保护局
涉嫌环境违法案件移送材料清单

案由：涉嫌通过暗管，采取逃避监管的方式向地表水体排放污染物，严重污染环境案。

材料名称	数 量	提供部门	备 注
受案登记表	共1份/1页	××市××区 环境保护局	
立案审批表	共1份/1页	××市××区 环境保护局	×环立字〔2017〕001号
行政处罚案件调查终结报告	共1份/4页	××市××区 环境保护局	×环调终字〔2017〕001-2号
现场检查（勘验）笔录	共3份/9页	××市××区 环境保护局	×环检勘字〔2017〕1-3-1号 ×环检勘字〔2017〕1-4-1号 ×环检勘字〔2017〕1-5-1号
询问笔录	共2份/16页	××市××区 环境保护局	×环调字〔2017〕1-4-1号 ×环询字〔2017〕1-12-1号
照片证据	共17份/17页	××市××区 环境保护局	
摄像取证材料（光碟）	共2份/2张	××市××区 环境保护局	
现场采样取证照片	共1份/2张	××市××区 环境保护局	
监测报告	共1份//3页	××市××区 环境保护局	×环监字〔2017〕第JD 001号
检测报告	共1份//4页	××市××区 环境保护局	××〔2017〕第JS 007号
营业执照（副本）复印件	共1份/1页	××市××区 环境保护局	××市×××实业有限公司

材料名称	数 量	提供部门	备 注
授权委托书	共 2 份/2 页	××市××区环境保护局	××市×××实业有限公司法人隆××委托孙××（2017 年 1 月 4 日、1 月 12 日各一份）
2017 年 1 月 4 日当事人提供身份证复印件	共 4 份/4 页	××市××区环境保护局	隆××、孙××、秦××、陈××
2017 年 1 月 4 日当事人提供在职证明	共 3 份/3 页	××市××区环境保护局	孙××、陈××、秦××
厂房租赁合同	共 1 份/3 页	××市××区环境保护局	
外购入库序时簿	共 2 份/2 页	××市××区环境保护局	
当事人提供给排水总平面图	共 1 份/1 页	××市××区环境保护局	
2017 年 1 月 12 日当事人提供身份证复印件	共 3 份/3 页	××市××区环境保护局	陈×、孙××、饶××
2017 年 1 月 12 日当事人提供饶××在职证明	共 1 份/1 页	××市××区环境保护局	

移送部门人员签名（执法证号）

×××　（××××××）

×××　（××××××）

××市××区环境保护局

2017 年 2 月 15 日

（移送机关盖章）

公安机关签收人签名（警官证号）

×××　（××××××）

××市公安局 ××区分局

2017 年 2 月 15 日

（受理机关盖章）

注：本清单一式两份，移送部门和公安机关各存一份。

受案回执

××市××区环境保护局：

你（单位）于 2017 年 2 月 15 日报称的 ××市××实业有限公司污染环境 一案我单位已受理（受案登记表文号为×××（治）受案字〔2017〕×××××号）。

你（单位）可通过 电话 查询案件进展情况。

联系人、联系方式： ××× （×××××××） 。

××市公安局××区公安分局治安大队

二〇一七年二月十六日

××市公安局××区分局

报案人、控告人：××市××区环境保护局

举报人、控告人： ×××

2017 年 2 月 16 日

一式两份，一份附卷，一份交报案人、控告人、举报人、扭送人。

立案告知书

××市××区环境保护局：

××市×××实业有限公司污染环境一案，我局已于2017年2月16日决定立案侦查。

你（单位）可通过电话查询案件进展情况。

联系人、联系方式：×××（×××××××）。

特此告知。

××市公安局××区公安分局

二〇一七年二月十七日

××市公安局××区分局

本告知书已收到。××市××区环境保护局

被告知人：××× 2017年2月17日

采取其他方式告知或者有特殊情况未告知的，注明情况：______________________________。

办案人：×××

2017年2月17日

一式两份，一份附卷，一份交被告知人。

××市××区环境保护局
环境行政执法后督察现场检查记录

×环督字〔2017〕1-7-1 号

<table>
<tr><td colspan="2">后督察事由</td><td colspan="6">对××市×××实业有限公司落实整改情况进行后督察</td></tr>
<tr><td colspan="2">行政机关作出具体行政行为决定事项</td><td colspan="6">1. 立即停止违法行为；
2. 立即拆除你公司抛光清洗生产线沉淀池连接雨水管网的暗管，限期于 2017 年 1 月 6 日前完成。</td></tr>
<tr><td colspan="2">行政机关作出具体行政行为期限</td><td colspan="6">从 2017 年 1 月 4 日起至 2017 年 1 月 6 日止，共计 3 天</td></tr>
<tr><td rowspan="2">督察人</td><td>姓名</td><td>×××</td><td>工作单位</td><td colspan="2">××市××区环境保护局</td><td>执法证号</td><td>××××××××××</td></tr>
<tr><td>姓名</td><td>×××</td><td>工作单位</td><td colspan="2">××市××区环境保护局</td><td>执法证号</td><td>××××××××××</td></tr>
<tr><td>记录人</td><td>姓名</td><td>×××</td><td>工作单位</td><td colspan="2">××市××区环境保护局</td><td>执法证号</td><td>××××××××××</td></tr>
<tr><td rowspan="3">被督察单位当事人</td><td>姓名</td><td>孙××</td><td>工作单位</td><td colspan="2">××市×××实业有限公司</td><td>职　务</td><td>副总经理</td></tr>
<tr><td>性别</td><td>男</td><td>年龄</td><td>48 岁</td><td>居住地</td><td colspan="2">××市××区××路××栋×单元××号</td></tr>
<tr><td>身份证号</td><td colspan="3">××××××</td><td>联系电话</td><td colspan="2">××××××</td></tr>
<tr><td>现场督察时间</td><td colspan="4">2017 年 1 月 7 日 9 时至 10 时 10 分</td><td>督察地点</td><td colspan="2">××市×××实业有限公司</td></tr>
<tr><td colspan="8">2017 年 1 月 7 日，我局行政执法人员依法对××市×××实业有限公司落实责令整改情况进行后督察。现场检查时，该公司抛光清洗生产线处于停产状态，其抛光清洗生产线 3#沉淀池连接雨水管网的暗管已被我局执法人员联合公安机关强制破拆。现场未发现其他环境违法行为。执法人员后督察时有该公司副总经理孙××全程配合。</td></tr>
<tr><td colspan="8">被调查人签名：孙××　　督察人员签名：×××、×××
2017 年 1 月 7 日　　2017 年 1 月 7 日</td></tr>
</table>

××市××区环境保护局
环境行政执法后督察报告

单位：××市××区环境监察执法大队　时间：2016年1月7日

<table>
<tr><td rowspan="3">企业基本情况</td><td>企业名称</td><td colspan="3">××市×××实业有限公司</td><td>所在辖区</td><td>××区</td></tr>
<tr><td>所在地址</td><td colspan="5">××省××经济技术开发区××镇××路××号</td></tr>
<tr><td>法人代表
姓　名</td><td>隆××</td><td>职　务</td><td>法人代表</td><td>联系电话</td><td>××××××</td></tr>
<tr><td rowspan="3">督察单位情况</td><td>机构名称</td><td colspan="5">××市××区环境监察执法大队</td></tr>
<tr><td>参加
督察人员</td><td colspan="5">×××、×××</td></tr>
<tr><td>督察时间</td><td>2016.1.7</td><td>督察地点</td><td colspan="3">××省××经济技术开发区××镇××路××号</td></tr>
<tr><td rowspan="2">行政决定情况</td><td>具体行政
行为事项</td><td colspan="5">1. 立即停止违法行为；
2. 立即拆除你公司抛光清洗生产线沉淀池连接雨水管网的暗管，限期于2017年1月6日前完成。</td></tr>
<tr><td>行政机关
名　称</td><td>××市××区
环境保护局</td><td>限期时间</td><td colspan="3">2017年1月4日起至2017年1月6日止</td></tr>
<tr><td colspan="2">督察事由</td><td colspan="5">对落实整改情况进行后督察</td></tr>
<tr><td rowspan="2">现场督察情况</td><td>对行政机关作的具体行政行为执行情况</td><td colspan="5">1. 现场检查时，该公司抛光清洗生产线处于停产状态；
2. 其抛光清洗生产线3#沉淀池连接雨水管网的暗管已被我局执法人员联合公安机关强制破拆；
3. 未发现其他环境违法行为。</td></tr>
<tr><td>存在的
主要问题</td><td colspan="5">无</td></tr>
</table>

后督察人员建议意见：

现场检查时未发现有其他环境违法行为，案件正在办理过程中，建议继续加强对该公司监管。

现场督察人员签字：×××、××× **时间：2017 年 1 月 7 日**

环境监察机构意见：

建议继续加强监管，加快推进案件办理工作。

负责人：××× **时间：2017 年 1 月 7 日**

环保局领导批示意见：

继续加强监管，严格按照司法联动机制，与公安机关密切协作，尽快完成案件办理及移送移交工作。

领导签字：××× **时间：2017 年 1 月 7 日**

备注：附《环境行政执法后督察现场检查记录》（共 3 页）

××市××区环境保护局印制

××市××区环境保护局
行政处罚案件结案报告

×环罚结字〔2017〕001号

案　由：通过暗管，采取逃避监管的方式向地表水体排放污染物，严重污染环境案

当事人：××市×××实业有限公司

案件承办人：×××、×××（签名）

案件承办机构：××市××区环境监察执法大队（公章）

报告内容：

一、案件来源

2017年1月3日15时31分，我局执法人员×××接到××区××镇环保办工作人员×××报告，××区××路雨水井中有乳白色液体排入清水河。2017年1月3日15时46分，××区环境监察执法大队执法人员赶到现场进行勘察，发现××市×××实业有限公司抛光清洗生产线产生的清洗废水经沉淀池下方设置的圆形排口排入雨水管网内，最终流入清水河，造成环境污染，涉嫌通过暗管，采取逃避监管的方式违法排放污染物，为进一步查清事实，××区环境保护局于当日批准立案，并由××区环境监察执法大队执法人员×××（执法证号：×××××××××××）、××（执法证号：××××××××××××），负责对该案进行调查，现形成结案报告如下。

二、当事人基本情况

当事人：××市×××实业有限公司；类型：有限责任公司（自然人投资或控股）；统一社会信用代码：××××××××××××××××××；名称：××市×××实业有限公司；住所：××省××经济技术开发区××镇××路××号；法定代表人：隆××；注册资本：（人民币）五百万；成立日期：××××年×月×日；营业期限：××××年×月×日至××××年×月×日；经营范围：生产、销售汽车零部件（不含发动机）、摩托车零部件（不含发动机），销售机电产品（不含汽车）、医疗器械（限一类）；其他无须审批的合法项目。

当事人于2011年底从××区××镇老厂搬迁到××经济技术开发区××路××号，

租用×××机电有限公司厂房建设，占地面积约为 5 400 m^2，总投资约 3 000 万元人民币，2012 年投入生产，该公司主要产品为汽车零配件，建厂至今未向环境保护主管部门申报环境影响评价相关文件。

三、案件基本情况

当事人建有两条生产线，分别为机加工生产线和抛光清洗生产线，机加工生产线有数控车床 99 台、钻床 32 台、数控加工中心 9 台、磨床 6 台、毛刺机 1 台、仪表车床 13 台，机加工过程中需要使用水性切削液、油性切削液、磨削液，皂化液等辅料用作冷却和防锈；抛光清洗生产线的设备有：抛丸机 5 台、清洗机 1 台，抛光清洗生产过程中需要使用光亮剂和重油除垢剂；抛光清洗生产线清洗区建有 6 个纵向并排的沉淀池用于收集清洗废水，每个沉淀池连接处上设有圆形排口，使每个沉淀池相通。清洗机下设有一条排水沟用于收集清洗废水，排水沟两端分别接入两侧 1＃、6＃沉淀池，清洗废水通过排水沟进入 1＃、6＃沉淀池后逐步进入 2＃、4＃、5＃沉淀池，最后在 3＃沉淀池汇合，3＃沉淀池靠近雨水井处设置了上下两个排口，上排口为方形排口，下排口为圆形排口。现场检查时，我局执法人员发现排水沟内有油状乳白色液体流入 1＃、6＃沉淀池后通过 3＃沉淀池下方圆形排口连接的暗管流入靠近围墙处的雨水井内，随后执法人员对该公司雨水管网进行逐一检查确认，该公司的清洗废水通过 3＃沉淀池地下暗管连接至雨水井最终流入车城东路旁的清水河内。2017 年 1 月 3 日 16 时 50 分××区环境监测站工作人员对该公司雨水管网接入园区雨水管网总排口处进行采样监测，2017 年 1 月 4 日××区环境监测站工作人员再次对该公司雨水管网内残留油状乳白色液体进行采样监测。根据××区环境监测站和××省××环保股份有限公司出具的监测报告（×环监字〔2017〕第 JD 001 号、××〔2017〕第 JS 007 号）显示该公司向地表水体排放的污染物超过国家规定的排放标准，其中重金属铬超标 3.2 倍、重金属锌超标 13 倍、重金属锰超标 8.7 倍（其他不计）。

以上事实有以下证据证明：

证据一：我局执法人员对当事人现场检查时的《现场检查（勘察）笔录》（×环检勘字〔2017〕1-3-1 号、×环检勘字〔2017〕1-4-1 号）共 2 份，查封扣押《现场检查（勘察）笔录》（×环检勘字〔2017〕1-5-1 号）1 份，现场照片 17 张，现场摄像取证视频光盘 2 份，当事人法定代表人隆××委托公司副总经理孙××接受调查询问笔录（×环调询字〔2017〕1-4-1 号、×环调询字〔2017〕1-12-1 号）共 2 份。

证据二：当事人法定代表人隆××委托孙××提供的材料：工商营业执照（副本）复印件 1 份、被委托人及相关人员身份证复印件 6 份、厂房租赁合同书复印件 1 份、法人身份证复印件 1 份、委托书 2 份、孙××、秦××、程××在职证明各 1 份、公司雨水管网平面布置图复印件 1 份、辅料进货凭证复印件 1 份。

证据三：××区环境监测站出具的监督性监测报告（×环监字〔2017〕第 JD 001 号）1 份、××区环境监测站委托监测报告××〔2017〕第 JS 007 号）1 份、《地表水环境质量标准》(GB 3838—2002)、《××市地面水水域环境功能类别划分管理规定》1份。

四、当事人违法事实及违反的法律条款

综上所述,××市×××实业有限公司抛光生产线产生的清洗废水通过地下暗管,采取逃避监管的方式违法排放污染物到地表水体的行为,违反了《中华人民共和国水污染防治法》第二十二条第二款“禁止私设暗管或者采取其他规避监管的方式排放水污染物”之规定;其排放的水污染物中重金属铬超标3.2倍、重金属锌超标13倍、重金属锰超标8.7倍的行为,违反了《中华人民共和国环境保护法》第六十九条“违反本法规定,构成犯罪的,依法追究刑事责任”之规定。该公司环境违法行为事实清楚、证据确凿。依据《中华人民共和国环境保护法》第六十九条“违反本法规定,构成犯罪的,依法追究刑事责任”之规定;依照最高人民法院、最高人民检察院《关于办理环境污染刑事案件适用法律若干问题的解释》(法释〔2016〕29号)第一条第一款第三项“实施刑法第三百三十八条规定的行为,排放、倾倒、处置含铅、汞、铬、砷、铊、锑的污染物,超过国家或者地方污染物排放标准三倍以上的”和第一条第一款第四项“实施刑法第三百三十八条规定的行为,排放、倾倒、处置含镍、铜、锌、银、钒、锰、钴的污染物,超过国家或者地方污染物排放标准十倍以上的”应当认定为“严重污染环境”之规定;该公司违法向地表水体排放的污染物中重金属铬超标3.2倍、重金属锌超标13倍的环境违法事实已构成了“严重污染环境”。

五、处罚依据及自由裁量理由

2017年1月4日,我局依法向当事人下达了《责令改正违法行为决定书》(×环〔2017〕011号)责令该公司立即停止违法行为,限期于2017年1月6日前完拆除沉淀池连接雨水管网的管道。该公司环境违法行为事实清楚、证据确凿。依据《中华人民共和国环境保护法》第六十九条“违反本法规定,构成犯罪的,依法追究刑事责任”之规定;依照最高人民法院、最高人民检察院《关于办理环境污染刑事案件适用法律若干问题的解释》(法释〔2016〕29号)第一条第一款第三项“实施刑法第三百三十八条规定的行为,排放、倾倒、处置含铅、汞、铬、砷、铊、锑的污染物,超过国家或者地方污染物排放标准三倍以上的”和第一条第一款第四项“实施刑法第三百三十八条规定的行为,排放、倾倒、处置含镍、铜、锌、银、钒、锰、钴的污染物,超过国家或者地方污染物排放标准十倍以上的”应当认定为“严重污染环境”之规定;该公司违法向地表水体排放的污染物中重金属铬超标3.2倍、重金属锌超标13倍的环境违法事实已构成了“严重污染环境”。2017年2月15日,我局依法将本案移交公安机关侦办。

六、案件执行情况

2017年1月5日,我局依法对该公司抛光清洗生产线产污设施设备实施查封,并于

2017 年 1 月 16 日依法解除查封。其间，经我局执法人员于 2017 年 1 月 7 日后督察，该公司私设的暗管已被强制破拆。我局于 2017 年 2 月 15 日依法将本案移交公安机关。经公安机关侦办，区检察院于 2017 年 9 月 6 日向区人民法院提起公诉；区人民法院经审理，于 2017 年 10 月 31 日正式作出判决，判处××市×××实业有限公司罚金人民币 15 万元；判处该公司法人代表、总经理隆××有期徒刑 9 个月，并处罚金 2 万元；判处本案直接责任人××市×××实业有限公司副总经理孙××有期徒刑 9 个月，并处罚金 2 万元。目前，本案已完结，建议结案。

承办人：×××、××

2017 年 11 月 3 日

××市××区环境监察执法大队

××市××区环境保护局
行政处罚案件结案审批表

案　由	通过暗管，采取逃避监管的方式向地表水体排放污染物，严重污染环境案	案件来源	乡镇上报
当事人 名称/姓名	××市×××实业有限公司	法定代表人 （负责人）	隆××
工作单位	××市×××实业有限公司	职务或职业	总经理
地址或 住　址	××省××经济技术开发区××镇××路××号		
立案时间	2017 年 1 月 3 日	案件承办人及 执法证编号	×××　×××××××××× ×××　××××××××××
行政处罚 决定书文号	×环拘移〔2017〕001 号		
简要案情及 查处经过	2017 年 1 月 3 日，我局执法人员依法对××市×××实业有限公司进行执法检查，发现该公司抛光清洗生产线产生的清洗废水经沉淀池下方设置的圆形排口排入雨水管网内，最终流入清水河，造成环境污染，涉嫌通过暗管，采取逃避监管的方式违法排放污染物。根据××区环境监测站和××省××环保股份有限公司出具的监测报告（×环监字〔2017〕第 JD 001 号、××〔2017〕第 JS 007 号）显示该公司向地表水体排放的污染物超过国家规定的排放标准，其中重金属铬超标 3.2 倍、重金属锌超标 13 倍，涉嫌严重污染环境。2017 年 1 月 5 日，我局依法对该公司抛光清洗生产线产污设施设备实施查封，并于 2017 年 1 月 16 日依法解除查封。期间，经我局执法人员于 2017 年 1 月 7 日后督察，该公司私设的暗管以被强制破拆。我局于 2017 年 2 月 15 日依法将本案移交公安机关。经公安机关侦办，区检察院于 2017 年 9 月 6 日向区人民法院提起公诉；区人民法院经审理，于 2017 年 10 月 31 日正式作出判决，判处××市×××实业有限公司罚金人民币 15 万元；判处该公司法人代表、总经理隆××有期徒刑 9 个月，并处罚金 2 万元；判处本案直接责任人××市×××实业有限公司副总经理孙××有期徒刑 9 个月，并处罚金 2 万元。		
处理依据 及结果	2017 年 2 月 15 日，我局依据《中华人民共和国环境保护法》第六十九条、最高人民法院、最高人民检察院《关于办理环境污染刑事案件适用法律若干问题的解释》（法释〔2016〕29 号）第一条第一款第三项和第一条第一款第四项之规定，依法将本案移送公安机关。		
行政复议 行政诉讼 情　况	无		

处罚执行情况及罚没财物的处置情况	区人民法院经审理，于2017年10月31日正式作出判决，判处××市×××实业有限公司罚金人民币15万元；判处该公司法人代表、总经理隆××有期徒刑9个月，并处罚金2万元；判处本案直接责任人××市×××实业有限公司副总经理孙××有期徒刑9个月，并处罚金2万元。
承办人意　见	目前，本案已办结，建议依法予以结案。 承办人：×××、×××　　2017 年 11月3 日
承办机构意　见	建议依法予以结案。 签字（机构印章）：×××　　2017 年 11月3 日
法制机构意　见	经审理，符合结案条件，建议依法予以结案。 签字：×××　　2017 年 11月3 日
环保部门审批意见	同意结案。 签字：×××　　2017 年 11月3 日
备　注	

××市××区环境保护局
环境行政执法卷宗目录
（副卷）

×环〔2017〕卷宗字 001 号

案件名称：××市×××实业有限公司通过暗管，采取逃避监管的方式违法排放污染物案

文件名称	页码	备注
受案登记表	1101	2017 年 1 月 3 日
约见通知书	1102	
营业执照（副本）复印件	1103	信用代码：××××××××
授权委托书	1104	2017 年 1 月 4 日隆某委托孙××
身份证复印件	1105	隆××
身份证复印件	1106	孙××
在职证明	1107	孙××
身份证复印件	1108	程××
在职证明	1109	程××
身份证复印件	1110	秦××
在职证明	1111	秦××
委托书	1112	2017 年 1 月 5 日隆××委托孙××

文件名称	页码	备注
身份证复印件	1113	隆××
身份证复印件	1114	孙××
授权委托书	1115	2017 年 1 月 12 日隆××委托孙××
身份证复印件	1116	孙××
身份证复印件	1117	饶××
身份证复印件	1118	陈××
在职证明	1119	饶××、孙××、陈××
厂房租赁合同	1120～1121	
外购入库序时簿	1122～1123	
水样采集与交接记录	1124	样品编号 17010317
雨水高程表	1125	
行政处罚案件初审建议表	1126	
环境保护行政处罚案件审议记录	1127～1129	×环监〔2017〕罚初议字（001）号
案件处理内部审批表	1130	查封决定书（×环查字〔2017〕002 号）
案件处理内部审批表	1131	解除查封决定书（×环解查字〔2017〕002 号）
移送涉嫌环境违法案件审批表	1132	×环拘移〔2017〕001 号

注：本案宗连带封面封底及目录共计 110 页。其中正卷连带封面封底及目录共计 76 页；副卷连带封面封底及目录共计 34 页。

××市××区环境保护局

2017 年 11 月 6 日

××区环境监察大队受案登记表

<table>
<tr><td>受案时间</td><td colspan="2">2016 年 1 月 3 日</td><td>案发地点</td><td colspan="2">××省××经济技术开发区××镇××路××号</td></tr>
<tr><td>接案人</td><td>×××、×××</td><td>举报人</td><td>×××</td><td>电　话</td><td>××××××</td></tr>
<tr><td>案件发现方式</td><td colspan="2">乡镇上报</td><td>当事人</td><td colspan="2">××市×××实业有限公司</td></tr>
<tr><td>案件内容</td><td colspan="5">2017 年 1 月 3 日 15 时 31 分，我局执法人员×××接到××区××镇环保办工作人员×××报告，××区××路雨水井中有乳白色液体排入清水河。</td></tr>
<tr><td>大队领导意　见</td><td colspan="5">请经开区中队×××、×××马上到现场调查处置，通知监测站安排人员现场采样。
大队负责人：×××　　　　2017 年 1 月 3 日</td></tr>
<tr><td>备　注</td><td colspan="5"></td></tr>
</table>

环境保护行政执法
约见通知书

×环约通字〔2017〕1-3-1 号

××市×××实业有限公司：

为查清你单位（户）涉嫌通过暗管，采取逃避监管的方式违法排放水污染物 一案（事），根据《中华人民共和国行政处罚法》第三十七条的规定，特依法约见 你单位（户）法人代表或委托人 于 2017 年 1 月 4 日 13：30 时，到 ××市××区环境监察执法大队（地址：××街办××新城 E4 区××苑×号门×楼） 协助行政调查。

接此通知后，须按照规定的时间和地点赴约协助调查。否则，由此产生的法律后果由被约见者承担。

并携带如下材料：

☑ 工商营业执照复印件 ☑ 组织机构代码证复印件 ☑ 法人代表身份证复印件

☑ 法人代表委托书（法人不能到达协助调查需提供此件） ☑ 被委托人身份证复印件

☑ 环保相关手续（如：环评、环保批复、排污许可证、排污申报证明、监测报告等）

☑ 污染处理设施运行记录复印件 ☑ 危废经营许可证复印件 ☑ 危废处置协议

☑ 危废转移联单 ☑ 危废处置台账

☑ 你公司园区雨水官网平面图 ☑ 原辅材料购货清单

（备注：请提供方框内打“√”的资料）

特此通知

约见接待人：××市××××区环境监察执法大队

电　话：××××××××××××（办公电话）

行政机关（盖章）

签收人：孙×× 电话：××××××

××市××区环境保护局

2017 年 1 月 3 日

××市××区环境保护局印制

注：该文书制作原本、正本、副本；

原本存档，正本送达当事人，副本根据需要制作此件由我（单位）复印并向执法机构提供，经核对与原件一致，原件存于：xxxxxxxxxxxxxxxxxxxxxxxxxxxxxxxxxxx

调取时间	2017 年 X 月 X 日
提供人签名	XXX
接收人签名	XXX XXX

营业执照

（副本）

注册号 XXXXXXXXXXXXXXXXXXX

名　　称 XX市XXX实业有限公司

类　　型 有限责任公司（自然人投资或控股）

住　　所 XXXXXXXXXXXXXXXXXXXXXXXXXXXXX

法定代表人 隆XX

注册资本 （人民币）伍佰万元整

成立日期 2004年7月8日

营业期限 2004年7月8日至2024年7月8日

经营范围 xxxxxxxxxxxxxxxxxxxxxxxxxxxxxxxxxxxxxxx

执照有效期限：2022年12月24日止

登记机关 ××市××区市场监督管理局

2015年4月30日

企业信用信息公示系统网址：http://www.gjgszj.gov.cn/

中华人民共和国国家工商行政管理总局监制

授权委托书

本人授权委托申明，我 隆×× （身份证号码：××××××× ）系 ××市×××实业有限公司 的法定代表人，现委托我单位 总经办 （部门）的 孙×× 同志（身份证号码： ××××××× ；职务：副总经理）为我公司代理人，以本公司及法定代表人的名义处理本公司环境管理相关事宜，配合接受询问调查。

代理人 孙×× 在处理相关事宜过程中所作的陈述及所签署的一切文件和处理与之有关的一切事物，我均予以承认。

本授权委托书自签字授权之日起生效，代理人无转权委托权。

特此委托。

委托日期： 2017 年 1 月 4 日

单位名称（盖章） ××市××实业有限公司

法定代表人（签字或盖章） 隆××

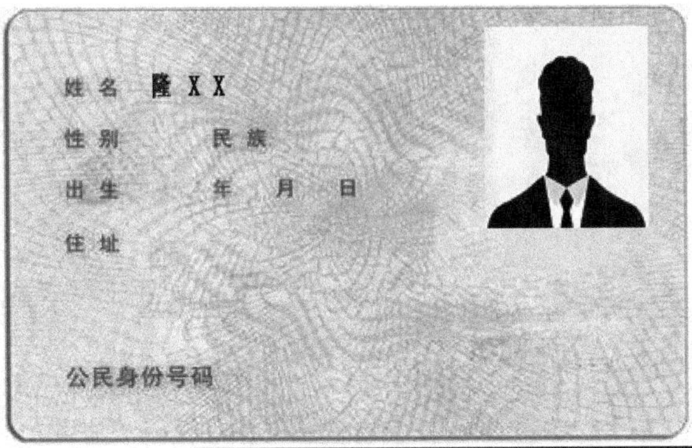

此件由我（单位）复印并向执法机构提供，经核对与原件一致，原件存于：xxxxxxxxxxxxxxxxxxxxxxxxxxxxxxxxxxx	
调取时间	2017年 X 月 X 日
提供人签名	XXX
接收人签名	XXX　XXX

此件由我（单位）复印并向执法机构提供，经核对与原件一致，原件存于：XXXXXXXXXXXXXXXXXXXXXXXXXXXXXXXXX

调取时间	2017 年 X 月 X 日
提供人签名	XXX
接收人签名	XXX XXX

在 职 证 明

兹有我公司员工 孙××，性别 男，身份证号码：××××××，自 2004 年 7 月起，在我公司 总经办（部门） 副总经理 岗位工作至今。

特此证明。

××市×××实业有限公司

2017 年 1 月 4 日

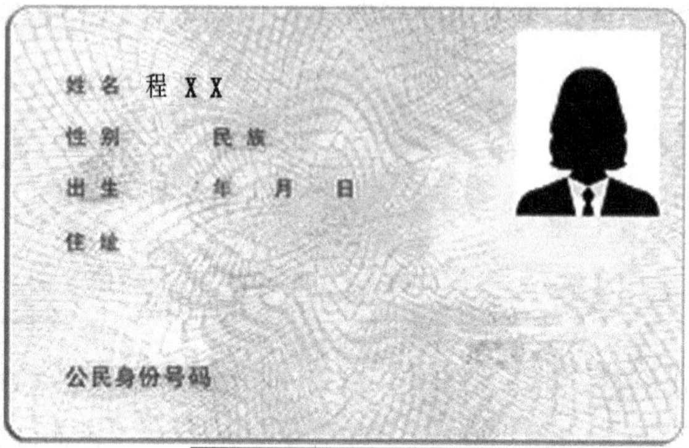

此件由我（单位）复印并向执法机构提供，经核对与原件一致，原件存于：XXXXXXXXXXXXXXXXXXXXXXXXXXXXXXXXXX	
调取时间	2017 年 X 月 X 日
提供人签名	XXX
接收人签名	XXX XXX

在 职 证 明

兹有我公司员工 程×× ，性别 女 ，身份证号码： ×××××× ，自 2011 年 6 月起，在我公司 综合管理办 （部门） 采购专员 岗位工作至今。

特此证明。

××市×××实业有限公司

2017 年 1 月 4 日

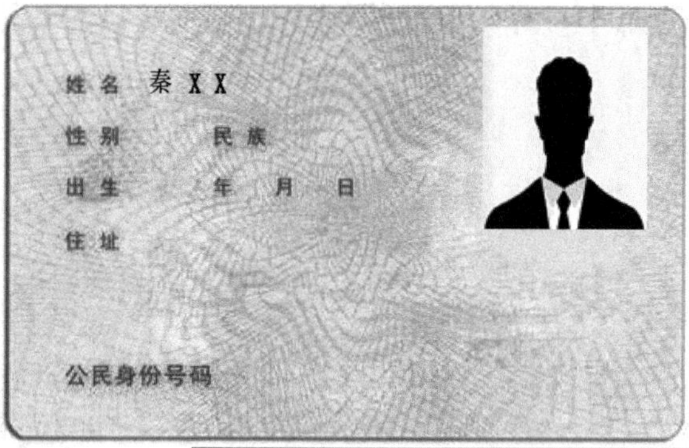

此件由我（单位）复印并向执法机构提供，经核对与原件一致，原件存于：xxxxxxxxxxxxxxxxxxxxxxxxxxxxxxxx	
调取时间	2017年 X 月 X 日
提供人签名	XXX
接收人签名	XXX XXX

在 职 证 明

兹有我公司员工 秦×× ，性别 男 ，身份证号码： ×××××× ，自 2016 年 6 月起，在我公司 综合管理办 （部门） 人事专员 岗位工作至今。

特此证明。

××市×××实业有限公司

2017 年 1 月 4 日

委托书

我公司委托员工__孙××__，性别__男__，身份证号码：__×××××××__，代表我公司及法定代表人__接受××区环境保护局查封决定书的送达并配合现场查封__。对__孙××__在办理上述事项过程中所签署的有关文件，我公司均予以认可，并承担相应的法律责任，请贵单位给予协助，谢谢。

单位名称（盖章）__××市×××实业有限公司__

法定代表人（签字或盖章）__隆××__

2017 年 1 月 5 日

此件由我（单位）复印并向执法机构提供，经核对与原件一致，原件存于：xxxxxxxxxxxxxxxxxxxxxxxxxxxxxxxxx	
调取时间	2017 年 X 月 X 日
提供人签名	XXX
接收人签名	XXX XXX

此件由我（单位）复印并向执法机构提供，经核对与原件一致，原件存于：xxxxxxxxxxxxxxxxxxxxxxxxxxxxxxxxxx	
调取时间	2017 年 X 月 X 日
提供人签名	XXX
接收人签名	XXX XXX

授权委托书

本人授权委托申明，我 隆×× （身份证号码： ××××××× ）系 ××市×××实业有限公司 的法定代表人，现委托我单位 总经办 （部门）的 孙×× 同志（身份证号码： ××××××× ；职务： 副总经理 ）为我公司代理人，以本公司及法定代表人的名义处理本公司环境管理相关事宜，配合接受询问调查。

代理人 孙×× 在处理相关事宜过程中所作的陈述及所签署的一切文件和处理与之有关的一切事物，我均予以承认。

本授权委托书自签字授权之日起生效，代理人无转权委托权。

特此委托。

委托日期： 2017 年 1 月 12 日

单位名称（盖章） ××市×××实业有限公司

法定代表人（签字或盖章） 隆××

此件由我（单位）复印并向执法机构提供，经核对与原件一致，原件存于：xxxxxxxxxxxxxxxxxxxxxxxxxxxxxxxxx	
调取时间	2017 年 X 月 X 日
提供人签名	XXX
接收人签名	XXX XXX

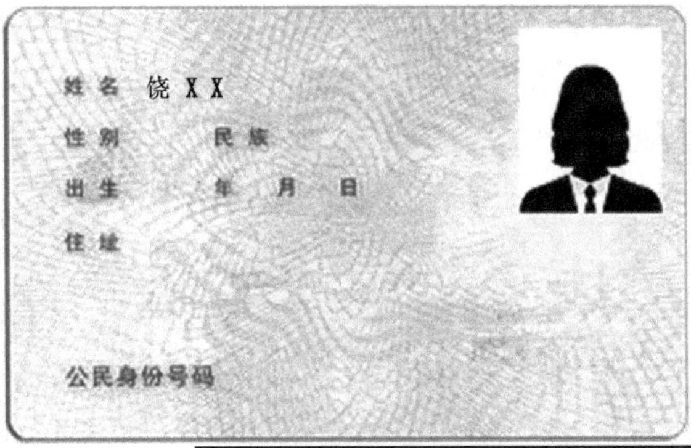

此件由我（单位）复印并向执法机构提供，经核对与原件一致，原件存于：xxxxxxxxxxxxxxxxxxxxxxxxxxxxxxxxxx	
调取时间	2017 年 X 月 X 日
提供人签名	XXX
接收人签名	XXX XXX

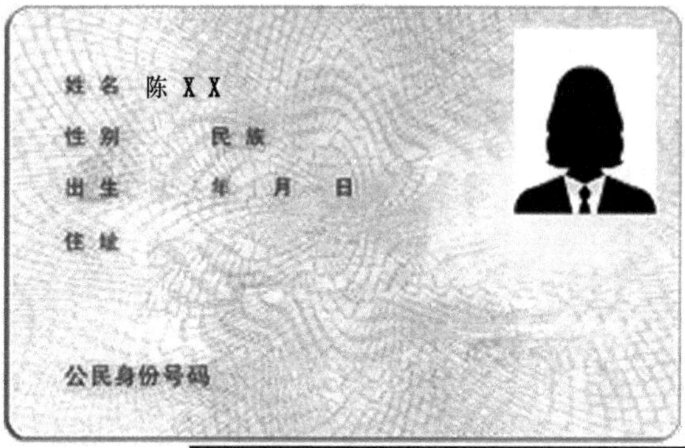

<table>
<tr><td colspan="2">此件由我（单位）复印并向执法机构提供，经核对与原件一致，原件存于：xxxxxxxxxxxxxxxxxxxxxxxxxxxxxxxxxx</td></tr>
<tr><td>调取时间</td><td>2017 年 X 月 X 日</td></tr>
<tr><td>提供人签名</td><td>XXX</td></tr>
<tr><td>接收人签名</td><td>XXX XXX</td></tr>
</table>

在 职 证 明

兹证明__饶××__女士，身份证号码：__×××××××__，自__2004__年__7__月至今，在我公司__总经理办__（部门）任__副总经理__职务。__孙××__先生，身份证号码。__×××××××__，自__2004__年__7__月至今，在我公司__总经理办__（部门）任__副总经理__职务。__陈××__女士，身份证号码：__×××××××__，自__2013__年__10__月至今，在我公司__财务部__（部门）任__副部长__职务。

特此证明。

××市×××实业有限公司

2017年1月12日

厂房租赁合同

出租方（甲方）××市×××机电有限公司
承租方（乙方）××市×××实业有限公司

根据国家有关规定，甲、乙双方在自愿、平等、互利的基础上就甲方将其合法拥有的厂房出租给乙方使用的有关事宜，双方达成协议并签订合同如下：

一、出租厂房情况

甲方出租给乙方的厂房坐落在××××××××××××××××××××，

租赁建筑面积为 7 300 m^2。厂房类型为钢筋混凝土结构。

二、厂房起付日期和租赁期限

1. 厂房租赁自 2015 年 1 月 1 日起，至 2017 年 12 月 31 日止。租赁期 3 年。

2. 租赁期满，甲方有权收回出租厂房，乙方应如期归还，乙方需继续承租的，应于租赁期满前三个月，向甲方提出书面要求，经甲方同意后重新签订租赁合同。

三、租金

甲、乙双方约定，该厂房租赁每日每平方米建筑面积租金为人民币 8 元。月租金为人民币 58 400 元，年租金为 700 800 元。

四、其他费用

租赁期间，使用该厂房所发生的水、电、煤气、电话等通讯的费用由乙方承担。

五、厂房使用要求和维修责任

1. 租赁期间，乙方发现该厂房及其附属设施有损坏或故障时，应及时通知甲方修复；甲方应在接到乙方通知后的 3 日内进行维修。逾期不维修的，乙方可代为维修，费用由甲方承担。

2. 租赁期间，乙方应合理使用并爱护该厂房及其附属设施。因乙方使用不当或不合理使用，致使该厂房及其附属设施损坏或发生故障的，乙方应负责维修。乙方拒不维修，甲方可代为维修，费用由乙方承担。

3. 租赁期间，甲方保证该厂房及其附属设施处于正常的可使用和安全状态。甲方对该厂房进行检查、养护，应提前 3 日通知乙方，检查养护时，乙方应予配合。甲方应减少对乙方使用该厂房的影响。

4. 乙方另需装修或者增设附属设施和设备的，应事先征得甲方的书面同意，按规定须向有关部门审批的，则还应由甲方报请有关部门批准后，方可进行。

六、厂房转租和归还

1. 乙方在租赁期间，如将该厂房转租，需事先征得甲方的书面同意，如果擅自中途转租转让，则甲方不再退还租金和保证金。

2. 租赁期满后，该厂房归还时，应当符合正常使用状态。

七、租赁期间其他有关规定

1. 租赁期间，甲、乙双方都应遵守国家的法律法规，不得利用厂房租赁进行非法活动。

2. 租赁期间，甲方有权督促并协助乙方做好消防、安全、卫生工作。

3. 租赁期间，厂房因不可抗拒的原因和市政动迁造成本合同无法履行，双方互不承担责任。

4. 租赁期间，乙方可根据自己的经营特点进行装修，但原则上不得破坏原房结构，装修费用由乙方自负，租赁期满后如乙方不再承担，甲方也不作任何补偿。

5. 租赁期间，乙方应及时支付房租及其他应支付的一切费用，如拖欠不付满一个月，甲方有权增收5%滞纳金，并有权终止租赁协议。

6. 租赁期满后，甲方如继续出租该房时，乙方享有优先权；如期满后不再出租，乙方应如期搬迁，否则由此造成一切损失和后果，都由乙方承担。

八、其他条款

1. 租赁期间，如甲方提前终止合同而违约，应赔偿乙方3个月租金。租赁期间，如乙方提前退租而违约，应赔偿甲方3个月租金。

2. 租赁期间，如因产权证问题而影响乙方正常经营而造成的损失，由甲方负一切责任给予赔偿。

3. 可由甲方代为办理营业执照等有关手续，其费用由乙方承担。

4. 租赁合同签订后，如企业名称变更，可由甲乙双方盖章签字确认，原租赁合同条款不变，继续执行到合同期满。

九、本合同未尽事宜，甲、乙双方必须依法共同协商解决。

十、本合同一式肆份，双方各执贰份，合同经盖章签字后生效。

出租方：××市××机电有限公司
授权代表人：×××
开户银行：××市××支行
账号：××××××××××××
电话：×××××××××××

承租方：××市××实业有限公司
授权代表人：×××
开户银行：××市××支行
账号：××××××××××
电话：××××××××××××

外购入库序时簿

日期	供应商	物料名称	单位	实收数量
2016/01/20	××化学有限公司	磨削液	kG	100
2016/03/06	××化学有限公司	磨削液	kG	200
2016/04/15	××化学有限公司	切削液	PCS	20
2016/04/21	××化学有限公司	磨削液	kG	100
2016/06/15	××化学有限公司	磨削液	kG	100
2016/07/12	××化学有限公司	磨削液	kG	100
2016/08/24	××化学有限公司	磨削液	kG	100
2016/09/18	××化学有限公司	磨削液	kG	200
2016/11/28	××化学有限公司	磨削液	kG	100
2016/01/15	××科技有限公司	切削液	L	400
2016/02/02	××科技有限公司	切削液	L	200
2016/02/25	××科技有限公司	切削液	L	200
2016/03/11	××科技有限公司	切削液	L	200
2016/03/29	××科技有限公司	导轨油	L	18
2016/04/07	××科技有限公司	切削液	L	200
2016/04/16	××科技有限公司	切削液	L	200
2016/05/18	××科技有限公司	切削液	L	200
2016/06/16	××科技有限公司	切削液	L	200
2016/07/07	××科技有限公司	切削液	L	200
2016/08/18	××科技有限公司	切削液	L	200
2016/09/18	××科技有限公司	切削液	L	400
2016/10/11	××科技有限公司	切削液	L	200
2016/11/04	××科技有限公司	切削液	L	200

此件由我（单位）复印并向执法机构提供，经核对与原件一致，原件存于：XXXXXXXXXXXXXXXXXXXXXXXXXXXXXXXXXXXX	
调取时间	2017 年 X 月 X 日
提供人签名	XXX
接收人签名	XXX XXX

外购入库序时簿

日期	供应商	物料名称	单位	实收数量
2016/06/18	××化工有限公司	重油污清洗剂	kG	50
2016/07/04	××化工有限公司	重油污清洗剂	kG	50
2016/08/18	××化工有限公司	重油污清洗剂	kG	100
2016/09/08	××化工有限公司	重油污清洗剂	kG	100
2016/09/22	××化工有限公司	重油污清洗剂	kG	100
2016/10/18	××化工有限公司	重油污清洗剂	kG	100
2016/11/07	××化工有限公司	重油污清洗剂	kG	100
2016/05/12	××科技有限公司	皂化液	kG	180
2016/07/16	××科技有限公司	皂化液	kG	360

××市××实业有限公司

此件由我（单位）复印并向执法机构提供，经核对与原件一致，原件存于：XXXXXXXXXXXXXXXXXXXXXXXXXXXXXXXXXXX	
调取时间	2017 年 X 月 X 日
提供人签名	XXX
接收人签名	XXX XXX

××市××区环境监测站

LQ/JJ-1102
水样采集与交接记录

单位名称：××市×××实业有限公司　单位地址：××××××××××××××
监测性质：监督性监测　采样点位：××××××××××××××
采样日期：2017.1.3　天气状况：晴
流　　量：×××　建厂时间：2010
处理设备：×××××××××××××　当事人签字：×××

样品编号	监测项目	采样量/mL	采样容器	保存方法	现场测量记录							
					采样时间	大气压力/kPa	水温/℃	气温/℃	pH	感官描述		
										颜色	气味	浮油
17010317	pH	500	P		16:50	96.3	14.1	11.5	7	乳白色	无	无
	SS	500	P									
	COD	500	P	$+H_2SO_4$，pH≤2								
	石油类	500	G	+HCl，pH≤2								

采样人员：×××　×××　送样人员：×××　×××　收样人员：×××　×××

2017年1月3日17时30分

雨水高程表

××市×××实业有限公司

标准图纸目录

序号	图纸名称	图号	备注
1	×××××	×××××	
2	×××××	×××××	
3	×××××	×××××	
4	×××××	×××××	
5	×××××	×××××	
6	×××××	×××××	
7	×××××	×××××	
8	×××××	×××××	
9	×××××	×××××	

<table>
<tr><td colspan="2">此件由我（单位）复印并向执法机构提供，经核对与原件一致，原件存于：xxxxxxxxxxxxxxxxxxxxxxxxxxxxxxxxxxxx</td></tr>
<tr><td>调取时间</td><td>2017 年 X 月 X 日</td></tr>
<tr><td>提供人签名</td><td>XXX</td></tr>
<tr><td>接收人签名</td><td>XXX XXX</td></tr>
</table>

<table>
<tr><td colspan="4" rowspan="2">××市××区建筑设计室</td><td>工程项目</td><td colspan="2">子项名称</td></tr>
<tr><td>××××××</td><td colspan="2">××××××</td></tr>
<tr><td>××××××</td><td>××××××</td><td>××××××</td><td>××××××</td><td rowspan="4">××××
××××
××××
××××</td><td>×××</td><td>×××</td></tr>
<tr><td>××××××</td><td>××××××</td><td>××××××</td><td>××××××</td><td>×××</td><td>×××</td></tr>
<tr><td>××××××</td><td>××××××</td><td>××××××</td><td>××××××</td><td>×××</td><td>×××</td></tr>
<tr><td>××××××</td><td>××××××</td><td>××××××</td><td>××××××</td><td>×××</td><td>×××</td></tr>
</table>

××市××区环境监察执法大队
行政处罚案件初审建议表

<table>
<tr><td rowspan="6">案件基本情况</td><td>被处罚单位名称</td><td colspan="3">××市×××实业有限公司</td></tr>
<tr><td>案　由</td><td colspan="3">涉嫌通过暗管，采取逃避监管的方式向地表水体排放污染物，严重污染环境案</td></tr>
<tr><td>违反法律条文</td><td colspan="3">违反了《中华人民共和国水污染防治法》第二十二条第二款和《中华人民共和国环境保护法》第六十九条之规定</td></tr>
<tr><td>处罚依据法律条文</td><td colspan="3">依据《中华人民共和国环境保护法》第六十九条之规定</td></tr>
<tr><td>处罚使用细化标准及处罚范围</td><td colspan="3">依照最高人民法院、最高人民检察院《关于办理环境污染刑事案件适用法律若干问题的解释》（法释〔2016〕29号）第一条第一款第三项和第一条第一款第四项之规定。</td></tr>
<tr><td>执法中队处罚建议</td><td colspan="3">建议将本案移交公安机关调处。</td></tr>
<tr><td rowspan="2">案　件经办人</td><td>姓名</td><td>×××</td><td>执法证号</td><td>××××××××××</td></tr>
<tr><td>姓名</td><td>×××</td><td>执法证号</td><td>××××××××××</td></tr>
<tr><td>监察执法大队政策法规室审查建议</td><td colspan="4">该案违法主体认定准确，违法事实清楚，行政执法及调查取证程序合法，证据确凿充分，建议提请大队环境行政处罚案件初审组集体审议。
签　字：×××　　2017年1月12日</td></tr>
<tr><td colspan="2">大队初审意见</td><td colspan="3">同意
签　字：×××　（机构印章）　2017年1月12日</td></tr>
<tr><td rowspan="2">案件交接记录</td><td>送交政策法规室时间</td><td>2017.1.12</td><td>接收人签字</td><td>×××</td></tr>
<tr><td>送返执法中队时间</td><td>2017.1.12</td><td>接收人签字</td><td>×××</td></tr>
<tr><td colspan="2">备　注</td><td colspan="3"></td></tr>
</table>

××区环境监察执法大队
环境保护行政处罚案件审议记录

×环监〔2017〕罚初议字（001）号

案　　由： ××市×××实业有限公司涉嫌通过暗管，采取逃避监管的方式向地表水体排放污染物，严重污染环境案。

时　　间： 2017年1月23　**地　点：** 大队会议室

主 持 人： ×××　**记录人：** ×××

参加人员： ×××、×××、×××、×××同志参加；×××、×××、×××、×××、×××、×××、×××等同志列席。

内　　容： 办案人员×××、×××案情介绍：当事人：××市×××实业有限公司；类型：有限责任公司（自然人投资或控股）；统一社会信用代码：××××××××；名称：××市×××实业有限公司；住所：××省××经济技术开发区××镇××路××号；法定代表人：隆××；注册资本：（人民币）五百万；成立日期：2004年7月8日；营业期限：××××年×月×日至××××年×月×日；经营范围：生产、销售汽车零部件（不含发动机）、摩托车零部件（不含发动机），销售机电产品（不含汽车）、医疗器械（限一类）；其他无须审批的合法项目。

当事人于2011年底从××区××镇老厂搬迁到××经济技术开发区××路××号，租用××机电有限公司厂房建设，占地面积约为5 400 m^2，总投资约3 000万元人民币，2012年投入生产，该公司主要产品为汽车零配件。

当事人建有两条生产线，分别为机加工生产线和抛光清洗生产线，机加工生产线有数控车床99台、钻床32台、数控加工中心9台、磨床6台、毛刺机1台、仪表车床13台，机加工过程中需要使用水性切削液、油性切削液、磨削液，皂化液等辅料用作冷却和防锈；抛光清洗生产线的设备有：抛丸机5台、清洗机1台，抛光清洗生产过程中需要使用光亮剂和重油除垢剂；抛光清洗生产线清洗区建有6个纵向并排的沉淀池用于收集清洗废水，每个沉淀池连接处上设有圆形排口，使每个沉淀池相通。清洗机下设有一条排水沟用于收集清洗废水，排水沟两端分别接入两侧1＃、6＃沉淀池，清洗废水通过排水沟进入1＃、6＃沉淀池后逐步进入2＃、4＃、5＃沉淀池，最后在3＃沉淀池汇合，3＃沉淀池靠近雨水井处设置了上下两个排口，上排口为方形排口，下排口为圆形排口。现场检查时，我局执法人员发现排水沟内有油状乳白色液体流入1＃、6＃沉淀池后通过3＃沉淀池下方圆形排口连接的暗管流入靠近围墙处的雨水井内，随后执法人员对该公司雨水管网进行逐一检查确认，该公司的清洗废水通过3＃沉淀池地下暗管连接至雨水井最终流入×××路旁的清水河内。2017年1月3日16时50分××区环境监测站工作人员分别对该公司雨水管网接入园区雨水管网总排口处进行采样监测，2017年1月4日××区环境监测站工作人员再次对该公司雨水管网内残留油状乳白色液体进行采样监测。根据××区环境监测站和××省××环保股份有限公司出具的监测报告（×环监字〔2017〕第JD 001号、××〔2017〕第JS 007号）显示该公司向地表水体排放的污染物超过国家规定的排放标准，其中重金属铬超标3.2倍、重金属锌超标13倍、重金属锰超标8.7倍（其他不计）。

综上所述，××市×××实业有限公司抛光生产线产生的清洗废水通过地下暗管，采取逃避监管的方式违法排放污染物到地表水体的行为，违反了《中华人民共和国水污染防治法》第二十二条第二款“禁止私设暗管或者采取其他规避监管的方式排放水污染物”之规定；其排放的水污染物中重金属铬超标3.2倍、重金属锌超标13倍、重金属锰超标8.7倍的行为，违反了《中华人民共和国环境保护法》第六十九条“违反本法规定，构成犯罪的，依法追究刑事责任”之规定。该公司环境违法行为事实清楚、证据确凿。依据《中华人民共和国环境保护法》第六十九条“违反本法规定，构成犯罪的，依法追究刑事责任”之规定；依照最高人民法院、最高人民检察院《关于办理环境污染刑事案件适用法律若干问题的解释》（法释〔2016〕29号）第一条第一款第三项“实施刑法第三百三十八条规定的行为，排放、倾倒、处置含铅、汞、铬、砷、铊、锑的污染物，超过国家或者地方污染物排放标准三倍以上的”和第一条第一款第四项“实施刑法第三百三十八条规定的行为，排放、倾倒、处置含镍、铜、锌、银、钒、锰、钴的污染物，超过国家或者地方污染物排放标准十倍以上的”应当认定为“严重污染环境”之规定；该公司违法向地表水体排放的污染物中重金属铬超标3.2倍、重金属锌超标13倍的环境违法事实已构成了“严重污染环境”。

2017年1月4日，我局依法向当事人下达了《责令改正违法行为决定书》（×环责改字〔2017〕011号）责令该公司立即停止违法行为，限期于2017年1月6日前完拆除沉淀池连接雨水管网的管道。该公司环境违法行为事实清楚、证据确凿。

依据《中华人民共和国环境保护法》第六十九条“违反本法规定，构成犯罪的，依法追究刑事责任”之规定；依照最高人民法院、最高人民检察院《关于办理环境污染刑事案件适用法律若干问题的解释》（法释〔2016〕29号）第一条第一款第三项“实施刑法第三百三十八条规定的行为，排放、倾倒、处置含铅、汞、铬、砷、铊、锑的污染物，超过国家或者地方污染物排放标准三倍以上的”和第一条第一款第四项“实施刑法第三百三十八条规定的行为，排放、倾倒、处置含镍、铜、锌、银、钒、锰、钴的污染物，超过国家或者地方污染物排放标准十倍以上的”应当认定为“严重污染环境”之规定；该公司违法向地表水体排放的污染物中重金属铬超标 3.2 倍、重金属锌超标 13 倍的环境违法事实已构成了“严重污染环境”，建议将××市×××实业有限公司以涉嫌“严重污染环境”移交公安机关调处。

×××：××市×××实业有限公司涉嫌“严重污染环境”违法事实清楚，调查证据充分。我同意办案人员意见，将本案移交公安机关调处。

×××：我同意办案人员及××同志的意见，将本案移交公安机关调处。

×××：本案“严重污染环境”违法事实清楚，调查证据充分。我同意办案人员意见，将本案移交公安机关调处。

×××：我同意办案人员的意见，将本案移交公安机关调处。

×××：根据承办人×××的陈述及各组员的意见，××市×××实业有限公司涉嫌“严重污染环境”违法事实清楚，调查证据充分。经大队案审组集体讨论，同意将本案移交公安机关调处。

参会人员签字：

×××、×××、×××、××× 、×××

××市××区环境保护局
案件处理内部审批表

<table>
<tr><td>申　请
事　项</td><td colspan="4">查封决定书（×环查字〔2017〕002 号）</td></tr>
<tr><td>案　源</td><td colspan="4">乡镇上报</td></tr>
<tr><td rowspan="5">当
事
人</td><td>名称或姓名</td><td colspan="3">××市×××实业有限公司</td></tr>
<tr><td>地址（住址）</td><td>××省××经济技术开发区
××镇××路 28 号</td><td>邮政编码</td><td>××××××</td></tr>
<tr><td>法人公民身份号码</td><td>××××××</td><td>组织机构代码</td><td>无</td></tr>
<tr><td>社会信用代码</td><td colspan="3">×××××××××</td></tr>
<tr><td>法定代表人
（负责人）</td><td>隆××</td><td>职　务</td><td>法定代表人</td></tr>
<tr><td>简要案情及
申请理由依
据和内容</td><td colspan="4">2017 年 1 月 3 日，我局执法人员现场检查时发现，该公司抛光清洗生产线产生的清洗废水经沉淀池下方设置的圆形排口排入雨水管网内，最终流入清水河，造成环境污染。违反了《中华人民共和国环境保护法》第二十五条“企业事业单位和其他生产经营者违反法律法规规定排放污染物，造成或者可能造成严重污染的，县级以上人民政府环境保护主管部门和其他负有环境保护监督管理职责的部门，可以查封、扣押造成污染物排放的设施、设备”之规定。</td></tr>
<tr><td>承办人
意　见</td><td colspan="4">建议依据《中华人民共和国环境保护法》第二十五条之规定，对该公司抛光清洗生产线设施、设备进行就地查封。
签名或盖章：×××、×××　　2017 年 1 月 5 日
（印章：××市××区环境监察执法队）</td></tr>
<tr><td>法制机构
负责人
意　见</td><td colspan="4">经法制审查，符合查封条件，建议实施查封。
签名或盖章：×××　　2017 年 1 月 5 日</td></tr>
<tr><td>环保部门
负 责 人
审批意见</td><td colspan="4">同意实施查封。
签名或盖章：×××　　2017 年 1 月 5 日
（印章：××市××区环境保护局）</td></tr>
</table>

××市××区环境保护局
案件处理内部审批表

<table>
<tr><td>申　请
事　项</td><td colspan="4">解除查封决定书（×环解查字〔2017〕002 号）</td></tr>
<tr><td>案　源</td><td colspan="4">乡镇上报</td></tr>
<tr><td rowspan="5">当
事
人</td><td>名称或姓名</td><td colspan="3">××市×××实业有限公司</td></tr>
<tr><td>地址（住址）</td><td>××省××经济技术开发区
××镇××路 28 号</td><td>邮政编码</td><td>××××××</td></tr>
<tr><td>法人公民身份号码</td><td>××××××</td><td>组织机构代码</td><td>无</td></tr>
<tr><td>社会信用代码</td><td colspan="3">××××××××</td></tr>
<tr><td>法定代表人
（负责人）</td><td>隆××</td><td>职　务</td><td>法定代表人</td></tr>
<tr><td>简要案情及
申请理由依
据和内容</td><td colspan="4">我局于 2017 年 1 月 5 日，依法对该公司抛光清洗生产线产生的清洗废水经沉淀池下方设置的圆形排口排入雨水管网内，最终流入清水河造成环境污染一事，下达了查封决定书（×环查字〔2017〕002 号），因查封期限已届满，符合《中华人民共和国行政强制法》第二十八条第一款第四项“查封、扣押期限已经届满的，行政机关应当及时作出解除查封、扣押决定”的规定。</td></tr>
<tr><td>承办人
意　见</td><td colspan="4">建议依据《中华人民共和国行政强制法》第二十八条第一款第四项之规定，对该公司抛光清洗生产线设施、设备依法作出解除查封的决定。
签名或盖章：×××、×××　　2017 年 1 月 16 日
（印章：××市××区环境监察执法大队）</td></tr>
<tr><td>法制机构
负责人
意　见</td><td colspan="4">经法制审查，符合解除查封条件，建议解除查封。
签名或盖章：××　　2017 年 1 月 16 日</td></tr>
<tr><td>环保部门
负责人
审批意见</td><td colspan="4">同意解除查封。
签名或盖章：×××　　2017 年 1 月 16 日
（印章：××市××区环境保护局）</td></tr>
</table>

××市××区环境保护局
移送涉嫌环境违法案件审批表

单位公章：××市××区环境保护局　　　　审批号：×环拘移〔2017〕001 号

<table>
<tr><td>案　由</td><td colspan="6">涉嫌通过暗管，采取逃避监管的方式向地表水体排放污染物，严重污染环境案。</td></tr>
<tr><td>企业名称或其他经营者</td><td colspan="2">××市×××实业有限公司</td><td>社会信用代码</td><td colspan="3">×××××××××</td></tr>
<tr><td>地　址</td><td colspan="4">××省××经济技术开发区××镇××路××号</td><td>邮政编码</td><td>×××××</td></tr>
<tr><td>法定代表人或负责人</td><td>隆××</td><td>有效证件及号码</td><td colspan="2">身份证××××××</td><td>联系电话</td><td>××××××</td></tr>
<tr><td>企业主要负责人</td><td>孙××</td><td>有效证件及号码</td><td colspan="2">身份证××××××</td><td>联系电话</td><td>××××××</td></tr>
<tr><td>调查人员</td><td colspan="2">×××、×××</td><td>承办部门</td><td colspan="3">××市××××区
环境监察执法大队</td></tr>
<tr><td>案情简介</td><td colspan="6">2017 年 1 月 3 日，我局执法人员依法对××市×××实业有限公司进行执法检查，发现该公司抛光清洗生产线产生的清洗废水经沉淀池下方设置的圆形排口排入雨水管网内，最终流入清水河，造成环境污染，涉嫌通过暗管，采取逃避监管的方式违法排放污染物。根据××区环境监测站和××省×××环保股份有限公司出具的监测报告（×环监字〔2017〕第 JD001 号、××〔2017〕第 JS007 号）显示该公司向地表水体排放的污染物超过国家规定的排放标准，其中重金属铬超标 3.2 倍、重金属锌超标 13 倍，涉嫌严重污染环境。</td></tr>
<tr><td>移送依据和处理意见</td><td colspan="6">依据《中华人民共和国环境保护法》第六十九条和最高人民法院、最高人民检察院《关于办理环境污染刑事案件适用法律若干问题的解释》（法释〔2016〕29 号）第一条第一款第三项和第一条第一款第四项之规定，建议将本案移交公安机关。
经办人：×××、×××　　2017 年 2 月 15 日</td></tr>
<tr><td>部门执法机构意见</td><td colspan="6">建议依法移送。
签名或盖章：×××　　2017 年 2 月 15 日</td></tr>
<tr><td>部门法制机构意见</td><td colspan="6">经法制审查，符合移送条件，建议依法移送。
签名或盖章：×××　　2017 年 2 月 15 日</td></tr>
<tr><td>局领导意见</td><td colspan="6">同意依法移送。
签名或盖章：×××　　2017 年 2 月 15 日</td></tr>
</table>